Jean Starobinski
Montaigne

Jean Starobinski

Montaigne

Denken und Existenz

Aus dem Französischen von
Hans-Horst Henschen

Büchergilde Gutenberg

Titel der Originalausgabe: *Montaigne en mouvement*
Bibliothèque des Idées

Lizenzausgabe für die Büchergilde Gutenberg
Frankfurt am Main
mit freundlicher Genehmigung des
Carl Hanser Verlages München Wien

Satz: LibroSatz, Kriftel
Druck und Bindung: Kösel, Kempten
Printed in Germany
ISBN 3 7632 3519 1

Inhalt

IV. Der Aspekt des Körpers

V. Die Liebe aussprechen

VI. »Jeder findet ein wenig sich selbst in seinem Werke«

VII. Was die »Öffentlichen Angelegenheiten« betrifft

Vorwort

Am Anfang steht die folgende an Montaigne gerichtete Frage – eben die Frage, die Montaigne selbst stellt: Wenn das melancholische Denken einmal die Illusion der Welt der äußeren Erscheinungen verworfen hat, was wird dann aus ihm? Was entdeckt jemand, der die Arglist und die Verstellung um sich herum angeprangert hat? Steht ihm der Zugang zum Sein, zur Wahrheit, zur Identität frei, in deren Namen er die maskenhafte Welt, aus der er sich zurückgezogen hat, brandmarkte? Wenn die Worte und die Sprache eine »so gewöhnliche und wohlfeile Ware« sind, welche Paradoxie dann, ein Buch zu verfassen und sich seinerseits daran zu versuchen, indem man die Sprache zum Handwerkszeug macht! Die *Bewegung*, die die vorliegende Studie nachzuvollziehen versucht, ist eben jene, die, von dieser Fragestellung ausgehend, in die Paradoxie einmündet und folglich nicht so leicht zur Ruhe zu kommen vermag.

Ich habe versucht, drei aufeinanderfolgende Phasen eines Denkens herauszuarbeiten, das seinen ersten Ansatz in einem Akt der Verweigerung findet. Es kann sich hier nicht darum handeln, erneut bei und mit dem einzusetzen, was andere bereits geleistet – und häufig mit großem Erfolg geleistet – haben: die Ideen Montaignes über universelle Bewegung und Übergang darzustellen, die in den drei Büchern der *Essais* verstreuten Behauptungen zu einer Philosophie zu systematisieren oder die intellektuellen Konzepte und Einstellungen ausfindig zu machen, die, in der chronologischen Reihenfolge der Editionen, allmählich eine dominierende Rolle zugeschrieben bekommen. Die Bewegung, der ich Aufmerksamkeit geschenkt habe, ist diejenige, die den logischen Konsequenzen der anfänglichen Negation Antrieb verleiht. Ohne dem Problem der *Entwicklung* der *Essais* von Montaigne gleichgültig gegenüberzustehen (das in einer grundlegenden Arbeit von Pierre Villey abgehandelt und mit erneuten Anstrengungen von anderen Autoren wiederaufgenommen worden ist), habe ich mich – im Sinne der von mir eingenommenen Perspektive – berechtigt geglaubt, mich davon freimachen zu können.

Wenn es sich aber auch so fügt, daß ein Großteil der Probleme im Denken und Schreiben Montaignes hier erneut aufgegriffen werden, so muß der Leser doch gewarnt werden, daß er auf den folgenden Seiten keine Gesamtdarstellung (wie die von Friedrich, Frame oder Sayce) finden wird, die in Hinsicht auf eine umfassende Beschreibung des Lebens, des Denkens und des Stils von Montaigne entworfen worden wäre. Die vorliegende Arbeit versucht ihn nicht in seine Zeit einzuordnen noch die Geschichte seiner Rezeption aufzuzeichnen. Sie erhebt lediglich Anspruch darauf, einen *parcours*, eine Wegstrecke – oder eine Reihe von Wegstrecken – nachzuvollziehen, und zwar von einem ursprünglichen Akt aus, der gleichzeitig ein Akt des Denkens und der Existenz ist. So war ich vorgegangen, um das Denken Rousseaus zu befragen, bei dem so viele Elemente – Autobiographie, Pädagogik, soziopolitisches Denken – eine manchmal ganz bewußte Replik auf die *Essais* von Montaigne geben. Im ersten Entwurf war *Montaigne en mouvement* als Gegenstück zu *Jean-Jacques Rousseau: la transparence et l'obstacle* geplant. Diesen beiden Parallelstudien erwächst ihr Sinn aus der Ähnlichkeit des Initialaktes, von dem sie ausgehen, während ihr jeweiliger End- bzw. Zielpunkt sich auf bezeichnende Weise unterscheidet: weil er das Sein nicht wiedergewinnen kann, erkennt Montaigne die Legitimität der äußeren Erscheinung an; umgekehrt sieht Rousseau, unversöhnt, um sich herum den feindseligen Schattenkreis anwachsen, um nicht die Überzeugung einzubüßen, daß die Transparenz eine letzte Zuflucht in seinem eigenen Herzen gefunden habe.

Man wird nicht umhinkönnen festzustellen, daß die Ausgangsfrage in der vorliegenden Arbeit ein Gemeinplatz der ältesten moralischen Rhetorik ist, im Verein mit einer antizipierten Version des *Argwohns*, der viele zeitgenössische Einstellungen charakterisiert. Diese Einstellungen stehen – muß das eigens betont werden? – auch der Parteinahme nicht fern, der ich selbst mich verpflichtet habe, nämlich der, bei meiner Lektüre Montaignes gerade seiner Anprangerung der Lüge die Funktion einer Leitvorstellung einzuräumen. Ich habe Michel de Montaigne nach besten Kräften zu folgen versucht; ich habe mir gewünscht, daß die Initiative zu der Bewegung, so weit nur eben möglich, von ihm selbst ausgehen möge. Im Banne einer modernen Unruhe aber habe ich, Montaigne in und anhand seines Textes die Fragen unseres Jahrhunderts stellend, nicht zu verheimlichen versucht, daß dieser *Montaigne in Bewegung* eben auch eine *Bewegung in Montaigne* war und daß die beobachtende Reflexion dergestalt auch einen Knoten oder einen Chiasmus mit dem beobachteten Werk bildet – eine Bewegung der fragenden, der in Frage stellenden Lektüre, in der die Kritik es unternimmt, ihre eigene Situation zu erhellen, wenn sie einen Diskurs der lebendigen Vergangenheit in seiner Entfernung und Besonderheit interpretiert.

Die Rehabilitierung der Phänomene (der »Phänomenismus«), der äußerste Wert, der dem Augenblick beigelegt wird, und der Rückzug auf die sinnliche Erfahrung sind die sattsam bekannten Konsequenzen des skeptischen Zweifels. Ebenso in christlichen Kreisen der Fideismus. Darüber gibt die Philosophiegeschichte Auskunft. Und man möchte folglich meinen, daß das Endziel, bei dem die Bewegung Montaignes anlangt, im voraus definiert ist. In dieser Form aber läßt sich das nur auf Kosten eines äußersten Schematismus sagen. Dieser Schematismus, der von der ganz persönlichen Gangart abstrahiert, die Montaigne in Richtung auf ein Ziel einschlägt, das sich ihm immer wieder entzieht, würde der wertvollsten Dimension der *Essais* nicht gerecht. Alle Variationen einer Chaconne sind im Grunde durch die erste Baßlinie festgelegt: das Werk dagegen ist erst vollendet, wenn alle seine Entwicklungsmöglichkeiten durchgespielt sind. Die sieben Kapitel, aus denen die vorliegende Arbeit besteht, sind sämtlich Variationen über das Thema der reflektierten Wiedereinsetzung der Welt der äußeren Erscheinungen oder Blendwerke, die das anklagende Denken anfangs verworfen hatte. Variationen also, die jedoch, indem sie miteinander verknüpft werden, ein und dieselbe Wegstrecke nur zum besseren Nachvollzug eines Durchlaufs durch verschiedene Register wiederholen – Freundschaft, Tod, Freiheit, Körper, Liebe, Sprache, öffentliches Wirken.

Montaigne hat die Kommentatoren gewarnt: »Wir haben

mehr damit zu schaffen, die Auslegung auszulegen, als die Sache selbst, und mehr Bücher über Bücher als über irgendeinen anderen Gegenstand: wir tun nichts anderes, als uns gegenseitig zu kommentieren. Alles wimmelt von Kommentaren; an Autoren herrscht große Not.« Andererseits wünscht sich Montaigne einen »hinreichend guten«, einen »gewitzten« Leser, der sich, ausgehend von den *Essais*, die *unendlich vielen Essais* vorzustellen vermag, zu denen dieses Buch den Vorwand abgibt. Dieser Leser wäre in der Lage, Nutzen aus der *fortuna* zu ziehen, die mit dem Schriftsteller zusammengearbeitet und sich durch Züge zum Ausdruck gebracht hat, die »über sein Fassungsvermögen und sein Wissen« hinausgehen. Ich habe mich bei der Niederschrift des vorliegenden Buches sorgfältig bemüht, sowohl die Warnung als auch die Ermächtigung zu beherzigen, die mir Montaigne zuteil werden ließ.

I

»Und sodann, für wen schreibt Ihr?«

1. Die Anklage

Die Welt ringsum ist nichts als Lug und Trug. »Die Verstellung gehört zu den namhaftesten Auszeichnungen dieses Jahrhunderts[1]. . .« »Die Betrügerei [. . .] ernährt und erhält den größten Teil der menschlichen Verrichtungen[2].« Man zerfleischt sich unter dem Vorwand hochedler Motive, die niedrige Interessen bemänteln.

Montaigne entwickelt in verstreuten und gehäuften Anläufen ein altes Thema, älter sogar als Platon, der ihm die Dimension des Mythos verliehen hat, von den Stoikern und Skeptikern ausgebeutet und von Boethius wiederaufgegriffen, schließlich im Mittelalter weitläufig entfaltet, vor allem von Johann von Salisbury[3]; eine unerschöpfliche Quelle der

1 MONTAIGNE, *Essais*, II, xviii, hrsgg. von Albert THIBAUDET und Maurice RAT, Paris: Gallimard, Bibl. de la Pléiade, 1962, S. 649. Wir geben im folgenden die Seitenzahl dieser Ausgabe (Abkürzung: T.R.). [Da im Deutschen zur Zeit keine entsprechende absolut vollständige Edition greifbar ist, wird die deutsche Übersetzung von H. LÜTHY (Zürich: Manesse, 1953; Abkürzung: L.) zitiert und, wo sie Lücken bzw. Kürzungen aufweist, die Gesamtausgabe der *Essais* von Otto FLAKE und Wilhelm WEIGAND (München/Leipzig: G. Müller, 1908-1915; Abkürzung F.W.).] Bei MONTAIGNE wird Kursivierung nur für Zitate benutzt. Wo immer im französischen [bzw. deutschen] Text MONTAIGNES im folgenden Kursivierungen auftauchen, wird der Leser sich darüber im klaren sein müssen, daß wir ein Wort oder einen Satz haben hervorheben wollen, die uns in bezug auf das Problem wichtig erschienen, das unser Kommentar im betreffenden Augenblick anschneidet.

2 III, i; T.R. 773; L. 614. Oder auch: »Ich bemerke . . ., daß jeder Teil sich alle Mühe gibt, seine Sache zu verteidigen, selbst aber auch die Besten mit Verstellung und Trug« (III, ix; T.R. 972; F.W. VI, 33).

3 POLYCRATIUS, III, viii: ». . . *Comoedia est vita hominis super terram, ubi quisque sui oblitus, personam exprimit alienam* [. . .]. *Non duco contentionis funem dum constet inter nos quod fere totus mundus, juxta Petronium, exerceat histrionem*.« Die Zuschreibung an PETRONIUS wird von den erhalten gebliebenen Texten dieses Autors nicht gestützt. Zum *topos* des Schauspielers findet sich eines der treffendsten und am wenigsten bekannten Beispiele im hippokratischen Traktat *Von der Diät*, I, xxiv, 3. Hier die von R. FUCHS vorgeschlagene Übersetzung: »Schauspieler und Betrüger sagen zu den Wissenden anderes, als sie denken, als dieselben gehen sie fort, als andere kommen sie wieder. Einzig und allein der Mensch kann dieses sagen und jenes thun, derselbe sein und zugleich nicht sein, bald diese, bald jene Ansicht haben« (München 1895, Bd. I, S. 300). Zur grundlegenden Scheidung von Sein und Sprechen siehe überdies die klassischen Texte, die in unserer Arbeit »Je hais comme les portes d'Hades«, *Nouvelle Revue de Psychanalyse*, IX, Paris: Gallimard, Frühjahr 1974, S. 7-22, zitiert werden.

Auseinandersetzung von Moralisten und Predigern: die Welt ist ein Theater, die Menschen spielen darauf Rollen, sie deklamieren und gestikulieren wie Schauspieler – bis der Tod sie von der Bühne vertreibt. Ein Thema, das bald angeschlagen wird, um die Allmacht eines Gottes zu preisen, der zugleich Autor, Regisseur und Zuschauer ist, bald um die eitlen Fiktionen anzuprangern, von denen die Menschen sich gefangennehmen lassen. Montaigne versäumt nicht, den Petronius zugeschriebenen Satz *Mundus universus exercet histrioniam*[1] zu zitieren, der sein Echo an den Mauern des Globe Theatre und im Munde des melancholischen Jacques *(As You Like It)* findet: die ganze Welt spielt Komödie, die ganze Welt spielt Theater[2].

Auf eben dem illusionistischen Effekt dieses Theaters insistiert Montaigne wie so viele seiner Zeitgenossen. Das Spiel, das es uns aufzwingt, ist ein Schattenspiel. Die Herrlichkeit des Fürsten ist reine Komödie: geschickte Trugbilder genügen, die Majestät darzustellen und den Respekt der Völker zu wecken. Die Weisheit der Vorsichtigen und die Lehre der Weisen sind nicht weniger trügerisch. Alles ist *Betrügerei, Taschenspielerei, Mienenspiel, Täuschung.* »Ja sogar die Maske der Hoheiten, die man auf den Schaubühnen darstellt, ergreift uns und narrt uns ein wenig[3].« Alles ist geborgt, alles ist »für die Maske und zum Schein[4]«, grausame und flüchtige Parade. Aus Schwäche eher denn aus böser Absicht erklärt sich die Mehrzahl der Menschen zur Betrügerei bereit: Gefangene ihrer Einbildungskraft, in Selbstvergessenheit lebend, lassen sie sich davon einen Bären aufbinden. Sie nehmen den Schein für das Wesen. Die kriegerische Hitze der Monarchen, die Propaganda der religiösen Parteien vertragen sich nur allzu gut mit dieser Verblendung. Sie

1 III, x; T.R. 989; L. 794. Wie P. VILLEY nachweist, entlehnt Montaigne dieses Zitat bei Justus LIPSIUS, *De constantia*, I, viii.

2 SHAKESPEARE, *As You Like It*, Akt II, Szene 7, V. 138-165:

All the world's a stage,
And all the men and women merely players . . .

Zu den Beziehungen zwischen den *Essais* und Shakespeare siehe die ausgezeichnete Arbeit von Robert ELLRODT, »Self-consciousness in Montaigne and Shakespeare«, *Shakespeare Survey*, 28 (1975), Cambridge, S. 37-50.

3 III, viii; T.R. 913; L. 738.

4 I, ix; T.R. 38; F.W. I, 55.

brauchen blindgläubige Menschen, die sich leicht von der öffentlichen Meinung in Bann schlagen lassen und dann bereit sind, für sie ihr Blut und das anderer zu vergießen. »Jede Meinung ist stark genug, um unter Einsatz des Lebens verfochten zu werden[1].« Der Blick trifft, wohin er auch fällt, auf triumphierende Betrüger oder zufriedene Geprellte. »Ich habe in meinen Tagen Wunder an blinder und grenzenloser Willfährigkeit des Volkes gesehen, sein Glauben und Hoffen von seinen Anführern gängeln und um den Finger wickeln zu lassen, wie es ihnen gefiel und dienlich war, über hundert Enttäuschungen eine nach der andern hinweg, über Geisterspuk und Wahngebilde[2].«

Montaigne ist, wenn er die Verhexung durch den Schein anprangert, in Übereinstimmung mit dem Geist der Epoche: er beutet, im Sinne des herrschenden Geschmacks, einen verbreiteten Gemeinplatz aus, den er bereichert und variiert, den er ausschmückt und mit Zitaten und Pointen ziert; aber mit und über diesen Gemeinplatz hinaus zielt er auf einen Aspekt der zeitgenössischen Realität, auf den sich die traditionelle Antithese von Sein und Schein besser anwenden läßt als auf jeden anderen Augenblick der Geschichte. Die Kämpfe der Fürsten um Erweiterung ihres Machtbereichs (mit der Schaffung europäischer Großmächte am Horizont); die Religionskriege (mit der Erhebung des »eigenen Innern« in den Rang der höchsten Autorität am Horizont); die überall gegenwärtige Gewalt, die Gefahr, der man jeden Augenblick ausgesetzt ist: das sind samt und sonders dringliche Anreize zu Verstellung und Täuschung, die aus diesen Strebungen den Gesamtkomplex allgemein gebilligter Verhaltensweisen und bei jeder Gelegenheit abgehandelter literarischer Themen machen. In diesem Zeitalter des Überschwanges läßt man hyperbolisch die Lehren der religiösen und moralischen Tradition des *contemptus mundi* anklingen: die Verführungen der Welt sind Fallen, die wahren Güter sind anderswo. Das Barocktheater macht nur zu bald die Desillusion – *desengaño* –

1 I, xiv; T.R. 52; L. 93.

2 III, x; T.R. 991; L. 797. Und im selben Kapitel: »Nicht die Sache, der Schein macht sie satt« (T.R. 999; L. 803). Die Liste der Fundstellen dieses Motivs ist hier von Vollständigkeit weit entfernt.

zum Augenblick einer herben Gnade, die allzu lange verblendeten Personen jäh das Augenlicht wiedergibt[1].

Die Welt, die Montaigne anklagt, ist ein Labyrinth, in dem die Täuschungen sozusagen Gesetzeskraft haben. Die Heuchelei ist kein Geheimnis, dem man erst beikommen müßte: alle Welt rühmt »diese neue Tugend der Hinterlist und Verstellung, die heute so hoch in Ehren steht[2]«. Der Schacher mit Ämtern und Würden wird durch seine Übertriebenheit auch dem ersten besten deutlich. Wer sich in die öffentlichen Angelegenheiten einmischt, wird das ohne weiteres und im voraus gewahr, und um sich nicht von Brauch und Herkommen zu entfernen, wird er von vornherein die Taktik ergreifen, sich zu schützen und vorzusehen. »Was wir heute Wahrheit nennen, ist nicht, was wahr ist, sondern was man anderen einreden kann[3].« Die Doppelzüngigkeit und die Verschlagenheit sind keine Untugenden, die man erst zögernd entdeckt: sie sind der Schleichweg, auf dem die Welt sich dem darbietet, der sich in Gefahr begibt. Es sind Dinge, die sich erlernen lassen, wie man reden lernt, in dem man auf die geläufige Rede hört, indem man wiederholt, was man sich mit Erfolg hat durchsetzen sehen. Die Lehre ist rasch abgeschlossen. Die Politik definiert sich ihrem Prinzip nach als Zurschaustellung, Verschlagenheit, List – ganz legitime Abwehrmittel gegen die Fallen der Feinde und die Wechselhaftigkeit des Glücks. »Die Unschuld selber vermöchte unter uns nicht wohl ohne Verstellung zu verhandeln, noch ohne Falsch zu feilschen[4].« Also versteckt sich der Betrug so wenig, daß er die Form einer allgemein anerkannten Kon-

1 Cf. Jean ROUSSET, *La Littérature de l'âge baroque en France*, Paris 1953. Über die Verbindungen von Montaigne zu Manierismus und Barock siehe R. A. SAYCE, *The Essays of Montaigne. A Critical Exploration*, London 1972, S. 313-326; I. BUFFUM, *Studies in the Baroque from Montaigne to Rotrou*, New Haven 1957. Auch die älteren Arbeiten von Morris W. CROLL bleiben wichtig; man findet sie in einem Sammelband mit dem Titel *Style, Rhetoric and Rhythm* (hrsgg. von J. M. PATRICK und R. O. EVANS), Princeton 1966.

2 II, xvii; T.R. 630; L. 522. Und einige Zeilen weiter: »Es ist eine schmähliche und knechtische Gesinnung, sich unter einer Larve zu vermummen und zu verstecken und nicht das Herz zu haben, sich so zu zeigen, wie man ist. Es ist eine Schule der Verräterei, haben unsere Leute einmal gelernt, falsche Worte zu reden, so machen sie sich auch kein Gewissen daraus, ihr Wort zu brechen.«

3 II, xviii; T.R. 649; L. 542.

4 III, i; T.R. 772; L. 613.

vention annimmt. Die Maskerade und die Doppelzüngigkeit sind die gewöhnliche »Form«, die »Gestalt«, die sich ein jeder gibt – der Hintergedanke, zur allgemeinen Regel erhoben.

Zudem hört man unter den Äußerungen einer geschwätzigen Menschheit nicht selten gerade die trügerischen Äußerlichkeiten anprangern. Die Anklage des universalen Betruges, die Berufung auf Aufrichtigkeit, die unvorsichtige Wahrhaftigkeit haben geheiligte, in den Traktaten gebührend niedergelegte Formeln und sind Bestandteile des rhetorischen Arsenals. Die »Parrhesie«, die Berufung auf Aufrichtigkeit und offene Sprache, ist ein Mittel unter anderen, das Schönrednern zur Verfügung steht[1]. Die Rhetorik, die Sein und Schein einander entgegenstellt, der *topos*, der das Trugwerk der weltlichen Dinge anklagt, gehören zu den ausgemachten Listen, in denen sich die Doppelzüngigkeit gefällt. Die Heuchler verstehen sich bewundernswert darauf, das Wort gegen die Heuchelei zu erheben. Wer immer sich dabei einen Vorteil ausrechnet, betreibt, wenn auch unter großem Zitataufwand, nur weiter die Sache der Masken: er selbst bleibt eine maskierte Persönlichkeit. Er übernimmt eine letzte Rolle, die des blasierten Weisen. Der Code der Verstellung bliebe unvollständig, zählte zu den Gesten seines Repertoires nicht auch die der Ablehnung jeder Verstellung. Der Feind der Maske ist zuweilen nur eine Ersatz*rolle* in der Verkleidungskomödie: das Schauspiel wird glaubhaft (*scheint* glaubhaft zu werden) durch die Anwesenheit einer Person, die sich ostentativ weigert, den Erscheinungen, auf die sie trifft, Glauben zu schenken. Im Zeitalter des Barock bringt sich diese höchste Illusion emblematisch im Theater auf dem Theater zum Ausdruck. Der Schauspieler, der sich gegen die Trugbilder zur Wehr setzt, erhält selbst den Status eines realen Wesens – durch das Spiel der wechselseitigen Oppositionen. Man hält ihn für nicht auf der Bühne stehend, weil er

1 Die lateinischen Synonyme für παρρησία sind *licentia* oder *oratio libera*. QUINTILIAN macht in diesem Zusammenhang die treffende Bemerkung: »Was gibt es weniger Entstelltes als die wirkliche Freiheit? Häufig aber verbirgt sich unter diesem Antlitz die Schmeichelei . . .« (*Institutio oratoria*, IX, 2, 27). Die bis ins 17. Jahrhundert umstrittene Frage bestand darin auszumachen, ob die *ostentatio libertatis* unter die Figuren (oder *schemata*) eingereiht werden müßte, und den Anteil der Verstellung zu definieren, den sie enthielt.

eine andere Szene kenntlich macht. (So ergeht es heute der Ideologie, bei der eines ihrer sichersten Ablenkungsmanöver ja darin besteht, sich zur Anklägerin der Ideologie zu machen[1].)

Zwar steht Montaigne selbst im Banne dieser Rhetorik; er überbietet sie; er schöpft aus ihrem von der humanistischen Tradition gebotenen Repertoire Metaphern der Treulosigkeit und Anklagen des Betruges. Aber er tut das zugleich mit mehr Ernsthaftigkeit und mehr Ironie. Man muß ihm einfach glauben, wenn er sich auf seine Wahrhaftigkeit beruft, wenn er erklärt: »Es kostet mich so viel Mühe [mich] zu verstellen[2]«, daß er es sich zur Vorschrift gemacht hat, »alles auszusprechen zu wagen, was ich zu tun wage[3]«, oder wenn er erzählt, wie ihm sein »Gesicht« oder seine »Offenherzigkeit[4]« bei verschiedenen Gelegenheiten das Leben gerettet haben. Die traditionellen Vorschriften finden bei ihm offene und treuherzige Aufnahme: arglosen Herzens leben bedeutet für ihn nicht eine einfache stilistische Klausel, sondern eine Aufforderung, die er in die Praxis umzusetzen nicht schwierig findet. Desgleichen steht das Portal seines Schlosses jedermann offen . . .

Montaigne dehnt die Reichweite seines Skeptizismus sehr weit aus. Bei der Durchmusterung der menschlichen Geschichte stellt er fest, daß die Auswirkungen der Aufrichtigkeit und der Verstellung unvorhersehbar sind. »Durch verschiedene Mittel gelangt man zum gleichen Ziel« (so der Titel von Essay I, i). Aber gerade aus dieser Unvorhersehbarkeit, aufgrund deren die Verstellung nicht einmal im Bereich des *Faktischen* ein gesichertes Vorrecht genießt, schließt Montaigne zugunsten dessen, was die moralische Tradition, *zu Recht*, als obersten Wert aufrichtet: die Aufrichtigkeit. Welches auch das Ergebnis unserer Handlungen sein mag – das man Gott anheimgeben muß –, Montaigne läßt an seine moralischen Wahlentscheidungen keinen Zweifel rühren; er

1 Henri GOUHIER erinnert beiläufig daran: »Die Ideologien werden immer im Herzen einer Ideologie diskreditiert« (»L'Idéologie et les idéologues«, in *Démystification et idéologie*, hrsgg. von E. CASTELLI, Paris 1973, S. 89).

2 III, v; T.R. 823; F.W. V, 103.

3 III, v; T.R. 845; L. 677.

4 III, xii; T.R. 1039; F.W. VI, 154.

zögert nicht: die Aufrichtigkeitsforderung bleibt eines der stabilen Kriterien seines Urteils, seiner Sittenkritik, seines persönlichen Verhaltens. Das ist zwar ein »Gemeinplatz«, aber Montaigne möchte nicht originell sein, bloß um den Preis, ihn zu verwerfen. Es gibt bei ihm eine Bemühung um Ehrbarkeit, die die Einsicht in die universelle Wandelbarkeit unangetastet läßt.

Angesichts der allgemeinen Komödie entlehnt Montaigne das Modell seiner Antwort der humanistischen Tradition: Wenn »die Mehrzahl unserer Beschäftigungen Mummenschanz[1]« sind, soll man dann darüber lachen oder weinen? Dem bekümmerten Mitleid, wie es Heraklits Beispiel veranschaulicht, zieht Montaigne sein legendäres Pendant vor: das Lachen des Demokrit – eine Option, die eine deutlichere Scheidung, eine vor jedem Kompromiß geschützte Distanz einführt. Und auch hier lädt uns noch alles zu dem Glauben ein, daß Montaigne sich voll und ganz die Lektion zu eigen macht, die er einem vom kulturellen Gedächtnis fixierten Bild entlehnt.

»(*a*) Demokrit und Heraklit waren zwei Philosophen, deren erster, da er das Los der Menschen nichtswürdig fand, sich nie anders als mit spöttischem und lachendem Gesicht den Leuten zeigte. Heraklit, der über eben dieses unser Los Mitleid und Erbarmen fühlte, trug darüber ein beständig verdüstertes Gesicht und mit Tränen erfüllte Augen [. . .]. Ich ziehe die erste Gemütsstimmung vor, nicht weil es vorzüglicher ist, zu lachen als zu weinen, sondern weil sie geringschätziger ist und uns strenger richtet als die andere; und mich dünkt, daß wir nach unsern Verdiensten nie genug verachtet werden können [. . .]; wir sind nicht so sehr von Übeln erfüllt wie von Leere; wir sind auch nicht so elend, wie wir nichtig sind[2].«

Montaigne schließt zeitweise, für seinen persönlichen Gebrauch, mit einer Einstellung Frieden, die aus den Anfängen der Philosophie stammt: Demokrit lacht über die Narrheit der Welt, wird jedoch selbst von schwarzem Humor geschüttelt, und er steigert seine Melancholie durch die Bemühung,

1 III, x; T.R. 989; L. 794.
2 I, i; T.R. 291; L. 291-292.

die Ursachen der Narrheit zu erfassen[1]. (Robert Burton wird 1621 seine *Anatomy of Melancholy* unter dem Pseudonym Democritus Minor vorstellen und sich seinerseits auf Montaigne berufen.) Hamlet wird beinahe buchstäblich einen der beiläufigen Sätze Montaignes wiederaufnehmen, den wir soeben zitiert haben: »Behandelt jeden Menschen nach seinem Verdienst, und wer ist vor Schlägen sicher[2]?« Dieser Satz Shakespeares wird seinerseits die Aufmerksamkeit Freuds auf sich lenken, der ihn bei mehr als einer Gelegenheit wiederaufgreift, vor allem in »Trauer und Melancholie«, um den Scharfblick der melancholischen Selbstanklage zu legitimieren[3]. Aufgrund welchen Privilegs pflanzen sich die Sentenzen der melancholischen Reflexion im Laufe der Zeiten stärker als andere fort, indem sie Autoren und Leser miteinander verknüpfen, die sie aufgreifen und der Reihe nach weitersprechen? Müssen wir den Rückgriff auf das Zitat (auf das wir unsererseits zurückkommen werden) als Folge der melancholischen Selbstentwertung verstehen? In Ermangelung einer hinreichend starken eigenen Sprache mit der kräftigen Stimme Senecas oder Plutarchs sprechen: das ist die Entschuldigung Montaignes für die Anleihen, die gleichzeitig als Schmuck dienen. Das Zitat, Eingeständnis von Schwäche, trägt mit Vorliebe die Diskurse der Melancholie vor.

Montaigne geht jedoch weiter, als nur die Lehre der antiken Meister ernstzunehmen und zu versuchen, in Übereinstimmung mit den Vorschriften einer geheiligten Moral zu leben. Er läßt sie hinter sich. Um ihn herum herrscht offen-

1 In den (apokryphen) *Briefen* des HIPPOKRATES erklärt Demokrit seinem aus Kos gekommenen Besucher: »Ich schreibe über die Narrheit [. . .]. Was sollte ich auch anderes schreiben [. . .] als über ihr Wesen, ihre Ursachen und die Mittel zu ihrer Linderung? Die Tiere, die du hier abgebalgt siehst, balge ich ab [. . .], weil ich das Wesen und den Sitz der Galle suche; denn wie du weißt, sie ist, wenn sie überfließt, gewöhnlich die Ursache der Krankheiten« (HIPPOKRATES, *Œuvres complètes*, übers. von É. LITTRÉ, Bd. IX, Paris 1861, S. 355). Im weiteren Verlauf seiner Apostrophe an Hippokrates bringt Demokrit den Wunsch nach Enthüllung zum Ausdruck, im Sinne der voyeuristischen Methode, die Asmodée im *Diable boiteux* von LESAGE anwandte: »Habe ich nicht die Macht, alle Häuser zu durchstöbern, den Dingen im Innern keinen Deckmantel mehr zu lassen und gewahr zu werden, was hinter diesen Mauern vorgeht« (*op. cit.*, S. 375).

2 *Hamlet*, Akt II, Szene 2, Vers 556.

3 S. FREUD, »Trauer und Melancholie«, in *Gesammelte Werke*, London 1946, Bd. X, S. 432.

sichtlich eine Art Weltende. »Blicken wir doch nur um uns: alles um uns her wankt und fällt; [. . .] Es ist, als hätten die Gestirne selbst beschlossen, daß wir lang genug und über unsere Zeit gedauert haben. Und auch dies bedrückt mich, daß das Übel, das uns am unmittelbarsten bedroht, nicht eine Verderbnis ist, die den gesamten und geeinten Körper erfaßt hat, sondern seine Auflösung und Zerstreuung, die schlimmste unserer Befürchtungen[1].« Wo alles einzustürzen scheint – ist da nicht die Zeit gekommen, der Unzufriedenheit nachzugeben, mit größerer Beharrlichkeit zu fragen, höhere Ansprüche zu stellen, sich aller Eitelkeiten zu entschlagen (und sogar des Diskurses der Weisheit über die Eitelkeit), alle Verteidigungsmittel der Reflexion und der Ironie ins Spiel zu bringen? Das Unabhängigkeitsbedürfnis wird zur vorherrschenden Willensstrebung, ohne daß deshalb das Lauschen auf die Vergangenheit und die Lektüre der beispielgebenden Texte ein Ende nähme.

2. Der Raum der Weihe

Um die »Verbannung der Wahrheit[2]« so deutlich herauszuarbeiten, muß Montaigne aus sich heraus einen Anspruch auf Offenheit und Wahrhaftigkeit formuliert haben, den die Welt unaufhörlich enttäuscht hat. Spräche er so häufig von Unbeständigkeit und Betrügerei, wenn er sich nicht auf die Möglichkeit von Beständigkeit und Treue berufen hätte, und sei es, weil er die Norm nur aufgrund einer verworrenen Hoffnung erkennt? Jede Anklage der Falschheit der Welt setzt den Glauben an einen entgegengesetzten Wert voraus: an eine Wahrheit, die sich anderswo befindet (in dieser oder außerhalb dieser Welt) und uns ermächtigt, in ihrem Namen einzugreifen und uns zu Anklägern des Betruges zu machen. Die Reize des Scheins anprangernd, nimmt Montaigne implizit Partei für die unzweideutige Fülle des wahren Seins[3]. Er

1 III, ix; T.R. 938; L. 756-758.

2 II, xviii; T.R. 649; L. 542.

3 Zu diesem Aspekt siehe Michael BARAZ im ersten Teil seines bedeutsamen Werkes *L'Être et la connaissance selon Montaigne*, Paris 1968.

erkennt sie jedoch nur durch die Kraft der Verweigerung, die ihn den Betrug und die Maskerade für unannehmbar halten läßt. Montaigne kann sich in dem Augenblick, da er der Welt entgegentritt, auf keine in sicherem Besitz gehaltene Wahrheit berufen: er spricht einfach nur seinen Haß auf die »Heuchelei« aus. Das Wahre ist das noch unbekannte, in der gegen das wuchernde Böse gerichteten Negation vorausgesetzte Positive; das Wahre hat kein bestimmtes Gesicht, es ist lediglich unbefriedigte Energie, die den Akt der Weigerung belebt und verstärkt.

Die Opposition hat zunächst kein anderes Äußerungsmittel als in räumlicher Gestalt. Die zweifelausdrückende Verweigerung bringt sich metaphorisch durch den Akt des Sich-Entfernens, des Sich-Enthaltens zum Ausdruck. Montaigne empfindet das Bedürfnis, sich einen von der Welt entfernten *Ort* zu reservieren – einen Ort, von dem aus er sich zum Zuschauer am Leben der Menschen machen und an dem er sich aller Fallen ledig fühlen kann. Wenn die Welt ein trügerisches Theater ist, darf man nicht länger auf der Bühne ausharren; man muß Mittel und Wege finden, sich anderswo einzurichten. Sich aus einer Welt zurückziehen, aus der die Wahrheit verbannt worden ist, heißt nicht sich wirklich zurückziehen. (Und Montaigne wird sich darüber wundern, daß Sokrates, um den »so verdorbenen Gesetzen« der Athener zu entgehen, nicht ein Urteil der »Landesverweisung[1]« vorgezogen hat.)

Die Spaltung nimmt hier die Gestalt eines Initialaktes an. Sie bestimmt die Zone, wo Montaigne nicht mehr länger zum trügerischen Handel und Wandel gehören mag; sie setzt eine Grenze, weiht eine Schwelle ein. Diese Zone wird kein abstraktes Kap der Guten Hoffnung sein: bei Montaigne nimmt alles feste Gestalt an: der abgeschiedene Ort wird die »Bibliothek« im Turm sein – ein beherrschender Ort, ein ausgebauter Aussichtsturm im obersten Stockwerk des Familienschlosses. Bekanntlich wird Montaigne daraus keinen ständigen Wohnsitz machen: er wird noch viel von seiner Zeit für die öffentlichen Angelegenheiten, für Schlichtungsverhandlungen abzweigen. Er entzieht sich nicht dem, was er

1 III, ix; T.R. 951; F.W. V, 334.

für seine Verpflichtung gegenüber dem Gemeinwohl hält. Aber das Wichtigste ist für ihn, sich die *Möglichkeit* eröffnet zu haben, sich in einem persönlichen und privaten Territorium einzurichten und hier zu jedem Zeitpunkt einen absoluten Abstand herstellen zu können, indem er aus dem Spiel heraustritt: das Wichtigste ist, der reflexiven Distanz ihre zugleich symbolische und konkrete Lokalisierung gegeben, ihr eine immer anziehende Stätte vorbehalten zu haben, ohne gezwungen zu sein, sie auch ständig bewohnen zu müssen. Folglich schiebt sich zwischen den Blick des Zuschauers und das menschliche Getriebe ein optischer Leerraum, ein reines Intervall, das ihm erlaubt, der Sklaverei gewahr zu werden, in die die Menge sich freiwillig stürzt, während er selbst sich umgekehrt einer neuen Freiheit versichert. Er wird der Bande ansichtig, die die anderen fesseln; er fühlt die seinen fallen. Denn der erste Spieleinsatz ist nicht das Wissen: es ist die Sich-selbst-Gegenwärtigkeit.

Nun markieren aber diese Besitzergreifung von einem Ort und diese Herrichtung eines für den Betrug der Welt unzugänglichen Raumes auch einen zeitlichen Einschnitt. Man braucht nur dem Wortlaut der Inschriften einige Aufmerksamkeit zu schenken, die Montaigne 1571 malen ließ. Den willentlich in die Existenz eingeführten Bruch bezeichnet ein genaues Datum. Eine neue Ära beginnt und muß gleichzeitig an einem bestimmten Punkt der kollektiven Zeit der Christenheit (*Anno Christi 1571* [. . .] *pridie cal. mart.*[1]) und der persönlichen biographischen Zeit festgemacht werden (*aet. 38* [. . .] *die suo natali*). Der Geburtstag verstärkt die Idee einer freiwilligen *Geburt*. Die Zeit erhält einen neuen Ausgangspunkt und damit zugleich eine andere Richtung: es ist die begrenzte Zeit, die noch zu leben bleibt *(quantillum id tandem superabit decursi multa iam plus parte spatii)*, die wenigen Tage,

1 *Les Essais*, S. XVI der frz. Ausgabe von T.R.: »Im Jahre des Heils 1571, im Alter von achtunddreißig Jahren, am Vorabend der Kalenden des März, seinem Geburtstag (28. Februar), hat sich Michel de Montaigne, seit langem der Bürden des Parlaments und der öffentlichen Pflichten müde, in voller Lebenskraft in den Schoß der gelehrten Musen zurückgezogen, wo er in Ruhe und Sicherheit die Tage verbringen wird, die ihm noch zu leben bleiben. Vergönne ihm das Schicksal, diese Wohnung der süßen Weltflucht seiner Ahnen zu vollenden, die er seiner Freiheit, seiner Ruhe und seiner Muße geweiht hat.«

die sich dem bereits verflossenen Leben noch hinzufügen lassen. Ein neues Gesetz, eine neue Regel treten in Kraft. Erneuerte Bindungen gleichen die zugleich erlittene und gewollte Ablösung aus. Diese Ordnung ist nicht mehr die des *servitium*, sondern die der *libertas*. Ein scharfer Gegensatz macht sich zwischen dem Ausdruck des Abscheus, dem Willen zum Bruch *(servitii aulici et munerum publicorum pertaesus)* und dem Weiheakt bemerkbar, der den Ort des Rückzuges genau umschreibt und heiligt *(. . . libertati suae, tranquillitatique, et otio consecravit)*. Dieser Ort ist metaphorisch der »Schoß der gelehrten Musen« *(doctarum virginum sinus)*: es handelt sich natürlich um die »Wände«, die ihm, »wenn [er] sich umdreht[1]«, die Sammlung der Werke aus Poesie, Philosophie und Geschichte vor Augen führen, mit denen er sich umgeben will. Das Bild des verborgenen Winkels *(recessit)*, des abgeschiedenen Ortes *(dulces latebras)*, die weibliche Gestalt der Musen (Montaigne wird später sagen, er wisse nicht, ob er nicht lieber »aus dem Schoße der Musen« als »aus dem Schoße [seiner] Ehefrau[2]« ein Kind hervorgebracht hätte) beschwören für den modernen Leser den psychoanalytischen Terminus der »Regression« mit seinem Gefolge von verwandten Begriffen herauf. Wenn Montaigne den Frieden (*quietus*, später *tranquillitas*), die Sicherheit *(securus)* und die Ruhe *(otium)* ins Feld führt, so möchte man glauben, daß er lediglich das regressive Wesen seines Verlangens bekräftigt. Zwar ist das Haus der Ort der Ahnen *(avitas sedes)* und verweist auf die Geschlechterfolge seiner väterlichen Vorfahren, aber dieser männlichen Linie, die seit 1477 mit dem Domänenbesitz verbunden ist, wird die Waage gehalten (im Sinne der psychoanalytischen Argumentation) durch das weibliche Genus von *sedes* und durch das Vorherrschen weiblicher Namen in der Liste der Begriffe, die die Inschrift verzeichnet (nach *libertas* und *tranquillitas* ist nur *otium* kein Femininum, sondern ein Neutrum). In all dem muß man jedoch, wie das Hugo Friedrich[3] so überzeugend dargelegt

1 II, iii; T.R. 806-807; L. 658.

2 II, viii; T.R. 383; L. 383.

3 Hugo FRIEDRICH, *Montaigne*, Bern 1949, ²1967, S. 18-19. Dieses Werk bleibt die beste Gesamtdarstellung des Denkens und der Kunst Montaignes.

hat, die traditionellen Formeln des *otium cum litteris* sehen, eine »kontemplative« Variante des humanistischen Lebens, wie sie gepriesen wurde, wenn der aktive Weg des *bürgerlichen* Humanismus sich als ungangbar oder von exzessiven Gefahren bedroht erwies. (Montaigne, der seinen politischen Verpflichtungen ehrbar nachzukommen wußte, bringt den Beweis bei, daß die beiden Einstellungen miteinander abwechseln können.) Die Inauguralinschrift von 1571 darf nicht in erster Linie als psychologisches Dokument gelesen werden: sie bleibt in Übereinstimmung mit einem kulturellen Paradigma – unpersönlich und verallgemeinerbar. Gleichwohl darf man daran festhalten, daß in diesem Falle – mit dem Lobpreis der Antike als Quelle und Labsal, mit der Rechtfertigung des einsamen Lebens und dem Rückzug in die Intimität *(sibi vivere)* – die humanistische Tradition dem individuellen Begehren präformierte Ausdrucksformeln an die Hand gab, in die sich die Unzufriedenheit, die Nostalgie, die Sublimierungsaktivität und das Sicherheitsbedürfnis ergießen konnten: ein ganzer »triebhafter« Gebrauch einer codifizierten Sprache läßt sich da erraten . . .

Die Inschrift, mit der Montaigne seine »Bücherei« seiner Freiheit und seiner eigenen Ruhe weiht, war von einer zweiten Inschrift begleitet (mit einem seit langem weniger deutlich lesbaren Text), die eben diesen Ort dem Gedenken an den verlorenen Freund widmete: La Boétie[1]. Die Konsekration an den dahingegangenen »Bruder« wird der Konsekration an sich selbst hinzugefügt: die Bibliothek, deren Schätze Montaigne zu genießen hofft, enthält auch die Bücher aus dem Vermächtnis von La Boétie. Die *tranquillitas*, von der er in seiner zweiten Lebenshälfte kosten möchte (die an den Tod grenzt), verlängert und verewigt den Dialog mit dem Lieblingsfreund. Der Aufenthalt in der Bibliothek ist also auf doppelte Weise vom Tode gesäumt: von dem, den Montaigne

1 Der lateinische, eher mutmaßliche Text dieser zweiten Inschrift ist in der Ausgabe von THIBAUDET (S. XVI) folgendermaßen übersetzt: »Des süßesten, des liebsten und engsten Freundes beraubt, eines Freundes, wie unser Jahrhundert keinen besseren, gelehrteren und vollkommeneren gesehen hat, hat Michel de Montaigne, der das Andenken dieser wechselseitigen Liebe durch ein einzigartiges Zeugnis seiner Dankbarkeit weihen wollte und keine bessere Weise finden konnte, das zum Ausdruck zu bringen, diesem Andenken diese Stätte des Studiums gewidmet, an der er seine Lust hat.«

erwartet, und von dem, den er überlebt hat; und in beiden Perspektiven spielt der Begriff der *Identität* eine Hauptrolle. In Hinsicht auf La Boétie fühlt sich Montaigne für ein Bild, für eine Ähnlichkeit verantwortlich: er hat für eine Ausgabe seiner Werke (1570/71) Sorge getragen, er hat die Aufgabe übernommen, das Antlitz des bewunderten Gefährten, so wie es im Leben war[1], zu bewahren, weiterzuvermitteln, ganz, unentstellt. Die Regel der Identität lautet hier: nichts verlorengehen lassen, nichts verfälschen, dem Tod und der Zeit die Bilder streitig machen, die dem Vergessen und der Dunkelheit entgegenstreben. (Wir werden wiederholt darauf zurückkommen müssen.) Was sein eigenes Leben angeht, so möchte es Montaigne, indem er ihm Freiheit, Muße, Friedlichkeit und Geborgenheit sichert, vor allem vom »Wandel« freihalten, von der eitlen Zeremonie, zu der das öffentliche Leben alle darin Verstrickten verurteilt: es handelt sich jetzt darum, im Dialog mit sich selbst zu leben, ohne sich mehr zu verlieren, seinem Wesen treu, treu der großen Natur.

3. Die Frage nach der Identität

Die Wahl (die Krise), die der Rückzug von 1571 mit einer endgültigen Reaktion beantwortet, ist also die Wahl der *Identität*, des in bezug auf sich selbst stabilisierten Lebens – in einer der Welt und ihrem Illusionstheater angekündigten Opposition.

Man hält die ersten von Montaigne (zwischen 1572 und 1574) geschriebenen Kapitel gewöhnlich für »unpersönliche« Texte, während die späteren dann angeblich den Auftritt des *Ichs* und der Sorge um Selbstdarstellung bezeichnen. Gleichwohl muß man anerkennen, daß die »Selbstmalerei« erst die spätere Entwicklung eines Denkens ist, das sich von vornherein auf das eigene, persönliche Leben richtete; die Frage nach dem Ich wird von Anfang an gestellt. Montaigne hat versucht, darauf zunächst mit traditionellen Mitteln zu antworten, und eben weil er sie in Hinsicht auf seine Erwar-

1 MONTAIGNE erklärt sich dazu im ersten Abschnitt des Kapitels »Von der Freundschaft« (I, xxviii).

tung für unzulänglich befunden hat, ist er in der Folge zu einer anderen Methode übergegangen, hat er sich eine andere Einstellung zu eigen zu machen versucht.

Es genügt, die Texte der ersten Periode zu lesen, um festzustellen, daß Montaigne besonders zugänglich für Argumente der philosophischen Moral ist (die der Stoiker, ebenso die von Epikur), die die Rückkehr zu sich selbst, die Wiederinbesitznahme seiner selbst preisen. Diese Argumente wiederholt, paraphrasiert er, häuft er, indem er sie variiert – und arbeitet bis an sein Lebensende weiter daran, sie zu seinem Besitz zu machen.

Man lese unter anderen das Kapitel »Von der Einsamkeit« (I, xxix) wieder, dessen Echo manch andere Passage nachklingen läßt; was Montaigne sucht, ist ein Platz in dieser Welt, der wahrhaft der seine ist, zum Unterschied von anderen Menschen, die, indem sie sich von der Einbildungskraft, der Überhebung, der Eitelkeit mitreißen lassen, sich ihrer selbst enthalten und Fahnenflucht begehen, um einen imaginären Rang oder Reichtümer einzuheimsen. Montaigne, der diese Argumentation auf eigene Rechnung übernimmt, schließt sich in das kollektive *Wir* der Vorhaltung ein: »Unter unsern gewöhnlichen Handlungen ist nicht eine unter tausend, die uns selbst angehe. [. . .] Wer gibt nicht gern Gesundheit, Ruhe und Leben hin um Ehr und Ruhm, so unnütz, leicht und falsch die eingetauschte Münze auch sein mag[1]?« Wir fallen so der Macht der Rede der anderen anheim. Aus dieser Ungeduld, die jedermann drängt, seinen wahren Ort zu verlassen, aus diesem Bedürfnis, sich auf einer anderen Bühne Geltung zu verschaffen, erwachsen die Komödie der Welt und der Überfluß an Masken. Denn die Menschen geben sich die Miene und den Aufzug, die sie schon im voraus in die chimärische Zukunft einführen, die sie erstreben. Das ist der unausweichliche Lauf der Dinge, der den Menschen aus einem von seiner Einbildungskraft verführten in ein lügenhaftes und maskiertes Wesen verwandelt. Nachdem er allen Dingen ein falsches Antlitz verliehen hat, kann er nur mit einer Grimasse oder Maske vor ihnen einhergehen. Er ist heuchlerisch, weil er *entfremdet* ist (wie das eine spätere Sprache ausdrücken wird): er hat sein

1 I, xxxix; T.R. 235-236; F.W. II, 120-121.

eigenes Wesen in die Abhängigkeit von der öffentlichen Meinung gegeben, vom Blick, von den *Worten*, mit denen die anderen (die »Welt«, die »Gesellschaft«) »Ansehen« und »Ruhm« verleihen. (Rousseau wird seinen ersten Akt der Anklage in ganz ähnlichen Begriffen formulieren[1].)

Alles, was dem Bereich des Projekts entstammt, jede Antizipation, mit der das Individuum eine Zukunft *vorwegberechnet*, wird für diese Moral suspekt, die das Augenmerk auf ein *anderswo* für sträfliche Schwäche hält. Montaigne macht das zum Titel eines seiner ersten Kapitel: »Unsere Ängste und Hoffnungen versteigen sich über uns selber hinaus« (I, iii). »Wir sind niemals bei uns, wir sind immer außer uns. Die Furcht, das Verlangen, die Hoffnung schleudern uns in die Zukunft[2].« Diese Weisheit ist dem – immer unsicheren – Elan feind, der uns die Gegenwart in Richtung auf die Zukunft transzendieren heißt; sie verschont nicht einmal die planende Vorsorge, die den Zusammenhang und die Konstanz des Individuums gefährdet – die nur in einem verewigten *hier* und *jetzt* Fuß fassen können: eine Moral der *Anspannung* (in allen Bedeutungen des Ausdrucks), die den Menschen darauf verpflichtet, nur ja nicht seinen eigentlichen Inhalt zu verzetteln, die ihn zu Wortkargheit und sentenziösem Sprechen anhält und ihn, wo es sich um Gegenstände des Begehrens handelt, zur *Enthaltsamkeit* mahnt (von der Montaigne bei mehreren Gelegenheiten sagt, daß er dazu unfähig sei).

Die Spaltung des Verlangens: eben das ist der universelle Irrtum, den Montaigne im Gefolge Senecas stigmatisiert und dem er entrinnen möchte: ». . . nach meinem Sinne, der danach steht, mich ganz in mir zu sammeln und zu genügen[3]«. Er gelobt oder rät doch wenigstens, allen Verführungen zu widerstehen, die Pascal später durch ein synthetisches Substantiv charakterisieren wird, das *divertissement* (die Zerstreuung)[4]: »Überdem noch ist es hier, bei uns, und nicht

1 Cf. die Anfangsseiten meiner Arbeit *Jean-Jacques Rousseau: la transparence et l'obstacle*, Paris 1957 (durchgesehene und vermehrte Auflage: Gallimard, Coll. Tel).

2 I, iii; T.R. 18; L. 63.

3 III, ii; T.R. 793; L. 638.

4 III, iv; T.R. 812; L. 663: »Wir denken immer an *anderes* . . . [eigentl.: »Wir sind in Gedanken immer *anderswo*«; d. Übers.].« Wenn es bei MONTAIGNE einen synthetischen Begriff gibt, so ist es das Adjektiv *anderswo* [frz. *ailleurs*], das seine Kraft aus seiner Unbestimmtheit zieht. Sein lokativer Stellenwert erlaubt ihm alle unsere Dislokationen zu bezeichnen.

anderwärts, wo die Kräfte und ihre Wirkungen der Seele in Betrachtung genommen werden sollen[1]. . .« »Man muß ein Hinterstübchen für sich absondern, in welchem man seinen wahren Freiheitssitz und seine Einsiedelei aufschlagen kann[2].« Das *Hier* denken heißt alle mögliche Aufmerksamkeit auf den gegenwärtigen Ort lenken, den das Bewußtsein bewohnt, auf die Identität, an die es fixiert ist, und auf die Kräfte, die es in dieser Rückwendung auf sich selbst wiederfindet. (Und die Unfähigkeit des Tieres, die Zukunft vorherzusehen und vorwegzunehmen, wird in den Augen Montaignes ein Aspekt von Überlegenheit werden.)

Die wirksame Pädagogik und die heilsame ethische Wahl bieten eine unzweideutige Antwort auf eine Reihe von Alternativen, die sämtlich die Konzentration des Ichs seiner Zerstreuung entgegensetzen. Die Wahl steht frei, und die Entscheidung ist augenblicklich evident – zwischen *Sein* und *Schein*, zwischen *Hier* und *Anderwärts*, zwischen *Ich* und den *Anderen*, zwischen *Meinem* und *Fremdem*, *Natürlichem* und *Künstlichem*, *Spontanem* und *Angelerntem*, *Innerem* und *Äußerem*, zwischen *Tiefe* und *Oberfläche*. Jede dieser Antithesen enthält oder ruft echoartig alle anderen herbei. Sie sind untereinander austauschbar oder übereinanderschichtbar. Die Entscheidung ist im voraus vollzogen: diese Antithesen lassen weder In-der-Schwebe-Halten noch Zögern gelten. Sie bezeichnen sämtlich eine zu leistende Parteinahme: die Rückkehr zu sich selbst, die eigenverantwortliche Führung, die Autonomie und die Autarkie.

Was sagt die antike Lehre der Philosophie[3]? Daß sich der Mensch, den Kräften des Draußen unterworfen, im reinen Verlust verausgabt: er ist Leidenschaft und Passivität, er kümmert sich nur um trügerische Genüsse, seine Substanz verflüchtigt sich, sein Wille schwächt sich ab und wird knechtisch und dienstbar. Umgekehrt wird alles wieder in eben dem Maße solide und wertvoll, wie man zu sich selbst zurückfindet und sich in der Stärke des eigenen Inneren sam-

1 II, xii; T.R. 531; F.W. III, 393.
2 I, xxxix; T.R. 235; F.W. II, 120.
3 Es handelt sich hier um eine moralische Lehre, die bei verschiedenen Schulen gemeinsame Züge aufweist und in der Form kritischer Schmähung eine weite Verbreitung findet. Cf. André OLTRAMARE, *Les Origines de la diatribe romaine*, Genf 1926.

melt. Das ist die wiedergefundene Gesundheit: das Sein zeigt sich frisch und lebhaft, seiner urwüchsigen Stärke zurückgegeben. Von allem entlastet, was nicht es selbst ist, kann es seine wahre, als reinen Besitz verfügbare Kraft genießen. Es koinzidiert mit sich selbst: es untersagt seinen Energien, sich in Richtung einer chimärischen Zukunft oder eines äußeren Objektes zu verströmen: folglich kann auch kein Substanzverlust des Ichs eintreten. Handelnd, legt es seine Aktion so an, daß sie ihren Ansatzpunkt so nahe wie möglich beim Handlungsträger selbst findet. Die vollkommene Handlung wird im Grenzfall darin bestehen, sich vollständig selbst zu reflektieren, nichts zu sein als die Wiederbekräftigung einer beständigen Identität: in sich selbst zurückgekehrt, überschreitet die Handlung nicht die Grenzen des *hier* und *jetzt*, sie füllt sie, konsolidiert sie, bewohnt sie und besitzt sie, indem sie sich besitzt, sich »anspannt«. Jetzt, hier: dieser Augenblick und dieser Ort werden fortan in der Entscheidung, man selbst zu sein und nur sich selbst zu gehören, *enthalten* und bewahrt sein. Die Zeit und der Raum werden, anstatt als zerstörerische Kräfte erlebt zu werden, aus dem Innern durch die willentliche Entscheidung hervorgebracht, die das *hier* und das *jetzt* auf dessen Geheiß bejaht. So darf das Bewußtsein darauf hoffen, nie von der Sich-selbst-Gegenwärtigkeit abgelenkt zu werden. Es bewahrt sich eine nichtverausgabte Energie, die sich von Augenblick zu Augenblick vererbt, ohne auf anderes als sich selbst abzuzielen, mithin ohne noch weiter zu versuchen, sich außerhalb seiner selbst festzumachen. Damit sich dieses Handeln aus sich und für sich vollziehen kann, muß es die trügerischen Appelle der Außenwelt hintertreiben. Es nötigt dazu, sich wachsam, in immerwährendem Mißtrauen zu halten, die Verführungsversuche vereitelnd, die einen Teil der zur Beherrschung und Verteidigung des Selbst erforderlichen Kräfte zu zerstreuen oder zu unterschlagen drohen. Und das Mißtrauen wird auch das Subjekt selbst nicht verschonen: die Einsamkeit befreit es nicht von seinen Mängeln, seinen Schwächen, seinen »Begehrlichkeiten«: »Deswegen ist es nicht genug, sich vom Volke entfernt zu haben, nicht genug, den Ort zu verändern, man muß sich von der Weise des Volkes entfernen; man muß sich selbst zu lösen und zu binden verstehen[1].« Diese Überbesetzung des Ich-Ideals ist für das Ich selbst nicht ohne Gefahr, wie die Psychologie von heute sagen wird. Montaigne aber sagt es auf seine Weise auch.

Die Montaigne-Interpreten haben im allgemeinen durchaus gesehen, daß und wie sich diese von der griechisch-lateinischen Weisheitslehre beeinflußte »Rückkehr zu sich selbst« von jener anderen unterschied, die die christliche Frömmigkeit und vor allem die augustinische Predigt vorschrieb: letztere laden zur Einkehr bei sich selbst ein, um da der Stimme Gottes zu lauschen und sein Urteil auf sich zu nehmen, im Sinne einer Forderung, die die Unterwerfung unter die Transzendenz verinnerlicht. Umgekehrt sucht die von Montaigne gewünschte Einkehr bei sich selbst nur einen spiegelbildlichen Gesprächspartner, sie zielt darauf ab, dem sterblichen Individuum wieder die volle Ausübung seines eigenen Urteils anheimzugeben, in einer Verdopplung, die dazu neigt, innerhalb des Selbst eine Beziehung von Gleich zu Gleich aufzurichten, ohne Unterwerfung unter eine äußere Autorität. Wenn die humanistische und die religiöse Aufforderung zur Einkehr auch beide das innere »Gespräch« und die *Wiederaneignung* preisen, so ist das aus der Perspektive des Gläubigen doch nur ein erster Schritt, auf den dann der Gehorsam gegen die göttliche Autorität und die Hoffnung auf das Seelenheil folgen. Für den Humanisten, der von der Frömmigkeit abgerückt ist, ist diese Wiederaneignung, einmal gelungen, ein sich selbst genügendes Ziel. Die Einsamkeit, die er preist, wäre wohl nicht mit der traditionellen *vita contemplativa* zu vereinen, die die Religion der *vita activa* entgegenstellt, dem Leben in der Welt. Sträfliche Selbstgefälligkeit der Kreatur gegenüber sich selbst, werden die Moralisten von Port-Royal und später Malebranche sagen ... Montaigne weiß ganz genau, daß seine Wahl nicht die der geistlichen Berufung ist. Er entschuldigt sich dafür, indem er seine Schwäche vorschützt, wenn er gleichzeitig auch seine Ehrerbietung allen gegenüber bezeigt, die der wahren Frömmigkeit fähig sind: »Ihr Verlangen ist auf Gott als auf das unendlich gütige und allmächtige Wesen gerichtet. Die Seele

1 I, xxxiv; T.R. 234; F.W. II, 117.

findet hier reichliche und freie Nahrung für ihre Wünsche. [. . .] Und wer seine Seele wirklich und anhaltend von diesem lebendigen Glauben und dieser festen Hoffnung erwärmen kann, der baut sich in der Einsamkeit ein so herrliches Freudenleben, daß kein andres damit zu vergleichen ist[1].« Aber die Negation des Körpers, den allzu radikalen Bruch mit den Wirklichkeiten der Welt hält Montaigne für außerhalb seiner Reichweite liegend; unter dem Vorwand des Lobs der Askese erklärt er sich selbst für dazu unfähig: »Weisere Leute, die eine starke rüstige Seele haben, mögen sich eine ganz geistige Ruhe zuschneiden: bei meiner gemeinen Seele muß ich, um mich aufrecht zu halten, die körperlichen Bequemlichkeiten zu Hilfe nehmen[2] . . .« Noch strenger wird er mit denen verfahren, die die Verachtung der Welt so weit treiben, daß sie sich »vom Leibe trennen«: »Sie wollen sich außer sich versetzen und ihrer Menschlichkeit entrinnen. Das ist Torheit: statt sich in Engel zu verwandeln, verwandeln sie sich in Tiere; statt sich zu erheben, fallen sie bäuchlings hin. Diese überirdischen Schwärmereien erschrecken mich wie schwindelnde und unzugängliche Höhen[3] . . .« Das ist nicht mehr die Bleibe in der Einheit einer Existenz, die zu sich selbst gefunden hat: das ist das erneute Erleiden der Verhexung durch die Außenwelt – wenn man sich »außer sich versetzt«. Montaigne behält seine lebhafteste Mißbilligung allen denen vor, die, obwohl sie scheinbar mit der Welt gebrochen haben, sich zu ihr zurückwenden, um sie zu verbessern, um sie um so reiner dem Willen Gottes zu unterwerfen, von dem sie verständigt zu sein vorgeben: in den Augen Montaignes sind diese Fanatiker selber nichts anderes als maskierte Schauspieler, erste Opfer der neuen Meinung, die sie durchsetzen wollen . . .

Wenn Montaigne die innere *Identität* wählt, die gleichberechtigte und stabile Beziehung des Ichs zu sich selbst, so in dem Sinne, daß er seinen Blick auch weiterhin über die Welt schweifen läßt, daß er an den Bindungen festhält, die sein Sich-selbst-Gehören nicht behindern. Aus den Fenstern sei-

1 I, xxxiv; T.R. 239-240; F.W. II, 128.
2 I, xxxiv; T.R. 241; F.W. II, 130-131.
3 III, xiii; T.R. 1096; L. 883.

ner Bibliothek fällt der Blick auf Hof und Hühnerhof. Er möchte sich alle *Präsenz* der Welt bewahren, die mit der Verweigerung von Knechtschaft zu vereinbaren ist (weil die freieste persönliche Existenz das Leben des Körpers einschließt und der Körper ein »Stück« der Welt, ein Teil der Natur ist[1]).

Indem er so manche der großen Themen der antiken Morallehre wiederaufgreift, übernimmt Montaigne auch mehrdeutige Argumente, die, im Namen der wahrhaftigen Fülle, abwechselnd das Engagement und die Distanzierung, das Handeln und die Mißbilligung des Handelns begünstigen. Wenn es sich darum handelt, der dauerhaften Dichte der *Taten* die Flüchtigkeit der *Worte* entgegenzusetzen, billigt Montaigne die Lehre der traditionellen Moral, optiert er für die Taten. Seine »Adelsprätension« (Friedrich[2]) findet hier einen geeigneten Rückhalt: ein Edelmann aus guter Familie sträubt sich dagegen, den Vorrang der Sprache, der Beredsamkeit, den verführerischen Reizen der kunstvoll gesetzten Worte zu geben (man vergleiche dazu Kapitel LI von Buch I, »Von der Eitelkeit der Worte«). Im Bereich der Moral lädt die traditionelle Antinomie von *res* und *verba* dazu ein, für die Solidität der Dinge gegen den flüchtigen Windhauch der Rede zu optieren. Wenn es sich aber, im Sinne einer anderen Moralaufforderung und einer anderen traditionellen Antithese, darum handelt, *draußen* und *drinnen* einander gegenüberzustellen, weigert er sich, sich vom Handeln mitreißen zu lassen, das zum trügerischen Bereich des Draußen gehört: ich habe soeben an das erinnert, was er von denen hält, die zum Handeln schreiten, um die Dogmen oder bürgerlichen Gesetze zu reformieren, im Namen einer Wahrheit, in deren sicherem Besitz sie sich wähnen . . . Die einzige Aktivität, die nicht trügerisch ist, ist jene, bei der das Individuum handelt, ohne sich selbst zu verlieren: es ist die Aktivität des Urteils in bezug auf die Welt – oder auf sich selbst; es wird letztlich die

1 Im Kapitel »Von der Einsamkeit« führt ein Zusatz zum Exemplar von Bordeaux die Prinzipien einer Existenzteilung zwischen aktivem und passivem Leben auf: »Die Einsamkeit, deucht mich, habe mehr Anschein von vernünftigen Gründen für diejenigen Menschen, welche nach dem Beispiel von Thales der Welt ihre tätigen wirksamen Jahre geweiht hatten« (I, xxxiv; T.R. 236; F.W. II, 121-122).

2 Hugo FRIEDRICH, *Montaigne, op. cit.*, S. 16 und *passim*.

sein, bei der das Ich zugleich Quelle und Ziel ist und die sich durch reflexive Verben zum Ausdruck bringt: sich versuchen, sich prüfen, sich malen – *selbstbezogene* Regungen, auf die wir in der Folge unsere ganz besondere Aufmerksamkeit richten müssen. Worte und Taten finden letztlich zu ihrer Gültigkeit zurück, aber nur unterm Schutz von reflektiertem Bewußtsein und Interesselosigkeit. Die Identität, wie sie uns schließlich in der Arbeit des Portätmalers und in der *Selbstdarstellung* geboten wird, ist von anderem Wesen als die Identität, die Montaigne anfänglich in Gestalt der strengen und schweigenden Sich-selbst-Gleichheit gesucht hatte. Versuchen wir jetzt den Weg nachzuvollziehen, den Montaigne von einem Identitätsverlangen zum anderen durchläuft. Die *Bewegung*, an deren Beschreibung ich mich hier versuche, ist nichts anderes als die Bemühung, die, im Denken der Identität als Konstanz, Stabilität, Übereinstimmung mit sich selbst einsetzend, erkennt, daß sie, was sie anfangs ins Auge gefaßt hat, nicht erreichen kann, der Mahnung der Identität aber doch so treu bleibt, daß sie ihr einen anderen Inhalt, eine andere Bedeutung gibt.

4. Das theoretische Leben und die Funktion des Beispiels

Die Beziehung zur Welt, wie sie Montaigne von dem Ort der Muße und der Lektüre aus aufnimmt, den er zu seinem Refugium gemacht hat, ist das, was die Alten *theoria*, *theoretisches Leben* genannt haben, das heißt kontemplative Erkenntnis der dem Blick dargebotenen Welt. Man findet bei ihm (in einem späteren Zusatz zur Ausgabe von 1588) einen der klassischen *topoi*, der die Ausübung der *theoria* rechtfertigt: »Unser Leben, sagte Pythagoras, gleicht der großen und volkreichen Versammlung der olympischen Spiele. Die einen üben ihren Körper, um damit den Preis der Spiele zu erringen; manche tragen ihre Waren zum Verkauf feil. Andere gibt es, und es sind nicht die schlechtesten, die keinen anderen Gewinn suchen, als anzusehen, wie und warum jedes Ding getan wird, und Zuschauer des Lebens anderer Menschen zu sein, um danach ihr eigenes zu beurteilen und einzurichten[1].«

1 I, xxvi; T.R. 157-158; L. 197. Cf. Joachim RITTER, »Die Lehre vom Ursprung

Das ist nicht nur eine »Chrie« – die Berufung auf eine *autorisierte* Lehrmeinung, die der Zustimmung würdig ist; sondern vor allem die Einstellung, die Montaigne selbst angesichts der präsenten Realität einzunehmen beabsichtigt: »So wie ich in den Geschichtsbüchern kaum je von diesen Umwälzungen anderer Staaten lese, ohne zu bedauern, daß ich sie nicht als *Zeitgenosse* aus der *Nähe* mitansehen konnte, so bewirkt meine Wissenslust, daß ich mich gleichsam glücklich schätze, mit meinen eigenen Augen dies *denkwürdige Schauspiel* unseres öffentlichen Sterbens, seine Merkmale und seine Erscheinungen zu sehen. Und da ich es nicht aufhalten kann, ist es mir lieb, daß ich dazu ausersehen bin, ihm *beizuwohnen* und daraus zu *lernen*. So suchen wir selbst in den Schatten und Fabeln des Theaters begierig das Bild der tragischen Spiele des menschlichen Geschicks zu erkennen[1].«

Angesichts des Getriebes der von ihren Interessen und Kämpfen absorbierten Menschen versucht der reglose Zuschauer die Ursachen aufzudecken: er bemüht sich, das *Wie* und das *Warum* zu erkennen, um seine *Neugier* zufriedenzustellen; aber er ist deshalb nicht auch desinteressiert; wenn er will – und Montaigne scheint es gewollt zu haben, wenigstens zu Beginn seines Unterfangens –, kann er dafür Sorge tragen, daß die im Schauspiel der Welt manifestierte Wahrheit auch im Innenleben einen Bezugspunkt findet; um dahin zu gelangen, muß man Urteil und Willen miteinander in Wettstreit treten lassen; das Urteil, ein intellektueller Akt, in dem das Individuum sich seinerseits betrachtet und vergleicht; der Wille als gestaltender oder umgestaltender Akt, mit dem das Individuum sein Leben *regelt*.

Die im buntscheckigen Schauspiel der menschlichen Handlungen mit aller Aufmerksamkeit fortgesetzte Suche strebt danach, die regelmäßigen Verkettungen zu erkennen; diese Verkettungen haben nicht nur erklärenden Wert, sie haben, direkt oder indirekt, auch einen *Ordnungs*wert. Glück und Unglück berühmter Menschen sind Leitbilder oder Warnungen: sogar anhand ihrer Irrtümer lassen sie Verhaltens-

und Sinn der Theorie bei Aristoteles«, in *Metaphysik und Politik*, Frankfurt a. M. 1977; Hans BLUMENBERG, *Schiffbruch mit Zuschauer*, Frankfurt a. M. 1979.

1 III, xii; T.R. 1023; L. 826.

prinzipien zutage treten, und sie tragen auf diese Weise zur normierenden Angleichung des moralischen Lebens bei. Eine moralische Wahrheit, die draußen in ihrer universalen Gültigkeit wahrgenommen wird, müßte auf identische Weise drinnen zu neuem Leben erweckt werden können; ihre Wirksamkeit äußerte sich dann in der Identität mit sich selbst, das heißt in der Konstanz und im inneren Halt der Seele. Die Hoffnung, die diese Einstellung belebt, ist die, daß die nachahmende Treue zugleich eine innere Treue bekräftigt. Einmal (durch die *theoria*) vom kontemplativen Blick erfaßt, kann die Wahrheit später nur als sich selbst ähnliche wiederholt werden, indem sie so Identität und Stabilität des Subjekts sichert, das davon Besitz ergriffen hat. Die innere Kontinuität findet ihren Ursprung in der Treue zum äußeren Leitbild. Gerade das ist die Funktion, die der Zuschauer beispielhaften Existenzen zuweist: das Beispiel ist die Gestalt, die, »aus einer Menge gleichartiger Gestalten herausgehoben« *(ex-emplum)*, aber nach Nachahmung und Verallgemeinerung rufend, dem Individuum mit seiner tugendhaften Einzigartigkeit Trost bieten kann: wenn es sich bemüht, sich in bezug auf alle jene, die Wunder an Beständigkeit waren, im Stande fortgesetzter Ähnlichkeit zu halten, wird es sich auch bemühen, mit sich selbst identisch zu werden. Um einer solchen Forderung gerecht zu werden oder wenigstens ihre Verwirklichung in die Wege zu leiten, müßte die einfache *Mahnung* des Beispiels, sein Emblem – das Bildnis auf der Medaille – ausreichen. Die unpersönliche Literatur der Sinnsprüche und Lehren übt ihre Wirkung aus, insofern der Leser mit allen seinen persönlichen Energien darauf reagiert. Noch wirksamer aber werden die *Geschichten* sein. Man braucht nur die bewundernswerte Anschaulichkeit im Blick zu halten, die ihre Wiederholung in uns wachruft: »Bis ihr euch dahin gebracht habt, daß ihr nicht mehr wagt, vor euch selber zu straucheln, und bis ihr Scham und Ehrfurcht vor euch selber habt, *observentur species honestae animo*, haltet euch beständig Cato, Phokion und Aristides vor Augen, in deren Gegenwart selbst die Narren ihre Fehler verbärgen, und bestellt sie zu *Aufsehern* aller eurer Wünsche: sollten sie auf Abwege geraten, so wird die Ehrfurcht vor ihnen sie wieder zurechtweisen. Sie werden euch auf dieser Bahn erhalten, euch mit euch selbst zu begnügen, von niemand zu borgen als von euch selber, eure Seelen in bestimmten und umgrenzten Betrachtungen verweilen und sich festigen zu lassen, in denen sie sich wohlbefinden können; und wenn ihr die wahren Güter erkannt habt, die man in dem Maße genießt, in dem man sie erkennt, euch damit genug sein zu lassen, ohne Verlangen nach Fortdauer eures Lebens oder eures Namens. Dies ist der Rat der wahren und unverfälschten Philosophie[1] . . .« Wir müssen unseren Blick auf die beispielhaften Individuen richten, um uns umgekehrt ihren auf uns gerichteten Blick vorzustellen: unter der *Kontrolle* dieser Wesen, denen wir unterworfen sind wie Lehrern oder Eltern, werden wir auf unsere eigene Wahrheit verwiesen, auf den Akt der Wiederbekräftigung, der unsere persönliche Identität konstituiert, in der reinen Sich-selbst-Gegenwärtigkeit.

Die Wirksamkeit des Beispiels hängt zu einem bedeutsamen Teil von seiner Eigenschaft als vergangenes Ereignis ab; das Bild moralischer Vollkommenheit, das es uns vor Augen führt, wird zeitlich im Perfekt konjugiert. Die Deutlichkeit seines Umrisses geht Hand in Hand mit seiner zeitlichen Entlegenheit. Aber die Vergangenheit des Beispiels ist für den, der sich darum bemüht, insgeheim von der Zukunft des Sein-Sollens bewohnt. Was der beispielhafte Mensch *war*, sollen wir unsererseits sein, wir *werden* es sein, wenn wir uns dessen mit aller Kraft befleißigen. Denn das Beispiel – muß daran eigens erinnert werden? – ist eine präexistente kulturelle Form, die sich unserer Nacheiferung darbietet: der Spieleinsatz besteht darin, das Ich aufzubauen, Zugang zu unserer eigenen Form zu finden, indem man übersteigt, was die Alltagswelt an Amorphem und Unbestimmtem hat. Die ganze weichliche Substanz, der ganze Fluß unserer »Verfassungen und Launen« umgibt sich mit einer randscharf gezeichneten Kontur, wird greifbar und härtet sich. Dann prägt sich uns für immer ein Zeichen ein. (La Boétie, »eine Seele von altem Schrot und Korn[2]«.)

1 I, xxxiv; T.R. 242; L. 270. Zur »pragmatischen« Funktion des Beispiels cf. Karlheinz STIERLE, »L'histoire comme exemple; l'exemple comme histoire«, in *Poétique*, 10, 1972, S. 176-198. Das lateinische Zitat stammt von CICERO: »Was schön und bieder ist, das schwebe stets vor unserer Seele (*Tusculanae disputationes*, II, 22).

2 II, xvii; T.R. 643; F.W. IV, 186.

Die Nachahmung des Beispiels ist ein Trugbild, aber ein Trugbild, das auf Identifikation abzielt. Es ist eine Rolle, aber eine Rolle, die wir in uns heimisch werden lassen müssen, indem wir uns von ihrem Gesetz beherrschen lassen. Wir liefern uns ganz und gar der formativen Kraft des Beispiels aus. Diese Kraft scheint, indem sie uns Kontur und Konstanz verleiht, uns anfangs unsere Spontaneität zu rauben oder uns zu ihrer Unterdrückung zu nötigen. Aber bald schon wird das Beispiel, wenn es ganz Besitz von uns ergriffen hat, mit unserer Existenz verschmelzen. Und unsere zweite Spontaneität wird die vom verinnerlichten Leitbild geforderten Gesten ohne Anstrengung leisten. Sich die beispielhafte Lehre anverwandeln: das ist das klassische Programm einer Pädagogik, die *Normen* durch die Nachahmung großer Lebensläufe einschärfen will, in denen diese Normen sich vergegenständlicht haben. (Ermessen wir hier die Distanz zwischen Humanismus und zeitgenössischer Situation: im humanistischen Universum hebt sich das Beispiel vor einem Horizont vergangener Vollkommenheit ab – der antiken Welt; oder es bietet sich in einer zugleich nahen und transzendenten Gestalt dar – der Gestalt Christi; in der zeitgenössischen Welt gehen die häufig ephemeren und untereinander austauschbaren Beispiele – Helden, Stars, charismatische Gestalten – zumeist aus dieser zeitgenössischen Welt selbst hervor; häufig sind sie das Objekt einer »Manipulation«, die sie für ökonomische oder politische Zwecke einsetzbar macht, zumal die beispielhaften Figuren ein wirksames Mittel verkörpern, unsere Wünsche zu lenken.) Das antike Beispiel tritt auf einem absoluten Theater in Erscheinung, von unserer Welt getrennt, wie die »Bühne nach italienischer Art« vom Saal geschieden ist: das Beispiel spricht, es hat die Macht einer bewundernswerten Sentenz, es ist zugleich Sentenz und Akt. Mehr noch: es beurteilt uns, denn es legt die Stufenleiter der Werte fest, die Elle, mit der unser Verdienst und unsere Verfehlung gemessen werden können: das beispielhafte Wort und Bild sind allzu mächtig, als daß es dem Vergessen je gelänge sie auszulöschen. Ihr Eindruck ist untilgbar: denn das Beispiel entfaltet sich, wie wir noch wiederholt sehen werden, zumeist aus und mit einer denkwürdigen Szene. Da werden uns in unauflöslicher Verbindung die Worte, das Leben und der Tod des Helden dargeboten. Wir werden im folgenden zwei große Illustrationen dafür näher zu prüfen haben: den Tod La Boéties und den Selbstmord Catos.

5. Die Ausnahme

Es ist, wie man versichert hat[1], durchaus möglich, daß Montaigne zu Beginn der Niederschrift der *Essais* von der Suche nach Paradigmen aller Art (politischen, militärischen, moralischen) ausgegangen ist und versucht hat, ein Handbuch des vollkommenen Edelmannes zu schreiben. Seine Aufmerksamkeit hat sich dann aber bald, wie das gerade Hugo Friedrich und Karlheinz Stierle[2] hervorheben, auf die Ausnahme gerichtet, die das Paradigma widerlegt, auf das Mißverhältnis zwischen den implizit vorausgesetzten Lehren der großen, von der Tradition aufgestellten Beispiele oder auf das, was die Memoirenschreiber bald günstige, bald verhängnisvolle Auswirkungen ein und desselben Verhaltens nennen. Bei der langsamen Durchmusterung der Beispiele sieht er, wie sie sich gerade bei der Nebeneinanderstellung widersprechen und gegenseitig aufheben. Keine menschliche Handlung kann Anspruch auf die Würde eines feststehenden Leitbildes, einer universal gültigen Regel erheben: es gibt auch Einzelfälle, denkwürdige Ereignisse und nichtalltägliche Persönlichkeiten, die unserer Reflexion wert sind. Sie rufen nicht nach Nachahmung und erweisen sich überdies, wollte man ihnen Folge leisten, als unnachahmlich, als ungeeignet, uns den Weg abzustecken und unsere Sicherheit zu gewährleisten. Es gibt also, in der Vergangenheit wie in der zeitgenössischen Umwelt, eine Vielzahl von *Fakten*, die der Wißbegierde wert sind, deren aber keines befugt ist, volle Autorität über unsere Existenz auszuüben. Zwar sind diese Fakten weit davon entfernt, einander gleichwertig zu sein; sie tragen das Mal des Bösen oder des Guten, und das Verdikt des morali-

1 Albert THIBAUDET, *Montaigne*, Paris 1963, S. 62. Michel BUTOR, *Essai sur les Essais*, Paris 1968, S. 42-44.
2 Hugo FRIEDRICH, *op. cit.*, Kap. IV; Karlheinz STIERLE, *op. cit.*

schen Bewußtseins ist bei Montaigne im allgemeinen selten schwankend. Wir haben es bereits angemerkt: in Hinsicht auf das *Unstatthafte* zögert er nie. Ein anderes aber ist es, einer berühmten Tat einen moralischen Wert zuzuschreiben, ein anderes, in dieser Tat den Wert vergegenständlicht zu sehen, der unser eigenes Handeln lenkt, den Polarstern dieses unseres Lebens. Letzten Endes werden die Beispiele, wie edel sie auch sein mögen, in den Rang der Anekdote zurückverwiesen (im Sinne der »merkwürdigen Einzelheit« oder, im Grenzfall, der »wunderbaren Geschichte«, die es nicht verdienen unbekannt zu bleiben). Sie machen lediglich auf ihre Sonderexistenz aufmerksam: das hat »geschehen« können, glaubwürdige Zeugen berichten es ... Sie sind also nur aufgrund ihrer realisierten Möglichkeit beispielhaft, sie verweisen auf nichts weiter als ihr Vorkommen, das häufig gegen alle Erwartung und abseits des üblichen Weltlaufs eintritt – Beispiele, die deshalb unsere Bewunderung *(mirabilia)* verdienen, aber durchaus nicht unsere Nachahmung. Indem sie ihre je eigene Besonderheit manifestieren, bezeichnen sie damit eine aus ungleichförmigen Besonderheiten bestehende Welt: eine Welt der Diversität, in der die »fabelhaften Zeugnisse« unser Gehör, ja sogar unseren vorbehaltlosen Glauben verdienen. So bestätigt jedes neue Ereignis, auf das man sich als Zeugen beruft, um so nachhaltiger die buntscheckige Gestalt einer der Heterogenität, dem Übergang und dem Widerspruch preisgegebenen Welt. Es ist ein weiterer »Brocken« in einem Haufen von Brocken, ein »Zug des menschlichen Wesens[1]« – kontingent, aller normativen Autorität entkleidet.

Zweifellos hat Montaigne, weil er in den Büchern der Alten manche Züge (Reden, Taten), die er seinem eigenen Diskurs einverleibt, herausgehoben und ausgesondert hat, auf schärfere Weise ihre Eignung wahrgenommen, sich mobilisieren, verändern, permutieren zu lassen, kurz: ihre Ei-

1 I, xxi; T.R. 104; L. 153. In der Mehrzahl der Texte der letzten Periode wie dem, den wir hier zitieren, zieht MONTAIGNE die faktische Wahrheit des beispielhaften Ereignisses in Zweifel; Gültigkeit hat allein die moralische Reflexion, für die das angeführte Beispiel der Vorwand und Anlaß ist: »So dienen auch bei den Betrachtungen, die ich über unsere Sitten und unser Benehmen anstelle, die fabelhaften Zeugnisse, sofern sie nur als möglich erscheinen, ebenso wie die wahrhaftigen« *(ibid.)*.

genschaft von *Übergängen* im mehrfachen Wortsinne. Die Lektüre doxographischer Autoren (Stobaeos usw.) hat ihn dazu ermutigt. Das Beispiel ist kein unveränderliches Ziel mehr, das sich jenseits der Wechselfälle der verweslichen Welt erhebt und leuchtet. Es ist ein Element dieser zerfahrenen Welt, ein Augenblick ihres Umlaufs, eine Gestalt des universalen Flusses. Der Strom der Zeit, die Hexerei der Vielfalt reißen das Beispiel mit sich und entheben es, berauben es jedes Vorrechts, jedes Beständigkeitsprivilegs. Die paradigmatische Gestalt büßt die universale Autorität ein, mit der man sie ausgestattet hatte, sie fällt in die zufällige Existenz zurück, von der sie nurmehr eine Manifestation unter anderen ist. Die vermeintliche Regel verflüchtigt sich und geht in der Unregelmäßigkeit des Universums der Phänomene auf. Umgekehrt nimmt das Schauspiel der historischen und naturgeschichtlichen Welt, das in diesem Jahrhundert noch um derart viele in anderen Kontinenten aufgespürte Wunder bereichert wird, einen unerschöpflichen und wuchernden Aspekt an: vielleicht ist es die Unsicherheit, die gegen Ende der enzyklopädischen Vermehrung der »Bilder« und »Geschichten« vorherrscht, die sich, trotz terminologischer und klassifikatorischer Bemühungen, weigern, sich einer unumstößlichen Ordnung unterwerfen zu lassen, und die Schubladen des traditionellen Wissens sprengen. Die Monstren, die Spiele der Natur fordern das Recht, denselben Rang einzunehmen wie die regelmäßigen Formen, weil die Natur, die sich selbst überall gleich bleibt, bei ihren Abkömmlingen ja doch nicht zwischen legitimer Abkunft und Bastardnachkommenschaft unterscheidet. Die Abweichung ist fortan nur einer der möglichen Wege: der Skandal der Deviation wird beseitigt, wenn das Privileg eines unbestreitbaren Zieles und beispielhaften Weges verschwindet. »Jedes Gleichnis hinkt[1]«, wird Montaigne schließlich sagen, nachdem er uns eingeschärft hat, angesichts beispielhafter Menschen nicht zu hinken.

Folglich wird gerade der geschlossene Stromkreis von äußerer Beispielhaftigkeit und innerer Konstanz unmöglich. Der äußere Rückhalt beginnt zu fehlen. Man muß sich

1 III, xiii; T.R. 1047; F.W. VI, 168. Das Kapitel »Von der Erfahrung« (III, xiii) ist in erster Linie eine fortgesetzte Reflexion über den Begriff des *Beispiels*.

trauen, ohne den vom Beispiel gewährten Schutz zu leben ... In dieser Hinsicht wird Montaigne in bezug auf sein eigenes moralisches Leben zu dem Schluß kommen, es sei »mustergültig genug, um als abschreckendes Beispiel zu dienen[1]«.

6. Die Verdopplung, die Monstren, die Melancholie

Zum Zuschauer der Welt werden, sich selbst auf die Probe stellen. Das gesuchte Ziel ist die Einheit, das geregelte Leben. Es ist die Wiederaneignung. Hier aber stellt sich paradoxerweise das Gegenteil ein. Die Einheit verliert sich. Die innere Szene gerät in Unordnung.

Wie vollzieht sich diese Umkehrung? Halten wir fest, daß es sich – im Denken, im Diskurs – um eine unvorhergesehene Folge der Verdopplung handelt, die Betrachter und betrachtetes Objekt voneinander scheidet.

Versuchen wir die Phasen dieses Prozesses nachzuvollziehen.

Von ihrer ersten Aussage an trifft die Weisheit der umfassenden *theoria* wieder auf die Gebote der Selbstgenügsamkeit, der Autarkie. Es genügt nicht, die Welt als eine Art Schauspiel zu beobachten: das heißt der Außenwelt noch zuviel Bedeutung beimessen. Man muß sich selbst sein eigenes Theater werden. Nach einer von Seneca formulierten und von Montaigne unterstrichenen Mahnung: »Ihr und ein Genoß seid euch einander oder euch selbst ein hinlänglicher Schauplatz[2].« Die zur Beobachtung erforderliche Spaltung läßt zwangsläufig die Dualität vorherrschen. Eine Dualität, die anfangs als Übergangsstadium hingenommen wird – in der Erwartung der bewußten Einheit, die sich einstellen wird, wenn das beobachtete Ich nicht mehr den Geboten des beobachtenden Ichs unterworfen ist, wenn der Ich-Zuschauer dem Ich-Schauspiel seine volle Zustimmung erteilt hat. In der Erfahrung aber, die Montaigne dabei macht, wird die Spaltung der Selbstbeobachtung, anstatt stabilisierend zu wirken, zum Prinzip einer raschen Pluralisierung. Die Ver-

1 III, xiii; T.R. 1056; L. 856.
2 I, xxxix; T.R. 242; F.W. II, 132.

dopplung ebnet, anstatt die Wiederholung des *Gleichen* zu gewährleisten, der Differenz den Weg und löst die ganze Zahlenfolge aus. Durch die offene Bresche strömen das Multiple und die unbegrenzten Veränderungen ein und bemächtigen sich des dargebotenen Raumes. Das Theater, das das Ich sich selbst ist, sieht aus seinem eigenen Inneren eine Vielzahl von Figuren aufsteigen. (Zugegeben sei, daß es sich hier um eine sprachliche List handelt: sobald das Ich im grammatikalischen Sinne zum Objekt wird, hindert nichts daran, daß jede seiner Leidenschaften, Ideen usw. ihrerseits denselben gleichsam autonomen Objektstatus erhält.) Die Szene bevölkert sich mit ungebetenen Eindringlingen: ihnen zu gebieten oder sie zu lenken wird zu einem hoffnungslosen Unterfangen. Die doch so sehnlich erwünschte Ruhe bleibt unerreichbar. In einem wichtigen Abschnitt (der das Kernstück des kurzen Kapitels »Über den Müßiggang«, I, viii, bildet) erkennt Montaigne an, daß ihm der Gewinn, den er sich anfangs von der Zurückgezogenheit erwartet hatte, nicht zuteil geworden ist:

»(*a*) Als ich mich unlängst in mein Hauswesen zurückzog, fest entschlossen, mich hinfort so viel wie möglich mit nichts mehr abzugeben, als das Wenige, was mir noch an Leben bleibt, in Ruhe und für mich hinzubringen: da meinte ich, ich könnte meinem Geist mit nichts gefälliger sein, als daß ich ihn in aller Muße sich selbst unterhalten, mit sich selber beschäftigen und verweilen ließe; was ihm, wie ich hoffte, fortan leichter sein würde, da er mit der Zeit schwerfälliger und reifer geworden sei. Aber ich finde:

variam semper dant otia mentem

daß er im Gegenteil wie ein entlaufener Hengst sich selber hundertmal mehr Plackereien macht, als er je für andere auf sich nahm; und heckt mir so viele Fabelwesen und phantastische Ungeheuer aus, eins übers andere, ohne alle Ordnung und Zusammenhang, daß ich, um sie in ihrer Verschrobenheit und Wunderlichkeit in aller Ruhe betrachten zu können, über sie Register zu führen begonnen habe und hoffe, ihn mit der Zeit dahin zu bringen, daß er sich des Unfugs selber schämen soll[1].«

Das ist das erste Geständnis, das Montaigne in bezug auf den eigentlichen Ursprung seines Buches ablegt. Er hat eine

1 I, viii; T.R. 34; L. 78. Das lateinische Zitat stammt von LUCANUS: »Stets zeugt der Müßiggang launische Grillen« (*Pharsalia*, IV, 704).

Umkehrung des Für und Wider hinnehmen müssen, ein arglistiges Spiel der Gegensätze. Er wünschte sich den ruhigen und sicheren Alterssitz *(sich mit sich selber beschäftigen und verweilen)*, den stillen Umgang allein mit sich selbst ([das Wenige] *in Ruhe und für mich hinzubringen*). Statt dessen hat er das zerfahrene Ungestüm, das Überhandnehmen der Unruhe kennengelernt. Anstelle des seiner erfüllten Realität zurückgegebenen geregelten Lebens hat er die wimmelnde Horde von Fabelwesen und unwirklichen Geschöpfen herandrängen sehen. Also sah er sich gezwungen, sie zur Kenntnis zu nehmen, sie zu registrieren, sie *aufzulisten*. Er hat im Akt des Schreibens, in der Beschäftigung mit dem entstehenden Buch Hilfe gesucht. Und da er nicht auf den moralischen Endzweck der inneren Erbauung verzichtet hat, mußte er seinem *Geist* eben *Scham* verordnen. Der da in diesem Text *ich* sagt und zur ersten Person Singularis Zuflucht nimmt, kennzeichnet sich als verschieden, als nicht-identisch im Verhältnis zu dem, was er in sich selbst entdeckt. Die erwünschte Einheit ist also vertagt, auf später verschoben: zuerst muß der *entlaufene Hengst* gebändigt, muß der unzuverlässige Geist gescholten werden, wie man ein Kind schilt. Die kontemplative (theoretische) Einstellung wird deshalb nicht fahrengelassen; anstatt jedoch eine billigende Sympathie zwischen Ich und Ich aufzubauen, bestätigt sie die Präsenz einer Andersheit, die sich jeder Identifikation verweigert *(um sie in ihrer Verschrobenheit und Wunderlichkeit in aller Ruhe betrachten zu können)*.

Fassen wir an dieser Stelle die Instanzen zusammen, in die die Persönlichkeit sich auseinanderlegt: ihre Vielzahl wird uns beeindrucken. Der da *ich* sagt, unterhält zu seinem *Geist* (als distinkter Wesenheit, in der grammatischen Stellung des entfernteren Objekts) eine Beziehung des Handelns und Beobachtens. Der Geist geht seinerseits eine durchdachte Beziehung *zu sich selbst* ein (eine Beziehung, die an die Stelle der Beziehung *zu anderen* tritt); überdies heckt dieser Geist die wirre Schar von Fabelwesen aus. Und in eben dieser Hinsicht auf die äußere Emanation, auf die zweite Nachkommenschaft (die erste ist *mein Geist*) findet das erste Subjekt *(ich)* zur Einstellung des Beobachters zurück. Wo kann die Einheit Zuflucht finden? Einerseits in der Beständigkeit des ersten

Subjekts, des beharrlichen Zeugen des seinem Hirn Entsprungenen und der Reihe der fabelhaften Kopfgeburten. Andererseits in der abschließenden *Liste* – dem Register, das in der Kontinuität seines eigenen Raumes die irreale und diskontinuierliche Vielzahl der *Fabelwesen und phantastischen Ungeheuer* auffangen muß. Die *Liste* und die Stimme, die das erste *ich* ausspricht, neigen, wie wir sehen werden, immer mehr dazu, sich gegenseitig zu verstärken.

Ein anderer die Entstehung der *Essais* betreffender Text muß parallel dazu in Betracht gezogen werden. Es handelt sich um das Geständnis, das Montaigne zu Beginn des Kapitels viii von Buch II Mme d'Estissac macht (»Von der Liebe der Väter zu ihren Kindern«):

»(*a*) Es ist eine trübselige Gemütsstimmung, eine Stimmung also, die meiner natürlichen Anlage überaus zuwiderläuft, hervorgebracht von der Bekümmernis der Einsamkeit, in die ich mich vor einigen Jahren geflüchtet habe, die mir ursprünglich das Hirngespinst in den Kopf gesetzt hat, mich mit Schreiben abzugeben. Und da es mir nun gänzlich an jedem anderen Stoff und Inhalt gebrach, habe ich mir mich selber zum Gegenstand und Vorwurf gegeben[1].«

Die Erklärung, die uns Montaigne hier vorlegt, ist nicht weniger bedeutsam als die vorhergehende. Die beiden Sätze entfalten eine ganze Kette von Gründen. Diese Gründe lassen am Ursprung der *Essais* eine komplexe Kausalität mitwirken, die zugleich in den ganzen weiteren Verlauf *(vor einigen Jahren . . . ursprünglich . . . später)* und in einen dritten Raum eingreift, der die Welt *(die Einsamkeit, in die ich mich geflüchtet hatte)*, den Körper *(Gemütsstimmungen, Kopf)* und den Geist *(mich . . . leer findend)* umfaßt. Montaigne macht dafür eine körperliche Disposition, eine Störung des »Temperaments« (die *trübselige Gemütsstimmung*) verantwortlich, die ihrerseits von einer bestimmten affektiven Verfassung hervorgebracht werden (die *Bekümmernis*, die sich aus der überstürzten Wahl des einsamen Lebens ergab). Und die trübselige Gemütsstimmung determiniert ihrerseits wiederum das *Hirngespinst* – ein Ausdruck, der in der starken Bedeutung von Delirium, Wahn, Obsession aufgefaßt werden muß –, ein an-

1 II, viii; T.R. 364; L. 369.

nähernd genaues Äquivalent der »Fabelwesen und phantastischen Ungeheuer« des vorhergehenden Textes.

Wir sehen uns hier mit einer Reihe von Ursachen und Wirkungen konfrontiert, bei denen sich die Modifikationen von Körper und Geist gegenseitig determinieren. Was uns hier innehalten läßt, ist nicht die Deutung, die Montaigne an dieser Stelle implizit für die Beziehungen von Seele und Körper vorschlägt: da ist nichts, was nicht mit der von Galenus ererbten und im 16. Jahrhundert allgemein akzeptierten medizinischen Anthropologie übereinstimmte. Die galenische Lehre ist eine Psychosomatik, die Montaigne, der doch so sehr bestrebt ist, die »brüderliche Verbindung« von Seele und Körper in Ehren zu halten, unbedenklich gutheißen kann, selbst wenn er den nicht-verifizierbaren Deduktionen keinerlei Glauben schenkt, die die Ärzte daraus herleiten. Sie erscheint ihm auf ganz allgemeine Weise sowohl im deskriptiven als auch im Bereich kausaler Zuordnung angemessen[1]. Im Sinne der verbreiteten und zu seiner Zeit gewöhnlich gebilligten Überzeugung nimmt er eine enge Beziehung zwischen Einsamkeit und Melancholie an (man sucht die Einsamkeit, weil man melancholisch ist; man wird Melancholiker, weil man ein einsames Leben führt); er kennt auch die Gefahr der Melancholie, die jede intellektuelle Lebensführung begleitet (diejenigen, deren Gemütsart melancholisch ist, bringen ihr Leben mit dem Lesen oder Schreiben von Büchern hin; diejenigen, die ihr Dasein literarischen Arbeiten widmen, setzen sich der Gefahr aus, Melancholiker zu werden); er läßt keineswegs außer acht, daß die Melancholie zwei durchaus gegensätzliche Arten von Auswirkungen haben kann: die geniale Inspiration und die dumpfe Betäubung[2]. Er weiß auch, daß der Griesgrämige, den verbreitetsten medizinischen Vorstellungen zufolge, ein Mensch ist, der sich einschließt, mißtrauisch ist, dessen unruhiger Blick die Welt als verhängnisvolle Komödie wahrnimmt, ein Misanthrop, der sich von maskierten Feinden umringt glaubt.

1 Cf. Owsei TEMKIN, *Galenism*, Cornell University Press 1973. Das Thema wird mit größerer Ausführlichkeit in Kapitel IV, »Der Aspekt des Körpers«, behandelt.

2 Cf. R. KLIBANSKY, E. PANOFSKY, F. SAXL, *Saturn und Melancholy*, London 1964. Cf. II, viii; T.R. 372; F.W. III, 108.

Für die Physiologie der Renaissance ist die Melancholie (oder die schwarze Galle), im Verein mit dem Blut, der (gelben) Galle und dem Schleim (Phlegma), einer der vier grundlegenden Körpersäfte, deren Mischung das »Temperament« des Individuums festlegen. Das glückliche Mischungsverhältnis dieser Säfte macht den Körper zu einem Instrument, dessen sich die Seele ohne allzu viel Mühe bedient. Aber jede Gleichgewichtsstörung und vor allem jeder Überschuß von gelber Galle (oder *cholère*) oder Melancholie führt dazu, daß die Leidenschaft des Körpers die Oberhand gewinnt. Die willensgelenkte Aktivität ist dann außer Kraft gesetzt: der Mensch wird durch ein materielles Verhängnis geleitet, und zwar ohne sein Wissen. Für alles, was dieses Verhängnis ihn auszuführen zwingt, ist er fortan nicht mehr verantwortlich. Wenn man, wie Montaigne das tut, die Melancholie verantwortlich macht *(die mir das Hirngespinst in den Kopf gesetzt hat, mich mit Schreiben abzugeben)*, so bedeutet das, sich vom Vergehen des Schreibens zu exkulpieren, bedeutet es kundzutun, daß man Schriftsteller nicht aus freien Stücken geworden ist: der Grund dafür liegt in den Tiefen des Körpers, in der dunkelsten der Substanzen, aus denen wir zusammengesetzt sind. Wenn wir dem soeben zitierten Abschnitt einige Aufmerksamkeit widmen, so ist der von Montaigne erwähnte einzige willentliche Akt die Wahl der Einsamkeit: in die hat er sich mit voller Absicht *geflüchtet*. Mit welchem Ziel? Erinnern wir uns der Inschrift, die er auf eine der Wände seiner »Bibliothek« hat malen lassen: die Wahl der Einsamkeit kam im Vorsatz Montaignes der der Freiheit gleich. Von den öffentlichen Verpflichtungen abgestoßen *(pertaesus)*, des knechtischen Zwangs *(servitium)* des Parlamentes müde, hat er geglaubt, das einsame Leben sei auch das freie. Hier aber werden wir Zeugen einer Umkehrung derselben Art wie jener, die die tugendhafte Einheit durch die monströse Vielheit ersetzte. Die Einsamkeit beschwört Kummer und Melancholie herauf. Die Freiheitshoffnung verflüchtigt sich: man muß das Gesetz der dunklen Gemütsstimmung über sich ergehen lassen, sich vom *Hirngespinst* überwältigt fühlen, das die Entfremdung, die Umnachtung im pathologischen Sinne des Wortes ist. Es beginnt eine neue

Knechtschaft . . . (Zwar läßt sich dieses Geständnis bis zu einem gewissen Grade der Koketterie und der Adelsprätension zuschlagen: für einen Adeligen ist es unschicklich, das Handwerk des Schreibens auszuüben. »Ich bin weniger ein Büchermacher als der Mann jedes anderen Geschäfts[1]«, wird Montaigne zu einer anderen großen Dame sagen. Die melancholische Stimmung und der beschwerliche Zwang, den sie auferlegt, haben nur den Wert eines vorübergehenden Alibis für einen Edelmann, der, wenn er die Feder ergreift, und sei es um sich über die Büchermacher lustig zu machen, vergessen hat, was er sich schuldig ist.)

Die Sorge um das Schreiben ist also die Folge des Eindringens von *Wunderlichkeit*, von *Fremdheit*, die dem freien Willen der Seele Gewalt angetan und ihr die Frucht ihrer ersten Anstrengung entrissen hat. Besser gesagt: die Sorge um das Schreiben zielt für Montaigne darauf ab, eine innere Beherrschung wiederzuerlangen, die die Seitensprünge seines untätigen Geistes oder das unwiderstehliche Hirngespinst des melancholischen Kummers außer Kraft setzen. Schreiben bildet die letzte Zuflucht, um sich der vielgestaltigen Passivität zu entreißen, die an die Stelle der von ihm erhofften aktiven Inbesitznahme tritt.

Die Passivität umfaßt in der Tat wechselnde Aspekte. Im zuvor gebotenen Text brachte Montaignes Geist nicht nur den »entlaufenen Hengst« hervor; er wurde überdies, durch das Vermögen spontaner Fruchtbarkeit, Schöpfer von Fabelwesen: das erste Subjekt fand sich in der passiven Situation des Zeugen wieder, der dem in ihm aufgebrochenen turbulenten Schauspiel beiwohnt. Der Hauptunterschied zwischen den beiden Abschnitten, die Klarheit über den Beginn des Schreib-Unterfangens verschaffen, liegt in dem vom ersten beschworenen Überfluß (»*hundertmal* mehr Plackereien . . . eins übers andere«) und der im zweiten angeführten Leere (»da es mir nun gänzlich an jedem anderen Stoff und Inhalt *gebrach*«). Aber das Zuviel an Bildern und die Leere erwachsen beide aus dem Überschuß an melancholischer Stimmung. Diese Stimmung hält sich natürlicherweise an die Extreme, die sie auf überraschende Weise miteinander abwechseln oder

1 II, xxvii; T.R. 764; L. 597.

sogar koexistieren läßt. Seit der Antike haben das Philosophen und Ärzte wiederholt ausgesprochen. Und Montaigne hat sich, wenn er über den Wahn Tassos spricht, dessen erinnert:

»(*a*) Plato sagt, die Menschen von melancholischem Temperament wären die gelehrigsten und vortrefflichsten Schüler. Aber kein andres ist auch so geneigt zum Verrücktwerden als ein solches. Unzählig viele witzige Köpfe gehen über ihre eigenen Kräfte und Beweglichkeit zugrunde. Welch einen Sprung hat nicht vor kurzem einer der scharfsinnigsten, muntersten und nach der reinen Dichtkunst vortrefflich gebildetesten Dichter, den nur jemals Italien aufzuweisen hatte, durch seine eigene Unruhe und die Geschäftigkeit seines Geistes getan? Hatte er wohl große Ursache, sich über seine mördrische Lebhaftigkeit zu freuen? Über dieses helle Licht, das ihn verblendete? Über diese ununterbrochene und gespannte Hinsicht auf die gesunde Vernunft, die ihn am Ende um seine Vernunft gebracht hat? Über dieses ausgezeichnete und mühsame Forschen nach Wissenschaften, das ihn endlich dumm gemacht hat wie ein Vieh? Über diese seltene Fähigkeit der Seele, die ihn endlich aller dieser sonderbaren Tätigkeit seiner Seele beraubt hat[1]?«

Zwar liegt nichts dergleichen bei Montaigne vor, sondern nur das Bewußtsein einer Gefahr und das Gefühl eines immer möglichen Umschlags.

Heben wir überdies hervor, daß Montaigne, wenn er der Melancholie einen entscheidenden Anteil an der Entstehung seines Werkes zuschreibt, von ihr als von einer ungewöhnlichen, außerordentlichen, seinem wahren Wesen entgegengesetzten Ursache spricht. Sie ist, versichert er, »eine Stimmung, die meiner natürlichen Anlage überaus zuwiderläuft[2]«. Er ist Schriftsteller also aus Anlaß eines Stimmungsumschwungs geworden, der ihn sich selbst gegenüber zeitweise unähnlich gemacht hat. Ein neuer Aspekt der Andersheit! Was! da ist also ein Buch, das zum Buch »vom Fleisch und Blut seines Verfassers[3]« erklärt wird und das aus Anlaß einer Abweichung, einer vorübergehenden Umleitung des gewohnten Lebenswegs entsteht. Der Beginn des Schreibens

1 II, xii; T.R. 472; F.W. III, 286.
2 II, viii; T.R. 364; L. 369.
3 II, xviii; T.R. 648; L. 541.

wird uns als fortan unwiderrufliche Aberration dargestellt, die auch die Wiederkehr weniger düsterer Neigungen nicht wieder annullieren wird. Auch jenseits der ungewöhnlichen Umstände, die ihn anfangs gedrängt haben, zur Feder zu greifen oder zu diktieren, wird Montaigne weiterhin schreiben; er wird das »Hirngespinst«, das ihn zum *Autor* gemacht hat, nicht leugnen, auf die Gefahr hin, dieses Buch, dessen Ursprung ihm derart belanglos erschien, aus jeder *Autorität* zu entlassen.

Wenn die Melancholie für Montaigne nach eigenem Eingeständnis ein außergewöhnlicher Zustand war, so wollen wir das Ausmaß der Normabweichung zu ermessen versuchen, indem wir sie auf das beziehen, was er für seine »natürliche Anlage« hält. An Hinweisen fehlt es nicht. Hier ein kurzes Selbstporträt seiner Körperlichkeit: »Übrigens ist mein Wuchs kräftig und gedrungen; das Gesicht nicht feist, aber voll; die Gemütsart in der Mitte zwischen Fröhlichkeit und Schwermut, mäßig sanguinisch und leidenschaftlich[1].« Die Beschreibung kann sich nicht für einen vollständigen und reinen Typus entscheiden: es ist das *Gemischte* und die Zwischenstufe, die im Sinne des Konzepts der *Idiosynkrasie* vorherrschen, in deren Banne die galenische Lehre Wert auf die individuelle Besonderheit legt, und zwar in einer Richtung, die sich mit den nominalistischen Vorlieben Montaignes in Einklang bringen läßt. Und überdies stabilisiert sich diese »Anlage«, die in der Mitte *zwischen* »Fröhlichkeit und Schwermut« liegt, nicht in einem unveränderlichen Gleichgewicht: sie bringt sich vielmehr durch eine Abfolge entgegengesetzter Zustände zum Ausdruck. Der Umschwung, der Wandel, den Montaigne zum Gesetz der Welt erheben wird, regiert normalerweise auch seinen eigenen Körper und Geist: »Zuweilen bin ich zu allem fähig, dann kann ich wieder nichts tun; das was mir eine Stunde Vergnügen macht, verursacht mir zur andern Verdruß. Es gehen tausend dumme und unfreiwillige Wallungen in mir vor. Bald packt mich eine finstere, bald eine gallige Laune: in einer Stunde herrscht, ohne mich darum zu fragen, über mich der Unwille,

1 II, xvii; T.R. 624; L. 514. Anderswo sagt er: »Ich bin von Natur nicht schwermütig, aber ein Grübler« (I, xx; T.R. 85; L. 129-130).

in einer anderen wieder der Frohsinn[1].« Zu unstet, um sich einer einzigen Stimmungslage subsumieren zu lassen, und aufgrund einer Art physiologischen Verhängnisses unbeständig, ist Montaigne der Melancholie nahe oder fühlt sich ihr doch kurzfristig ausgeliefert, um nur zu bald der ebenfalls transitorischen Abhängigkeit von einer anderen inneren Macht anheimzufallen.

In dem Wissen, das Montaigne von seiner »natürlichen Anlage« hat, sieht er mithin kein reines Temperament bei sich vorherrschen. Aber die »Anlage« stellt ein streng individuelles Gleichgewicht her, eine besondere Mischung, dem die ärztliche Weisheit und die Regeln der Lebensklugheit Achtung zu erweisen oder nur mit Bedacht entgegenzuarbeiten empfehlen. Was Montaigne uns zu verstehen gibt, ist, daß er das melancholische Streben nach Beständigkeit von einem Augenblick der *Untreue* zu seiner eigenen physischen Norm an unternommen hat: die Suche nach Identität begann schlecht und war dazu ausersehen, von der unvermeidlichen Wechselhaftigkeit des Temperaments zerrüttet zu werden. Der Wunsch, »sich mit sich selber zu beschäftigen und zu verweilen«, erzeugte paradoxerweise also nicht nur im Bereich des Geistes Unruhe; er wirkte auch dem Gesetz des Körpers entgegen, der Montaigne Stimmungsumschwüngen preisgab. Das Unterfangen des Schreibens erkennt in seinem Prinzip eine Hoffnung auf Stabilität, die, der Naturgegebenheit feind, dazu ausersehen ist, die Stärke des Stromes um so besser kennenzulernen, als es sich zuerst in der Gegenrichtung orientiert hat. Ein unauflösbarer Widerspruch? Er wird sich durch die Hinnahme des Paradoxons, durch die Koexistenz der Gegensätze und durch die Versöhnung von Identität und Andersheit lösen.

7. Die Kunst des Malers

Montaigne verzichtet nicht auf die Identität. Er hat jedoch entdeckt, daß er keinen direkten Zugang dazu finden kann. Anstelle der Einheit hat er die Bruchstückhaftigkeit kennen-

1 II, xii; T.R. 549; F.W. IV, 15.

gelernt. Man muß es also anders anfangen. Und dieser Neuansatz ist, wie wir bereits gesagt haben, eben derjenige, der den Weg über den Akt des Schreibens, über den Akt des »Registerführens« nimmt. Im ganzen Verlauf dieses Weges ist die Melancholie gegenwärtig. Sie ist es, die bereits die Verweigerung der sozialen *Rolle* und die künstlichen Formen beeinflußte, die Brauch und Herkommen unseren Handlungen aufnötigen; sie ist es erneut, die, indem sie die einfache Identität vereitelt, dazu verleitet, die »Leere« zu füllen, die Seiten der [Schrift-]»Rolle« zu beschreiben, auf denen die Monstren, die Fabelwesen, die Hirngespinste Fuß fassen werden – für den Blick der anderen.

Wir haben bereits darauf hingewiesen: der Mißerfolg des Versuchs der Selbstbestimmung zieht die Verstärkung der »Neugier«, der Aktivität der reinen Beobachtung nach sich. Angesichts einer auf Dauer heimisch gewordenen inneren Andersheit, die die ruhige Gleichheit von Ich und Ich versagt, bemüht sich ein unwandelbar wachsamer Blick, die einzig mögliche Kontinuität durchzusetzen: seine ununterbrochene Präsenz. Dieser Blick bleibt nicht ohne Auswirkungen auf die Leidenschaften, die er beobachtet, er ist nicht machtlos. Aber er kann nicht die Ordnung durchsetzen, die er sich wünscht. Die Teilung läßt sich nicht überwinden. Nie wird es vollkommene Koinzidenz, nie ruhige und wortlose Identität zwischen dem beobachtenden »Ich« und dem beobachteten geben.

Das einzige Hilfsmittel für den, der der Identität verfallen bleibt, liegt darin, sie im Diskurs zu verankern, der die Veränderung ausspricht, im Urteil, das die Wechselhaftigkeit beschreibt und verurteilt (oder entschuldigt). Plan und Ziel dieses Diskurses wird es nicht mehr sein, die moralische Beständigkeit zu verwirklichen, sondern zu sagen, »wie« und »warum« sie sich verloren hat, aus welchen Gründen sich die ersehnte Ruhe nicht finden ließ, welche Hindernisse das Trugbild einer transparenten, eindeutigen und einfachen Wahrheit allmählich immer weiter zurückgetrieben und verdrängt haben. Das Buch ist der einheitstiftende Ort, an dem sich die Sammlung des Verschiedenen vollziehen kann. Der Faden ein und desselben Schreibens ist mit der Veränderlichkeit der Stimmungen nicht unvereinbar, nicht mit dem Kampf der widersprüchlichen Ideen, dem »Übergang«, der Bewegung, der Reise. Und nach Maßgabe einer späteren Lektüre – denn Montaigne ist sein erster Leser – wird der unifizierende Zug des Schreibens sich verstärken, nicht ohne zu Ausschmückungen, Zusätzen und Abschweifungen Anlaß zu geben. Die Dualität, die Andersheit werden nicht beseitigt, aber die Einheit des Buches umfaßt sie, ohne sie zu reduzieren. »Mein Buch ist immer ein und dasselbe«, schreibt Montaigne und fügt beinahe unmittelbar anschließend und ohne Widerspruch hinzu: »Ich heute und ich einst, das sind zweierlei Menschen[1].«

Hier muß alles erwogen werden, was die Verlagerung der Einheitsbestrebung ins Buch voraussetzt. Die ursprüngliche Hoffnung Montaignes hatte, wie wir gesehen haben, darin bestanden, die ethische Aufgabe der Beständigkeit, der erneuten tugendhaften Versicherung seiner selbst zu erfüllen, und zwar in Übereinstimmung mit einer als bekannt vorausgesetzten Regel, mit für ausschlaggebend gehaltenen Beispielen. Die Bücher waren für diese Suche unabdingbar: aber das waren die Bücher anderer, die Bücher der Meisterdenker, die die zu befolgenden Gebote, die beispielgebenden Geschichten, die zur Identifikation einladenden Leitbilder enthielten. Der Zugang zur inneren Wahrheit wäre, wenn er denn möglich gewesen wäre, zwar auf dem Wege über die vertrauliche Unterredung verlaufen, aber durch eine Erfahrung als Leser untermauert worden, die sich an dem orientiert hätte, was, und zwar im Perfekt, die Worte der Meister sagen. Da die Tugend jedes Streben nach Ruhm, jede Sorge um die Nachwelt ausschloß, wäre Montaignes Zustimmung zu seiner eigenen Wahrheit, zu seiner tugendhaften Identität stumm geblieben – eine rein innere, für jeden fremden Blick unsichtbare Ausstrahlung, »ohne Verlängerung des Lebens oder Vergrößerung des Ruhms[2]«. Der Rückgriff aufs Schreiben wandelt die ursprüngliche *Leser*erfahrung in eine *Autoren*erfahrung um; gleichzeitig zieht er die Verwandlung der ersten folgsamen Lektüre und ihre Mauser zu einer *kritischen*

1 III, ix; T.R. 941; L. 759.
2 I, xxxix; T.R. 242; F.W. II, 134.

Lektüre nach sich, die die Texte der Vergangenheit für das neue, gerade in Arbeit befindliche Buch ausbeutet und sich ihre Substanz zu unvorhergesehenen Zwecken aneignet, über jedes Vorhaben bloß wiederholender Identifikation hinaus. Zum Sammelbecken der Identität geworden, steuert das Buch dazu eine ganz andere Dimension bei. Es handelt sich nicht mehr um die Angleichung von Ich und Ich, die eine unauflösbare Treue begründet. Es handelt sich nicht mehr um das permanente *Wesen*, von dem drinnen, diesseits des trügerischen äußeren Scheins, wieder Besitz ergriffen wird. Es handelt sich um eine *Beziehung*, die den Weg über das Draußen nimmt und in der sich die Ähnlichkeit eines Bildes mit einem »Original« bezeugt, das selbst Autor des Bildes ist. Anders ausgedrückt: die so vorgestellte Identität ist nicht mehr die sprachlose Zustimmung des Gleichen zum Gleichen, in der sich das Innerste stärkt und bekräftigt; sie schließt die Differenz ein und erhält sie aufrecht, sie nimmt die Gefahr des Scheins auf sich, die des Werdens und der Sprache.

Die Differenz, die Nicht-Identität lassen sich nicht vermeiden. Sie bleiben auf Dauer heimisch. Und das aus wenigstens zwei Gründen: einmal, weil das Ich in der Form, wie es sich selbst beobachtet, nicht aufhört, Veränderungen durchzumachen und sich unähnlich zu werden; zum anderen aber auch deshalb, weil das Buch und das Leben, so nahe und gleichförmig sie sich der Schriftsteller auch wünschen mag, unterschiedliche Realitätsebenen bilden, zwischen denen stets ein Zwiespalt aufzubrechen droht.

Man muß, als eine Art Folge, hinzufügen, daß das Ich sich auf *doppelte* Weise zu manifestieren unternimmt. Einerseits ist es im Präsens des Schreibens heimisch, im Augenblick der Aussage, präsentiert es sich in der Ausübung des beobachtenden Blicks und des Urteils; andererseits gibt es dem Leser die vielfachen seelischen »Regungen«, die veränderlichen und wechselhaften »Stimmungen« und die »Hirngespinste« preis, die es eingekreist, objektiviert und umschrieben hat. Wir lesen ein Porträt; aber der Maler hat sich nicht vergessen machen wollen: der Akt des Beobachtens und Darstellens bildet seinerseits den Gegenstand einer Darstellung. Das »Register« wird uns den Maler bei der Arbeit zeigen, dem

Spiegel oder der Leinwand gegenüber, auf der ein der Vollendung entgegengehendes Selbstporträt sich abzeichnet. Der Autor macht sich in seinem Buch als distinkt bemerkbar, wenn er auch solidarisch mit ihm ist; umgekehrt schließt das Buch, in seiner immerwährenden Unvollkommenheit, den Autor als Richter über seine Unvollkommenheit ein.

Eine solche Operation bringt einen ästhetischen Anspruch ins Spiel. Die pikturalen Metaphern, deren sich Montaigne beharrlich bedient und die er mit verschiedenen, anderen Künsten entlehnten Bildern ergänzt – *malen*, *Porträt*, *Farben*, *abformen*, *bauen* –, haben eine äußerst aufschlußreiche Bedeutung. Die Identität wird dem Werk, der Hervorbringung eines Bildes anvertraut. Montaignes Unterfangen, in der Hoffnung begonnen, die Ruhe der Seele zu erlangen, wird sich, ohne diesen ersten Entwurf je zu vergessen, als literarisches Meisterwerk vollenden. Der Rückgriff aufs Schreiben und das spätere Selbstporträt dürfen nicht als Etappen einer fortschreitenden »Entdeckung des Ichs« betrachtet werden. Das Ich ist, wie wir gesehen haben, von vornherein Gegenstand vorrangiger Sorge und Aufmerksamkeit. Was sich einstellt, ist die fortschreitende Übertragung der Verantwortlichkeit für die Identitätsfestigung aufs Schreiben, auf das Buch, auf das Bild. Was unmittelbare moralische Aufgabe war, wird künstlerische Aufgabe und erfüllt eine aufgeschobene moralische Funktion. Das hat nicht nur die Auswirkung, daß das eingestandene Scheitern des Versuchs der moralischen Stabilisierung als eines der Themen, als einer der *Züge* des Porträts zugelassen wird; es folgt daraus nicht nur, daß die geistige Umnachtung, die Unähnlichkeit und die Veränderlichkeit eingestanden werden können, ohne die Einheit des sie »registrierenden« Werkes zu gefährden. Es kommt überdies dazu, daß der ästhetische Anspruch, der um Kommunikation ersucht, der die Zustimmung des Zeugen (Lesers, Betrachters des Porträts) erstrebt, die Möglichkeit einer neuen Ethik eröffnet – einer Ethik, die das Individuum nicht in die Pflicht sprachloser Autarkie nimmt, sondern ihm die Forderung der *Wahrhaftigkeit* bei der Darstellung zuweist, die es einem Empfänger draußen von sich gibt und die es verpflichtet, im anderen die Garantie seiner Präsenz bei sich selbst zu suchen. (Im Vorbeigehen sei hinzugefügt: überall, wo ein Identitätsanspruch wirksam ist, und zwar welcher Art auch immer, ist eine Ethik präsent. Selbst die, deren Ethik nach der Freiheit des Trieblebens ruft, fordern, daß diese Freiheit permanent sein soll.)

Die ästhetische Verpflichtung zur Ähnlichkeit mit sich selbst setzt also die Vermittlung des anderen voraus. Zuvor ging die Forderung nach tugendhafter Identität, nach Gleichheit mit sich selbst nicht ohne Intervention von außen ab: die des Beispiels und der Vorschrift – beide mit souveräner Autorität ausgestattet –, für deren Verinnerlichung das Individuum Sorge tragen mußte, indem es sie sich aneignete, indem es sich ihnen buchstäblich fügte. Welcher Unterschied aber! Das Beispiel, die Vorschrift gingen aus der Vergangenheit hervor. Zugleich dahingeschwunden und gegen den Tod gefeit, verdankten sie ihre Kraft der *Vollkommenheit* einer verflossenen Zeit. Umgekehrt schreibt sich die Vermittlung des lebendigen Zuschauers, den die Wahrhaftigkeit des Porträts umwirbt, in eine andere zeitliche Dimension ein: sie ist in der nahen, aber noch unbestimmten Zukunft heimisch; sie ist der Bewußtseinsakt, den der Text von seinem »Rezipienten« erwartet. Offensichtlich tritt die ästhetische Forderung nach Ähnlichkeit bei Montaigne an die Stelle dessen, was beim relativen Niedergang der traditionellen Autoritäten – des Christentums, des Stoizismus –, wie sie in den großen Büchern der Vergangenheit niedergelegt sind, als Leerraum zurückblieb. Was fortan in letzter Instanz entscheidet, was fortan die Funktion eines Kriteriums übernimmt, ist das Gelingen des »Porträts« in jedem Einzelzug, so wie es vom Blick des künftigen Zuschauers und zunächst vom Schriftsteller selbst als erstem Zeugen beglaubigt wird. Die »Beziehung zum anderen« (wir werden darauf mit größerer Ausführlichkeit zurückkommen) ist also keine Gefahr, kein Selbstverlust, keine Überflüssigkeit mehr: sie ist der zwangsläufige Durchgangsort, ohne den die Identität ihrer selbst nicht habhaft werden könnte. Der Begriff der *Aufrichtigkeit*, mit dem die einführende Mahnung beginnt, die Montaigne an den Leser richtet, definiert vor allem eine Moral der Beziehung zum anderen. In diesem Text wird später das

Versprechen naturgetreuer Malerei äußerst eindringlich formuliert, aber als dem Kommunikationsplan untergeordnete Aktivität. Die Aufrichtigkeit und die Treue, die sich auf den Leser beziehen, gehen dem Blick auf sich selbst voraus und begleiten ihn.

AN DEN LESER

Dies hier ist ein aufrichtiges Buch, Leser. Es warnt dich schon beim Eintritt, daß ich mir darin kein anderes Ende vorgesetzt habe als ein häusliches und privates. Ich habe darin gar keine Achtung auf deinen Nutzen noch auf meinen Ruhm genommen. Meine Kräfte sind eines solchen Vorsatzes nicht fähig. Ich habe es dem persönlichen Gebrauch meiner Angehörigen und Freunde gewidmet, auf daß sie, wenn sie mich verloren haben (was ihnen recht bald widerfahren wird), darin einige Züge meiner Lebensart und meiner Gemütsstimmungen wiederfinden und durch dieses Mittel die Kenntnis, die sie von mir hatten, völliger und lebendiger erhalten können. Hätte es mir gegolten, die Gunst der Welt zu suchen, so hätte ich mich besser herausgeputzt und würde mich in zurechtgelegter Haltung vorstellen. Ich will, daß man mich darin in meiner schlichten, natürlichen und gewöhnlichen Art sehe, ohne Gesuchtheit und Ziererei: denn ich bin es, den ich darstelle. Meine Fehler wird man hier finden, so wie sie sind, und mein unbefangenes Wesen, soweit es nur die öffentliche Schicklichkeit erlaubt hat. Und hätte ich mich unter jenen Völkern befunden, von denen man sagt, daß sie noch unter der sanften Freiheit der ersten Naturgesetze leben, so versichere ich dir, daß ich mich darin sehr gern ganz und gar abgebildet hätte, und splitternackt. So bin ich selber, Leser, der einzige Inhalt meines Buches; es ist nicht billig, daß du deine Muße auf einen so eitlen und geringfügigen Gegenstand verwendest.

Mit Gott denn, zu Montaigne, am ersten März 1580.

Bei der Lektüre dieses kurzen, aber entscheidend wichtigen Textes wird man gewahr, daß das *Buch* als erstes genannt und über die ganze Seite hinweg durch das Lokativpronomen *y* [dt. *darin*] gegenwärtig gehalten wird, das es repräsentiert und sozusagen den anaphorischen Ankerplatz beinahe aller Sätze bildet. Die hartnäckige Wiederholung dieses *y* bildet die Grundlage und den Unterbau der Identität. An eben diesem stabilen Ort können das *Ich*, das die Feder führt, um sich an den Leser zu wenden, und das *Ich*-Objekt, über das der Maler sich ausspricht, zusammenfinden. Die Pluralität des Ich-Schauspiels enthüllt sich im Plural von *Züge* und *Gemütsstimmungen*: die im Singular zum Ausdruck gebrachte Einheit wird sich durch das Eingreifen der wirklichen Bezugspersonen – »*Angehörige und Freunde*« – einstellen, und zwar in Gestalt der »*völligen und lebendigen Kenntnis*«, die sie aktiv *(sie erhalten)* in bezug auf den Schriftsteller pflegen – nach seinem Tod. Die Fülle, die hier das Wort *völlig* zum Ausdruck bringt, möchte er im Denken und in der Erinnerung der anderen erlangen. Den unangemessenen Leser ablehnend, wie er ihn gegen Ende der Einleitungswidmung verabschiedet, ruft Montaigne nichtsdestoweniger doch nach dem Blick (»Ich will, daß man mich darin . . . *sehe* . . .«) und der Lektüre (»Meine Fehler wird man hier *finden* [frz. *s'y* liron *au vif*]). Die *Form* und die *Art und Weise*, in der sich die besondere Identität ausprägt, können sich nur mittels eines Schreibens manifestieren, das die Verantwortung für die Pluralität der *Lebensarten und Gemütsstimmungen*, der *Fehler* übernimmt, um sie einer (für »vertraut« gehaltenen) Gruppe von Empfängern darzustellen; es genügt, daß »für andere« gedacht worden ist: Montaigne wird seine Identität direkt aus seinem Buch erwachsen. Die ordnende, selbsterzieherische, stabilisierende Wirkungsweise kann paradoxerweise aus einer Aktivität herrühren, der anfangs keine andere Absicht zugrundelag als die, die Existenz zu *registrieren*, und zwar in Übereinstimmung mit dem ethischen Postulat der Ähnlichkeit. Das Buch als »Liste«, als »Verzeichnis« übernimmt die Funktion, die Montaigne anfangs »Cato, Phokion und Aristides« zugeschrieben hatte: »Bestellt sie zu *Aufsehern* aller eurer innern Gedanken[1].« Was Montaigne nicht erreichen kann, wenn er versucht, sein Leben direkt zu regeln, es dem normativen Beispiel zu unterwerfen, dafür kann er, wie er entdecken wird, die Verantwortung an sein Buch delegieren, indem er sich darin in aller Treue, nach Art des Bildhauers oder Malers darstellt.

Der Kommunikationsplan, über den dieser Text uns ins Bild setzt, stellt sich von Anfang an als Wunsch nach einer überschaubaren Beziehung dar: für den kleinen Kreis der »Angehörigen und Freunde« ist das Buch geplant worden,

1 I, xxxix; T.R. 242; F.W. II, 133.

und aufgrund dieser privaten Bestimmung wird die Sorgfalt des Porträts verzeihlich; besser noch: wenn diese Beziehung »völliger [vollständiger] und lebendiger« wird, so deshalb, weil sie für den »persönlichen Gebrauch« bestimmt ist: auf gleichsam paradoxe Weise gehen die Beschränkung des Lesepublikums und der Zuwachs an Fülle Hand in Hand, das quantitative *Weniger* (in bezug auf die Zahl der wirklichen Empfänger) ist Anlaß eines qualitativen *Mehr* (was die Wahrhaftigkeit der Botschaft betrifft). Was die *besondere* Bestimmung der Universalität des Diskurses entzieht, sieht sich im Rahmen des individuellen Verständnisses durch den *ganzheitlichen* Charakter der kommunizierten Erkenntnis aufgewogen.

Aber der unbekannte Leser wird nichtsdestoweniger ermahnt; er sieht sich diesen Titel – Leser – beigelegt, um sich alsbald doch ausgeschlossen und abgewiesen zu finden. Die Koketterie des Autors ist offensichtlich: nichts macht mehr Lust zum Lesen, als wenn man aufgefordert wird, eine Lektüre aufzugeben. Der Status, den Montaigne seinem Leser anfänglich zuweist, ist der des ungebetenen Gastes, der sich in Dinge einmischt, die ihn nichts angehen, und auf dessen »Dienste« man keine Rücksicht hat nehmen wollen. Nun sind aber diese Verweigerung der Beziehung, dieses dem Leser mit auf den Weg gegebene Lebewohl in Wirklichkeit der *Beginn* einer Beziehung. Einer anspruchsvollen Beziehung: Montaigne bedarf eines »hinreichend guten Lesers«. Und zu den Vorteilen, die er »aus dem Schreiben zieht«, wird er die Möglichkeit zählen, Unbekannte in die Schar seiner Freunde einzureihen. Denn wenn er allen – dem »Publikum« – die Chance bietet, ihn gründlicher und besser kennenzulernen als seine eigene Familie, macht er ihnen damit nicht das Mittel zugänglich, wirklich zu seinen Vertrauten zu werden?

»(*b*) Außer dem Vorteil, den ich davon habe, über mich und von mir zu schreiben, habe ich davon noch den erhofft, daß, wenn es sich zutragen sollte, daß meine Gemüts- und Gesinnungsart irgendeinem Biedermanne anständig wäre und ihm gefiele, er noch vor meinem Ende suchen könnte, mit mir zusammenzutreffen. Ich habe ihm einen großen Vorsprung eingeräumt. Denn alles, was eine lange Bekanntschaft und ein vertrauter Umgang von vielen Jahren ihn über mich gelehrt haben könnte, kann er hier in diesem Verzeichnisse in Zeit von drei Tagen und zwar genauer und sicherer erfahren. (*c*) Es ist eine sonderbare Grille, daß ich verschiedne Dinge, die ich einem einzelnen Manne nicht ins Ohr sagen möchte, hier der Welt ganz laut und öffentlich sage und meine treuesten Freunde wegen meiner gehäuften Gedanken und Kenntnisse nach einem Buchladen schicke[1].«

Diesmal scheint das Buch die treuen Freunde zu benachteiligen und das »Volk« oder irgendeinen zum Zusammentreffen mit dem Autor eingeladenen Unbekannten zu begünstigen. So gefällt sich Montaigne auf die eine oder andere Weise darin, die Beziehung auf der Grundlage einer Nicht-Beziehung zu errichten, einer Situation des Bruches oder der Entfernung: mit seinen »Angehörigen und Freunden« auf der Grundlage seines eigenen nahen Endes; mit seinem Leser, nachdem er ihn verabschiedet hat. Distanz und Fülle – wir werden darauf zurückkommen – bedingen sich gegenseitig, und Montaigne teilt uns das mit, sobald wir sein Buch nur öffnen.

Hinzugefügt sei, daß der ästhetische Anspruch – malen, von sich selbst ein ähnliches Porträt entwerfen –, der anfangs mit einer mimetischen Treue verbunden war, die an die Stelle des nicht zu verwirklichenden Konstanzideals tritt, Montaigne veranlassen wird, unter bestimmten Bedingungen so weit zu gehen, zu akzeptieren, was er zuvor ungeheuer heftig angeprangert hatte: den äußeren Schein, das Draußen. Die Vorrede an den Leser teilt mit, daß Montaigne es sich zum Gesetz gemacht hat, dem hohlen Prunk und der Ziererei zu entsagen. Sich selbst malen aber ist eine Kunst und kann nicht umhin, in der einen oder anderen Form zum Kunstgriff Zuflucht zu nehmen. Anderswo sagt er:

»(*c*) Es gibt keine Darstellung, die der Darstellung seiner selbst an Schwierigkeit gleichkommt, doch gewiß auch nicht an Wert. Immerhin muß man sich erst kämmen, muß sich zurichten und bürsten, um sich öffentlich zu zeigen. So aber putze ich mich ohne Unterlaß; denn ich stelle mich ohne Unterlaß dar[2].«

1 III, ix; T.R. 959; F.W. VI, 9. Auf einer der unmittelbar vorhergehenden Seiten liest man: »Aus der Bekanntmachung meiner Lebensweise ziehe ich den unverhofften Vorteil, daß ich mir daraus eine Richtschnur meines Betragens entwerfe« (*ibid.*, F.W. VI, 7).

2 II, vi; T.R. 358; L. 365. Diese Sätze sind Bestandteil der späteren Erweiterung, die den Abschluß des Essays »Über geistige Übung« bilden. Der Text von 1580 schloß den »anderen« aus: es ist »nicht die Lehre eines anderen, sondern meine«. Der letzte Zusatz führt den »anderen« wieder ein: »Was mir dienlich ist, kann allenfalls auch einem anderen dienen.«

Es stellt sich eine Verschiebung von der Ähnlichkeit zur Fiktion ein, der der Akt des Schreibens nicht entrinnen kann. Aber diese Wiederkehr des äußeren Scheins und der Ziererei bezeichnet, weit davon entfernt das Buch in Mißkredit zu bringen, die abschließende Phase des Erfahrungsweges, auf den sich Montaigne eingelassen hat, und rechtfertigt die späte Versöhnung mit dem, was den Gegenstand der ursprünglichen Anklage ausgemacht hatte. Die antithetische Opposition des Anfangs, Quelle der Bewegung, wird nach dem Ende einer langen Arbeit durch eine Synthese neuen Typs gelöst.

In der Reihe der nachdrücklichen Oppositionen und Antithesen, anhand deren Montaigne seine Vorlieben kundtut, hatte das wortlose *Tun* anfangs den Vorrang vor dem flüchtigen Zauber des *Sagens* gehabt. Das *Sagen* aber als Bedingung jeder Selbstdarstellung bleibt nicht Gegenstand einer einspruchslosen Ablehnung. Wiederum stellt Montaigne, und zwar im Bereich der Sprache, einen neuen Gegensatz auf, der es ihm erlaubt, den Vorzug zu bekennen, den er dem *gesprochenen Wort* vor der erstarrten Form der *Schrift* gibt. Gleichwohl wird die Schrift letztlich gebilligt: eine Wahl, die mit der Vorliebe gerechtfertigt wird, die Montaigne angesichts einer *spirituellen* Nachkommenschaft verspürt, die treuer und ähnlicher ist als jede Nachkommenschaft *im Fleische*: »Denn was wir aus der Seele zeugen, die Geburten unseres Geistes, unseres Herzens und unseres Verstandes, sind die Erzeugnisse edlerer Teile als der körperlichen, und sind eigentlicher die unsern; wir sind in dieser Empfängnis Vater und Mutter zugleich; und diese kosten uns weit mehr und gereichen uns mehr zur Ehre, wenn etwas Gutes an ihnen ist. Denn die Tauglichkeit unserer andern Kinder ist viel mehr die ihre als die unsere; unser Anteil daran wiegt ungemein leicht; in diesen aber ist alle Schönheit, alle Anmut und aller Wert unser. Dergestalt, daß sie weit lebendiger unser Werk und Ebenbild sind als die andern. [. . . .] Diesem [Kinde] hier [*i. e.* den *Essais*], so wie es ist, vermache ich, was ich ihm vermache, schlechthin und unwiderruflich, wie man leiblichen Kindern vermacht; das wenige, was ich ihm Gutes geben konnte, ist nicht mehr in meiner Verfügung; es kann vielerlei wissen, was ich nicht mehr weiß, und Dinge von mir haben, die ich nicht behalten habe und gerade so wie ein Fremder von ihm ausborgen müßte, wenn ich ihrer bedürfte[1].« Wenn er so in gemäßigterem Tonfall das platonische Bild der spirituellen, mit Unsterblichkeit ausgestatteten Nachkommenschaft wiederaufgreift, willigt Montaigne ein, sich zugunsten seines Buches allen Besitzes zu entschlagen; um dieser »reicheren« Gestalt seiner selbst willen akzeptiert er, zum Fremden zu werden. Eine paradoxe Versöhnung macht das Buch zu einem von uns verschiedenen Wesen, das zugleich aber doch eigentlicher und »mehr unser« ist als ein Kind im Fleische. Es wird an unserer Stelle leben, während unser Los die Vergessenheit ist und bald auch der Tod.

Man muß deutlich erkennen: die individuelle Existenz findet Zugang zu ihrer umfassenden Bestimmung nur im Akt des Sich-Zeigens; der Blick der anderen aber läßt uns, als Ersatz für den Rückhalt, den er uns bietet, den Weg durch die Prüfung des Todes, der Negativität nehmen, und durch seine Vermittlung finden wir zur vollendeten persönlichen Identität. Wenn wir uns zeigen, büßen wir uns in der Tat zum Teil ein, bringen wir uns in Gefahr, geben wir uns in die Obhut der anderen, belasten wir uns mit einer »Hypothek«. Der Akt des Schreibens ist für Montaigne die entschlossene Hervorhebung dieser Beziehung, die uns durch die Vermittlung des Bildes uns selbst zurückgibt, das unsere Zeugen uns entreißen und zurückerstatten. Schreiben heißt durch gebilligte Entfremdung einen zweiten Körper konstituieren, mit dem man sich sich selbst zeigt, heißt das verbale Gewebe – den Text – herstellen, der dem Verständnis des virtuellen Lesers vorgelegt wird. Der Text ist dieses fremde Objekt, das sein Leben aus dem Tode seines Herstellers zieht. Das geschriebene Werk, ein stellvertretender Modus unserer Existenz, eine uns zu überleben bestimmte Spur, exteriorisiert das Leben und verinnerlicht den Tod. Mit einem bezeichnenden Satz, der auf den ersten Blick nicht mehr als ein hyperbolischer Geistesblitz ist, schreibt Montaigne: »Ich lasse von mir nichts zu verlangen oder zu erraten übrig. Wenn man sich von mir unterhalten soll, so will ich, daß es der Wahrheit und

1 II, viii; T.R. 380-83; L. 381-83.

Gerechtigkeit gemäß sei. Gern kehrte ich zurück aus der andern Welt, um denjenigen zurechtzuweisen, der mich anders vorstellen wollte als ich war, täte er es auch um mir Ehre zu erweisen[1].« Montaigne weist sich als imaginären Aufenthaltsort hier den Tod selbst zu, während sich die Leidenschaft für die Aufrichtigkeit als wutentbrannte Rückkehr zu den Lebenden bemerkbar macht, um den zu strafen, der sich lügnerischer Aussagen in bezug auf ihn schuldig zeigt. Dieser metaphorische Übergang von einer Welt zur anderen macht die Aufeinanderfolge von Absenz und Präsenz, von Bruch und erneuerter Beziehung völlig deutlich.

8. Der bevorstehende Tod

... »Wenn sie mich verloren haben«: halten wir fest, daß in der Vorrede »An den Leser« jeder Schreibvorsatz in die Perspektive des Todes gerückt wird – aber nur, um dieses Buch dem Tode alsbald zu entreißen und daraus ein lebendes, überlebendes Bild eines Wesens zu machen, das sich nicht damit abfindet, vergessen zu werden. Ein *volles* und *lebendiges* Bild wird sich auf diesen Seiten abzeichnen, um einem nahen *Verlust* vorzubeugen. Die Selbstdarstellung als Werk des Lebens erhält ihren Umriß vor dem melancholischen Hintergrund des erwarteten Hingangs. Der Abschied von der Welt geht der ästhetischen Entscheidung voraus und bedingt die Aktivität literarischer Darstellung. Das gegenwärtige Wort schickt sich an, einer Zukunft zu trotzen, in der es der Ersatz, die einzige Spur eines dahingegangenen Wesens sein wird. Wie Karl V. nimmt Montaigne sein Leichenbegängnis vorweg – nicht um den schwarzen Luxus eines Trauerkondukts zur Schau zu stellen, sondern um die stärksten Bilder des entfliehenden Lebens festzuhalten. Noch ist er nicht sicher, schreibt er gegen Ende von Essay II, xxxvii an Mme de Duras, ob es ihm gelungen ist, die besten Seiten von ihm zu bewahren: »Denn außer dem, was dieses tote und stumme Abbild von meinem natürlichen Wesen entwenden wird,

1 III, ix; T.R. 961; F.W. VI, 13-14. Das Verbum »zurechtweisen«, das in diesem Satz so wichtig ist, lädt zu erneuter Lektüre des Essays II, xviii, ein – »Vom Lügenzeihen«.

stellt es mich nicht in meinem besten Zustand, sondern in einem von meiner früheren Kraft und Munterkeit sehr heruntergekommenen dar, der schimmlig und ranzig zu werden beginnt[1].«

Stellen wir uns Montaigne vor, wie er sich auf eine postume Zukunft stützt, in der er einzig im Gedenken seiner Freunde überleben wird, um den Lebensabschnitt, der ihm diesseits des Todes bleibt, intensiver auszukosten. Die Brücke, die er im voraus zum Jenseits-des-Grabes schlägt, überquert er dann in Gegenrichtung, um das Vor-dem-Tode voller zu genießen. Wenn er das Vergessen aber nicht als eine Form der vollständigen Auslöschung gefürchtet hätte, hätte er dann zur Feder gegriffen? In dieser Hinsicht ist er wenig christlich. Er erlebt die Sorge um ein im Sinne seiner besonderen Wahrheit geprägtes Überleben im Gedenken einer kommenden Generation: und zwar deshalb, weil er die Hoffnung auf geistige Unsterblichkeit und ewige Erleuchtung eingebüßt hat, die die Kirche ihren ins Himmelreich eingegangenen Erwählten verhieß. »Sein törichter Plan der Selbstdarstellung[2]«: die Mißbilligung Pascals richtet sich, wie mir scheint, nicht nur auf einen Akt des Hochmuts, sondern, tiefer noch, auf die von Montaigne begangene Sünde der Verzweiflung, wenn er, anstatt mit einem Akt des Glaubens an die göttliche Verheißung auf den Tod zu reagieren, Zuflucht bei der Literatur, bei der Kunst sucht, um ein der Nachwelt anvertrautes Bild seines Lebens zu zeichnen. Die Existenz auf den Seiten des Buches gilt mehr als Nichts und Vergessen. Das Buch der *Essais* wird die Bedeutung eines *Denkmals* haben.

Es wird aber durchaus kein Denkmal wie die sein, die so viele Edelleute haben errichten lassen, um ihre Waffentaten und den Glanz ihres Hauses zu verherrlichen. Was Montaigne im Gedenken verewigen möchte, ist keine Folge militärischer oder politischer Großtaten, sondern ein »niedriges und ruhmloses Leben[3]«, das allen anderen ähnelt.

Das Denkmal, das Montaigne erbaut, hat auch keine grö-

1 II, xxxvii; T.R. 764-765; L. 598.
2 PASCAL, *Pensées*, hrsgg. von Ph. SELLIER, Paris 1976, S. 322.
3 III, ii; T.R. 782; L. 623.

ßere Ähnlichkeit mit denen, wie sie Künstler und Dichter errichten, die, wie beispielsweise Horaz, triumphierend das kurz zuvor fertiggestellte Werk feiern: *Exegi monumentum* ... Montaigne hat kein vollendetes Werk hinter sich, das in unvergängliche Materie gebannt zu haben er sich rühmen könnte. Sein Werk geht gänzlich in dem Erinnerungsbuch auf, dessen Text er noch nicht beendet hat. Er kann sich auf kein früheres Meisterwerk berufen. Montaigne würde eher das Gegenteil sagen, indem er die Flüchtigkeit und Unvollkommenheit seiner Rede beklagt. So nimmt die wohllautende Sprache, deren er sich bedient, Gestalt und Kraft gerade in der Entlastung von der Sorge um formale Vollkommenheit im Sinne anerkannter Vorbilder an, während sich so viele Schriftsteller und Redner der Zeit in der Hoffnung auf Bewunderung die Fesseln eines pompösen ciceronischen Stils anlegen. Montaigne malt sich überdies nur einen kurzen Nachruhm aus. Das Denkmal, das das Überdauern gewährleistet, ist seinerseits vergänglich: »Ich schreibe mein Buch für wenige Menschen und für wenige Jahre. Wäre es zur Dauer bestimmt, so hätte ich es einer dauerhafteren Sprache [*i. e.* der lateinischen] anvertrauen müssen[1].«

So ähnelt Montaignes Zeugnis schließlich, sofern man daran überhaupt erinnern muß, in nichts dem von Apologeten, die – nach Art des Heiligen Augustinus in seinen *Bekenntnissen* – als Beispiel das Eingreifen Gottes in ihr Leben anführen. Es handelt sich lediglich darum, auf der Buchseite das Andenken an ein gewöhnliches Leben zu hinterlassen, und eben das ist so außergewöhnlich und skandalös. Denn das Leben in seiner nacktesten Einfachheit, in seiner Natürlichkeit, die nicht entstellt, sondern in einer Kunst wieder in Besitz genommen wird, die die Kunst leugnet, greift für sich selbst den Anspruch auf, der bei anderen der der Waffentat oder der göttlichen Erwähltheit gewesen ist. Ein gewöhnliches Leben gibt sich in dem preis, was es an Ungewöhnlichem, an Beispiellosem hat: es stellt sich als das Gegenbeispiel aller paradigmatischen Bilder bloß, an denen sich das moralische, das kriegerische oder das religiöse Leben orientiert hatten. Und da, wo es keine Beispiele mehr gibt, kann

1 III, ix; T.R. 980-981; L. 771.

alles zum Beispiel werden. Das von Montaigne zu seinem eigenen Gedenken errichtete Grabmal verweist uns auf die trivialen Aspekte einer »gewöhnlichen und privaten« Existenz, die bald nicht mehr sein wird. Der letzte Essay – »Von der Erfahrung« (III, xiii) – zählt sorgsam die »körperlichen Merkmale«, die Vorlieben und kleinen Gesten auf, aus denen sich das Gewöhnliche eines »besonderen« Lebens zusammensetzt. Das lebendige Schreiben, das versucht, die umgangssprachliche Biegsamkeit des Wortes auf dem Papier zu vermitteln (»Ich rede mit dem Papier wie mit dem ersten besten, der mir über den Weg läuft[1]«), erhält seine Notwendigkeit vom Tode. Der Durchgang durch das Denken des Todes – anstelle des Einmündens ins Jenseits – hat uns zum vertrautesten und scheinbar belanglosesten Detail eines persönlichen, in den Raster der sterblichen Tage verwobenen Lebenslaufes zurückgeleitet.

9. Der verlorene Freund

Im Jahre 1569 veröffentlicht Montaigne seine Übersetzung der *Théologie naturelle de Raimond Sebond*: diese Arbeit erfüllte eine Bitte seines Vaters Pierre de Montaigne. Der Widmungsbrief trägt mit Absicht das Datum des 18. Juni 1568 und gibt Paris als Ort an: es handelt sich um den Todestag von Pierre de Montaigne (der ihn zweifellos in Montaigne trifft, wo er auch beigesetzt wird). Der Sohn wohnte dem Tode des Vaters nicht bei; diese Absenz wird jedoch durch die Widmung des Buches aufgewogen.

Im Jahre 1570 läßt Montaigne in mehreren, zu zwei Sammelbänden zusammengefaßten *livrets* [Büchern] die Manuskripte erscheinen, die ihm von dem sieben Jahre zuvor verstorbenen Étienne de La Boétie hinterlassen worden sind: die Plutarch- und Xenophon-Übersetzungen, die lateinischen und die französischen Gedichte. Die Widmungsschriften, mit denen er sie begleitet, fallen in die Zeit zwischen April und September 1570. Im selben Jahr verkauft er sein Amt als Ratsherr des Parlaments von Bordeaux.

1 III, i; T.R. 767; L. 605.

Einige Monate später, im März 1571, versieht er die Votivinschriften seiner »Bibliothek«, die den Beginn seines »Ruhestandes« markieren, mit seinem eigenen Geburtstag als Datum ... Bald wird die Niederschrift der *Essais* beginnen, deren Ausgabe von 1580 mit einem Widmungsschreiben (Essai II, xxxvii) an Mme de Duras als Postskriptum schließt; das Buch beginnt mit dem Hinweis an den anonymen Leser, von dem oben die Rede war und der zweifellos ganz zuletzt geschrieben wurde.

So greifen die Spuren der Bindung Montaignes an geliebte Wesen (den verstorbenen Vater, den verlorenen Freund), der Verzicht auf das öffentliche Amt und das persönliche, für die ihn überlebenden Freunde und Nahestehenden unternommene Werk ineinander.

Montaigne nimmt sein Buch im Gedanken an die knappe Zeitspanne in Angriff, die ihm bis zum Tode noch verbleibt. Aber seine Beweggründe fürs Schreiben werden noch stärker, wenn er sich des dahingegangenen Freundes erinnert, dessen gesamtes literarisches Vermächtnis er vor dem Vergessen bewahrt hat. »Er allein erfreute sich meines wahren Bildes und nahm es mit sich fort. Eben deshalb entschlüssele ich mich selbst so sorgsam[1].« Die Beziehung zwischen dem Akt des Schreibens und dem Tod ist also eine doppelte, weil sie ja miteins den nahen Tod des Autors und den des vor Jahren (1563) verstorbenen Freundes umfaßt, dessen zu gedenken Montaigne nicht aufgehört hat.

Muß an die zahllosen Gelegenheiten erinnert werden, bei denen Montaigne diesen Verlust und seine Trauer zueinander in Beziehung setzt? An den ins Jahr 1563 datierten Brief an seinen Vater, in dem er von der Erkrankung und dem Tode La Boéties berichtet, und die fünf Widmungsschreiben von 1570; an das ganze Kapitel »Von der Freundschaft« (I, xxviii)

1 III, ix; T.R. 961, Anm. 3 (Text von 1588 [S. 1652]). THIBAUDET macht sehr scharfsinnige Bemerkungen zur Rolle von La Boétie und seinem Andenken, und zwar in *Montaigne*, Paris 1963, S. 52-54 und 142-153. Maurice MERLEAU-PONTY kommt sofort zum Wesentlichen: »Anstatt daß die Freundschaft mit La Boétie ein bloßer Zufall gewesen wäre, muß man eher sagen, daß Montaigne und der Autor der *Essais* aus dieser Freundschaft geboren wurden und daß existieren für ihn kurzgesagt unterm Blick seines Freundes existieren heißt« (»Lecture de Montaigne«, in *Signes*, Paris 1960, S. 262). Cf. M. BUTOR, *op. cit.*; und R. L. REGOSIN, *The Matter of my Book. Montaigne's »Essais« as the Book of the Self*, Univ. of California Press 1977, S. 7-29.

in den *Essais* von 1580: »Seit dem Tage, an dem ich ihn verlor, schleppe ich mich nun kläglich dahin; und die Freuden sogar, die sich mir bieten, statt mich zu trösten, verdoppeln den Schmerz über seinen Verlust[1].« Im Jahre 1581, im *Journal de Voyage*, durchzuckt ihn, während er sich in den Bagni della Villa einer Wasserkur unterzieht, ein jäher Gedanke: ». . . als mich plötzlich die Erinnerung an den Herrn de La Boétie so heftig überfiel, daß ich mich gar nicht von ihr losreißen konnte und schwer unter ihr litt[2].« Schließlich ein beiläufiger Zusatz zu Essay II,viii, der in den Text von 1595 integriert wird: »O mein Freund! ich bin bei diesem Gefühle besser daran! Oder, wenn ich schlimmer daran bin, so behage ich mir doch unendlich besser bei dem Gefühle! Der Schmerz über den Verlust tröstet mich und macht mir Ehre. Ist es nicht eine fromme und liebe Pflicht meines Lebens, daraus eine immerwährende Begräbnisfeier meines Freundes zu machen? Gibt es einen Genuß, der diese Entbehrung an süßen Empfindungen aufwöge[3]?« Diese Treue, diese Stetigkeit in der Trauer verkehren sich so in »Genuß«: das Gefühl des persönlichen Wertes sieht sich gesteigert. Denn das ununterbrochene Geleit (die »immerwährende Begräbnisfeier«) eines in Erinnerung behaltenen Freundes bildet ein Element von Konstanz und Kontinuität – wahrscheinlich das einzige – in einem Leben, das sich der Unbeständigkeit und der Diskontinuität ausgeliefert weiß. Nebeneinander bestehen da das Eingeständnis eines egozentrischen Interesses (»ich bin bei diesem Gefühle besser daran!«) und das Bekenntnis einer angesichts des äußeren Objektes empfundenen Abhängigkeit. Die der eigenen Person gewidmete Aufmerksamkeit und der Schmerz über ein verlorenes Wesen enthüllen in ihrer eigenartigen Mischung die enge wechselseitige Abhängigkeit, die das Ich-Gefühl und das auf den privilegierten anderen gerichtete Denken (»O mein Freund!«) miteinander verknüpft; diese Verbindung bringt sich in der paradoxen Erfahrung von gleichzeitiger Trauer und Genuß zum Ausdruck. Der Schutz einer Figur, die zu ihrer letzten Bleibe zu

1 I, xxviii; T.R. 192; L. 229.
2 *Journal de Voyage*, T.R. 1270; F.W. VII, 308-309.
3 II, viii; T.R. 376, Anm. 1 [S. 1533]; F.W. III, 115-116.

geleiten einem nicht gelingt, steht mit Lust im Bunde: so bezeugt sich eine Allmacht des Denkens, eine Fähigkeit, das Vergessen zu besiegen, in der das Individuum sich seiner Stärke bewußt wird.

Der Blick des Freundes übte eine entscheidende Funktion der moralischen Bewußtheit und Führerschaft aus. Er war im Besitz einer vollständigen, umfassenden Wahrheit über Michel de Montaigne, einer Wahrheit, die sogar das Bewußtsein von Montaigne nicht auf eine Stufe vergleichbarer Fülle zu heben vermochte. Lesen wir erneut: »Er *allein* erfreute sich meines wahren Bildes und nahm es mit sich fort.« Der Tod von La Boétie hat Montaigne seinen einzigen Spiegel genommen: der Verlust des Freundes hat für immer das Bild ausgelöscht, das jener bewahrte. Der vollständigere und wahrhaftigere *Doppelgänger* ist verschwunden. Die innere Reflexion muß, spät genug, an seine Stelle treten: »Eben deshalb entschlüssele ich mich selbst so sorgsam.« Im Parallelismus dieser beiden Sätze muß man die Aufmerksamkeit auf die beiden vertauschten Ausdrücke richten. Das *ich* übernimmt den Platz von *er allein*, und das Verbum *entschlüssele mich* ersetzt *erfreute sich meines wahren Bildes*. Bald bemerkt man: Man hat beim Tausch verloren, die Wahrheit des Bildes hat keinen »Inhaber« mehr, und alles muß von vorn beginnen. Anstelle des »Genusses«, der das Erbteil des Freundes war, anstelle einer direkten und vollständigen Intuition derselben Art, wie sie, nach der Lehre der Neuplatoniker, die himmlischen Geister ausbilden, müssen die bruchstückhaften und sukzessiven Mühen, Anstrengungen und Entdeckungen der introspektiven Entzifferung durchmessen werden. Anstelle des *unmittelbaren* Wissens, das La Boétie von Montaigne besaß, kann der nur auf eine zögernde Annäherung hoffen, die im Banne der Sorge steht (»sorgsam« [frz. *curieusement*], von *cura* [lat. Sorge, Fürsorge] abgeleitet, hat diese Bedeutung noch im 16. Jahrhundert). Bestenfalls wird die Entzifferung in aufeinanderfolgenden Etappen, durch Nebeneinanderstellung der Worte, in unsteten Schüben ein *diskursives* Wissen erbringen. Aber Montaigne ist seit dem Tode La Boéties gealtert: niemals mehr wird er das entschwundene Bild rekonstruieren können, so wie es im Bewußtsein des

Freundes lebte: das Porträt des jungen Michel de Montaigne von Étienne de La Boétie ist für immer verloren. Man muß, für andere Zeugen und um den Preis einer beträchtlichen Arbeit, ein neues Bild herstellen, so ähnlich wie möglich jenem Bildnis, dessen Besitz dem Freund spontan angetragen und von ihm spontan angenommen wurde. Anstelle des getreuen Spiegels, in dem sich das »wahre Bild« zeigte, dank dessen Montaigne »doppelt« lebte – in sich selbst und im Blick des Freundes –, bleibt nur die leere Seite, auf der man sich selbst aussprechen kann, alternd, mit Worten, die im Verhältnis zur lebendigen Wechselseitigkeit immer unzureichend bleiben werden. Die vollkommene Symmetrie, in der sich die Freundschaft durch ihren individuellen Beweggrund erklärt – »weils er war, weil ichs war[1]« –, ist für immer unmöglich geworden; der Tod des Freundes hat diese Tautologie zerstört, die, über die Ermutigungen, die Ermahnungen, die geteilten Projekte und den Ideenaustausch hinweg, in den stummen »Genuß« der brüderlichen Ähnlichkeit einmündete. Fortan muß, in einer asymmetrischen Beziehung zu sich und den anderen, alles gerettet werden, was sich von diesem aufgehobenen Glück retten läßt, indem man ihm einen anderen Körper gibt: das geschriebene Wort, das Buch. Verewigen, was verloren zu haben man nicht eingesteht, heißt sich auf eine Aktivität des Ersatzes, der Ergänzung, der Übersetzung einlassen . . .

Alsbald versteht man eine Einstellung besser, die Montaigne seit dem Widmungsbrief (an seinen sterbenden Vater) zur Übersetzung der *Théologie naturelle* des Sebundus zu erkennen gegeben hat. Schreiben rechtfertigt sich zunächst als Erfüllung der einem übertragenen und angenommenen Mission, einer versprochenen Aufgabe; Montaigne macht deutlich, mit welcher Sorgfalt er sich ihrer zu entledigen gesucht hat:

1 I, xxviii; T.R. 187; F.W. II, 15. Man achte hier auf die gleiche Silbenzahl und die syntaktische Parallelstruktur *(isocola)*, die einen von der Zäsur genau in zwei Hälften geteilten Alexandriner hervorbringen! Die Beinahe-Zwillingsbrüderschaft des Freundespaares hat diesen emblematischen Ausdruck erst in einer späteren Hinzufügung gefunden (Ausgabe von 1595).

»Monseigneur, dem Auftrage getreu, den Ihr mir im vergangenen Jahr bei Euch zu Montaigne gabt, habe ich mit meiner Hand Raimundus von Sebunda [sic!], dem großen spanischen Theologen und Philosophen, ein französisches Gewand angemessen und zugeschnitten[1] [. . .].«

Die Übersetzung legt dem Text eine zweite »Form« bei. Und diese Umwandlung enthält einen sehr vorteilhaften Aspekt: das Buch kann sich fortan »in jeder guten Gesellschaft zeigen«. Es wird sich so »in Ansehen bringen«, und zwar dank des Willens von Pierre de Montaigne und der Arbeit von Michel, die es seines scholastischen Lateins »entkleidet« haben (jener »spröden Haltung und des manchmal barbarischen Anstrichs«). Aber diese »Verbesserung und Reinigung« betreffen nur das äußere Gewand. Pierre de Montaigne (dem Michel respektvoll die Vaterschaft an der Übersetzung zuschreibt) bleibt »zuletzt« Eigentümer: »Denn seinen ausgezeichneten Reden voll tiefer Frömmigkeit, seinen hohen Konzeptionen voll göttlichen Schwunges werdet Ihr dann nur Worte und die Kunst der Sprache entgegenzustellen haben, und das ist eine Ware, so gewöhnlich und wohlfeil, daß, je mehr man davon hat, um so geringer man vielleicht eingeschätzt wird[2].« Der Stolz, den Text durch die Übersetzung verbessert zu haben, verkehrt sich in Demut: angesichts der »Konzeption« des Philosophen handelt es sich nur um leere und eitle Worte, um einen einfachen Kleiderwechsel. Das zweite Leben des Buches von Sebundus liefert keinerlei Beleg für den Wert dessen, der ihm »Worte und die Kunst der Sprache« mitgegeben hat. Worum aber handelt es sich? Michel de Montaigne, der Übersetzer des Werkes, verschmilzt mit dem *Ihr* [frz. *vous*], das sich an den Vater wendet, dessen Willenserklärung den ersten Antrieb zu dieser Übersetzung vermittelte. Das heißt, daß das veröffentlichte Werk, wenn das Vorwort auf den eigentlichen Todestag des Vaters datiert wird, der *verlängerte* und verwirklichte Wille dessen ist, der dahingeht. Das Überdauern des väterlichen Willens im übersetzten Buch wird zu Beginn der *Apologie de Raimond Sebond* (II, xii) in Erinnerung gerufen, und die *Apologie* selbst, die

1 T.R. 1360; F.W. VI, 278.
2 T.R. 1360-1361; F.W. VI, 278-279.

die Verteidigung der Ideen des spanischen Theologen vorschützt, wird ihrerseits eine Art und Weise sein, dem letzten Seufzer des Vaters eine verlängerte Dauer zu sichern:

»(*a*) Nun trug mir mein Vater einige Tage vor seinem Tode auf, dieses Buch, das ihm zufällig unter einem Haufen anderer alter Papiere in die Hände geraten war, für ihn ins Französische zu setzen. [. . .] Es war für mich eine recht unvertraute und neue Arbeit; doch da ich zufällig gerade die Muße hatte und dem Begehren des besten Vaters, der je war, nichts abschlagen konnte, brachte ich es zu Ende, so gut ich konnte: worüber er eine große Freude bezeigte und Auftrag gab, es drucken zu lassen; wie es denn nach seinem Tode auch geschah[1].«

Dem Buch des Sebundus, das dem Vater Montaignes für die bewahrende Tat empfohlen wurde, die er vollbringen könne, wenn er »unserem alten Glauben« zu mehr Achtung verhülfe, fällt also auf doppelte Weise die Aufgabe zu, dem von Zerstörung Bedrohten Dauer zu sichern: der Vater hat zu dem Zeitpunkt, da ihm Pierre Bunel das Werk des spanischen Theologen anbietet, nicht mehr lange zu leben; der »alte Glaube« wird von den »Neuerungen Luthers« erschüttert, die mit einer »ersten Erkrankung« verglichen werden[2]. Es handelt sich in jeder Hinsicht darum, zu bewahren, was in Gefahr ist, die Verfallssymptome abzuwenden. In der gleichen Weise aber, wie der Widmungsbrief ironische Bemerkungen über die »so gewöhnliche und wohlfeile Ware« der »Worte und der Kunst der Sprache« machte, entwickelt auch die *Apologie de Raimond Sebond*, wenn sie die Gegner des Buches angreift (die indirekt die Feinde des Vaters sind), die Argumente des skeptischen Nominalismus, und zwar so weitgehend, daß sie auf einen gefährlichen Umsturz sogar in bezug auf die Autorität hinarbeitet, die Montaigne bewahren möchte. Bei einem demütigen Geständnis persönlicher »Unzulänglichkeit« möchte er anlangen und die Gegner des Sebundus davon überzeugen. Die Leser haben, ohne zu zögern, bemerkt, daß das Denken des Sebundus selbst, weit davon entfernt, besser geschützt zu werden, den gleichen Schlägen dieser radikalen Kritik des menschlichen Wissens

1 II, xii; T.R. 416; L. 423.
2 II, xii; T.R. 416; L. 423.

anheimfiel. Die Bescheidenheit des Sohnes, der darauf brennt, die Sache des Vaters hochzuhalten, läuft Gefahr, ihr aus übermäßigem Eifer zu schaden . . . Es handelt sich da um eine unfreiwillige Konsequenz und vielleicht sogar um eine List des Unbewußten. Gleichwohl hat Montaigne in der bewußten Sphäre seines Willens nicht von dem Versuch abgelassen, alles, was ihn an seinen Vater erinnerte, im Blick zu behalten. Die Liste dessen, was er *bewahren* wollte, um diesem Andenken Ehre zu erweisen, ist lang: Kleidungsgewohnheiten, kleine Gegenstände, öffentliche Funktionen, das Hauptgebäude des Familiensitzes:

»(*b*) Mein Vater liebte zu Montaigne zu bauen, wo er geboren war; und in dieser ganzen Verwaltung der Hausgeschäfte folge ich gern seinem Vorgang und seinem Beispiel und werde meine Nachfolger dazu anhalten, so viel ich kann. Könnte ich mehr für sein Andenken tun, ich täte es. Ich mache es mir zur Ehre, daß sein Wille noch durch mich walte und wirke. Verhüte Gott, daß ich unter meinen Händen ein Abbild zerfallen lasse, in dem er fortlebt und in dem ich eines so guten Vaters gedenken kann. Wenn ich mich damit abgegeben habe, ein altes Stück Mauer aufzurichten oder einen wackligen Bau instand zu stellen, so geschah es sicherlich mehr seinem Willen als meiner Behaglichkeit zuliebe. (*c*) Und ich tadle meine Trägheit, daß ich nicht weiter gegangen bin und nicht die schönen Anfänge, die er auf Schloß Montaigne hinterließ, zu Ende geführt habe; um so mehr, als ich erwarten muß, daß ich darauf der letzte Besitzer aus meinem Geschlecht sein und die letzte Hand daran legen werde[1].«

Der Wille des Vaters, der sich schon auf die Publikation des Sebundus erstreckt hatte, erstreckt sich auch noch auf die Arbeiten, die aufgrund der Bemühungen des Sohnes den Familienwohnsitz endgültig fertigstellen. Montaigne möchte bei der Aufgabe des Fortsetzens und Bewahrens dessen, was ihm überliefert wurde, nicht fehlgehen: eben das ist, wie man sagen könnte, der *private* Aspekt seines politischen Konservativismus und insgeheim vielleicht sein Eckstein. Hier begleitet die Selbstanklage Montaignes noch das Gelöbnis, zu schützen, was ihm von einem Sterbenden anvertraut wurde: er hat zwar die Verantwortung für den Willen des Vaters

1 III, ix; T.R. 928; L. 750.

übernommen, hätte aber durchaus noch mehr tun können. Er klagt seine »Trägheit« an: er hat den »schönen Anfängen« keine schönen Abschlüsse folgen zu lassen vermocht. Aber er bringt auch eine Entschuldigung vor: er hat keine männliche Nachkommenschaft, der er mit dem Namen auch den Wohnsitz vererben könnte. Er kann mithin sein Leben bauen, sein Buch bauen, indem er darauf verzichtet, über die von seinem Vater in Angriff genommenen Projekte hinaus »Montaigne zu bauen[1]«. Sein Buch bauen aber heißt dem Willen seines Vaters ein Nachleben sichern, das die Mauern des in andere Hände überzugehen bestimmten Schlosses ihm nicht mehr verbürgen können: ein und dieselbe Absicht der Sohnesanhänglichkeit, ein und derselbe Wunsch, ein »Lebensbild« zu schützen, wechseln den Ort, entdecken ein neues Material, geben sich einen neuen Ansatzpunkt.

Was Étienne de La Boétie betrifft, so wird von Montaigne nachdrücklich derselbe Wunsch nach postumer Fortdauer geäußert. Und zwar zunächst durch die Publikation der Werke des Freundes und ihre in seinen Widmungsbriefen vollzogene Weitergabe an privilegierte Leser: die sehen sich zu *Hütern* der *reliquiae* bestellt, die Zeugnis von der Person des Dahingegangenen ablegen – ein Zeugnis, das Montaigne für unvollkommen hält in bezug auf das, was Étienne de La Boétie *war* und vor allem versprach. Verkannt gebliebene Eigenschaften und Verheißungen – so jedenfalls die Argumentation, die er zunächst M. de Mesmes gegenüber vorbringt:

»Darum meine ich, [. . .] obwohl die feinen Leute sich über die Sorge lustig machen, die wir auf das verwenden, was hier nach uns passieren wird, da unsere Seele in anderen Gefilden nichts mehr von den Dingen hier unten verspürt, gleichwohl, daß es einen großen Trost für die Schwäche und Kürze dieses Lebens bedeute, wenn man glaubt, daß es sich durch Ruf und Ansehen *verlängern* könne; [. . .] Derart, daß ich, nachdem ich den verstorbenen Herrn de La Boétie, den größten Mann unseres Jahrhunderts nach meiner Ansicht, mehr als sonst etwas geliebt habe, denken müßte, schwer gegen meine Pflicht zu verfehlen, wenn ich wider besseres Wissen

1 Über das Buch als Ersatz für einen männlichen Erben cf. Antoine COMPAGNON, *Nous, Michel de Montaigne*, Paris 1980, S. 194 ff.

einen so reichen Namen wie den seinigen und ein so jeder Anpreisung würdiges Andenken schwinden und untergehen ließe, und wenn ich nicht versuchen wollte, durch diese Stücke hier es wieder zu *wecken und zur Auferstehung zu bringen*. Ich glaube, daß er es irgendwie mit empfindet, und daß diese meine Bemühungen ihn rühren und erfreuen; denn in Wahrheit, er wohnt noch *so ganz und so lebhaft* bei mir, daß ich ihn weder so steif begraben noch so fern von unserm Dasein glauben kann. Da also, Monsieur, jede neue Kenntnis, die ich von ihm und seinem Namen gebe, eine *Verdoppelung dieses seines zweiten Seins* bedeutet, und ferner sein Name von der Stelle, die ihn aufnimmt, an Adel und Ehre gewinnt, so liegt es mir an, ihn nicht nur, so viel ich kann auszubreiten, sondern ihn auch Leuten von Ehre und Tugend zur Obhut *anzuvertrauen*[1] [. . .].«

Michel de l'Hospital gegenüber wird Montaigne äußern, daß sein Freund im »öffentlichen Leben« nie die ihm angemessene Verwendung gefunden und nur »zum Zeitvertreib« geschrieben hat. Er hat sich keine Anerkennung verschafft; er ist »lässig« gewesen, »wenn es galt, sich selbst ins Licht zu stellen[2]«. Die lateinischen Verse von La Boétie müssen als Ausgangspunkt einer hellseherischen *Induktion* gesehen werden. Montaigne fleht den Kanzler de L'Hospital also an, »durch dies sein Werk zur Kenntnis seiner selbst *aufzusteigen* und demnach auch seinen Namen und die Erinnerung an ihn zu lieben und zu umfangen. [. . .] Denn es gab keinen Menschen in der Welt, in dessen Bekanntschaft und Freundschaft er sich lieber geborgen gesehen hätte, als Euch[3].« Montaigne rechtfertigt sich hier mit einer Überlegung, die vom sichtbaren (manchmal unvollkommenen) Teil zum bewunderungswürdigen Ganzen zurückführt, das noch keine Möglichkeit gehabt hat sich zu manifestieren:

»[Und da] noch die Spielereien bedeutender Persönlichkeiten für die Klarsehenden einen ehrenvollen Hinweis auf die Region, aus der sie stammen, enthalten[4] [. . .]«

Weiter wird er in den *Essais* angesichts der Schachpartien Alexanders sagen: »Jeder Wesenszug, jede Beschäftigung des

1 T.R. 1361-1362; F.W. VI, 282-283.
2 T.R. 1364; F.W. VI, 286.
3 T.R. 1365; F.W. VI, 287.
4 *Ibid.*

Menschen verrät und offenbart ihn so gut wie eine andere[1].« La Boétie hat seinerseits keine Zeit gehabt zu zeigen, welcher Wert in ihm steckte: »[ist das, was an ihm das Wertvollste war,] der wahre Saft und das wahre Mark seines Wertes ihm nachgefolgt, und uns blieben nur Rinde und Blätter[2]«. Montaigne, der sich für unfähig erklärt, sie »ins Licht zu rücken«, beschwört im Vorbeigehen den »geregelten Schwung seiner Seele, seine Frömmigkeit, seine Tugendhaftigkeit, seine Gerechtigkeit, die Lebhaftigkeit seines Geistes, das Gewicht und die Gesundheit seines Urteils, die Höhe seiner Vorstellungen, welche so hoch über dem Gewöhnlichen standen, die sanfte Anmut, welche alle seine Handlungen begleitete, die zärtliche Liebe, die er seinem elenden Vaterlande entgegenbrachte und seinen tiefen, geschworenen Haß gegen alles Lasterhafte, vor allem aber gegen den niederträchtigen Handel, der sich unter dem Namen Gerechtigkeit verbirgt[3] . . .« La Boétie hätte ein bedeutendes öffentliches Amt verdient gehabt; er hat das während seiner letzten Krankheit selbst bedauert, jedenfalls gemäß dem Bericht, den Montaigne davon gibt[4]; und Montaigne verlangt, daß man ihm aufs Wort glaubt, denn er möchte dieser in der Gefahr der Vergessenheit schwebenden Gestalt einen »Ort«, eine Heimstatt sichern, diesem seinem Freund, dessen Schriften allein nicht ausreichen, ihm das Nachleben zu verbürgen: ». . . so wünsche ich von Herzen, daß wenigstens nach seinem Tode sein Gedächtnis, dem allein ich jetzt die Dienste unsrer Freundschaft schulde, den Lohn seines Wertes empfange und daß er sich in der Empfehlung von Männern von Ehre und Tugend *einniste*[5]«. Montaigne kann sich dafür verbürgen, denn, sagt er, »in den Schulen der Philosophen über Rechte und Pflichten der heiligen Freundschaft (ist) nie etwas Schärferes gesagt oder geschrieben worden . . ., als was diese Persönlichkeit und ich zusammen in die Tat umsetzten[6]«. Mon-

1 I, L; T.R. 291; L. 291.

2 T.R. 1364; F.W. VI, 286.

3 *Ibid.*

4 T.R. 1350; F.W. VI, 263-264: »Und dann, mein Bruder, war ich nicht durch Zufall so unnütz geboren, daß ich noch kein Mittel sah, dem öffentlichen Wesen Dienste zu erweisen?«

5 T.R. 1364; F.W. VI, 286.

6 T.R. 1365; F.W. VI, 287.

taigne wird das in seinem Widmungsbrief an M. de Lansac wiederholen; er bittet ihn, im Namen der »Ehre« und der »Achtung« La Boéties ihm weiterhin seine »gute Meinung« und seine »Neigung« zu bewahren; und er fügt, um das Bild des verlorenen Freundes zu adeln, hinzu:

»Und frei gesagt, Monsieur, fürchtet nicht, sie noch um einen oder den andern Grad zu vermehren; da Ihr ihn nur durch die öffentlichen Beweise, die er von sich gab, schätzen lerntet, *so ist es an mir, Euch dafür einzustehen*, daß er noch so weit darüber hinaus seinen Wert hatte, daß Ihr weit davon entfernt seid, ihn *ganz* gekannt zu haben. Er erwies mir, zu seinen Lebzeiten, die Ehre, die ich zu meinen größten Glücksfällen rechnete, sich mit mir durch eine so hohe und so nahe Freundschaft zu verbinden, daß es in seiner Seele keinen Zug, keine Regung, keine Triebfeder gab, die ich nicht beobachten und beurteilen durfte, wenn meine Sehkraft mich nicht bisweilen im Stiche ließ. Denn, ohne lügenhaft zu übertreiben, alles in allem genommen, war er so nahe dem Wunderbaren, daß ich, wenn ich schon die Grenzen des Wahrscheinlichen verlasse, gezwungen bin, um mir nicht die Glaubwürdigkeit des Ganzen zu verderben, mich einzuschränken und unter dem zu bleiben, was ich davon weiß[1].«

M. de Foix gegenüber wird sich Montaigne noch ausdrücklicher auf vertrauliche Mitteilungen berufen, die er erhalten hat, um eine Größe zu bezeugen, die weder im tätigen Leben noch im geschriebenen Werk hinreichend beweiskräftige Spuren hinterlassen hat; der »Ruhm«, den er der »Tugend« La Boéties anheften will, ist nicht ungerechtfertigt; man muß ihm glauben, ihm, Michel de Montaigne, so als ob er ein Apostel oder ein Schüler des Sokrates wäre, denn er weiß als erster, wie »gefährlich« die »Willkür« ist, »auf unserem Posten das Lob eines jeden in den Wind hinein zu verkünden«; und er ist der Meinung, daß das »Laster des Lügens [. . .] einem Mann von Geburt [. . .] sehr schlecht ansteht[2]«:

»Und ihr [der Persönlichkeit; *i. e.* La Boétie] Unglück will, daß er mir zwar, so viel ein Mensch kann, die gerechtesten und deutlichsten Anlässe zum Lob geliefert hat, ich aber in mir nur geringe Fähigkeit und Zulänglichkeit habe, um es ihm zukommen zu las-

1 T.R. 1366; F.W. VI, 280.
2 T.R. 1368; F.W. VI, 290-291.

sen – ich, *dem allein er sich bis zur Lebhaftigkeit mitgeteilt hat und der von einer Unendlichkeit* von Vorzügen, Vollkommenheiten und Tugenden *Zeugnis ablegen kann*: sie welkten nutzlos im Schoß einer so schönen Seele dahin, dank der Undankbarkeit seines Schicksals. [. . .] so finde ich mich so arm, sowohl an Ansehen, mein einfaches Zeugnis zu unterstützen, als an Beredsamkeit, es auszuschmücken und ins Licht zu rücken, daß nicht viel gefehlt hätte, und ich würde diese ganze Sorge liegen gelassen haben, da mir nicht einmal die seinige blieb, um der Welt wenigstens seinen Geist und sein Wissen würdig darzubieten. [. . .] Aber schließlich habe ich mich dafür entschieden, daß es weit entschuldbarer für ihn wäre, mit sich so viele seltene Geschenke des Himmels zu begraben, als für mich, ihre Bekanntschaft, die er mir vermittelte, zugrunde gehen zu lassen[1].«

Und Montaigne bleibt es anheimgestellt, die willkürliche Anordnung der verschiedenen Büchlein seines Freundes durch die Notwendigkeit zu rechtfertigen, sein Andenken so weit wie nur eben möglich zu verbreiten. Dieses so heterogene literarische Vermächtnis steht in keinem kongruenten Verhältnis zur souveränen Persönlichkeit des Verstorbenen: Montaigne hat es mit Absicht stückweise veröffentlicht, hat es systematisch verstreut, um die Zahl der Empfänger zu vermehren (und das in einem Bande, der an eine künstliche Sammlung von Schriften erinnert):

»[. . .] Nachdem ich sorgfältig alles gesammelt hatte, was ich Ganzes unter seinen *Heften* und *zerstreuten* Papieren hier und dort finden konnte, das Spielzeug des Windes und seiner Studien, schien es mir gut, alles, was es auch sei, *zu verteilen und in so viele Stücke wie ich konnte, zu zerlegen*, um dabei die Gelegenheit zu finden, sein Gedächtnis einer um so viel größeren Anzahl von Leuten zu empfehlen – wobei ich die hervorragendsten und würdigsten Personen meiner Bekanntschaft auswählte, und deren Zeugnis für ihn das ehrenvollste sein muß[2].«

Die Verschiedenartigkeit der Empfänger wird zur Verbreitung des postumen Lobes beitragen. Umgekehrt bietet sich, um das einzigartige Bild dieses einzigartigen Menschen zu bewahren, das Bewußtsein Montaignes, seines privilegierten Vertrauten, als der Brennpunkt an, in dem sich alles sammelt,

1 T.R. 1368-1369; F.W. VI, 291-292.
2 T.R. 1369; F.W. VI, 292.

was verstreut geblieben ist; er ist der einzige Treuhänder, der einzige Bürge, dem sich die »Größe seines ganzen Wertes[1]« zu erkennen gegeben hat.

»Die Nachwelt wird ihn gläubig anerkennen, wenn es ihr so gut scheint; aber *ich schwöre ihr, auf alles was an Gewissen in mir ist, ihn so erkannt und gesehen zu haben, in jeder Hinsicht, daß ich kaum, auch wenn ich es wünschte und mir vorstellte, etwas Höheres denken konnte*: ich stelle nicht viele neben ihn. Ich bitte Euch sehr angelegentlich, Monsieur, nicht nur die *allgemeine Beschützung seines Namens zu übernehmen*, sondern auch Euch diese zehn oder zwölf französischen Verse gefallen zu lassen, die notgedrungen sich in die *Hut Eurer Gunst* begeben[2].«

Man lese diese französischen Verse als schlichte Handgelenksübung: »Und dabei müßte man noch hinzurechnen, daß das weder seine Beschäftigung noch sein Studium war, und daß er kaum einmal im Jahre die Feder zur Hand nahm – Zeuge dessen ist das wenige, was uns aus seinem ganzen Leben übrig bleibt. Denn Ihr seht, Monsieur, ohne Umstände und Zutaten, alles, was mir davon unter die Hände gekommen ist, ohne Wahl und Lese, derart daß sogar Arbeiten aus seiner Kindheit darunter sind. Kurz, es scheint, daß er sich damit nur abgab, um sich sagen zu können, daß er fähig war, alles zu betreiben; denn im übrigen sahen wir tausend- und tausendmal, selbst in seinen gewöhnlichen Äußerungen, von ihm Dinge ausgehen, die würdiger waren, bekannt zu werden, würdiger, bewundert zu werden[3].« Aber diese überlegene Seele hat weder Zeit noch Gelegenheit gehabt, sich auf der Bühne der Welt sehen zu lassen. Montaigne, der doch so sehr dazu neigt, die »Eitelkeit der Worte« anzuprangern (der Titel von Essay II, LI), sieht sich festzustellen genötigt, daß allein sein Wort als Mittler zwischen dem, was Étienne de La Boétie war, und dem glorreichen Gedenken dient, das er von mehreren großen Persönlichkeiten freudig begrüßt, gehegt und in ihre *Obhut* genommen sehen möchte. Und wenn sich Montaigne im letzten seiner Widmungsbriefe an seine Frau[4] wendet, so nicht nur deshalb, um ihr das Vermächtnis an

1 T.R. 1369; F.W. VI, 292.
2 *Ibid.*
3 T.R. 1370; F.W. VI, 294.
4 T.R. 1371; F.W. VI, 295.

Papieren und Büchern in Erinnerung zu rufen, das »dieser mein lieber Bruder« ihm sterbend hinterließ; sondern vor allem, um ihr, nach dem Tode einer »im zweiten Jahre ihres Lebens verlorenen« Tochter, den »Trostbrief« in der Übersetzung La Boéties zur Lektüre zu empfehlen, den Plutarch seiner Gattin in einer ähnlichen Situation schrieb. Wie läßt sich die Stimme des Philosophen besser vernehmen, als wenn uns das »Schicksal« dieselbe Prüfung auferlegt, von der dieser Trostbrief spricht? »Betrübt«, schreibt Montaigne, »daß das Schicksal Euch für dieses Geschenk so gut vorbereitet hat.« Der mütterliche Kummer sorgt hier für die Aneignung, die »Obhut«, die Montaigne in jedem der vorhergehenden Widmungsbriefe wünschte. Diesmal allerdings wird die Stimme La Boéties, die sich dem Denken Plutarchs untergeschoben hat, auf jeden Fall Gehör finden. Im Kreis der Freunde, den Montaigne an den Schriften La Boéties »teilhaben« lassen wollte (um nicht »engherzig nur selbst von ihnen Gebrauch zu machen«), ist sicherlich »kein vertrauterer« als seine Gattin. Einmal mehr führt Montaigne seine eigene Schwäche als Vorwand an, um selbst zurückzutreten und La Boétie sprechen zu lassen, der sich seinerseits ebenfalls in den Dienst eines beispielhaften antiken Textes gestellt hat:

»[. . .] Ich überlasse Plutarch die Aufgabe, Euch zu trösten und Euch über Eure Pflicht in dieser Hinsicht zu unterrichten, indem ich bitte, ihm aus Liebe zu mir Glauben zu schenken; denn er wird Euch meine Absichten enthüllen und alles, was sich hierbei ausführen läßt, *unendlich besser als ich* herbeibringen[1].«

In diesem letzten Aspekt seines *zweiten Lebens* muß La Boétie als Interpret Plutarchs ausdrücklich dafür einstehen, zur Trauerarbeit zu ermutigen. Seinem ersten Tode entrissen, muß der im Zeichen des Buches wiederauferstandene Bruder helfen, die Wunde zu heilen, die das dahingegangene Kind, die noch fehlende Nachkommenschaft geschlagen haben.

Es ist angemessen, an dieser Stelle die Lektüre eines der wichtigsten Abschnitte des langen Briefes zu wiederholen, den Montaigne seinem Vater geschrieben hat, um ihm über die letzten Augenblicke La Boéties zu berichten:

1 T.R. 1371; F.W. VI, 296.

»Danach bat er mich plötzlich unter anderen Äußerungen, wieder und wieder mit äußerster Deutlichkeit, ich möge ihm *einen Platz geben*; ich fürchtete, daß sein Verstand die Klarheit verloren hätte. Aber obwohl er es sanft zurückwies, daß er sich vom Leiden hinreißen ließ, und jene Worte nicht die eines ruhigen Menschen waren, ergab er sich doch nicht sogleich, sondern wiederholte noch dringender: ›Mein Bruder, mein Bruder, so versagt Ihr mir *einen Platz*?‹ Bis er mich zwang, ihn durch die Logik zu überzeugen und ihm zu sagen, da er atme und spreche, müsse er ein *körperliches Wesen* sein und folglich auch *seine Stelle* haben. ›Gewiß, gewiß‹, antwortete er, ›ich habe eine, aber nicht die, die ich brauche, und dann, um alles zu sagen, ich habe kein Sein mehr.‹ – ›Gott wird Euch bald ein besseres geben‹, sagte ich. ›Wäre ich nur schon dort, mein Bruder‹, versetzte er, ›seit drei Tagen zerre ich, um aufzubrechen[1].‹«

Das Flehen des Sterbenden, das Montaigne nicht zu begreifen schien, ist seither deutlich verstanden worden. Der *Platz* La Boéties, sein Ort sind fortan nicht nur die »Bibliothek«, in die Montaigne die Papiere und Bücher dieses dahingegangenen Bruders hat bringen lassen; sie sind überdies noch im Gedenken einiger hoher Persönlichkeiten, denen er öffentlich das »Büchlein seiner Werke« angeboten hat, als er ihnen empfahl, den Namen La Boéties in ihre Obhut zu nehmen. Und die Leser von 1570 konnten, wenn sie die Widmungsbriefe lasen, diese Wohnstatt, dieses »Obdach« nicht abschlägig bescheiden, das ein unbekannter Autor, Michel de Montaigne, für einen großen verkannten, der Welt allzu früh entrissenen Menschen erflehte. Die Aufgabe war nicht vollendet, weil Montaigne den *Discours de la servitude volontaire* (Abhandlung über die freiwillige Knechtschaft) zurückbehielt, um ihm einen Ehren*platz* im Zentrum des ersten Buches der *Essais* zu geben. Er verdiente ihn, diesen Platz, denn er war das Analogon zu einem »reichen, ausgefeilten und nach den Regeln der Kunst gebildeten Gemälde«, in dessen Umkreis die Prosa Montaignes lediglich einen Rahmen von dekorativen »Grotesken und Zerrgebilden« bilden kann[2]. Wie in den Widmungsbriefen erklärt sich Montaigne hier noch »unterlegen«, nicht »genügend«, obwohl das Werk seines Freundes nicht mehr als eine Jugendübung gewesen

1 T.R. 1359-60; F.W. VI, 276-277.
2 I, xxviii; T.R. 181-182; L. 220.

ist, »nach Art eines Essays geschrieben«. Der Essay »Von der Freundschaft« (I, xxviii) greift ein Motiv auf und entwickelt es frei weiter, mit dem er sich bereits an die Widmungsträger von 1570 gewandt hatte. Er schreibt also die Geschichte dieser Freundschaft, er vergleicht sie mit anderen, um sie ganz unerreichbar dastehen zu lassen.

Montaigne kann sich somit zu Recht als der getreue Vollstrecker der letzten Wünsche seines Freundes fühlen: er hat das Bild La Boéties bewahrt, er hat ihm einen Platz angewiesen, er ist sein Hüter und eifersüchtiger Treuhänder gewesen: »Und hätte ich nicht mit aller Gewalt das Andenken eines Freundes aufrecht erhalten, den ich verlor, so hätte man ihn mir in tausend widerstreitende Stücke zerrissen[1].«

Gleichwohl bedeutet den Namen La Boéties geschützt, seine Schriften der Öffentlichkeit zugänglich gemacht zu haben noch nicht, daß man hinreichend für das Nachleben eines Wesens tätig gewesen ist, das sich mehr den Pflichten der Freundschaft als denen des Schreibens oder der Philosophie gewidmet hat (Bereichen, in denen man ihm nicht zu den sehr hohen Aufgaben verhelfen konnte, deren er fähig war). Heißt seine Werke veröffentlicht zu haben ihm wirklich den Platz einräumen, auf den er Anspruch hatte?

Das Erlebnis der Freundschaft war das der wechselseitigen »Übertragung« von Willensimpulsen – eine beiderseitige willentliche Entäußerung. Man lese erneut die folgenden berühmten Zeilen:

»(*a*) Da ist nicht ein besonderer Beweggrund, auch nicht zwei, noch drei, noch vier, noch tausend; es ist ich weiß nicht welche Quintessenz aus alledem, die meinen ganzen Willen ergriffen und mitgerissen hat, sich in dem seinen zu versenken und zu verlieren; (*c*) die seinen ganzen Willen ergriffen und mitgerissen hat, sich in dem meinen zu versenken und zu verlieren, mit einerlei Begierde und Wetteifer. (*a*) In Wahrheit, ich sage: verlieren, denn wir enthielten uns nichts vor, das uns gesondert geblieben, oder das entweder sein oder mein gewesen wäre[2].«

1 III, ix; T.R. 961; L. 772.

2 I, xxviii; T.R. 187; L. 226. Diese vollkommene Öffnung des Herzens oder des Inneren, ohne jede Verstellung, ist von Anfang an Bestandteil des *topos* der vollkommenen Freundschaft: »*Quid in amicitia fieri oportet, quae tota veritate perpenditur? in qua nisi, ut dicitur,* apertum pectus *videas, tuumque ostendas, nihil fidum, nihil exploratum habeas; ne*

Der Platz La Boéties war in Montaigne, der sich seinerseits im Willen seines Freundes »verloren« hatte. Halten wir im Vorbeigehen fest, daß dieses Paradigma der vollständigen Wechselseitigkeit in der totalen Hingabe im Freundschaftspaar die Bewegung verwirklicht, die Rousseau zu Beginn des *Contrat social* sich zwischen Individuum und Gesellschaft vollziehen läßt, und zwar im Augenblick des Vertragsschlusses: »Jeder von uns unterstellt gemeinschaftlich seine Person und seine ganze Kraft der höchsten Leitung des Gemeinwillens[1] ...« Diese »vollständige Überäußerung« wird für einen neuen *Körper*, für einen neuen Willen grundlegend – den Gemeinwillen. Unbedenklich ließe sich behaupten, daß Rousseau sich des Leitbildes der *philia* und der *amicitia* bedient (in der Form, wie er es bei Aristoteles, Cicero oder Montaigne antreffen konnte), um es auf die *polis*, auf die von einem »gemeinsamen *Ich*[2]« belebte Stadt anzuwenden. Nichts ist bei Montaigne deutlicher als das Bild zweier von einer einzigen Seele bewohnter Körper (einer »Einheit, die, nach der sehr guten Definition des Aristoteles, die einer einzigen Seele in zwei Körpern ist[3]«) und das eines Willens, der, wenn er auch auf persönliche Gewißheit gegründet ist, doch mit dem eines anderen verschmilzt; dennoch kann sich die vollkommene Freundschaft für ihn nicht auf mehr als zwei Partner erstrecken. »Teilen« kann man nur die »Alltagsfreund-

amare quidem aut amari, quum, id quam vere fiat, ignores.« Übers.: »Was muß in der wahren Freundschaft geschehen, die ganz und gar auf die Wahrheit gegründet ist? Wenn sich eure Seele nicht *unverhüllt* zeigt, wie man sagt, wenn ihr nicht in der eures Freundes lest, so ist kein Vertrauen mehr, keine Hingabe; ihr liebt nicht mehr, ihr werdet nicht mehr geliebt, sobald ihr nicht mehr wißt, was sich im Grunde der Herzen zuträgt« (CICERO, *De amicitia*, XXVI). Mehr noch aber verweist dieser Text auf die neuplatonische Philosophie der Liebe. Cf. Marsilio FICINO, *Kommentar zu Platos Gastmahl,* II, viii.

1 Jean-Jacques ROUSSEAU, *Du contrat social,* Buch I, Kap. VI (*Œuvres complètes,* Bd. III, Paris: Bibl. de la Pléiade, 1964, S. 361 [dt. *Politische Schriften*, Paderborn 1977, Bd. I, S. 74]).

2 Die Gesellschaft der schönen Seelen in der *Nouvelle Héloïse* bezeichnet das Zwischenstadium zwischen der Freundschaft zu zweit und der Volkssouveränität. Die Begriffe, die Rousseau zur Definition der Gesellschaft des Vertrages benutzt, sind *Freiheit* und *Gleichheit*. Die republikanische Losung wird, wenn sie die *Brüderlichkeit* hinzufügt, lediglich einen Begriff herausstellen, den Rousseaus Theorie der Volkssouveränität »verdrängte« oder implizit mitenthielt. Die Theorie des Vertrages wurde als reine und vernünftige Beweisführung formuliert, ohne affektive Komponente. Aber die Selbst*preisgabe* im entscheidenden Augenblick zeigt hinreichend deutlich an, daß die Freundschaft als Leitbild gewählt – und »verallgemeinert« – wurde.

3 I, xxviii; T.R. 189; L. 227.

schaften[1]«. Die höhere Freundschaft läßt sich lediglich zu zweit verwirklichen, im Zwillingspaar. Das römische Beispiel, das er zitiert, ist das von Tiberius Gracchus und Gaius Blosius:

»(*c*) Sie hatten sich einer dem andern so völlig übergeben, daß jeder völlig den Zaum der Neigungen des andern in Händen hatte[2] [. . .].«

Hier ergibt sich, sagt Montaigne, »eine so vollständige Verschmelzung unserer Willen«, daß, als Folge davon, »ich über meinen Willen gar keinen Zweifel hege, und ebensowenig über den Willen eines solchen Freundes[3]«. Die Sicherheit in bezug auf den Willen des »Bruders« in der Freundschaft ist nicht weniger umfassend als die Selbstsicherheit: »Es steht nicht in der Macht aller Beredungskünste von der ganzen Welt mich aus meiner Gewißheit zu bringen, die ich von dem Willen und dem Verstande des meinigen [Freundes] habe[4].«

Nun ist dieser Austausch von Willensimpulsen aber auch ein wechselseitiger Blicketausch: eine Evidenz ohne Schatten, der auf die Bekanntschaft fiele:

»(*a*) Man sollte mir keine einzige von seinen Handlungen vorlegen, was für eine Gestalt sie auch habe, davon ich nicht augenblicklich die Triebfeder auffinden wollte. Unsere Seelen sind so einstimmig miteinander am Joche gegangen, haben sich mit so warmer Zuneigung *betrachtet*, sich einander diese gegenseitige gleiche Zuneigung bis auf den tiefsten Grund ihres Innern *schauen* lassen – so, daß ich nicht nur die seinige kenne wie meine eigene, sondern ich hätte mich, in Ansehung meiner, gewiß lieber ihm vertraut als mir selbst[5].«

Die »Verschmelzung der Willen« ging Hand in Hand mit dem Austausch der Bilder, in dem jeder der beiden Freunde dem anderen einen untrüglichen Spiegel bot. Einheit in der Verdoppelung: eine Einheit, die umso stärker empfunden wurde, als sie die Dualität überstieg; eine Verdoppelung, die um so kostbarer war, als sie dem Bewußtsein des anderen die

1 I, xxviii; T.R. 190; F.W. II, 21.
2 I, xxviii; T.R. 188; F.W. II, 17.
3 *Ibid.*
4 *Ibid.*
5 I, xxviii; T.R. 188; F.W. II, 18.

totale Wahrheit anvertraute, von der das Ich in sich selbst nicht den gleichen Grad von Gewißheit besaß (»ich hätte mich ... gewiß lieber ihm vertraut als mir selbst«). Der *Verlust* und das Aufgehen des Selbst im Willen des Freundes war ebenso auch die *Ausweitung* der Sphäre des Ichs: »Das Geheimnis, was ich zu begehren geschworen habe, kann ich ohne Meineid demjenigen mitteilen, der eigentlich mein anderes Ich ist. Es ist ein großes Wunder, sich zu verdoppeln[1] ...« Sich verdoppeln: der Ausdruck kann den *Zuwachs* einer ersten Identität durch Verdoppelung bezeichnen – und die durch Halbierung erzielte *Spaltung* einer einheitlichen Substanz. Mein Wille verdoppelt und vermehrt sich im Willen meines Freundes; mein Bild mindert sich im wahreren Bild, das der Blick des Freundes auffängt, um es mir darzubieten. Stirbt er, bin ich auf meine erste Besonderheit als eine Art *Halb-Leben* zurückverwiesen und gleichzeitig der Gewißheit beraubt, in der ich mich wiegte, daß nämlich meine Wahrheit ganz und gar außer mir heimisch war, in einem brüderlichen und ernsten Blick:

»(*a*) ... Wenn ich dieses ganze Leben, sage ich, mit den vier Jahren vergleiche, in denen es mir gegeben ward, die innige Vertrautheit und Gesellschaft dieses Mannes zu genießen: so ist es nur Rauch und nichts als dunkle und freudlose Nacht. Seit dem Tage, an dem ich ihn verlor, [...] schleppe ich mich nun kläglich dahin; und die Freuden sogar, die sich mir bieten, statt mich zu trösten, *verdoppeln den Schmerz* über seinen Verlust. *Wir teilten alles miteinander; nun scheint mir, ich raube ihm seinen Teil.* Ich war schon so daran gewohnt, überall selbander zu sein, daß mich dünkt, ich sei nur noch *zur Hälfte*. [...] Es gibt keine Handlung und keine Vorstellung, bei der er mir nicht mangelt, so wie ich ihm gemangelt hätte. Denn ebenso, wie er mich in jeder andern Geisteskraft und Tugend unendlich weit übertraf, so tat er es auch in der Übung der Freundschaft[2].«

Der Überlebende ist also zugleich der Schuldige (weil er in all den Freuden, die er allein genießt, den Teil des andern »raubt«) und derjenige, der fortan als beschädigtes Wesen weiterlebt. Er erlebt an sich selbst einen Überschwang und einen Mangel. Allein trägt er die allzu schwere Bürde seines

1 I, xxviii; T.R. 190; F.W. II, 22.
2 I, xxviii; T.R. 192; L. 228-229.

Lebens, ohne Bürgen, er hat keinen Treuhänder mehr; und andererseits ist er nurmehr Fragment oder »Rauch«, er hat die ontologische Konsistenz der Doppelexistenz eingebüßt. Er kennt lediglich die Verdoppelung des Schmerzes.

Den Namen La Boéties weiterzugeben, »sein Dasein zu verlängern[1]«, ein »Lebensbild« davon zu bewahren, bedeutet also nicht nur eine pietätvolle Verpflichtung gegenüber dem verlorenen Freund; es heißt so handeln, daß Montaigne, auf ewig unzureichende Weise, im brüderlichen Bild, das er im Gedächtnis bewahrt, den Blick, den La Boétie auf ihn richtete, und das Bild von sich selbst erglänzen sehen kann, das dieser Blick ihm bot. Der Platz, den der Sterbende für sich erflehte, findet sich im Zentrum des Bewußtseins von Montaigne selbst: es geht darum, La Boétie gleichsam einen Schatten seines geraubten »Teiles« zurückzuerstatten und gleichzeitig in der »sorgsamen« Entschlüsselung seiner selbst als eine Art Ersatz des Amtes des verlorenen Freundes zu walten. So kann, durch das *Gedenken* und die *Reflexion*, das Paar der brüderlichen Bilder in einer vom Tod asymmetrisch gestalteten Beziehung dank der Arbeit eines einzigen Bewußtseins verewigt werden. Indem er »mit aller Gewalt das Andenken eines Freundes (aufrechterhält), den [er] verlor[2]«, ist Montaigne die Verpflichtung eingegangen, gleichsam als hinterlassenes Vermächtnis die äußerste Aufmerksamkeit und den wachsamen Ernst fortzupflanzen, die sein Freund ihm gegenüber bezeugte.

So erneuert und verstärkt sich in der postumen Beziehung eine in der Lebendigkeit der Existenz erlebte Erfahrung: die Nähe des Freundes wurde als eine Art Redundanz empfunden, während die Trennung beiden das Gefühl eines intensiveren »Besitzes« des Lebens vermittelte:

»(*b*) Wir dehnten den Besitz unseres Lebens weiter aus und genossen seiner besser, indem wir uns trennten: er lebte, er genoß und sah für mich und ich für ihn ebenso innig, als wären wir einander gegenwärtig gewesen. Die eine Hälfte von uns blieb müßig, wenn wir beisammen waren; wir ergossen uns einer in den andern. Die Tren-

1 II, xii; T.R. 534; F.W. III, 400: »Eine äußerste Sorge hält den Menschen an, sein Dasein zu verlängern.«

2 III, ix; TR. 961; L. 772.

nung durch den Raum machte die Vereinigung unseres Willens noch stärker[1].«

Die Trennung war zu der Zeit, da ihr eine Wiedervereinigung folgen konnte, eine Quelle der Fülle: die Entfernung erlaubte eine beweglichere Handhabung der Wechselseitigkeit. Der Dialog der Freundschaft vollzog sich aus und in der Ferne. War das nicht bereits eine vorbereitende Übung für die endgültige Entfernung? »ER *sah* für MICH und ICH für IHN.« Der Chiasmus als Figur der Kreuzung der Blicke wird zum Hilfsmittel für den, der allein bleibt, wenn er das Bild des verlorenen Freundes lebendig erhält. Der nachdenkliche Blick, die Souveränität des Urteils, die Montaigne sich unerschütterlich und sicher bewahrt, ersetzen ihm recht und schlecht die Hälfte seiner selbst, um die er sich gemindert fühlt. So sieht sich der freundschaftliche und klare Blick La Boéties verinnerlicht, »introjiziert«: er ist das nach innen gerichtete Licht, die affektive »Wachsamkeit«, die das unbeständige und launenhafte Leben beobachtet und »kontrolliert«. Aus der Tiefe des Todes wacht er auch weiterhin im lebendigen Auge des Selbstbewußtseins und des Schreibens. Die innere Dualität, die den introspektiven Akt in ein betrachtendes Subjekt (das »Bewußtsein«) und ein betrachtetes Objekt (die veränderliche Existenz) auseinanderlegt, ist aus dem Tode hervorgegangen: sie ist das beobachtende Subjekt – in dem gewöhnlich unser reinster und unabhängigster Akt angesiedelt wird –, das die Stelle des Toten einnimmt, wie sein zweites Leben und seine scharf hervorgehobene Absenz. Das Selbstbewußtsein und das Urteil tragen in ihrer Kontinuität, Festigkeit und nicht endenwollenden Begierde,

1 III, ix; T.R. 955; F.W. VI,1. Kurz zuvor liest man: »Ich weiß, daß die Arme der Freundschaft lang genug sind, um von einem Winkel der Erde zum andern einander zu fassen und zu umarmen; und besonders dieser Freundschaft, wo beständig kleine Gefälligkeiten Verbindlichkeit und Andenken erwecken. Die Stoiker sagen ganz recht, es walte ein so großes Band und Verhältnis unter Weisen ob, daß derjenige, welcher zu Mittag in Frankreich ißt, seinen Mitbruder in Ägypten speist und ein Weiser, der seinen Finger ausstrecke, an was immer für einem Orte, mache, daß alle Weisen, die auf der Erde wohnen, sich davon aufgeholfen fühlen. [. . .] Geht einmal eure tägliche Unterhaltung durch, ihr werdet gewahr werden, daß ihr dann am weitesten von eurem Freunde entfernt seid, wenn er bei euch ist. Sein Beisein erschlafft eure Aufmerksamkeit und gibt eurem Gedanken Raum, sich bei jeder Gelegenheit stündlich zu entfernen« (III, ix; T.R. 953; F.W. V, 338).

das wahrhaftigste Bild zu erhalten, die fortdauernde Präsenz eines anderen Ichs in sich, seinen hingenommenen und geleugneten Tod: das Bewußtsein entgeht der Veränderung, weil es nicht mehr dem Leben, sondern dem Nachleben angehört. Es ist der vertrauteste Zeuge und zugleich der Zuschauer von jenseits des Grabes. So bleibt die Einsamkeit des Schriftstellers von der verinnerlichten Fortdauer einer verlorenen »Gesellschaft« heimgesucht und durchkreuzt, wie sie auch auf die Erwartung einer künftigen, aus anderen Freunden gebildeten »Gesellschaft« hin angelegt ist: Funktion des Aktes des Schreibens ist es, halbpart mit dem verlorenen Freunde zu machen, um das lebendige Bild eines Autors zu vermitteln, der bald seinerseits keinen anderen *Platz* mehr als Bleibe haben wird, keinen anderen *Körper* und keinen anderen »Bürgen[1]«, es sei denn sein eigenes, der Nachwelt dargebotenes Buch. Der Phase der arbeitsamen Zurückgezogenheit wächst also die Bedeutung einer Zwischenzeit zwischen zwei »Umgängen« zu: dem schwärmerischen Umgang mit dem erwählten Freund in der Zeit vor dem Buch; und auf dem Wege des Buches dem postumen Umgang mit denen, die die Vertrauten des Herrn von Montaigne gewesen sein werden. An diesen beiden »Gesichtern« der Zeit arbeitet der Essay in Hinsicht auf die Absenz, im Gedenken oder in der Antizipation des Verlustes. Und seine ganze Anstrengung entfaltet sich im Blick auf eine geschützte Nähe. Was Montaigne in bezug auf La Boétie und seinen Vater geleistet hat (ein »Lebensbild« bewahren) – Aufgabe seines Buches wird es sein, es auch in bezug auf sich selbst zu leisten. Der freie Umgang mit den Autoren, die den Bestand seiner Bibliothek ausmachen, hat ihm die Möglichkeit einer der Zeit und der Distanz trotzenden Lektürebeziehung enthüllt: anhand eben dieses Leitbildes des Überlebens im geschriebenen Werk vertraut er sich mit mehr Bescheidenheit

1 »Ich weiß wohl, daß ich keinen *Bürgen* hinterlassen werde, der so lange betroffen und mit meinem Schicksal so vertraut gewesen ist, wie ich es mit seinem war. Es gibt niemanden, dem ich etwas von meiner Malerei vollständig anvertrauen wollte [. . .]« (Text von 1588; III, ix; T.R. 1562). Für den heutigen Psychoanalytiker ist LA BOÉTIE damit zum »inneren Objekt« geworden. Cf. Masud KHAN, »Montaigne, Rousseau und Freud«, in *The Privacy of the Self,* London 1974 (dt. *Selbsterfahrung in der Therapie*, übers. von B. BRUMM, München 1977, S. 125).

und mehr Kühnheit – denn er gibt vor, nichts zu sein und nichts Wichtiges zu sagen zu haben – der Nachwelt an. Die einsame Subjektivität erhält sich nur durch die äußere *Gesellschaft* lebendig, die sie in sich weiterträgt, die sie schützt oder hegt.

Erinnern wir uns der Formulierungen, die Montaigne im Widmungsbrief an M. de Mesmes benutzte: »Denn in Wahrheit, er wohnt noch *so ganz und so lebhaft* bei mir, daß ich ihn weder so steif begraben noch so fern von unserem Dasein glauben kann.« Und an M. de Foix: ». . . ich, dem allein *er sich bis zur Lebhaftigkeit mitgeteilt hat* . . .« Es finden sich hier genau die gleichen Ausdrücke, die Montaigne benutzen wird, um in der Wendung »An den Leser«, in Hinsicht auf seine »Angehörigen und Freunde«, aber auch in Hinsicht auf den unbekannten Leser, die Intention des Buches der *Essais* zu verdeutlichen: ». . . auf daß sie [. . .] durch dieses *Mittel* die Kenntnis, die sie von mir hatten, *völliger und lebendiger* erhalten können. [. . .] Meine Fehler wird man hier finden, *so wie sie sind*[1] . . « – ein besonderes Echo, in dem das Buch damit betraut wird, als Mittler (»durch dieses Mittel«) die lebendige Fülle zu gewährleisten, die die engste Freundschaft auf direkte Weise, durch die unmittelbare Kommunikation hervorgebracht hatte. Daher wird der Raum besser verständlich, den La Boétie und der Vater Montaignes im Rahmen der *Essais* einnehmen: sie sind, auf je verschiedene Weise, die Anreger, unter deren Einfluß der Akt des Schreibens gerechtfertigt wird; Montaigne kann über *sich* nicht schreiben, ohne auf sie zurückzugreifen, so als hätte er von *ihnen* zugleich sein Mandat erhalten – und den Entschuldigungsgrund seiner eigenen Unvollkommenheit. Aber wenn sein Schreiben auch von ihnen und von ihrem Tode ausgeht, so imitiert er sie doch nicht, wählt er sie sich doch nicht als Vorbilder: er könnte nie so sein wie sie. Er hat keine männliche Nachkommenschaft wie sein Vater; er verfügt nicht über die Tugend La Boéties, die sich ganz und gar in den Dienst der Freundschaft gestellt hat. Auf diesen Freund, den das Schicksal eines Werkes beraubt hat, kann nur ein Werk reagieren, dessen Autor, »des sanftesten Freundes beraubt«,

1 »An den Leser«, T.R. 9; L. 51.

bekennen wird, wie weit er von den Büchern übertroffen worden wäre, die jener geschrieben hätte: ». . . und wenn er in dem fortgeschritteneren Alter, in dem ich ihn gekannt habe, einen ähnlichen Vorsatz gefaßt hätte wie den meinen, seine Einfälle zu Papier zu bringen, so hätten wir manche auserlesene Dinge zu Gesicht bekommen, die uns dem Ruhm des Altertums sehr nahe brächten[1].« La Boétie wird nur eine große Freundschaft *erbaut* haben (»es muß so vieles zusammentreffen, um dergleichen zu errichten, daß es viel ist, wenn das Schicksal es einmal in drei Jahrhunderten zustande bringt[2]«), und Montaigne bleibt es überlassen, »sich selbst auszubilden und zu vervollkommnen[3]«, für sein Buch, durch sein Buch.

Die Einsamkeit, in der Montaigne Umgang mit sich selbst pflegt und, im Sinne der humanistischen Formulierung, sich selbst eine Menge wird (*sibi turba*), wird also nicht allein von seiner Ich-Stärke aufrechterhalten. Sie trägt den Anspruch des anderen in sich, den Aufruf zu oder das Gedenken an einen nahen Umgang mit einem fremden Bewußtsein. Sie ist die späte Frucht des unterbrochenen Dialoges mit dem, was nach Cicero *»est* [. . .] *tamquam alter idem«* (*De amicitia,* XXI); sie schickt sich an, dem Leser ein postumes Selbstporträt zu bieten. Der Kommunikationsanspruch umfaßt bei Montaigne alle zeitlichen Dimensionen. Er greift in die Vergangenheit aus:

»(*a*) [. . .] Denn wie ich aus einer nur zu richtigen Erfahrung weiß, wir können bei dem Verluste unsrer Freunde keinen süßern Trost empfinden als den, welcher aus der Erinnerung entspringt, daß wir von allem, *was wir ihnen zu sagen hatten, nichts vergessen haben* und daß unser Vertrauen zu ihnen *vollkommen und unbeschränkt* gewesen sei[4].«

Und er richtet sich in die Zukunft: der Freund, *dem* man sich vollständig anvertraut hat, ist auch der, *von dem* man zu anderen Adressaten sprechen wird. Es genügt nicht, ihm alles gesagt zu haben; er muß überdies, absichtslos und ohne Hoffnung auf Gegenleistung, nach seinem Hingang an Freundlichkeit überboten werden:

1 I, xxviii; T.R. 182; L. 220.
2 *Ibid.*
3 II, vi; T.R. 360; L. 369.
4 II, viii; T.R. 376; F.W. III, 115.

»(*b*) Jene, die meine Freundschaft und Erkenntlichkeit verdient haben, verloren sie noch nie dadurch, daß sie nicht mehr da sind: ich habe sie denen, die fern waren und es nicht sahen, stets *reichlicher* und gewissenhafter gelohnt. Ich spreche von meinen Freunden mit größerer Innigkeit, wenn es keine Möglichkeit mehr gibt, daß sie es erfahren[1].«

10. »At tibi certamen maius«

Das Bewußtsein des Schriftstellers gibt sich, wenn es den gesamten Zeit-Raum bevölkert – die von der Erinnerung an den Freund geprägte Vergangenheit, der Plan, davon künftig »mit größerer Innigkeit« zu sprechen, und zwar aus der Gegenwart, die Trauer ist und Trennung – einer Erfahrung von sich selbst und der Dauer anheim, die den Überschwang, den er zu Zeiten der lebendigen Freundschaft erlebt hatte, zugleich entstellt und bereichert.

Montaigne hatte den *Discours de la servitude volontaire* gelesen, bevor er La Boétie begegnet war, und eben dieses Werk hatte in ihm den Wunsch geweckt, seine Bekanntschaft zu machen:

»(*a*) Und doch bin ich dieser Schrift besonderen Dank schuldig, da sie als Vermittlerin unserer ersten Verbindung diente. Denn sie wurde mir gezeigt, lange bevor ich ihn sah, und gab mir die erste Kunde seines Namens, so daß sie diese Freundschaft in die Wege leitete, die wir, solange es Gott gefiel, so restlos und innig zwischen uns gehalten haben, daß sich kaum in der Überlieferung ähnliche finden und unter den heutigen Menschen sicherlich keine Spur davon anzutreffen ist[2].«

Wenn Montaigne im *Discours* eine Aufforderung zur Freundschaft wahrgenommen hat, so nicht einfach deshalb, weil er darin, auf dem Wege über die für einen Menschen seiner Kultur sofort intelligiblen Bezugnahmen auf die antike Welt, die Anprangerung unterdrückerischer Monarchen fand; sondern vor allem deshalb, weil La Boétie, um seine Definition der Tyrannei zu vervollständigen, das Gegenbild der Freund-

1 III, ix; T.R. 975;. L. 777.
2 I, xxviii; T.R. 182; L. 221.

schaft feierte, indem er daran zeigte und nachwies, was die tyrannische Allmacht radikal ausschloß. Die Freundschaft ist nach La Boétie (der in dieser Hinsicht einem von der humanistischen Tradition geheiligten *topos* treubleibt) die »Gesellschafts«-Form, die die Tyrannei auf allen Stufenleitern des Gemeinschaftslebens unmöglich macht:

»Sicherlich wird der Tyrann nämlich weder geliebt noch liebt er. Die Freundschaft ist ein *geweihter Name*, eine *heilige Sache*, sie kann nur zwischen edlen Menschen und bei gegenseitiger Achtung entstehen. Sie wird nicht durch Wohltaten lebendig erhalten, sondern durch eine reine, edle Lebensführung. Das Wissen um die Lauterkeit des Freundes macht den Freund sicher. Die Bürgschaft einer Freundschaft sind guter Charakter, Treue, Beständigkeit. Wo Grausamkeit wütet, wo Treulosigkeit herrscht und Ungerechtigkeit sich breitmacht, kann es keine Freundschaft geben, und wenn Böse sich zusammentun, dann kommt dabei keine Kameradschaft heraus, sondern ein Komplott, dann gibt es keine Freunde, sondern Spießgesellen, keine gegenseitige Liebe zueinander, sondern nur die gegenseitige Furcht voreinander.

Das alles spricht schon genügend dagegen, daß ein Tyrann zu lieben vermöchte. Er steht über allen, hat also keine Kameraden und befindet sich damit bereits außerhalb der Freundschaft, die auf der Gleichgültigkeit und Gleichberechtigung beruht und die ihr einziges Glück darin sucht, niemals nachzulassen und immer sich selber gleichzubleiben[1].«

Die Freundschaft als wechselseitige, aufrichtige und uneigennützige Hingabe ist das genaue Gegenteil der gewinnsüchtigen Unterwürfigkeit des Schmeichlers, der sich in die freiwillige Knechtschaft stürzt. Wie groß auch die Vorteile des Lasters sein mögen, der Ausgang läßt daran keinen Zweifel. Der *assentator* [Speichellecker], der anfangs gehätschelt und mit Belohnungen überschüttet wird, muß früher oder später die zerstörerischen Launen des Tyrannen erdulden. Nachdem er ausführlich den Nachahmungsmechanismus bloßgelegt hat, der die servilen Verkehrsformen der

1 LA BOÉTIE, *Œuvres complètes*, ed. P. BONNEFON, Bordeaux/Paris 1892, S. 53-54; dt. *Über die freiwillige Knechtschaft*, Frankfurt a. M. 1968, S. 62. Das Thema ist bei CICERO in den Kapiteln XV und XXIV in *De amicitia* behandelt. Zu diesem Aspekt von *Contr'Un* siehe die Studie von Claude LEFORT, »Le nom d'Un«, in LA BOÉTIE, *Le Discours de la servitude volontaire*, ed. P. LÉONARD, Paris 1976, S. 247-307.

Tyrannengesellschaft von oben nach unten reproduziert, stellt ihr La Boétie dennoch kein genaues Modell einer freien Gesellschaft gegenüber, mit Ausnahme der Brüderlichkeit im engeren Sinne: offensichtlich stellt die Freundschaft für ihn die einzige Widerstands- oder Heilsmöglichkeit dar – die den »guten Menschen« vorbehalten bleibt. Die Beispiele von Harmodius und Aristogiton und von Brutus und Cassius lassen, aus der Perspektive der Legende, den Tyrannenmord als heroische Tat erscheinen, der sich eine große Freundschaft verschreiben kann. Es ist allerdings kein Projekt dieser Art, das die Freundschaft Montaignes und La Boéties besiegeln wird, sondern sehr viel eher, und zwar in dem Augenblick, da die Macht sich zwischen Tyrannen und Westentaschentyrannen, »Parteien« oder anarchistischen Banden verzettelt, die Idee, außerhalb und jenseits der Macht und ihrer willkürlichen Akte ein sicheres Versteck in einem »geweihten Namen« und einer »heiligen Sache« zu finden. Sie werden sich einem privaten Umgang widmen, der jedoch derart weitgehend dem Kult der Tugend gelten soll, daß er dem Vorwurf entgeht, sich der Sorge um die öffentlichen Interessen entschlagen zu haben.

In dem Brief, der Montaignes Bericht über Krankheit und Tod La Boéties enthält, apostrophiert der Sterbende seinen »Bruder« mit Ausdrücken, die als Echo derer widerhallen, die wir soeben dem *Discours de la servitude volontaire* entnommen haben:

»Hierauf sich mir zuwendend, sagte er: ›Mein Bruder, den ich so sehr liebe und den ich unter so vielen Menschen gewählt hatte, um mit ihm diese *tugendhafte und aufrichtige Freundschaft* zu erneuern, deren Gebrauch durch die Laster so lange unter uns verloren gegangen ist, daß nichts als ein paar alte Spuren im Andenken an das Altertum übrig bleiben – ich bitte Euch als Zeichen meiner Neigung zu Euch der Nachfolger meiner Bücher, die ich Euch gebe, zu sein[1]. . .‹«

1 T.R. 1352; F.W. VI, 265. Der *Discours* sprach, wie wir gesehen haben, von der Freundschaft als einer »heiligen Sache«, und MONTAIGNE präsentiert im Widmungsbrief an Michel de L'HOSPITAL LA BOÉTIE als denjenigen, mit dem er die Rechte und Pflichten der »heiligen Freundschaft« wahrgenommen hat. Hier handelt es sich zweifellos um eine formelhafte Wendung, aber ihre Nachdrücklichkeit ist bezeichnend.

In Wirklichkeit hat La Boétie, um diese Freundschaft aufzubauen, nicht aufgehört sich auf jene »alten Spuren«, auf jene »im Andenken an das Altertum« aufbewahrten beispielhaften Bilder zu berufen. Ganz offensichtlich ist er es, der das Bindeglied zwischen der bewunderten Vergangenheit und dem Freund bildet, den er sich gewählt hat. Er ist der lebende Beweis dafür, daß die Beispielhaftigkeit wiederaufleben kann, so wie ja auch die lateinische Sprache bei ihnen wieder-aufgelebt ist. In seinen Gedichten hat La Boétie das Lateinische seinen Männerfreundschaften vorbehalten; umgekehrt bediente er sich des Französischen, wenn er sich an Damen wandte. Denn das Lateinische ist, wie Montaigne sagen wird, von einer Energie, von einer Seinsdichte und einer moralischen Unbedingtheit, die die schwachen Kräfte der Vulgärsprache, jenes Reflexes einer entarteten Zeit, bei weitem übertreffen. Das Lateinische ist die Sprache der männlichen Vorbildlichkeit, und zwar gerade aufgrund seines höchsten ontologischen *Ranges*. In den drei lateinischen Gedichten, die La Boétie an Montaigne richtet, übernimmt er die Funktion des Führers. Sein Alter hat ihm einen Vorsprung verliehen (er ist drei Jahre älter als Montaigne). Er ergreift die Initiative, um einen der Freunschaftsdienste zu leisten, die Cicero definiert – *monere et moneri,* mahnen und ermahnt werden[1]. Er ist es, der, das Auge zum unwandelbaren Gestirn der Tugend erhoben, seinen jüngeren Gefährten rügt, ihm seine Seitensprünge vorhält und seine Schwäche angesichts der Versuchungen des Fleisches tadelt. Er ist es, der ihn ermutigt, seine Schritte (nach dem Beispiel, wiederum dem *Beispiel* seines Vaters) ins Reich der großen Vorbilder und unvergänglichen Wesenheiten zu lenken. Montaigne wird aufgefordert, dem Bruder nachzufolgen, der ihm vorangegangen ist und mit ihm in der Sprache der Überflügelung und der Bemühung spricht. Bald handelt es sich darum *aufzubrechen* (zu dritt, in der Gesellschaft von Belot, in Richtung einer anderen Hemisphäre, um der Verwüstung der Bürgerkriege zu entrinnen, aber ohne die Erinnerung ans mütterliche Heimatland einzubüßen), bald darum, den Pfad der Tugend zu *erklimmen*, bald darum, sich den trügerischen Lüsten zu

1 CICERO, *De amicitia,* XXV.

entreißen, die den Weisen vorbehaltene *Ruhe* zu erringen: am Ende dieser von der Energie der Verweigerung und des Opfers unterhaltenen Bewegung werden der legitime Genuß seiner selbst und die ruhige Meisterschaft im Umgang mit allen zeitlichen Horizonten erreicht:

Aut nihil est felix usquam, aut præstare beatum
Sola potest virtus. Sola hæc, quo gaudeat, in se
Semper habet, bene præteriti sibi conscia, sorti
Quæcumque est præsenti æqua, et secura futuræ.
Indiga nullius, sibi tota innititur: extra
Nil cupit aut metuit, nullo violabilis ictu,
Sublimis, recta, et stabilis, seu pauperiem, seu
Exilium, mortemve vehit currens rota, rerum
Insanos spectat, media atque immobilis, aestus.
Huc atque huc fortuna furens ruit: illa suis se
Exercet læta officiis, secum bona vere
Tuta fruens, ipsoque sui fit ditior usu.

O mihi si liceat tantos decerpere fructus,
Si liceat, Montane, tibi! Experiamur uterque:
Quod ni habitis potiemur, at immoriamur habendis[1]*!*

In freier Übersetzung:

Entweder existiert keinerlei Glück, oder einzig die Tugend kann uns glücklich machen. Sie allein besitzt in sich stets den Gegenstand ihres Genusses, im vollen Bewußtsein der Vergangenheit, fähig, heute allen Schlägen des Schicksals zu trotzen, auf ihr künftiges Geschick vertrauend. Sie hat an nichts Mangel, sie stützt sich ganz und gar auf sich selbst: draußen begehrt sie nichts noch fürchtet sie etwas; keine Verletzung kann sie erreichen; hochstrebend, aufrecht und beständig, bedeutet es ihr wenig, wenn das Schicksal ihr, mit einer Drehung des Rades, Armut auferlegt, Exil oder Tod: unerschütterlich bleibt sie, sie hält die Mitte und betrachtet das wahnwitzige Toben der Ereignisse. Das rasende Geschick wendet sich hierhin und dorthin: freudig aber obliegt die Tugend ihren Pflichten; in ihrer eigenen Gesellschaft genießt sie Schätze, die ihr nicht entrissen werden können, und wird reicher von der Nutznießung, die sie aus sich selbst zieht.

Oh, könnte doch auch ich so schöne Früchte sammeln! Könntest

1 LA BOÉTIE, *Œuvres complètes,* hrsgg. von P. BONNEFON, Paris/Bordeaux 1892, S. 235.

du, Montaigne, sie ebenfalls sammeln! *Erleben wir es beide:* und wenn wir nicht ihre Besitzer werden können, so mögen wir beim Versuch sterben, sie zu besitzen!

Wir erkennen hier die Stimme wieder, die Montaigne anfangs vernommen hat und die dazu auffordert, sich angesichts des unsteten menschlichen Getriebes der Beständigkeit, des Besitzes seiner selbst, der inneren Kohärenz und der kontemplativen Heiterkeit der Seele zu versichern. Die Forderung nach »Eigentum«, nach ausschließlicher Beziehung zu sich selbst läßt sich zu zweit erleben, in der Beziehung, die ein Doppelwesen hervorbringt: »Und unser freier Wille kann nichts so völlig seine eigene Schöpfung nennen, wie die Zuneigung und Freundschaft[1].« Freilich sind das Wendungen, die Büchern entnommen (und wahrscheinlich wörtlich abgeschrieben) worden sind: aber La Boétie beweist in seiner affektiven Beharrlichkeit nicht nur, daß diese Wendungen wiederholt werden können, sondern daß ihre Lehre auch zu neuem Leben erweckt und reinkarniert werden kann. Die Mahnung *experiamur uterque* ließe sich auch übersetzen mit: »Unternehmen wir beide den *Versuch*«, und ergäbe dann eine erste (von Montaigne sehr rasch fallengelassene) Bedeutung von *Versuch*, aufgefaßt im Sinne von Unternehmung, die im voraus weiß, worauf sie abzielt, und es nur zu gut weiß, weil es sich ja um das Höchste Gut handelt, und zwar in Hinsicht darauf, was es an Überlegenem, Einzigartigem und Allgemeinem hat: die Tugend. Die Tugend ist das Sakrament der Freundeskommunion. Der Ruf nach Vorbildlichkeit, der von den antiken Leitbildern bestimmt und *hier* und *jetzt* in einer Sprache der Vergangenheit formuliert wird, ist eine überschwengliche Modalität des Freundschaftsbundes. Er setzt den Wettstreit ebenso voraus wie die Teilung und das dieser einzigartigen Aufgabe bis an die äußersten Grenzen geweihte Leben: *At immoriamur habendis!* Was Endzweck des Lebens gewesen ist, wird zum Endzweck des Todes: sterben im Streben nach dem Besitz dieser wunderbaren »Früchte«. Die Fahne der Freundschaft trägt als Devise: Tugend oder Tod!

Das Opfer des Lebens ist, wie wir noch mehrfach sehen

1 I, xxviii; T.R. 183-184; L. 222.

werden, der entscheidende Akt der beispielhaften Bestimmung. Den Imperativ der Tugend ausrufen bedeutet nichts, wenn man nicht für das, was man ausruft, zu sterben weiß. Einzig ein dem Diskurs angemessener Tod verhindert, daß dieser Diskurs sich in »eitle Worte«, in sinnlose Rhetorik verflüchtigt. Dieser Tod ist das Siegel, das dem Wahlspruch Authentizität verleiht, das bestätigt und verdichtet, was, lediglich in die Grenzen der Sprache gebannt, nie genug Dichte und Konsistenz besitzt. Die großen Männer der Vergangenheit sind denkwürdig geblieben, weil sie aufs Wort, gemäß dem Wort gestorben sind, das sie gegeben hatten. Um dem trügerischen Wortschwall zu entrinnen, muß die Diskurs-Aktivität sich bis in den Tod fortsetzen, muß sie ihn sich aneignen und in den Rang eines obersten Ereignisses erheben. Der Tod wird so zum sinngebenden Zeichen, zum definierenden Wesenszug, zum superlativischen rednerischen Akt, der den Diskurs nicht nur als Geste begleitet, sondern in der unwiderruflichen Reglosigkeit vollendet. Erst dann ist die Behauptung erlaubt, daß das Wort eine »performative« Kraft in sich barg und von dem Augenblick an ein *Tun* war, wo das *Reden* begann. Dieser beredte Tod projiziert seine wahre Bedeutung rückwirkend auf die gesamte Dauer des vorhergehenden Lebens. Das Beispiel gipfelt in einem monumentalen Tod, der als Säule oder Trophäe aufgerichtet wird und die Menschen künftiger Zeiten zwingt, sich zu erinnern, in Verwunderung zu geraten und den Versuch einer Nachahmung zu unternehmen. So erwächst das neue Beispiel, wenn Natur oder Schicksal dafür sorgen, unter Berufung auf das alte: so kann sich La Boétie unter den Augen Montaignes den antiken Vorbildern ebenbürtig erweisen und einen bewunderungswürdigen, ganz und gar mit Sinnsprüchen durchsetzten Tod sterben. Vom ersten Krankheitstag des Freundes an hat Montaigne sie mit faszinierter Gier gesammelt. Für den Geist der Zeit sind die *ultima verba* nicht nur ein geistliches Testament, sondern tragen bereits das Zeichen der »unmittelbaren Vision« der Glückseligen. »Daher ich mich der größten Aufmerksamkeit befleißigte. [. . .] Denn um ihn darzustellen, stolz aufgehalten auf seinem tapferen Vorwärtsschreiten, um Euch diesen ganzen unbesieglichen Mut in einem von den schrecklichen Anstrengungen des Todes und des Schmerzes vernichteten und zerrissenen Körper aufzuzeigen, dazu gehörte wahrlich ein so viel besserer Stil als der meinige; wenn er schon in seinen gesunden Tagen bei der Erörterung schwieriger und wichtiger Gegenstände auf eine Art und Weise redete, daß es Mühe kostete, sie ebenso gut niederzuschreiben, so schienen doch diesmal Geist und Zunge förmlich zu wetteifern, wie um ihm ihren letzten Dienst zu erweisen: sah ich ihn doch nie so voll und reich an schönen Bildern, noch jemals so beredt, wie während des Verlaufes dieser Krankheit[1].« Im Zuge seiner ganzen Agonie rezitiert La Boétie, von seinem Freunde belauscht, bewunderungswürdig die Rolle des sterbenden Weisen: er stirbt, wie es im Buche steht. Montaigne wird davon geradezu geblendet bleiben. In seiner Erinnerung holt die Freundschaft mit La Boétie nicht nur die vorbildlichen Freundschaften der Antike ein (Gaius Blosius und Tiberus Gracchus, »mehr Freunde als Staatsbürger[2]«), hat sie nicht nur der Erwartung La Boéties standgehalten, der in seinem Brief an Montaigne schrieb: »Ich fürchte durchaus nicht, daß unsere Neffen sich weigern, unsere Namen (wenn das Schicksal uns denn ein Nachleben verleiht) in die Liste berühmter Freunde einzutragen[3]«; sie hat sogar, wie Montaigne sagen wird, die in den Büchern niedergelegten Beispiele übertroffen: ». . . daß sich kaum in der Überlieferung ähnliche finden[4]«. Im hyperbolischen Schwung der Überflügelung wird sie sogar noch weiter vorangetragen: »Diese hier hat kein anderes Urbild als in sich selbst und kann nur an sich selbst gemessen werden[5]. [. . .] Denn sogar die *Meinungen*, die das Altertum uns über diesen Gegenstand hinterlassen hat, kommen mir seicht vor, gemessen an dem Gefühl, das ich davon habe. Und in diesem Punkt übertreffen die Tatsachen sogar die Lehren der Philosophie[6].« La Boétie

1 T.R. 1347-1348; F.W. VI, 258.
2 I, xxviii; T.R. 188; F.W. II, 17.
3 LA BOÉTIE, *Œuvres complètes,* ed. P. BONNEFON, Bordeaux/Paris 1892, Vers 10-11, S. 225.
4 I, xxviii; T.R. 182; L. 221.
5 I, xxviii; T.R. 187; L. 226.
6 I, xxviii; T.R. 191-192; L. 228.

»hatte seinen Geist nach dem Muster anderer Jahrhunderte als des gegenwärtigen gebildet[1]«, aber die Freundschaft, die er mit Montaigne »erbaut« hat, hat der Vorbildlichkeit der antiken Freundschaftsbeziehungen so nachdrücklich standgehalten, daß sie selbst beispiel-los geworden ist. Sie ist keine einfache Annäherung an die Fülle der Freundschaft mehr; sie ist diese erreichte und leibhaftige Fülle selbst. Da der Abstand zwischen Leben und Beispiel nichtig geworden ist, konnte die Existenz mit der Essenz verschmelzen. Sie hat sich nicht damit zufriedengegeben, sich »über den *gewöhnlichen Weltlauf*[2]« zu erheben, die anderen »Allerweltsfreundschaften[3]« zu überflügeln, sich nicht »nach dem Vorbild der lauen und *landläufigen* Freundschaften[4]« zu richten: in der Überflügelung, wie sie Montaigne beschreibt, vermöchte ein moderner Leser den ästhetischen Stolz zu entziffern, sich jeder Norm entzogen zu haben, die Überschätzung eines Narzißmus zu zweit, der die anfängliche Schirmherrschaft der Vorbilder aufhebt, indem er sich weiter in der Richtung vorwagt, die sie gewiesen hatten. Aufgrund allzu starker Idealisierung ist Montaigne der Meinung, seine Freundschaft habe sich von den Vorbildern freigemacht, und zwar in einem Maße, daß sie selbst nicht als Beispiel taugen könnte: nichts vermöchte ihr gleichzukommen.

Der Tod La Boéties hat Montaigne wieder in »dunkle und öde Nacht« zurückgestürzt. Auf das schwärmerische Überlegenheitsgefühl, zu dem er sich auf Anregung des Freundes erhoben hatte, folgt die Selbstentwertung mit melancholischem Einschlag: das Dunkel des »Rauches«. Und nachdem man ihn sich so nachdrücklich vom »Gewöhnlichen« hat distanzieren hören (weil er ja mit La Boétie eine »dermaßen völlige Verschmelzung« eingegangen ist, daß ihre Seelen »ineinander aufgehen und die Naht, die sie verbindet, nicht mehr finden[5]«), sieht man Montaigne jetzt, seines Freundes beraubt und auf sich allein verwiesen, mehrfach verlautba-

1 I, xxviii; T.R. 193; F.W. II, 28.
2 I, xxviii; T.R. 191; L. 228.
3 I, xxviii; T.R. 188; L. 226.
4 I, xxviii; T.R. 187; L. 226.
5 I, xxviii; T.R. 186; L. 225.

ren, daß er sich im *Gewöhnlichen* einrichtet: »Ich rechne mich zu der *gewöhnlichen* Art, außer darin, daß ich mich dazu rechne[1].« Die Freundschaft hatte ihm erlaubt, sich durch die *Höhe*, durch die Bemühung um Transzendenz dem Reich der Vorbilder zu entziehen; der Verlust des Freundes verbannt Montaigne künftig in das »*niedrige* und ruhmlose Leben[2]« – ein Leben, dessen Vielgestaltigkeit, dessen polymorpher Reichtum und unsteter Verlauf andererseits die einheitsstiftenden Kennworte der Vorbildlichkeit verweigern. An die Stelle der einen und einzigen Tugend treten die wuchernden Phänomene einer »unbeständigen und verschiedenartigen« Welt und Existenz.

Eine merkwürdige, aus dem Tod erwachsende Umkehrung! La Boétie war bei diesem Brüderpaar der an Einsicht Fortgeschrittenere; der mit den Forderungen der Tugend besser Vertraute, mehr Herr seiner Leidenschaften: die Prägung, die seiner Seele Form gab, versammelte sie unter einem einzigen »Zeichen«. Das Schicksal (so der von Montaigne unermüdlich gebrauchte Ausdruck) stellt, wenn es dieses Leben mit zweiunddreißig Jahren zerbricht, diese ganze Vollkommenheit plötzlich ins Zeichen der Unfertigkeit, der Bruchstückhaftigkeit. In seinem Kummer sieht Montaigne die unvergleichliche moralische Größe des Freundes von den Taten oder Werken, in denen sie sich nicht gänzlich hat objektivieren können, unzureichend aufgewogen. La Boétie hat kein Denkmal hinterlassen, aus dem sein Seelenadel vollends ersichtlich würde. Das *Zeugnis* Michel de Montaignes ist mithin unerläßlich, um zu beglaubigen, daß dieses Fehlen einer großen politischen Laufbahn, diese in einigen postumen *Büchlein* verstreute literarische Produktion kein Maßstab für die wirkliche »Befähigung« des Freundes oder nur schwache Hinweise darauf sind: einfache *spielerische* Betätigungen, die, abgesehen von sehr wenigen Beobachtern, niemandem die ganze Bedeutung eines überlegenen Wesens zu erkennen gäben. Der überlebende Freund ist der einzige, der bezeugen kann, daß eine *Disparität* zwischen einem heterogenen und beschränkten Werk und den großen

1 II, xvii; T.R. 618; L. 507.
2 III, ii; T.R. 782; L. 623.

Taten oder literarischen Meisterwerken besteht, deren der Autor, ein günstiges Geschick vorausgesetzt, fähig gewesen wäre. Mit der Publikation der Papiere seines Freundes, mit der Bekanntmachung der »Büchlein« und der Niederschrift des Kapitels »Von der Freundschaft« hat Montaigne sich bemüht, eine Beziehung der Ungleichgewichtigkeit zwischen dem unbedeutenden objektiven Vermächtnis und der wunderbaren Persönlickeit La Boéties nachzuweisen. In diesem Sinne dient die erzwungene Unvollkommenheit des Werkes dazu, eine spirituelle Vollkommenheit anschaulich zu machen, die dazu verurteilt ist, beinahe vollkommen *innerlich* zu bleiben. Diese Beziehung der Ungleichheit ist derart eng mit der Bejahung der souveränen Subjektivität verknüpft, daß zahllose Schriftsteller der »Moderne« (von der Romantik bis hin zu Valéry und darüber hinaus) sich selbst herausgeben werden, wie Montaigne La Boétie herausgegeben hat, indem sie nämlich selbst die Rolle des postumen *Bürgen* übernehmen: das Unvollendete, das Fragmentarische, der abgebrochene Text, als Spiel dargeboten, in dem der Autor nicht alle seine Kräfte eingesetzt hat oder das Unendliche, auf das sein Begehren zielte, nicht hat erfassen können, sind sämtlich Proben eines *überschwenglichen Ausgriffs* der freien Subjektivität über ihre eigenen Produkte hinaus.

Aber die Umkehrung, die aus dem Tode La Boéties erwächst, hält bei diesem Aspekt seines postumen Geschicks nicht inne. Sie zieht auch Montaigne in Mitleidenschaft. Nachdem er die ihm anvertrauten Papiere veröffentlicht hat, wird er versuchen, die Arbeit geistig-moralischer Vereinigung, auf die ihn der Freund hatte verpflichten wollen, allein weiterzuführen. Er wird jedoch, wie wir gesehen haben, in die Welt der Diversität zurückfallen, in die Welt der »Zerstückelung« und der »Buntscheckigkeit«, zwar um sie zu kritisieren, aber doch, um sich letztlich in ihr einzurichten, zumal es ja unsere Bestimmung ist, eben diese Welt zu bewohnen. Und während die bewundernswerte Einheit La Boéties von sich selbst draußen, für die Augen des Publikums, nur ein verstreutes und schmales Werk hinterließ, wird die subjektive Diversität Montaignes in einem »Register« eingefangen, wird sie die Gestalt des *Buches* (und nicht mehr des

Büchleins) annehmen, in dem alle Zusätze, alles schmückende Beiwerk zu einer vielgestaltigen Totalität integriert werden. Die Verpflichtung zur kohärenten Einheit, der sich das Bewußtsein nicht zu unterziehen vermag, wird an das Buch verwiesen, in dem der *Bindfaden* nie fehlen darf, der dazu dient, die Vielzahl »fremder Blumen« zu einem »Haufen«, zu einem einzigen Strauß zusammenzubinden: »So wie jemand von mir sagen könnte, ich hätte hier nur einen Haufen fremder Blumen gesammelt und von mir selber nichts als den Bindfaden dazu gegeben. Gewiß, ich habe der Öffentlichkeit das Zugeständnis gemacht, mit diesem erborgten Schmuck einherzugehen. Doch will ich nicht, daß er mich bedecke und verhülle: das wäre das Gegenteil meiner Absicht, der ich nur zur Schau stellen will, was mein eigen ist, und mein eigen von Natur [. . .][1].« Was aber heißt zur Schau stellen, was mein eigen ist? Für Montaigne heißt es, streng am Faden seiner Rede, seine Neigung verraten, den Faden zu verlieren: »Wenn ich es mir im Sprechen erlaube, nur im geringsten von meinem Faden abzuweichen, so bin ich sicher, daß ich ihn gleich ganz verliere[2]«; es heißt erklären: »(*b*) Ich habe mich wenig in meiner Gewalt und Verfügung. Der Zufall hat darauf mehr Anrecht als ich. [. . .] (*c*) Auch dies widerfährt mir, daß ich mich da nicht finde, wo ich mich suche, und mich viel eher von ungefähr antreffe, als durch alle Bemühungen meines Verstandes[3].« Aber wie bei den Anleihen (»fremde Blumen«) erlaubt das »Netz« des Textes es doch, die verstreuten Augenblicke und Fragmente des Ichs zu einem »Haufen« zu bündeln, und indem es den verlorenen Faden des Denkens wiederaufgreift, läßt es sich den Diskurs der Reflexion niemals unterbrechen – der sich mit Unbewußtem und Vergessen abfindet. Die Kraft La Boéties war in ihm selbst beschlossen geblieben und gipfelte in einem schönen Tod; die eingestandene Schwäche Montaignes wird sich in

1 III, xii; T.R. 1033; L. 835.

2 II, xvii; T.R. 634; L. 527.

3 I, x; T.R. 41-42; L. 85-86. Und MONTAIGNE fügt hinzu: »Ich habe einen scharfsinnigen Gedanken auf das Papier geworfen [. . .]; ich habe ihn so reinweg wieder verloren, daß ich nicht mehr weiß, was ich habe sagen wollen; und hat es ein Fremder zuweilen vor mir entdeckt. Wenn ich das Radiermesser überall ansetzte, wo mir dies widerfährt, so würde ich gleich alles auslöschen.«

Stärke verwandeln, indem sie sich im Buch objektiviert. Ein Buch, das geht, das »läuft«, aber in freier und launenhafter »Gangart«, und sich nicht mehr der Mahnung unterwirft, dem graden Pfad der Tugend zu folgen.

In der an Montaigne gerichteten langen lateinischen Epistel schreibt sich La Boétie einen engeren und beständigeren Geist zu: Montaigne, als die kompliziertere Seele, erscheint ihm umgekehrt zu großen Taten bestimmt, gleichzeitig aber stärkeren Versuchungen und bedrohlicheren Gefahren ausgesetzt: »Für dich dagegen gibt es mehr zu kämpfen, für dich, unsern Freund, den wir ebenso für Laster wie für glänzende Tugenden empfänglich wissen.« *At tibi certamen maius*[1]. Montaigne ist zu diesem Zeitpunkt seiner Jugend widersprüchlichen Verlockungen, gefährlichen Verirrungen ausgesetzt: er bedarf der »Mahnungen und Zurechtweisungen«. Ein anderes an Montaigne gerichtetes Gedicht beschwört die emblematische Situation von Herkules am Scheidewege herauf[2] – zwischen Laster und Tugend: erneut sind die Gefahr der Abirrung, die bedrohliche Lockung der Liederlichkeit die Themen des freundschaftlichen Diskurses. Man kann sagen, daß diese Behauptungen, auf einer allgemeineren Ebene und auf beharrlichere Weise, auch für das Denken Montaignes Gültigkeit haben. Da ist kein Weg für ihn, der nicht in eine Verzweigung mündet, kein Beispiel, das nicht ein Gegenbeispiel auf den Plan ruft.

Der Konflikt besteht für ihn nicht einfach nur im Zusammenprall einander widersprechender moralischer Werte, wie sie *im Bannkreis* der Sprache des christianisierten Humanismus definiert werden; sondern er stellt diese Sprache selbst, ihre Gültigkeit und die Verpflichtung, ihr Gehorsam zu leisten, in Frage. La Boétie hatte sich bis zum Ende seines allzu kurzen Lebens von dieser Sprache leiten lassen: Montaigne dagegen stellt sie auf die Probe, befragt sie, entfernt sich davon . . . Dieser anfangs respektierte Code, dieses anfangs respektierte Wertsystem werden für ihn problematisch: bald werden sie nur noch eine Lehre unter anderen bilden, angesichts

1 LA BOÉTIE, *Œuvres complètes*, ed. P. BONNEFON, Bordeaux/Paris 1892, S. 226.
2 *Op. cit.*, S. 210-213.

derer es geboten erscheint, sich eine unabhängige Weisheit, eine unabhängige »Lebenskunst« zu eigen zu machen.

Im Hinblick auf das vollendete Werk steht es frei, den Sinn der lateinischen Wendungen La Boéties umzukehren und zu sagen, daß der *härteste Kampf* für Montaigne in der mehrdeutigen Beziehung – der zugleich aufmerksamen und abtrünnigen Beziehung – zur übernommenen Lehre bestanden hat. Der *essai*, der *Versuch* muß in Hinsicht auf das, was er an Zweifel und Reflexion, aber auch an improvisiertem Leben birgt, den Platz einnehmen, den die Aufhebung der Gefolgschaftstreue zu den Vorbildern leergelassen hat. La Boétie ist der vorbildliche Mensch gewesen, und sein Hingang nimmt, bevor noch der Akt des Schreibens beginnt, eine emblematische Bedeutung an: nie wird er vom Vergessen getilgt werden können – aber die Tugend, die in ihm lebte, hat keinen Repräsentanten und kein Betätigungsfeld mehr auf dieser Welt: nichts kann mehr aus dem gemacht werden, was er gemacht und was er zweifellos Montaigne mit ihm zusammen zu leisten angespornt hätte: diese Unmöglichkeit kann und muß lediglich ausgesprochen, dem Papier anvertraut, dem Leser mitgeteilt werden.

Angesichts des Todes hat La Boétie Montaigne die Erinnerung an eine beispielhafte *Entschlossenheit* hinterlassen:

»[. . .] weil ich, bei der einzigartigen und brüderlichen Freundschaft, welche wir miteinander eingegangen waren, die genaueste Kenntnis aller seiner bisherigen Neigungen, Urteile und Absichten besaß, soweit überhaupt ein Mensch einen zweiten kennen kann. Und da ich wußte, wie hoch, wie edel, wie voller *Entschlossenheit* sie waren, kurz, wie bewunderungswürdig, so sah ich wohl voraus, daß, wenn die Krankheit ihm das Mittel ließ, sich auszudrücken, ihm bei solchem Zwang nur Großes und Vorbildliches vom Munde gehen würde[1].«

Da aber La Boétie nun einmal dahingegangen ist, fehlt es Montaigne an jemandem, der geradezu ein Vorbild an Ent-

1 T.R. 1347; F.W. VI, 257-258. Dafür verspricht MONTAIGNE LA BOÉTIE, ihn sich zum Vorbild zu nehmen: »[. . .] sagte ich ihm [. . .]: bis heute hätte ich kaum geglaubt, daß Gott uns so große Macht über die menschlichen Zufälle verliehen habe, und ich hätte nur mit Zweifel geglaubt, was ich davon manchmal bei den Geschichtsschreibern las; nun aber, nachdem ich einem solchen Beweis begegnet sei, lobte ich Gott, daß er mir in einem Menschen entgegengetreten sei, der mich so liebe und den ich so liebe, und daß das mir ein Vorbild sein solle, das ich für mich erfüllen wolle« (T.R. 1353; F.W. VI, 267).

schlossenheit war. Obwohl er dem Bild und der Stimme des Freundes einen »Platz« im eigenen Bewußtsein zugesteht, erwartet er von ihnen doch nicht die Ratschläge und Fingerzeige, die den Nerv ihrer lebendigen Freundschaft bildeten. Der Part des Zeugen wird, wie tief er auch verinnerlicht sein mag, viel von seiner pragmatischen Beharrlichkeit und Wirksamkeit eingebüßt haben: er wird im ernsten und heiteren Urteil, in der Selbstprüfung überleben und nicht in der Aufforderung zum Handeln oder gar in der Erwartung einer glorreichen Zukunft. Er wird die nicht disziplinierende, sondern verhängnisvolle Wirkung ausüben, die die moderne Psychologie einem tyrannischen *Über-Ich* zuschreibt. Es sieht so aus, als hätte der Hingang La Boéties Montaigne plötzlich seinen eigenen Tod enthüllt und jede mit Hoffnung beschilderte und auf die Zukunft gerichtete Unternehmung mit Sinnlosigkeit geschlagen. »Mein Reiseplan läßt sich allenthalben ändern; er ist auf keine große Hoffnung gegründet, er kann mit jeder Tagereise vollbracht sein, und ebenso ist es mit der Reise meines Lebens[1].« Nichts hat Montaigne gehindert, wieder in jene *»Unentschlossenheit«* zurückzufallen, der ihn La Boétie hatte entreißen wollen; fortan willigt er ein, sie in seinem Selbstporträt als »Wunde« figurieren zu lassen – »ein Fehler, der in den Geschäften der Welt sehr peinlich ist. Ich weiß mich in zweifelhaften Unternehmungen nicht zu entscheiden; ich weiß wohl eine Meinung zu verfechten, aber nicht, eine zu wählen[2].« Die Wahl, die Entschlossenheit waren Möglichkeiten der geteilten Freundschaft. Der Anteil der Melancholie erwächst eben gerade aus dem Schleier, aus dem »Rauch«, der fortan die Zukunft verdüstert und das Bewußtsein zwingt, sich sei es auf die Gegenwart, sei es häufig auch auf den Raum der retrospektiven Erinnerung zurückzuziehen. Alles, was Montaigne aus dem Schiffbruch retten und sich selbst hat einverleiben können, ist der Akt der wachsamen Reflexion: er möchte ihr das Feld einer weitläufigen Muße eröffnen, in der die Notwendigkeit des *Kampfes* allmählich schwinden kann, für den La Boétie seinen Freund

1 III, ix; T.R. 955; F.W. VI, 2-3.

2 II, xvii; T.R. 637; L. 532. Zu der »Wunde«, von der MONTAIGNE hier spricht, siehe Philip P. HALLIE, *The Scar of Montaigne,* Wesleyan University Press, 1966, S. 130-33.

bestimmte. Die glückliche Entspannung wird an die Stelle der kriegerischen Leidenschaft treten.

Da der künftige Akt nicht mehr seine Spannung aufzwingt und nicht mehr dazu nötigt, die Zeit einzuteilen, kann das Wort weitschweifig und endlos werden: keine Dringlichkeit treibt es an. Da es kein anderes Ziel hat als seine eigene Äußerung, kann keine Abschweifung es auf Abwege führen. Seine eigentliche und eigene Zeit ist die der Lust und nicht mehr die, die über das aktive Leben herrscht und dem Diskurs der überredenden Eloquenz eine strenge Ökonomie auferlegt; es ist die Zeit, die sich diesseits oder jenseits des praktischen Lebens erstreckt: auf das *Privat*leben oder den Tod. Die unendliche Muße, die den *Essais* zugrundeliegt, verweist zugleich auf die Intimität des Lebens und die Sinnlosigkeit des Todes. Um einen Ausdruck aufzugreifen, der Maurice Blanchot teuer ist, könnte man sagen, daß das vielgestaltige Werk des Schreibens aus dem *Müßiggang* entsteht.

Auf beispielhafte Weise entschlossen, feierte La Boétie die Tugend und fügte hinzu: *Experiamur uterque*. Zugleich definierte er, wie wir gesehen haben, eine erste Bedeutung des Versuchs: ein Unterfangen, das im voraus weiß, worauf es abzielt, obwohl es nicht weiß, ob es die erforderliche Kraft aufbringen wird, es zu erreichen. La Boétie wollte den direktesten Weg verfolgen: Montaigne, allein geblieben, wird sich nicht mehr entschuldigen zu *faseln,* abzuschweifen, »auszuweichen«. Die Unentschlossenheit kehrt die Bedeutung des Versuchs radikal um, dessen so originäre Form vollends verständlich nur durch den Abstand wird, der sie vom *experiamur* La Boéties trennt:

»(*b*) Wenn meine Seele festen Fuß fassen könnte, *so würde ich mich nicht versuchen, ich würde beschließen:* doch sie ist immer in der Lehre und in der Prüfung[1].«

Was die Bewegung des Versuchs antreibt, ist das Eingeständnis der unwirksamen Bemühung, die immer wieder erneut unternommen und zu schnell aufgegeben wird, trotz der Faszination der großen Vorbilder:

1 III, ii; T.R. 782; L. 623.

»(*a*) Es widerfährt selbst uns, die wir nur Wechselbälge von Menschen sind, unsere durch die Reden oder Vorbilder anderer erweckte Seele weit über ihre Alltäglichkeit aufzuschwingen; doch es ist eine Art von Leidenschaft, die sie erregt und hinreißt und sie gewissermaßen außer sich selbst entrückt; denn haben wir diesen Taumel hinter uns, so sehen wir, wie sie sich, ohne daran zu denken, wieder entspannt und von selbst erschlafft, zumindest so weit, daß sie nicht mehr dieselbe ist; dergestalt, daß wir dann bei jeder Gelegenheit, um einen abhanden gekommenen Vogel oder ein zerschlagenes Glas, wieder nahezu wie irgendeiner aus dem großen Haufen in Unordnung geraten[1].«

Der Argwohn geht bis zu der Vermutung, daß bei »jenen Helden der Vorzeit« selbst das Heldentum nur »stoßweise« herrschte, in Gestalt »übernatürlicher Höhepunkte«: »Aber es sind in der Tat nur Höhepunkte[2] . . .«.

Der Versuch wird, mehr noch, der Einsatz eines neuen Typs von Identifikation sein: ganz und gar geistige Sympathie, Verständnis für die großen Seelen der Vergangenheit, durchdachte Bewunderung der Tugend-Vorbilder. Zugleich aber: ein geschärftes Bewußtsein davon, einer anderen »Form« anzugehören, nicht über die erforderlichen Kräfte zu verfügen, um von der intuitiven Identifikation zur aktiven Nachahmung überzugehen. Das *Ich* nimmt sich folglich anhand seiner Distanz und seiner Ungleichheit wahr; und es wählt als Thema seines Diskurses eben diese Differenz. Es wird aussprechen, was es die vorbildhafte Gestalt verehren läßt und es gleichzeitig nötigt, sich davon zu entfernen: eine erneute Lektüre (die auf die verschiedenen Textschichten achtet) des ganzen Anfangs des Kapitels »Von Cato dem Jüngeren« (I, xxxvii) wird hier von großem Nutzen sein:

»(*a*) Ich habe nicht diesen ungewöhnlichen Fehler, über andere nach mir selbst zu urteilen. Ich halte ihnen gern Dinge zugute, die mir selbst fremd sind. (*c*) Wenn ich mich selbst zu einem Verhalten verpflichtet fühle, so nötige ich es deshalb nicht der Welt auf, wie es jedermann tut; und anerkenne und begreife tausend widersprechende Lebensweisen; und im Gegensatze zum allgemeinen Brauch lasse ich leichter die Verschiedenheit als die Ähnlichkeit unter uns

1 II, xxix; T.R. 683; L. 550.
2 *Ibid.*

gelten. Ich erlasse, so viel man verlangt, einem anderen Wesen meine eigenen Lebensregeln und Grundsätze und betrachte es nur in sich selbst, ohne Beziehung auf anderes, und statte es nach seinem eigenen Bilde aus. Daß ich nicht enthaltsam bin, hindert mich nicht, die Enthaltsamkeit der Barfüßer und Kapuziner aufrichtig anzuerkennen und die Art ihres Wandels hoch zu schätzen: ich versetze mich in der Vorstellung sehr leicht an ihre Stelle.

Und doch liebe und ehre ich sie um so mehr, als sie anders sind als ich. Ich wünsche inständig, daß man jeden von uns für sich gesondert richte und mich nicht über den gemeinen Leisten schlage.

(*a*) Meine Schwäche entstellt keineswegs die Meinung, die ich von der Stärke und Kraft derer hegen muß, die es verdienen. (*c*) *»Sunt qui nihil laudent, nisi quod se imitari posse confidunt.«* (*a*) Der ich im Kot der Erde krieche, nehme ich doch nicht minder bis in die Wolken die unnachahmliche Hoheit einiger heldenhafter Seelen wahr. Mir ist es schon viel, in meinen Urteilen beherrscht zu sein, wenn ich es in meinen Handlungen nicht sein kann, und wenigstens die vornehmste Gabe frei von Verderbnis zu bewahren. Es ist etwas, den Willen aufrecht zu halten, wenn mir die Beine versagen. Das Jahrhundert, in dem wir leben, zumindest in unsern Breiten, ist so heruntergekommen, daß es, ich sage nicht: an der Übung, sondern sogar an der Vorstellung der Tugend gebricht; und es scheint, als sei sie nichts weiter als ein Schulgeschwätz:

virtutem verba putant, ut
Lucum ligna.
(*c*) *Quam vereri deberent, etiamsi percipere non possent.*

Es ist eine Zierat, die man in ein Stübchen hängt oder an die Zungenspitze, wie ein Anhängsel an das Ohrläppchen.

(*a*) Es ist keine tugendhafte Tat mehr zu erkennen: jene, die noch ihr Gesicht tragen, ermangeln doch ihres Wesens; denn der Gewinn, der Ruhm, die Furcht, die Gewohnheit und andere dergleichen äußere Ursachen bewegen uns dazu, sie zu vollbringen. Die Gerechtigkeit, die Tapferkeit, die Treuherzigkeit, die wir dabei an den Tag legen, mögen zwar für die Anschauung anderer und nach dem öffentlichen Anschein so genannt werden, aber beim Urheber ist es nichts weniger als Tugend: es ist ein anderer vorgesetzter Zweck, (*c*) ein anderer Beweggrund im Spiel. (*a*) Die Tugend aber läßt nichts zu, was nicht durch sie und um ihretwillen allein getan wird[1].«

1 I, xxxvii; T.R. 225-226; L. 246-248. Das erste Zitat stammt von CICERO: »Manche loben immer nur das, was sie sich zutrauen selbst nachahmen zu können« (*Tusculanae disputationes*, II, i). Das zweite ist HORAZ entnommen: »Die Tugend ist ihnen ein Wort und der heilige Hain ein Gehölz« (*Epistola*, I, vi, 31-32). Das dritte stammt wiederum von CICERO: »[Die Tugend,] die sie ehren sollten, auch wenn sie sie nicht zu fassen vermögen« (*Tusculanae disputationes,* V, ii).

Schreiben, seine Urteilskraft üben – das heißt nicht nur auf Umwegen (und auf einem Umweg, der das Denken des Todes einschließt) auf das zurückkommen, was anfänglich angeklagt wurde, auf das, was, wie wir sehen werden, unaufhörlich weiter abgelehnt wird: den äußeren Schein. Es heißt überdies in wenn auch negativer Beziehung zu dem bleiben, was man hinter dem äußeren Schein gesucht hatte und was sich verbirgt: das Wesen, die tugendhafte Vorbildlichkeit: eine fortan jeder Hoffnung entkleidete, bescheidenheitsgesättigte, aber zum *Stoff* eines endlosen Diskurses gewordene Beziehung. Dieses *Ich*, das da »im Kot der Erde kriecht«, ist das gleiche, das sich zum »Stoff [seines] Buches« aufwirft.

Die zu Beginn gestellte Frage war die der Beziehung zu sich selbst und der Gründe fürs Schreiben in einer der Scheinheiligkeit und Sinnestäuschung ausgelieferten Welt. Wir haben Montaignes Antwort sich im Sinne der Etappen einer Wegstrecke entwickeln sehen, auf der sich der Tod, die ästhetische Form und die Beziehung zum anderen als entscheidende Begegnungen zu erkennen gaben. Und wir haben bemerkt, daß Montaigne, nachdem er vergeblich versucht hatte, sich von äußeren Einflüssen zu befreien, sich auf eine durchdachte Anerkennung des im literarischen Werk eingefangenen und dargestellten Phänomens Welt zurückverwiesen sah. Näher und separat zu untersuchen bleiben bestimmte Probleme, die uns in ihrer schematischen wechselseitigen Abhängigkeit vor Augen getreten sind: der Rückzug aufs Sein, die »Beziehung zum anderen«, die Bindung an und der Einsatz für das Werk. Sehen wir den Reiseweg sich bestätigen, den wir soeben herausgearbeitet haben? Wenn bei diesen verschiedenen Richtungen ein und dasselbe Grundmuster vorläge, fänden wir darin Gelegenheit, nicht nur die »Hauptform« in ihrer unendlich wiederholten und variierten Bewegung besser zu erfassen, auf die sich zu berufen Montaigne nicht aufgehört hat, sondern auch alles das deutlicher wahrzunehmen, was Montaignes Buch, in seiner Ferne und seiner Nähe, uns hinsichtlich unserer Präsenz in der Welt zu bedenken auffordert.

II
»Diese abgerissene Larve«

1. »Das wahre Antlitz der Dinge«

Anfangs erscheint die Aufgabe klar. Wenn die Täuschung, wenn der Schein nur einfache Vermummungen sind, braucht man sie nur abzureißen, wie man eine Larve abreißt. Von allen Dingen muß, wie von uns selbst, abgezogen werden, was überschüssige Zutat ist, muß beseitigt werden, was geborgt war, muß alles getilgt werden, was die substantielle Blöße verschleiert: wir müssen uns von der Versuchung freimachen, uns in das einzumischen, was nicht wir-selbst ist, die fremden Einflüsse abwehren, die in uns Fuß fassen, zurückweisen, was von draußen auf uns einwirkt, und den Begierden Einhalt gebieten, die uns der Außenwelt entgegentreiben könnten. Wenn einmal jenes störende, zwischen uns und die Welt eingeschobene »Bindeglied« beseitigt ist, werden wir unser wahres Antlitz und zugleich auch den »wahren Nutzen jedes Dinges[1]« entdecken: miteins eröffnen sich unseren Augen eine neue Welt und ein neues Ich. Eine Welt, die von dem Dunst gereinigt ist, den unsere Begierde und unsere Einbildungskraft darüber warfen; ein Ich, das von allen fremden Schlacken gesäubert ist. Fortan kann sich eine richtige Beziehung zwischen unserem Leben und der Welt, zwischen Äußerem und Innerem herstellen. Diese Beziehung begründet, einmal angeknüpft, ein Wahrheitsverhältnis. Befreit vom »mächtigen Vorurteil des Herkommens[2]«, kann der Mensch endlich den »wahren Gesichtspunkt der Sachen« enträtseln, die uns »die tägliche Gewohnheit verbirgt[3]«. Nach vollständiger Läuterung (aber wann mag sie abgeschlossen sein?) wird der Mensch wieder im Realen Fuß fassen und sich im Sinne der Weisheit orientieren. Einen Augenblick lang dem nachgebend, was man die

1 II, xii; T.R. 467; F.W. III, 277.
2 I, xxiii; T.R. 116; L. 163.
3 I, xxiii; T.R. 115; F.W. I, 165.

Wonne der »Demaskierung« nennen könnte, behauptet Montaigne: »Hat [der Mensch] aber diese Larve abgerissen und die Sache auf Wahrheit und Vernunft zurückgeführt, so wird er sein Urteil wie auf den Kopf gestellt und dennoch viel fester begründet finden[1].«

Wo *endet*, wenn sie unerbittlich weiterverfolgt wird, diese Anstrengung der Entblößung, die das Künstliche ausscheidet, um das Authentische zu entdecken? Zu welchem Zeitpunkt stößt man, jenseits der trügerischen Erscheinungen, wieder auf eine endgültige und stabile Substanz? An welchem Zeichen erkennt man, daß man endlich den Grund berührt hat, das wirkliche Ich, das reine Gold, das sich unter so vielen irreführenden Gesteinsadern verbarg? Wann wird sich der zum Handeln und Sprechen ermächtigen, der den Entschluß gefaßt hatte, nur unter der Bedingung zu reden und tätig zu werden, daß er eine von jedem Zweifel freie Wahrheit über sich, die anderen und die Welt besitzen werde?

Die Antworten Montaignes sind mehrdeutig. Handelt es sich darum, die Masken zu lüften? Eher darum, sie niemals anzulegen. Manche Abschnitte der *Essais* bürgen für die spontane Wahrhaftigkeit des Autors: er bietet sich uns dar, wie er ist, naturwüchsig, ohne jede Entstellung. Das ist das Privileg, das er dem kleinen Kreis seiner »Angehörigen und Freunde« vorbehalten hat: ihnen zuliebe hat er zur Feder gegriffen, um das Bild seines »unbefangenen Wesens« zu bewahren. Er hat keinerlei Ehrgeiz, es sei denn den, gekannt zu werden: also zwingt ihn nichts sich zu verstellen. Ohne Skrupel liefert er sich der freien Regung seiner Launen aus. Er ist in jedem Augenblick im Besitz einer Wahrheit *in statu nascendi*, und die Schwierigkeit ist (wie wir sehen werden) einfach die, sie nicht durch vorschnelles Erzählen zu verunstalten. Die Sprache ist gleichwohl nicht unfähig, den Wandlungen des Denkens und Gefühls aus größter Nähe zu folgen und sie getreulich aufzuzeichnen. Das ist die erste Antwort – die wir als die optimistische bezeichnen können – auf das Problem der Selbsterkenntnis.

Umgekehrt dagegen lassen sich in den *Essais* ungezählte

1 I, xxiii; T.R. 116; L. 164.

Seiten anführen, auf denen die Erkenntnis des eigenen Innern das stets unfaßbar bleibende Ziel eines endlosen Strebens bildet. Anstatt das zu bleiben, was sich im unmittelbaren Schwung preisgibt, verflüchtigt sich das eigentliche Ich vor dem introspektiven Blick in eben dem Maße, wie der voranzuschreiten glaubt. Die Suche sieht sich in weite Fernen verwiesen; wie tief der Blick auch eindringen mag, die innere Wahrheit bleibt unfaßbar: sie läßt sich weder besitzen wie ein Ding noch einfach starr anschauen wie eine Gestalt. Sie verweigert sich jeder Objektivierung und weicht in eben dem Maße zurück, wie Montaigne sich ihr zu nähern glaubt. Er verharrt angesichts eines verschwommenen und grenzenlosen Horizonts – einer inneren Transzendenz:

»(*c*) Es ist ein verfängliches Beginnen, verfänglicher, als man glaubt, einer so unstet schweifenden Bewegung wie der unseres Geistes nachzugehen; in die undurchsichtigen Tiefen seiner innersten Falten einzudringen [. . .]. Es gibt keine Darstellung, die der Darstellung seiner selbst an Schwierigkeit gleichkommt[1] [. . .]. (*b*) Doch je mehr ich mit mir umgehe und mich kennenlerne, desto mehr verwundert mich meine Ungestalt, desto weniger kenne ich mich in mir aus[2].«

Muß man das Ich für sich selbst innerlich gegenwärtig oder für auf unbegrenzte Zeit abwesend halten? Diese Unsicherheit bildet eine der fruchtbaren Paradoxien des Denkens von Montaigne. Der Essay ist laut Montaigne abwechselnd (oder gleichzeitig) eine plötzliche Enthüllung des Ichs und ein nie ans Ziel gelangendes Streben. Bald schon wird man gewahr, daß sich mit dieser Unsicherheit noch eine andere verbindet, die die Eignung der Sprache betrifft, das Sein wirklich zu benennen[3].

Wenn der Unbefangene – gemäß der optimistischen Version, die wir soeben geboten haben – im Besitz der Wahrheit ist, sieht man mithin in allen Bereichen eine ontologische Naturwüchsigkeit und Überlegenheit des *status nascendi* sich durchsetzen: jeder Augenblick sieht eine neue sinnliche Er-

1 II, vi; T.R. 358; L. 365.

2 III, xi; T.R. 1006; L. 810.

3 »Es gibt den Namen und es gibt die Sache . . .« Hier müßte das ganze Kapitel »Über den Ruhm« (II, xvi) zitiert werden.

fahrung, einen neuen Aufschwung des Denkens und des Willens, ein unverbrauchtes Wort entstehen. In dem Maße, wie sie ursprünglich sind, sind sie untrüglich wahr. Ihre Wahrheit wird vom frühen Modus ihres Auftretens verbürgt. Nichts scheint ihnen vorauszugehen: keinerlei Reflexion, kein vorbedachter Plan hat sie ablenken können. Es bleibt dann nur, sich dieser immerwährend erneuerten Evidenz so eng wie möglich anzuschließen; es bleibt nur sich zu versagen, die Grenzen der Gegenwart zu überschreiten, wo die Offenbarung aufscheint. Von Augenblick zu Augenblick muß die sinnliche Botschaft der Welt und das Denken, das diese Empfindung verlängert, empfangen werden, und man muß sich hüten, (von vorgefaßten Begriffen aus oder im Hinblick auf ein fernes Ziel) künstlich verschönern zu wollen, was uns die Gnade des Augenblicks gewährt ... Wer aber kann sich auf ein Privileg dieser Art berufen? Können wir auf die Manifestation unserer unversehrten Wahrheit zählen, und sei es im flüchtigsten Widerschein? Trüben sie nicht bereits die Vorsichtsmaßnahmen, die wir ergreifen, um sie rein zu erhalten? Ist nicht alles schon von vornherein verfälscht? Was wir auch tun, uns ist eine Macht der Lüge – das Herkommen, der Brauch – zuvorgekommen, die unsere Empfindungen, unsere Gedanken, unsere Worte entstellt. Durch unsere Sinne, unseren Körper und unsere beschränkte Verfassung sind wir in eine »Form« eingekerkert, die keinerlei gemeinsames Maß mehr mit dem »ursprünglichen Wesen« der Dinge hat. Die konventionellen Regeln unserer Sprache bannen uns in ein willkürliches System, in dem wir mit Schatten Umgang pflegen. Der Verrat ist überall, ohne daß uns die Schuld daran träfe: nicht ich bin es, der sich maskiert, es ist das Reale, in mir und außer mir, das sich verhüllt. Eben deshalb kann das Mißtrauen als der Weisheit Anfang erscheinen. Sich an den ersten Augenschein anklammern heißt sich treuherzig hinters Licht führen lassen[1]. Hinter den verführerischen Reizen der Naturwüchsigkeit lauert eine spöttische und verhängnisvolle Macht, die sich damit vergnügt, mir etwas weiszumachen. Wie sie hintertreiben? Wie sich zum

1 »Wir nehmen die Dinge wahr auf verschiedenerlei Art, so wie sie uns nach unserer jedesmaligen Lage und Beschaffenheit dünken« (II, xii; T.R. 583; F.W. IV, 77).

Herrn über sie aufschwingen? Anstatt diesmal aus der ununterbrochenen Nähe den Augenblick abzupassen, da mein Leben und die Welt anschaulich-begreiflich werden, müssen die dazwischenliegenden Hindernisse beseitigt werden, muß man sich dem trügerischen *hier* entreißen, um sich in die Verfolgung eines *dort* zu stürzen, das sich jenseits der äußeren Erscheinungen versteckt.

Welchen Ausgang aber wird eine solche Suche nach dem Sein nehmen? Worauf läßt man sich ein, wenn man, jenseits der variablen Eigenschaften der sinnlichen Erfahrung, eine dauerhafte Substanz zu erfassen versucht, das »innere Wesen der Wahrheit, welches unveränderlich und einfach[1]« ist? Verwandeln wir nicht alles, was wir hinter den Trugbildern zu entdecken geglaubt haben, wiederum in neue Trugbilder? Wenn der Irrtum untrennbar mit den Phänomenen verbunden ist, werden wir dann je dem Irrtum entrinnen? Denn am Ziel unserer Reise sind unsere Sinne auch weiterhin das, was sie zu Beginn waren; unsere Blicke, unsere Hände verunreinigen durch ihre Berührung alle Bilder, auf die sie sich richten, und sogar die, in denen sie das reine Wesen anzutreffen glaubten: »Gleichsam als ob unsere Berührung etwas Ansteckendes hätte, verderben wir durch unser Behandeln solche Dinge, die an und für sich selbst schön und gut sind[2].«

Hinter den trügerischen Reden entdeckt Montaigne nur wieder andere trügerische Reden aus demselben Stoff; hinter den Empfindungen andere, gleichfalls unsichere und irreführende Empfindungen. Er weiß im voraus, daß er aus dem Bereich der Worte nicht wird ausbrechen können und daß die als Ersatz untergeschobenen Vokabeln menschliche, mit Verwirrung und Mehrdeutigkeit behaftete Vokabeln sein werden. Eben deshalb unternimmt es Montaigne nie, den Diskurs zu reformieren oder die Erfahrung einer festen Regelung zu unterwerfen. Dazu hätte es eines Ehrgeizes bedurft, den er nicht besitzt.

Gleichwohl bleibt Montaigne nicht unempfänglich für den heroischen Appell einer Weisheit, die die Ablehnung der Maske zum Prinzip erhebt. Im moralischen Bereich fühlt er

1 II, xii; T.R. 535; F.W. III, 402.
2 I, xxx; T.R. 195; F.W. II, 46.

sich auch weiterhin von einer Eroberung angezogen, deren Verwirklichung ihm auf dem Felde des Wissens zweifelhaft erscheint. In ihren entscheidenden Entschlüssen, im Glanz ihrer vorbedachten Taten werden die Menschen die Macht haben, sich in ihrer Wahrheit zu erkennen zu geben, ohne Schminke und Verstellung. Das ist die Spur, die in einer Welt, in der die Wahrheit der Dinge uns versagt bleibt, dennoch zur Wahrheit des Ichs führt. Da sich das Wahre schon nicht wissen läßt, kann man es nichtsdestoweniger leben . . .

2. Das letzte Sein: der Selbstmord

Verschreibt sich Montaigne selbst dieser Spur? Er unternimmt den Versuch dazu anhand einer Mittelsperson, neugierig darauf, den Ausgang zu erfahren und die Resultate zu beurteilen, dazu angeregt wahrscheinlich durch die boshafte Lust, letztlich bei der Anprangerung der Eitelkeit und des endgültigen Scheiterns des Unternehmens anzulangen. Aufmerksam prüft er, was – in den Büchern der Alten – anderen zustößt, die sich die heroische Anfechtung des äußeren Scheins angelegen sein ließen. Unter diesen souveränen Seelen findet sich nun aber eine, die die besondere Bewunderung Montaignes erweckt: der geschlagene Cato, der aber noch in der Niederlage siegreich ist, von seiner eigenen Hand sterbend und in diesem letzten Akt die Fügung ins Schicksal und die Verweigerung der Knechtschaft zusammenfassend. Montaigne fragt sich, in welchem Bild sich die Heldentat Catos am besten verewigen ließe: für die Darstellung wählt er den Zeitpunkt, der dem Tode am nächsten ist, den Augenblick, da die Wahrhaftigkeit des Denkens mit dem Opfer des Lebens gegengezeichnet wird:

»(*a*) Und wenn ich ihn hätte in seiner eigenen und erhabenen Tat vorstellen sollen, so hätte ich es in der Stellung getan, wie er sein blutiges Eingeweide zerreißt, und nicht mit dem Degen in der Faust, wie es die Bildhauer seiner Zeit taten. Denn dieser zweite Selbstmord war weit herzhafter als der erste[1] [. . .] (*a*) Wenn ich ihn

1 II, xiii; T.R. 594-595; F.W. IV, 97.

in den Tod gehen und seine Eingeweide zerreißen sehe, so kann ich mich nicht einfach mit dem Glauben zufrieden geben, daß seine Seele dabei vollkommen frei von Unruhe und Schrecken war, ich kann nicht glauben, daß er sich nur in dieser gleichmütigen, gelassenen und unerschütterlichen Haltung bewahrte, die ihm die Regel der stoischen Schule vorschrieb; mich dünkt, in der Tugend dieses Mannes war zu viel Heiterkeit und strotzende Kraft, als daß sie dabei stehenbleiben konnte. Ich glaube ohne Zweifel, daß er Freude und Lust an einer so edlen Handlung verspürte und sich darin mehr als in jeder andern seines Lebens gefiel: (*c*) »*Sic abiit e vita ut causam moriendi nactum se esse gauderet.*« (*a*) Ich glaube es so sehr, daß ich bezweifle, ob er sich die Gelegenheit zu einer so schönen Tat hätte nehmen lassen wollen. Und wenn mich nicht die Redlichkeit, die ihn das öffentliche Wohl mehr als sein eigenes wahrnehmen ließ, im Zaume hielte, verfiele ich unschwer auf den Gedanken, er habe dem Schicksal dafür Dank gewußt, daß es seine Tugend auf eine so herrliche Probe stellte und dazu diesen Mordbrenner in seinem Unternehmen gefördert hatte, die alte Freiheit seines Vaterlandes mit Füßen zu treten. Es ist mir, ich lese aus dieser Tat ich weiß nicht welch Frohlocken seiner Seele und eine Erregung ungemeiner Freudigkeit und männlicher Lust im Anschauen der Erlesenheit und Hoheit ihres Beginnens:

(*b*) *Deliberata morte ferocior,*

(*a*) nicht etwa angestachelt durch irgendeine Hoffnung auf Ruhm, wie die pöbelhaften und weibischen Urteile einiger Leute gemeint haben, denn diese Erwägung ist zu niedrig, um ein so hochgemutes, so stolzes und so aufrechtes Herz zu berühren; sondern nur um der Schönheit der Sache in sich selbst willen, die er weit ungetrübter und in ihrer Vollkommenheit schaute, der ihr Getriebe in Bewegung setzte, als wir es tun können[1].«

Der Augenblick, den Montaigne abbilden möchte, ist der der letzten Anspannung und des Selbstmordes mit bloßer Hand, in dem der Held sich den Tod wirklich *gibt*. So wird das vollkommene Sinnbild dieser gewaltsamen Weisheit aussehen, die römische und republikanische Spielart des Stoizismus. Die Subtraktionsbeziehung, die dem Leben alles Unwesentliche, alles Imaginäre, alle Reize entzieht, die den

1 II, xi; T.R. 403; L. 407-408. Das erste Zitat stammt von CICERO: »So ging er aus dem Leben, als freute er sich, den Grund zum Sterben gefunden zu haben« (*Tusculanae disputationes*, I, 30); das zweite von HORAZ: »Stolzer noch durch den frei beschlossenen Tod« (*Oden*, I, xxxvii, 29).

Menschen sich selbst entfremden, mündet hier in den blutbefleckten Ruhm: zugleich mit dem Überschuß muß auch das Leben getilgt werden. Indem er sich den Tod gibt, setzt sich Cato selbst seine Grenze und vollzieht einen Akt absoluter Besitzergreifung. Sein ganzes Wesen liegt in seinen Händen, in seiner Verfügungsgewalt und in seiner Macht. Nichts kann ihm mehr entrinnen. Die Schärfe des gegen die Eingeweide des Helden gerichteten Urteils beweist, daß dem Diskurs endgültig die Kraft der Tat zugewachsen ist und ihn fortan keine Widerlegung mehr erreichen kann.

Der Prozeß der Abstreifung der Masken eilt hier seinem Ende entgegen. Die Abstreifung schien endlos währen zu müssen – denn auf dem entblößten Antlitz bilden sich immer wieder neue Masken –, hier aber ist der Augenblick erreicht, wo das wahrhafte Wesen ganz und gar festgehalten und *definiert* wird, und zwar in und aus seinem *Ende*, wo das Bewußtsein als Herr über sich selbst jede Möglichkeit von Flucht oder Heuchelei freudig zerstört. Auf sich selbst reduziert, von allem zufälligen Flitter befreit, der sie bisher verbarg, sammelt sich die innere Wahrheit und erglänzt im Lichte des bevorstehenden Todes. Sie benutzt den Tod als Helfershelfer, so als könnte sie sich nur vor dem Hintergrund des Nichts entfalten, in dem kurzen Augenblick, da der Held den Finsternissen trotzt, bevor er in sie eingeht. Weil es keinen Ausweg in Richtung einer gelebten Zukunft mehr gibt – und das soll bedeuten, daß es keinerlei Mittel mehr gibt, »an anderes zu denken« –, richtet sich das Sein in einem vollkommen erfüllten *hier* und *jetzt* ein. Der Held besiegelt seine ganze Macht und stellt sie zur Schau, die ihm fortan nichts mehr wird streitig machen können: eine *unbegrenzte* Macht, weil sie durch keine von außen einwirkende Kraft mehr eingeschränkt werden kann. Bestehen bleibt die Chance einer glorreichen Unsterblichkeit, in der die Rede der anderen den Namen dessen verewigt, der den Mut hatte, den Tod der Schmach vorzuziehen.

So vollzieht der Tod, und vor allem der freiwillige Tod, eine Entblößung. Die Stunde des Todes ist der getreue Spiegel, in dem das Wesen, zum ersten und zum letzten Male, zu sich selbst gelangt. Endlich werden seine beständigen Eigenschaften ans Licht gebracht, seine Mängel enthüllt. Man weiß jetzt, welche falsch, welche richtig sind: Tugend oder Laster, Mut oder Feigheit, die letzte Stunde entscheidet für immer darüber und erlaubt ein rückblickendes Urteil über ein ganzes Leben:

»(*a*) In allem übrigen kann Maskerade getrieben werden, wobei die wohlklingenden Worte der Lebensweisheit nichts als Spreizen und Mache sind; wobei die Mißgeschicke, wenn sie uns nicht auf Herz und Nieren prüfen, uns gestatten, stets unser heiteres Gesicht zu wahren. In diesem letzten Auftritt aber zwischen dem Tod und uns gibt es nichts mehr zu bemänteln, da muß von der Leber weg geredet werden und muß es sich zeigen, was einer Rechtes und Tüchtiges im Leibe hat,

Nam verae voces tum demum pectore ab imo
Ejiciuntur, et eripitur persona, manet res.

Das ist es, warum an diesem letzten Prüfstein alle andern Handlungen unseres Lebens geprüft und gemessen werden müssen. Es ist der Tag der Tage, der Richttag aller andern: es ist der Tag, sagt einer der Alten, der über alle meine vergangene Jahre Gericht hält. Ich vertraue es dem Tode an, die Früchte meines Trachtens zu wägen. An ihm wird sich erweisen, ob meine Erkenntnisse aus dem Munde kommen oder aus dem Herzen[1].«

»Letzter Prüfstein«, der nicht nur das Privileg der Authentizität innehat, sondern auch alsbald zum Prüfstein aller unserer früheren Handlungen wird. Unwiderruflich erhellt und besiegelt die Stunde des Todes die – bis dahin ungenaue – Bedeutung unserer ganzen Vergangenheit. Es ist keineswegs belanglos, daß Montaigne hier auf das Wort *essai* zurückgreift: die Vorstellung der Erprobung, auf die wir in diesem Abschnitt stoßen, ist identisch mit der, die sich schon im Titel der *Essais* ausdrückt, und die Absicht, den Tod zu Hilfe zu rufen, weil er der Prüfer *par excellence* ist, bildet eine der ersten Regungen des Denkens von Montaigne – wie wir gesehen haben, in Übereinstimmung mit der Lehre La Boéties.

»Philosophieren heißt sterben lernen.« Diese Behauptung Ciceros macht Montaigne zum Thema eines ganzen Essays

1 I, xix; T.R. 78-79; L. 120. Das Zitat stammt von LUKREZ: »Denn dann erst kommen die wahren Worte aus innerstem Herzen, die Maske fällt, die Sache bleibt« (*De natura rerum*, III, 57-58).

des ersten Buches (I, xx[1]). Die Philosophie unterscheidet gewöhnlich zwischen der Erkenntnis der Wahrheit und den Aufgaben der Moral; sie spekuliert einerseits über das Wesen, andererseits über die Tugend. Die Moral selbst wird wiederum in eine Theorie (die Erkenntnis des Höchsten Guten) und eine Praxis unterteilt. Sterben lernen aber heißt alle Ziele der Philosophie in einem einzigen Brennpunkt vereinen, konvergieren lassen; es heißt Wissen und Praxis miteinander versöhnen, heißt von der unpersönlichen Wahrheit in einer Bewegung der Aneignung Besitz ergreifen, die sie zu *meiner* Wahrheit macht. In dem Augenblick, der für immer über mein Leben entscheidet, schwindet der Abstand zwischen Wort und Tat, zwischen Lehrmeinung und Lebensführung dahin. Diesen Augenblick antizipieren heißt also die Einheit, die der Mehrzahl der Menschen fehlt, im voraus besitzen. Unser Leben ist in der Tat eine immerwährende Flucht, ein zerfahrener Neubeginn: der Tod ist der Prüfstein, der den Horizont dieser Flucht verstellt. Wenn wir uns im voraus im alleinigen Denken des Todes einrichten, verleihen wir dem Kohärenz, was sonst nur »bunt zusammengesetztes Täfelwerk[2]« ist.

Der Tod wird so zum »einzigen Hort unserer Freiheit[3]«: denn mein eigener Herr, mein einziger Herr, bin ich nur in genau dem Maße, wie ich Herr meines Todes bin – wie ich ihn in der Hand habe. Keine Tyrannei kann mich erreichen, kein fremder Wille kann mir aufgezwungen werden. Der freiwillige Tod erhebt mich beinahe zur Macht eines Gottes; denn ist es nicht eine göttliche Eigenschaft, sich ganz und gar selbst bestimmen und definieren zu können? Weil ich fähig bin, mir nach meinem Belieben selbst ein Ende zu setzen (mich zu »töten«), erwächst mir daraus die Überzeugung, daß ich der einzige bin, der mir Existenz verleihen und gewähren kann – in jedem Augenblick, da ich einwillige mein Leben zu verlängern.

Das Authentizitätsprivileg, das Montaigne, wie wir gesehen haben, eben noch dem *status nascendi* zuzuschreiben versucht war, wird hier (versuchsweise) vom *status moriendi* über-

1 I, xx; T.R. 79-95; L. 121-142.
2 II, xx; T.R. 656; F.W. IV, 209.
3 I, xiv; T.R. 50; L. 91. Das ist die berühmte Formel: *Qui potest mori non potest cogi.*

nommen. Wenn die Wahrheit nicht in der Naturwüchsigkeit steckt, so deshalb, weil sie umgekehrt im letzten Seufzer zutage tritt; wenn sie nicht vom Wort des Anfangs bezeichnet wird, so deshalb, weil sie in die Stille des Endes eingebettet ist: der Geist ist versucht, die unumstößliche Gewißheit an den beiden verschwisterten und antithetischen Punkten des auftauchenden und entschwindenden Lebens zu suchen. Die *ultima verba*, am äußersten Uferrand ausgesprochen, empfangen von der sie überformenden Ewigkeit die uneinholbare Bedeutung einer letzten Wahrheit. Das Urteil aber als kompaktes, todüberschattetes Wort strebt danach, die ausschlaggebende Energie der *ultima verba* im Herzen der gegenwärtigen Existenz heimisch zu machen. Die stoische Rede ist ein mitten im Leben selbst willentlich wiederholtes Todesurteil.

Soweit die Argumentation, der Montaigne ausführlich seine eigene Stimme leiht. Der Tod reißt die Maske ab. Warum ihn also fürchten? Anstatt darin etwas zu sehen, was ihnen Zugang zur Freiheit verschafft, halten ihn die meisten Menschen für eine schreckliche Bedrohung. Was sie aber aufschreckt, ist ihre Einbildungskraft: der Schrecken ist lediglich eine Maske, mit der der Volksmund den Tod auszustatten pflegt. Beginnen wir damit, das gräßliche Äußere des Todes zu demaskieren; danach wird uns gerade aus ihm die Erkenntnis unserer entblößten Identität erwachsen. So kann der demaskierte zum demaskierenden Tod werden – eine doppelte Offenbarung, die bald nur noch eine ist, und zwar in dem Maße, wie der verinnerlichte und willentlich in Besitz genommene Tod zu meinem wird, sich mit mir verbündet und Bestandteil meiner endgültigen Identität wird. Die enthüllende Wahrheit des Todes verschmilzt dann mit der enthüllten Wahrheit des Lebens. Wenn wir dieser bedrohlichen *Sache* die Maske abreißen, entdecken wir unsere eigene Persönlichkeit. Seneca paraphrasierend, wiederholt Montaigne: »Die Kinder fürchten sich sogar vor ihren Vertrauten, wenn sie ihnen vermummt begegnen; ebenso auch wir. Man muß sowohl den Dingen wie den Menschen die Maske abnehmen[1] . . .«

»Das Ziel unserer Laufbahn ist der Tod: er steht uns vor

1 I, xx; T.R. 94; L. 142.

Augen, ob wir wollen oder nicht[1].« Wenn ich dieses Ziel im Denken antizipiere, wenn ich mich stelle, als sei jeder Augenblick mein letzter, werde ich unwandelbar mir selbst gehören. Auf diese Weise werde ich durch das vorherige Bedenken von diesem »Richttag aller andern[2]« Besitz ergriffen haben, werde ich ihn von jetzt an meinem gegenwärtigen Leben einverleibt haben, das von ihm seine Fülle und seine Wahrheit empfängt. Ich werde nicht nur den Tod denken, sondern, wenn ich ihn als *meinen* Tod denke, durch Vermittlung des Todes überdies mich selbst denken: eine vollkommene Kontinuität, eine dichte Kohärenz wird alle meine Handlungen im einheitsstiftenden Licht der letzten Stunde verknüpfen. Folglich wird dieser »mein Tod« mir den Genuß einer, »meiner Form« vermittelt haben, die mir so viele Masken verbargen.

3. Kritik des Todes

Die Argumentation Montaignes läßt sich jedoch dazu hinreißen, das, was sie zu beweisen sucht, sozusagen aus einem Überschwang an Leidenschaft ins Gegenteil zu verkehren. Die Überlegungen, die er benutzt, um dem Tod seine Maske von Entsetzen abzustreifen, berauben indirekt den »letzten Tag« seiner außergewöhnlichen Rolle. Er hört auf, der »Tag der Tage, der Richttag aller andern« zu sein. Die Demonstrationen mit dem Ziel, den Tod zu zähmen, uns mit ihm vertraut zu machen, heben damit zugleich seine Funktion als privilegiertes Kriterium auf. Durch eine »dialektische Umkehrung« büßt er ein, was ihn zum Träger einer wahrhaftigen Offenbarung machte.

Um die Angst vor dem Tode abzuwenden, bedient sich Montaigne aller nur erdenklichen Mittel. Alle Argumente, die ihm das weitläufige Arsenal der Tradition anbietet, sind ihm dabei recht. Beschränken wir uns darauf, auf zwei davon hinzuweisen, deren Konsequenzen für die ontologische Sonderstellung des Todes und vor allem für seine Gerichtsbar-

1 I, xx; T.R. 82; L. 124.
2 I, xix; T.R. 78-79; L. 120.

keit über den Rest des Lebens verhängnisvoll sein werden. Zum einen ist der Tod in jedem von uns *bereits* seit der Geburt präsent. Wir sterben jeden Augenblick, ohne dessen gewahr zu werden: der letzte Augenblick wird allen anderen ähnlich sein, über die zu beklagen uns gar nicht einfällt. »Warum fürchtest du deinen letzten Tag? Er trägt nicht mehr zu deinem Tode bei als jeder andere. Der letzte Schritt macht nicht die Müdigkeit: er tut sie nur kund. Alle Tage gehen zum Tode, der letzte langt an[1].« Wenn mein Tod also derart über die ganze Spanne meines Lebens *ausgebreitet* ist, wie kann ich dann darauf beharren, in ihm das Grenzereignis zu sehen, dessen sich mein Wille bemächtigt, um es in einen reinen Akt zu verwandeln? Der heroische Anspruch hat buchstäblich kein Objekt mehr: der Tod entzieht sich mir auf eben die Art und Weise, wie sich mir das Leben entzieht. Er ist keine genau umrissene Aufgabe mehr, die es in der Anspannung eines entscheidenden Versuchs zu erfüllen gilt. Ich erliege ihm wohl oder übel, und ich sterbe unwillkürlich, so wie ich unwillkürlich atme. Ich kann nicht mehr auf ihn zählen und darauf, daß er mich mir selbst enthüllt. Im Gegenteil, er arbeitet, wenn er den gegenwärtigen Augenblick untergräbt, insgeheim ins Getriebe meiner Freuden und Leiden eingelassen, darauf hin, daß mir die Selbsterkenntnis mißlingt. Gerade im Übermaß seiner Vertrautheit und Nähe bietet mir der Tod keinerlei Rückhalt mehr. Er hat sich vor meinen Augen aufgelöst, und im Fluß des unbeständigen und vertrauten Lebens, vor dem ich keinerlei Schrecken empfinde, kann ich ihn nur vage erraten. Der Tod ist fortan so beständig gegenwärtig, er ist mir ein so treuer Begleiter, daß ich ihn nicht mehr aus meinem Leben ausscheiden kann, um ihn abgesondert, wie ein glorreiches Denkmal, an den äußersten Saum des Daseins zu verweisen.

Diesem Argument, das den Tod zersetzt und ihm die Würde eines isolierbaren Ereignisses verweigert, gesellt sich ein anderes hinzu: nämlich das, zu leugnen, daß der Tod uns etwas anhaben kann, ein Argument, das dem Menschen infolgedessen die Möglichkeit nimmt, ihm seinerseits etwas

1 I, xx; T.R. 94; L. 141.

anhaben zu können. »Er betrifft euch weder als Tote noch als Lebende: als Lebende, weil ihr seid; als Tote, weil ihr nicht mehr seid . . . Weder das, was ihm vorausgeht, noch das, was auf ihn folgt, (gehört) zum Wesen des Todes (. . .)[1].« Diesmal wird der Tod, anstatt verinnerlicht zu werden und mit jedem Augenblick unseres Lebens zu verschmelzen, exteriorisiert: er wird zum absoluten *draußen*. Er ist derart *anders*, daß er uns nicht mehr betrifft. Mein persönliches Bewußtsein bleibt immer diesseits des Todes. Für die objektive Erkenntnis wird er zum Anlaß eines allgemeinen Urteils, das darin eine universale Notwendigkeit erkennt, eine zwangsläufige Gegebenheit derselben Art wie Tag und Nacht. Weit davon entfernt, mich in meiner Individualität und in meiner besonderen Wahrheit zu definieren, ist das Sterben deshalb das, was mich allen anderen Lebewesen ähnlich macht, was mich »entindividualisiert« und mich in die Allgemeinheit des Menschentums zurückfallen läßt. Eben dahin führt das Argument der Demaskierung im Tode, das wir soeben zitiert haben: »Man muß sowohl den Dingen wie den Menschen die Maske abnehmen: ist sie abgenommen, so finden wir dahinter nur *eben diesen Tod*, den letzthin ein Hausknecht oder eine einfältige Kammerfrau ohne Furcht trugen[2].« Der Tod büßt seinen Stachel ein, wird aber diesmal, anstatt sich in die Totalität unserer sinnlichen Erfahrung einzubinden, zur banalen Grenze, an der für jedermann alle sinnliche Erfahrung aufhört.

Er ist nicht mehr »das Sterben«, der *Akt* des der Existenz auferlegten Abschiednehmens, er ist das *Faktum*, zu leben aufgehört zu haben. Es ist fruchtlos, ihn zu fürchten, wie es auch fruchtlos ist, ihm trotzen zu wollen: er ist nichts. Die Weisheit besteht darin, dieses Nichts auf seinen wahren Platz zu verweisen, der außerhalb von uns, außerhalb unserer Subjektivität liegt; dieser Platz ist das, worauf man nie stoßen wird. Der Weise, der sich dafür entschieden hat, sich in seiner Innerlichkeit zu verschließen, wird davon absehen, einem Nichts ohne Antlitz ein imaginäres Antlitz zu leihen. Er weiß im voraus, daß der Augenblick des Hingangs in den Tod

1 I, xx; T.R. 93; L. 140; und I, xiv; T.R. 56; L. 98.
2 I, xx; T.R. 94; L. 142.

keine Realität hat, kein Ereignis ist. Dieser Augenblick bietet jedenfalls allzu wenig Rückhalt, als daß ein heroischer Akt Mittel und Wege fände, sich darauf zu stützen. Nachdem Montaigne erklärt hat, daß der Tod immer in uns präsent ist, behauptet er, daß wir immer diesseits des Todes sind – widersprüchliche Behauptungen, die, eine wie die andere, die Möglichkeit der Entfaltung des Seins im freigewählten Tode ausschließen. Und im einen wie im andern Falle wird das Vorherbedenken des Todes zur fruchtlosen Mühe, ebenso verdammungswürdig wie die von der Begierde oder der Leidenschaft diktierten Vorwegnahmen. »Wir trüben das Leben durch die Sorge um den Tod und den Tod durch die Sorge um das Leben« (III, xii; T.R. 1028; L. 831).

Überdies taucht jetzt eine Feststellung auf, die die Hoffnung, die letzte Stunde werde die Stunde der Wahrheit sein, endgültig zunichte macht. Befragen wir sorgfältig die überlieferten Geschichten: wir werden entdecken, daß die Todesszene sehr häufig nicht die Einheit, sondern den Widerspruch hervorbringt. Anstatt den beispielhaften Augenblick einer Rückkehr zu Ordnung und Wahrheit abzugeben, setzt sie dem Skandal von Lug und Trug die Krone auf. Die Mehrdeutigkeit menschlichen Verhaltens, weit davon entfernt, sich zu verflüchtigen, vertieft sich noch. Wer gibt uns die Gewähr, daß ein schöner Tod nicht ein Meisterwerk an Künstelei ist? »Indessen habe ich in meinem Leben drei der schändlichsten Personen, unter allem, was man schändlich heißen kann, eines herrlichen, von den vorteilhaftesten, fast vollkommensten Umständen begleiteten Todes sterben sehen[1].« An die Stelle einer Demaskierung tritt die letzte Missetat der Maske . . .

Wahrscheinlich ist es also besser, auf eine Beurteilung des Lebens von seinem Ende her zu verzichten und zum Gegenteil überzugehen. Ein einziger Augenblick kann nicht das entscheidende Kriterium abgeben: »Jeder Tod muß seinem Leben gleichen. Wir werden nicht anders, um zu sterben. Ich deute immer den Tod aus dem Leben. Und wenn man mir von einem Ende mit dem Anschein der Stärke nach einem schwächlichen Leben berichtet, so glaube ich, daß es die

1 I, xix; T.R. 79; F.W. I, 96.

Wirkung einer schwächlichen und diesem Leben gemäßen Ursache sei[1].« Der Selbstmord Catos ist nur die letzte Ausdrucksform eines bereits ganz und gar der Tugend verpflichteten Lebens. Das Privileg der letzten Stunde, ihr Wahrheitslicht, erwächst ihr lediglich aus der Aufmerksamkeit, die man ihr widmet. Sie lehrt uns gleichwohl nichts, was wir nicht besser aus der Betrachtung des Lebens lernen könnten. Versuchen wir also nicht, das Wesen einer Seele in einen vereinzelten Augenblick ohne Realität zu verlegen. Hüten wir uns namentlich, alles für unwesentlich zu halten, was diesem Schlußakt vorausgeht. Wenn wir das »Sterben« derart zu isolieren bestrebt sind, machen wir es zu einer inhaltsleeren Abstraktion, während sein wirklicher Inhalt in dem Leben liegt, das es krönt. Das Herannahen des Endes ist noch Bestandteil der Existenz, und die im letzten Augenblick aufscheinende Tugend setzt lediglich eine seit langem geübte tugendhafte Lebensweise fort. Den Tod Catos und den von Sokrates kommentierend, schreibt Montaigne:

»(*a*) Man sieht an den Seelen dieser beiden Männer und ihrer Nachahmer [. . .] eine so vollkommene Stete der Tugend, daß sie ihnen in Fleisch und Blut übergegangen ist. Dies ist keine angestrengte Tugend mehr, auch keine Vorschriften der Vernunft, zu deren Einhaltung ihre Seele sich anspannen müßte; es ist das eigene Wesen ihrer Seele, ihr natürlicher und gewöhnlicher Gang. Sie haben sie durch eine lange Übung der Lehren der Philosophie, die auf einen edlen und reichen Boden gefallen sind, so gebildet[2].«

Die Lebensweise, das Brauchtum, die Gewohnheit, die der Entlarver zurückweisen zu müssen glaubte, um wieder zu einem dauerhaften Wesen zurückzufinden – eben sie müssen wir in einer unerwarteten Kehre erneut aufgreifen und befragen. Sie schienen das substantielle Wesen zu verschleiern,

1 II, xi; T.R. 404; L. 408-409. Und man lese erneut jene berühmte Stelle: »Doch mir will es scheinen, daß er [*i.e.* der Tod] wohl das Ende, nicht aber das Ziel des Lebens ist, sein Schlußpunkt, seine äußerste Grenze, nicht aber sein Inhalt. Es muß auf sich selber gerichtet sein; sich selbst zum Vorsatz haben; seine rechte Kunst ist, sich zu meistern, sich recht zu führen und still zu halten« (III, xii; T.R. 1028-1029; L. 831). Wie VILLEY anmerkt, handelt es sich um die Schlußreplik auf die »stoische«, von uns zitierte Beteuerung: »Das Ziel unserer Laufbahn ist der Tod, er ist der notwendige Gegenstand unseres Strebens . . .«

2 II, xi; T.R. 404-405; L. 409-410.

und jetzt erfahren wir, daß eine *Lebensweise*, auf einen *edlen und reichen Boden* aufgepfropft, das »eigene Wesen« der Seele bilden kann. Der Schein ist also doch nicht der unerbittliche Feind des Seins: er ist im Gegenteil der zwangsläufige Verbündete, die notwendige Vervollständigung. Wenn die Wahrheit des Ichs im Bereich der sinnlichen Erfahrung nicht erfaßbar ist, so wird sie uns auch im Augenblick des Todes nicht zugänglich, der ja nur die letzte sinnliche Erfahrung ist und den kein Privileg von der Kette anderer sinnlicher Erfahrungen unterscheidet, die das Gewebe unseres Lebens ausmachen. Wenn das innere Wesen sich in der letzten Stunde entfalten soll, wird es das auch in jeder vorausgehenden Minute unserer Existenz sein. Keine Entschuldigung wird fortan zur Hand sein, wenn wir kein Auge für das Leben und die Erscheinungen haben, die es uns bietet.

Von dieser Einstellung bleibt – selbst dann, als sich Montaigne von allen Vorbildern abwendet – ein exemplarisches Leitbild erhalten, das des Sokrates: in den letzten Texten Montaignes ist Sokrates der Bürge dieser gebilligten Demut und dieser unbeugsamen Wachsamkeit; seine (für den Skeptiker annehmbare) Wissenschaft besteht darin zu wissen, daß er nichts weiß, und allen Vorgängen des Alltagslebens Aufmerksamkeit zu schenken. Dieses letzte Beispiel bewohnt keinen abgeschiedenen, abgesonderten Ort: Sokrates ist unseresgleichen, ein lebendiger Mensch, ein sterblicher Mensch, ein Bewußtsein, das sich »mit sich selbst begnügt«. Für den, der Ohren hat zu hören, führt seine Lehre uns nicht von uns fort, sondern läßt uns ganz bei uns selbst sein: das Allgemeine ist uns nicht fremd, es ist in uns, in unserem je besonderen Leben, unter der Bedingung, daß es sich als besonderes erkennt, das heißt als einmaliges und begrenztes, das vernunftlos ist und aufgerufen, Zugang zu seiner eigenen Vernunft zu finden.

Der *status nascendi*, aus einer früheren Nacht hervorgegangen, und der *status moriendi*, der in die späteren Finsternisse einmündet, sind Augenblicke, die das Nichts säumen. Sie leben vom Gegensatz, haben aber kein Anrecht auf irgendein ontologisches Privileg. Die Fülle des Seins ist in ihnen nicht mehr – und nicht weniger – heimisch als im Rest unseres

Lebens. Es gibt nicht mehr *letzte* als *erste* Wahrheit. Unser Leben mag durchaus unbeständig, schwankend und von trügerischen Erscheinungen durchkreuzt sein: es ist eine lange Stunde der Wahrheit und die einzige, die uns gewährt wird. Der *status nascendi* und der *status moriendi* sind keine Wohnstätten des Seins, keine Sammelbecken des Wesens: es sind Mutationen, aus demselben Stoff wie unsere ganze »vorübergehende« Existenz, Akzidentien, die unsere Alltagserfahrung durchqueren. Was triumphiert, ist der Begriff des Überganges, denn bei genauerem Hinsehen verbirgt sich der *status nascendi* sogar im Tode, und der *status moriendi* schleicht sich in jeden Augenblick unserer Existenz ein. »Das Erlöschen eines Lebens ist der *Übergang* zu tausend andern Leben [. . .]« (III, xii; T.R. 1032; L. 834). »Ich zeige nicht das Sein, ich zeige den *Übergang*[1].« Das ist nicht das Ergebnis einer Wahl und einer Vorliebe: einzig der Übergang eröffnet sich unserer Darstellung.

Wir begegnen hier der Einstellung wieder, die uns in der Vorrede »An den Leser« so beeindruckt hatte. Während das Herannahen des Todes den Christen dazu aufruft, sein Denken auf das Jenseits zu richten, wirft Montaigne seinen Blick umgekehrt auf das Diesseits; die drohende Absenz verweist ihn auf eine erfülltere und gerade durch ihre Widerruflichkeit im Wert gesteigerte Präsenz. In dieser neuentdeckten Gegenwart wird ihm die Macht, seine eigene Endlichkeit zu denken, und die Freiheit gewährt, die die Fügung in diese Endlichkeit belohnt. Das *memento mori* verwandelt sich für Montaigne in den Vorsatz, jedem Augenblick des Lebens die umfassendste Rechtfertigung zu erteilen. Auf diese Weise gelingt es ihm, die *Erwartung* [frz. *attente*] der fernen Einmündung, wenn die in den Tod hinübergleitende Existenz in den Kreislauf »tausend anderer« unbekannter Leben einbezogen wird, und die *Aufmerksamkeit* [frz. *attention*] auf jedes Detail zu versöhnen und beinahe miteinander zu verschmelzen, das der Lauf des gegenwärtigen Lebens streift. Das Wort in seiner eigentümlichen Bedeutungsverschiebung wird diese ephemere Fülle abbilden und die Bahn eines Lebens verewi-

1 III, xii; T.R. 1032; L. 834; und III, ii; T.R. 782; L. 623.

gen, das ohne diesen flüchtigen und doch nie versiegenden Diskurs keinerlei Spur hinterlassen hätte.

4. *Das Glück des Fühlens: zwischen Traum und Wachen*

Parallel dazu spricht sich die *Apologie de Raimond Sebond* (diese gefährliche, der positiven Theologie des *Liber Creaturarum* hinzugefügte Ergänzung in negativer Theologie) für die absolute Transzendenz des Seins aus: die Wahrheit der Dinge geht über menschliche Fassungskraft hinaus, die Welt der Wesenheiten entzieht sich dem Menschen in eben dem Maße, wie seine Kontrolle der Phänomene fortzuschreiten glaubt. Nie rührt er an etwas Festes, Beständiges, Gesichertes. Die Wahrheit wohnt bei Gott und gehört nur Gott, in einem Jenseits, das sich der Mensch nur als *»unvorstellbar vorstellen«* kann. Einer der schlimmsten menschlichen Fehler – die Anmaßung, der »Dünkel« – besteht darin, sich im Besitz des wirklichen Bildes der Dinge und der wahrhaften Gestalt Gottes zu wähnen. Wir tun dann nichts anderes, als sie nach unserem Ermessen zurechtzustutzen. Wir errichten Trugbilder. Die authentische Weisheit dagegen erkennt die Grenzen, die der Geist nie überschreiten wird. Diese »starke und große Unwissenheit« begründet die Unmöglichkeit des Wissens: »Nein, nein! wir merken [frz. *sentons*: fühlen] nichts; wir sehen nichts. Alle Dinge sind für uns verborgen; keins ist vorhanden, von dem wir zu sagen vermögen: es ist dies, oder es ist das[1]!« So mündet die Vernunft gegen Ende ihrer Suche in einen philosophischen Selbstmord ein, und ihre höchste Klarheit besteht darin, sich selbst zu opfern, stillgestellt in der Aufhebung jedes Urteils, ausgenommen sogar das, mit dem sie sich eines Urteils enthält. Das ist der Höhepunkt ihrer Kühnheit, wie für Cato der Selbstmord die letzte Zuflucht zur Wahrheit war.

Die einzige Hoffnung, die uns bleibt, ist die, daß das Sein im Zeichen der Gnade zu uns kommt und sich enthüllt. Der Mensch erhebt sich nur zur Wahrheit, »wenn Gott ihm dazu

1 III, xii; T.R. 490; F.W. III, 321.

außerordentlicherweise die Hand reicht[1]«. Die Initiative zu dieser Bewegung liegt dann nicht mehr bei uns, denn wir sind in diesem Augenblick nicht mehr wir selbst. Der letzte Satz der *Apologie* schließt mit der Beschwörung einer »göttlichen und wunderbaren *Verwandlung*[2]«. Ins Sein eingehen heißt also *ein anderer* werden. Wie im Augenblick des Todes fällt das Auftauchen des wahren Seins seltsamerweise mit dem letzten Vergehen eines Lebens zusammen, das unaufhörlich vergeht. Aus dem Sein verbannt leben oder sich aus dem Leben verbannen: die Alternative ist unwiderruflich, und in beiden Fällen muß ein Bruch hingenommen werden: hier vom Sein getrennt existieren; dort wieder im Wohnsitz des Seins heimisch werden, indem man sich sich selbst völlig entreißen läßt. Wir können auf keine andere Möglichkeit der Versöhnung zählen. Für Montaigne gibt es keinen Fleisch gewordenen *Mittler*, ebensowenig eine mögliche Himmelfahrt im Sinne der Analogie (wie das die traditionelle Theologie behauptet). Schließlich ist Montaigne nichts fremder als der platonische Begriff der *Teilhabe* an den göttlichen Wesenheiten: »Wir haben keinerlei Beziehung zum Sein[3].« Dauerhaftigkeit, Beständigkeit, Fülle, Substanz finden sich auf seiten dessen, was radikal *anders* ist, *fremd, nicht-mein.*

»(*a*) Der Anteil, der uns an der Erkenntnis der Wahrheit geworden, so klein oder groß er sei, ist kein Erwerb durch unsre eigenen Kräfte. [. . .] Nicht von unserer Vernunft oder von unserm Verstande und Nachdenken haben wir unsere Religion empfangen, sondern von *fremder* Autorität und von *fremdem* Gebote[4]. [. . .] (*a*) Wir können uns die hohen und göttlichen Verheißungen nicht nach Würden denken, solange wir uns nur einigermaßen davon einen Begriff machen können. Um uns solche nur nicht unter aller Würde vorzustellen, müssen wir uns solche über alles Vorstellungsvermögen hinaus unbegreiflich und unaussprechlich denken, (*c*) und besonders ganz anders, als wir etwas aus unsrer ärmlichen Erfahrung kennen[5].«

Was uns als Eigenes bleibt, ist die Leere. Der Mensch ist

1 II, xii; T.R. 589; L. 484.
2 II, xii; T.R. 589; L. 484.
3 II, xii; T.R. 586; L. 482.
4 II, xii; T.R. 479-480; F.W. III, 301.
5 II, xii; T.R. 499; F.W. III, 336.

»nackt und leer[1]«, er ist ein »weißes Blatt[2]«. Was kann er in sich selbst finden? Wenn er zu sich selbst zurückkehrt, wieder Herr seiner selbst wird, wie ihn die Moral der Selbstfindung und des Selbstbesitzes auffordert, nähert er sich keiner Fülle: er liefert sich der Leere aus. »Der schlechteste Platz, den wir wählen können, ist der in uns selbst[3].« Im allgemeinen sind wir in unserem Leben also dazu verurteilt, eine unwiderrufliche Absenz zu erleiden, unsere Dauer in einem ontologischen Hohlraum verstreichen zu fühlen und nur den Übergang und den Schein kennenzulernen. Unser einziges Wissen besteht in jenem Zweifel, der »über sich selbst hinausgeht[4]«. Wir werden *geschoben* (»man schiebt uns[5]«), in einem ewigen Fluß. »Denn die ganze Natur des Menschen ist beständig *zwischen* dem Werden und dem Sterben unterwegs und teilt von sich nichts mit als einen dunklen Schein und Schatten und ein ungewisses und haltloses Wähnen[6].« Dieses *Zwischen* ist der eigentliche Ort der Leere, wo die Dinge und wir selbst nur Erscheinungen sind. Unsere Sprache, »aus lauter bejahenden Sätzen gebildet[7]«, verleiht dem, was keinerlei Sein besitzt, noch zuviel davon. Nicht damit zufrieden, wie so viele andere die *Schwäche* der Sprache angesichts der wesentlichen Realität anzuprangern, macht Montaigne ihr ihre maßlose Kraft zum Vorwurf, ihre Seins-Anmaßung, wenn es sich um die Beschreibung der un-wesentlichen Illusion handelt: »Es bedürfte [. . .] einer neuen Sprache[8].« Einer Sprache, die nichts *behauptete*, die sich selbst negierte, ohne ihre eigene Negation zu formulieren: *Was weiß ich*[9]? Der Zweifel in seiner Frageform erwächst aus dem Zusammentreffen einer unmöglichen Behauptung und einer unmöglichen Negation. Man kann weder »ich weiß« noch »ich weiß nicht« sagen. Einzig eine Frage ohne Antwort kann die Unentschiedenheit

1 II, xii; T.R. 486; F.W. III, 313.
2 *Ibid.*; F.W. III, 314.
3 II, xii; T.R. 551; F.W. IV, 20.
4 II, xii; T.R. 508; F.W. III, 352.
5 »Wir gehen nicht, wir werden geschoben, wie Treibholz, jetzt sachte, jetzt heftig, je nachdem das Wasser erregt oder ruhig dahinfließt« (II, i; T.R. 316; L. 321).
6 II, xii; T.R. 586; L. 482.
7 II, xii; T.R. 508; F.W. III, 352.
8 *Ibid.*
9 *Ibid.*

bezeichnen, kann verbal der »Überschrift einer Waagschale« entsprechen.

Der Skeptizismus Montaignes zielt eingestandenermaßen darauf ab, den Menschen zum »leeren Blatt« zu machen, auf das der Finger Gottes schreiben wird, was Ihm zu schreiben gefällt. Und wie das Denken Montaignes, um bei diesem skeptischen Fideismus[1] anzulangen, von einer dem Stoizismus sehr nahestehenden Position ausgegangen war, läßt sich legitimerweise an die drei Stadien denken, die in Hegels *Phänomenologie des Geistes* aufeinander folgen: Stoizismus, Skeptizismus und unglückliches Bewußtsein[2]. Auf dem Wege vom Stoizismus zum Skeptizismus akzentuiert das Bewußtsein die Behauptung seiner Freiheit in Hinsicht auf die Welt und gibt sie als absolut aus: frei ist es nicht mehr nur einfach inmitten der Umstände und der universalen Notwendigkeit, der es unterliegt, es erfaßt sich in seiner nicht reduzierbaren Individualität und in seiner vollständigen Unabhängigkeit hinsichtlich der Phänomene und zerstört miteins die Idee der Notwendigkeit und die Idee der gegliederten Außenwelt (das stoische *System*, seine Kosmologie). Wenn es in seinem Vorsatz streng verfährt, so kann das Bewußtsein seinem eigenen Zweifel keinerlei Wahrheitswert beilegen. Alles entzieht sich ihm, Schwindel überkommt es. So daß es sich, jenseits seiner begrenzten Sphäre, eine unzugängliche Region des Seins auszumalen beginnt, von der es ausgesperrt bleibt und dergegenüber es sich unzulänglich, erniedrigt fühlt und damit »unglückliches Bewußtsein« wird: der Mensch erkennt sich angesichts der Transzendenz Gottes als vereinzelt und nichtig. Montaigne aber verwandelt das »unglückliche« entschlossen in glückliches Bewußtsein.

Das Sein ist *anderswo*. So stark aber ist die Anziehungskraft des *hier*, so rege die Vorliebe für das, was *unser* ist (gegen die Verführung des *Fremden*), daß Montaigne, nachdem er die unendliche Ferne Gottes und der reinen Wesenheiten erwie-

1 Cf. Marcel RAYMOND, »L'attitude religieuse de Montaigne«, in *Génies de France*, Neuchâtel 1942; S. 50-67. Cf. Richard H. POPKIN, *The History of Scepticism from Erasmus to Descartes*, Assen 1960, S. 44-65.

2 Cf. Ernst CASSIRER, *Das Erkenntnisproblem*, ^{3}1922; Neudruck: Wissenschaftliche Buchgesellschaft, Darmstadt 1971; Bd. I, S. 172-200. Siehe auch Léon BRUNSCHVICG, *Descartes et Pascal lecteurs de Montaigne*, Paris und New York 1944.

sen hat, auf die Phänomene zurückgreift. Die Lehre des Skeptizismus ist für ihn eben diese Rückkehr zu den Phänomenen. Die Erscheinungen sind unüberschreitbar: weit entfernt, uns von ihnen abzulenken, enthebt er uns hier der Mühe, nach einer verborgenen Realität zu suchen, im Namen derer wir ihnen mißtrauen könnten. Wir dürfen uns ihnen fortan ohne jeden Hintergedanken überlassen, ebenso ohne jeden nichtigen Ehrgeiz, eine intelligible Welt jenseits der sinnlich erfahrbaren Phänomene zu erhaschen. Der Mensch ist ganz einfach »gehalten [auf diese Umstände] zu reisen und sich vom Anschein regieren zu lassen[1]«. Trotz der Leere, die den Menschen und seine Verfassung kennzeichnet, ist ihm die Möglichkeit einer *Fülle* beschieden. Montaigne macht uns das buchstäblich deutlich. Der skeptische Weise »unterläßt nicht, die Pflichten seines Lebens *hinreichend* [frz. *pleinement*] und friedlich zu erfüllen[2]«. Als wir sie mit dem Reich der reinen Wesenheiten verglichen, war unsere Existenz eine Leere, und die Fülle lag jenseits unserer Reichweite. Wird diese Region aber einmal für unerreichbar gehalten, genügt es, daß wir uns vertrauensvoll der flüchtigen Wahrnehmung anheimgeben: eine wahre Wollust eröffnet sich uns, die trotz der Einwürfe der Metaphysik ihren Wert behält. Auch wenn wir entdeckt haben, daß sie keinen Zugang zum »inneren Wesen der Wahrheit[3]« bietet, bewahrt sich diese Erfahrung *für uns* die Bedeutung einer erlebten Fülle. Und was verschlägt es, wenn sie das für uns allein ist. Wenn sie uns auch nicht in Beziehung zu einer beständigen Wahrheit bringt, so bietet sie uns doch volles Maß an Präsenz bei uns selbst, bei unserem empirischen Ich.

Wie bereits erwähnt, hatte Montaigne in einem Ausbruch von ontologischem Pessimismus ausgerufen: »Nein, nein! wir merken nichts; wir sehen nichts[4].« Das hindert ihn aber nicht, bei jeder Gelegenheit ein sehr intensives Bedürfnis nach Empfindung und Gefühl zu äußern und uns den Beweis dafür in einer Sprache zu geben, die ihre Worte nach Maß-

1 II, xii; T.R. 486; F.W. III, 312.
2 *Ibid.*; F.W. III, 313.
3 II, xii; T.R. 535; F.W. III, 402.
4 II, xii; T.R. 490; F.W. III, 321.

gabe ihres sinnlichen Reichtums wählt (Worte, die phonische – akustische oder muskuläre – Lust bereiten, Worte, die die Gesten beschwören, die uns in die Situation materieller Kontaktaufnahme versetzen). Das bei Montaigne stets rege *Fühlenwollen* ist ein *Seinwollen*, das die Neigung hat, sich, mangels eines anderen substantiellen Rückhalts, in der unmittelbaren Wahrnehmung zu verwirklichen. Unfähig, etwas über die Natur der Dinge vorzubringen, zieht sich der Phänomenismus (der die Phänomene als solche hinnimmt, nachdem die skeptische ἐποχή ihnen jede ontologische Legitimität bestritten hat) auf die sinnliche Gewißheit zurück. Unter Zurücknahme der überschwenglichen Zeilen, die er dem Lob der sorglosen Gleichgültigkeit gewidmet hat, fügt Montaigne hinzu: »Ich bin schon zufrieden, wenn ich nur nicht krank bin. Bin ichs aber, so will ichs wissen, daß ichs bin; und schneidet oder beizt man an mir, so will ichs fühlen[1].« Nachdem er den Beweis für eine radikale Trennung beigebracht, nachdem er Gott und Sein in unendliche Entfernung verwiesen hat, fordert uns Montaigne also auf, uns im *Fühlen* an unsere verwundbare und von jeder Teilhabe am Absoluten abgeschnittene Existenz zu halten. Das ist das positive Gegenstück zur skeptischen »Negation«:

»Du siehst nichts von allem als die äußere Einrichtung von dieser kleinen Höhle, wo du deine Wohnung hast, wenn du anders sie noch siehst. Seine [*i.e.* Gottes] Göttlichkeit hat eine viel weitumfassendere Herrschaft, bis ins Unendliche über deinen Gesichtskreis hinaus! [. . .] Es ist ein Lokalgesetz, welches du anführst, denn du kennst das allgemeine Gesetz nicht: wohl, *halt du dich an das, dem du unterworfen bist*, aber zieh nicht ihn darunter. Er ist ja nicht dein Bruder oder Mitbürger oder gar Genoß[2].«

Aus der Entfernung Gottes erwächst also eine vertiefte Vertrautheit des Menschen mit seiner Stellung im innersten Zentrum der Welt der Erscheinungen. Was im Hinblick auf das absolute Wesen *nichts* mehr war, bekommt ein Recht auf Präsenz und Existenz zurückerstattet. Das nicht zu Rechtfertigende erhält eine Rechtfertigung in Ermangelung eines

1 II, xii; T.R. 473; F.W. III, 289.
2 II, xii; T.R. 504; F.W. III, 345-346.

Besseren. Montaigne bedeutet uns, daß er »nichts mit Plan als das Nichts (behandelt). Ich rede von keinem Wissen als vom Nichtswissen[1].« Aber eben das *Nichts* gibt fortan den Ausschlag: das *Nichtswissen* ist die einzig mögliche Wissenschaft. Sie verdient *behandelt* zu werden. Dieses *Nichts* ist wenigstens *unser*: es ist unser von Freuden und Wonnen durchzuckter, mit Krankheiten und Schmerzen geschlagener Körper. Unaufhörlich bieten sich uns Geschmacksnuancen dar, die nicht zu kosten und zu verweigern einfältig wäre. Sogar im innersten Bereich des Nichts drängt uns jedes Objekt eine unmittelbare Gewißheit auf, die, weil sie aus seinem inneren Wesen nicht erklärlich ist, ebenso wenig fähig ist, uns Erfüllung zu schenken. Die Fügung ins *Nichts* der Existenz erlaubt uns den Genuß jeder Präsenz, die auftaucht, und dank dieses Umschlags verwandelt sich das Nichts allmählich in ein wucherndes Alles. Was anfangs nur *Eitelkeit* oder *Wind* war, bekommt wieder Legitimität, sobald wir es als *unser* anerkennen. Das ganz und gar negative Bild des Windes füllt sich mit positiven und lustvollen Bedeutungen: es genügt, daß der Wind sich selbst akzeptiert und sich die Lust seiner unbeständigen Regsamkeit aneignet: »Und der Wind, weiser als wir, liebt doch sein Sausen und Brausen und begnügt sich mit dem, was seines Berufes ist, ohne sich Bestand und Dauer zu wünschen, die nicht sein Teil sind[2].« Was verschlägt es mithin, wenn sich die *Ursachen* uns entziehen. Wir bleiben inmitten der *Dinge* und haben an ihnen den »vollkommen erfüllten Genuß«.

Wir haben fortan kein Recht mehr, nach der Autorität des Seins zu rufen, um die uns umgebenden Erscheinungen zu leugnen. Wenn wir aufhören, uns von der Anmaßung blenden zu lassen, müssen wir einräumen, daß wir den Schein nie hinter uns lassen, daß wir fortgesetzt von einer Erscheinung zur anderen übergehen. Wir können gegen unseren Zustand keine Berufung einlegen. Das Problem der Maske verflüchtigt sich im Bereich der Erkenntnis, wie es sich auch im Bereich der Ethik verflüchtigt hat. Eine Maske gibt es nur

1 III, xii; T.R. 1034; F.W. VI, 146.
2 III, xiii; T.R. 1087; L. 874.

dann, wenn man sich darauf gefaßt machen kann, hinter der Maske ein zugängliches Gesicht zu finden. Das Gesicht aber, das wir zu erkennen versuchten, ist ins Unendliche zurückgewichen: wir sind in einer Welt zu Hause, in der sich alles gleichwertig ist und die Behauptung, daß alles falsch ist, ebenso auch darauf hinausläuft, das alles wahr ist. Die Bewegung vollzieht sich zugleich außerhalb und in uns. Es ist unmöglich, des uns innewohnenden Wandels und des uns umgebenden Flusses der Dinge habhaft zu werden. Den Phänomenen zurückgegeben, tauchen wir wieder in *alle* Phänomene ein, mit ihnen durch eine Solidarität geeint, die uns der Welt öffnet und uns gänzlich in ihren »Reigen« einreiht. Der Solipsismus der Empfindung, in dem wir uns zu verfangen Gefahr liefen, wird unverzüglich überschritten.

In seinem Essay mit dem Titel »Über die Unbeständigkeit unseres Tuns« (einem derjenigen, wo Montaigne am eindringlichsten auf der Flüchtigkeit und Unbeständigkeit des menschlichen Geistes beharrt) sehen wir sogar die Vorstellung der Maske wieder explizit in Frage gestellt:

»Selbst die guten Schriftsteller irren, wenn sie uns um jeden Preis in ein festes und haltbares Gewebe bringen wollen. Sie greifen sich ein allgemeines Gehaben heraus, und nach diesem Bilde ordnen und deuten sie dann alle Handlungen eines Menschen, und jene, die sie nicht hinlänglich hineinzwängen können, *schieben sie als Werke der Verstellung beiseite*[1].«

Wir sind nichts als eine rasche Folge verschiedenartiger Zustände und Augenblicke. Und wenn (argumentiert Montaigne) unser Gesicht mitten in vollster Freude plötzlich von Traurigkeit überschattet wird, so bedeutet das nicht, daß wir unsere Freude verstellen: es bedeutet einfach, daß ein plötzlicher Wandel eingetreten ist und wir von der Freude verlassen worden sind, die wir noch vor einem Augenblick an den Tag legten. Wir sind anders geworden. Unsere Zustände folgen einander und widersprechen sich, ohne daß einer davon je beständig genug wäre, der Überlagerung von Sein und Schein Rückhalt zu geben. Wenn wir »über denselben Gegenstand weinen und lachen[2]«, so nicht aus Heuchelei;

1 II, i; T.R. 315; L. 320.

2 Titel des achtunddreißigsten Essays von Buch I.

es ist vielmehr die Wirkung der »Unbeständigkeit und Schmiegsamkeit unserer Seele«. Der kurze achtunddreißigste Essay des ersten Buches macht überdies bewundernswert die Art und Weise deutlich, wie die unaufhörliche Regsamkeit die Antithese von Maske und Wahrheit zerreibt und auflöst. Die allzu scharfe Antinomie von Sein und Schein geht in der Intuition der allgemeinen Bewegung auf:

»(*a*) Als man Caesar das Haupt des Pompejus überbrachte, so sagen die Geschichtsschreiber, habe er sein Gesicht davon abgewandt wie von einem schändlichen und abstoßenden Schauspiel. Es hatte unter ihnen ein so langes Einverständnis und Bündnis in der Führung der öffentlichen Geschäfte bestanden, so viele gemeinsame Schicksale, so viele gegenseitige und verwandtschaftliche Schuldigkeiten, daß man nicht glauben soll, diese Haltung sei gänzlich Falschheit und Verstellung gewesen [. . .]. Denn obwohl in der Tat die meisten unserer Handlungen nur Masken und Schminke sind und es zuweilen wahr sein mag:

Haeredis fletus sub persona risus est,

so muß man doch beim Richten über solche Vorfälle erwägen, wie sehr unsere Seelen sich oft von *verschiedenen* Leidenschaften bewegt finden. Und gleich wie sich in unseren Leibern angeblich eine Ansammlung verschiedener Säfte befindet, von denen jeweils jener unser Gemüt bestimmt, der gemäß unseren Anlagen am gewöhnlichsten in uns vorherrschend ist: ebenso muß in unsern Seelen, obwohl sie von verschiedenen Bewegungen umgetrieben werden, doch immer eine das Feld behalten. Doch dies geschieht nicht mit so eindeutiger Überlegenheit, daß nicht dank der *Unbeständigkeit und Schmiegsamkeit* unserer Seele auch die schwächsten noch zuweilen die Oberhand gewinnen und einen kurzen Ansturm führen. [. . .] (*c*) Keine Eigenschaft beherrscht uns rein und ganz. [. . .] (*b*) Wer glaubt, weil er mich meiner Frau bald ein kühles, bald ein verliebtes Gesicht machen sieht, das eine oder das andere sei Verstellung, der ist ein alberner Tropf. [. . .] (*a*) Man sagt, das Licht der Sonne sei nicht aus einem lückenlosen Guß, sondern sie schleudre uns in so dichter Folge immer neue Strahlen zu, daß wir keinen Zwischenraum zwischen ihnen wahrnehmen können: [. . .] ebenso schleudert unsere Seele ihre Erregungen aus, vielfältig und unwahrnehmbar[1].«

1 I, xxxviii; T.R. 229-231; L. 252-254. Das lateinische Zitat stammt von PUBLIUS SYRUS: »Das Jammern des Erben ist hinter der Maske ein Lachen« (zitiert nach AULUS GELLIUS, XVII, 14).

Das also ist schließlich das vollständige Bild des Wandels: er ist kein kontinuierlicher und weicher Fluß mehr, er enthüllt sich uns als unendlich rasche Diskontinuität, bei der jeder Augenblick ein neues Ich preisgibt, das das vorhergehende verdrängt. Hier gibt die Darstellung der Bewegung, wenn sie sich das Bild des Sonnenlichts entlehnt, ein Modell des »wellenförmigen« Typs auf, um zu einem Modell »korpuskulären« Typs überzugehen, das jeden gelebten Augenblick ephemerer und unabhängiger macht und ihm damit das Privileg einer kurzfristigen Authentizität verleiht, die vollauf gerechtfertigt ist, aber alsbald dahinschwindet. »Doch ihre Erscheinung ist so flüchtig, daß sie uns entschlüpft[1].« Diese diskontinuierliche Abfolge nennt Montaigne eine »Flucht« [frz. *suite*]. Aber er sorgt für den Hinweis, daß diese Flucht kein *Korpus* bildet; sie ist gestaltlos. Der Irrtum besteht darin, ihr mit aller Gewalt eine Form zuschreiben zu wollen. »Und aus diesem Grunde betrügen wir uns, wenn wir diese ganze Flucht auf ein zusammenhängendes Ganzes [frz. *corps*] bringen wollen[2].« Auf ein Korpus bringen heißt einen bloßen Kunstgriff anwenden, heißt dem eine beständige Form auferlegen wollen, was einem ewigen »Schwanken« unterworfen ist. Form, Konstanz, Dauerhaftigkeit, Festigkeit – alles Eigenschaften, die wir geltend gemacht haben, um die Wesenheiten zu definieren – sind nur Trugbilder: einzig die berufsmäßigen Logiker (die ihre *Kunst* den Studenten beibringen) können darauf zurückgreifen. Ihr Metier ist es zu *präsumieren*, das heißt eine einzige und beständige Identität dem zuzuschreiben, was tausend Gesichter hat. Gelingt es ihnen denn wenigstens?

»(*b*) Ich überlasse es den Künstlern und weiß nicht, ob sie mit einer so mannigfaltigen, kleinlich-verschiedenen und zufälligen Sache zustande kommen werden, die unendliche Verschiedenheit an Gesichtern aufzuschichten, unserer Unbeständigkeit Einhalt zu tun und sie in feste Ordnung zu bringen. Ich finde es nicht nur schwer, unsere Handlungen aneinander zu reihen; sondern ich finde es auch schwer, eine jede für sich selbst durch eine Haupteigenschaft zu

1 I, xxxviii; T.R. 231; L. 255. Cf. Rachel BESPALOFF, »L'instant et la liberté chez Montaigne«, *Deucalion*, 3, Neuchâtel 1950, S. 65-107.

2 I, xxxviii; T.R. 231; L. 255.

bezeichnen. So zweideutig und vielfarbig erscheinen sie in verschiedenem Lichte.

(*c*) Was man an dem Könige Perseus von Mazedonien als etwas Seltenes bemerkt, daß sich sein Geist nie an etwas Gewisses binden ließ, sondern eine jede Lebensart durchirrte, und so abweichende, unbeständige Sitten zeigte, daß weder andere noch er selbst wußten, was für ein Mensch er wäre, das dünkt mich ungefähr auf die ganze Welt zu passen[1].«

Es handelt sich hier aber nicht um eine Philosophie des evolutiven Werdens oder der »reinen Dauer«. Irrig wäre es, darin eine Art Prä-Bergsonismus zu sehen. Montaigne stellt die Idee einer Spontaneität vor, die sich von Augenblick zu Augenblick wieder *in statu nascendi* findet und ihre Akte improvisiert, ohne sich je zu verfestigen. Nichts wird bewahrt (es sei denn bestimmte im Alter zu Gewohnheiten gewordene »Formen«). Der Moment, den wir erleben, ist keine Folge des vorhergehenden Moments. Von jedem Augenblick können wir sagen, daß er eine absolute *Quelle* ist und uns für uns selbst und die Welt entspringen läßt. Diese Quelle aber hat keine Zukunft. Wenn Montaigne sich über sein mangelndes Gedächtnis beklagt, so hebt er lediglich den Aspekt des immerwährenden *Vergessens* deutlich hervor, den der Schwung der neuerungsfreudigen Spontaneität voraussetzt. Jeder neue Akt läßt ein neues Ich auftauchen, auf dem keinerlei Vergangenheit lastet (es sei denn die, der das Buch bereits Gestalt gegeben haben wird) und das verschwinden wird, ohne Spuren zu hinterlassen, wenn wir ihm nicht recht nahe auflauern.

Man kann also keinerlei Rückhalt an einer Zeitparzelle finden. Wenn schon die Flucht der Augenblicke unfähig ist, ein zusammenhängendes Ganzes zu bilden, so vermag der einzelne Augenblick noch weniger. Er ist undeutlich, gestaltlos, eine heillose Mattigkeit wohnt ihm inne. Seine Evidenz übertrifft nie die des Traumes. Eben deshalb definiert Montaigne sein Denken so gern als *Träumerei*, als *Wachtraum*, als *Phantasie* – Metaphern, die ein *zwischen-zweien* anklingen las-

1 III, xiii; T.R. 1054; F.W. VI, 181. Die »Aufschichtung« ist besonders beeindruckend in den »Gedächtniskünsten«. Cf. Frances A. YATES, *The Art of Memory*, London 1966.

sen, ein Zwischenstadium zwischen Bewußtseinswachheit und Schlaf; zwischen der verdächtigen Aktivität der Sinne und der unmöglichen des Verstandes.

Die akzeptierte Träumerei ist somit eine Synthese oder Kompromißlösung – eine dritte Möglichkeit –, die sich nach den vorhergehenden Etappen einstellt: der Ablehnung der verführerischen Illusion und der Feststellung des Scheiterns jeder reinen Vision.

Im metaphorischen System von *Maske/Antlitz* haben wir, ebenso wie in den Gegensatzpaaren *Sein/Schein* und *Kunstgriff/Natur*, häufig eine »Dialektik« sich erneuern sehen, deren drittes Glied in einer Rückkehr zum ersten bestand: Versöhnung mit dem unausweichlichen Schein der Welt, Anerkennung der Notwendigkeit eines Rückgriffs auf die ästhetische Form, also auf den Kunstgriff und die Schminke, um Zugang zur persönlichen Identität zu finden. Mit der Benutzung des Gegensatzes von Schlaf und Wachen – der so banal und in vieler Hinsicht auch der Antithese von Maske und Gesicht überzustülpen ist – sieht sich Montaigne in Reichweite flüssigerer, leichter zu legierender Begriffe. Schlaf und Wachen sind mischbare Zustände: ihre wechselseitige Durchdringung ergibt die *Träumerei.* Dergleichen läßt sich nicht auch mit der Metapher von Maske und Gesicht machen, die, mit einem genauen Einschnitt, das Wahre und das Falsche voneinander scheidet, das »Eigene« und das »Hinzugefügte« – und die weniger ungezwungen zu ihrer Mischung, ihrem Mittel-Ding findet: der Maske, die auf dem Gesicht haften bleibt, der zur »zweiten Natur« gewordenen Disziplin. Der Gegensatz von Maske und Gesicht büßt weniger leicht seine Spannung und seine Polarität ein: er nötigt dazu, eine genau bestimmte Demarkationslinie zwischen Verborgenem und Blöße, zwischen Oberfläche und Tiefe verlaufen zu lassen. Beim Schreiben liebt Montaigne den Widerstreit der Gegensätze, die Energien, die sich lustvoll im Konflikt antagonistischer Worte entladen. Er findet darin das Stimulans, das ihm den Fortgang ermöglicht und zur Neuaufnahme aller Auseinandersetzungen zwingt. Er hat aber kein geringeres Bedürfnis – und sei es als einstweilige Zwischenstation – nach einer mittleren Lösung, nach einer

»Mischung«, die die Gegensätze miteinander verbindet, ohne sie aufzuheben. Die Dualität bietet sich für das Spiel der Einzelglieder nicht weniger an als für das der Begriffspaare. So in den folgenden Zeilen, in denen die *Träumerei* den Ausgang des Konflikts von Schlaf und Wachen bildet:

»(*b*) Jene, die unser Leben mit einem Traum verglichen, hatten recht, und vielleicht mehr, als sie dachten. Wenn wir träumen, lebt und handelt unsre Seele und läßt alle ihre Fähigkeiten nicht mehr und nicht minder wirken, als wenn sie wacht: aber doch viel schwächer und dunkler, nicht so freilich, daß der Unterschied wäre wie zwischen der Nacht und dem hellen Tage, sondern wie zwischen der Nacht und der Dämmerung: dort schläft sie, hier schlummert sie mehr oder weniger tief. Immer ist es Dunkelheit, und kymmerische Dunkelheit.

(*c*) Wir wachen schlafend, und wachend schlafen wir. Ich sehe nicht so hell im Schlafe; aber das Wachen finde ich niemals rein und wolkenlos genug. Der Schlaf in seiner Tiefe schläfert wenigstens manchmal die Träume ein. Aber unser Wachen ist nie so wach, daß es gänzlich die Hirngespinste vertriebe und zerstreute, welche die Träume der Wachenden sind, und schlimmer als Träume[1].«

Während die Antithese von Maske und Gesicht die Welt *zerteilte*, verleiht das Bild des Traumes der sinnlichen Erfahrung eine Art *Einheit* und Gleichförmigkeit, die die Unruhe zum Ausdruck bringt, von der keiner unserer Bewußtseinszustände sich befreien kann. Der grammatische Chiasmus bewirkt hier die Mischung und wechselseitige Durchdringung: »Wir wachen schlafend, und wachend schlafen wir.« Diese Einheit addiert sich aus einer endlosen Zahl ungleichförmiger Augenblicke, die sich jedoch in ihrer Undurchsichtigkeit und Ungenauigkeit gleichwertig sind. Die einzige Konstante, die der Zersplitterung und Verschiedenartigkeit unserer Augenblicke eine Grenze auferlegt, beruht darin, daß sie sämtlich halbwegs dem gleichen Traum, dem gleichen Träumer und später ein und demselben Buch angehören, der Sammlung der »Einbildungen« seines Autors.

Ein anderer Vergleich – der die klingende Verschiedenartigkeit des Kosmos, die große Stimmgabel der Sphärenmusik auf unser Leben überträgt – räumt seinerseits die

1 II, xii; T.R. 580-581; L. 481-482.

Möglichkeit der *Mischung* ein und hält die Versöhnung der Gegensätze und ihre glückliche Verschmelzung für möglich:

»(*b*) Unser Leben ist, wie die Harmonie der Welt aus widersprechenden Dingen, gleichfalls aus verschiedenen, langen und kurzen, hohen und tiefen, weichen und rauhen Tönen zusammengesetzt. Der Tonsetzer, welchem nur einige Tonarten gefielen, würde mit seiner Kunst nicht viel ausrichten. Er muß sich ihrer insgesamt zu bedienen und solche zu vermischen wissen. So müssen wir das Gute und das Übel verbinden, aus denen die Wesenheit des Lebens besteht. Unser Dasein kann ohne diese Vermischung nicht bestehen, und eine Saite ist ebenso nötig dazu als die andere[1].«

Wir sprachen von *Synthesis*; wenn Montaigne diese Vermischung feiert, findet er zur aristotelischen Moral des mittleren Weges, der goldenen Mitte zurück, stellt sie jedoch harmonisch, als musikalische *Komposition* vor Augen. *Synthesis, Komposition*: das gleiche Wort in zwei verschiedenen Sprachen.

1 III, xiii; T.R. 1068; F.W. VI, 205-206.

III
»Die Beziehung zum anderen«

1. Der Versuch der Unabhängigkeit

»Es ist wirklich etwas Elendes und Gefährliches, von andern abzuhängen. [. . .] Das alles zusammengenommen hat mir einen tödlichen Haß dagegen eingeflößt, von irgend jemandem abzuhängen außer von mir selbst. Ich biete alle meine Kräfte auf, lieber zu entbehren, ehe und bevor ich in was immer für einem kleinen oder großen Notfalle den guten Willen eines andern anzugehen mich entschließe[1].« Montaigne hat nie aufgehört, sein Unabhängigkeitsbedürfnis kundzutun, seinen Haß auf die Verbindlichkeit – wenn sie ihn über die »gemeinen und natürlichen Pflichten[2]« hinaus in Anspruch zu nehmen droht.

Diese Überlegungen entwickelt Montaigne, um die Reise zu rechtfertigen, die ihn bis nach Rom geführt hat. Die bürgerkriegsähnlichen Unruhen haben ihn in die Lage versetzt, vom Wohlwollen seiner Nachbarn abhängig zu sein: »So wie die Sachen jetzt stehen, lebe ich mehr als zur Hälfte der Gnade eines andern, was doch eine harte Verbindlichkeit ist[3].« Eine Situation also, in der das Gefühl, Schuldner zu sein, unausweichlich ist – und, was das Schlimmste ist, Schuldner seiner eigenen Sicherheit:

»(*b*) Nun halte ich aber dafür, daß man aus Recht und Befugnis, (*c*) nicht aus Lohn noch (*b*) Erkenntlichkeit leben soll. Wie viele große Helden haben nicht lieber ihr Leben verlieren als es jemandem verdanken wollen?

Ich mag mich keiner Art von Verbindlichkeit unterziehen, am wenigsten der, die mich durch Ehrenpflicht verbindet. Ich finde nichts so teuer, als was mir geschenkt wird und wofür sich mein Wille zur Dankbarkeit verpfändet. Lieber nehme ich Dienstleistungen an, die käuflich sind. Ganz natürlich! Für diese gebe ich nur

1 III, ix; T.R. 946-47; F.W. V, 326-28.
2 III, ix; T.R. 945; F.W. V, 325.
3 III, ix; T.R. 943; F.W. V, 321.

Geld, für jene mich selbst[1]. [. . .] (*b*) O, wie danke ich meinem Gott, daß es ihm gefallen hat, mir aus seiner Hand, unmittelbar, alles zu verleihen, was ich habe; und daß er mich bloß allein zu *seinem* Schuldner behalten hat. (*c*) Wie demütiglich rufe ich seine heilige Barmherzigkeit an, daß ich doch niemals jemandem einen wesentlichen Großendank schuldig werden möge[2]!«

Gott, der von Montaigne mit so viel Schonung angerufen wird, erhält hier eine Danksagung dafür, daß er ihn davor bewahrt hat, Schuldner eines anderen zu werden. (Rousseau wird sich dieser selben Argumentation bedienen, wenn er, maßloser noch, das Geständnis seiner Undankbarkeit ablegt: die Wohltaten unterjochen den, der sie annimmt.) Die Selbstentäußerung bleibt dem einzigen Freund vorbehalten. Jede andere »Verpflichtung« unseres Willens ist eine Todesgefahr.

Der Reisende, der der häuslichen Abhängigkeit und den »Wohltaten« seiner Nachbarn entrinnt, begegnet der Gefahr der Abhängigkeit unterwegs in anderen Formen. Er kann dem Blick der anderen beispielsweise nicht ausweichen, wenn er Geld ausgibt. Und er gesteht, daß er für diese Erwägung nicht unempfänglich bleibt: »Wenn es darauf ankommt und [meine Ausgabe] nötig ist, so laß ich ohne allen Bedacht draufgehen und schränke mich ebenso unbedachtsam wieder ein, wenn sie mir nicht einleuchtet oder mich anlacht[3].« Aber dieses Geständnis wird zum Anlaß einer sehr viel allgemeineren Reflexion – mit der Montaigne die »Beziehung zum anderen« als Schaden anprangert, den wir uns selbst antun:

»(*b*) Sei es was es wolle, Kunst oder Natur, was uns die Bedingung auferlegt, uns *nach unsern Leuten* zu richten, wir haben mehr Nachteil als Vorteil davon. Wir betrügen uns um unsern eigenen Nutzen, um den Schein nach der allgemeinen Meinung zu modeln. Es kümmert uns nicht sowohl, wie es uns unserm Wesen nach wirklich ergehe, sondern wie es unsern Nachbarn vorkomme. Selbst die Vorzüge unseres Geistes und unserer Weisheit scheinen uns unfruchtbar, wenn wir solche bloß in uns selbst genießen, wenn sie nicht andern sichtbar werden und ihren Beifall erwerben[4].«

1 III, ix; T.R. 944; F.W. V, 322.
2 III, ix; T.R. 946; F. W.V, 325.
3 III, ix; T.R. 932; F. W.V, 302.
4 *Ibid.*

Wir fallen von unserem Sein ab; wir lassen uns bestehlen. Wer ist schuld daran? die *allgemeine Meinung*, die Auffassung der *Nachbarn*, zweifellos; die Schuld aber kann uns in eben dem Maße zur Last gelegt werden, wie wir uns ihr freiwillig unterwerfen: Montaigne läßt die Frage unentschieden, ob es sich um die »Kunst« oder die »Natur« handelt, die uns zu diesem Verhalten veranlaßt. (Man wird gewahr, daß, im Zusammenhang mit dem Raub unseres Seins durch den Blick des anderen, diese Zeilen Montaignes in der traditionellen Sprache der moralischen Mißbilligung einen Sachverhalt formulieren, der von Sartre in seiner phänomenologischen Beschreibung des »Für-andere«-Seins wiederaufgenommen werden wird – eine Beschreibung, die sich unverzüglich in moralische Unterweisung zurückverwandelt, wenn Sartre seinem Denken eine theatralische Form angedeihen läßt: »Die Hölle, das sind die anderen.«)

Montaigne versäumt nicht, die Regeln eines »Für sich« herauszuarbeiten, in symmetrischem Gegensatz zu den Widrigkeiten der »Beziehung zum anderen«. Man muß sich nur wieder auf sich selbst zurückbeziehen, um seine Laster und Tugenden zu erkennen. Im Essay »Von der Reue« (III, ii) zögert Montaigne nicht, der *Kunst* (und zwar ohne noch, wie ehedem, zwischen »Kunst oder Natur« abzuwägen) den Anteil von uns zuzuschreiben, der dem Blick der anderen zugänglich ist: die *Kunst* definiert da das vorsätzliche Werk, das wir zwischen uns und die Außenwelt schieben:

»(*b*) Nur ihr selbst wißt, ob ihr treulos und grausam, oder ob ihr getreu und fromm seid; die andern sehen euch nicht, sie erraten euch nach ungewissen Vermutungen; sie sehen nicht sowohl, wie ihr seid, als wie ihr euch gebt. Darum haltet euch nicht an ihr Urteil; (*c*) haltet euch an das eure[1].«

Diese anderen, die uns überhaupt nicht sehen, nehmen sich gleichwohl das Recht ihres Blickes auf uns, geben ihr »Urteil« über uns bekannt: wir müssen Zuflucht im Bewußtsein suchen, das wir von uns unter vier Augen erwerben. Halten wir jedoch im voraus fest, daß die Mängel (*treulos und grausam*) oder die guten Eigenschaften (*getreu und fromm*), für die wir

1 III, ii; T.R. 785; L. 627.

die einzigen Zeugen sind, Dispositionen definieren, die für den Blick des anderen Gültigkeit haben: es sind Charakterzüge, die unser soziales Verhalten betreffen. Was also abgelehnt wird, ist unsere Unterwerfung unter das Urteil der anderen und keineswegs das System ethischer Werte, die unser Verhalten den anderen gegenüber lenken und bestimmen.

Die Unabhängigkeit bricht die Bande der Verbindlichkeit und führt einen Abstand ein. Wie kann dieser Abstand erlebt und gelebt werden? Zwar kann man – und es fehlt nicht an Beispielen dafür – der Welt entsagen, ihr abhanden kommen und in der stillen Treue zu sich selbst leben. Aber wenn man unter den Menschen ausharrt? Mehr noch, wenn man öffentliche Funktionen übernimmt? Die Unabhängigkeit wird dann nur zu gern die Gebärde herablassender Überlegenheit annehmen. Das Individuum, das darauf bedacht ist, seine kostbare innere Wahrheit, seine fleckenlose Tugend zu bewahren, kann nicht umhin, die »gewöhnlichen« Menschen gegen sich aufzubringen. Seine Gleichgültigkeit gegenüber der öffentlichen Meinung hebt es – wohl oder übel – deutlich heraus und kann ihm die Feindseligkeit derer eintragen, denen es sich so unähnlich zeigt. Willigt es ein, diese Gefahren auf sich zu nehmen und, wenn die Gemeinschaft es verstößt, dem Tod die Stirn zu bieten? Für diese verachtungsvolle Standhaftigkeit fehlt es nicht an Beispielen. Wenn es diesem Geschick aber entrinnen will? Die Lösung wird darin bestehen, sich die Integrität des Bezuges zu sich selbst zu bewahren, wenn man in Richtung der anderen auch den von den Umständen erzwungenen äußeren Schein an den Tag legt: nach außen hin bietet man ein Bild ohne Wahrheit, weniger um die anderen zu täuschen, als um sich selbst zu schützen.

»(*c*) Derjenige, welcher sich in ein großes Gedränge begibt, muß sich durchwinden, die Ellenbogen an sich ziehen, zurück oder vorwärts gehen, ja selbst von dem geraden Wege abweichen, so wie es die Umstände erfordern. Er muß nicht sowohl nach seiner eigenen Einsicht leben als nach der Meinung anderer; nicht nach dem, was er sich selbst vorsetzt, sondern nach dem, was man ihm vorschreibt, wie es die Zeit, die Menschen und die Geschäfte verlangen[1].«

1 III, ix; T.R. 970; F.W. VI, 30. Dieser Satz regt zum Nachdenken über MONTAIGNES Gebrauch des *selon* an [frz. *qu'il vive non tant* selon *soy que* selon *autruy, non*

Wenn die Notwendigkeit ihn dazu zwingt, wird er den Blendwerksmechanismus, der zuvor zu seinem Schaden tätig gewesen war, gegen die anderen kehren. Die Autonomieforderung, verstärkt durch die Ratschläge der Vorsicht, setzt die Bedingungen fest, unter denen es bei Hofe und angesichts heuchlerischer Feinde durchaus nicht entehrend ist, selbst eine Maske zu tragen oder wenigstens die »inneren« Gefühle vom »äußeren« Verhalten zu trennen, indem man es nach einem *allgemeinen Leitbild* richtet, das keinen Anlaß zu böswilliger Aufmerksamkeit gibt. Wenn die Welt zu verrückt ist, um sich unsere Weisheit zu eigen zu machen, so bezeugen wir eben einen ganz äußerlichen Respekt vor den üblichen Bräuchen und Gesetzen. In einer unruhigen Zeit ist es nicht nachteilig, unbemerkt und unerkannt, ja sogar als ein anderer durchzugehen. Damit formuliert Montaigne die Regeln dessen, was die Italiener im nächsten Jahrhundert die »ehrenhafte Verstellung« nennen werden. »Der Weise soll innerlich seine Seele aus dem Gedränge zurückziehen und ihr die Freiheit und die Fähigkeit wahren, unbefangen über die Dinge zu urteilen; er soll aber, was das Äußere angeht, durchaus den herrschenden Moden und Formen gehorchen. Die Öffentlichkeit hat sich um unsere Art, zu denken, nicht zu scheren[1] . . .« Diese Unabhängigkeitsgebote können zu einem Fassadenkonformismus führen, der der willfährigen Hingabe näher steht als der vorsätzlichen Komödie. Es ist dennoch eine doppelzüngige Lehre. Montaigne macht sich über eine bereits mehrfach zum Ausdruck gebrachte Auffassung lustig: die Menschen sind nun einmal so, daß man sie zu ihrem eigenen Guten betrügen muß – eine aristokratische oder »macchiavellistische« Auffassung, die den Höfling, den Richter oder den Gesetzgeber ermächtigt, sich der Verstellung zu bedienen, wenn das ins Auge gefaßte Ziel ein solches Mittel rechtfertigt:

(*b*) Es ist dabei mehr Schein als Gehalt. Die Menschen meinen, man

selon *ce qu'il se propose mais* selon *ce qu'on luy propose*, selon *le temps*, selon *les hommes*, selon *les affaires*]: eine Präposition, die einen Inhaber von Autorität oder Macht und einen Vollstrecker zueinander in Beziehung setzt, der sich ihr fügsam unterwirft, in Taten oder in Gedanken.

1 xxiii; T.R. 117; L. 166.

schlafe, wenn man kein Geräusch macht. [. . .] Ich ersticke gern eine Unruhe ohne mich selbst zu beunruhigen, und möchte gern Unordnung bestrafen, ohne mich dabei zu ärgern. Ist es nötig, daß ich in Zorn und Flamme ausbreche, so nehme ich das Ansehen und die Larve an. [. . .]

(*a*) Da die Menschen in ihrer Unbeholfenheit sich nicht hinlänglich mit guter Münze bezahlen können, so mag man auch noch die falsche dazunehmen. Alle Gesetzgeber haben sich dieses Mittels bedient[1] . . .«

Das heißt einräumen, daß es, wenn man sich selbst aus dem Bannkreis der öffentlichen Meinung gelöst hat, geboten ist, sich über ihre unvermeidliche Verstrickung in die menschlichen Angelegenheiten Rechenschaft abzulegen. Der verantwortliche Mensch wird sich, einmal gegen den verführerischen äußeren Schein gewappnet, seiner geschickt bedienen, um die soziale Ordnung und den öffentlichen Frieden zu wahren. Die Zudringlichkeit der öffentlichen Meinung ließ uns einen Teil unseres wahren Wesens einbüßen; der Blick der anderen fing uns in der Falle der Wertschätzung: derart ließen wir uns ausbeuten und handhaben. Jetzt sind die anderen an der Reihe: wir werden sie wenigstens, ohne ihr Wissen, in dem Sinne lenken und leiten, wie es Weisheit und Sorge um die öffentliche Sicherheit empfehlen (zu einem Zeitpunkt, da »alles zusammenbricht«). Auf den ersten Blick wird daraus keinerlei Schaden erwachsen, keinerlei Entstellung der inneren Wahrheit, die wir uns auf diese Weise bewahren: wir geben uns nicht preis, ein Trugbild handelt an unserer Stelle.

Aber wenn man auch nichts von seinen »wahren« Gefühlen preisgibt, so entrinnt man der Abhängigkeit vom Blick der Öffentlichkeit doch nur, wenn man ihn täuscht; man verändert eine ungleichgewichtige Beziehung nur dadurch, daß man sie zum Nachteil des anderen umkehrt. Man verstärkt das Übel, das die vergesellschafteten Menschen in Mitleidenschaft zieht, man erträgt es im Grenzfall, wenn man sich, vermittels der Maske, eine Art Immunität sichert. Die Infektion wird uns nicht erreichen, aber zur Strafe für die Chirurgie, die alles abtrennt, was nicht im strengeren Sinne

1 III, x; T.R. 999; F.W. VI, 82; und II, xvi; T.R. 613; L. 501.

unser ist, haben wir die anderen in die Illusion verstrickt, von der wir uns befreit hatten. Von einer Notlage, die von einer falschen Beziehung herrührt, glaubt man sich durch den vollständigen Bruch und die vollständige Trennung zu heilen. Von jenem abgeschiedenen Ort aus, an dem man sich so verschanzt hat, lenkt man die Geschäfte der Welt fraglos besser, aber man ist nicht mehr *in* der Welt, »unter den Lebenden«.

Deshalb stellt sich nur zu bald die Frage: läßt sich ein solcher Bruch unbegrenzt lange ertragen? Entspricht er einer wirklichen Befreiung? Wird er sich nicht als unerträglich erweisen? Sehen wir genau zu, ob Montaigne dabei stehenbleibt. Und versuchen wir zunächst auszumachen, was – in der Situation des Bruches mit der Außenwelt – aus dem »inneren« Leben des Ichs wird. Wenn die polemische Dualität, in der sich Drinnen und Draußen, das *mein* und das *ihr* gegenübertreten, aufgehoben wird, kann das Ich sich dann in einer einfachen und kompakten Wahrheit einrichten? Man erinnert sich des Rates: »Darum haltet euch nicht an ihr Urteil; haltet euch an das eure[1].« Um aber dieses Urteil, das mein sein wird, auszusprechen und mich daranzuhalten, muß ich paradoxerweise die Spaltung in mir verewigen, die ehedem das Innere und das Äußere voneinander schied, das »ihre« und das »eure«; das dualistische Schema, von den beharrlichen Strukturen der Syntax gestützt (die zwischen Subjekt und Objekt beiderseits des Tätigkeitswortes unterscheiden, selbst wenn die Handlung nur vorgestellt wird), erhält den Abstand zwischen dem urteilenden Bewußtsein und dem Objekt aufrecht, das mein Dasein für es ist. Ausdrücke wie »mit sich selbst umgehen«, »sich mit sich selbst unterhalten« usw. projizieren die Beziehung zum anderen ins Innere. Die dichte Intimität, die Montaigne in sich erschaffen wollte, die Fülle, die er an die Stelle der äußeren Zerstreuung zu setzen wünschte: nichts von alledem läßt sich erreichen. Es gibt »drinnen« sozusagen zuviel Raum, als daß ihn die Pluralität und die Andersheit nicht in Besitz nähmen. In dem Augenblick, da Montaigne sich durch einen Akt des Urteils wieder selbst in die Gewalt zu bekommen versucht, muß er eine Distanz schaffen oder zulassen, die ihn sich selbst ent-

1 III, ii; T.R. 785; L. 627.

fremdet. Erinnern wir uns der »Fabelwesen und phantastischen Ungeheuer«, die ihn zur Zeit des Rückzugs und der Einsamkeit bedrängten.

Etwas in ihm wird zum *Faktum*, für einen Blick, der kein Faktum, sondern reines und freies Verlangen ist. Der Akt, mit und in dem er sich wahrnimmt, läßt ihn als Ding existieren, als Ding analog zu allen anderen Dingen, die die Außenwelt konstituieren. Das führt dazu, daß er sich willentlich »wie einen Nachbarn, wie einen Baum[1]« betrachtet. Die Objektivation des inneren Gefühls macht seiner wirklichen Innerlichkeit ein Ende. Das Draußen verschiebt sich nach drinnen.

Ebenso ergeht es der Mobilität und der Unbeständigkeit, die ehedem ausschließlich Unzulänglichkeiten der Außenwelt zu sein schienen. Die Rhetorik der Wandelbarkeit kennt, *per definitionem*, weder Unterbrechung noch Grenze. Wenn das Individuum sich von der Welt loszureißen versucht, hört es dann auf, Bruchstück dieser Welt zu sein, den Gesetzen der Welt zu unterliegen? Je hartnäckiger es sich bemüht, sich in die Gewalt zu bekommen, desto zusammengesetzter und widersprüchlicher erscheint ihm sein eigenes Wesen, einem steten Wandel ausgeliefert, der es unaufhörlich mitreißt und für immer daran hindert, zur Ruhe zu kommen. Es kann nicht mit seiner eigenen Quelle zusammenfallen, denn eine starke Abdrift entführt es seinem Ursprung. Wenn das innere Wesen wenigstens nur der Eigenbewegung der Natur preisgegeben wäre! Es wäre dann, sogar in seiner Diversität, fortgesetzt natürlich. Aber ein Moment von Diskontinuität und Heterogenität verfälscht alles: ist das natürliche Gesetz, das uns trägt und sich durch uns hindurchzieht, nicht ein für allemal entstellt, wenn wir zur Möglichkeit der Künstelei erwachen? Und wenn ich mir selbst meine Zuneigung zuwende, ist die List, wie sehnlich ich mich auch in meiner Wahrheit zu besitzen wünsche, nicht jeder meiner Gesten, nicht jedem meiner Blicke einbeschrieben? Der Schein – dieser Scharfrichter des Wandels –, schiebt er seine Hexenkünste nicht unvermerkt zwischen mich und mich, hält er nicht sogar, schlimmer noch, das Ich-Subjekt wie das Ich-Objekt in sei-

1 III, viii; T.R. 921; F.W. V, 281.

nem Bann? Im Grenzfall sind sogar das Werden selbst und der »Übergang« undarstellbar. Der *topos* des ewigen Wandels und Flusses vereitelt jede Verwirklichung des moralischen *topos* der Aneignung seiner selbst. Montaigne versucht, »der Natur beizupflichten«, sich »sanft« von ihr mitziehen zu lassen, ihr freien Lauf, freie Rede zu gewähren – »während meiner Rede in Akzent und Gebärden eine völlige Ungezwungenheit zu beobachten und meine Bewegung zufällig und unstudiert zu machen[1]«: das heißt zweifellos alle erdenklichen Vorsichtsmaßnahmen gegen die Sprachziererereien ergreifen; aber Sprechen bindet uns an die allgemeinen Übereinkünfte der Intelligibilität. Das »natürliche Sprechen«, welche Treue es auch seiner inneren Quelle gegenüber bewahren mag, muß ins Draußen einmünden und sich von den äußeren Schicklichkeiten, von den erlernten Regeln leiten lassen. Im Grenzfall erlebt das Bewußtsein, unfähig, sich seinen Sklavendiensten für die Gesellschaft zu entziehen, sich selbst als im tiefsten Grunde gekünstelt und arglistig (und diese Entdeckung veranlaßt es, sich zu fragen, ob sich der Mensch nicht eben gerade durch seine Fähigkeit definieren läßt, die treibenden Kräfte der Natur in den Dienst eines *Werkes* zu stellen). Seine Gewohnheiten sind ihm zu Natur geworden; indem es sich entdeckt und beschreibt, ist es durchaus zu erkennen imstande, daß es nicht umhin kann *einzugreifen*, zwischen die »zufällige« Gegebenheit der unmittelbaren Erfahrung und den Akt zu treten, in und durch den es »darzustellen« versucht, was es erlebt. Sprechen ist immer ein sozialer Akt. Im übrigen hütet sich Montaigne der Tradition entgegenzutreten, die den Menschen als von Natur aus soziabel definiert: »Zu nichts scheint uns die Natur so sehr bestimmt zu haben wie zur Geselligkeit[2].« So gehören die Hexenkünste des Scheins und das Übel, das uns aufgrund der Notwendigkeit widerfährt, »uns nach unsern Leuten zu richten«, unwiderruflich zu unserer natürlichen Verfassung. Kunst und Natur einander entgegenstellen heißt auf naive Weise die augenscheinliche Gewißheit verkennen: daß nämlich die Anlage zur Künstelei beim Menschen selbst zu seiner

1 III, ix; T.R. 940; F.W. V, 316.
2 I, xxviii; T.R. 182; L. 221.

Natur gehört oder wenigstens dort entsteht. Der Mensch ist von Natur aus jenes Wesen, das die Macht hat zu entstellen, was es von Natur aus ist . . . Für den Menschen, der sich an sein eigenes »Urteil« halten möchte, besteht keine geringere Gefahr als in der »Beziehung zum anderen«. Der Hochmut, die Eitelkeit und die Begierde lassen unvermerkt ihre Schmeicheleien und Täuschungen sich einschleichen. Auch ohne Eingreifen der anderen findet die Andersheit hinreichenden Anlaß zur Entstehung. Montaigne liefert, wenn er die vermessene Selbstüberhebung definiert, Pascal und den Moralisten von Port-Royal selbst die Argumente ihrer Kritik: »Es ist eine unbesonnene Liebe, mit der wir uns herzen und die uns uns selber anders vorspiegelt, als wir sind[1].«

2. *Die wiederhergestellte Beziehung*

Wie wir gesehen haben, beläßt Montaigne gegen Ende der *Apologie* den Menschen inmitten eines unerforschlichen Universums und im Banne einer unzugänglichen Gottheit, von denen sich nichts mit Sicherheit aussagen läßt. Aber die Verzweiflung gewinnt deswegen dennoch nicht die Oberhand. Die skeptische Reflexion gibt, nachdem sie erfahren hat, daß die Erscheinungen jeden Zugang zum Sein verstellen, ihnen eine neue Legitimität zurück: wenn sie auch nicht das Wesen der Objekte enthüllen, so sind sie doch vielgestaltig, doch köstlich. Weil die Erscheinungen uns also versagen, zu einer höheren ontologischen Ordnung zurückzufinden, so wollen wir uns denn mit ihnen einrichten, ihnen unsere größte Aufmerksamkeit, unsere vertraulichste Teilnahme angedeihen lassen. Nichts Besseres wird uns geboten: man muß sich »unwissend und gelassen nach dem allgemeinen Gesetz der Welt[2]« führen lassen. Der Mensch kommt von den Phänomenen nicht los, aber er kann ihren Reiz auskosten. Die Welt der Erscheinungen eröffnet unserer sinnlichen Erfah-

1 II, xvii; T.R. 614; L. 503.

2 III, xiii; T.R. 1050; L. 852. »Wir befinden uns viel besser dabei, wenn wir, ohne ängstliches Untersuchen, dem ordentlichen Gange der Welt *folgen*« (II, xii; T.R. 486; F.W. III, 313).

rung und den Wonnen unserer Wahrnehmung ein unendliches Feld, diesseits jeder gesicherten Wahrheit. Vielleicht wird das Bewußtsein, das darauf brennt, sich den Rhythmus dieser in ewigem Wandel begriffenen Bilder zu eigen zu machen, von Schwindel und Erschöpfung befallen; andererseits aber sind ihre Gleichwertigkeit, ihre gleichartige ontologische Schwäche und die gleich hohe Wahrscheinlichkeit der Meinungen ein paradoxes Motiv, ruhig zu bleiben und unseresgleichen in Ruhe zu lassen.

Dasselbe gilt für die Wahrheit des Ichs. Das beständige und dauerhafte Sein läßt sich nicht erfassen, es entzieht sich jedem Zugriff. Es ist, als sei es gar nicht da. Wir haben gesehen, daß es weder auf den *status moriendi* noch auf den *status nascendi* zählen kann. Wenn der Mensch sich weder mit seinem Widerschein im Bewußtsein der anderen noch mit der Fiktion abfindet, die sich in jedem Augenblick in seinem Inneren bildet, wird ihm nichts zum Tausch geboten. Das Bewußtsein muß dann erneut seine Fehlschläge in Erwägung ziehen: es hat kein sicheres Obdach gefunden, es hat sich keine besseren Möglichkeiten eröffnet, mit dem »Draußen« zu brechen; im Gegenteil, paradoxerweise sieht es die Außenwelt das subjektive Zentrum erobern und aushöhlen, das als autonom und unangreifbar gelten wollte, und daraus eine analoge *Welt* machen, die mit Distanz und Tiefe ausgestattet ist, der Bewegung anheimgegeben, am universalen »Schwanken« teilhabend. Wenn man die »Beziehung zum anderen« ablehnt, so überträgt man die Andersheit lediglich auf sich selbst, so daß man sich immer nur mit dem Modus der »Beziehung zum andern« herumschlagen kann. Und es führt kein Weg daran vorbei anzuerkennen, daß die *öffentliche Meinung* uns in uns selbst folgt wie unser Schatten.

Mußte dem Fremdbewußtsein Trotz geboten werden? Es ist eine Falle nur für diejenigen, die darin keinen zugleich widerruflichen und notwendigen, vergänglichen und nutzbringenden Bezugspunkt finden können. Seit Beginn seiner schriftstellerischen Arbeit hat sich Montaigne auf die stabilisierende Kraft des Blickes der anderen berufen. Dieser Eingriff von außen trägt zur Definition einer *Form* bei: die Anwesenheit eines Zeugen ruft nach einem Einsatz, nach einer konstruktiven Anstrengung. Der Formbegriff, wie ihn Montaigne noch im traditionellen Sinne der Schule benutzt (»jeder Mensch trägt in sich das ganze Bild [frz. *forme*] der Menschlichkeit[1]«), läßt sich mit gleicher Relevanz auch auf das anwenden, was die Natur leistet, wenn sie ein Individuum hervorbringt, oder auf das Ergebnis eines vom Willen des Individuums selbst gelenkten »Arbeits«-*Aktes*.

Hier ist es geboten, erneut auf die »Unschlüssigkeit« Montaignes zwischen zwei Philosophien der Form zu verweisen. Die eine, *unsere Form* – ist sie uns ein für allemale von draußen, von der Natur oder Gott zugewiesen worden? Dann wird jeder aus unserer sündhaften Freiheit hervorgegangene, jeder von unserer »Beziehung zum andern« ausgelöste Akt zumindest im Verdacht stehen, die erste Form zu verraten, uns zu »*ver*formen« [frz. *contre*faire] und zu verunstalten. Haben wir dagegen das legitime Recht, an der Konstitution unserer Form teilzunehmen, wird es uns gewährt, uns zu »vervollkommnen« [frz. *par*faire], so werden wir gerade dann, wenn wir einem Werk »draußen« Form geben, die Möglichkeit haben, uns selbst Form zu geben. Es sei an den folgenden berühmten Satz erinnert: »Ich habe mein Buch nicht mehr gemacht, als mein Buch mich gemacht hat, ein Buch vom Fleisch und Blut seines Verfassers, nur mit mir selbst beschäftigt, als ein Teil meines Lebens . . .« Und Montaigne fügt hinzu: ». . . nicht mit andern beschäftigt und auf fremde Zwecke gerichtet wie alle andern Bücher[2]«. Damit verwirft er nur die praktische Finalität, die utilitaristische Bestimmung – und erklärt sich in dieser Hinsicht zum Edelmann, der es verachtet, einem bürgerlichen Erwerb nachzugehen. Keineswegs aber verwirft er den Blick der anderen: dieser Blick verleiht der Beschreibung seiner selbst einen entscheidenden *Beistand*. Den soeben zitierten Zeilen gehen die folgenden unmittelbar voraus:

»(*c*) Indes ich dieses Bildnis nach mir formte, mußte ich mich oft so hinstellen und in Pose setzen, um mich recht herauszubringen, daß sich das Vorbild dadurch gefestigt und gewissermaßen selber gestal-

1 III, ii; T.R. 782; L. 623.
2 II, xviii; T. R. 648; L. 541.

tet hat. *Indem ich mich für andere darstellte*, haben sich meine Züge in mir selber klarer umrissen, als sie es ursprünglich waren[1].«

Zwar verleitet die Berücksichtigung der anderen hier zu einer Akzentuierung des Bildes. Der Maler *übertreibt*. Hat er Verrat geübt? In einem gewissen Sinne ja, wenn man die »ursprünglichen« Farben für die einzig authentischen hält. Aber wenn das Modell sich wandelt, wenn es ihm gelingt, dem deutlicheren Porträt, das er gezeichnet hat, ähnlich zu sehen, wird er wieder mit seinem Bild übereinstimmen, wird er die Farben des Porträts sich »einverleibt«, wird er sich »als sich selber« gemalt haben. Er hat dann nicht gelogen.

Überdies gibt es, wenn die Anwesenheit des Zeugen auch manchmal zu einer Übertreibung der Darstellung verleitet, andere Umstände, unter denen der Gesprächspartner im Gegenteil eingreift, um den verbalen Überschwang, zu dem Montaigne sich hinreißen läßt, zu hemmen und ihm entgegenzuwirken.

»(*b*) Ich selbst, der ich besonders gewissenhaft bin, nicht zu lügen, und mich nicht sehr darum bekümmere, demjenigen, was ich sage, Glauben und Ansehen zu erwerben, bemerke dennoch, wenn ich etwas erzähle, (*c*) ich mag nun durch den *Widerspruch* [frz. *la résistance d'un autre*], wenn ich etwas vortrage, oder durch meine eigene Erzählung warm werden, (*b*), daß ich immer meinen Gegenstand verschönere und vergrößere, sei es durch die Stimme, durch Sprache der Hände oder durch die Kraft und den Nachdruck der Worte, und selbst durch Zusätze und Vermehrungen. Freilich verliert dadurch die reine Wahrheit; sobald mich aber auch *der erste, der beste, darauf zurückführt* und mich um die nackte, dürre Wahrheit befragt, gebe ich alle meine Bemühungen auf und sage ihm solche ohne Vergrößerung, ohne Rednerschmuck und Verschönerung. (*c*) Die lebendige und laute Sprache, wie gemeiniglich die meinige ist, artet leicht in Übertreibung aus[2].«

Die Gefahr der Irreführung und der Übertreibung ist untrennbar mit dem Elan der Sprache selbst verbunden, und sei es bei einem Menschen guten Willens. Gleichwohl versteigt sich das Ungestüm nicht bis zum Schwindel. Es gibt eine Grenze für diese »Übertreibung« und eine mögliche Rück-

1 *Ibid.*
2 III, xl; T.R. 1005; F.W. VI, 92-93.

kehr zur »nackten dürren Wahrheit«. Das Bezeichnende ist hier, daß der entstellende Elan, nachdem er seinen *Antrieb* in einem »Widerspruch« von außen gefunden hat, sich auch von außen seine Grenze und seine Schranke auferlegt sieht. Die nackte Wahrheit wird dank des Dialoges und dank der Entgegnungen des Gesprächspartners wiedergefunden: *au premier, qui me rameine* – des ersten, des besten, der mich darauf zurückführt . . . Montaigne findet plötzlich zur Wahrheit zurück, deren Spur er zu verlieren drohte, als er sich dem berauschenden Schwung der »lebendigen und lauten Sprache« überließ. Der Abstand wird durch die »Beziehung zum andern« hervorgebracht, ohne die es keine *lebendige Sprache* gegeben hätte; die Rückkehr zur Wahrhaftigkeit aber ist ebenfalls ihr zu verdanken. Die Beziehung ist abwechselnd das, was die Wahrheit kompromittiert und sie wiederherstellt. An uns liegt es, unsere Beziehungen zu *regeln.*

In der Tat, nichts garantiert im voraus die Genauigkeit der Bewegung, die uns mit den anderen verbindet, nichts bietet uns die Gewähr dafür, daß wir die angemessenen Worte finden werden. Zumindest fühlt sich Montaigne durch seinen natürlichen Abscheu vor der Lüge geschützt. Die Wahrhaftigkeit ist für jemanden, der entdeckt hat, daß sein eigenes Bild durchaus nicht ohne Bezug zu anderen, fremden Bewußtseinswelten ist, ein vitales Bedürfnis. (Wer immer vollkommen mit dem »Draußen« brechen wollte, müßte auf jedes Bild verzichten und in das Schweigen und den Tod einwilligen.) Wenn mein Wesen und mein Bild außerhalb der »Beziehung zum anderen« unvorstellbar werden, so ist die Lüge nicht nur eine sträfliche Pflichtvergessenheit unserem Nächsten gegenüber; sie ist eine ontologische Katastrophe für uns selbst: ich büße meine wahre Form und Gestalt ein, weil es mir ja nicht möglich ist, sie in meinem tiefsten Inneren unversehrt zu erhalten, und weil mein tiefstes Inneres, abgeschnitten von jeder Beziehung zur Außenwelt, lediglich Unsicherheit ist. Die anderen belügen heißt sich selbst hinters Licht führen, heißt sich selbst betrügen, weil man nicht übers Ohr gehauen werden will. Man kann nicht durch Betrügerei die Treue halten und bewahren, die man sich selbst schuldet. Die Wahrhaftigkeit muß aus einem Guß sein. In der Welt der

Phänomene (wo sich, wie die *Apologie de Raimond Sebond* uns gelehrt hat, unser Geschick vollzieht) sieht sich der Mensch von jeder Beziehung zu den ewigen Wesenheiten abgeschnitten: ihm bleibt nur die zeitlich-vergängliche Beziehung zur Welt und den Lebenden. Wir sind nicht mehr gehalten, eine beständige Beziehung zur Transzendenz aufzubauen (Gott ist unerkennbar), es ist vielmehr unsere Pflicht, angemessene Beziehungen im Bereich der Immanenz anzuknüpfen. Das Individuum hat nur Verbindungen zu zeitlich-vergänglichen Dingen und Wesen, aber keinerlei Kontakt zu irgendeiner ewigen Ursache oder Wahrheit; es gibt jedoch eine *Evidenz*, die sich ihm im sinnlich wahrnehmbaren Universum und in der Erfahrung seiner Existenz enthüllt: die Wahrheit wird von der fragilen Beziehung zu den anderen gestützt, wobei diese Mitlebenden ebenso schwankend-unsicher sind wie es selbst. Die Aufrichtigkeit als unbeständige Beziehung zum anderen ist für uns um so unerläßlicher, als wir, wenn sie ein Ende nähme, einer endgültigen Vernichtung entgegengingen: wir könnten weder zur Transzendenz noch zu unserer eigenen Intimität Zuflucht nehmen, die beide unfaßlich sind; wir blieben verloren in der Mitte zwischen der unzugänglichen Ferne Gottes und der Unbeständigkeit unserer Innerlichkeit. Unser einzig mögliches *Wesen* kann sein Glück nur in der Gesellschaft von unseresgleichen suchen, das heißt in der Welt des gemeinsamen Scheins. Eben deshalb ist die wahrhaftige Sprache zugleich der Zement des öffentlichen Lebens und unserer privaten Existenz:

»(*a*) Da wir uns miteinander nur durch das Wort zu verständigen vermögen, verrät, wer es fälscht, die menschliche Gemeinschaft. Es ist das einzige Mittel, durch das wir unsern Willen und unsere Gedanken austauschen, es ist der Mittler unserer Seele: wenn wir es verlieren, so haben wir keinen Zusammenhang und keine Kenntnis mehr voneinander. Wenn es uns betrügt, so zerstört es allen unsern Umgang und zerreißt alle Bande unserer Gesellschaft[1].«

Daß die Menschen aufhören, voneinander Kenntnis zu haben, ist von nicht geringer Folgenschwere für einen Autor, der ein *gieriges Verlangen* hat, *sich bekannt zu machen*, und es bis

1 II, xviii; T.R. 650; L. 543-544.

auf den Tod haßt, *von Leuten verkannt zu werden, die zufälligerweise* [s]*einen Namen hören möchten*[1]. Warum ein solcher Haß? Warum wird die Gefahr für tödlich erklärt? Weil ihm, wenn er niemanden hat, dem er sich entgegenstellen und zeigen kann, keinerlei Fühlungnahme zu sich selbst mehr bleibt. Zweifellos kann er die Entfernung variieren, die ihn von den anderen trennt: diese Distanz wird ihm, wenn er sie in ihr Extrem getrieben hat, sich unabhängig zu fühlen erlauben. Er wird sich wiedergefunden zu haben glauben und sich von der Geschäftigkeit und Vergnügungssucht der Welt tatsächlich freigemacht haben. Sobald er es jedoch unternimmt, sich kennenzulernen und, um sich besser kennenzulernen, sich zu beschreiben, werden die anderen erneut mit von der Partie sein, und sei es auf schleichende und verstohlene Weise. Wenn wir allein sind, sind wir nicht in der Lage, uns zu entwerfen. Sobald die Forderung nach einer Form, einem Bild ins Spiel kommt, wird ein Zeuge (und sei es ein imaginärer) für uns unerläßlich. Sich kennenlernen und sich bekannt machen sind Akte, die wechselseitig füreinander einstehen. Der Fehlschlag des einen wäre zugleich der Zusammenbruch des anderen. »Solche Leute, die sich selbst verkennen, mögen an falschem Beifalle Behagen finden; nicht ich, der ich mich sehe und mich bis in mein Innerstes untersuche, und wohl weiß, was mir zukommt. Mir tut es wohl, weniger gelobt zu werden, wenn ich nur besser bekannt bin[2].« Die Verstellung vor den anderen läuft verhängnisvollerweise auf die Verkennung von sich selbst hinaus. Sich vor den anderen verbergen heißt sich selbst abhanden kommen: »Um sein Gebrechen erzählen zu können, muß man es sehen und studieren. Menschen, die es anderen verhehlen, verhehlen es auch gewöhnlich sich selbst und halten es nicht für verborgen genug, wenn sie es selbst sehen. Sie verhehlen und bemänteln es vor ihrem eigenen Gewissen[3].« Alles wird nur drinnen wahrgenommen, um wieder draußen ausgesagt werden zu können, alles wird gesagt, um besser wahrgenommen zu werden. In dieser Hinsicht ist der Schein keine

1 III, v; T.R. 824; F.W. V, 105.
2 *Ibid.*
3 III, v; T.R. 822-823; F.W. V, 103.

feindliche Macht mehr: er ist nicht mehr der phantomhafte Reflex in den Augen der anderen, in dem sich unsere wahre Substanz verliert und zerstreut; er ist im Gegenteil der Mittler, der uns von außen hilft, unser Wesen zu verdichten, es *anziehen* läßt wie schnell härtenden Gips: »Aus der Bekanntmachung meiner Lebensweise ziehe ich den unverhofften Vorteil, daß ich mir daraus eine Richtschnur meines Betragens entwerfe. Sie erregt zuweilen die Betrachtung in mir, daß ich die Geschichte meines Lebens nicht verraten dürfe. Diese öffentliche Erklärung nötigt mich, auf gradem Wege und meiner Gemütsstimmung treu zu bleiben[1].« Wie man sieht, ist Montaigne, wie feindlich er auch der Nötigung gesonnen, wie sehr er auch durch den Wunsch nach ausschweifendem Handeln in Versuchung geführt sein mag, dazu verpflichtet, dem Gemälde zu ähneln, das er entworfen hat. Seine eigene Unstetigkeit, einmal dem Papier anvertraut, wird ihm zur Regel. Freilich wird diese Treue zum begonnenen Porträt (das aber immer unvollendet bleibt) nicht als ständige Sorge ausgegeben: wenn man Montaigne Glauben schenken darf, ist das ein Beweggrund, der nur vorübergehend, *mitunter*, erlebt wird; und nachdem Montaigne so vorsichtig gewesen ist, sich bald als dem Wandel unterworfen, bald als an seine Gewohnheiten gefesselt darzustellen, wird es ihm nicht allzu schwer, jener Darstellung zu ähneln, die er von seiner »Lebensweise« gegeben hat, deren »Gleichförmigkeit und Einfachheit« er häufig versichert. Die Ethik der Loyalität, die ihn nötigt Wort zu halten, schließt auf damit eng verbundene Weise die Aufmerksamkeit auf den anderen und die Wahrung der persönlichen *Form* ein. Wie sollte das auch anders sein, weil ja Wort halten an ein und demselben Diskurs-»Inhalt« festhalten heißt – auf Dauer und für ein und denselben Empfänger. Der Inhalt des Diskurses von Michel de Montaigne ist nun aber Michel de Montaigne. Die sittliche Wahl ist hier grundlegend: Montaigne sträubt sich dagegen, das Bild zu verraten und zu verleugnen, das Bild, das er entworfen hat und das nicht nur das Zeichen einer vollendeten Jetztzeit trägt, sondern auch ein implizites Versprechen.

1 III, ix; T.R. 958; F.W. VI, 7.

Wenn es sich darum handelt, sich auf *seiner* eigenen Bahn zu halten, nimmt er die *Nötigung* hin.

Dennoch schreibt derselbe Mensch: »Es scheint, bekannt zu sein bedeute gleichsam, sein Leben und seine Fortdauer bei andern verwahrt zu wissen. Ich meinesteils bin der Überzeugung, daß ich nur bei mir selber bin; und was dieses mein anderes Leben angeht, das seinen Bestand im Gedenken meiner Freunde hat, weiß ich wohl, wenn ich es nackt und bloß in sich selber betrachte, daß ich davon keinen andern Genuß und Gewinn empfange als durch die Eitelkeit eines leeren Wahns[1].« Sollten wir glauben, daß Montaigne zwischen der These und der Antithese zögert, zwischen der Behauptung von Unabhängigkeit und dem Eingeständnis von Verpflichtung, zwischen der Verweigerung und dem Bedürfnis nach den anderen? Halten wir fest, daß es da ein Wechselspiel gibt, daß keine der beiden Einstellungen die absolute Oberhand behält und daß dieses Wechselspiel nicht als der Konflikt zweier logisch widersprüchlicher Propositionen, sondern als die sukzessive Erfahrung zweier Forderungen gelesen werden kann, die abwechselnd erhoben werden. Montaigne fordert zunächst seine Freiheit, er möchte der Entfremdung »entrinnen«; zu diesem Zweck muß er die »Verpflichtungen« aufkündigen, mit denen er sich »belastet« hat, und mit den vielgestaltigen Bindungen brechen – die Gespinste aus Brauch, öffentlicher Meinung, eingesetzten Autoritäten usw. –, in denen sich das Bewußtsein gefangen fühlt, bevor es zur Reflexion geboren wird; in der Bemühung aber, wieder von sich selbst Besitz zu ergreifen, sich zu definieren und seine »wahre Natur« zu denken, postuliert Montaigne sogar in seiner freiesten Sprache neue Bindungen, appelliert er an andere Bewußtseinsträger, die diesmal in den Rang von Gesprächspartnern, Lesern, Publikum aufsteigen; und damit gelingt es ihm, die relative Legitimität der ersten Abhängigkeit anzuerkennen – der Mensch läßt sich nicht außerhalb einer bürgerlichen Gesellschaft vorstellen –, und fortan kann er jenen »künstlichen Banden«, jenen »Bräuchen« Gerechtigkeit widerfahren lassen, von denen er sich anfangs wie aus einer Art Knechtschaft gelöst hatte. Er kann

1 II, xvi; T.R. 610; L. 497.

frei darauf zurückgreifen, davon entlehnen, was ihm zuträglich ist: die kernigen Wendungen der Umgangssprache stammen aus diesem Bereich. Der Bruch, die Abkapselung in der individuellen Existenz können nur eine vermittelnde Phase zwischen zwei Stilen von »Beziehung zum anderen« sein: der erste von der sozialen Verwurzelung und den althergebrachten Bindungen bestimmt, auf nahezu unbewußte Weise erlebt, mit den Scheinwerten von Ruhm und Ansehen verknüpft und nachhaltig durch die Umwelt geprägt; und die zweite, unendlich viel umfassendere, die den vollen Besitz seiner selbst einschließt, sich virtuell auf das Universum hin öffnet und in aller Deutlichkeit erkannt und empfunden wird. Die so durchmessene Wegstrecke führt von der *blinden Abhängigkeit* zur *gemeisterten Beziehung.* Als entscheidend erweist sich das Beispiel des Sokrates: er repräsentiert den Menschen, der, obwohl er die lokalen Bindungen und Einschnürungen hinter sich gelassen und sich in seiner vernünftigen und freien Individualität behauptet hat, doch gerade um so fähiger wird, universale Bindungen einzugehen und dem Verdammungsurteil der Richter seiner Stadt zuzustimmen; es sei an die folgenden berühmten Zeilen erinnert:

»(*a*) Wir sind alle in uns selber eingeengt und zusammengekauert und sehen nicht weiter, als unsere Nase reicht. Man fragte den Sokrates, welches seine Herkunft sei. Er antwortete nicht: Athen; sondern: die Welt. Er, dessen Vorstellungskraft reicher und weiter war, umfaßte das All wie seine Vaterstadt; weihte seine Erkenntnis, seine Anteilnahme und sein Wohlwollen der ganzen Menschheit, nicht wie wir, die nur sehen, was uns unter die Augen fällt[1].«

Die Lehre der Reisejahre fällt in denselben Bereich und gibt das Thema einer bewunderungswürdigen Meditation in »Von der Eitelkeit« (III, ix) ab. Der Aufbruch macht uns frei; er hebt für eine gewisse Zeit die familiären und lokalen Bindungen auf, aber dieses Sich-Losreißen befähigt uns dazu, eine menschliche, allgemeine und universale Bindung einzugehen. Bei diesem Tausch gewinnen wir, und zwar durch den Ersatz eines Notwendigkeitszusammenhangs durch einen Solidaritätszusammenhang, durch den Ersatz

1 I, xxvi; T.R. 156; L. 195.

einer eingeschränkten Kleingemeinschaft durch eine weitaus umfassendere. Im Abstand von nur wenigen Zeilen plädiert Montaigne für und gegen unsere Bindungen, und zwar je nachdem ob es sich um einen universalen oder einen partikularen Zusammenhang handelt. Ebenso benutzt er das *commun* und seine Ableitungen (*communiquer, communication*) in einem abwechselnd pejorativen und laudativen Sinne. Was er zu verwerfen bereit ist, ist die unmittelbare und unreflektierte Gemeinschaft, die »Gemeinschaft des Klimas oder des Blutes«, die uns ohne unsere freie Zustimmung auferlegt ist. Umgekehrt ist nichts legitimer als eine Beziehung, die uns von der Vernunft eingegeben, auf das klare Bewußtsein gegründet (und nicht nur auf das Blut) ist und die nichts daran hindert, die ganze Menschheit zu umfassen . . . Die Bindung ist folglich keine Fessel mehr: sie ist eine Freiheitsgarantie.

So erklärt Montaigne:

»(*b*) Die Natur hat uns frei und *ungebunden* auf die Welt gesetzt; wir kerkern uns ein in ein kleines Stück Land[1].«

Im Augenblick des Aufbruchs verlassen wir das Gefängnis und finden zur ursprünglichen Freiheit zurück: weil wir zu erkennen vermögen, daß diese Freiheit uns, durch Geburtsrecht, gemeinsam mit allen anderen Menschen eigen ist, setzt unsere Befreiung alsbald den Beitritt in eine größere Gesellschaft voraus. Dann können ein natürliches Recht und eine universalistische Moralphilosophie zum Ausdruck kommen:

»(*b*) [. . .] ich achte alle Menschen für meine Mitbürger und umarme einen Polen so innig wie einen Franzosen, *indem ich dieses Nationalband dem großen und allgemeinen Bande der Menschheit nachsetze*[2].«

Aber damit ist der Nutzen des Reisens nicht erschöpft. Nachdem es Montaigne vom Besonderen zum Allgemeinen geleitet hat, erlaubt es ihm schließlich, zum Besonderen zurückzufinden und es in einem anderen Lichte zu sehen. Die Trennung bereitet die Heimkehr vor und macht sie nach Ablauf einer bestimmten Zeit sogar wünschenswert: ins Heimatland zurückkehren, zum Horizont des eigenen Dorfes

1 III, ix; T.R. 950; F.W. V, 334.
2 *Ibid.*; F.W. V, 333.

und zum Familiensitz, nachdem man ihnen die weite Welt vorgezogen hat – das heißt nicht Wiedereinfriedung in dieselben unmittelbar gegebenen Bindungen. Der aus der Ferne heimgekehrte Reisende, der erneut Geschmack an seinem Zuhause findet, kann seinen Privatbesitz nicht mehr mit denselben Augen sehen: er bietet ihm ein neues Gesicht, eine neue Wertigkeit dar, wie sie ihm die durchmessene Entfernung enthüllt. Er weiß fortan besser, daß er es mit dem Besonderen zu tun hat, und vermag es als solches zu lieben. Wenn die Erkenntnis des Allgemeinen die Wirkung hat, die unbewußte Liebe, die wir ehedem unseren Nächsten entgegenbrachten, zu relativieren, so hebt sie diese Liebe doch nicht auf, sondern stellt sie auf eine umfassendere Grundlage. Die Sehnsucht, die uns aus der Ferne wieder der häuslichen Sicherheit entgegentreibt, ist nicht mehr die unreflektierte und morose Anhänglichkeit, die uns ehedem abseits hielt, abseits einer sehr viel weiteren Welt. Die vertrauten Orte, zu denen man zurückkehrt, sind nicht mehr das Gefängnis, das uns den Weg verstellte. Aus der Distanz, die sich Montaigne verschafft hat, indem er sich von seinem angestammten Wohnsitz entfernte, scheint ihm eine harmonische Erfüllung in eben jenem Haus erreichbar, in dem er, seiner ersten Bindungen überdrüssig, anfangs nur ein Hemmnis sah. Montaigne geht in einer bewegenden Passage sogar so weit, die *Unterbrechung* zur Quelle von Erfüllung zu machen, so als ob man Zugang zur wirklichen Präsenz nur durch Vermittlung der Entfernung fände:

»(*b*) [. . .] jedermann fühlt aus Erfahrung, daß ununterbrochene Gegenwart bei weitem nicht das Vergnügen vertritt, welches man bei wechselseitigem Scheiden und Wiederzusammenkommen empfindet. (*c*) *Diese Unterbrechungen* machen mir das Wiederdaheimsein süßer; und dieser Wechsel erwärmt mein Verlangen bald nach diesem, bald nach jenem Teile meines Hauses[1].«

Mit einem anschaulichen Oxymoron nimmt der Widerstand einen positiven Wert an: sobald es unsere Freiheit nicht mehr einschnürt, leistet uns das Hindernis den ausgezeichneten

1 III, ix; T.R. 953; F.W. V, 338. Wie wir gesehen haben, galt dasselbe in der Beziehung zu LA BOÉTIE.

Dienst, unser Wesen zu *definieren*, indem es einen unserem Willen unterworfenen Raum umgrenzt und uns den Zugang zu einem Horizont verwehrt, an dem unsere Kräfte sich erschöpfen würden. Der Mensch »muß gedrungen werden, um *Hindernisse und Widerstand* wie um Almosen zu bitten. *Sein Wesen und sein Vermögen besteht in Dürftigkeit*[1].« Unser größter Reichtum liegt in der Einwilligung in die Begrenzung, in der Auseinandersetzung mit dem Hindernis. Nachdem sich Montaigne also den freien Raum der fremden Straßen ersehnt hat, kehrt er jetzt an seinen Ausgangspunkt zurück: er hatte sich dort beengt und jeder wirklichen Gemeinschaft bar gefühlt; jetzt entdeckt er hier die Möglichkeit, sich ganz seinem »Wesen« nach zu verwirklichen.

Das ist der Pulsschlag des Denkens von Montaigne. Die leidenschaftliche Sehnsucht in die Ferne wird abwechselnd gebilligt und verurteilt. Bald ist es törichte Dummheit, sich einzukerkern und abzukapseln, bald wieder ist es wahnhaft, zu unbekannten Grenzen aufzubrechen. Nachdem er erklärt hat, daß »unser Geist nur fehlerhaft wird, wenn er zu stramm gehalten wird[2]«, stimmt Montaigne das höchste Lob der Entfesselung an und definiert das Leben des Geistes als Jagd im freien Raum:

»(*c*) Kein wackerer Geist steht von selbst still. Er begehrt immer mehr und geht über seine Kräfte hinaus. Er strebt nach unerreichbaren Höhen. Wenn er sich nicht weiter hebt, nachdringt und durchwindet, anstößt und schnell umlenkt, so ist er nur zur Hälfte lebendig. (*b*) Sein Forschen und Streben ist ohne Maß und Ziel, (*c*) seine Nahrung ist Bewunderung und Jagd ins Weite[3].«

In einem ähnlichen Essay, »Von dreierlei Umgang« (III, iii), erklärt sich Montaigne für menschliche Kontakte wenig geeignet, präsentiert sich dann aber als von Natur aus zur Gemeinschaft bestimmtes Gemüt. »Ich habe eine verschrobene Art, die mich in mich selber *versinken* läßt[4]«, versichert

1 III, vii; T.R. 897-898; F.W. V, 240. Das Hindernis ist die Bedingung der Erfüllung: ». . . weil sie [meine aufdringliche Seele] die meiste Zeit nicht weiß, was sie mit sich selbst allein machen soll, ohne sich selbst zur Last zu fallen; sich nicht mehr anders, als mit angestrengten Kräften zu beschäftigen weiß« (III, iii; T.R. 796; F.W. V, 54).

2 III, iii; T.R. 799; F.W. V, 59.

3 III, xiii; T.R. 1045; F.W. VI, 165.

4 III, iii; T.R. 797; L. 645.

er, um wenig später hinzuzufügen: »Es gibt eigenbrötlerische, *zurückgezogene* und nach innen gewandte Naturen. Meiner Wesensart ist es gegeben, *sich mitzuteilen* und aus sich heraus zu treten: ich bin ganz nach außen gewandt und vor Augen, zur Geselligkeit und zur Freundschaft geboren[1]. [. . .] Kein Vergnügen hat Reiz für mich, wenn ich solches nicht mitteilen kann. Nicht einmal ein starker Gedanke kann in meiner Seele aufsteigen, daß ich mich nicht ärgre, wenn ich ihn allein erzeugt und niemanden um mich habe, dem ich solchen bekannt machen könnte[2].« Diese Erklärungen widersprechen sich nur, um sich zu ergänzen und sich wechselseitig zu bedingen. Der scheinbare Widerspruch erklärt sich aus den Beziehungen des Geistes und des Raumes, der sich ihm bietet: weit geöffnet ist er für denjenigen, der einsam meditiert; für den aber, der sich unter die Menge mischt, liegt der einzige freie Raum drinnen, in der Innenwelt:

»(*b*) Die Einsamkeit des Ortes läßt mich vielmehr, um die Wahrheit zu sagen, mich zerstreuen und in die Ferne schweifen: ich ergehe mich lieber in Staats- und Welthändeln, wenn ich allein bin. Am Königshof und im Gewimmel ziehe ich mich in mich ein und ducke mich in meine Haut; die Menge drängt mich auf mich selbst zurück, und nie unterhalte ich mich so närrisch, so ausgelassen und so für mich selber, wie an Orten der Ehrfurcht und der feierlichen Gelassenheit[3].«

Das Denken Montaignes bestimmt sich *ex negativo*, aus der Beziehung zur ihn umgebenden Umwelt: die *Zerstreuung* (im stärksten Sinne des Wortes) ist seine Regel. *Wir denken immer an anderes*[4]. Was wunder also, wenn das Spiel der Gegensätze die Expansion in der Einsamkeit und den inneren Monolog inmitten des Gedränges gebiert?

So erklären sich das Interesse und die Gleichgültigkeit, die Montaigne abwechselnd in bezug auf das öffentliche Leben zum Ausdruck bringt. Im Banne seiner politischen Aktivitäten stehend, hält er sich für unfähig, sich den ihn beanspruchenden Aufgaben ganz und gar hinzugeben: er macht sich

1 III, iii; T.R. 801; L. 650.
2 III, ix; T.R. 965; F.W. VI, 20.
3 III, iii; T.R. 801; L. 650.
4 III, iv; T.R. 812; L. 663.

aus Prinzip davon frei, er *geht bedächtig mit seinem Willen um*[1], er schützt sich, indem er eine Spanne von Indifferenz zwischen seine »Geschäfte« und sein eigenes Leben einschiebt. Aber sich selbst wiedergegeben, wieder in seiner privaten Ruhe verkapselt, zögert Montaigne nicht, die historische und moralische Bedeutung seiner Enthaltung und seines Müßigganges aufzudecken. Im Hinblick auf die Mißlichkeiten der Epoche scheint ihm seine Einsamkeit schwer vertretbar. Er richtet sein Denken auf die »Staatsgeschäfte« und klagt sich an, (wenn auch nur zu einem winzigen Teil) mitverantwortlich für das Elend Frankreichs zu sein. Das freie Leben, das *otium cum litteris*, die Träumereien im Turmzimmer und die studienbeflissene Sammlung in sich selbst, deren Programm er in den Inschriften seiner Bibliothek festgelegt hat, erwecken in ihm, nun er davon gekostet hat, das Gefühl einer Fahnenflucht. Angesichts der Verderbnis des Jahrhunderts empfindet er Gewissensbisse:

»(*b*) [. . . daß es] ein jeder mit den Pflichten seines Amtes lässig nimmt und sich Nebendingen hingibt. Ein jeder von uns steuert sein Scherflein zur Verderbnis der Zeit bei: die einen tragen den Verrat bei, die andern die Ungerechtigkeit, die Gottlosigkeit, die Tyrannei, die Habsucht, die Grausamkeit, ein jeder nach Macht und Kräften; die Schwächsten, zu denen ich zähle, wirken durch Torheit, Eitelkeit und Müßiggang mit[2].«

Hier ist er also solidarischer (wenn auch solidarisch nur in der Teilhabe am Bösen) als zu der Zeit, da er an den öffentlichen Angelegenheiten Anteil nahm. Und während der innere Vorbehalt ihn in dem Augenblick, da er sich ins »Gedränge« mischte, zurückhielt, mildert der Gewissenszweifel, den ihm sein Müßiggang eingibt, seine Tatenlosigkeit und führt ihn wieder zur Beschäftigung mit den Mißständen des Jahrhunderts zurück. Die eben zitierten Zeilen bilden die unmittelbare Fortsetzung eines schwerwiegenden Urteils (von dem sich Montaigne nicht ausnimmt) über die Eitelkeit und Vergeblichkeit der schriftstellerischen Aktivität in einer

1 Das Problem, wie es in Essay III, x gestellt wird, wird in Kapitel VII des vorliegenden Buches erneut aufgegriffen, »Was die ›Öffentlichen Angelegenheiten‹ betrifft«.

2 III, ix; T.R. 923; L. 746.

Epoche der Verderbnis: »Die Schreibseligkeit scheint ein Kennzeichen eines zuchtlosen Zeitalters zu sein. Wann haben wir so viel zusammengeschrieben, wie seitdem wir von Wirren heimgesucht sind?[1]« Der Schriftsteller, der sich in seinen Turm geflüchtet hat, wird von schlechtem Gewissen in bezug auf die dramatische Situation seines Landes geplagt. Um aber zu dieser Einsicht zu gelangen, wird er sich zuvor abgekapselt haben müssen.

Montaigne kehrt in sein Land zurück, zu seinem Wohnsitz und zu seiner Familie, nachdem er sich der »universalen Bindung« bewußt geworden ist; diese universale Bindung aber war für ihn zunächst ein Grund, seine Freiheit, seine Unabhängigkeit zu behaupten, indem er sich seiner früheren familiären und nationalen Bande entledigte. Die erste, unmittelbare und unreflektierte Abhängigkeit ist überwunden; aber diese Entfremdung ist ihrerseits überwunden worden, um einem reflektierten, gemeisterten Rückgriff auf die alten Bindungen stattzugeben. Eben das ist das Modell der Bewegung, die Montaigne durch die drei Phasen der Beziehung führt – eine Bewegung, die sich bei verschiedenen Typen von Beziehungen wiederholen wird. Die erste Phase ist die der Abhängigkeit; die zweite ist durch den Drang nach Wiederaneignung und die befreiende Abstandnahme geprägt; in einer dritten Phase wird der aus konkreten Nötigungen und Verpflichtungen gewirkten Bindung, die uns mit dem eint, was uns umgibt, volle Legitimität zurückgegeben. Das ist das wiedergefundene Besondere, wie es sich fortan ins Universale einschreibt.

Das erlaubt Montaigne, eine nachgiebige Anpassung der Beziehung zu empfehlen, und zwar je nach dem Erfordernis des Augenblicks und der Beschaffenheit der Partner. Jedem besonderen Umstand gebührt ein angemessener Beziehungstyp: uns fällt es zu, die Konsequenzen, das Risiko und den Spieleinsatz abzuwägen. Kurz, die Beziehung muß mit Feinfühligkeit gestaltet werden, bald im Interesse ihrer eigenen Schönheit, bald um der Wahrung unserer Ruhe willen und immer bei voller Achtung des Lebens und der Unabhängigkeit der anderen: es gibt »eine allgemeine Pflicht der

1 *Ibid.*; L. 745-746.

Menschlichkeit, die uns nicht nur dem mit Leben und Empfindung begabten Getier verbindet, sondern den Bäumen sogar und den Pflanzen. Dem Menschen sind wir die Gerechtigkeit schuldig, die Milde und Barmherzigkeit aller übrigen Kreatur, die für sie empfänglich ist. Es besteht eine gewisse Geselligkeit zwischen ihnen und uns, und eine gewisse *gegenseitige Verpflichtung*[1]«. Die anfangs verdächtige Verpflichtung wird zur allgemeinen Richtschnur aller unserer Beziehungen.

3. Die Ablehnung der Bücher, die Anleihen, die Aneignung

Lesen, schreiben. Montaigne kennt die Anziehungskraft der großen Texte, der bewundernswürdigen Werke. Er blättert mehr, als er liest, versichert er. Und doch genug, um sich von den Meistern beherrscht zu fühlen: Seneca, Plutarch. Er erkennt sich in ihnen wieder, aber sie verstehen sich so unendlich viel besser darauf zu sagen, was er selbst sagen möchte. Wie also schreiben, ohne ihnen verpflichtet zu sein? Ist er nicht in gleicher Weise den Ratschlägen und dem Beispiel von Étienne de La Boétie verpflichtet gewesen? Und wie vor allem soll man, angesichts ähnlicher Vorgänger, nicht seine eigene »Unzulänglichkeit« spüren?

»(*a*) . . . und mich dann, gemessen an diesen Leuten, so schwächlich und hinfällig, so täppisch und verschlafen erkenne, so erwecke ich mir Mitleid oder Verachtung für mich selber. Und doch lobe ich es mir, daß meine Meinungen die Ehre haben, sich oft mit den ihren zu begegnen, (*c*) und daß ich ihnen wenigstens von ferne folge und ja fürwahr! sage. (*a*) Auch daß ich dieses habe, was nicht jeder hat, den himmelweiten Unterschied zwischen ihnen und mir zu erkennen[2].«

Folglich hält sich Montaigne, wenn er auch seine Unterlegenheit eingesteht, gleichzeitig doch an einem Vorteil schadlos, den man ihm nicht bestreiten kann: seiner Unabhängigkeit.

1 II, xi; T.R. 414; L. 420. THIBAUDET hat es sich angelegen sein lassen, die »äußeren Ursprünge des inneren Lebens von Montaigne« hervorzuheben (*Montaigne*, Paris 1963, S. 135). Cf. auch B. WOJCIECHOWSKA BIANCO, *Nel crepuscolo della coscienza. Alterità e libertà in Montaigne*, Lecce 1979.

2 I, xxvi; T.R. 145; L. 182-183.

Er hat weder Kenntnisse noch Gedächtnis: er entnimmt seine Äußerungen seinem eigenen Vorrat, er setzt nichts anderes ein als »[s]eine Launen und Meinungen«: und wenn er sich auch von den Alten übertroffen fühlt, so hat er sich doch entschlossen, »[s]eine Einfälle laufen (zu lassen), so schwächlich und geringfügig, wie [er] sie zur Welt brachte, ohne die Mängel, die [ihm] diese Vergleichung an ihnen enthüllt hat, zu überkleistern oder auszuflicken[1]«. Was er seinem Leser bieten will, sind seine eigenen »Erkenntnisse«, seine »Launen und Meinungen[2]«. Zwar können diese seine Meinungen aus Büchern stammende Ereignisse oder andere Meinungen betreffen. Aber Montaigne fordert das Recht und die Möglichkeit, davon selbst zu sprechen, in seinem eigenen Namen, in eigener Verantwortlichkeit – in dieser Hinsicht so gänzlich verschieden von denen, die »nichts im Vermögen haben, womit sie sich zeigen könnten und sich also bloß mit fremden Schätzen breit machen [. . .][3]«. Um dieses Unabhängigkeitsprogramm zu verwirklichen, um ganz »hübsch allein[4]« zu sprechen, muß man sich »der Gesellschaft der Bücher und ihrer Erinnerung enthalten[5]« – muß man den Andrang anderer Texte zum eigenen Werk verhindern, die Stimme der anderen nicht mit der von Michel de Montaigne zusammenfallen lassen, die sie zu übertönen oder zu verunstalten droht. Die Vorbemerkung »An den Leser« macht das ganz deutlich: es wird in den *Essais* nirgendwo bloßen Zierat geben, keine »zurechtgelegte Haltung«. Es fehlt wenig, und der Autor stellt sich uns – schamlos, naiv – in seiner ganzen Nacktheit dar.

Nun schreibt sich diese Unabhängigkeit in der Form, wie sie gefordert wird, das Recht auf Einblick in alles zu, was sich ihrer Reichweite darbietet: in erster Linie in das persönliche Bewußtsein und die persönliche Existenz, dann aber auch in die Weisheit und Narrheit der Welt, in die denkwürdigen Handlungen und Sentenzen, in die Gesetze, die Bräuche, die Mißbräuche des ganzen Universums. Warum sollte sie es sich also entgehen lassen, über Wohlgerüche (I, LV) zu sprechen,

1 I, xxvi; T.R. 145; L. 183.
2 I, xxvi; T.R. 147; L. 183.
3 I, xxvi; T.R. 146; F.W. I, 223.
4 III, xii; T.R. 1033; F.W. VI, 143.
5 III, v; T.R. 852; F.W. V, 159.

über Kurierreiten (II, xxii) oder über Daumen (II, xxvi)? Alles trägt zeichenhafte Bedeutung; alles dient zur Kommunikation. Ist es zur Bekräftigung der Einzigartigkeit des Ichs und seiner »Launen und Meinungen« nicht unerläßlich, sie der unendlichen Vielgestaltigkeit dessen entgegenzusetzen, was es nicht ist – dessen, was es nicht sein will und sein kann? Also muß man in einen Dialog mit den Büchern eintreten, und sei es nur, weil sie, durch die Beispiele oder Meinungen, die sie anbieten, unserem Urteil *Stoff* geben.

Folglich wird die Unabhängigkeit durch eben das gefährdet, wessen sie zu ihrer Behauptung bedurfte. Wenn Montaigne die Beispiele und Meinungen, die er prüft, also auch ablehnt oder eins wie das andere verwirft, bleibt doch nicht weniger wahr, daß diese Beispiele ihm sein Thema geliefert haben: sein Urteil wird sich an einer umstrittenen, aus der Tradition stammenden oder ihr entnommenen und weiterentwickelten [Text-]*Stelle* gebildet haben. Um diese oder jene Meinung getreulich darzustellen (bevor er noch darauf erwidert oder sie verwirft), kann er nicht umhin, denen das Wort zu erteilen, die sie verfochten haben: sie also sozusagen zitieren, sie »anführen«, indem man darauf wartet, sie der Kritik zu unterziehen oder jene zu zitieren, die sie kritisiert haben. Der zum Zeugen aufgerufene fremde Text dringt so in den »eigenen« ein, der darauf zu reagieren beabsichtigt. Zwischen Montaignes Urteil und der bekämpften Ansicht bleibt dennoch eine Demarkationslinie wahrnehmbar. Die Gefahr wächst jedoch, wenn Montaigne des »Zusammentreffens« seiner eigenen Ideen mit denen gewahr wird, die Philosophen oder Dichter der Antike vor ihm ausgedrückt haben – und in einer »nervigeren« Sprache. Wie also der Versuchung widerstehen, sie ihrerseits zu zitieren, zumal sie ja einen so willkommenen »Beistand« leisten. Dann sind mehrere Möglichkeiten gegeben. Zunächst und wortwörtlich in der Originalsprache, indem man das Zitat (und den Akt des Zitierens) in voller Deutlichkeit vor Augen führt. Es hat in diesem Falle die Bedeutung von Zierat, Glasur, Emblem[1]:

1 ». . . habe ich mirs zum Gesetz gemacht (und mein Buch ist ja ohnedem nur ein Quodlibet aus allem und aus nichts), eins und das andere überzählige *Denk- und Sittensprüchlein* anzuführen« (III, ix; T.R. 941; F.W. V, 317).

der Leser, der Latein versteht, stößt bald auf Sentenzen, die die von Montaigne entwickelten intellektuellen Argumente kraftvoll wiederholen oder ergänzen, bald auf dichterische Bruchstücke, die einem bereits mit metaphorischen Elementen ausgestatteten Diskurs in der Regel noch zusätzliche metaphorische oder allegorische Bedeutung verschaffen. Das sind die »Blumen«, deren »Anstückelungs«- oder »Einlegearbeits«-Charakter dem Leser nicht entgehen wird. Die Anführung des Textes aber, die einen Autoritätszuwachs beisteuert (die »Chrie«), kann auch auf die französische Übersetzung zurückgreifen. Und die Übersetzung kann Paraphrase werden. Die für die »Autorisierung« der vorgebrachten Meinung erforderliche Erwähnung des Autors kann überdies wegbleiben, wenn Montaigne das Gefühl einer völligen Identität des Denkens verspürt, ohne sich selbst in der Lage zu sehen, »Eigenes zu bieten« – auf ebenso nervige Art wie sein griechischer oder lateinischer Vorgänger. Das ist dann kein Zitat mehr, sondern eine »Anleihe«, ein »Diebstahl«. Ein anderer spricht an Montaignes Stelle, mit seiner Zustimmung zwar, aber ihm seine Worte in den Mund legend.

Wie läßt sich diese Überschwemmung mit fremden Äußerungen rechtfertigen, nachdem man eine so nachdrückliche Unabhängigkeitserklärung abgelegt hat? Montaigne hat mehr als eine Entschuldigung dafür zur Verfügung: denn hier geht es ihm um die (und sei es teilweise) Wiedergewinnung der Autonomie seines eigenen Diskurses, die er sich eingestandenermaßen hat enteignen lassen. Er räumt ein, daß manche seiner ersten Essays »ein wenig stark nach fremdem Boden (rochen)[1]«. Das ist ein Widerruf, und bereits der Widerruf ist eine bestimmte Art und Weise der Zurückgewinnung der Initiative, die andere Abschnitte der fremden Sprache überlassen haben. Wenn der Diskurs dieser Essays erborgt war, so gibt der Metadiskurs, der die Anleihe beklagt, Montaigne die Funktion des unbestechlichen Richters zurück: sogar die für sich genommene Geste der Anleihe wird im Selbstporträt zum originären Zug. Bei ihrer Beschreibung spricht Montaigne, wie noch niemand vor ihm gesprochen hat: »Nun

1 III, v; T.R. 853; F.W. V, 161.

aber habe ich etwas von der Art eines Affen im Nachahmen an mir[1] . . .« Und mit der Übernahme dieser Strategie erobert sich Montaigne alles zurück, was er hatte fahrenlassen müssen. Er steht nicht mehr im Banne der Abhängigkeit von Seneca oder Plutarch, sobald er diese Abhängigkeit zum Gegenstand seiner wachsamen Reflexion macht. Er gewinnt in eben dem Augenblick wieder die Oberhand, wo er dem Leser das Gefühl von Unterlegenheit vor Augen führt, das ihn dazu angeregt hat, manche alten Autoren zu plündern:

»(*b*) Aber ich kann mich nicht so leicht von Plutarch losmachen. Er ist bei aller Gelegenheit so gemeinnützig und reichhaltig, daß er einem immer, was für einen sonderbaren Gegenstand man auch vorhabe, bei der Arbeit zustatten kommt und eine freigebige, unerschöpfliche Hand an Reichtümern und Verschönerungen darreicht. Ich ärgere mich darüber, daß er den Plündereien derjenigen, die Zutritt zu ihm haben, so arg bloßgestellt ist. (*c*) Wenn ich ihn auch noch so selten besuche, immer trage ich doch einen Flügel oder eine Lende davon[2].«

Freier ist das Eingeständnis der Abhängigkeit, und durch die kritische Reflexion kommt umso eher ein neuer *Autor* jenseits der »Stellen« und »Örter« zur Welt, an denen er anderen begegnet ist und die er manchmal durch ihre Vermittlung erklärt hat. Die Unterwerfung unter die »anderen« wird also dazu gedient haben, eine reflektierte Beziehung zu sich selbst herzustellen.

Überdies erklärt nicht nur die Autorität der Bücher und der bewunderten Autoren den Gebrauch, den Montaigne davon für den Bereich seines eigenen Buches gemacht hat: die »Beziehung zum anderen« hat sich noch in anderer Richtung bemerkbar gemacht. Er hat sich einer Mode angeschlossen; sein »geborgter Schmuck«, den er »wohl alle Tage . . . über [s]einen Vorsatz und [s]eine vorige Weise« auf sich nimmt – er tut es »nach der Phantasie des Jahrhunderts und aus Langeweile [et *enhortements d'autruy*][3]«. Die Entlehnung fremder Materialien ist ihm seinerseits durch eine fremde Art

1 *Ibid.*
2 III, v; T.R. 852-853; F.W. V, 159-160.
3 III, xii; T.R. 1033; F.W. VI, 143-144.

von Erfindung vorgegeben. Doppelte »Entfremdung«. Wenn diese Geständnisse aber einmal gemacht sind, wird das Wertvollste, das heißt die persönliche Beichte, »ins Spiel gebracht« und damit gerettet. Die Unterschlagung der »Federn« oder »Blumen«, mit denen er sich geschmückt hat, erschreckt ihn nicht:

»(*c*) Ich möchte gern jemand finden, der mir die fremden Federn auszurupfen wüßte, aber mittels der Klarheit seines Urteils und nur nach dem Unterschied der Kraft und Schönheit des Vortrages. Denn ich, der ich mich selbst aus Mangel an Gedächtnis immer wieder unfähig finde, sie nach ihrer Herkunft auseinander zu lesen, bin sehr wohl imstande, in Ansehung meiner Fähigkeiten zu fühlen, daß mein eigener Boden manche prächtigen Blumen keineswegs hervorzubringen vermochte, die ich darauf ausgesät finde, und daß alle Früchte meiner Zucht nicht an sie heranreichen könnten[1].«

Montaigne begnügt sich nicht mit dieser Strategie, die ihm *in extremis* eine neue Unabhängigkeit durch das Mittel der eingestandenen und durch Reflexion überwundenen Abhängigkeit zusichert. Man findet überdies eine ganze Reihe von Argumenten aus seiner Feder, die die Koexistenz des »Meinen« und des »Fremden« in den *Essais* rechtfertigen. Anhand dieser Argumente ergreift Montaigne von sich selbst nicht nur *a posteriori*, aus der rückblickenden Beobachtung Besitz, sondern auch dadurch, daß er die *erste* Ursprünglichkeit seines Vorhabens einklagt oder die Anleihe, die »Mosaikarbeit« als Verfahren rechtfertigt, die mit der persönlichen *Erfindung* vollkommen vereinbar sind. Diese Rechtfertigungen sind von verschiedener Art, und ihre Verschiedenartigkeit macht den Unterschied sehr gut deutlich, den Montaigne der These beimißt, die er verteidigen will: die Vereinbarkeit der Anleihe mit einer realen Autonomie des Diskurses, die Möglichkeit einer Koexistenz der eigenen Sprache mit einer fremden, die ihr keinerlei Schaden zufügt. Wie man sehen wird, sind manche dieser Argumente umkehrbar.

Das eine der Rechtfertigungsbilder, die Montaigne benutzt (und die er überdies einer alten Tradition entlehnt), ist das der Assimilation. Der erfahrene Leser behält und macht

1 II, x; T.R. 388; L. 386.

sich zu eigen, was zu seiner eigenen vollen Entwicklung beitragen kann. Was er liest, wird nicht mehr nur Ornament oder angestückeltes Fragment sein, sondern integrierender Bestandteil einer immer besser ausgewiesenen Einsicht; in beschreibender Form erklärt er das in dem von 1580 stammenden Text über die »Kindererziehung«, wenn er von dem Verhalten spricht, das er von dem jungen Schüler erwartet:

»(*a*) . . . Denn wenn er sich aus eigener Überlegung zu den Meinungen des Xenophon oder des Plato schlägt, dann sind es nicht mehr die ihren, sondern die seinen. [. . .] Er muß ihre Geistesart in sich aufnehmen, nicht ihre Anweisungen auswendig lernen. Und vergesse er nur kühnlich, wenn er will, woher er sie hat, aber mache er sie sich *zu eigen*. Die Wahrheit und die Vernunft sind allen gemein und gehören nicht rechtmäßiger dem, der sie zuerst ausgesprochen hat, als dem, der sie nach ihm sagt. Auch dies hier ist nicht mehr dem Plato als mir zufolge, da er und ich es gleicherweise verstehen und auffassen. Die Bienen naschen von den Blumen da und dort, aber nachher machen sie daraus den Honig, der ganz ihr eigen ist; er ist nicht mehr Thymian noch Majoran: so soll er die von andern entlehnten Bruchstücke verwandeln und verschmelzen, um daraus ein ganz ihm eigenes Werk zu schaffen: nämlich sein eigenes Urteil. Seine Erziehung, seine Arbeit und sein Studium zielen nur darauf ab, es zu bilden[1].«

Die Arbeit der Aneignung ist das Werk des »Diskurses«, der »verwandelt«, was ihm von außen her zugetragen wird. Wenn auch eingeräumt wird, daß dem Individuum von allem Anfang an die Fähigkeit rationalen Denkens eigen ist, so bleibt doch nicht weniger richtig, daß die Anleihe *zu Beginn* gemacht wird: erst gegen *Ende* der assimilierenden *Transformation* wird sich das Urteil *gebildet* haben. Montaigne exponiert hier eine der Hauptthesen der humanistischen Tradition, für die jede Sprache zwangsläufig erborgt, jede Form (und jeder Stil) angeeignet ist.

Auf unveränderliche Weise macht Montaigne von den Vergleichen Gebrauch, die von den Vorstellungen von Anleihe und Plünderung beeinflußt sind (»die Bienen naschen [*pillotent*]«). Die Anleihe mag durchaus durch das Aneignungsstreben legitimiert sein, sie kommt dennoch einem

1 I, xxvi; T.R. 150-151; L. 188. Cf. auch I, xxv; T.R. 136 und 139; L. 177 und 180.

Diebstahl gleich. Folglich muß die Assimilation um eine weitere Arbeit vermehrt werden, die darin besteht, die fremde Quelle zu verbergen; in einer merkwürdigen Ausführung wird diese Verheimlichung mit einer Aufwendung verglichen – das heißt mit einer ökonomischen Operation:

»(*c*) Tue er alles hinweg, was ihm zugetragen wurde, und zeige nur, was er daraus gemacht hat. Die Plünderer und die Borger stellen ihre Bauten und Erwerbungen zur Schau, nicht was sie aus fremden Beuteln ziehen. Ihr seht nicht die Sporteln eines Gerichtsherrn, ihr seht die Ehebündnisse und die Ehren, die er für seine Kinder gewonnen hat. Niemand hält öffentlich über seine Einnahmen Buch: jeder stellt nur den erworbenen Besitz ins Licht[1].«

Ließe sich die Erziehung (und mit noch größerem Recht die literarische Produktion) also mit der betrügerischen Bereicherung in Zusammenhang bringen? Der Vergleich mit den Plünderern und Borgern mag uns beunruhigen. Es handelt sich gleichwohl lediglich um ein Bild, das die Differenz zwischen dem, was *genommen*, und dem hervorhebt, was später *gezeigt* wird. Und Montaigne beruhigt uns alsbald mit der Versicherung: »Der Gewinn unseres Studiums ist, dadurch besser und weiser geworden zu sein[2].«

Tatsächlich hat Montaigne häufig fremde Texte eingestreut, ohne deren Quelle anzugeben. Er hat seine Anleihen »hinweggetan«. (Das ist bekanntlich der Fall bei dem Plutarch-Text, der gegen Ende der *Apologie de Raimond Sebond* eingefügt wurde.) Und Montaigne gesteht überdies, wenn auch in allgemeinen Formulierungen und ohne genauen Hinweis ein, wo er seine kleinen »Diebstähle« versteckt hat. Wenn man ihm glauben will, handelt es sich da zugleich um ein Verteidigungsmanöver und eine bestimmte Weise, sich die Schadenfreude zu verschaffen, unvorsichtige Kritiker Seneca oder Plutarch beleidigen zu sehen, wo sie Michel de Montaigne angreifen:

»(*c*) Von den Gedanken und Einfällen, die ich auf meinen Boden verpflanze und mit den meinen vermenge, habe ich oft mit Vorbedacht den Urheber verschwiegen, um die Kühnheit jener voreiligen

1 I, xxvi; T.R. 151; L. 188-189.
2 I, xxvi; T.R. 151; L. 189.

Urteilssprüche im Zaume zu halten, die über alle Arten von Schriften herfallen, und namentlich über neuere Schriften von noch lebenden Verfassern und in der gemeinen Volkssprache, die jedermann davon zu reden erlaubt und den Schluß zu gestatten scheint, Erfindung und Absicht seien gleichermaßen gemein. Ich will, daß sie so dem Plutarch einen Nasenstüber auf meiner Nase geben und sich die Zunge daran verbrennen, indem sie Seneca in mir verunglimpfen. Ich muß meine Schwäche hinter diesen großen Namen verbergen[1].«

Man wird hier einwenden, daß dieses Verfahren eher die großen, ohne Hinweis umgeschriebenen Autoren *exponiert*, als daß es Montaigne schützt. Aber ihre Autorität wird für so gesichert gehalten, daß jeder Angriff die Kritik diskreditiert, die sich zu diesem Wagnis entschlösse; auf diese Weise kommt Montaigne seinen Schmähern zuvor: er hat ihnen Fallen gestellt. Was sie mißbilligen, könnte durchaus eine Idee oder eine Argumentation sein, die viel stärker *autorisiert* ist, als sie sich vorstellen. Wo sie einen jungen Autor zu tadeln glauben, werden sie sich an jemandem vergriffen haben, der viel stärker ist als sie.

Seine kleinen Diebstähle »hinwegtun«: im Kapitel »Über Verse des Vergil« wird Montaigne dieselben Ausdrücke benutzen (wir kommen darauf zurück), hier jedoch in der Absicht, die Liebesstrategie und die poetische Darstellung der Liebe vor Augen zu führen: »Das Tun sowohl als die Schilderung muß verstohlen bleiben[2].« Einige Zeilen zuvor aber hatte Montaigne behauptet, daß verbergen die Begierde durch *verhaltene* Zurschaustellung oder demonstrative Zurückhaltung schüren und im Grenzfall ins rechte Licht setzen bedeutet:

»(*b*) Jener Ägypter antwortete weise, als ihn einer fragte: Was trägst du da unter deinem Mantel verborgen? – Es ist unter meinem Mantel verborgen, damit du nicht wissest, was es ist. Aber es gibt einige andere Dinge, die man verbirgt, um sie zu zeigen[3].«

Der Rückgriff auf das gleiche metaphorische Vokabular ist hier das Zeichen für eine Erotisierung des Diebstahls (der

1 II, x; T.R. 387-388; L. 386.
2 III, v; T.R. 858; L. 705.
3 *Ibid.*

Anleihe) und des ambivalenten Verhaltens, das darin besteht, ihn bald zu verbergen, bald zu zeigen.

Es widerstrebt Montaigne nicht nur nicht, seine Anleihen sichtbar zu machen, er ist sogar der Ansicht, daß in der *Auswahl* dessen, was er entlehnt, sein Urteilsvermögen auf aktive Weise tätig wird und sich damit der Beurteilung seitens des Lesers stellt.

»(*c*) Bei dem, was ich mir ausborge, achte man darauf, ob ich zu wählen wußte, was meinen Gedanken ins Licht rückt. Denn ich lasse andere das sagen, was ich nicht so gut zu sagen vermag, manchmal aus Schwäche meiner Sprache, manchmal aus Schwäche meines Verstandes. Ich zähle meine Anleihen nicht, ich wäge sie. Und hätte ich eine Ehre im Zitatenreichtum gesucht, so hätte ich mir zweimal soviel aufladen können[1].«

Das Eingeständnis von Schwäche (im Hinblick auf die Kraft der »Alten«) geht Hand in Hand mit der Erwähnung einer positiven Eigenschaft, die Montaigne dem Leser vor Augen führt: der Sinn für das Abwägen, das Urteil über die Angemessenheit der Anleihen. Und das ist, wie Montaigne mehrfach wiederholt, nicht jedermann gegeben. Man muß sich also dadurch Geltung verschaffen. Das *geeignetste* Zitat für den Gedanken finden, den man zum Ausdruck bringen will – das heißt gewissermaßen sich den Besitz des Textes wiederaneignen, den man mit Hilfe der anderen geschrieben hat: es heißt (wie Montaigne in einer ersten Fassung der soeben zitierten Zeilen sagt) sich die Initiative der *Erfindung* bewahren, wenn man für den Vortrag auch gleichzeitig die wirkungsträchtigsten Hilfsmittel wählt: »Bei dem, was ich auswähle, achte man darauf, ob ich zu wählen wußte, was die *Erfindung* ins Licht rückt oder im eigentlichen Sinne unterstützt, die immer von mir stammt.«

Es ist aber nicht nur die *Wahl* des Zitats, die als Siegel der eigenen Aneignung ins Spiel kommt. Eine weitere Stufe in diesem Prozeß der Eroberung des fremden Stoffes ist erreicht, wenn die Anleihe nicht nur treffend ausgewählt worden ist, sondern vom Entlehner überdies eine zusätzliche Modifikation empfängt, die sie etwas anderes aussagen läßt

1 II, x; T. R. 387; L. 385.

als im ursprünglichen Kontext. Das *manipulierte* Zitat gibt Montaigne das Gefühl einer Meisterschaft ein, die teilweise die »Schwäche« wettmacht, um derentwillen das Zitat erforderlich war:

»(*c*) [. . .] und bei manchem, was ich andern abborge, bin ich sehr froh, wenn ich eins und das andere *verhehlen* und ihm eine neue Wendung und Gestalt geben kann. Ich wage es lieber darauf, daß man mir vorwerfe, ich habe von einer solchen Stelle den richtigen Sinn nicht verstanden und gebe ich ihr einen eigenen Druck *meiner Hand*, damit sie nur nicht so ganz und gar fremd bleibe[1].«

Dieses Verfahren geht über die bloße Assimilation hinaus: es besteht darin, das fremde Thema zu variieren, indem man ihm etwas von der eigenen *Hand* mitteilt, indem man ihm eine persönliche »Wendung« gibt. Während die anderen »ihre Diebereien zur Schau stellen und sich damit brüsten«, ist Montaigne damit befaßt, sein Vorhaben weiterzutreiben und den zitierten Autoren ein Zeichen seiner eigenen Autorität aufzuprägen, sich erneut das Prärogativ der Erfindung vorzubehalten: »Wir Naturalisten meinen, die Ehre der *Erfindung* sei unvergleichlich viel größer und vorzüglicher als die Ehre der Anführung[2].«

Ist die Anleihe der erste Akt? Oder bringt sie sich nachträglich zur Geltung, um eine Lücke zu füllen? Die beiden Behauptungen treten bei Montaigne abwechselnd in Erscheinung. Freilich widersprechen sie sich. Bei der einen wie bei der anderen Hypothese aber ergibt sich ein Kompromiß zwischen der eigenen Aktivität und der Eingliederung fremden Materials. Es bildet sich eine Mixtur, an der die persönliche Dynamik und die entlehnten Texte teilhaben.

Wird der Anleihe eine frühere Präsenz zugeschrieben? Die Bewegung, die Montaigne dann antreibt, ist die des Wetteifers; er zögert nicht beim Versuch, es seinen großen Vorbildern (und sei es sprunghaft und gelegentlich) gleichzutun:

»(*c*) Ich weiß auch, wie kühnerweise ich selbst es unternehme, jedesmal *meine eigenen Fabrikwaren der eingeschwärzten gleich zu machen*, so daß man keinen Unterschied merke; nicht ohne eine verwegene

1 III, xii; T.R. 1034; F.W. VI, 145.
2 *Ibid.*

Hoffnung, das Auge des Kenners zu täuschen. Aber ich suche es ebensosehr durch die Anwendung, die ich davon mache, als durch meine Erfindung und durch meine Kräfte zu bewerkstelligen. Übrigens ringe ich auch nicht in Bausch und Bogen mit jenen alten Kämpfern oder Faust gegen Faust, sondern in leichten Versuchen und kleinen, wiederholten Gängen. Ich lasse mich nicht ein auf Faustkampf, ich betaste sie bloß und gehe nicht sowohl als ich mich bereden lasse zu gehn[1].«

Die Beziehung zum zitierten Autor wird zu Kampf und Rivalität: und wenn Montaigne auch ein gewisses Zögern eingesteht und (wie in den soeben angeführten Zeilen) seine persönliche »Erfindung« schmälert, so ist die Energie, die er aufbietet, doch bemerkenswert. Er erkennt seine Unterlegenheit an und fügt sich doch nicht darein. Die Metapher des (abgelehnten) Mann-gegen-Mann oder die des Wettstreits stellen eine Kampf-Beziehung her, die die Gegner mehr oder weniger eng miteinander verbindet.

Im umgekehrten Sinne schreibt sich Montaigne selbst die Initiative zu. Alles, was er geschrieben hat, stammt aus seinem eigenen Fundus: die angeführten Autoren haben lediglich die Funktion gehabt, ein Denken zu konsolidieren, das sich zuvor bereits auf unabhängige und spontane Weise entwickelt hatte:

»(*a*) Diese Fähigkeit, das Wahre herauszuholen, wie groß oder wie klein sie auch bei mir sei, und diese freie Sinnesart, meinen Glauben nicht leicht unters Joch zu beugen, verdanke ich in erster Linie mir selbst: denn die festesten und allgemeinsten Vorstellungen, die ich habe, sind sozusagen *mit mir geboren.* Sie sind von Natur gegeben und *ganz mein eigen.* Ich habe sie roh und einfach hervorgebracht, in kühnem und starkem Wurf, aber ein wenig verworren und unvollkommen; seitdem ich sie *durch fremde Autorität* und durch die gesunden Lehren der Alten *gestützt und gefestigt* habe, mit denen ich mich in gleicher Denkweise begegnete, haben mich diese *in meiner Auffassung gestärkt und mir dazu verholfen, sie völliger zu besitzen und zu genießen*[2].«

Der Vorrang wird in diesen Zeilen unbestreitbar der eigenen (und naiven) »Hervorbringung« zugeschrieben: die Autorität

1 I, xxvi; T. R. 146; F. W. I, 223.
2 II, xvii; T. R. 641-642; L. 537-538.

der Alten greift erst später ein, um Montaigne in einer sichereren »Auffassung« zu bestärken, was seine persönlichen »Vorstellungen« angeht. Folglich sind sie die Mittler einer besseren Aneignung seiner selbst; die Hilfe, die er von ihnen erhalten hat, besteht darin, sein eigenes Denken besser deuten, ein Gut vollständiger genießen zu können, das seinem eigenen Geist entstammt. Die *anderen* haben ihm im vorliegenden Falle erlaubt, eine ganz persönliche Fülle zu »festigen«.

Dieselbe Perspektive findet sich im Essay »Vom Lügenzeihen« (II, xviii). Die Niederschrift des Buches, behauptet Montaigne, ist dem Studium der alten Autoren vorausgegangen: das Werk hat seine »Form« ausschließlich von ihm selbst. Die Anleihe und das Studium steuern zwar eine gewisse Unterstützung, eine Verstärkung bei, aber das Denken war bereits voll entwickelt, das entscheidende Werk bereits getan:

«(*c*) Ich habe keineswegs studiert, um ein Buch zu schreiben; aber ich habe ein wenig studiert, weil ich es schrieb, wenn es ein wenig studieren heißt, bald diesen und bald jenen Schriftsteller beim Kopfe oder bei den Füßen zu beschnuppern und zu kneifen, nicht um meine Meinungen zu bilden, sondern um den bereits gebildeten beizuspringen, nachzuhelfen und zu dienen[1].«

Die Anleihe wird also auf die ornamentale Rolle eines Einschiebsels beschränkt. Sie ist ein fakultativer Mehraufwand. Letztlich kommt es nur wenig auf den Anteil des »Meinen« und des »Fremden« an. Wenn, wie Montaigne das einen »jemand« von sich sagen läßt, die *Essais* nur »ein Haufen fremder Blumen« sind, so wird er doch »von dem [S]einigen« wenigstens »den Zwirnsfaden, um sie zusammenzubinden[2]«, hergegeben haben, und zwar so, daß dieser »geborgte Schmuck« ihn begleitet, ohne ihn zu bedecken oder zu verhüllen. Bei diesem Spiel kann das Buch im Laufe der aufeinanderfolgenden Auflagen mit Ergänzungen angereichert werden (bei denen Montaigne sich zu präzisieren hütet, ob sie fremder Herkunft oder eigenes Gewächs sind):

1 II, xviii; T.R. 648-649; L. 542.
2 III, xii; T.R. 1033; F.W. VI, 143.

»(*c*) Mein Buch ist immer ein und dasselbe; nur bei einer neuen Auflage, damit der Käufer nicht ganz und gar mit leeren Händen ausgehe, habe ich mirs zum Gesetz gemacht (und mein Buch ist ja ohnedem nur ein Quodlibet aus allem und aus nichts), eins und das andere *überzählige* Denk- und Sittensprüchlein anzuführen. Das sind nur *Zugaben*, die gar nicht die erste Form schlecht heißen, sondern nur, vermittelst einer kleinen ehrgeizigen Spekulation, jeder der folgenden einen besonderen Wert geben[1].«

Der Zusatz von Montaignes eigener »Hand« (wenn er eine »Erzählung« einschiebt), das Zitat oder die Anleihe bei Dritten fallen ebenfalls in den Bereich der Metapher von den »überzähligen Denk- und Sittensprüchlein«, die alsbald von einer unendlich gastlichen Totalität resorbiert werden. Wenn der Text auch aufgrund seiner »Ornamente« oder seiner »persönlichen« Elemente auswuchert, so ist er doch immer ein und derselbe im Wachstum begriffene Organismus, trotz einer »gewissen chronologischen Verschiebung«.

Schmuck eines autonomen Diskurses oder Stütze einer allzu schwachen Fähigkeit, die persönliche »Vorstellung« zum Ausdruck zu bringen, in jedem Falle findet die Anleihe zu einem *Ausgleich* mit der unabhängigen Rede. Diese Rede wird ihr dienstbar, bald um sich mit ihr zu mischen, und zwar bis zur Gefährdung ihrer eigenen Unabhängigkeit, bald um sich umso nachdrücklicher davon loszusagen. Montaigne findet hier Gelegenheit, seine eigenen Kräfte zu messen, denen er, je nach seiner Laune, variable Bedeutung zuschreibt. Er bietet seinem Leser so seine eigene Lektüreerfahrung dar, ohne jedoch seine Gedächtnisleistungen oder sein Wissen auszubreiten. Gerade in dem Augenblick, da er bewundern lassen könnte, was er vom Umgang mit den »gelehrten Musen« behalten hat, erklärt er sich für unwissend, vergeßlich und ist dabei sicher, einen authentischen Zug seines »Wesens« preiszugeben (während die Wortklauber, wenn sie ihre Kenntnisse zur Schau stellen, vielleicht die Aufmerksamkeit auf ihren Namen – diesen flüchtigen Hauch – lenken, sich aber gänzlich hinter den Spolien verbergen, mit denen sie sich schmücken).

Nachdem er nach Unabhängigkeit des Ausdrucks gestrebt

1 III, ix; T.R. 941; F.W. V, 317.

hat, nachdem er seine Abhängigkeit hat anerkennen müssen, gelingt es Montaigne, sie koexistieren zu lassen und beide in den Dienst des Selbstbezuges zu stellen. Die durchkreuzte Unabhängigkeit, die überwundene Abhängigkeit dienen dem Ich, ungeachtet der unausweichlichen Dazwischenkunft der anderen und der Rede der anderen. Als Reaktion auf die Forderung des gebildeten Publikums, das Geschmack an angestückelten Ornamenten hat, müssen Zitate *für* die anderen ausgestreut werden; und es muß auch *mittels* der anderen geschrieben werden, wenn der Text der anderen (der Alten) besser aussagt, als Montaigne das könnte, was er selbst gedacht hat. Der Rückgriff auf unvergängliche Texte aber kommt der Selbstvergessenheit gleich, während die unvollkommene Rede, die das vergängliche Sein und seine so begrenzte »Weite« ausspricht, ihm Präsenz und damit die Möglichkeit von Dauer zurückgibt. Es bildet sich somit ein Kompromiß zwischen dem Denken, das seine eigene Erfindung setzt, seine »Gangart« durch-setzt, und den Worten, die die Feder aus anderen »Quellen« schöpft. Wenn Montaigne beispielsweise von seinen eigenen Anleihen spricht, sind die Metaphern, die er benutzt, ihrerseits weitgehend traditioneller Herkunft, der Gebrauch aber, den er davon macht, die Art und Weise, wie er sie häuft und mischt, billigen ihm die Oberhand über dieses von einem präexistenten Code geleitete Material zu. Agrarische Metaphern (aussäen, verpflanzen); handwerkliche Metaphern (glasieren, einlegen, schmücken); Verdauungsmetaphern (einverleiben, »einsaugen«, in Honig verwandeln usw.); ökonomische Metaphern (erborgen, entwenden, kaufen); Kleidungsmetaphern (die dem *Körper* das Gewand, die Hülle, das Prunkkleid entgegensetzen); visuelle Metaphern der Ostentation (zur »Schau«, zur »Parade« stellen); eheliche Metaphern (die Wissenschaft »beherbergen«, anstatt sie zu »heiraten«) . . . Die Liste ließe sich noch verlängern. Das Entscheidende ist jedoch die Art, wie Montaigne diese verschiedenen metaphorischen Register benutzt, um seine Anleihen einzugestehen oder sich seiner Verpflichtungen zu entledigen; es ist die Weise, in der es ihm gelingt, das Konzert der fremden Stimmen nach seinem eigenen Gutdünken zu dirigeren, sie in seinem *Sinne* erschallen zu lassen, im Gegensatz zur allgemeinen Praxis der gelehrten Autoren.

Die antithetische Opposition von *Meinem* und *Fremdem* bekommt überdies eine besondere Bedeutung, wenn man sich erinnert, was Montaigne von seinem eigenen Sprachunterricht erzählt. Das Latein war seine »Muttersprache[1]«. Sein Vater, in der Überzeugung, daß die Unkenntnis der alten Sprachen »der einzige Grund sei, warum wir uns nicht zu der Größe der Seele und der Erkenntnis der alten Griechen und Römer erheben könnten«, hatte ihn, »bevor sich noch [s]eine Zunge zu lösen begann«, drei Lehrern anvertraut, die in »keiner anderen Sprache mit [ihm] redeten als Latein[2]«. Eine merkwürdige »Mutter«-Sprache muß dieses Idiom gewesen sein, das ihm nicht durch den einen und einzigen Mund der Mutter, sondern von einem deutschen Latinisten beigebracht wurde, der, unterstützt von »zwei anderen von geringeren Kenntnissen«, den Willen des Vaters in die Tat umsetzte. Wenn man Montaigne Glauben schenken darf, war das Latein das System, in dem sich für ihn die ursprüngliche Aneignung des sprachlichen Handwerkszeuges vollzog, die erste Orientierung in der symbolischen Ordnung. Handlungen und Gegenstände erhielten ihre ersten Namen auf lateinisch: die Welt bekam Bedeutung durch eine Sprache, deren »Fremd«-Charakter das Kind überhaupt nicht bemerkte:

»(*a*) . . . Für die übrigen Hausbewohner war es eine unverbrüchliche Regel, daß weder mein Vater, noch meine Mutter, noch Knecht, noch Zofe in meiner Gegenwart etwas anderes redeten als die paar Brocken Latein, die jeder gelernt hatte, um mit mir zu radebrechen. Es ist zum Verwundern, welche Fortschritte ein jeder darin machte. Mein Vater und meine Mutter lernten darüber Latein genug, um es zu verstehen, und erwarben davon zur Genüge, um sich im Notfall dessen zu bedienen, wie auch die andern Hausleute, die am meisten mit mir zu tun hatten. Kurz, wir latinisierten uns dermaßen, daß davon bis in die Dörfer ringsum etwas abkrümelte, wo noch verschiedene lateinische Benennungen von Handwerkern und Geräten fortleben und sich durch den Gebrauch eingewurzelt haben. Was mich selbst anlangt, so war ich schon mehr als sechs Jahre alt und

1 I, xxvi; T.R. 175; L. 213.
2 I, xxvi; T.R. 172-173; L. 209.

verstand noch ebensowenig von Französisch oder Perigordinisch wie vom Arabischen. Und ohne Kunst, ohne Buch, ohne Grammatik und Regel, ohne Rute und ohne Tränen hatte ich ein so reines Latein gelernt, wie mein Lehrer es konnte: denn ich konnte es nicht vermischt oder verdorben haben. Wenn man mir zur Übung, wie es in den Schulen gebräuchlich ist, eine Übersetzung aufgeben wollte, so mußte man sie mir, wie den andern auf französisch, in schlechtem Latein geben, um es in gutes zu bringen[1].«

Diese berühmten (und umstrittenen) Zeilen machen deutlich, daß die Sprache, in der die künftigen »Schnörkel« der *Essais* in Erscheinung treten werden, in der gelebten Erfahrung Priorität gehabt hat: es ist das Idiom, in dem sich Montaigne als Kind »die Zunge gelöst« hat – mittels eines kostspieligen Kunstgriffes, die ihren Erwerb »ohne Kunst« ermöglicht hat. Diese Sprache beherrschen bedeutete dem Willen des Vaters Genüge tun, bedeutete den Beweis für die Produktivität einer Investition erbringen, die den (in der Adeligenklasse gebräuchlicheren) Luxus- und Aufwandsbereich opferte, um dafür den pädagogischen und moralischen zu fördern. Dieser scheinbar so allmächtigen Form von *Institution* aber stellte sich (so Montaigne) eine rebellische *Natur* entgegen, die durch eine gleichsam körperliche Trägheit gekennzeichnet war. Wenn der Erfolg nicht ganz den Erwartungen des Vaters entsprach, so schreibt Montaigne das in erster Linie seinem eigenen, »schwerfälligen, schlaffen und verschlafenen Charakter[2]« zu; in zweiter Linie beklagt er dann die Unterbrechung dieser ersten Form von Privatunterricht und die unter dem Druck von Brauch und Herkommen von seinem Vater getroffene Entscheidung, ihn »etwa in [s]einem sechsten Jahr« auf das Collège de Guyenne zu schicken. Rasch hörte das Latein auf, für das Kind eine lebendige, gesprochene Sprache zu sein: »Mein Latein kam unverweilt auf den Hund, und seither habe ich durch Entwöhnung alle meine Fertigkeit darin verloren[3].« Es sollte jedoch Sprache der Lektüre bleiben und sich auf diesem Felde sogar die beim mündlichen Ausdruck eingebüßte Priorität bewahren:

1 I, xxvi; T.R. 173; L. 210.
2 I, xxvi; T.R. 174; L. 212.
3 I, xxvi; T.R. 175; L. 212.

»(*a*) Mein *erster* Geschmack an Büchern entsprang aus dem Vergnügen an den Fabeln der Metamorphosen Ovids. Denn etwa im Alter von sieben oder acht Jahren stahl ich mich von allen andern Lustbarkeiten hinweg, um sie zu lesen: um so mehr, da ihre Sprache meine Muttersprache und dies das leichteste Buch war, das ich kannte, und wegen seines Inhalts für mein kindisches Alter das zugänglichste[1].«

Das erste Buch, Ovid, erlaubt in seiner spielerischen Leichtigkeit und dem Abwechslungsreichtum seines Inhalts zum »passiven« Gebrauch einer Sprache zurückzufinden, deren »aktive« Praxis verlorengegangen ist. Die eine der Lustkomponenten haftet fraglos daran, daß das »leichte« Latein Ovids den jungen Leser wieder ins Vaterland der ersten Periode zurückversetzt, wo er von der Sprache und ihren Formen Besitz ergriffen hat. Am Faden der ovidschen Erzählung wird Montaigne auf das zurückverwiesen, was er als »meine Muttersprache« bezeichnet, bei der er jedoch nicht außer acht läßt, daß er sie, wenn sie für ihn auch »mütterlich« war, doch der Fürsorglichkeit seines Vaters verdankte und daß sie an die Stelle der Vulgärsprache gesetzt wurde, deren Erlernung sich unter der ausschließlichen Obhut der Mutter vollzog.

Schließlich ist bei der Auswahl der Bücher, die ihre fiktive Faszination ausübten, ein weiterer Ersatz eingetreten. Dieser Ersatz ist genau homolog: das mythologische, antike und heidnische Abenteuer verdrängt das autochthone Romanprodukt (Huon von *Bordeaux*!), dank dessen ein junger Franzose sich mit einem Sagen-Gedächtnis ausgestattet sieht, das seiner Heimatlandschaft oder seiner Religion weniger fremd ist; der lateinische Humanismus hat die Reste der Ritterlegende hinweggewischt. (Allerdings führte die Erziehung in den Collèges zum selben Resultat.)

»(*a*) Denn die Lancelot du Lac, (*b*) die Amadis, (*a*) die Huon von Bordeaux und dergleichen Bücherplunder, an dem sich die Jugend ergötzt, kannte ich nicht einmal dem Namen nach und kenne auch heute noch ihren Inhalt nicht, so genau war meine Richtschnur[2].«

Da ist nichts, was, abgesehen von der Ungezwungenheit und

1 *Ibid.*; L. 213.
2 *Ibid.*

Frühzeitigkeit des Bildungserlebnisses, von sich aus eine Ausnahme von der allgemeinen Zielrichtung der humanistischen Erziehung machte, die ihr Vertrauen auf die antike Fabel setzt und ihr eine überlegene erzieherische Wirksamkeit zuschreibt. Bei Montaigne ist der Ersatz vollständiger, erfolgreicher, und seine Regelwidrigkeit besteht lediglich darin, den Zielen des Lehrplans voraus zu sein. Diese vorweggenommenen Genüsse sind bereits »Diebereien«; aber da sie Texte betreffen, deren spätere Entdeckung nicht erboten ist, besteht die Lösung, zu der ein verbündeter Lehrer beiträgt, darin, ein Mittelglied zu finden, eine »Mixtur«, bei der das (scheinbare) Verbot und die (wirksame) Erlaubnis einen Vergleich eingehen. Die Lust steigerte sich (wie später, mehrfach wiederholt, bei Montaigne die eingestandene Lust der Liebe) durch das Dazwischentreten eines Scheinhindernisses, das leicht zu überwinden ist:

»(*a*) Dabei kam es mir ungemein zustatten, daß ich es mit einem verständigen Manne von Lehrer zu tun hatte, der bei dieser und andern ähnlichen Ausschweifungen sehr geschickt ein Auge zuzudrücken wußte. Denn auf diese Weise verschlang ich in einem Zuge die Äneide des Virgil, und dann den Terenz und dann den Plautus, und italienische Komödien, immer durch den Reiz der Fabel verlockt. Wäre er so töricht gewesen, mich in diesem Lauf zu stören, so dünkt mich, ich hätte aus dem Kollegium nichts mit heimgebracht als den Abscheu vor Büchern, wie fast unser ganzer Adel. Er stellte sich dabei sehr geschickt an. Indem er sich den Anschein gab, als merkte er nichts davon, reizte er meinen Hunger, da er mich *diese Bücher nur insgeheim verschlingen ließ* und mich sanft zu meiner Pflicht für die übrigen vorschriftsmäßigen Studien anhielt[1].«

Das Vergnügen ist ungetrübt und bewahrt sich die Vorliebe für die verbotene Frucht: der Vergleich mit ungleich materielleren Befriedigungen (Ausschweifung, Hunger) bezeugt den libidinösen Charakter der Wiederentdeckungen anhand der »Muttersprache«, die durch die epische oder komische Affabulation entwickelt und in Gebrauch genommen wird. Das Objekt des Begehrens fällt so teilweise mit einer verlorengegangenen persönlichen Fähigkeit zusammen – einer Fähigkeit, die dennoch eine Gelegenheit zur spielerischen

1 *Ibid.*

Wiederauferstehung findet, als das Latein sich zur szenischen Verkörperung auf dem Theater anbietet. Montaigne legt Wert darauf mitzuteilen, daß er in den Rollen, die er bei den Bühnen-Übungen seines Collège zu übernehmen hatte, geglänzt hat:

»(*b*) Darf ich aus meiner Kindheit dies noch anführen, daß es mir leicht ward, ohne Blödigkeit aufzutreten, und daß ich Biegsamkeit genug in Stimme und Gebärden besaß, um die Rollen gut auszuführen, die ich übernahm.

Alter ab undecimo tum me vix ceperat annus.

Ich habe die Hauptrollen aus Buchanans, aus Guerents und Murets lateinischen Tragödien gespielt, welche in unserem Collegio zu Guyenne mit Würde vorgestellt wurden[1].«

Hier läßt sich nicht nur die Fähigkeit, fiktive Helden zu spielen, und das Eingeständnis offenkundiger Lust an der Verstellung und der Maske erkennen, sondern auch, obwohl man sich zu einem anderen macht, das Glück, sich *in seinem Element* wiederzufinden: sich von sich selbst lossagen und gleichzeitig wiederfinden. Eine Person spielen und dabei erneut seinem Latein begegnen. Man versteht also, daß der spätere (durch eine *lateinische* Inschrift geweihte) Rückzug in den »Schoß der gelehrten Musen« und die Suche nach sich selbst nur ein und dasselbe sein konnten. Und man versteht auch, daß Montaigne, wenn er die Lateiner in ihrer eigenen Sprache zitiert, sich zwar darüber im klaren war, daß er auf fremdes Material zurückgriff, aber ohne deshalb einen inneren Bereich, eine intime Zone von Erfahrung aufzugeben, die er als die *seinen* betrachten konnte – wenn er sich auch in aller Deutlichkeit bewußt war, wieviel diese Aneignung der väterlichen Entscheidung und Gewogenheit verdankte. Sogar in der Substanz der Sprache selbst ist die Überzeugung Montaignes verwurzelt, wenn er im selben Essay erklärt: »Ich sage nie einem anderen etwas, als um es mir um so nachdrücklicher zu sagen[2].« Fast zur gleichen Zeit aber ist es ihm möglich, eine Position der Äußerlichkeit einzunehmen, in der er wieder zu seiner Unabhängigkeit in bezug auf das

1 I, xxvi; T.R. 176; F.W. I, 279-280. Das lateinische Zitat stammt von VERGIL: »Kaum war ich aus dem zwölften Jahr getreten« (*Bucolica*, VIII, 39).

2 I, xxvi; T.R. 146; F.W. I, 224.

findet, was er »gestohlen« hat; er kann die nachdrücklichste Leugnung formulieren: »(*c*) Ich habe keinen ordentlichen Umgang mit irgendeinem unserer soliden Bücher bestätigt; die Werke des Plutarch und des Seneca ausgenommen, aus denen ich schöpfe, wie die Danaiden; ich füll immer an, und es leert sich immer aus. Ich bringe zwar wohl etwas davon aufs Blatt, auf mich selbst aber so wenig als nichts[1].« Und weiter: »(*c*) Ich gehe auf Zehrung und lasse bald da, bald dort aus einem Buch die Sentenzen mitlaufen, die mir gefallen, nicht um sie zu behalten, denn ich habe keine Vorratskammer, sondern um sie hierher zu verschleppen, wo sie, die Wahrheit zu sagen, *so wenig mir gehören wie an ihrer ersten Stelle*[2].«

Von der Aneignung zur Leugnung des fremden Materials – von der Priorität des Lateinischen (das »ohne Kunst«, aber nach Maßgabe eines vollkommenen Kunstgriffs erlernt wird) zu seiner Rückstufung auf den zweiten Rang: Montaigne findet Zugang zur erwünschten Unabhängigkeit nur um den Preis der Anerkennung einer erzwungenen Abhängigkeit, der Aufmerksamkeit auf das antike Idiom, das die »Zungenlösung« seiner Sprache geleitet hat, einer Aneignung von Seneca und Plutarch, von denen er sich nicht so leicht »losmachen« kann. Frei ist er nur geworden, indem er akzeptiert hat, daß er es nicht immer gewesen ist, daß er es sogar nur auf unvollkommene Weise sein kann. Heißt das Herr seiner Sprache sein? Sicherlich kommt ihm das am nächsten.

4. Die Ökonomie der Beziehung

Drei Momente sind für uns in der »Beziehung zum anderen« nacheinander in Erscheinung getreten; nennen wir sie, auf ganz schematische Weise und indem wir die Begriffe wiederaufnehmen, auf die wir schon so oft zurückgegriffen haben: 1.) die unreflektierte Abhängigkeit; 2.) die um Autarkie bemühte Verweigerung; 3.) die gemeisterte Beziehung. Man glaube nicht, daß diese Momente im Leben Montaignes

1 I, xxvi; T.R. 144; F.W. I, 220.
2 I, xxv; T.R. 135; L. 176.

zwangsläufig genau unterschiedene Phasen bezeichneten. Sie markieren eine logische Folge und keine chronologische Ordnung. Bei genauerem Hinsehen werden wir gewahr, daß diese »Dialektik« viele Aspekte von Montaignes Erfahrung kennzeichnet. Hier möge die Hervorhebung einer bemerkenswerten Analogie genügen: wenn es sich um sein Geld handelt, erlebt Montaigne seine Beziehung zum anderen auf dieselbe Weise, wie wenn es um sein eigenes Bild geht. Im pekuniären Bereich ist der ternäre Rhythmus der drei Momente noch deutlicher und noch ausdrücklicher ausgewiesen. Hier unterscheidet Montaigne zwischen drei Lebensphasen – eine Einteilung, die meines Erachtens sehr viel ergiebiger ist als diejenige, die die Kommentatoren, auf ganz hypothetische Weise, vornehmen, wenn sie im Denken Montaignes von einer stoischen, einer skeptischen und einer epikuräischen »Phase« sprechen:

»(*b*) Ich habe in dreierlei Lebenslagen gelebt, seit ich der Kindheit entwachsen bin. Die erste Zeit, die nahezu zwanzig Jahre gedauert hat, verbrachte ich, ohne andere als zufällige Mittel zu haben, die von den Anordnungen und der Hilfsbereitschaft anderer abhingen, ohne feste Stellung und Auskommen[1].«

Für diesen jungen Edelmann, dessen Familie es nicht an Mitteln fehlt, kommt zunächst alles von außen: dank des anderen – der anfangs sein Vater ist – kann er seinen Lebensunterhalt oder seine Phantasien gesichert sehen. Die Angst vor Mangel hat ihn in dieser Phase zwar nie überkommen. Aber er war nicht sein eigener Herr: er bezog die für ihn erforderlichen Mittel nicht allein von sich selbst. Er blieb von einem fremden Willen abhängig, und seine »Auslagen«, schreibt er, »hingen ganz von den Zufällen des Glücks ab[2]«.

Die zweite Phase ist die der autarken Selbstherrschaft. Der zum legitimen Besitzer seines Vermögens gewordene Montaigne weiß die strengste Aufsicht darüber zu führen. Sich vor den anderen hütend, übt er eine regelmäßige Kontrolle über seine Güter aus, um sie zu bewahren und zu mehren. In diesem Bereich läßt er sich von niemandem in die Karten

1 I, xiv; T.R. 63; L. 107.
2 *Ibid.*

schauen. Er ist im völligen Besitz seiner selbst; an dieser Stelle ist ein ausführliches Zitat am Platze, weil hier alles aufschlußreich ist:

»(*b*) Meine zweite Lebenslage war, Geld zu haben. Als ich mich einmal darauf versessen hatte, legte ich bald für meine Umstände ansehnliche Ersparnisse zurück: in der Meinung, nur das heiße Haben, was man über seinen laufenden Aufwand hinaus habe, und man dürfe sich nicht auf Einnahmen verlassen, deren Eingang erst in Erwartung stünde, so unzweifelhaft sie auch waren. Denn wie nun, sagte ich, wenn mich dieser oder jener Zufall überraschte? Und infolge dieser eitlen und törichten Hirngespinste ging ich hin und dünkte mich sehr klug, mit meinen unnützen Ersparnissen Vorkehrung gegen jede Widerwärtigkeit zu treffen; und wußte sogar jenen zu antworten, die mir zu bedenken gaben, daß der möglichen Unglücksfälle allzu unendlich viele seien: daß es, wenn nicht gegen alle, so doch gegen einige und mehrere sei. Das ging nicht ohne beschwerliche Plackerei ab. (*c*) Ich machte daraus eine Geheimnistuerei: und ich, der ich sonst so dreist von mir selber spreche, redete von meinem Geld nur noch Lügen, wie es die andern tun, die sich für arm ausgeben, wenn sie reich, und für reich, wenn sie arm sind, und es ihrem Gewissen ein für allemal erlassen haben, über ihr Hab und Gut wahres Zeugnis abzulegen: lächerliche und schmähliche Vorsicht. (*b*) Ging ich auf Reisen, so glaubte ich mich nie genügend vorgesehen zu haben. Und je mehr ich mich mit Geld beladen hatte, um so mehr hatte ich mich auch mit Besorgnissen beladen: bald um die Sicherheit der Wege, bald um die Zuverlässigkeit der Leute, die mein Gepäck führten, dessen ich mich, wie andere, die ich kenne, nie sicher genug fühlte, wenn ich es nicht unter meinen Augen hatte. Ließ ich meine Schatulle zu Hause, wieviel Argwohn und quälende Gedanken, die ich zudem, was das Schlimmste ist, still für mich behalten mußte! Ich konnte den Geist nicht davon abwenden[1].«

Anhäufung, Konzentration, Wachsamkeit: Montaigne spricht nicht anders (in der ersten Phase der *Essais*), wenn er den Weisen auffordert, seine Kräfte zu sammeln, um sie gegen die äußeren Übergriffe und die Angst vor dem Tode »anzuspannen«. Die Bemühung um Sparsamkeit (gehen wir noch nicht so weit, sie Geiz zu nennen) ist eine Parallele zu dem Versuch, sich nur an sich selbst zu halten und nur sich

1 I, xiv; T.R. 64-65; L. 109-110.

selbst etwas schuldig zu sein: hier sieht man dieselben Abwehrhaltungen sich entwickeln, hier konstatiert man denselben Rückgriff auf Geheimnis und Maske. Man entdeckt aber auch, daß die Ablehnung der äußeren Abhängigkeit paradoxerweise eine offensive Wiederkehr der Außenwelt provoziert. Das Vorherbedenken des Ruins wie das des Todes vertreibt das Bewußtsein aus der beständigen Gegenwart, in der es sich einrichten wollte. Begierig, die Zeit zu beherrschen, wird es von dem Gedanken an die *zu beherrschende Zeit* beherrscht. Darauf bedacht, den feindseligen Unternehmungen zu entrinnen, bemüht es sich, sich abseits der anderen zu halten, aber das mißtrauische Grübeln führt ihm unaufhörlich die Aggression vor Augen, die es fürchtet. Die *Schatulle* Montaignes repräsentiert die Sicherheit, die Möglichkeit von Muße, den behaglichen Rückzug zu den Büchern, die Unabhängigkeit der Reflexion und den Gesamtkomplex dessen, was sich auf der Grundlage der geschützten Autonomie errichten läßt. Die Sicherung der kostbaren Schatulle veranlaßt das Denken, voller Angst die Außenwelt zu durchmustern: es muß sich darum bemühen, die Nachstellungen zu vereiteln, den Schäden zu wehren. Anstatt den anderen zu entrinnen, ist der Geist das Opfer ihrer antizipierten Böswilligkeit, er bleibt ständig auf der Hut vor dem, was draußen angezettelt werden könnte. Besser wäre es, darauf zu verzichten, eine solche Last allein tragen zu wollen und von einer so kostspieligen Herrschaft abzulassen, deren Auswirkungen das genaue Gegenteil der erhofften Freiheit sind. Seit seiner Italienreise aber akzeptiert Montaigne seine »Auslagen«: er ist bereit, sich dem anderen anzuvertrauen, bereit auch, sich der Gunst des Augenblicks anzuvertrauen. Denn er ist fortan stark genug, sich keine Fesseln mehr anlegen zu lassen. Er hat erkannt, daß die einsame Sorge ihn mehr zum Sklaven macht als das aufgeklärte Vertrauen; dieses Vertrauen wird, wenn es sich in die unausweichlichen Gefahren schickt, um so eher die Fülle des gegenwärtigen Augenblicks und der vorübergehenden Beziehung auskosten, ohne ihnen mehr abzuverlangen, als sie geben können. Deshalb kann Montaigne das Loblied einer Unabhängigkeit anstimmen, die bis zur Entäußerung geht; er hat die Formel für eine kommunikative Autonomie gefunden, für eine Herrschaft über sich selbst, die die Beziehung zum anderen einschließt, wenn nicht sogar die Hingabe an ihn:

»(*b*) Wodurch ich in eine dritte Art von Lebensweise verfallen bin, die (ich sage, wie ich darüber denke) gewiß viel angenehmer und ruhiger ist: das ist, daß ich meine Ausgaben und meine Einkünfte nebeneinander laufen lasse; zuweilen sind die einen voraus, zuweilen die anderen; aber sie geraten nie weit auseinander. Ich lebe in den Tag hinein und bin es zufrieden, wenn ich meine täglichen und gewöhnlichen Bedürfnisse befriedigen kann: zu den außerordentlichen vermöchten alle Vorräte der Welt nicht hinzureichen [. . .].

(*b*) Wenn ich Geld zurücklege, dann nur in Voraussicht einer nahen Anschaffung: nicht um Güter zu kaufen, (*c*) deren ich nicht bedarf, (*b*) sondern um Vergnügen zu kaufen [. . .]. (*c*) Und ich lobe mir höchlich das Glück eines alten Prälaten, von dem ich weiß, daß er sich so völlig seiner Börse, seiner Einnahmen und seiner Ausgaben entladen hat, zuweilen auf einen dazu ausgewählten Diener, zuweilen auf einen andern, daß er eine lange Reihe von Jahren in gleicher Unkenntnis dieser Art von Geschäften seiner Haushaltung hingebracht hat wie ein Fremder. Das Vertrauen in die Redlichkeit anderer ist kein geringes Zeugnis der eigenen Redlichkeit: darum pflegt Gott es gern mit seiner Gunst zu lohnen[1].«

Montaigne stellt sich eine höhere Art von Autonomie vor, die den anderen ihr Recht läßt, weil das wirkliche Interesse des Individuums nicht darin liegt, streng über seine besonderen Vorteile zu wachen, sondern »Vergnügen zu kaufen«. Er akzeptiert eine Verausgabung, bei der ein *relativer* Anteil seines »Mundvorrates« verzehrt wird: eine Art von berechneter Unvorsichtigkeit, die sich in sinnliche Intensität, in Existenzglück verwandelt. Fortan weiß das befreite Bewußtsein, wenn es zum Unmittelbaren und zur Heteronomie zurückfindet, von der es sich befreit hatte, daß eine angemessene Beziehung zwischen Draußen und Drinnen, zwischen dem »Ich« und dem »anderen«, zwischen der Unversehrtheit einer einmaligen Existenz und der Zustimmung zum materiellen Risiko herrschen muß.

1 I, xiv; T.R. 66-67; L. 111-112. Am Schluß von Essay I, xxvi spricht MONTAIGNE in diesem Zusammenhang von der »Faulenzerei«. Cf. T.R. 175-176; L. 213-214.

5. Die »Übelkeit des Magens« und die »glühenden Kohlen«

Die Öffnung in Richtung der Welt geht auf den vollendetsten Seiten der *Essais* Hand in Hand mit der Aufmerksamkeit auf sich selbst. Ganz im Gegensatz zu einer denkfaulen Auffassung ist die Selbstlosigkeit keine unerläßliche Bedingung des Mitleids. Das merkwürdige Kapitel »Über Kutschen«[1] ist in dieser Hinsicht besonders aufschlußreich: seine Gliederung hat zu Auseinandersetzungen Anlaß gegeben, sein inhaltlicher Verlauf aber – von einem auf den eigenen Körper bezogenen Teil zu einem Abschnitt über die von anderen erlittene Tortur – ist von beispielhafter Klarheit. Montaigne beginnt mit einem Geständnis in bezug auf seine körperliche Empfindlichkeit bei Reisen; das ist bei ihm, versichert er, kein Angsteffekt, trotz der von den Medizinern verfochtenen Idee, die der Seekrankheit Furcht als Ursache zuschreibt. Das Ich – die freie subjektive Instanz – bekräftigt sich hier auf doppelte Weise: zunächst durch den Vollzug des kritischen Urteils in bezug auf eine Theorie, der die persönliche Erfahrung widerspricht; dann durch das Vertrauen in die Erfahrung des Ekels und der »Übelkeit des Magens«. (Diese Art von Eingeständnis hinsichtlich der körperlichen Sensation ist in der Prosa der Epoche außergewöhnlich). Das Interesse an der Antike und den indianischen Kulturen Mittelamerikas führt das Denken dann auf Lektürewegen, die genau nachzuzeichnen sind, in die zeitlich und räumlich entlegensten Bereiche. Wie vollzieht sich diese Expansion? Der Anstoß geht vom kritischen Denken aus: der Kritik des medizinischen Denkens, die sich anfangs auf einen einzigen Gegenstand beschränkt, dann verallgemeinert wird und schwerwiegendere Unkenntnisse betrifft. Die zeitliche und räumliche Entferung erlaubt es dem Urteil, einen höheren Aufschwung zu nehmen. Zunächst bietet die Erweiterung des Blickfeldes den Vorwand für eine *intellektuelle* Kritik:

1 III, vi; T.R. 876-894; F.W. V, 201-233. Der Essay ist Gegenstand zahlreicher Kommentare gewesen; unter anderen von Marcel RAYMOND, »Montaigne devant les sauvages d'Amérique«, in *Être et dire*, Neuchâtel 1970, S. 13-37; ÉTIEMBLE, »Sens et structure d'un essai de Montaigne«, in *C'est le bouquet!*, Paris 1967, S. 101-115.

die Summe der bekannten Dinge ist lediglich ein unendlich kleiner Teil dessen, was ist, was gewesen ist und was wir nicht kennen. Das gibt Montaigne dann Gelegenheit zu einer *Kultur*kritik: der »Pomp und Prunk« der Alten, namentlich bei den Zirkusspielen, übertraf den unseren; und die Prachtliebe der amerikanischen Eingeborenen stand den Herrlichkeiten der Antike in vieler Hinsicht durchaus nicht nach. Auf diesem Felde wird der Vorsprung den anderen zugeschrieben, vor und gegen uns. Aber die Kritik bleibt dabei nicht stehen: von den römischen Herrschern ausgehend, hält sie sich in einem allgemeineren Sinne an die Verschwendungssucht der Fürsten, die aus den Ressourcen des Volkes schöpfen, um mit ihren freizügigen Spenden zu glänzen; sie richtet sich vor allem auf die Brutalität der Eroberer Amerikas. Erst dann findet sie zu ihrer ganzen *ethischen* und *politischen* Weite. Ein durchaus persönliches Engagement macht sich so in bezug auf eine Realität geltend, die scheinbar das Gegenstück zur persönlichen Existenz bildet. Diese Ereignisse, die anhand der *Beziehung* und des Zeugnisses zur Kenntnis genommen werden, wie sie von Büchern vermittelt werden, rufen in Montaigne als aufmerksamem und verletzlichem Leser ein leidenschaftliches Echo wach: er stellt dadurch eine Gegen-*Beziehung* ganz anderer Art her, die sich nicht auf die Ausübung eines distanzierten und neutralen Urteils beschränkt. Ich kann mich nicht des Gedankens entschlagen, daß die anfängliche Aufmerksamkeit Montaignes auf sein körperliches Unwohlsein die innige Sympathie mit den Leiden vorbereitet und ermöglicht hat, wie sie von anderen Menschen in einer fernen Welt erduldet werden. Er, der zu Beginn des Essays von der unterbrochenen Bewegung spricht, die ihm zuwider ist, macht deutlich, daß er »gewohnt ist, wider [s]eine Naturfehler anzustreben, und sie durch [s]ich selbst zu überwältigen[1]«. Seine »körperliche Verfassung« hat ihm die Erfahrung von Unwohlsein, Schmerz und schwierigem Widerstand eingeprägt. Am Blasenstein leiden heißt sich mit der Marter vertraut machen. Wie sollte Montaigne also bei den Martern der indianischen

1 III, vi; T.R. 878; F.W. V, 206.

Fürsten gleichgültig bleiben, die die Spanier zur »Folter« verurteilten?

»(*b*) Als der Würdenträger dem Tode nahe war, von Schmerz überwältigt und umgeben von glühenden Kohlen, wandte er einen kläglichen Blick zu seinem Herrn, als wollte er ihn dafür um Vergebung bitten, daß er am Ende seiner Kräfte sei. Der König sah ihm stolz und streng in die Augen, und als Vorwurf seiner Feigheit und Kleinmütigkeit sprach er mit rauher und fester Stimme nur diese Worte zu ihm: Und ich, bin ich denn auf Rosen gebettet? bin ich nicht weit besser daran als du? Gleich darauf erlag jener den Schmerzen und starb auf der Stelle[1].«

Die humanistische Ethik Montaignes äußert sich hier so deutlich, daß sie nicht einmal ihre Prinzipien zu formulieren braucht: die grausame Anekdote enthält eine demonstrative Bedeutung. Das Beispiel wird nicht nur als Beweis von Seelenstärke hervorgehoben. Es fordert dazu auf, sich das erlittene Leiden auszumalen. Und wenn der Beginn des Essays uns bei Montaigne nicht so viel Aufmerksamkeit auf das körperliche Leiden und so viel Entschlossenheit zu seiner Bekämpfung gezeigt hätte, wäre uns die *Beziehung* zwischen körperlicher Erfahrung der physischen Qual und empörter Ausmalung der von den Indianern erlittenen Marter weniger deutlich erschienen. Man könnte sogar so weit gehen zu sagen – zum Lob einer Moral der ausdauernden Anstrengung, die in unseren Tagen nicht mehr dieselben Anhänger findet –, daß die Art und Weise, wie Montaigne sich weigert, sich vom Ekel beherrschen zu lassen, und sein Wunsch, die innere Schwäche zu »überwältigen«, sehr direkt zum Verständnis des Mutes des gemarterten Königs und zum Protest gegen die den gefangenen Indianern auferlegte unmenschliche Behandlung führen. Eben das ist das Band, das den Beginn des Essays mit seinem Schluß verknüpft. Man muß dem Besitz seiner selbst den höchsten Wert beigelegt haben, um sich über die Gewalt empören zu können, die einem menschlichen Wesen seinen Willen enteignen will. Im vorliegenden Fall entwickelt und verwandelt sich das Ideal der Selbstbeherrschung in den Imperativ des Respekts vor dem

1 III, vi; T.R. 891; L. 722.

anderen: es ist dessen nach außen gewendete Version. Der Individualismus Montaignes beschränkt sich nicht auf die Abkapselung in der persönlichen Subjektivität, wenn er ihr auch ihr Recht widerfahren läßt: er fordert das gleiche Recht für alle, ohne sich im mindesten (wie man ihm das häufig vorgeworfen hat) über die politischen und sozialen Bedingungen hinwegzusetzen, die geeignet sind es zu verbürgen. Der Individualismus ist damit eng mit einem universalistischen Postulat verbunden; Montaigne, der die Erfahrung des Körpergeschehens, der Schwäche und der Widerruflichkeit der individuellen Existenz von innen her gemacht hat, fühlt sich gehalten, ganz spontan die Partei der Schwachen zu ergreifen, sobald Gewalt, Ungerechtigkeit und Fanatismus über ihr Denken, ihre Bräuche, ja sogar über ihr Leben herfallen, um den Skandal und die Herausforderung des »Dissidenten« zu schmälern, wie ihn jede Individualität in den Augen der Tyrannenmacht darstellt. Die Ideologie, deren *Exponent* dieser Junker bürgerlicher Abstammung ist, ist weniger die einer bestimmten »Klasse« (welcher? des Landadels? des Bürgertums?) als vielmehr der sozialen *Mobilität*, deren beispielhafter Zeuge seine Familie gewesen ist. Der »Mobilismus« Montaignes ist nicht nur die Vision einer in unaufhörlichem Fluß begriffenen Welt, er ist auch die Ahnung des unausweichlichen Wandels – wenn sich das Rad der Fortuna dreht –, der die Armen an die Stelle der Reichen setzt, die Besiegten an die der Sieger; jede menschliche Beziehung, die höchste wie die niedrigste, ist virtuell die meine; mehr noch, aus dieser Vision der Welt und im Banne dieser Ahnung kann man die tiefe Ähnlichkeit ermessen, die für die »universale Bindung« zwischen Individuen aller Nationen und aller Stände sorgt; ein Universum der Wechselfälle kann, vom Bewußtsein bewohnt, zu einem Universum der *Wechselseitigkeit* werden. Die »universale Bindung« kann nur durch den Schutz eines jeden ihrer Teilhaber geschützt werden: das *Ich* verleiht sich bei Montaigne nur deshalb so hohe Privilegien, um besser verständlich zu machen, daß kein menschliches Wesen übergangen werden darf. Montaigne hat in seinem eigenen Fall so häufig die Bewegung des Falles, des Sturzes vergegenwärtigt (Absturz des allzu ehrgeizigen Geistes, Sturz vom Pferd, Abfall, wie ihn das Alter mit sich bringt), daß wir nicht umhinkönnen, die Sympathie zu bemerken, die sich in der scheinbar fühllosen Erzählung vom Sturz des »letzten Königs von Peru« verbirgt. Der Essay endet folgendermaßen: »*Retombons* à nos coches – Aber wieder auf unser Fuhrwerk zu kommen: [. . .] Der letzte König von Peru wurde an dem Tage, da man ihn gefangen nahm, auf einer Tragbahre von Gold getragen, und saß auf einem goldenen Stuhle mitten in der Schlacht. So viel man seiner Träger tötete, um ihn herunter zu werfen (denn man wollte ihn lebendig fangen), so viel andere rissen sich darum, die Stellen der Getöteten einzunehmen; so daß man ihn nicht einmal zur Erde bringen konnte, welches Gemetzel man auch unter diesen Menschen anrichtete, bis endlich ein spanischer Reiter ihn umfaßte und ihn auf die Erde *warf.*«

6. Das Begehren und die weite Welt

Fülle und Mangel sind in ihrer Gegensätzlichkeit eng miteinander verbunden. Montaigne hat Bindungen eingehen müssen, um sich zu erfahren und sich anders und verschieden zu wünschen; er hat Trennungen vollziehen und Distanzen zurücklegen müssen, um den Sinn von Intimität zu verstehen. Diese Entdeckung gilt auch für das Gesetz des Begehrens: eine unvordenklich alte Weisheit macht dem Menschen den Vorwurf, zu begehren, was nicht in seiner Macht steht: seines Nächsten Weib, die verlorene Gesundheit, die Lüste der Großen. »Jede fremde Frau dünkt uns eine wackere Frau[1].« Der Mangel lenkt unseren Blick in die Ferne, und umgekehrt läßt uns die Ferne unsere Dürftigkeit erleben. Der Ruhm oder die Wissenschaft sind erwünscht, weil sie abwesend sind, oder abwesend, weil sie erwünscht sind. Montaigne hat wie nur je ein anderer die Verführung dessen erlebt, was uns lockt, wenn es sich auch gleichzeitig entzieht; er hat sich gescholten, wenn er die klassischen Morallehren wiederholte: das Unerreichbare, das uns kostbar erscheint und uns unsere Armut beklagen läßt, enttäuscht uns, sobald wir es

1 III, ix; T.R. 953; F.W. V, 338.

besitzen; also wenden wir uns anderen abwesenden Dingen zu, lauschen wir dem Gesang anderer Sirenen, hören wir nicht auf, uns für arm zu halten – ein ganz und gar imaginärer Mangel, für den unsere kranke Einbildungskraft als erste verantwortlich ist. Es reicht aus, der verführerischen Kraft des Irrealen Widerstand zu leisten, und wir finden erneut zu unseren wahren, unveräußerlichen Gütern zurück, die uns immer zur Hand sind. In einer Paradoxie aber, die die Weisheit der Völker überbietet, ist Montaigne bereit, der Narrheit des Begehrens ihr Recht widerfahren zu lassen; er willigt ein, seine gänzliche Bedürftigkeit hinsichtlich dessen einzugestehen, was ihm fehlt. Mögen die Sirenen singen[1]! Mögen die imaginären Versuchungen ihren Widerschein werfen! Er gefällt sich darin, seine Vereinzelung und seinen Mangel zu *spüren*, ohne aber sein Defizit durch Besitz auffüllen zu wollen. Der Raum öffnet und vertieft sich, weil darin das Begehren seinen Drang entfaltet; und Montaigne erhält das Begehren lebendig, indem er ihm einen unbegrenzten Aufschub gewährt: die Erfüllung ist nicht sein Ziel. Glück liegt bereits darin, das Begehren als Begehren anzuerkennen – die »Jagd«. So wird das durch den Ruf nach der nichtvorhandenen Lust geschaffene Intervall zum transparenten Raum, in dem die Kräfte der Intelligenz und des Urteils ihr freies Spiel entfalten können. Das Begehren erfordert die Präsenz, sucht sie aber lediglich in verbotenen oder »fremdartigen« Gegenständen; das Werk des Begehrens übernehmend, erhält das reflexive Bewußtsein den Abstand aufrecht und macht ihn sich für sein eigenes Glück zunutze. Nichts besitzen heißt für dieses Bewußtsein, alles mit gleicher Leidenschaft und gleicher Absichtslosigkeit ins Auge fassen können.

Das Begehren, das das Gefühl der bedürftigen Existenz geweckt, aber gleichermaßen auf seine Befriedigung verzichtet hat, eröffnet dem Bewußtsein das Schauspiel einer weiten Welt, in der nichts gleichgültig bleiben kann. Das in Versuchung geführte Bewußtsein entflieht sich selbst in Richtung der Dinge, hat aber ebenso auch die Macht, sich wieder zu sammeln, um über alle Dinge das Urteil auszusprechen, mittels dessen es seine Autonomie behauptet. Die aus dem

1 II, xii; T.R. 467; F.W. III, 278. Und auch II, xvi; T.R. 602; F.W. IV, 111.

Begehren hervorgehende Distanz, Projektion des Begehrens in eine (nie weit genug entfernte) Ferne, erhält dann eine neue Bedeutung und wird zum Abstand, der durch die Macht von Absonderung und Abkapselung erzeugt wird, die den Geist wieder zu seinen intimen (nie nahe genug gelegenen) Positionen zurückführt: denn der Geist kennt die Dinge nur in dem Maße, wie er sich von ihnen verschieden weiß, indem er in seine wesenhafte Differenz zurückweicht, um die fremden Formen und Geschmacksnuancen zu kosten. Der erlebte Raum ist also durch einen doppelten Taumel definiert. Ganz in der Ferne erstreckt sich das unzugängliche Sein, das sehnlichst begehrte Gut (der Gott, von dem uns die *Apologie de Raimond Sebond* zu verstehen gegeben hat, daß er nicht unser *Mitbruder* ist); ganz nahe lockt die sinnlich wahrnehmbare Welt; und die Abwesenheit Gottes wird zum notwendigen Korrelativ der prekären und kostbaren Präsenz bei sich selbst. Das Bewußtsein erfährt sich als dermaßen weit entfernt von Gott, daß ihm nichts anderes bleibt, als die Fülle der sinnlichen Erfahrung und des »mundanen« Lebens hinzunehmen, indem es darin den Ausdruck von Gottes eigenem Willen sieht, der den Menschen dazu verurteilt, »nichts anderes [zu] sein als was er ist[1]«: Fülle ohne metaphysische Garantie, die jedoch durch die Wahrheit der Trennung aufrechterhalten wird.

Die Intimität, die glückselige Fülle, die der Lohn der Weisheit sind, erreichen wir nur, wenn wir in die Distanz und in die Hinfälligkeit unserer Fühlungnahme einwilligen. Die Trennung ist der Geheimweg zur Präsenz, selbst wenn der Ruf der Ferne niemals aufhört, uns abzulenken: wir versetzen uns im Geist dahin, wo wir nicht sind, wo wir nicht sein sollten, und nehmen unsere Gegenwart nur flüchtig wahr. Das heißt über die Welt »hingleiten« oder in sie »einsinken[2]«. Und es ist gut, daß dem so ist. So bedeutet *immer an anderes denken* abwechselnd oder gleichzeitig die Ungeduld, sich selbst hinter sich zu lassen, und die eigentliche Verfassung der Einkehr bei sich selbst; *hier* ist der Ort unserer Gefangen-

1 II, xii; T.R. 501; F.W. III, 339.

2 III, x; T.R. 982; L. 787. »Ich für mein Teil lobe mir ein sacht hingleitendes, glanzloses und lautloses Leben« (III, x; T.R. 999; L. 803).

schaft und wird zum Bezirk unserer Entfaltung. Die Distanz ist doppeldeutig, und das Unmittelbare ist es nicht minder. Ich entfremde mich mir im Begehren, aber ich finde Identität mit mir selbst nur unter der Bedingung, in diese Entfremdung eingewilligt zu haben. Es ist meine Aufgabe, mich zu trennen und gleichzeitig zu vereinen. Dieses Oszillieren findet kein Ende, und Montaigne wünscht auch nicht, daß es in irgendeiner letzten Versöhnung ein Ende fände. Wenn es bei Montaigne eine Zustimmung zu sich selbst gibt, so nicht, um eine schlüssige Weisheit triumphieren zu lassen: sie ist vielmehr Zustimmung zur Unvollkommenheit. Es wäre vergeblich, die Unvollkommenheit überwinden zu wollen: sie findet sogar in die Definition des Lebens selbst Eingang: »In einer materiellen und körperlichen Bewegung, in unvollkommenen, unregelmäßigen Handlungen besteht sein Wesen. Ich begnüge mich, solchem Wesen zu genügen[1].«

Die Komplizenschaft, die Montaigne von seinen Lesern fordert, läuft darauf hinaus, eine *glückhafte* Solidarität zu stiften, im Bewußtsein der gemeinsamen Bedürftigkeit. Jedes Wissens und jeder privilegierten Rolle im Universum beraubt, sind die Menschen nur Träger eines engumgrenzten Bewußtseins, aber fähig, sich zu begegnen, zu »beratschlagen«, sich zu *unterhalten*. Das aber ist eine neue Autorität, die uns leichten Herzens auf Wesenheiten und Ursachen verzichten läßt, deren Erfassung uns versagt bleibt. Das Ich entdeckt auf diese Weise die subjektive und die intersubjektive Dimension, und zwar gegen Ende einer kritischen Bewegung, die darauf abzielte, die menschliche Natur zu diskreditieren. Nur ein Bewußtsein sein, das in die Grenzen des *Relativen* und eben damit in das Netzwerk seiner *Relationen* eingebettet ist – das heißt sich um alles bereichert finden, was ein Bewußtsein vermag, das mit anderen Bewußtseinen verbunden ist. Die Bewegung, durch die ich mir Grenzen setze, läßt mich auch des *Unbegrenzten* gewahr werden, das ich nicht bin, das mir versagt ist, das ich in Gedanken jedoch unaufhörlich aufrechtzuerhalten habe.

»(*b*) Ich will hier rechtfertigen, was ich oft sage, daß ich selten etwas

1 III, ix; T.R. 967; F.W. VI, 24.

bereue, (*c*) und daß mein Gewissen mit sich im Einklang ist: nicht als ein Engels- oder ein Pferdegewissen, sondern als das Gewissen eines Menschen; (*b*) wozu ich immer diesen Kehrreim anfüge, nicht einen Kehrreim der äußeren Schicklichkeit halber, sondern der einfältigen und echten Unterwerfung: daß ich nur als ein Fragender und Unwissender spreche[1] . . .«

Das Nichts der *Unwissenheit* und die unerschöpfliche Möglichkeit des *Fragens* sind miteinander in dem *ich spreche* verbunden. Wenn das Bewußtsein nicht entblößt und unwissend wäre, könnte es für sich selbst nicht diese unendliche Frage und auch nicht diese Infragestellung aller Dinge sein. Eben das ist sein Reichtum, der eine außerordentliche Bereicherung der Idee der *Welt* zur Folge hat. Die *Apologie de Raimond Sebond* wäre nur ein Text von geringem Interesse, wenn er sich darauf beschränkte, die Wissenschaft zu disqualifizieren und die Hinfälligkeit des Verstandes deutlich zu machen; indem er den Menschen aber darauf reduziert, das Wenige zu sein, was er ist, indem er ihn in die Grenzen seines winzigen Bereiches einschließt, stellt ihm der Text Montaignes nicht nur die unbegreifliche Allmacht Gottes, sondern auch den unendlichen Reichtum der Welt und der Natur entgegen. Während der Mensch folglich auf sein nacktes Bewußtsein verwiesen wird, sieht das begrenzte Universum der traditionellen Kosmologie seine Grenzen sich verwischen und wird zum unbegrenzten Universum, das katalogisieren zu wollen vergeblich wäre: der derart weitgeöffnete Raum, das Wuchern der lebendigen Formen und der sinnlichen Eigenschaften und die Fruchtbarkeit der Natur bieten und verweigern sich unserem Blick auf geradezu unerschöpfliche Weise. Sie offenbaren sich als das, von dem uns keine vollständige Offenbarung je mitgeteilt werden wird. Im Angesicht der Welt weiß der Mensch, daß er ein endliches Geschöpf in einer physischen Unendlichkeit ist. Das Wissen, das er besitzt, ist nichtig, der Horizont des Möglichen aber, der sich vor ihm auftut, ist weiter, als er je gewesen ist. Was den Menschen tröstet, ist nicht, daß er sich in diese freigebige Natur, die er nicht begreift, einbezogen und einbegriffen sehen kann, es ist auch nicht die Hoffnung, daß er »sich erheben« wird, »wenn

1 III, ii; T.R. 784; L. 625.

er [. . .] sich bloß den himmlischen Kräften zum Heben und Tragen übergibt[1]«, sondern es ist das Gefühl, daß sein Bewußtsein angesichts der Unermeßlichkeit des Universums die Quelle einer zugleich hinfälligen und unbezwingbaren Freiheit besitzt. Ihm, der »nicht anders sehen kann als mit seinen eigenen Augen, nicht anders ergreifen als mit seinen eigenen Händen[2]«, bleiben doch derart viele Gegenstände zu sehen und zu ergreifen! Dem Unendlichen des Universums entspricht auf Seiten des freien Bewußtseins ein Unendliches an Initiative: die nie erschöpfte Möglichkeit einer Wiederinbesitznahme und »Handhabung« seiner selbst, und zwar auf dem Wege, der sich der Sprache eröffnet: *Wer sieht nicht, daß ich einen Weg eingeschlagen habe, auf dem ich ohne Ende und ohne Mühe immer weiter gehen werde, solange es noch Papier und Tinte in der Welt gibt*[3]. Dieser unendliche Weg ist kein einsamer Weg: Schreiben bedeutet mit dem Papier reden, und für Montaigne heißt, wie wir gesehen haben, mit dem Papier reden sich das Wort zum Vorbild nehmen, das er an »den ersten besten, der [ihm] über den Weg läuft[4]«, richtet. In seiner zugespitztesten Formel aber erkennt er das Gesetz an, das die sprachliche Kommunikation leitet: »Das Wort gehört zur Hälfte dem, welcher spricht, und zur Hälfte dem, welcher hört[5].«

7. Anmerkung zur Dreiergruppierung

Montaigne liebt die Triaden. Sein Buch, das anfangs zwei Teile umfaßt, wird deren schließlich drei und auch drei Hauptausgaben haben[6]. Die dreiteilige Gliederung kündigt sich sogar im Titel mancher Kapitel an: »Von drei guten Weibern« (II, xxxv), »Von dreierlei Umgang« (III, iii); man begegnet ihr erneut bei Titeln wieder, die das nicht auf

1 II, xii; T.R. 589; F.W. IV, 86.
2 *Ibid.*
3 III, ix; T.R. 922; L. 744-745.
4 III, ii; T.R. 767; L. 605.
5 III, xiii; T.R. 1066; F.W. VI, 202.
6 Von dieser Dreier-Skandierung beeindruckt, waren seine Kommentatoren geneigt, ihm auch drei sukzessive philosophische Phasen zuzuschreiben: eine stoische, eine skeptische und schließlich eine »persönliche« . . .

Anhieb vermuten lassen; so bildet »Von den vortrefflichsten Männern« (II, xxxvi), das auf die »Drei guten Weiber« folgt, das ihm vollkommen angemessene Gegenstück: es handelt von *drei* erlauchten Persönlichkeiten: Homer, Alexander, Epaminondas . . . Die triadische Gliederung dient nicht nur dazu, statische Beispiele zu gruppieren; sie sieht sich von der Bewegung der dialektischen Argumentation angetrieben, und zwar nach dem aus der mittelalterlichen *disputatio* ererbten Modell: 1.) *quod sic*, 2.) *quod non* und 3.) *sed contra*. Sie ist unter anderen im Kapitel »Über Namen[1]« (I, xlvi) nachgewiesen worden; und der aufmerksame Leser wird ihr noch mehr als einmal in der scheinbaren Unordnung eines wuchernden Diskurses wiederbegegnen. Hier seien nur einige wenige Beispiele zitiert[2]: man wird sehen, daß die dreiteilige Gliederung Montaigne häufig hilft, den Ort zu bestimmen, an den er sich stellt, den Platz, den er sich zugewiesen findet, und zwar durch Opposition zu zwei Gegensätzen, die er verwirft.

Häufig führt Montaigne nämlich, nachdem er zwei Einstellungen miteinander verglichen hat, die in eine Zwangslage münden, eine *dritte* Möglichkeit ein, der er selbst sich anschließt. Das ist etwa das Verfahren, wie es zur Darstellung der Philosophie benutzt wird, die den Gegenstand einer langen Ausführung in der *Apologie de Raimond Sebond* bildet. Einer affirmativen und dogmatischen Philosophie, die sich als Herrin des Wissens fühlt, stellt Montaigne das von den »Akademikern« eingestandene Nicht-Wissen gegenüber; das Nicht-Wissen der Akademiker aber wird noch mit allzu viel Sicherheit ausgesprochen, und die dritte Möglichkeit findet sich im Zeichen des Pyrrhonismus und seines fragenden In-der-Schwebe-Haltens ein:

1 Von Antoine COMPAGNON, *Nous, Michel de Montaigne*, Paris 1980, S. 38-39.

2 Ohne auf die drei »Lebensweisen« zurückzukommen – das heißt auf die drei Einstellungen zum Geld –, auf die Montaigne im Essay I, xiv (»Daß unsere Empfindung des Guten und Bösen großenteils von der Meinung abhängt, die wir davon haben«) bezugnimmt, ist doch offensichtlich, daß, in ihrer Abfolge, die erlittene Abhängigkeit, der Wunsch nach Unabhängigkeit und dann die Rückkehr zu einer akzeptierten Abhängigkeit (die, weil sie in aller reflektierten Deutlichkeit hingenommen wird, keine knechtische Abhängigkeit mehr ist) auf ein *Modell* reagieren, das bei Montaigne in verschiedenen Bereichen wiederauftaucht. Es ist gleichwohl nicht das alleinige Modell der Dreiergliederung. Auch die statische Klassifizierung in drei *Kategorien* kann ebenso zur Geltung kommen wie die zeitliche Abfolge dreier *Momente*.

»(*a*) Welcher Mensch etwas sucht, muß eins einräumen! Entweder hat er es gefunden, oder er kanns nicht finden, oder er ist noch im Suchen begriffen. Alle Philosophie ist von *diesen drei Arten* ausgegangen. Ihr Zweck ist Wahrheit, Erkenntnis und Gewißheit. Die Peripatetiker, die Epikuräer, die Stoiker und andere glaubten die Wahrheit gefunden zu haben. Diese haben die Wissenschaft der Philosophie festgesetzt, wie wir sie haben, und solche behandelt als gewißstehende Kenntnisse. Clitomachus, Carneades und die Akademiker verzweifelten zum Ziele zu gelangen und meinten, man könnte mit unsern Kräften nicht bis zur Einsicht der Wahrheit kommen. Das Resultat dieser ist, der Mensch sei schwach und unwissend. Diese Partei hat die meisten und edelsten Anhänger gehabt.

Pyrrho und andere Skeptiker oder Epechisten [. . .] sagen: sie wären noch mit dem Aufsuchen der Wahrheit beschäftigt; wer sie schon gefunden zu haben meine, irre sich unendlich, und selbst das sei eine zu eitle Kühnheit vom zweiten Range, wenn man *behauptet*, die Kräfte des Menschen wären unfähig, so weit zu reichen[1].«

Die Pyrrhonisten sind diejenigen, die sich in den täglichen Vorkommnissen »ohne irgendeine eigene Meinung oder Urteil[2]« leiten lassen. Das ist die Schule, die für Montaigne am meisten »Wahrscheinlichkeit und Nützlichkeit[3]« hat.

Im Gesamtaufbau der *Apologie* ist jedoch leicht eine dreiteilige Gliederung auszumachen, die im Sinne der Etappen eines polemischen Höhergebotes abgestuft ist. Zunächst antwortet Montaigne auf die Einwände des Glaubens gegen die rationale Methode von Sebundus; in zweiter Linie hält er sich an die Kritiker, die die wissenschaftliche Gültigkeit der vom Autor der *Théologie naturelle* vorgebrachten Argumente in Zweifel ziehen; das gibt ihm Gelegenheit, die Nichtigkeit der Wissenschaft anzuprangern – in jeder Beziehung; diesen beiden Repliken wird an dritter Stelle der letzte, der »Stoß der Verzweiflung[4]« versetzt, mit dem Montaigne die Konsequenzen des Pyrrhonismus in ihrer ganzen Tragweite entwickelt – bis zu dem Punkt, an dem er den Argumenten des

1 II, xii; T.R. 482; F.W. III, 305-306.
2 II, xii; T.R. 486; F.W. III, 312.
3 *Ibid.*; F.W. III, 313.
4 II, xii; T.R. 540; F.W. IV, 86.

Glaubens wiederbegegnet, die er zuvor bekämpft hatte[1]. *In extremis* christianisiert er den skeptischen Zweifel: letztlich läßt sich der Mensch nicht von der »Ordnung der Welt«, sondern von Gott leiten und lenken, zum »Heben und Tragen[2] . . .« – eine Lösung, die auf jeden Herrschaftsanspruch des rationalen Denkens wie auf jede Sicherheit des Nicht-Wissens verzichtet: die dritte Formel Montaignes ist, wie bei anderen Gelegenheiten, ein Mittelglied zwischen der Aktivität (»er wird sich erheben«) und der passiven Fügsamkeit in einen Eingriff von außen – den Gottes –, der »dazu außerordentlicherweise Kräfte verleiht«. Der dritte und letzte Teil dieses gewaltigen Kapitels schließt so mit dem Bild einer *zusammengesetzten* Bewegung: »Er wird *sich erheben*, wenn er seine eigenen Kräfte verleugnet und beiseite setzt und sich bloß den himmlischen Kräften *zum Heben und Tragen übergibt*[3].«

Im vorhergehenden Kapitel (II, xi, »Von der Grausamkeit«) hatte sich Montaigne ebenfalls darin gefallen, drei Typen von Tugend zu klassifizieren, und zwar nach Verdienst und Schönheit: die höchste setzt eine tugendhafte Gewohnheit voraus, die so weit »in Fleisch und Blut« übergegangen ist, daß die Seele in sich selbst keinerlei Widerstreit mehr empfindet; die Herrschaft der Vernunft ist so gefestigt, daß keinerlei innerer Aufruhr sich mehr erheben kann[4]; im Gegensatz dazu

1 VILLEY schreibt in seiner Ausgabe (S. 438) der Präambel größeren Umfang zu und schließt darin die beiden Einwände ein. Der folgende Text läßt sich ihm zufolge dennoch in drei Teile unterteilen (Nichtigkeit des Menschen, Nichtigkeit der Wissenschaft, Nichtigkeit der Vernunft), auf die ein separater Schluß folgt.

2 II, xii; T.R. 588-589; F.W. IV, 86.

3 *Ibid.*

4 In diesem Lichte erscheint Sokrates: »(*a*) Dem Gange seiner Tugend nach kann ich bei ihr keinen Kampf, keinen Zwang wahrnehmen. Ich kenne des Sokrates so mächtige Vernunft, die so sehr sein Herr war, daß sie einer unordentlichen Begier nicht einmal das Aufkeimen gestattet hätte« (II, xi; T.R. 402; F.W. III, 162).

Im Essay »Von der Physiognomie« (III, xii; T.R. 1035; F.W. VI, 108) bestreitet MONTAIGNE in einem Zusatz des Exemplars von 1595 den *topos*, daß die Häßlichkeit des Sokrates auf eine verdorbene Natur hinwies, die der Philosoph durch »Erziehung« zu überwinden verstanden habe. Diesen *topos* aber hatte er selbst in eben jenem Essay »Von der Grausamkeit« einige Seiten später (T.R. 408; F.W. III, 173) eingeführt: »(*a*) Sokrates machte denen, die in seinen Gesichtszügen eine Neigung zu Lastern wahrnehmen wollten, keinen Hehl daraus, daß er sich wirklich von Natur dazu geneigt befände, daß er aber diesen Hang durch Wachsamkeit gebessert habe.«

setzt die zweite den inneren Konflikt und die Verhärtung des Kampfes geradezu voraus: das ist die streitbare Tugend, die nur durch »Bekämpfung der widerwärtigen Lüste[1]« glänzen will; die letzte schließlich ist die Unfähigkeit, Böses zu tun:

»(*a*) Sollte es nun aber nicht viel schöner sein, wenn wir durch einen hohen göttlichen Entschluß die Geburt der Versuchung verhinderten und uns zur Tugend auf solche Weise bildeten, daß selbst der Same des Lasters dadurch ausgerottet würde, als wenn wir ihrem Wachstum aus allen Kräften widerstehen, und wenn wir uns einmal von den ersten Bewegungen der Leidenschaften haben überraschen lassen, waffnen und anstrengen müssen, um ihren Lauf zu hemmen und sie zu besiegen? Und daß diese *zweite* Bemühung noch immer schöner sei als bloß mit einer nachgiebigen gutmütigen Natur beschützt zu sein und schon von selbst eine Abneigung vor den Ausschweifungen und dem Laster zu haben, das denke ich, sei wohl keinem Zweifel unterworfen. Denn diese *dritte Art* macht, wie mich deucht, einen Menschen zwar wohl unschuldig, aber nicht tugendhaft; wohl frei vom Übeltun, aber nicht fähig genug zum Gutestun. Dazu kommt noch, daß dieser Zustand so nahe an Unvollkommenheit und Schwäche grenzt, daß ich die Marksteine kaum auffinden und unterscheiden kann[2].«

Bei der Definition seiner eigenen Position erkennt Montaigne, daß er sich weder in die erste noch in die zweite Kategorie einreihen kann: er ist keiner »Lösung« fähig, die die »göttliche« Überlegenheit der Seele über jede lasterhafte Regung bezeugt; er besitzt weder die stolze »Beschwingtheit« noch das souveräne »Frohlocken« eines Cato oder Sokrates. Er ist sogar kaum in der Lage, den Kampf gegen den Aufruhr der Versuchungen zu führen; er könnte die Spannung dieses Kampfes nicht aushalten. Es bleibt ihm also nur der dritte Rang, das heißt das schwache Verdienst eines »von Natur gutmütigen Menschen[3]«:

»(*a*) Übrigens fehlt gewaltig viel daran, daß ich bis zu dem *ersten* und vollkommensten Grade der Vortrefflichkeit gelangt sei, wo die Tugend zur natürlichen Fertigkeit gediehen ist, oder auch nur bis zum *zweiten*, worin ich noch keine Prüfung bestanden. Ich habe

1 II, xi; T.R. 402; F.W. III, 163.
2 II, xi; T.R. 405; F.W. III, 167.
3 II, xi; T.R. 402; F.W. III, 162.

mich noch in keine großen Unkosten gesetzt, um die Begierden zu zähmen, die mir Not und Plage gemacht hätten. Meine Tugend ist so eine Tugend, oder besser zu sagen, eine Unschuld von ungefähr oder durch Zufall! Wäre ich mit heftigern, unordentlichern Neigungen geboren, ich fürchte, ich fürchte! es würde gar erbärmlich um mich ausgesehen haben! Denn ich habe in meiner Seele eben keine große Standhaftigkeit verspürt, um den Leidenschaften zu widerstehen, wenn solche nur irgend ein wenig heftig gewesen wären. Ich kann das Zanken und Streiten mit mir selbst nicht wohl aushalten[1].«

Der treffende Ausdruck, an dem Montaigne festhält, ist *Unschuld*: diese Unschuld, durch das Präfix der Negation gekennzeichnet, bezieht sich ganz einfach auf eine mangelnde Eignung zum Bösen. In bezug auf diejenigen, die ein Recht auf den Titel der Tugend haben, unterscheidet sich Montaigne (jedenfalls seiner Versicherung nach) durch eine gänzlich passive Disposition, einen Effekt des Zufalls und des bloß Beiläufigen. Zu diesem Zweck mußte seine »Leibesbeschaffenheit«, das heißt die mehr oder weniger beständige Mischung seiner Säfte, mit der Fortuna in Verbindung treten (worauf das Wort *fortuite* [unvermutet] verweist), jenem Prinzip der Variabilität und Unvorhersehbarkeit, das sich mit der Natur in die Weltherrschaft teilt. Um aber einen »Abscheu« vor den »meisten Lastern[2]« zu haben, hat er nur die verschiedensten Einflüsse hinnehmen müssen, so wie sie kamen: das häusliche Beispiel, die »gute Kinderstube«:

»(*a*) Das, was ich Gutes an mir habe, das habe ich im Gegenteil durch den *Zufall bei meiner Geburt*. Ich habe es weder aus Vorschriften noch andern Belehrungen. (*b*) Die Unschuld, die ich besitze, ist eine läppische Unschuld. Ich besitze wenig Stärke, und Kunst gar nicht[3].«

Aller Kraft bar und ohne jene »Kunst«, die La Boétie ihm anerziehen wollte, kann Montaigne sich lediglich auf die angeborene Mäßigkeit seiner Leidenschaften berufen. Er ist lediglich seiner Geburt zu Dank verpflichtet.

Heißt das, daß er seine Tugenden geschenkt bekommen

1 II, xi; T.R. 406; F.W. III, 169.
2 II, xi; T.R. 407; F.W. III, 170.
3 II, xi; T.R. 408; F.W. III, 173.

hat? Zwar ist es bei der Art und Weise, wie er diesen Begriff benutzt, offenkundig, daß *Geburt* nicht ohne jede Mehrdeutigkeit ist. Sie ist einerseits eine kontingente, vom Zufall der Zeugung bestimmte Gegebenheit, andererseits aber das, was am treffendsten die *natürliche* Konstitution des Individuums definiert, in der sich eine stärkere Notwendigkeit ausprägt als alles, was Erziehung und Studium hinzufügen könnten. Die Geburt geltend machen heißt auf eine dritte Möglichkeit zurückgreifen, eine Möglichkeit zwischen dem, was man nur von anderen erhält, und dem, was autarkiebesessene Überspanntheit nur sich selbst verdanken möchte[1].

Bleibt ein fundamentaler Gegensatz: die beiden ersten Kategorien sind durch den *Besitz* einer herausragenden Eigenschaft bestimmt: tugendhafte Gewohnheit oder kämpferische Kraft[2]. Die Kategorie, in die Montaigne sich einreiht, ist lediglich durch die ganz willensunabhängige *Absenz* bestimmter Fehler charakterisiert. Durch den »Instinkt und

1 Tatsächlich hatte der Essay mit einer dichotomischen Opposition begonnen: »Mir kommt es vor, als ob Tugend eine ganz andere und edlere Sache sei als der Hang zur Milde, die aus dem guten Herzen entspringt.« Nach einem langen Einleitungsabschnitt führt gerade das Beispiel des Sokrates zur endgültigen Aufteilung in drei Kategorien.

Wenn die Milde (und nicht die Tugend) den »wohlgebildeten, gut geordneten Seelen« zukommt, kann man ihnen dann weiterhin eine »Unschuld von ungefähr oder durch Zufall« zuschreiben? Ermächtigt die Sprache der Schule nicht dazu, die Qualitäten einer wohlgebildeten Seele für *essentiell* zu halten? MONTAIGNE selbst scheint sich von dieser Idee angezogen gefühlt zu haben. In einem Zusatz im Exemplar von Bordeaux liest man: »Wäre es richtig, daß wir, um tatsächlich gut zu sein, das durch eine geheime, natürliche und *universale* Eigenschaft sein müßten, ohne Gesetz, ohne Vernunft, ohne Beispiel, gleichsam einer unerklärlichen Quintessenz unseres natürlichen Wesens?« Aber MONTAIGNE scheint diese Berufung auf die »Quintessenz« bald bereut zu haben; er tilgt das letzte Glied des Satzes, der in der Ausgabe von 1595 mit »ohne Beispiel« endet. (Siehe die *Édition municipale*, Bd. II, Bordeaux 1909, S. 128-129.) Die behauptete *Eigenschaft* sieht sich eng mit dem Individuum verknüpft, durch ihren »natürlichen und *universalen*« Charakter, wie es auch der Name Michel de MONTAIGNES ist, unter dem der Autor der *Essais* sein »*universales* Wesen« mitzuteilen beabsichtigt. Wenn er »gut« ist, so ist er das so, wie es ein physisches Objekt, eine Hervorbringung der Natur sein kann, und nicht durch die Wirkung einer Kunst, die aus »langer Übung« entspränge. Die »geheime Eigenschaft«, auf die er sich bezieht, ist derjenigen analog, mit der die Pflanzen, die Steine, die Heilmittel usw. ausgestattet sind; sie ist keineswegs eine Errungenschaft, Frucht der Arbeit der Seele.

2 ROUSSEAU wird sich des Gegensatzes zwischen Tugend und Unschuld weitläufig bedienen. Vor allem im zweiten der *Dialogues*, wo er das Porträt von Jean-Jacques entwirft: »Unser Mann wird nur deshalb tugendhaft sein, weil er schwach ist und die Tugend nur den starken Seelen eigen ist« (*Œuvres complètes*, Paris: Gallimard, Bibl. de la Pléiade, 1959, Bd. I, S. 824).

Eindruck«, den er »aus der Kinderstube« mit herüberbrachte[1], sieht sich Montaigne von mehreren Lastern verschont. Er hat jedoch andere, und er kann nicht umhin, seiner Neigung nachzugeben, die aber zufälligerweise nicht allzu gewalttätig ist. Er hat sich in einige »Übertretungen« verstrickt gefunden: er hat sie nicht bekämpft. Er hat sich höchstens gehütet, daß sein »Verstand« durch sie »verderbt« worden wäre:

»(*a*) Ich klage sie im Gegenteile stärker in mir an als in einem andern. Das ist aber auch alles! Denn übrigens setze ich ihnen gar zu wenig entgegen und lasse mich gar zu leicht auf der andern Seite der Wageschale aufziehen, jedoch mit der Ausnahme, sie nicht mit andern Lastern in Bausch und Bogen zu werfen [. . .][2].«

Weil er so vorsichtig gewesen ist, jedes seiner Laster gesondert zu betrachten, weil er es vermieden hat, daß »sie sich fassen und eine Kette ausmachen[3]«, hat es bei ihm kaum großer Anstrengung bedurft, den schwerwiegendsten Übertretungen zu entgehen.

Diese »dritte« Bedingung ist nicht entehrend, weil das Böse dabei ausgeschlossen ist; ebenso schließt sie jedoch den an die moralische Stärke geknüpften Ruhm aus. Dennoch, wenn Montaigne sich auch einen minderen Rang zuschreibt, so kann er doch auf einen nicht zu vernachlässigenden Ausgleich verweisen: er haßt die Grausamkeit, er ist mitfühlend. Diese Gefühle, die die klassische Tradition nicht mit der Seelenstärke in Zusammenhang bringt, scheut Montaigne sich nicht offen einzugestehen. Denn sie haben ein Ziel, das nach dem Schutze des Lebens der anderen strebt, während die beiden höheren Formen von Tugend nur die Standhaftigkeit des Individuums angesichts seines eigenen Todes vor Augen haben. Der Unterschied zwischen den drei Tugendformen liegt also nicht nur in ihrem »Stärke«-Grad, sondern auch in ihrem Gegenstand. Sokrates und Cato haben als emblematische Gestalten der höchsten Tugend das Bild einer souveränen, kühnen Auseinandersetzung mit dem Tode hin-

1 II, xi; T.R. 407; F.W. III, 170.
2 *Ibid*; F.W. III, 172.
3 II, xi; T.R. 407-408; F.W. III, 172.

terlassen. Die Tugend des zweiten Typus, diejenige, die ständig mit einem immer bedrohlichen inneren Feind im Kampf liegt, hat ebenfalls »Ungemach und Schwierigkeiten zu ihrem notwendigen Gegenstande«: sie führt Krieg gegen »Schande, Krankheiten, Armut, Tod und selbst Folterbänke[1]«. Hier, im aktiven Kampf, richtet sich die Aufmerksamkeit noch auf das Böse, das das Individuum in seinem eigenen Körper überwinden muß. In jedem Falle und um jeden Preis muß unter dem Ansturm des »Schmerzes«, der »Kolik« usw. die Fassung gewahrt bleiben. In dem Sinne, wie sie Stärke und Selbstbeherrschung ist, vertreibt die Tugend die Gefahr, die das Individuum in seinem eigentlichen Sein bedroht: aber die beiden Formen von höherer Tugend sehen den Eingriff des anderen nur in der Rolle des Angreifers vor. Umgekehrt wird die dritte Kategorie, in der Montaigne seinen Platz sieht, durch ganz andersartige Beispiele veranschaulicht: die »Beziehung zum anderen« bekommt da eine Bedeutung, die sie bei den erhebenderen Formen von Tugend (hochfahrenderen, aber auch herablassenderen Formen) nicht hatte. Wir brauchen hier nur ein Zitat weiterzuverfolgen, das wir unterbrochen hatten:

»(*b*) Die Unschuld, die ich besitze, ist eine läppische Unschuld. Ich besitze wenig Stärke, und Kunst gar nicht. Unter andern Lastern hasse ich am grausamsten die Grausamkeit, sowohl von Natur als durch Überlegung, als das allerschädlichste aller Laster. Dies geht zu dem Grade, daß ich kein Huhn abschlachten sehen kann, ohne daß mirs wehe tut, und keinen Hasen unter den Zähnen meiner Windhunde ächzen hören kann, obgleich das Vergnügen der Jagd mich gar mächtig anzieht. [. . .] (*a*) Ich nehme sehr zärtlichen Anteil an der Betrübnis fremder Personen und würde leicht zur Gesellschaft mitweinen, wenn ich über irgend etwas in der Welt weinen könnte. (*c*) Nichts als Tränen könnten mir Tränen in die Augen bringen, und nicht bloß wahre Tränen, sondern wenns auch nur verstellte, nur gemalte Tränen wären. (*a*) Verstorbene beklag' ich eben nicht, beneide sie vielmehr, aber Sterbende bedaure ich herzlich. Ich stoße mich nicht so sehr an den Wilden, welche die Körper der Verstorbenen oder Getöteten braten und verzehren, als an denen, welche ihre Feinde lebendig martern und quälen. Selbst

1 II, xi; T.R. 402-403; F. W. III, 163.

gerichtliche Hinrichtungen, sie mögen auch noch so rechtmäßig sein, kann ich nicht ohne innre Bewegung anschauen[1].«

Wie man sieht, heißt für Montaigne darin einwilligen, sich in die dritte und letzte Kategorie einzureihen, zugleich darauf verzichten, sich auf eine egozentrische moralische Vortrefflichkeit zu berufen, und den Gegenstand der »Güte«, den er sich nicht als Verdienst hat anrechnen wollen, außerhalb seiner selbst verschieben, ins Geschick der anderen, Menschen oder Tiere. Anstatt die zugefügte Gewalt oder die vom kranken Körper ausgehende Marter sieghaft zu bestehen, erklärt sich Montaigne für unfähig, deren Schauspiel zu ertragen, wenn andere sie erleiden. Die erhabene Spannkraft Catos, die wunderbare »Freude« des Sokrates erheben sich in der Sterbeszene bis zur »Lust«; aber dieser Frohsinn (den wir für masochistisch halten würden) hält bei einer in sich geschlossenen Vollkommenheit inne, kapselt sich in sich selbst ab und bezieht die anderen lediglich als Bewunderer ein. Diese Tugend vereinzelt das Individuum, indem sie es über die anderen erhebt oder es dem immerwährenden Kampf gegen sich selbst weiht. Umgekehrt hält die »Unschuld« Montaignes durch das Ausmaß seiner mitfühlenden Aufmerksamkeit dem die Waage, was sich auf den ersten Blick als Mangel an moralischer Energie definieren ließ. Die Schwäche, über die sich Montaigne beklagt, wird durch die Weite eines Einfühlungsvermögens aufgewogen, das sich eines jeden Leidens annimmt. Sich dem Geschick des anderen öffnend, entwickelt sich die Passivität des Leidens (die bei Montaigne nicht von dem Wunsch frei ist, die körperliche Störung nach Maßgabe des Möglichen zu beherrschen) zum »Haß auf die Grausamkeit«. Da er sich keinem Leitbild der egozentrischen Vollkommenheit anzuschließen vermag, bei dem der masochistische Genuß vorherrscht, sieht sich Montaigne zu einer ins genaue Gegenteil verkehrten Position veranlaßt: dem Eingeständnis einer unvollkommenen Natur, die von im Zeitalter der Religionskriege und der kolonialen Eroberungen weitverbreiteten sadistischen Verhaltenswei-

1 II, ix; T.R. 408-410; F.W. III, 173-176. Ich werde in Kapitel VII Gelegenheit haben, auf die Bedeutung der Sympathie im Denken MONTAIGNES zurückzukommen: wir können dann sehen, daß sie mit politischen Parteinahmen im Bunde steht.

sen erschüttert wird. Einmal mehr steuert die »Beziehung zum anderen« im Bereich der Beziehungen zwischen den Lebewesen die großzügigste Entschädigung für den Seins- und Kraftmangel bei, den Montaigne im Bereich seiner eigenen Existenz wahrzunehmen glaubt.

Das gleiche Kompensationssystem ist, wenn auch im umgekehrten Sinne, im literarischen Bereich im Essay »Über den Dünkel« (II, xvii) zu finden.

Erneut geht Montaigne von einer Dreigliedrigkeit aus. Diesmal aber ist die Partei, die er ergreift, nicht die der Schwäche. Es ist im Gegenteil die der Stärke:

«(*c*) Und sodann, für wen schreibt Ihr? Die Gelehrten, die auf dem Richterstuhl der Buchkritik sitzen, anerkennen keinen andern Wert als den der Lehrsätze, und kein anderes Verfahren unseres Geistes als das der Gelehrtheit und des Schulwissens: habt Ihr den einen Scipio mit dem anderen verwechselt, was könntet Ihr danach noch Taugliches vorzubringen haben? Wer den Aristoteles nicht kennt, der kennt damit nach ihrer Meinung auch sich selber nicht. Die gemeinen und ungebildeten Seelen wiederum sehen nicht die Anmut und Bedeutung eines stolzen und freien Gedankenfluges. Diese *beiden Gattungen* aber erfüllen die Welt. Die *dritte*, der Ihr anheimfallt, die der *aus eigener Kraft gebildeten und starken Seelen*, ist so dünn gesät, daß sie mit Recht weder Rang noch Namen unter uns hat: es ist halb verlorene Zeit, nach ihrer Gunst zu streben und zu ringen[1].«

Einen »stolzen Gedankenflug« (aber keinen gelehrten) praktizierend, einen »freien Gedankenflug« (aber keinen gemeinen und ungebildeten), reiht sich Montaigne in eine »dritte« Gattung ein, die den beiden anderen den Rang abläuft, die »die Welt erfüllen«. Der Ausgleich wird im Zeichen des Gegensatzes stehen: die »aus eigener Kraft gebildeten und *starken* Seelen« ergeben eine zahlenmäßig *schwache* Gruppe. Dennoch ist diese winzige Minderheit von »Ehrenmännern« (deren Stunde im folgenden Jahrhundert kommen wird, ohne daß sie deshalb aufhören werden, sich auf ihre Seltenheit zu berufen) der einzige mögliche Ort einer im vollen Sinne menschlichen Beziehung. Die Macht des Geistes wird nur in einer engen Welt anerkannt: nur da können die kostbarsten Freundschaftsbeziehungen erblühen.

1 II, xvii; T.R. 640-641; L. 536.

Hier ein letztes Beispiel einer Dreiteilung, die aber nicht ohne Beziehung zum vorhergehenden ist:

»(*b*) Als junger Mann studierte ich, um mich damit sehen zu lassen; später ein wenig, um einsichtiger zu werden; jetzt, um mich zu erheitern. [. . .] Jene eitle und verschwenderische Laune, die mich auf diese Art von Hausrat begierig machte, (*c*) nicht nur, um damit meinem Bedarf zu genügen, sondern drei Schritte darüber hinaus, (*b*) um damit meine Wände und mich zu schmücken, habe ich längst aufgegeben[1].«

Die Dreiteilung betrifft die drei Phasen der Existenz und die Beziehung, die Montaigne in jeder davon zu den Büchern unterhalten hat. Die aufeinanderfolgenden Etappen, die wir im Verlauf dieses Kapitels beobachtet haben, finden sich hier in kürzester und deutlichster Form wieder. Drei Beziehungsstile lösen einander ab. Einer von der Sorge um die Meinung der anderen bestimmten Einstellung (Ostentation) folgt der Versuch einer inneren Wiederaneignung im Sinne der Normen der Weisheit; schließlich entfaltet sich, im dritten und letzten Zug, die freie Bewegung der Seele, ohne Spannung noch Zwang und nach Art der Freundschaft ohne äußeres Ziel. (Montaigne wird die *drei Schritte*, mit denen er vorgegangen ist, um sich über den tatsächlichen Bedarf hinaus mit Büchern zu versorgen, dann mißbilligen.) Fortan kann sich das Leben Michel de Montaignes, zumal La Boétie ja nicht mehr lebt, »in den Tag hinein[2]« erstrecken, indem es die Musen und die Bücher zu Mittlern der reflektierten Beziehung zu sich selbst macht, in »Freude, Spiel und Zeitvertreib[3]«. Das ist die dritte Lebensweise, bei der die entspannte und gemeisterte Beziehung vorherrscht. Thibaudet, der (aus Anlaß der soeben von mir zitierten Passage) daran erinnert, daß der Turm Montaignes drei Stockwerke hatte[4], hätte auch hinzufügen können, daß das dritte Stockwerk – die Bibliothek – »*drei Fenster* mit schöner und freier Aussicht[5]« besaß.

1 III, iii; T.R. 807; L. 659.

2 *Ibid.*

3 *Ibid.*

4 A. THIBAUDET, *Montaigne*, hrsgg. v. Floyd GRAY, Paris 1963, S. 79. Für THIBAUDET (S. 61) stellen »die *Essais* [. . .] die *dritte* Einstellung dar, die nach zwei Fehlschlägen eingenommen wurde«. Zunächst der Fehlschlag des aktiven Lebens, dann der eines zweiten aktiven Lebens, »um sich kennenzulernen, sich zu klären, sich zu verwirklichen . . .«

5 III, iii; T. R. 806; L. 658.

IV
Der Aspekt des Körpers

1. Die Schamlosigkeit

Wie wir bereits gesehen haben, erkennt Montaigne mehr als einmal die Notwendigkeit der »Beziehung zum andern« an, wenn er auch beinahe gleichzeitig seine Verachtung der sich »draußen« äußernden Meinung zum Ausdruck bringt. Die Bindung ist erwünscht, wenn damit auch gleichzeitig Abweisung einhergeht. Die Bindung: denn Montaigne zeigt sich, um gesehen zu werden; die Abweisung: denn wenn er auch versucht, den Blick der anderen auf sich zu ziehen, so bezeugt er doch die größte Verachtung für das Urteil, mit dem sie ihn bedenken. Unter der Bedingung, daß er als der anerkannt wird, der er ist, sind ihm Tadel oder Lob gleichgültig. »Mir ist es ein solches Vergnügen, gekannt und beurteilt zu werden, daß es mir fast gleich gilt, ob es im lobenden oder tadelnden Sinne geschieht[1].« Es steht den anderen frei, ihn zu verurteilen. Die Mißbilligung stört ihn nicht. Zwar ist seine Achtung vor der »Ehrbarkeit« für ihn ein verbindlicher Grund, sich bestimmte Handlungen oder Äußerungen zu versagen: aber er fürchtet nicht, Anstoß zu erregen, wenn er sein unverhülltes Bild zur Schau stellt; was seinen Eigenwert angeht, so erklärt er sich zu dessen einzigem tauglichen Richter: »Ich gestehe, daß sich wohl einige Grade von Stolz und Eigensinn mit hinzumischen können, wenn man sich so wie ich, *frei und offen*, beträgt, *ohne alles Ansehen der Person*[2].« Sich behaupten, indem man sich dem anderen *frei* zu erkennen gibt, ihm aber jede *Rücksicht* versagt. Das heißt einen Appell und einen Bruch zusammenfallen lassen. Allerdings ist der *Stolz*, den sich Montaigne hier beimißt, in einer Proklamation der Rechte der Schamlosigkeit durchaus nicht unpassend. Die Schamlosigkeit nämlich umgarnt den Zuschauer und schließt ihn miteins aus, sie lockt und weist ab:

1 III, viii; T.R. 902; L. 727.
2 II, xvii; T.R. 632; F.W. IV, 166.

sie fesselt den Blick und pfeift auf das Urteil. Die Einstellung Montaignes enthält eine exhibitionistische Komponente: wir wollen sie summarisch für einen Narzißmus halten, der den Blick des Zeugen als Spiegel wählt. Die Schamlosigkeit erzwingt sich Aufmerksamkeit, und das entblößte Subjekt, das den anderen ein provozierendes Bild aufgedrängt hat, findet darin etwas, das das unbestimmte Gefühl (»Unruhe«) verstärkt, das es von seiner eigenen Existenz hat: ihr wächst eine Konsistenz zu, die ihr fehlte. Zu gleichen Teilen treten hier also die erzwungene Intimität und die Wahrung von Distanz, das Bedürfnis nach Kommunikation und die (vorübergehende) Abwehr der Gegenseitigkeit ins Spiel. Die Beziehung gründet sich auf den Kreislauf des einen und einzigen Bildes zwischen dem Schriftsteller und dem Leser, wobei der kaum mehr ist als eine – imaginäre oder virtuelle – Umschaltstation des Selbstbewußtseins. Im vorliegenden Falle ist die Wertigkeit, die das Ich sich zuschreibt, vieldeutig: einerseits bekräftigt es ausdrücklich seine privilegierte Bedeutung, seine Unabhängigkeit; andererseits unterstellt es sich (stillschweigend) eine radikale Unzulänglichkeit, die es dazu nötigt, die Bestätigung seiner Einzigartigkeit und die für seine allzu unsichere Gestalt unerläßliche Verstärkung draußen zu suchen. Einzigartige Autarkie, die nicht ohne Rückgriff auf die Exhibition auskommt! Der Irrtum der anderen oder ihre Gleichgültigkeit brächten das Bild in Gefahr, dem Montaigne seinen stärksten Trumpf anvertraut: der Umriß zerflösse, die Farben verblaßten, die individuellen Farben würden unkenntlich. Um dieser Beeinträchtigung zu entrinnen, die ihn in seiner zweiten Existenz beträfe, faßt Montaigne den Entschluß, sich mit allen seinen »Wunden« und Unförmigkeiten »bloßzustellen«.

Der Plan, sich »ganz und gar, und splitternackt« zu zeigen, wird seit der Vorbemerkung »An den Leser« formuliert. Er wird unter den verschiedensten anderen Umständen und mit einer vehementen Energie wieder und neu formuliert: »Man muß die dummen Lappen wieder zusammenraffen, welche unsere Sittlichkeit bedecken[1].« Die Rechtfertigung dafür

1 III, v; T.R. 824; F.W. V, 105.

aber ist eine doppelte. Einerseits handelt es sich darum, der körperlichen Natur, die uns konstituiert, ihr Recht widerfahren zu lassen. Wir verdanken unser »Sein« dem »armen Zeugungsgeschäft[1]«. Der Mensch muß an seinen körperlichen Funktionen erkannt werden, durch die er mit allen Lebewesen verschwistert ist. Andererseits – und wie stark auch unser Wille sein mag, unsere verschämten Geheimnisse zu schützen – dringt der Blick Gottes ohne jede Schwierigkeit bis in jene Geheimnisse der Sexualität und des Körpers, die wir zum Mysterium zu erheben versuchen. Und das Bild der »dummen Lappen« taucht in einem späteren Zusatz wieder auf, wenn es darum geht, konkret die göttliche Allwissenheit zu definieren:

»(*c*) Schattenbilder sind es, womit wir uns waffnen und uns einander bezahlen. Aber wir bezahlen damit nicht, sondern vergrößern dadurch noch unsere Schuld vor dem großen Richter, welcher unsere Lumpen und Hadern um unsere Schamteile wegnimmt und sich nicht eher begnügt, als bis er uns sieht wie wir sind, in unserem heimlichsten und verborgensten Schmutz[2].«

Die Schamlosigkeit besteht, wie man sieht, einerseits darin, am Menschen das zu enthüllen, was ihn mit der Natur verbindet, was ihn den »Tieren anverwandelt[3]«: andererseits aber findet sie wieder zur Erkenntnis Gottes zurück. Der Mensch hat alles in allem die Pflicht, seine Animalität zu bekennen, und das Vermögen, sich selbst *sub specie divinitatis* zu erkennen. Der *geschriebenen* Schamlosigkeit Montaignes kommt folglich eine doppelte Rechtfertigung zugute: was sie zeigt, gehört ins Reich der Natur, der Blick, den sie darauf wirft, ist dem Blick Gottes verwandt . . . Ob es sich da um eine literarische Strategie handelt und nicht etwa um gelebtes Verhalten, zu ihrer Bekräftigung genügt es, (mit Albert Thibaudet) an die folgende Erklärung zu erinnern, die eine spezifische Distanz zwischen dem »Menschen des Buches und dem Menschen der Realität[4]« aufrichtet:

1 III, v; T.R. 825; F.W. V, 107.
2 III, v; T.R. 866; F.W. V, 184-185.
3 III, v; T.R. 855; F.W. V, 165.
4 A. THIBAUDET, *Montaigne*, Paris 1963, S. 162.

»(*b*) Ich, der ich ein so loses Maul habe, bin dennoch aus Anlage mit dieser Verschämtheit behaftet. Wenn mich nicht die größte Not oder Wollust dazu treibt, gebe ich schwerlich fremden Augen die Glieder oder Handlungen preis, die unsere Sitte zu bedecken heischt. Ich tue mir dabei mehr Zwang an, als mir für einen Mann zu geziemen scheint, besonders für einen Mann von meiner Lebensweise[1].«

Eben da, im Bereich des *Tuns*, heißt es die legitime Autorität des »Herkommens« über unser Leben anzuerkennen; im Rahmen des *Sagens* aber ist diese Autorität aufgehoben: das Buch ist der Raum einer anderen Freiheit.

Tatsächlich zeigt Montaigne, wenn er späterhin von Scham spricht, ebenso deutlich wie bei der Schamlosigkeit das Spiel einer doppelten Bewegung. Die Scham bringt, wenn sie die Begierde abweist, sie nur in Harnisch. Aufrichtig oder gekünstelt, sie richtet eine Distanz auf, die darauf hinwirkt, daß der Reiz der Verführung sich nur um so unausweichlicher bemerkbar macht. Montaigne entlehnt diese Lehre bei Ovid und Vergil, die die Scham für die wichtigste List der Koketterie hielten. Desgleichen erinnert er sich der Poppäa, von der Tacitus sagt, daß sie nur verhüllt ausging: »Warum brauchte Poppäa die Erfindung, eine Larve vor ihr schönes Gesicht zu nehmen, als solchem bei ihren Liebhabern einen höhern Wert zu geben? Warum hat man bis über die Absätze diese Schönheiten verhüllt und verschleiert, welche jede zu zeigen wünscht, welche jeden gelüstet zu sehen. Warum verdecken sie mit so vielen Gewändern eins über das andere die Teile, die hauptsächlich der Gegenstand unserer Begierden und der ihrigen sind? Und wozu dienen diese großen Reifen, womit neulich unsere Weiber ihre Hüften bewaffnet haben, als unsere Begierden anzukörnen und uns dadurch anzuziehen, daß sie uns in der Ferne halten[2]?« Anziehen, indem man in der Ferne hält: die Formulierung ist höchst eindrucksvoll: sie veranschaulicht aufs treffendste den Titel von Kapitel III, xv: »Wie die Schwierigkeit unsere Begierde steigert«. Die Verstellung und die Maske, die Euphemismen oder die verschämten Umschreibungen stei-

1 I, iii; T.R. 22; L. 68-69.
2 II, xv; T.R. 598; F.W. IV, 103-104.

gern, indem sie Hindernisse in den Weg legen, die Lust der Befriedigung:

»(*a*) Um die eheliche Liebe in Atem zu erhalten, verordnete Lykurgus, daß die verehelichten Lacedämonier sich nicht anders als verstohlnerweise begehen sollten, und daß es gleich schimpflich sein solle, sie beide beieinander anzutreffen, als mit einer fremden Person. Die Schwierigkeit sich einander an einen sichern Ort zu bestellen, die Gefahr bei der Überraschung, die Gefahr des Schimpfs des folgenden Tages [. . .] das ist es, was die Brühe so lecker macht. Wie viele sehr üppig angenehme Spiele entstehen nicht aus der bescheidenen und schamhaften Art, über die Werke der Liebe zu sprechen. [. . .] Unser Gelüsten verachtet, was ihm zur Hand liegt, und fährt darüber hin, um demjenigen nachzuhaschen, was ihm schwer zu erreichen ist[1].«

Auf diese Weise steigert sich die Kompliziertheit der ersten Bedeutung der Maske und des Geständnisses: fortan muß anerkannt werden, daß die Maske verhüllt *und* anzieht, daß das Bekenntnis einander näherbringt *und* trennt, und zwar wenigstens in dem Maße, wie das Bekenntnis diesen *Stolz* und diese *Gleichgültigkeit* (von denen Montaigne spricht) einschließt, die die Zeugen unserer Schamlosigkeit zu respektieren (»anzusehen«) sich weigern. Eine gemeisterte Beziehung besteht nur zwischen Individuen, die ihre beiderseitige Entfernung anerkennen, ohne gleichwohl die Wonnen eines dauerhaften Umgangs einzubüßen. Derart malt sich Montaigne die Möglichkeit aus, Abstand zu halten und mit dem Abstand zu spielen, um der Kommunikation ihre köstlichste Beimischung zu verleihen . . .

2. *Der Aufstand des Körpers*

Die Schamlosigkeit will vom Körper durchaus nichts verhehlen. Denn der Mensch ist sowohl Geist als Körper. Man hat sich nicht hinreichend dargestellt, wenn man nur die

1 II, xv; T.R. 596; F.W. IV, 101-102. Dasselbe Argument findet sich in III, v: »Die Freigebigkeit der Damen im Ehestande ist zu verschwenderisch und verstumpft die Spitze des Verlangens und Begehrens« (T.R. 831; F.W. V, 120). Wir werden auf dieses Thema im folgenden Kapitel (V) zurückkommen.

»Imaginationen« der Seele berücksichtigt. Das vollständige Gemälde erfordert die nicht weniger erschöpfende Darstellung der »körperlichen Befindlichkeit«. Montaigne läßt es daran nicht fehlen: er unterrichtet uns über seine Statur, seine Körperbeschaffenheit, seine Krankheiten und seine Gelüste. Dieser Aspekt seines Selbstbildnisses ist das, was bei seinen Lesern im Laufe der Jahrhunderte bald Ärger, bald herablassende Belustigung hervorgerufen hat. Die Gründe dafür sind wenig verstanden worden.

Was das Körpergeschehen angeht, so mußte sich Montaigne unausweichlich mit den Ansprüchen der Medizin konfrontiert sehen – jenes Wissens, dessen Zuständigkeitsbereich nun einmal der Körper ist. Und die Krankheit mußte, nicht weniger unausweichlich, dieser Konfrontation ihre dramatischste Form verleihen. Es geht um eine hinreichend wichtige Materie, so wichtig, daß Montaigne sie besonders deutlich vor Augen führt – im *letzten* Essay des zweiten Buches (II, xxxvii, »Über die Ähnlichkeit der Kinder mit ihren Vätern«), später dann, als eine Art Echo, im *letzten* Essay des dritten Buches (III, xiii, »Von der Erfahrung«): die jeweilige Schlußstellung ist in mehr als einer Hinsicht aufschlußreich.

Auf den ersten Blick handelt es sich lediglich um einen Vorwand für eine allgemeine Kritik des Wissensdünkels, am besonderen Beispiel, wie es von der am weitestgehenden auf Vermutungen beruhenden, vermessensten, gefährlichsten aller traditionellen Disziplinen geboten wird. Montaigne hat es nicht nur auf die Hinfälligkeit dieses angeblichen Wissens abgesehen: schwerwiegender noch, er greift in einen sensiblen Bereich ein, er erhebt den Anspruch, dem Körper Gesetze aufzuerlegen, *meinem* Körper.

Hinsichtlich der Medizin hätte man sich von vornherein eine gewisse Nachsicht erwartet: von allen aus der Antike ererbten Wissenschaften schenkt gerade sie der Individualität die meiste Aufmerksamkeit: die Lehre von den Gemütsarten (von der »Mischung« der Säfte, der jedem besonderen Leben eigenen Idiosynkrasie) eröffnet der Unendlichkeit möglicher Kombinationen freien Spielraum: von ihren Anfängen an assoziiert die klassische griechische Medizin

Schlußfolgerung und Erfahrung[1], indem sie eine an der anderen sich abarbeiten läßt; sie läßt den besonderen Einzelfällen ihr Recht widerfahren; sie praktiziert die zweifelnde Beobachtung *(skepsis)*, bevor sich noch bei den Philosophen eine regelrechte skeptische Schule gebildet hat. Sie ist für die Verschiedenartigkeit und die Einzigartigkeit aufgeschlossen. Montaigne kann sich also gelegentlich ihre Sprache borgen, um seine »Gemütsstimmungen« zu beschreiben. Und wie wir sehen werden, schuldet er ihr vielleicht noch mehr.

Aber die Beschwerden und Anwürfe Montaignes gegen das »weite und neblige Meer der medizinischen Irrtümer« (II, xii; T.R. 538; F.W. III, 408) sind nicht unbegründet: die Medizin hat, in ihrer buchstabengläubigen Treue zur Autorität des Galenus, der Versuchung nicht zu widerstehen gewußt, sich als System zu konstituieren und zum Dogma zu verhärten; selbst wenn sie sich zur Achtung der besonderen Körperanlage des Kranken bekennt, stützt sie sich auf trügerische Entitäten. Sie fußt auf einer Physik und einer Physiologie, die die Gegebenheiten der sinnlichen Wahrnehmung substantialisieren. Sie stellt sie nicht mehr in Frage. Die Erfahrung, auf die sie sich stützt, spielt in den Bereich der Selbstbestätigung hinüber, nicht in den der Entdeckung. Nicht einmal ihre Mißerfolge belehren sie: sie findet in ihrer Sprache irgendein Mittel, sie zu interpretieren und zu erklären; und so wie sie die substantiellen Eigenschaften nicht in Zweifel zieht, die sie in allen Körpern des Universums wiederfindet – das Heiße, das Kalte, das Trockene, das Feuchte, das Bittere, das Süße, das Salzige usw. –, brüstet sie sich damit, das genaue Wesen der Krankheiten und die spezifische Wirkungsweise der Arzneien zu kennen. Sie ermächtigt sich, in jeder Situation einzugreifen, so als ob sie den Schlüssel zu den Phänomenen in Händen hielte, die sie beobachtet oder heraufbeschwört. Wenn sie dem Patienten aber die von ihr zusammengestellten Heilmittel verabreicht, hat sie sich be-

1 Siehe unter anderen HIPPOKRATES, *L'Ancienne Médecine*, mit Einführung, Übersetzung und Kommentaren von A.-J. FESTUGIÈRE, Paris 1948; Louis BOURGEY, *Observation et expérience chez les médecins de la collection hippocratique*, Paris 1953; Ludwig EDELSTEIN, »Empiricism and Scepticism in the Teaching of the Greek empiricist School«, in *Ancient Medicine*, hrsg. von O. TEMKIN und Lilian C. TEMKIN, Baltimore 1967, S. 195-203.

reits von der Erfahrung oder der Reihe von Grunderfahrungen entfernt, auf die sie sich beruft. Sie handelt blindlings; weit davon entfernt, sich auf eine bekräftigte Gewißheit stützen zu können, ergreift sie Initiativen, die sämtlich Experimente ohne Garantie sind, an denen der Kranke leiden wird, dem sie das Blaue vom Himmel versprochen hat.

Was also den Begriff der *Erfahrung* angeht, so macht Montaigne deutlich, daß er sich für zwei radikal verschiedene Verwendungsarten eignet: erstens den Brauch, daß die Mediziner insgesamt, die aufgrund häufig sehr unzureichender Befunde die *Fälle* zitieren, die sie kennengelernt haben, dafür schwächliche Gründe anführen und übertriebene Folgerungen ziehen, indem sie Ähnlichkeiten, Gegensätzlichkeiten, unfehlbare Kräfte oder Heilwirkungen vorschützen[1]; im Gegensatz dazu steht eine bescheidenere Einstellung, die seine, die sich an das sinnlich wahrnehmbare Phänomen hält, sich aber darauf beschränkt, es zu registrieren, ohne es begrifflich einzuordnen, die der erlebten Sache sehr nahe bleibt und bei der es vergeblich wäre, darin das *Mittel* eines umfassenderen Wissens zu suchen, das der vorausgegangenen Ursachen und der späteren Konsequenzen eingedenk wäre. Wir befinden uns hier auf der semantischen Trennungslinie, an der sich später und immer deutlicher die »objektive« Erfahrung, aus der sich mit verfeinertem methodologischen Anspruch die moderne Wissenschaft speist, und die »persönliche« (oder innere) Erfahrung scheiden, in der das Individuum die einmalige Erfahrung seiner eigenen Existenz macht. Damals finden sich die beiden Einstellungen noch in einer Scheineinheit beieinander: die Erfahrung, auf die sich die Mediziner berufen, hat die Bedeutung von *Beispiel* und rechtfertigt dadurch ihre Wiederholung; die Erfahrung, auf die Montaigne sich stützt, trägt ihre Beweiskraft in sich selbst, bildet aber nichtsdestoweniger ein anderes Beispiel, dessen direkte Autorität es erlaubt, die (gewöhnlich sehr weit hergeholten)

1 Man vergegenwärtige sich die entscheidende Bedeutung der *Prognostik* im hippokratischen Denken und der ganzen sich daraus herleitenden Tradition. Ludwig EDELSTEIN hat ihr eine Einzeluntersuchung gewidmet, »Hippocratic Prognostic«, in *Ancient Medicine, op. cit.*, S. 65-85. MONTAIGNE ist bestrebt zu zeigen, daß die Voraussicht der Konsequenzen ebenso wie die auf die Isolierung der Ursachen abzielende Rückschau gefährliche Illusionen sind.

Beispiele anzufechten, mit denen sich die Männer der hohen ärztlichen Kunst brüsten: wenn Montaigne die in seiner Familie erbliche Blasensteinkrankheit anführt, die von einer nicht erblichen Abneigung gegen die Medizin begleitet und mit einer bemerkenswerten Langlebigkeit vereinbar ist, beruft er sich auf Erfahrung und Beispiel zugleich, um den Ansprüchen der Mediziner mit den Waffen der Medizin selbst entgegenzutreten:

». . . (*a*) Diese Antipathie, die ich gegen ihre Kunst fühle, ist mir ebenfalls angeerbt. Mein Vater hat vierundsiebzig Jahre, mein Großvater neunundsechzig, mein Urgroßvater an achtzig gelebt, ohne irgendeine Art von Arznei gekostet zu haben [. . .]. Die Arzneikunst *bildet sich aus Exempeln und Erfahrungen*, ebenso meine Meinung. Und habe ich nicht eine *sehr nachdrückliche* und sehr günstige Erfahrung für mich? Ich weiß nicht, ob mir die Herren Ärzte in ihren Registern drei andere werden auffinden können, die unter einem Dache geboren, erzogen und gestorben sind, die unter ihren Händen ebenso lange gelebt hätten. [. . .] Auch habe ich, die Wahrheit zu sagen, sie schon genug aus *Beispielen* an meinem Hausgesinde kennen gelernt, womit sie sich wohl begnügen können[1].«

Erfahrung gegen Erfahrung; (äußere) Untersuchung gegen (innerlich-vertrauliche) Untersuchung, Beispiele gegen Beispiele: Montaigne gibt den Vorrang den authentischen Archiven einer iatrophoben, einer ärztefeindlichen Familie. Die persönlich verifizierte Untersuchung [*essai*] gilt mehr als die anmaßende Wissenschaft der Gelehrten – selbst wenn Montaigne bald an der Krankheit zu sterben hat, deren erste Anfälle er bereits zu spüren beginnt:

»(*a*) Die menschlichen Dinge haben keine so lange Dauer, es fehlen nur noch achtzehn an zweihundert Jahren, daß dieser Familien*versuch* Bestand hat [. . .]. Es ist wirklich billig, daß *diese Erfahrung* anfange, ein wenig trüglich zu werden. Laß sie mir die Leiden nicht vorwerfen, die diesen Augenblick mich gepackt halten; ist es nicht genug, daß ich meine siebenundvierzig Jahre so gesund und wohl weggelebt habe? Wenn es das Ende meiner Lebensbahn wäre, so ist es schon eine der längsten[2].«

Die Worte selber sagen es: für Montaigne steigt die persön-

1 II, xxxvii; T.R. 742; F.W. IV, 360-361.
2 II, xxxvii; T.R. 742-743; F.W. IV, 361.

liche Erfahrung des Leidens in den Rang der Untersuchung, des Versuchs [*essai*] auf, sie ist gelebtes und ausgesprochenes Etwas – ein Etwas, das gelebt wird, um ausgesprochen zu werden. Und sie derart erlebt, »gekostet« zu haben, erlaubt es ihm, für sich selbst eine Autorität zu fordern, die allen Wortgirlanden der Medizin weit überlegen ist. Hören wir Montaigne, wie er uns seine Erfahrung der Krankheit und seine Überraschung (bei diesen ersten Anfällen) kundtut, sie weniger schrecklich zu finden, als er gefürchtet hatte:

». . . (*a*) wirkliche, wesentliche und körperliche Leiden [. . .] fühle ich sehr tief und lebhaft. Unterdessen kamen mir solche ehedem, da ich sie wegen des Genusses einer langen und glücklichen Gesundheit und Ruhe, die mir Gott die längste Zeit meines Lebens hindurch schenkte, mit schüchternen, weichlichen und verzärtelten Blicken betrachtete, in der Einbildung so unerträglich vor, daß ich mir sie ärger vorgestellt als hernach in der Tat und Wirklichkeit befunden habe; daher ich von Tag zu Tag in dem Glauben gestärkt werde, daß die meisten Kräfte unserer Seele, (*c*) so wie wir sie anwenden, (*a*) die Ruhe des Lebens mehr stören als befördern.

Ich ringe mit der schlimmsten, heftigsten, schmerzhaftesten, tödlichsten und unheilbarsten Krankheit. Ich habe bereits fünf bis sechs harte und hartnäckige Anfälle von ihr *ausgehalten*; unterdessen schmeichle ich mir entweder, oder ein Mann, dessen Seele nicht von der Furcht des Todes belastet ist, kann sich in einem solchen Zustande noch aufrecht halten, wenn er sich nur nicht an das Dräuen, Schlußmachen und *Folgern* kehrt, womit uns die Arzneilehre heimsucht. Aber auch der Angriff der Schmerzen selbst ist nicht so herbe, so stechend und so brennend, daß ein gesetzter Mensch darüber in Wut und Verzweiflung geraten müsse. Von meiner Kolik habe ich wenigstens den *Vorteil*, daß sie dasjenige vollends überwinden wird, was mir bisher noch im Wege stand, um mich mit dem Tode völlig bekannt zu machen, denn je mehr sie mich plagt und peinigt, je mehr wird sie meine Furcht vor dem Tode verringern[1].«

Man ersieht aus diesem Abschnitt mit vollkommener Deutlichkeit, was die innere Erfahrung in ihrem Gegensatz zu einer Erfahrung charakterisiert, die von einem dogmatischen Wissen ins Feld geführt wird, das sich anheischig macht, die Folge (die *Konsequenz*) körperlicher Phänomene zu progno-

1 II, xxxvii; T.R. 738-739; F.W. IV, 353-354.

stizieren – Spät- und Fernwirkungen sei es der sich selbst überlassenen Krankheit, sei es der Verabreichung von Heilmitteln. Die innere Erfahrung versucht keineswegs, eine kausale Induktion zu begründen, indem sie die Herkunft der konstatierten Fakten deutet, um bei der künftigen Reihe vorhersehbarer Auswirkungen anzulangen; im Gegenteil, sie bleibt dem verhaftet, was sie augenblicksweise kostet, der einmaligen und individuellen Qualität des Gespürs, aus dem sie keinerlei Gesetz, keinerlei Handlungsregel im körperlichen Bereich herleitet: ihr *Vorteil* ist nicht die Beherrschung der Welt, sie ist ethischer und ontologischer Art: sie besteht darin, sich mit dem Tode »bekannt« zu machen. Der Tod, der am Ende steht, jenseits des zeitlichen Ablaufs der Phänomene, ist zugleich die Realität, die eben hier erfaßt werden muß, von Stund an, eingebettet ins präsente Gewebe des sinnlich Greifbaren. Die Lehre des Blasengrieses löst, mit größerer Dringlichkeit, die »geistige Übung« ab, die der Sturz vom Pferd bewirkte (II, vi). Das natürliche Faktum des Leidens trägt, auf das leidende Bewußtsein beschränkt, nichts zur Steigerung unserer Mittel der Einwirkung auf die Natur bei: es resultiert daraus eine Weisheit, die darin besteht, sich »der Natur anzuvertrauen«, sie ihr Werk verrichten zu lassen ... Die Zauberformel für diese Einstellung wird in einer berühmten Stelle in »Von der Erfahrung« (III, xiii) auftauchen: »An dem, was ich an mir selber erfahren habe, fände ich genug, ein Weiser zu werden, wenn ich ein guter Schüler wäre[1].« Nichts ist also radikaler als der Gegensatz zwischen der ärztlichen Erfahrung, die, nachdem sie die Natur als Untersuchungsgegenstand gewählt hat, ihre Wirkungsweisen zu lenken oder zu durchkreuzen sucht, und der reflektierten persönlichen Erfahrung, die sich damit abfindet, das Wirken der Natur außer acht zu lassen, wenn sie auch gleichzeitig einwilligt, sie als Führer zu wählen, und sich damit nur ein weiseres Leben und einen weniger verkrampften Tod erhofft. Der Vorrang, den Montaigne der inneren Erfahrung einräumt, ist nicht ohne Beziehung zum Gegensatz von *Sein* und *Schein*. Denn die »Versprechungen« der

1 III, xiii; T.R. 1051; L. 853.

Medizin sind trügerisch, sie sind reiner Schein, eitler Dünkel – und als Folge davon fordern sie vom Patienten ein häufig mißbrauchtes Vertrauen: »Es war eine wohlersonnene Regel ihrer Kunst, die auch bei allen übrigen fast phantastischen, eitlen und übernatürlichen Künsten stattfindet, daß das Zutrauen des Patienten durch Hoffnung und Zuversicht ihren Operationen und Hilfsmitteln im voraus zustatten kommen müsse[1].« Wenn die Wirkungen der Medizin wirklich *solide* und *sicher* wären, besäße sie die Eigenschaften des Seins selbst; weil diese Wirkungen aber von dem *Glauben* abhängen, der ihnen geschenkt wird, kann sie sich nur im Rahmen des Scheins manifestieren – dessen nähere Bestimmungen ihr denn auch zugeschrieben werden: phantastisch, eitel, übernatürlich.

Die innere Erfahrung konstituiert auch den Probierstein, der es erlaubt, eine andere »Wissenschaft« – die Philosophie – zu beurteilen und auszumachen, ob der Lebenswandel, den sie vorschreibt, zum Sein oder zum Schein gehört. Für jemanden, der sich, wie Montaigne, am körperlichen Schmerz mißt, ist die von den Philosophen vorgeschriebene Ernsthaftigkeit augenscheinlich nur Miene und Maske:

». . . (*a*) ich habe beständig die Vorschrift für eine bloße spielende Feierlichkeit gehalten, welche so strenge verlangt, man solle alle Schmerzen mit gelassener Miene und steif anständigem Wesen aushalten. Was hat die Philosophie, die eigentlich nur Wahrheiten und Wirkungen angehen, sich mit diesem *äußerlichen Scheine* zu befassen? (*c*) Diese Sorgfalt kann sie den Possenspielern und Salbadern überlassen, deren große Kunst in Gaukelgebärden besteht. Wenn sie weder Herz- noch Magenstärkung geben kann, so lasse sie dem Schmerzleidenden sein Ach und O, und mag sie selbst den Seufzern, dem Stöhnen, Herzklopfen, Bleich- und Blaßwerden, welche die Natur *außer unserer Macht* gesetzt hat, ihr Mitleiden bezeigen; wenn nur das Herz ohne Furcht ist und die Worte keine Verzweiflung andeuten, so mag Madame Philosophie sich immer begnügen. Was ist es denn mehr, wenn wir auch die Hände ringen, wenn wir nicht unsere Gedanken erdrosseln! Sie erzieht uns ja für uns, und nicht für andere; zum *Sein*, und nicht zum *Schein* [. . .][2].«

1 II, xxxvii; T.R. 749; F.W. IV, 371.
2 II, xxxvii; T.R. 739; F.W. IV, 354-355.

Selbst wenn die Philosophie uns noch den »Mut« bestärken kann, so überschreitet sie doch ihre Rechte, wenn sie die körperlichen Regungen des Kranken zu lenken beansprucht – bei dem die willentliche Geste, der »Schrei«, sich doch so wenig von den unwillentlichen Reaktionen unterscheidet: daß die Philosophie »also den Sokrates hindert, vor Krankheit oder Scham zu erröten, beim Drohen eines Anfalls mit der Wimper zu zucken, in Fieberschauern zu zittern und zu schwitzen [. . .][1]«. Indem sie die Grenzen einer Philosophie der absoluten Beherrschung absteckt, führt die Erfahrung des Körpers – deren Erprobung [*essai*] Montaigne im Schmerz macht – zu einer demütigen Weisheit, die sich nicht gegen das Unwillkürliche oder gegen den besiegten Willen sträubt, die unseren Seufzern, unserem Ächzen ihren Stempel aufdrücken. Es ist zwar angemessen, von den Kräften der Reflexion und des vernünftigen Urteils zu retten, was zu retten ist: vieles, aber nicht alles; das Übermaß des Leidens zieht eine Grenze und bildet ein Kriterium, das Mögliches und Unmögliches voneinander scheidet:

»(*c*) Ich fasse mich beim wütendsten Schmerze des Übels und habe noch immer gefunden, daß ich sprechen, denken und ebenso vernünftig antworten konnte, als zu andern Stunden, nur nicht so zusammenhängend, weil mich der Schmerz zerstreute und beunruhigte. Wenn man meint, ich liege am tiefsten darnieder und die Umstehenden meiner schonen wollen, so *versuche* ich oft meine Kräfte, und fange an, über Dinge mit ihnen zu sprechen, die den wenigsten Zusammenhang mit meinem Zustande haben. *Ich kann alles durch plötzliche Anstrengung*, nur in die Länge will es nicht.

O, daß ich nicht das Vermögen von Ciceros Träumer besitze, welchem träumte, er habe eine Nachtlöhnerin im Arme, und beim Erwachen fand, daß ihm im Bette sein Stein abgegangen war. Meine Träume verleiden mir die Grillen an Dirnen gar weidlich[2].«

Das durch die Krankheit akzentuierte Bewußtsein des Körpers steckt einen Ort ab, an dem das Subjekt unter keine andere Jurisdiktion fällt als die der Natur, die ihm das Erleiden seines körperlichen Geschicks zuweist. Ein vergängli-

1 II, xxxvii; T.R. 739 und Anm. 2 [S. 1613] – der Text wurde zu Lebzeiten Montaignes veröffentlicht.

2 II, xxxvii; T.R. 740; F.W. IV, 356-357.

cher und bedrohter Ort, trotz des Schutzes, den der Mensch von der Natur zu erwarten berechtigt ist; das ist der Bereich des *Meinen*, des *Eigenen*, des Unveräußerlichen; es ist auch der Bereich, in dem die Zeit ihre Verheerungen anrichtet, indem sie die Körper Alter und Tod entgegentreibt. Die Natur ist die mehrdeutige Macht, die uns schützt und entstellt. Wozu soll der Eingriff der Medizin dienen, die den Körper im Sinne des codifizierten Systems von Entitäten und Eigenschaften zu verändern beansprucht, die zufälligerweise der Natur zugeschrieben werden (eines Systems, dessen allzu schematisches begriffliches Modell einen Aspekt von konjekturaler Vernünftelei enthält, der Montaigne nicht entgeht)? Der leidende Körper verwirft im gleichen Atemzug die Einmischung der Philosophie, die ihm eine »gelassene Miene«, eine »äußerliche Gefaßtheit« aufzuerlegen beansprucht, während die Unterwerfung unter eine solche Regel außerhalb ihrer Macht steht. Wenn die Bibliothek auf der Turmspitze ein Refugium vor den Übergriffen der Welt sein konnte, so wird der Körper wiederum zum Refugium gegen die Übergriffe der »Künste« – unter der Bedingung, daß zur gleichen Zeit die Unabhängigkeit des Urteils erhalten bleibt, die es erlaubt, sich beim »wütendsten Schmerze« des Übels zu »fassen«. Was das Individuum in und an seinem Körper erlebt, gehört lediglich zu seiner unmittelbaren Beziehung zur Natur, das heißt zu einer Autorität, die sich spontan in ihm selbst zu manifestieren in der Lage ist, ohne daß ein technischer Diskurs seine Interpretation dazwischenschaltet. (In derselben Epoche ist der Körper, bei den Mystikern und besonders bei Therese von Avila, die Szene, auf der Gott und nicht mehr die Natur seine Gnade und seinen Grimm manifestiert, in einer handgreiflichen Klarheit, die sich unumwunden ins Fleisch einschreibt, nicht ohne daß sich darüber die Statthalter des Wissens, Theologen und Beichtväter, beunruhigen.)

3. Die »medizinischen Irrtümer«

Montaigne kennt das ärztliche System seiner Epoche hinreichend genau, um es in einer präzisen und ausführlichen Zusammenfassung darzustellen. Aber er stellt es nur dar, um zu zeigen, wie die in Betracht gezogenen Faktoren in ihrer Verflechtung Irrtümer verursachen können: wie sind sie genau zu bewerten? Wie sämtlich zu erfassen? Der geringfügigste Irrtum schlägt zu Buche:

> ». . . (*a*) Wenn nun aber der Fehlgriff eines Arztes gefährlich ist, so sind wir sehr übel daran, denn es wäre ein Wunder, wenn er nicht oft in ähnliche Irrtümer verfiele. Er muß auf zu viele Dinge, Kräfte und Wirkungen der Mittel und andere Umstände, seine Aufmerksamkeit richten, um seinen Plan genau und richtig zu entwerfen. Er muß *die Leibesbeschaffenheit seines Kranken* kennen, sein Temperament, seine Gemütsart, seine Launen, seine Handlungen, selbst seine Art zu denken und die Beschaffenheit seiner Einbildungskraft; er muß sich über die äußern Umstände, *über die Natur des Orts, über die Beschaffenheit der Luft und der Witterung*, über die Stellung der Planeten und ihren Einfluß Rechenschaft geben können; er muß den Ursprung *der Krankheit*, ihre Zeichen, ihren Gang, ihre kritischen Tage kennen. Von den *Arzneimitteln* muß er Kräfte, Gewicht, Heimat, Alter und die Zusammensetzung verstehen, und von allen diesen verschiedenen Stücken muß er das Verhältnis des einen zu den andern abwägen, um daraus ein *völliges, heilsames Ganze* zu machen. Wenn er es in einem dieser Dinge nur um ein weniges versieht, wenn von allen diesen Kräften nur eine widerwärtig wirkt, so sind wir schon verloren! Gott weiß, wie schwer es ist, die meisten dieser Dinge richtig zu kennen! Wie kann der Arzt zum Beispiel das *eigentliche charakteristische Zeichen einer Krankheit* herausfinden, *da sie einer großen Menge von Zeichen fähig ist*? Wie große Verschiedenheit der Meinung herrscht nicht unter ihnen über die Anzeigen des Urins? Woher entstünde sonst dieses unaufhörliche Gezänke über die Natur der Krankheit, das wir wahrnehmen? Wie sollten wir sonst den Fehler entschuldi-

Physiologie

Hygiene

Pathologie
Therapie

Semiologie

> gen,in den sie so oft verfallen, daß sie einen Marder für einen Fuchs nehmen? Bei den Krankheiten die ich gehabt, wenn sie nur einigermaßen verwickelt waren, *habe ich niemals nur drei einerlei Meinung gefunden.* Ich führe gern *Beispiele aus eigener Erfahrung* an [. . .][1].

Bei seiner Aufzählung der Reihe von Dingen, die der Arzt in Betracht ziehen sollte, kennt Montaigne sehr genau die methodische Ordnung der Teilbereiche, in der die Traktate der Zeit die Prinzipien der Medizin darstellen. In den meisten Büchern wird empfohlen, zunächst die *Physiologie* kennenzulernen, das heißt die »natürlichen Dinge«, die Säfte und die Körperbeschaffenheit (oder »Krasis« oder »Temperatur«), die jene je nach Individuum, Alter und Jahreszeit in variablem Verhältnis mischt. Die zweite Rubrik bezieht sich auf die *Hygiene*, die den Gebrauch betrifft, den das Individuum von den »sechs nicht-natürlichen Dingen« macht, die »indifferenten« Dinge, von denen die Luft für das wichtigste gehalten wird, neben Essen und Trinken, Arbeit und Muße, Schlaf und Wachen, Ausscheidung und Verhaltung ebenso wie den Leidenschaften der Seele.

Die Kenntnis der Krankheit (oder der »wider-natürlichen Dinge«) fällt in den Bereich der *Pathologie*, deren Darstellung in den wichtigsten Werken der Zeit nacheinander jene Aspekte behandelt, auf die auch Montaigne hinweist: »Ursachen«, »Zeichen« (oder Symptome), »Beschwerden«, »kritische Tage«. Schließlich geht Montaigne, nach dem Vorbild der medizinischen Autoren, auf die *therapeutische* Maßnahme ein, die Kunst der Wahl der geeigneten Arzneimittel im jeweiligen Augenblick; die Verabreichung von Medikamenten muß in Hinsicht darauf erfolgen, daß durch das Widerspiel der Gegensätze (Darmentleerung gegen übermäßige Verstopfung, Wärme gegen ein Übermaß von Kälte, Feuchtigkeit gegen exzessive Trockenheit, »tonische« Substanzen gegen Erschlaffung usw.) ein Gleichgewicht, eine »Symmetrie«, ein »Mittelding« wiederhergestellt wird, das die versprochene Heilung einleitet. Denn die Gesundheit wird durch die genaue Ausgewogenheit der inneren Funktionen

1 II, xxxvii; T.R. 752-753; F.W. IV, 377-378.

und Elemente definiert, durch das förderliche Einwirken äußerlicher Einflüsse auf das körperliche Geschehen – im Sinne des Prinzips der *Isonomie*, wie es von der griechischen Wissenschaft seit den Schriften des Alkmäon von Kroton respektiert wird[1].

Montaigne faßt also in einigen knappen Zeilen den begrifflichen Apparat zusammen, wie er von allen Medizinern der Zeit benutzt wird, wenn sie – unter dem technischen Namen der *Indikation* – die Entscheidungen diskutieren, die die beobachtete Situation dem Manne der ärztlichen Kunst abverlangt. So liest man etwa bei Paré:

»Die Chirurgen und Mediziner benutzen dieses Wort Indikation, das ihnen eigen und dem herkömmlichen Sprachgebrauch fremd ist [. . .]. Wir nennen in der Chirurgie Indikation, was der Chirurg sich, als eine Art Zeichen, vor Augen hält, um zu ergründen, welches Mittel er zur Heilung oder zum Schutz der Person anwenden soll [. . .]. Nun gibt es drei allgemeine Arten von Indikationen, deren jede sich wiederum in verschiedene Unterarten aufteilen läßt: die erste ist die der natürlichen Dinge: die zweite ist die der nicht natürlichen Dinge: die dritte die der wider-natürlichen Dinge. Die natürlichen Dinge zeigen an und weisen darauf hin, daß sie durch ihnen Ähnliches erhalten werden müssen: und darunter fallen alle Indikationen, die man vom Körper des in unsere Hände gegebenen Patienten erhält, nämlich die Indikationen in bezug auf die Kräfte des Kranken, die Temperatur, das Alter, das Geschlecht, die Gewohnheit, die Lebensart und die Lebensweise[2].«

Was die »nicht natürlichen Dinge« betrifft, fügt Paré hinzu, so muß vor allem die Qualität der *Luft* in Betracht gezogen werden (die ja auch Montaigne deutlich hervorhebt):

»[. . .] Denn man muß, ob man will oder nicht, die gegenwärtige Bedingung der *Luft* ertragen und aushalten. Die Luft gibt uns

1 Siehe die ausgezeichnete Studie von Owsei TEMKIN, »Health and Disease«, in *The Double Face of Janus*, Baltimore 1977, S. 419-440. Zur Medizin der Renaissance siehe Charles SHERRINGTON, *The Endeavour of Jean Fernel*, Cambridge 1946; in einem allgemeineren Sinne Pedro LAÍN ENTRALGO, »La medicina del renacimiento«, in *Historia de la Medicina moderna y contemporanea*, Barcelona [2]1963, S. 5-116; ebenso Pedro LAÍN ENTRALGO (Hg.), *Historia Universal de la Medicina*, 7 Bde., Barcelona 1973, Bd. IV, S.1-189; Allan G. DEBUS, *Man and Nature in the Renaissance*, Cambridge 1978.

2 Ambroise PARÉ, *Les Œuvres* (1561). Das erste Buch der Einführung in die Chirurgie, Kap. XXV: »Von den Indikationen«. Ich zitiere nach der achten Auflage, Paris 1628, S. 40.

mithin manche Indikation oder eher Neben-Hinweis: denn wenn sie der Krankheit ähnlich ist, so symbolisiert sie als Indikation mit der Krankheit gemeinsam, und deshalb ist die Indikation zu berichtigen: ist sie der Krankheit entgegengesetzt, weist sie darauf hin und zeigt, daß sie bewahrt werden muß[1].«

Schließlich »weisen uns die wider-natürlichen Dinge darauf hin, daß sie durch ihr Gegenteil aufgehoben und beseitigt oder berichtigt werden müssen. Um also das Ganze aus dem Geringfügigen *herzuleiten*, sind die Arten von Indikationen oder die Zeichen der natürlichen Dinge, die wir erhaltend nennen, *vielerlei* [. . .][2].«

Die medizinische Lehre von Paré (und dasselbe träfe zu, wenn wir die Autoren läsen, die Montaigne anführt: »Fernel oder L'Escale[3]«) läßt auf der Ebene der Fakten selbst eine Vielzahl von Zeichen gelten (»Beschwerden« oder »Symptome«) und entwickelt, in Wechselbeziehung zu dieser Polysemie, einen polyätiologischen Erklärungsdiskurs. Die Ursachen wirken auf vielfachen Ebenen; sie können auf verschiedene Phasen der früheren Lebenszeit zurückgehen. Genau deshalb sieht Montaigne die unausweichliche Gefahr von Irrtümern sich abzeichnen. Und er argumentiert unerbittlich: zu dem Zeitpunkt, da der Arzt *ein Zeichen* beobachtet (beispielsweise im Urin) und ihm die Indikation *einer* therapeutischen Verabreichung entnehmen muß, die das Leiden *dieses* Individuums erleichtern oder heilen wird – wie wird er denn in der Lage sein, ohne »Fehlgriff« die *Deduktion* zu bewerkstelligen, die es ihm erlaubt, von allgemeinen (und samt und sonders verbalen) Regeln zum (gewöhnlich ungenau beobachteten) Einzelfall überzugehen? Auf der Ebene des *Sonderfalles* hat die Beweisführung so viele verschiedene Wege eingeschlagen, daß sie, unfähig, das »eigentliche charakteristische Zeichen der Krankheit« zu erfassen, das Ziel verfehlt: »den Marder für den Fuchs nehmen« – eben das bedeutet, in sprichwörtlicher Verkürzung, sich im *Einzelfall* täuschen. Schlimmer noch, was der Gefahr des Leidens unter Irrtümern ausgesetzt ist, das ist nicht nur mein Übel als Fall

1 *Ibid.*
2 *Ibid.*
3 III, xiii; T.R. 1065; F.W. VI, 201.

der Krankheit, das bin ich als je einzelnes Individuum. Der »Fehlgriff« schlägt zu Buche, wenn es dabei um mein Leben geht . . .

Wenn schon die deduktive Schlußfolgerung von derart vielen Fußangeln bedroht ist, so steht es kaum anders mit der *induktiven*, die, von irgendeinem Beobachtungsbefund ausgehend, eine allgemeine Regel oder Gesetzmäßigkeit aufstellen will. In seiner Eigenschaft als Kranker betroffen, bezieht Montaigne seine Kritik auf das, was die Mediziner im Zusammenhang mit der Wirksamkeit der Arzneimittel vorbringen. Sie stellen Gesetze aufgrund eines vom Zufall dahergewehten »Beispiels« auf, sie legen *einfache* Beziehungen zwischen Ursache und Wirkung fest und berücksichtigen dabei nicht einmal die Verschiedenartigkeit des Realen, die unzähligen Verzweigungen, die den von der Schlußfolgerung postulierten direkten Kausalverlauf in die Irre führen können. Jenseits der Kritik der Indikationen hält sich Montaigne (als Vorläufer von Descartes) an die substantiellen Eigenschaften und die den Gegenständen zugeschriebenen geheimen Kräfte. Es ist die Grundlage der Therapie selbst, die hier angeprangert wird. Wie läßt sich denn ihre Brüchigkeit leugnen? Die von den Medizinern vorgeschützte Erfahrung ist nahezu immer eine *besondere* Erfahrung, aus der man nicht berechtigt ist ein *allgemeines* Gesetz abzuleiten, das seinerseits auf in seinen Geltungsbereich fallende Einzelfälle anwendbar wäre.

Beim Abschluß seiner Polemik gegen die Ärzte im Essay II, xxxvii wird Montaigne gewahr, daß er der unterwegs aufgegriffenen Frage der Erfahrung noch nicht auf den Grund gekommen ist. Die Ausgabe von 1580 enthält bereits eine Schlußseite (vor dem Brief an Mme de Duras), die den Tonfall eines erklärenden Zusatzes anschlägt:

»(*a*) Ich kann dies Kapitel nicht endigen, ohne noch ein paar Worte über die Gewährleistung zu sagen, die sie uns von der Zuverlässigkeit ihrer Pillen und Pulverschachteln geben, die in ihrer Erfahrung bestehen soll. Die meisten, und ich glaube zwei Drittel aller Heilkräfte bestehen in der Quintessenz oder in der geheimen Eigenschaft der Kräuter und Wurzeln, wovon wir nichts anders, als durch die Anwendung wissen können; denn Quintessenz ist nichts anderes als eine *Eigenschaft, deren Ursache wir durch unsere Vernunft nicht ausfindig machen können*[1].«

Auf welche Erfahrung berufen sich die Ärzte? Montaigne zieht *drei* Möglichkeiten in Betracht. Zunächst die von Paracelsus und seinen Schülern so häufig ins Feld geführte durch »Eingebung« geleitete Erfahrung: sie ist ein Modus der unmittelbaren Erkenntnis, der intuitiven Vision, hinsichtlich deren, sobald es sich nicht mehr um das »Ich«, sondern um die Wahrheit der Welt handelt, Montaigne eine respektvolle Distanz an den Tag legt, die einer Ablehnung gleichkommt; die Ironie ist unüberhörbar:

»(*a*) Und solche Proben, von denen sie sagen, sie haben solche von der Inspiration der Dämonen, die lasse ich in Gottes Namen in ihren Würden (denn an Wunderwerken mag ich meine Finger nicht verbrennen)[2].«

In zweiter Linie kann es sich um eine Erfahrung handeln, für die »die Proben [. . .] sich aus solchen Dingen ergeben, die aus vielen andern Absichten uns *oft unter die Hände fallen*; wie man z. E. in der Wolle, in welche wir uns zu kleiden gewohnt sind, durch Zufall eine geheime, austrocknende Eigenschaft wahrgenommen hat, welche die Frostbeulen an den Fersen heilt [. . .][3]«. In dieser Hinsicht weiß der gemeine Mann durch Brauch und »Herkommen« ebenso viel wie der Mediziner. Erneut verfällt Montaigne in Ironie. Es gibt da lediglich eine banale Feststellung, eine Allerweltserfahrung, die sich mit Leichtigkeit in den ärztlichen Jargon übersetzen läßt, wenn man nur eine »geheime, austrocknende Eigenschaft« ins Spiel bringt . . . Alle, wie wir da sind, schaffen wir unseren Beschwerden nach Brauch und Herkommen Abhilfe. Der hinzugefügte Jargon verändert da überhaupt nichts.

Schließlich – die dritte Möglichkeit – kann ein bestimmter natürlicher Gegenstand gewählt und eine bestimmte Wirkung durch Zufall konstatiert worden sein; also postuliert man eine konstante Beziehung, in Erwartung einer anderen Gelegenheit, die diese Wirkung erneut zu verifizieren er-

1 II, xxxvii; T.R. 761-762; F.W. IV, 392-393.
2 II, xxxvii; T.R. 762; F.W. IV, 393.
3 *Ibid.*

laubt. Das ist das Prinzip des »blinden« Empirismus und nicht das einer wirklichen »Experimentalwissenschaft«, deren methodische Regeln Montaigne, unter demselben Banner wie seine Zeitgenossen, noch kaum erahnt; denn die unbegrenzte Vermehrung der Beobachter, deren Übereinstimmung ihm mehr Glaubwürdigkeit zu verdienen scheint, ist zugleich undurchführbar und trägt (ganz im Gegensatz zu dem, was Lanson vorbringt[1]) nichts dazu bei, die Erfahrung zu *organisieren*: so kritisiert Montaigne den traditionellen Empirismus, ohne etwas vorzuschlagen, das an seine Stelle träte:

»(*a*) In den meisten übrigen Erfahrungen aber, auf welche sie nach ihrer Sage bloß von ungefähr gestoßen sind, und keinen andern Führer als den bloßen Zufall gehabt haben, halte ich den Fortschritt dieser Unterrichtungsart für unglaublich [= unglaubwürdig; d. Übers.]. Ich stelle mir den Menschen vor, wie er um sich her die unendliche Anzahl von Dingen betrachtet, Pflanzen, Tiere und Mineralien. Ich wüßte nicht, mit welchen ich ihm unter allen anraten sollte, den ersten Versuch zu machen; und fiele auch seine erste Phantasie auf die Elendsklaue [= Elchgeweih, *corne d'élan*; d. Übers.], an welche man einen allezeit fertigen Glauben haben muß, so wird er noch ebenso verlegen mit seinem zweiten Versuche sein. Er hat so vielerlei Krankheiten vor sich und so viele zufällige Umstände, daß, ehe er noch über diesen Punkt bis zu der Gewißheit gelangt ist, welche seine Erfahrung bis zum untrüglichen Grade erhebt, der menschliche Verstand zu kurz kommen muß [. . .][2].«

Vom zufällig gewählten und zum angeblichen Träger ärztlichen Vermögens erkorenen Heilmittel zur Beschwerde, für die es die spezifische Arznei sein könnte, führen zahllose Wege: sie sind so gut wie versperrt; die hinreichende Bedingung bleibt unbestimmbar:

»[. . .] (*a*) und bevor er unter dieser zahllosen Menge der Dinge dahin gekommen ist, zu wissen, was diese Klaue, unter allen Krankheiten die Epilepsie, unter so vielen Temperamenten das melancholische, unter allen Jahreszeiten der Winter, unter allen Nationen die französische, unter allen Altern das rechte Alter, unter allen Konstellationen die Zusammenkunft der Venus und Saturns, unter allen

1 Gustave LANSON, *Les Essais de Montaigne*, Paris o. J., S. 278-281.
2 II, xxxvii; T.R. 762; F.W. IV, 393-394.

Gliedmaßen des Körpers der Finger ist. Da er auf alles das weder durch Schlüsse noch Konjunkturen [sic! = Konjekturen; d. Übers.], noch durch Beispiele, noch durch göttliche Eingebung geleitet wird, sondern durch bloße Leitung des Schicksals, so müßte es durch ein völliges, künstliches, methodisches und regelmäßiges Ungefähr geschehen. Und wenn nun die Genesung wirklich erfolgt wäre, wie könnte er zuverlässig wissen, daß es nicht durch einen Zufall oder deswegen geschehen sei, weil die Krankheit ihre Periode erreicht hatte, ohne die Wirkung einer andern Sache, welche der Kranke an dem Tage entweder gegessen oder getrunken oder berührt, oder auch durch das Gebet seiner Frau Großmama? Oder noch mehr, wenn auch der Versuch vollkommen ausgeschlagen, wie oft wäre er denn wiederholt worden, und dieses lange Schnürchen von Zufällen und von zusammentreffenden Umständen, wie oft wieder angereiht, *um es zu einer Regel zu erheben*[1]?

Hier schließt der Text der Ausgabe von 1580. Im Jahre 1588 fügt Montaigne einen letzten Absatz hinzu, um einen besseren Schluß zu finden, wenn er auch immer noch auf den Bedingungen der Gültigkeit von Erfahrung beharrt; und ein allerletzter kurzer Zusatz macht deutlich, daß das Problem ihn nicht zu beschäftigen aufhörte:

»(*b*) Und wenn es damit zum Schlusse gekommen, durch wen geschah es? Unter so vielen Millionen gibt es ungefähr drei Menschen, welche sich damit befassen, ihre Erfahrungen zu Buche zu bringen. Sollte das Schicksal gerade zu rechter Zeit einen von diesen ausgesondert haben? Wenn nun ein anderer, oder wenn hundert andere widersprechende Erfahrungen gemacht hätten? Vielleicht entdecken wir darin einiges Licht, wenn uns alle Urteile und Schlüsse der Menschen bekannt werden; aber daß drei Zeugen und drei gelehrte Doktoren das menschliche Geschlecht belehren, das will es noch nicht tun. Dazu müßte sie die menschliche Natur gewählt und deputiert haben, und sie müßten (*c*) durch expresse Vollmacht (*b*) als unsere Agenten aufgestellt sein[2].«

Die Suche nach einer universalen »Regel« kann nur vage und unstet sein. Wenn die Behauptung als allgemeine gelten will und bestenfalls nur auf *drei* Menschen beruht (jene »drei«, die Montaigne niemals auch nur im entferntesten »einerlei Meinung« gefunden hat), die ihre »Erfahrungen« aufgezeichnet

1 II, xxxvii; T.R. 762-763; F.W. IV, 394-395.
2 II, xxxvii; T.R. 763; F.W. IV, 394-395.

haben, so kann der Notwendigkeit keinerlei kausale Prädikation zugeordnet werden. (Wie wir bereits gesehen haben, kann Montaigne *drei* arztfeindliche Beispiele aus seinem nächsten Familienkreis zitieren: seinen Vater, seinen Großvater und seinen Urgroßvater: »Und habe ich nicht eine sehr nachdrückliche und sehr günstige Erfahrung für mich? Ich weiß nicht, ob mir die Herren Ärzte in ihren Registern *drei* andere werden auffinden können [. . .][1].«) Das Verhältnis, das sie bestätigen, ist aller Wahrscheinlichkeit nach zufällig, vom »Schicksal« abhängig. Das allgemeine Wissen ist in der Praxis nicht nur *unanwendbar*, und zwar aufgrund der Verschiedenheit der »Indikationen«; es ist überdies in seinem Sicherheitsstreben *nicht herstellbar*, aufgrund der Unzulänglichkeit und der Schwäche der Kausalketten, die es für regelmäßig hält.

Ohne jeden Zweifel hat Montaigne nach der Niederschrift des Essays »Über die Ähnlichkeit der Kinder mit ihren Vätern« gefühlsmäßig gespürt, daß er das Problem der Erfahrung noch nicht ausgeschöpft hatte: er hat sich dazu nur in polemischer Weise geäußert, weil er auf jene abzielte, die sich darauf berufen, um Vertrauen einzuflößen, um ihre Theorie und ihre Praxis, ihr Wissen und ihre Kunst respektabel zu machen. Wie bedeutsam Montaignes Geständnisse über die Krankheit in diesem Essay überdies gewesen sein mögen, so hat er doch noch nicht alle seine Gründe dargelegt, die in seinen Augen jenen anderen Typus von Erfahrung legitimieren, die direkte und innere Erfahrung in ihrer Besonderheit und Einzigartigkeit.

Wenn man den Schluß von Kapitel II, xxxvii, dessen Lektüre wir soeben beendet haben, und den Anfang von Kapitel III, xiii miteinander konfrontiert, so wird man auf Sätze stoßen, die, in allgemeineren Begriffen, die direkte Fortsetzung der soeben zitierten bilden; man könnte sogar der Meinung sein, daß der Essay »Von der Erfahrung« seinerseits eine lange, dem Essay »Von der Ähnlichkeit der Kinder mit ihren Vätern« aufgepfropfte Glosse ist.

»(*b*) Keine Begierde ist natürlicher als die Begierde nach Wissen.

1 II, xxxvii; T.R. 742; F.W. IV, 360.

Wir bedienen uns aller Mittel, die uns dahin führen können. Wenn uns dabei die Vernunft fehlschlägt, so wenden wir uns an die Erfahrung,

(*c*) *Per varios usus artem experientia fecit,*
Exemplo monstrante viam,

(*b*) welches ein weit schwächeres und schlechteres Mittel ist. Aber die Wahrheit ist eine so wichtige Sache, daß wir keine Vermittlerin derselben gering achten dürfen[1].«

Wiederum heißt das für Montaigne eingestehen, daß er nicht »endigen« kann, diesmal nicht »dieses Kapitel«, sondern das gesamte Buch, ohne ein letztes Mal, mit erneuter Anstrengung, die Frage des Wissens und der Erfahrung aufzuwerfen; von den ersten Zeilen an zielt er somit darauf ab deutlich zu machen, daß die Erfahrung eine mittelbare Erkenntnis ist und in der Kategorie der mittelbaren Erkenntnisse einen minderen Rang einnimmt, weil sie sich, wenn sie sich auf das Beispiel stützt, zwangsläufig mit dem sinnlich Wahrnehmbaren gemein macht. Dadurch unterscheidet sie sich von der rein rationalen Erkenntnis, die nur zur Verkettung begrifflicher Mittel greift.

So wird der Essay III, xiii zunächst Gelegenheit geben, auf eine Idee zurückzugreifen, deren Bedeutsamkeit wir bereits hervorgehoben haben; es ist wenig ergiebig, sich auf die seltenen privilegierten Beispiele zu fixieren und ihnen respektvolle Aufmerksamkeit zu schenken. Wer daraus eine Lehre zu ziehen versteht, wird die gewöhnlichen Lebensläufe für nicht weniger beispielhaft halten als die illustren; im Grenzfall versorgt uns unser eigenes Leben mit völlig adäquaten Beispielen, wenn wir nur unsere Irrtümer in den Rang negativer Beispiele überführen: im Vorbeigehen sei auf einen Fall von »Fehlgriff« hingewiesen, der auf der Seite von Essay II, xxxvii widerhallt, die wir eben analysiert haben und auf der Montaigne alles aufzählte, was den »Fehlgriff« des Arztes unausweichlich macht:

»[. . .] (*b*) Wer sich der Übel erinnert, die er sich zugezogen hat, die ihn bedrohten, der leichten Anlässe, welche ihn aus einer Lage in die

1 III, xiii; T.R. 1041; F.W. VI, 158-159. Das lateinische Zitat stammt von MANILIUS: »Durch mancherlei Versuch hat die Erfahrung / Die Kunst gebildet, und das Beispiel zeigte / Den Weg ihr« (I, 59).

andere versetzten, bereitet sich dadurch auf künftige Glückswechsel und auf die richtige Beurteilung seiner Lage. Das Leben Cäsars gewährt uns nicht mehr Beispiel *als unser eigenes*. Das Leben eines Herrschers ist wie das Leben eines Untertans, ein Leben, welches allem menschlichen Glückswechsel ausgesetzt ist. Laßt uns nur darauf merken. Wir sagen uns alles, wessen wir hauptsächlich bedürfen. Wer sich erinnert, wie oft er sich in seinem eigenen Urteil *verrechnet* hat, ist der nicht ein Tor, wenn er nicht beständig gegen dasselbe mißtrauisch bleibt[1]?«

Vordem hatte uns Montaigne beteuert, daß »der Fehlgriff des Arztes gefährlich« für seinen Patienten ist. Jetzt machen wir einen erneuten Sprung im Fortschritt des Selbstbewußtseins: diesmal nämlich besteht die Erfahrung in der Erinnerung, uns selbst oftmals »verrechnet« zu haben. Der Mißerfolg der Erfahrung, die sich die objektive Wissenschaft zum Ziel setzte, verkehrt sich in ein Wissen des Mißerfolgs. Und dieses Wissen, mit leeren Händen dazustehen, wird konstitutiv für die innere Erfahrung, die uns, bei voller Gesundheit, »ins [. . .] Mißtrauen eintreten« läßt. Eine Erfahrung ganz anderen Zuschnitts – ich habe sie ethisch und ontologisch genannt –, in der die gegenwärtige Beziehung zu sich selbst ausschlaggebend ist. Es ist also der reflektierte Mißerfolg, die Reflexion über den Mißerfolg, die das Beispiel abgibt, das wir zu dem *unsrigen* machen können. In der Evidenz des gespürten Jetzt verfügt der nackte Mangel paradoxerweise über die Autorität, die die großen Autoren der Vergangenheit nicht mehr innehaben, wenn der Spieleinsatz unser eigenes Leben ist.

Für Montaigne beschränkt sich diese lebendige Autorität nicht allein auf das Zeugnis unseres fehlbaren Bewußtseins. Er ist bereit, sie auf das Wort auszudehnen, das man direkt gehört hat, im Kreise der anwesenden Freunde. Wenn man schon jemandem Vertrauen schenken muß, warum dann nicht ihnen das Vorrecht auf alles einräumen, was sich einprägt und zu lesen ist, trotz der »populären« Ehrerbietung, mit denen man Büchern begegnet?

»(*b*) Was sollen wir diesem Volke sagen, welches keine anderen als

1 III, xiii; T.R. 1051; F.W. VI, 175.

gedruckte Zeugnisse annimmt, welches den Menschen nichts glaubt, als was sie aus Büchern beweisen können, auch keine Wahrheit annimmt, wenn sie nicht von hinlänglichem Alter ist? [. . .] Es klingt viel wichtiger, wenn man sagt: Ich habe gelesen, als wenn man sagt: Ich habe sagen gehört. Ich aber, weil ich gegen den Mund eines Menschen nicht leichtgläubiger bin als gegen seine Hand, weil ich weiß, daß man ebenso leichtsinnig schreibt als spricht, und weil ich unsere Zeiten für so gut halte als die vergangenen, führe ebenso lieb *einen meiner Freunde* an als den Aulus Gellius oder Macrobius; und was ich gesehen habe, ebensogern, als was sie geschrieben haben[1].«

In größtmöglicher Nähe gesammelt – in dem, was wir hören, sehen oder fühlen –, kann das Beispiel an Gültigkeit nur gewinnen; der Text fährt fort:

»[. . .] (*b*) Ich sage oft, daß es platte Torheit ist, die uns nach *fremden* und schulgerechten *Beispielen* anjagt. Ihre Fruchtbarkeit ist zu dieser Stunde noch ebenso groß, als zu den Zeiten Homers und Platos. Aber suchen wir nicht vielleicht mehr die Ehre der Bekanntschaft mit andern Schriftstellern, als die Wahrheit eines Satzes? Als ob mehr daran läge, unsere Beweise aus dem Laden eines Buchhändlers zu entlehnen, als von dem, was wir in unserm Dorfe sehen und haben können. Oder wir haben wenigstens nicht den erforderlichen Sinn, das, was vor uns liegt, gehörig zu untersuchen, ihm seinen Wert zu geben und solches richtig zu beurteilen, *um es zum Beispiele aufzustellen.* Sagen wir aber, es fehle uns an gehörigem Ansehen, um unserm Zeugnisse Glauben zu verschaffen, so sagen wir es mit Unrecht. Denn, nach meiner Meinung, können aus den gewöhnlichsten, gemeinsten und bekanntesten Dingen, wenn wir sie ins gehörige Licht zu stellen wissen, die größten Wunderwerke der Natur und die erhabensten *Beispiele* hergeleitet werden, besonders in Rücksicht auf menschliche Handlungen.«

Der fremden Erfahrung und den fremden Beispielen, die von den »Weisen« (und besonders den Ärzten) als Zeugnis zitiert werden, glaubt Montaigne sich *berechtigt* eine Erfahrung und eine Beispielsammlung entgegenzustellen, deren einziger Zeuge er ganz allein ist. Scheinbare Paradoxie: was nicht glaubwürdig ist »von *drei* Menschen, welche sich damit befassen, ihre Erfahrungen zu Buche zu bringen[2]« (die in der

1 III, xiii; T.R. 1059; F.W. VI, 189.
2 II, xxxvii; T.R. 763; F.W. IV, 360.

Welt der äußeren Gegenstände gesammelt und in allgemeinen Regeln formuliert wären), wird der Aufmerksamkeit würdig, sobald es sich um *einen einzigen Menschen* handelt – dessen ganze Aufmerksamkeit aber darin besteht, »ein Register der Versuche [seines] Lebens[1]« zu führen. Eine Erfahrung, die ein Subjekt in der ersten Person ausspricht, indem es sich auf die jeweilige Besonderheit dessen beschränkt, was es versucht, probiert, erlebt hat – wobei es seinem Leser gleichzeitig freie Hand läßt, durch Vergleich über eine eventuelle Ähnlichkeit der Erfahrung zu entscheiden, in der sich eine Verallgemeinerung andeutet (»jeder Mensch trägt in sich das ganze Bild der Menschlichkeit[2]«).

Aufgrund eben dieser Art von Aufmerksamkeit, die Montaigne sich selbst entgegenbringt, hält er sich für berechtigt, den anderen seine Erfahrung anzubieten, damit sie sie sich zunutze machen. Allerdings ist seine körperliche Erfahrung auf seine Person allein beschränkt, aber er scheut sich nicht, die »Künstler« zum Kampf zu fordern, die sich auf ein allgemeines Wissen berufen, aus dem kein Kranker Nutzen zieht. Und wenn er nur die Möglichkeit dargetan hätte, dem Schulwissen das eines vereinzelten Individuums entgegenzustellen, so scheint das Unterfangen ihm der Mühe wert.

4. *Die untersuchten Geständnisse*

Obwohl Montaigne nicht den Gelehrten und Weisen gleichen möchte, die die Arten und Fälle systematisch klassifizieren[3], ist es doch möglich, in dem langen und abschließenden Essay »Von der Erfahrung« eine sowohl strenge als auch nachgiebige Gliederung zu erkennen. Nach einer sehr weitläufigen Einführung zum Begriff der Erfahrung und zu den Schwierigkeiten der Interpretation in religiösen und juristischen Zusammenhängen stellt Montaigne das *Prinzip* der

1 III, xiii; T.R. 1056; F.W. VI, 185.

2 III, ii; T.R. 782; L. 623.

3 »Die Gelehrten sprechen und bezeichnen ihre Phantasien *genauer* und im einzelnen. Ich aber, der ich nicht weiter sehe, als was mir der Gebrauch an die Hand gibt, ich lege die meinigen *im ganzen* dar, und wie sie mir aufstoßen« (III, xiii; T.R. 1054; F.W. VI, 173-174).

selbstbezogenen Untersuchung auf, das er an die Stelle der herkömmlichen Disziplinen setzt, und bereitet den Leser dann in einem nachträglichen Einschub auf das vor, was seine eigene *Schlußfolgerung* sein wird:

»(*b*) Ich studiere mich selbst mehr als jeden anderen Gegenstand. Ich bin meine Metaphysik und Physik [. . .]. (*c*) Auf dieser Universität lasse ich mich als ein unwissender und unwiderstrebender Mensch für das allgemeine Gesetz der Welt zuziehen. Ich *erkenne* solches hinlänglich, wenn ich es *fühle*[1].«

Dem *Fühlen* also überträgt Montaigne die Aufgabe des Erkennens, des *Wissens*: die Rolle des Körpers macht sich von vornherein ausschlaggebend bemerkbar. Freilich steht es auch der Seele zu, sich selbst zu fühlen, intuitiv, gemäß einer der im »inneren Sinne« entwickelten Fähigkeiten. Das *Gefühl* im weitesten Sinne besteht darin, ebenso die Gedanken wie die körperlichen Veränderungen wahrzunehmen. Sich aber durch das »Gefühl« kennenzulernen, schließt den Eingriff der diskursiven Vernunft aus: »Ich richte mich nicht anders, als nach *wahrem Gefühl*, nicht nach Mutmaßung [*discours*]« (III, xiii; T.R. 1074; F.W. VI, 216). Fühlen ist die notwendige Bedingung des Urteilens – über das Montaigne sich in einer ersten Phase äußert: nicht nur hört er nicht auf, sich selbst zu beobachten (T.R. 1052; F.W. VI, 173), diese Beobachtung erlaubt ihm überdies auch, die anderen kennenzulernen und zu warnen (T.R. 1054; F.W. VI, 176). Diese Fähigkeit hätte ihn im praktischen Leben in den Stand gesetzt, Ratgeber eines Fürsten zu werden, den er gegen die Perfidie seiner »Schmeichler« hätte verteidigen können (T.R. 1055; F.W. VI, 182). Gleichwohl darf die Selbstbeschreibung nicht bei den Fähigkeiten der Seele innehalten; um vollständig zu sein, muß ihr ein Verzeichnis der körperlichen Fähigkeiten und Gewohnheiten beigegeben werden. Montaigne stellt diese Unterteilung sehr deutlich heraus:

»(*b*) Diese ganze Pastete meines Gekritzels ist endlich weiter nichts, als ein Register der Versuche meines Lebens, welches der *innern Gesundheit* Beispiele genug an die Hand gibt, wenn man die Lehre

1 III, xiii; T.R. 1050; F.W. VI, 173-174.

daraus zieht, das Gegenteil zu tun. Was aber die *körperliche Gesundheit* betrifft, so kann niemand nützlichere Erfahrungen aufstellen als ich; da ich solche rein zeige, weder durch Kunst oder Meinung verderbt noch geschwächt[1].«

Zwar wird sich Montaigne bemühen, diese beiden hier aus Gründen der Klarheit geschiedenen Bereiche – Gesundheit der Seele (*innere* Gesundheit, die, nach philosophischem Brauch, in den Bannkreis der Seele gehört) und körperliche Gesundheit – wieder zu vereinen und ihre zwangsläufige Zusammengehörigkeit darzulegen, die »gegenseitigen Dienste[2]«, aber er tut das später, wenn er sich einmal vollends von der Beschreibung seiner körperlichen »Verfassung« freigemacht hat. Der versöhnliche und abgeschwächte Schluß des Essays wird der ernsthaften Bekräftigung der wechselseitigen Verpflichtungen von Körper und Seele gewidmet sein, deren »eheliche« Harmonie den Genuß des Lebens ermöglicht. Er wird, besser gesagt, zu einem seiner ausdrucksvollsten Chiasmen zurückfinden können: »Ich aber bin von gemischter und grober Materie und kann mich nicht so ungeteilt an diesen einzigen einfachen Gegenstand halten, daß ich mich nicht von den allgemeinen Gesetzen der Menschheit und des gegenwärtigen Vergnügens sollte hinreißen lassen, welche *geistig körperlich* und *körperlich geistig* sind« (T.R. 1087; F.W. VI, 239).

Bevor man aber dort anlangt, wird es erforderlich gewesen sein, *den Körper auszusprechen*, seine Haupteigenschaften ohne falsche Scham zur Schau zu stellen, und sei es nur, um ein gleichsam symmetrisches Seitenstück zu dem vor Augen zu führen, was Montaigne soeben seine »inneren« Fähigkeiten genannt hat (Urteilsfähigkeit, Aufrichtigkeit, Unkenntnis und Schwäche).

Sicherlich ist das nicht das erste Mal, daß Montaigne sich bemüht, ein allgemeines Porträt seiner Person zu liefern, und dabei im Sinne der traditionellen Zweiteilung von Seele und Körper vorgeht. So ist er bereits in einem langen Abschnitt von Essay II, xvii (»Über den Dünkel«) verfahren, aber im umgekehrten Sinne: damals hatte er mit dem begonnen, was

1 III, xiii; T.R. 1056; F.W. VI, 185.
2 III, xiii; T.R. 1094; F.W. VI, 239.

der Schluß von »Über die Erfahrung« sein wird, das heißt mit der Bekräftigung der engen Verbindung unserer »beiden wesentlichen Bestandteile[1]«; dann hatte er, indem er seine Darstellung[2] mit der Frage der Schönheit fortführte, ziemlich rasch seinen Körper beschrieben (seinen kleinen Wuchs, sein Gesicht, seine Körperbeschaffenheit, seinen Gesundheitszustand, sein Alter, seine Eignung zu den verschiedensten Übungen). Schließlich kam er auf seine Seele zu sprechen, ihre Fähigkeiten und ihre »Leidenschaften«, über die er sich ganz ungezwungen[3] äußerte und dabei besonders auf seine Gedächtnisschwäche hinwies. Die Unterteilung und der Übergang von Dingen des Körpers zu spirituellen Eigenschaften kam sehr deutlich im Beginn zweier aufeinanderfolgender Abschnitte zum Ausdruck: »Meine *körperlichen* Eigenschaften stimmen im ganzen sehr gut mit denen *meiner Seele* überein. [. . .] *Ich habe eine Seele, die ganz sich selbst gehört* und gewohnt ist, sich nach ihrem Gefallen zu benehmen[4].«

In »Über die Erfahrung« wird nicht nur die Ordnung der Bereiche umgekehrt, auch der auf ihre Beschreibung verwendete Raum ist umgekehrt proportional: es wird sehr viel ausführlicher vom Körper als von der Seele des Michel de Montaigne die Rede sein (deren Fähigkeiten er in Kürze zusammenfaßt, wenn er sagt, wozu sie wohl »tauglich« gewesen wäre: »Zu nichts. [. . .] Aber ich hätte meinem Herrn seine Wahrheit gesagt und seine Sitten beleuchtet, wenn er es gewollt hätte[5].«).

Den Körper aussprechen ist für Montaigne also, wie man sieht, durchaus kein neues Unterfangen, das er sich für den abschließenden Essay von 1588 aufgespart hätte. Dennoch hat er ihm nie zuvor eine derart lange Folge von Seiten gewidmet. Sie erstreckt sich bis ins eigentliche Zentrum des

1 II, xvii; T.R. 622; L. 512.

2 II, xvii; T.R. 623-625; L. 513-515.

3 II, xvii; T.R. 627-643; L. 517-537.

4 II, xvii; T.R. 625-626; L. 516.

5 III, xiii; T.R. 1055; F.W. VI, 182. Es handelt sich um einen Freundschaftsdienst. Zur Weigerung, sich einem Fürsten als Schmeichler herzugeben, cf. unsere Studie »Sur la flatterie«, *Nouvelle Revue de psychanalyse*, Nr. 4, Paris: Gallimard, Herbst 1971, S. 131-151.

Essays. Und die bedeutsame postume Hinzufügung des Jahres 1595 zum Kapitel II, vi (»Über geistige Übung«) wird die Rechtfertigung dieser völligen Offenheit enthalten. Sich selbst darzustellen bedeutet, »hauptsächlich« sein »Denken« darzustellen; aber dabei darf man nicht stehenbleiben. Es hat nicht nur metaphorische Bedeutung, wenn Montaigne hinzufügt:

»(*c*) Ich enthülle mich ganz: es ist ein *skeletos*, an dem auf den ersten Blick die Adern, die Muskeln, die Sehnen hervortreten, jeder Teil an seinem Ort. [. . .] Nicht meine Handlungen beschreibe ich, sondern mich selbst, mein Wesen[1].«

Und in einer anderen Hinzufügung zur »Kunst des Gesprächs« (III, viii):

»(*c*) Ich stelle mich dar, stehend und liegend, von vorn und von hinten, links und rechts und in allen meinen natürlichen Falten[2].«

5. Der beredte Mundschenk

In den beiden Bereichen, die den Menschen konstituieren – Seele und Körper –, ist Montaigne, und das sei hier wiederholt, entschlossen, die innere und direkte Erfahrung festzumachen, jenseits und vor dem, was die spezialisierten *Künste* davon sagen (und verheißen): für die Seele die Theologie und Philosophie; für den Körper die Medizin: nehmen wir an dieser Stelle die Lektüre der »Erfahrung« wieder auf:

»(*b*) Die Künste, die versprechen, uns *den Leib gesund und die Seele gesund zu erhalten*, versprechen uns viel; aber es gibt auch keine, die weniger hielten, was sie versprechen. Und in unsern Tagen ist jenen, die unter uns diese Künste ausüben, weniger als allen andern Leuten von ihrer Heilsamkeit anzusehen. Man kann von ihnen höchstens sagen, daß sie Arzneien verkaufen; aber daß sie Ärzte seien, das kann man nicht sagen[3].«

1 II, vi; T.R. 359; L. 367.

2 III, viii; T.R. 922; F.W. V, 283. Das Körperbewußtsein bei MONTAIGNE ist Gegenstand einer aufmerksamen Untersuchung im Werk von Glyn P. NORTON, *Montaigne and the Introspective Mind*, Den Haag 1975, S. 153-170.

3 III, xiii; T.R. 1057; L. 857. Cf. W. G. MOORE, »Montaigne's Notion of Experience«, in *The French Mind: Studies in Honour of Gustave Rudler*, Oxford 1952, S. 34-52;

Montaigne möchte sich bemühen, die Rollen zu vertauschen. An die Stelle der Künste, die das Leben zu ihrem *Objekt* machen und es zu schulmeistern beanspruchen, setzt er das Leben selbst, so wie er ihm seine direkte Erfahrung entnimmt – dem in den Rang einer Kunst erhobenen Leben. »Mein Handwerk und meine Kunst ist, zu leben[1].« Das einzige und einmalige Subjekt entzieht sich dem allgemeinen Diskurs, der ihm gilt, und fordert für sich selbst, für sich allein die *Autorität* des Wissens, eines Wissens, das radikal davon verschieden ist und von dem wir gesehen haben, daß es beinahe mit dem Fühlen zusammenfällt.

Daß dieses den Körper betreffende, aus der eigenen Erfahrung geborene neue Wissen das Andrängen jeder äußeren Regelung überflüssig macht – davon gibt sich Montaigne überzeugt. Die Konkurrenz mit der ärztlichen Wissenschaft erschreckt ihn nicht. Er kann sich sogar auf antike Autoritäten stützen: als Gewährsleute wählt er zunächst Kaiser Tiberius, dann den weitaus gewichtigeren Sokrates der *Memorabilien* und den Plato des *Staates*, die bekräftigen, daß die persönliche Erfahrung der Krankheit, der Diät und der Therapie die notwendige und hinreichende Bedingung für die Aufrechterhaltung der Gesundheit bildet: die völlige Autarkie dringt darauf, daß das Individuum seine »Lebensweise« nur aus sich selbst heraus einhält und unter allen Umständen sein eigener Heiler ist:

»(*b*) Die Erfahrung ist in Ansehung der Arzneikunde eigentlich der Hahn auf seinem eigenen Miste, wo ihr die Vernunft die Herrschaft einräumt. Tiberius sagte: jedermann, der dreißig Jahre gelebt habe, müsse selbst wissen, was ihm heilsam oder schädlich sei und sich ohne Beistand des Arztes helfen können. (*c*) Das konnte er vom Socrates gelernt haben, welcher seinen Schülern riet, das Studium ihrer Gesundheit mit Sorgfalt und als ein Hauptstudium zu treiben, und hinzufügte, es sei unglaublich, daß ein Mensch von Verstande, der auf seine körperliche Bewegung, auf sein Essen und Trinken achtgäbe, nicht besser wissen sollte als jeder Arzt, was ihm gut oder

M. BARAZ, »Sur la structure d'un essai de Montaigne (III, xiii, »De l'expérience«)«, *Bibliothèque d'Humanisme et Renaissance*, XXIII, Genf 1961, S. 265-281; J. BRODY, »From Teeth to Text in »De l'expérience«. A philological reading«, *L'Esprit créateur*, Kansas, XX, Nr. 1, Frühjahr 1980, S. 7-22.

1 II, vi; T.R. 359; L. 366-367.

schlecht bekomme. (*b*) Daher behauptet auch die Heilkunde, sie habe von jeher die Erfahrung zum Prüfstein ihres Verfahrens gemacht. Also hatte Platon recht zu sagen, ein wahrer Arzt müßte notwendig erst alle Krankheiten, die er heilen wolle, selbst gehabt haben, und alle Zufälle und Umstände durchgegangen sein, welche seiner Beurteilung unterworfen werden. Es ist billig, daß er sich krätzig mache, wenn er die Krätze heilen will[1].«

Die von Montaigne angerufenen antiken Zeugen hatten es mit einer Medizin zu tun, deren Wirkungsmittel vor allem in der Diätetik lagen, die im weitesten Sinne nicht nur als Disziplin der Ernährungsvorschriften, sondern als heilsame (»hygienische«) Regelung des Gesamtkomplexes der Aktivitäten und der Lebensweise des Individuums aufgefaßt wurde. Montaigne wählt sich Männer als Verbündete, die die Professionalisierung der Erkenntnisse der Diätetik bekämpften – eine gelehrte Spezialisierung, von der die ältesten hippokratischen Schriften, die für die Legitimität einer spezifisch ärztlichen Praxis eintreten, bezeugen, daß sie sich nicht für jedermann von selbst verstand.

Den drei von Montaigne beschworenen Autoritäten gesellen sich die Argumente hinzu, die aus der von der antiken Literatur weitergereichten weitläufigen Ur-Tradition geschöpft sind: die Menschen der Frühzeit führten, wenn sie auch unwissend waren, doch ein unschuldigeres, glücklicheres und vor allem gesünderes Leben. Montaigne stellt in dieser Hinsicht ein wichtiges Bindeglied zwischen dem Primitivismus der Alten und antimedizinischen Gedankengängen dar, wie sie Rousseau im *Discours sur l'inégalité* und im *Émile* zum Ausdruck bringen wird und deren Echo noch in den Auseinandersetzungen unserer Tage wahrnehmbar ist . . . Wenn er die mythischen Bilder eines Goldenen Zeit-

1 III, xiii; T.R. 1056-1057; F.W. VI, 185. Es handelt sich hier um eine Argumentation, die die ärztlichen Schriften seit den Anfängen der griechischen Wissenschaft zurückzuweisen bemüht sind, um die überlegenen Kräfte des Spezialisten der Gesundheit zu legitimieren. Diese Zurückweisung nimmt breiten Raum im hippokratischen Traktat Περὶ ἀρχαίης ἰητρικῆς ein. Die individuelle Erfahrung und auch die Weisheit haben nicht die sichere Gewähr einer τέχνη. Einzig der Arzt, der eine große Zahl von Fällen zu vergleichen hatte, weiß über ihre Unterschiede und Ähnlichkeiten zu urteilen und kennt die Substanzen, die im menschlichen Körper in bestimmten Mischungen zusammentreten. Die Medizin ist durchdachte, begründete Erfahrung, τριβὴ μέτα λόγου. SOKRATES erwähnt die hippokratische Methode lobend im *Phaidros* (270*b*-270*e*).

alters in die Welt der »Kannibalen« projiziert, unterläßt Montaigne es nicht, die vollkommene Gesundheit zu preisen, die sie genossen: »Im übrigen leben sie in einem höchst lieblichen und sehr milden Landstrich, so daß es nach Aussage meiner Zeugen dort eine Seltenheit ist, einen Kranken zu finden; und sie haben mir versichert, dort keinen zittrigen, triefäugigen, zahnlosen oder vom Alter gebeugten Menschen angetroffen zu haben[1].« In der *Apologie de Raimond Sebond* schreibt Montaigne unsere Krankheiten sowohl der »Wirkung unseres Geistes« wie auch unserem unpassenden Rückgriff auf die Dienste der Medizin zu: »Man vergleiche einmal das Leben eines Menschen, der unter solchen Einbildungen erliegt, mit dem Leben eines Landmannes, der sich seinem Naturgange überläßt, die Dinge bloß nach seinem gegenwärtigen Gefühle mißt, ohne Gelehrsamkeit, ohne Voraussicht, dem nichts eher von Krankheit ahnet, als bis er krank ist; anstatt daß der andre schon oft den Steinschmerz in der Seele fühlt, ehe noch ein Stein in seinen Nieren vorhanden ist; grade als ob es nicht früh genug wäre, das Leiden zu empfinden, wenn es wirklich eingetreten ist, fühlt er es im voraus in der Phantasie und eilt ihm entgegen. [. . .] Was man uns von den Einwohnern von Brasilien erzählt, daß sie bloß vor Alter sterben, das schreibt man der Heiterkeit und wenigen Veränderlichkeit ihrer Luft zu; ich aber setze es mehr auf Rechnung der Heiterkeit und Beständigkeit ihrer Seele, welche entfernt ist von allen Leidenschaften und von unbehaglichen Gedanken und Geschäften; wie Leute, die ihr Leben in einer liebenswürdigen Unbefangenheit und Unwissenheit hinbringen, ohne Künste und Wissenschaften, ohne Gesetze, ohne König und ohne die mindeste Religion[2].« Montaigne stellt eine vollkommene Homologie zwischen dem Wilden und dem »Landmann« auf (deren sich Rousseau erneut erinnern wird). Alle diese Vorstellungen werden in ihrer scheinbar unbestreitbaren Allgemeinheit im Essay II, xxxvii formuliert:

»(*a*) Es gibt keine Nation, die sich nicht Jahrhunderte hindurch

1 I, xxxi; T.R. 205; L. 233. ROUSSEAU entwickelt diese Vorstellungen im ersten Teil des *Discours sur l'inégalité* und in Buch I von *Émile*.

2 II, xii; T.R. 470-471; F.W. III, 284-285.

ohne Arzt hätte behelfen müssen, und zwar die ersten Jahrhunderte, das will sagen die besten und glücklichsten [. . .]. Und selbst unter uns hütet sich der gemeine Mann, etwas mit ihr zu tun zu haben. [. . .] Denn alles, was nur unserer Gesundheit zuträglich ist, kann man Arznei nennen[1].«

Zur Disqualifizierung der Medizin der Universitäten und der doktoralen Sprache greift Montaigne auf nichts anderes als auf nachgerade klassische technikfeindliche Einwände zurück. Er beruft sich auf einen von der Kultur gebührend weitervermittelten Diskurs – Apologie der »Apathie« [Leidenschaftslosigkeit] als krankheitsverhütendes Mittel, Lob der instinktiven Selbstbehandlung –, um Zweifel an den trügerischen Wohltaten der Kultur zu säen. Die Gesundheit der Eingeborenen Brasiliens beispielsweise eher der »Heiterkeit und Beständigkeit ihrer *Seele*« zuschreiben als den günstigen Bedingungen der *Luft* heißt der medizinischen Sprache nicht entrinnen: es heißt eine Wahl zwischen zweien der Kausalkategorien treffen, die von der Medizin selbst aufgestellt werden (wir werden bei Gelegenheit darauf zurückkommen) – eine Wahl unter den »sechs nicht-natürlichen Dingen«, aus denen Brauch und Herkommen die Hygiene bestehen lassen.

Montaigne spricht nichtsdestoweniger als Laie, als einfacher Privatmann, und will das auch deutlich machen. Er beruft sich auf keinen Titel, um seine Einwände gegen die titelgeschmückten praktischen Ärzte zu entwickeln. Woraus ersichtlich wird (wenn es dieses Beweises überhaupt noch bedürfte), daß Montaigne nicht mehr dem Zeitalter angehört, in dem die »Renaissance der schönen Wissenschaft« vom Respekt vor allen antiken Quellen begleitet wird; weitaus eher gehört er in die spätere Epoche, in der der kritische Geist, der anfangs gefördert wurde, um den Text der Alten in seiner ganzen philologischen Reinheit wiederherzustellen, sich gegen die Lehren wendet, die diese Texte vermitteln. Montaigne möchte sich völlig frei fühlen angesichts dieser Begriffe und Verfügungen einer Wissenschaft, die andere zu verehren fortfahren (die jedoch von innen her von ihren

1 II, xxxvii; T.R. 745; F.W. IV, 365. Zu diesen Vorstellungen siehe R. O. LOVEJOY und G. BOAS, *Primitivism and Related Ideas in Antiquity*, Baltimore 1935; New York 1965.

andersdenkenden Repräsentanten ausgehöhlt wird, von denen einige Montaigne bekannt sind: »Paracelsus, Fioravanti und Argenterius[1]«). Er zieht den Diskursen dieser Wissenschaft den Gegenstand vor, von dem sie spricht – unseren Körper –, der an ihrer Stelle ebenso gut und direkter zu sprechen vermag. Montaigne bringt, anfangs zu seinem persönlichen Gebrauch, aber bereits in der Absicht, uns für seine Sache zu gewinnen, eine Anti-Medizin in Vorschlag, die sich auf das gründet, was er am eigenen Leibe und nicht an dem erfahren und erlebt hat, was eine zweifelhafte Technik (»Kunst«) darüber sagt, die sich auf diesem Gebiet alle Befugnis zuschreibt. Die »Wissenschaft vom Körper« kann und muß sich als Wissenschaft im Besitz dieses Körpers und nicht einer Wissenschaft verstehen, die, ohne nachweisbare Leistungsfähigkeit, zur Beschreibung des Körpers und zur Manipulation seiner inneren Bezirke angewendet wird. Der Körper muß, mit unauffälligem Beistand unseres persönlichen Urteils, zum Subjekt seiner eigenen Erkenntnis werden.

Eine ähnliche Berufung gilt der »Weisheit des Körpers«, die, im Gegensatz zum dogmatischen Obskurantismus, auf die geheime Arbeit der natürlichen Kräfte in uns baut – sie richtet sich als Gegenströmung gegen eine starke Tendenz der wissenschaftlichen Renaissance, die auf die Verbesserung und Überwindung der antiken Lehrmeister abzielt, namentlich bei der Beschreibung des menschlichen Körpers. Montaigne fordert dazu auf, sich von der Medizin loszusagen, in eben dem Augenblick, da andere mit Erfolg auf ihre Perfektionierung hinarbeiten. Diese anderen verfeinern und bereichern, durch Sektion, Schärfung des Blickes und Sorge um genaueste graphische Darstellung, die Kenntnis des menschlichen Organismus in seiner Eigenschaft als Naturgegenstand – als (freilich bewunderungswürdiges) Ding unter Dingen. Die Fortschritte der Anatomie seit Leonardo da Vinci und Andreas Vesal haben den Körper, den Körper im anonymen Leichenzustand, zum Schauspiel unter freiem

1 II, xxxvii; T.R. 751; F.W. IV, 375. Die Gelehrten selber gefallen sich darin, die Widersprüche verschiedener medizinischer Diskurse zu rügen. Cf. Jérôme CARDAN, *Contradicentium Medicorum libri duo*, Paris 1564-1565.

Himmel gemacht, das den Blicken der Zuschauer auf den Stufen eines »anatomischen [Amphi-]Theaters« dargeboten wird. Das Nervengeflecht, das die Alten außer acht ließen, wird in voller Deutlichkeit mit der dünnen und scharfen Klinge des Skalpells freigelegt, bevor es der Stichel des Graveurs in die Abbildungstafeln des gedruckten Buches ritzt. Auf mehr oder weniger lange Sicht wird dieses genaue Inventar die Möglichkeiten einer Wissenschaft mehren, deren Versprechungen Montaigne für trügerisch hält. Er aber – alles weist darauf hin – bleibt den objektiven Verbesserungen gegenüber (soweit er davon überhaupt Kenntnis hatte) gleichgültig, die die verjüngte anatomische Wissenschaft den überkommenen alten Ideen hinzufügt. Während die Anatomen die Behauptungen des Galenus widerlegen und ihn an Genauigkeit übertreffen, fällt Montaigne, sogar noch diesseits von Galenus, in einen Sokratismus zurück, der es dem lebendigen Individuum anheimstellt, selbst alle Aspekte seines Lebens zu regeln: Diätetik der Seele und Diätetik des Körpers. Aber dieser Rückfall in eine Einstellung, die willentlich noch hinter die Bestrebungen der objektiven Erkenntnis ausgreift, macht Montaigne (ohne sein Wissen freilich) zum Vorläufer des Protestes, der sich entwickeln wird, wenn die systematische Beschreibung des in den Parametern der »ausgedehnten Substanz« untersuchten menschlichen Körpers einmal Platz gegriffen hat. Obwohl die Kenntnis des objektivierten, als »dritte Person« erfaßten Körpers von Vollständigkeit noch weit entfernt ist, hat doch jede der großen Etappen, in denen sich das wahrscheinliche Modell einer Körper-Maschine vervollkommnete, alsbald den Gegenstoß eines andersgearteten Denkens hervorgerufen, das, im Namen der inneren Erfahrung, die Demonstrationen ablehnte, die den Menschen zum bloßen Ding machten, ohne jede Gemeinsamkeit des Wertmaßstabes mit der direkten Erfassung der lebendigen Subjektivität. Im Blick auf die Aktualität Rousseaus schreibt Marcel Raymond: »Die grundlegenden Forderungen und Bedürfnisse bleiben bestehen. Die Zwangsvorstellung einer unmittelbaren Erkenntnis, eines geprüften Denkens, einer *Erkenntnis durch den Körper*, durch die sinnliche Wahrnehmung und durch die Seele hat uns keineswegs verlassen[1].« Dasselbe gilt auch von der Aktualität Montaignes, von dem wir bereits gesehen haben, daß er, in dieser Hinsicht wie in mancher anderen, der direkte Vorläufer von Rousseau ist. Sein Rückgriff auf eine vorwissenschaftliche Weisheit weist auf die Reflexion voraus, die wir in den Dienst einer Situation zu stellen geneigt sind, die man nach-wissenschaftlich nennen könnte. Seine Sehnsucht nach einer ohne Kunst (im technischen Sinne des Begriffs) erhaltenen Gesundheit verschwägert sich unbestreitbar mit dem Bedürfnis, das wir heute nach einer (diesmal im ästhetischen Sinne des Begriffs aufgefaßten) Kunst erleben, die in unserer körperlichen Erfahrung die rein praktischen Kräfte vervollständigte, mit denen Technik und Wissenschaft uns ausgestattet haben.

Zu den verschiedensten Zeiten haben die Entwicklungen der objektiven und rationalen Wissenschaft die wirre Rebellion derer auf den Plan gerufen, die der Meinung waren, ein solches Wissen richte mit seinen »abstrakten« Verallgemeinerungen seine ganze Strenge gegen das »konkrete« Wesen und gegen die einmalige Originalität seines Gegenstandes. Gleichgültig, ob es sich um die Welt der Natur oder den Menschen selbst handelt – wie wir gesehen haben, besteht das Verteidigungsmanöver darin, diese Gegenstände in ihrer Würde und ihren Vorzügen als *Subjekte* wiederherzustellen, die sich dazu eignen, in einer inneren und stummen Erkenntnis unmittelbar selbst erfaßt zu werden – und gleichermaßen geeignet sind, sich von einer Wissenschaft anderen Typs *verstehen* zu lassen, die der respektvollen Aufmerksamkeit nähersteht als der reduktionistischen *Erklärung*. Diese Reaktion, die die fruchtbarste philosophische Reaktion (in unseren Zeiten die Phänomenologie) ebenso auf den Plan rufen kann wie die beste Poesie, hat oft Anlaß zur am meisten verdächtigen »Wissenschaft« gegeben – zu einer »heterodoxen« Wissenschaft, die bestrebt war, den Status und das Ansehen einer Wissenschaft zu wahren, ohne sich in die methodischen Zwänge zu fügen, die jede dieses Namens würdige Wissenschaft dazu anhalten, nur verifizierbare und

1 Marcel RAYMOND, *Jean-Jacques Rousseau: la quête de soi et la rêverie*, Paris 1962, S. 10.

meßbare Beziehungen auf einem willentlich eingeschränkten Feld aufzustellen, wo die Dinge je nach ihren Bedingtheiten erfaßt werden. Im Jahrhundert Montaignes ist Paracelsus der Meinung, daß die Natur ihre Geheimnisse den wenigen Privilegierten preisgeben mag, die in der Lage sind, ihre »Signaturen« zu lesen und ihren Mysterien Gehör zu schenken[1]; im 18. Jahrhundert gibt die Hypothese einer der unbelebten Materie innewohnenden Sensibilität, ja eines Denkens die beredte Antwort auf die manchmal übertriebenen Bestrebungen einer geometrisierten Physik[2] . . . Es war unvermeidlich, daß sich in unserem Jahrhundert analoge Umkehrungen einstellten, namentlich in den psychologischen Wissenschaften. Um einer Psychologie und einer Psychoanalyse Widerstand zu leisten, deren objektivistische Naivität sich dazu hergab, die Kartographie oder Kräftemessung der psychischen Funktionen aufzustellen, hat man eine andere Psychoanalyse auf den Plan treten sehen, die mit der Erklärung, die Wahrheit spreche sich nur in der Sprache des Unbewußten selbst aus, jeder Wissenschaftlichkeit entsagte: um die epistemologischen Fallen einer nach dem Vorbild der Naturwissenschaften ausgerichteten Sprache zu vermeiden, verstrickte sie sich in eine noch ärgere Falle, die darin besteht, sich auf ein Wissen zu berufen und sich gleichzeitig jeder experimentellen Kontrolle zu entziehen.

Es versteht sich von selbst, daß dieser Typus von Umkehrung immer darauf hinausläuft, die je einzelne Erfahrung zu rehabilitieren oder sie zum Ausgangspunkt einer neuen Allgemeinheit zu machen. Bei Montaigne machten die dem *Ich* zugeschriebene Bedeutung und die Aufmerksamkeit, die es genoß, zwangsläufig auf den epistemologischen Primat der Erkenntnis durch »Gefühl« aufmerksam, was den Körper wie die Seele betraf. Noch einmal sei es gesagt: das Körper-Subjekt in der Form, wie es sich existieren *fühlt*, fordert eine Legitimität, die dem Diskurs der Wissenschaft (jeder Wissen-

1 Cf. Walter PAGEL, *Paracelsus*, Basel-New York 1958; siehe im besonderen den zweiten Teil, der der Philosophie von Paracelsus gewidmet ist; Allan G. DEBUS, *The chemical philosophy: Paracelsian science and medicine in the sixteenth and seventeenth centuries*, New York 1977.

2 Das bezeichnendste Dokument in dieser Hinsicht ist *Le Rêve de d'Alembert* von DIDEROT.

schaft) über den Körper überlegen ist. Nichts aber steht dem Denken Montaignes ferner als die Idee einer Schul-Bildung durch das Bekenntnis zu einer heterodoxen Wissenschaft: seinem Aufbegehren liegt im wesentlichen der Hang zugrunde, eine poetische Funktion für das wiederzugewinnen, wovon die Wissenschaft zwangsläufig ohne Poesie spricht. Das Unterfangen, den Körper auszusprechen, läuft nicht nur auf die dem Körper erteilte Erlaubnis hinaus, sich mündlich, durch Gesten und Bewegungen etc., selbst mitzuteilen, sondern überdies auf die Möglichkeit, das metaphorische Repertoire aufzubieten, mittels dessen sich in der Schrift des Buches alle Denkakte, alle Emotionen darstellen lassen werden. Den Körper aussprechen heißt wirklich und wahrhaftig zur Quelle zurückkehren, weil eine Vielzahl von Gegenständen – und im Grenzfall alles, was sich sagen läßt – vom Körper sagbar sind.

Was Montaigne von seiner körperlichen Gesundheit preisgeben wird, ist mithin eine Anti-Medizin, die sich jedoch für befugt hält, der Medizin Widerstand zu leisten, aufgrund der Tatsache, daß sie sich mit größerer Berechtigung auf die Erfahrung berufen kann, die die Medizin, wie wir gesehen haben, zum »Prüfstein ihres Verfahrens[1]« gemacht hat. Die Autor-Leser-Beziehung wird hinsichtlich dessen, was sie an Einmaligem hat, das Vehikel dieses aufrührerischen Wissens sein, das sich in freier Unterredung über die Lust am Leben entfaltet. Man vertraue sich also der Erfahrung eines einzigen Individuums an; man billige ihm zu, als Empfänger nicht die Gelehrtengemeinschaft, sondern ein anderes einzelnes Individuum zu wählen:

»(*b*) Ich habe lange genug gelebt, um von der Gewohnheit Rechenschaft ablegen zu können, die mich bis hieher gebracht hat. Wer sie gleichfalls versuchen will, dem habe ich *vorgekostet* und bin sein Kredenzer[2].«

In dem soeben gelesenen Satz bekommt der Versuch [*faire l'essai*], in den Montaigne sich einübt, noch eine ergänzende Bedeutung zugeschrieben: durch das Spiel einer Metapher

1 III, xiii; T.R. 1056; F.W. VI, 185.
2 III, xiii; T.R. 1057; F.W. VI, 186.

(die mit gutem Recht auch als Metonymie durchgehen könnte) bezeichnet der sinnliche Akt des Kostens und Schmeckens die körperliche Erfahrung in ihrer Gesamtheit. Und – darauf sei eigens hingewiesen – die gustative Metapher wird hier noch um eine »gastliche« vermehrt. Montaigne hat die Speisen und Getränke am Bankett des Lebens vorgekostet, vor dem Leser, der sich möglicherweise entschließt, ihm Folge zu leisten und, ihn nachahmend, mit ihm zu feiern. Diese Anti-Medizin ersetzt die Erkenntnis durch den Genuß, so wie sie die vernünftelnde Erfahrung durch die innere ersetzt und so wie sie, im semantischen Komplex des Wortes *Kunst*, an der Bedeutung festhält, die ihm die Lustgewinnung zugesellt und nicht mehr die, die es mit einem technischen Geschick verknüpft. Die τέχνη des Arztes wird von der *Lebensart* des von der Krankheit bedrohten Individuums verdrängt. Man vergegenwärtige sich die Behauptung: »Mein Handwerk und meine Kunst ist, zu leben.« Man muß diesem Satz seine ganze paradoxe Energie zurückgewinnen.

Das körperliche Ereignis aussprechen, mit allem, was es an Einmaligem und Unwiederholbarem an sich haben kann – das hatte Montaigne bereits im Bericht über seinen Sturz vom Pferd und seine Ohnmacht (II, vi) getan. Dieses Ereignis ließ sich nachträglich als das vorweggenommene Vorkosten eines sehr viel einschneidenderen Verlustes deuten: des Todes. Der Bericht setzt seine zwangsläufige Abfolge durch, mit welchen Abschweifungen der Erzähler ihn auch immer umranken mag.

Wie aber den Durchschnittszustand des Lebens aussprechen, die körperliche Gewohnheit? Das ist nicht mehr Sache eines Berichts. Man muß die einzelnen Lebensarten im Detail beschreiben. Und selbst wenn man ungezwungen zu sprechen entschlossen ist, muß man sich doch ein bestimmtes System der Einteilung zurechtlegen, um sie zu vergegenwärtigen. Wo aber soll man ein solches System finden, wenn nicht im verbreiteten deskriptiven Brauch, wie er seinerseits zutiefst vom ärztlichen Diskurs beeinflußt ist? Die Aufmerksamkeit richtet sich auf einen Bereich von Fakten, deren Bedeutung und Realitätsgehalt sich von Generation zu Generation unter dem Einfluß von durch die Ärzte fixierten

Begriffen gebildet hat. Montaigne kündigt an, daß er einige »Artikel« von der »Gewohnheit, die [ihn] bis hieher gebracht hat«, liefern wird, in der Form, »wie sie [ihm] das Gedächtnis an die Hand gibt[1]«: das Gedächtnis selbst aber gibt nicht alles preis und hat nicht alles behalten; es hat die Materialien ausgewählt, die ihm preiszugeben würdig erschienen. Und in seiner Auswahl, ja sogar in seiner Wahrnehmung hat es sich von einer Sprache leiten lassen, in der die ärztlichen Kategorien eine größere Rolle spielen, als es vermutet oder anerkennt. Um den Körper besser auszusprechen, als es die Medizin tut, muß eine angemessene und intelligible Sprache gefunden werden: die Alltagssprache bietet ihre Dienste an – aber sie ist völlig durchsetzt von medizinischen Anklängen. Daher rührt dann die Schwierigkeit, von der ärztlichen Sprache auszugehen, um gegebenenfalls gegen die Medizin auszusagen.

Der Leser wird (wenn er auch nur ein wenig mit den medizinischen Büchern der Zeit vertraut ist) bemerken, daß Montaigne sich nur äußern kann, indem er sich die Sprache der Ärzte aneignet, indem er von ihren Kategorien *Gebrauch macht*, und zwar so, daß er sie zu seinem eigenen Nutzen entstellt, gemäß der Regel, die er bei allen seinen Anleihen anwendet.

Für diesen verstohlenen Rückgriff auf die Konzepte der Medizin und die Modifizierung, die Montaigne ihnen auferlegt, indem er sie in seine persönlichen Äußerungen einflicht, liefert uns ein Detail ein hervorragendes Beispiel: der Schluß des Essays »Von der Reue« (III, ii). Bei Ambroise Paré konnte Montaigne gelesen haben: »Das Alter ist, wie lebfrisch es auch sein mag, seiner Natur nach *gleichsam eine Art von Krankheit*[2] . . .« Und Paré schloß daraus, daß es »besser zu sein scheint, es mit Speisen zu pflegen, die seinem Temperament entgegengesetzt sind, nämlich warmen und flüssigen,

1 III, xiii; T.R. 1057; F.W. VI, 186-187. Es sei hier darauf aufmerksam gemacht, daß MONTAIGNE *souvenance* schreibt und nicht *mémoire*. Das ist kein Zufall. Die *mémoire* hat im allgemeinen Verbindungen zur Buchgelehrsamkeit. MONTAIGNE bedarf also eines anderen Ausdrucks, um die persönliche Reminiszenz auszusprechen. Siehe zu diesem Aspekt Michel BEAUJOUR, *Miroirs d'encre*, Paris 1980, S. 113-131.

2 Ambroise PARÉ, *Les Œuvres, op. cit.*, »Erstes Buch der Einführung in die Chirurgie«, Kap. xvii, S. 29.

um stets die Ursachen des Todes hintanzuhalten, Kälte und Trockenheit, der ihm aus größter Nähe zusetzt«. Montaigne antwortet ihm im letzten Absatz seines Essays »Von der Reue« als Widerhall, aber gemäß seinem eigenen Rhythmus und in einer Regung persönlichen Erfindungsreichtums, in der die moralische Reflexion poetisiert wird:

»(*b*) [. . .] Aber mich dünkt, daß unsere Seelen im Alter lästigeren Gebresten und Unzulänglichkeiten unterworfen sind als in der Jugend. [. . .] *Es ist eine schwere Krankheit*, und eine, die uns ganz natürlich und unmerklich beschleicht. Es bedarf einer langen Schule und großer Vorsicht, um die Fehler zu vermeiden, mit denen sie uns heimsucht, oder wenigstens ihren Fortschritt aufzuhalten. Ich fühle, daß sie mir trotz all meinen Verschanzungen Schritt für Schritt auf den Leib rückt. Ich halte stand, so gut ich kann. Aber ich weiß nicht, wohin sie mich am Ende bringen wird. Wie es auch ausgehe, ich bin es zufrieden, daß man wisse, von wo ich herabgefallen bin[1].«

Was den therapeutischen Wert der *Wärme* (als Mittel gegen die »Kälte und Trockenheit« des Alters) angeht, so wird ihn Montaigne nicht länger außer acht lassen; wie wir jedoch sehen werden, spricht er erst im Kapitel »Über Verse des Vergil« (III, v) davon, und zwar nicht im Zusammenhang mit den »Speisen«, sondern mit der Wiedererwärmung, wie sie von der Liebe bewirkt wird, die von der ärztlichen Kunst als geeignetes Gegenmittel eingestuft werden könnte. Die Seiten über die Macht der »Einbildungskraft« (I, xxi) enthalten Vorstellungen und Beispiele, die nachhaltig von den Schriften des Arzt-Philosophen Ficino beeinflußt und in der medizinischen Literatur häufig angeführt werden (Jean Wier, Ambroise Paré, Levinus Lemnius, Fienus, Huarte . . .).

Die ausführliche Darstellung, die Montaigne in »Über die Erfahrung« seiner »körperlichen Gesundheit« widmet, läßt sich nahezu vollständig in der Rubrik dessen zusammenfassen, was die Medizin »nicht-natürliche« oder indifferente Dinge nennt: ein Name, der ihnen gegeben wurde, weil sie mit der Natur des Individuums (Säfte, Temperament) nicht direkt zusammenhängen, sondern mit der Art und Weise, wie sie dessen Existenzbedingungen nutzen oder sich darein

1 III, ii; T.R. 795-796; L. 641-642.

fügen. Die »nicht-natürlichen Dinge« sind an sich indifferent, aber der *Gebrauch*, den die Individuen davon machen, kann ihre Gesundheit beeinflussen. In diesem Bereich – dem der Hygiene – stellt der Arzt die Lebensweise seines Patienten in Rechnung und befragt ihn über seine Gewohnheiten. Hier gibt Paré überdies ein hervorragendes Beispiel für die herrschende Meinung; zögern wir nicht, es ausführlich zu zitieren:

»Diese Dinge [. . .] sind im zweiten Teil der Heilkunde zu finden, in der Hygiene, das heißt in der Gesundheitsvorsorge: und zwar nicht deshalb, weil manche von ihnen ihrem Wesen nach immer gesund, andere immer ungesund sind, sondern einfach deshalb, weil sie durch bequemen oder unbequemen *Brauch* dazu gemacht und gestempelt worden sind.

Dieser Brauch besteht in vielerlei Hinsicht, nämlich in der Quantität, der Qualität, der Gelegenheit und der Anwendungsweise: wenn Du die beachtest, stellst Du sicher, daß diese an sich indifferenten Dinge immer heilsam sind: denn von diesen vieren hängen alle die Regeln und Vorschriften dieses Teiles der Heilkunde ab, der sich auf die Erhaltung der Gesundheit bezieht. Diese nicht-natürlichen Dinge, wie Galenus im ersten Buch *De sanitate tuenda* sagt, werden unter vier allgemeine Arten und Bezeichnungsweisen gerechnet, die man *sumenda, admovenda, educenda* und *facienda* nennt. *Sumenda*, das heißt Dinge, die dem Inneren sei es durch den Mund zugeführt werden, sei es anderswoher, durch die Luft, durch Essen und Trinken. *Admovenda*, das heißt Dinge, die äußerlich angewendet werden, und zwar alle Medikamente und anderen Dinge, die man mit dem Körper oder mit irgendeinem Körperteil zusammenbringt. *Educenda*, das bedeutet das, was ausgeschieden wird, nämlich alle Exkremente und alle fremden Dinge, die man ihnen entnimmt. *Facienda*, das heißt das, was zu tun geboten ist, nämlich Arbeit, Ruhe, Schlaf, Wachen und anderes: immer werden sie gewöhnlich in sechs Gruppen eingeteilt, nämlich

Die Luft.
Essen und Trinken.
Arbeit oder Bewegung und Ruhe.
Schlaf und Wachen.
Exkretion und Verhaltung, oder Überfüllung und Entleerung.
Die Störungen der Seele[1].«

1 Ambroise PARÉ, *Les Œuvres, op. cit.*, »Erstes Buch der Einführung in die Chirurgie«, Kap. xv, S. 26. FERNEL spricht seinerseits von notwendigen Ursachen *(quae necessario nobis ferendae sunt, et sine quibus vivere non liceat)*, *Universa Medicina*, 1567; *»Pathologia«*, I, xii.

Paré fügt vorsorglich hinzu, daß in allen diesen Bereichen und namentlich in allem, was die Ernährung angeht, größte Rücksicht auf die Gewohnheit genommen werden muß, die zum je eigenen Temperament des Individuums (Idiosynkrasie) beiträgt:

»Es reicht nicht aus, einfach nur Quantität und Qualität der Speisen in Erfahrung gebracht zu haben, man muß sich auch auf die *Gewohnheit* und die Weise des Verzehrs verstehen, wenn es denn richtig ist, daß, nach den Aussagen der wichtigsten Ärzte, die *Gewohnheit (das heißt Lebensweise) eine zweite Natur ist*. Denn diese verändert jedesmal das eigene natürliche Temperament und hinterläßt eine neue Lebensart: mithin ist die Gewohnheit nicht nur bei den Gesunden zu bewahren, sondern auch bei den Kranken: denn wenn Ihr sie rasch vom Schlechteren zum Besseren wenden wollt, so richtet Ihr wahrscheinlich mehr Schlimmes als Gutes an[1].«

Muß man sich also wundern, Montaigne zu Beginn seiner Darstellung der »Erfahrung« von der »körperlichen Gesundheit« auf der Macht der Gewohnheit beharren zu sehen? Ist das, auf seiten eines Mannes, der sich der ärztlichen Vormundschaft entledigen will, nicht eine geradezu maßlose Fügsamkeit in die Sprache der Ärzte selbst?

»(*b*) Meine Lebensweise bleibt in gesunden und in kranken Tagen die selbe: gleiches Bett, gleiche Stunde, gleiche Speise bekommt mir und gleicher Trank. Ich füge gar nichts hinzu, außer der Mäßigung des Mehr oder Weniger, nach meiner Kraft und meiner Lust. Gesundheit heißt für mich, daß ich mich ohne Störung in meiner gewohnten Verfassung erhalte. [. . .] Ich glaube nichts fester als dies: daß mir der Gebrauch von Dingen, deren ich seit so langer Zeit gewohnt bin, niemals Schaden tun kann.

Es ist das Vorrecht der Gewohnheit, unserem Leben ihre Form aufzuprägen, wie es ihr gefällt; sie vermag darin alles: sie ist der Zaubertrank der Circe, der unsere Natur verwandelt, wie es sie gutdünkt. Wie viele Völker [. . .] betrachten die Furcht vor dem

1 Ambroise PARÉ, *Les Œuvres, op. cit.*, »Erstes Buch der Einführung in die Chirurgie«, Kap. xvii, S. 29. Die antike Quelle ist HIPPOKRATES, *Aphorismen*, II, L. »Die Gewohnheit, zweite Natur« ist ein Ausdruck, der wenigstens bis auf CICERO, V, xxv, 74 zurückgeht *(consuetudine quasi alteram quandam naturam effici)*. Die Vorstellung kommt aber bereits in aller Deutlichkeit bei ARISTOTELES in dessen *Rhetorik* (I, xi, i) zum Vorschein. PASCAL wird mit mehr dramatischem Nachdruck sagen: »Die Gewohnheit ist eine zweite Natur, die die erste aufhebt.«

Abendtau, der uns so augenscheinlich angreift, als lächerlich; und unsere Schiffer und Bauern spotten darüber[1].«

Und Montaigne läßt es sich nicht entgehen, erstaunliche Beispiele der Wirkung der Gewohnheit aufzuzählen. Die epistemologische Kritik der Gewohnheit, die unseren Geist daran hindert, die ursprüngliche Wahrheit zu erfassen, weicht jetzt, für den, der seine Gesundheit erhalten will, der ärztlichen Feststellung der Notwendigkeit, mit einer gewohnten Lebensweise nicht zu brechen.

Zwar hat sich Montaigne nicht zum Sklaven seiner Gewohnheiten machen wollen: »Die beste meiner körperlichen Anlagen ist die Biegsamkeit und Anpassungsfähigkeit: unter meinen *Neigungen* sind mir einige eigentümlicher, gewohnter und angenehmer als andere; aber mit sehr geringer Mühe entsage ich ihnen und finde mich leicht in eine entgegengesetzte Weise.« Mit zunehmendem Alter aber ist die Gewohnheit gebieterischer geworden, und lang ist die Liste der Gebräuche, von denen Montaigne nicht ablassen kann: »[. . .] (*b*) die Macht der Gewohnheit (hat sich) ganz unversehens in gewissen Dingen schon so meiner bemächtigt, daß ich es Ausschweifung nenne, wenn ich davon abgehe[2]. Und ich kann, ohne daß es mir übel bekommt, nicht mehr in den Tag hinein schlafen, noch einen Imbiß zwischen den Mahlzeiten nehmen, noch frühstücken, noch mich ohne große Zwischenpause, (*c*) wie etwa drei gute Stunden, (*b*) nach dem Abendessen schlafen legen, noch zu anderer Zeit als vor der Schlafensstunde beischlafen, noch es stehend verrichten, noch Schweiß auf meiner Haut aushalten, noch bloßes Wasser oder unvermischten Wein trinken, noch lange Zeit bar-

1 III, xiii; T.R. 1057-1058; L. 857-858.

2 Im Kapitel »Von der Schonung des Willens« (III, x) macht MONTAIGNE das noch expliziter deutlich: »(*b*) Wenn das, was die Natur ursprünglich und unumgänglich zur Erhaltung unseres Daseins von uns fordert, gar zu wenig ist [. . .], so laßt uns noch etwas zugeben: nennen wir auch das noch Natur, was des Standes und der Gewohnheit eines jeden von uns ist; schätzen wir uns nach diesem Maßstabe ein und behandeln uns danach, dehnen wir unsern Bereich und unsere Ansprüche bis dahin aus. Denn so weit, scheint mir, sind wir einigermaßen entschuldbar. Die Angewöhnung ist eine zweite Natur, und nicht minder mächtig. (*c*) Was meiner Gewohnheit fehlt, das, dünkt mich, fehlt mir« (T.R. 987; L. 792). Die Gewohnheit wird um den Preis einer Aneignung annehmbar, die sie aufhören läßt, bloßer Einfluß von außen zu sein: sie ist dann »meine« geworden, mein »Bereich«.

haupt bleiben, noch mich nach dem Essen scheren lassen; und ich würde ebenso ungern ohne Handschuhe sein, wie ohne Hemd, und ebenso ungern ohne Waschen nach Tisch und beim Aufstehen, ohne Betthimmel und ohne Bettvorhänge, was mir eigentliche Bedürfnisse sind. [. . .] Dergleichen Weichlichkeiten bin ich der Gewohnheit schuldig[1].«

Wie man sieht, widerspricht Montaigne hier der Medizin nicht durch sein besonderes Beispiel: vielmehr bestätigt er sie, indem er die Details zusammenträgt, die ihn in der Einmaligkeit seiner Existenz charakterisieren. Und wenn Montaigne verallgemeinert, findet er, in einem weniger ausgeprägten Stil, zur Allgemeinheit des ärztlichen Diskurses zurück. Noch einmal Paré: »Nach der Lehre des Hippokrates [. . .] sind die plötzlichen und unverhofften Veränderungen gefährlich. Aus diesem Grunde müssen wir, wenn wir die gewohnte Lebensweise ändern wollen, die schädlich ist oder Böses erzeugt oder aufrechterhält, diese *Veränderung* allmählich vollziehen, damit die Natur nicht ungehalten wird und ohne große Störung eine neue Gewohnheit annehmen kann: denn wiewohl eine Speise an sich auch ein gutes Nahrungsmittel sein kann, so wird sie doch mehr oder weniger lange gekocht und verdaut als eine andere schlechtere und gewohnte. Daß dem so ist, ersehen wir daraus, daß die Landleute ihre Schinken und Rinderbraten, die sie gewöhnlich zu sich nehmen, länger schmoren als ein Rebhuhn, einen Kapaun oder eine andere saftige Speise[2] . . .« Montaigne wird es bündiger sagen: »Ich weiß also [. . .] einem Kranken nichts Besseres und mehr Sicheres anzuraten, als daß er sich ruhig bei der Lebensweise verhalte, worin er geboren und erzogen ist. Alle *Veränderung*, sie bestehe worin sie wolle, greift an und tut weh. Man bilde sich nur ein, daß die Kastanien einem Perigurdiner oder einem Lucceser schädlich seien, oder Milch und Käse den Bergbewohnern . . .[3].«

Kurzum, Montaigne füllt, von seiner persönlichen Erfahrung ausgehend, den Fragebogen aus, den die Medizin ihm

1 III, xiii; T.R. 1061-1062; L. 860-861.

2 Ambroise PARÉ, *Les Œuvres, op. cit.*, »Erstes Buch der Einführung in die Chirurgie«, Kap. xvii, S. 29.

3 III, xiii; T.R. 1063; F.W. VI, 197.

in allgemeinen Begriffen vorlegt und dessen einzelne Rubriken er selbst im Schluß-Essay des Zweiten Buches aufgezählt hatte, als er auf die zahlreichen Faktoren zu sprechen kam, über die der Arzt sich zu unterrichten hatte, auf die Gefahr hin, einen »Fehlgriff« zu tun, wenn er einen davon vernachlässigte: die »Leibesbeschaffenheit seines Kranken, sein Temperament, seine Gemütsart, seine Launen, seine Handlungen, selbst seine Art zu denken und die Beschaffenheit seiner Einbildungskraft«; die »äußern Umstände«, die »Natur des Orts, die Beschaffenheit der Luft und der Witterung[1]« . . . Zwar kann Montaigne nicht alle die Fragen beantworten, mit denen er die Medizin beschäftigt sieht: die »Stellung der Planeten und ihr Einfluß« – so fern, so weitgehend auf bloßer Vermutung beruhend – läßt ihn gleichgültig. Was seine Krankheit angeht, ihre »Ursachen«, »Zeichen«, »Beschwerden« und ihre »kritischen Tage«, so hat er seine Leser davon im Essay »Über die Ähnlichkeit der Kinder mit ihren Vätern« angemessen unterrichtet, als er auf das gleichsam wunderbare Phänomen der hereditären Weitervermittlung hinwies: »[Wir gestehen,] daß es in den Werken der Natur einige Eigenschaften und Umstände gebe, welche uns unerforschlich sind, und wovon unser Verstand weder Ursache noch Zweck zu entdecken vermag. [. . .] Wie über alle menschliche Begriffe ist es nicht hinaus, daß dies kleine Samenkörnchen, aus dem wir erzeugt werden, die Eindrücke enthält, nicht nur der körperlichen Form, sondern auch der Denk- und Gemütsart unserer Väter! Wie faßt dieses Tröpflein alle die unendlichen Formen[2].« Mit dem Hinweis auf die *notwendige Ursache* seines Leidens in jenem väterlichen »Samenkörnchen« versäumt Montaigne es nicht, die Grenzen unseres Verständnisses hervorzuheben, das unfähig ist, jenseits der notwendigen Ursache die wirklichen hinreichenden Ursachen zu erfassen. Auf dem Felde der Pathologie weiß der *Patient* durchaus, daß er keinen Zugang zur Erkenntnis der Ursachen hat (aber er zweifelt mit gutem Recht daran, daß

1 II, xxxvii; T.R. 752-753; F.W. IV, 377.

2 II, xxxvii; T.R. 741; F.W. IV, 358-359. Bei FERNEL liest man: *»Quocumque enim morbo quum generat tenetur, eum semine transfert in prolem«; Universa Medicina*, 1567, *»Pathologia«*, I, xi.

der Mann der ärztlichen Kunst mehr davon versteht als er selbst). Was er zur *Vorprobe* der Krankheiten sagen wird, ist, daß sie ihrerseits wie die »Tiere«[1] sind, die eine begrenzte Lebensdauer haben. Eine *ontologische* Konzeption der Krankheit, deren Leitbild Montaigne bei den Philosophen und Medizinern gefunden hat, für die er jedoch seine eigene Erfahrung bekräftigt:

»(*b*) Die Erfahrung hat mich auch dies noch gelehrt, daß wir uns durch Ungeduld zugrunde richten. Jedes Ungemach hat sein Leben und seine Grenzen, (*c*) seine Krankheit und seine Gesundheit[2].«

Was seine »Leibesbeschaffenheit«, sein »Temperament«, seine »Säfte« betrifft, so hat Montaigne sie in der Sprache der Medizin selbst im Essay II, xvii (»Über den Dünkel«) bekannt gemacht: seine Gemütsart ist »(*b*) in der Mitte zwischen Fröhlichkeit und Schwermut, mäßig (*a*) sanguinisch und leidenschaftlich«. Er braucht also nicht ausführlich darauf zurückzukommen. Was ihm im abschließenden Essay des gesamten Buches der *Essais* zu sagen verbleibt, betrifft die »Neigungen« und die »Handlungen«, die »Art zu denken« und die »Beschaffenheit seiner Einbildungskraft« und vor allem die Reihe von Verhaltensweisen und Erfahrungen, die in den Bereich der »sechs nicht-natürlichen Dinge« fallen.

Seine vertraulichen Mitteilungen müssen Lesern, die mit der Materie, auf die sich die systematische Untersuchung des Arztes bezog, nicht vertraut waren, sinnlos oder heikel vorgekommen sein. Bei näherem Hinsehen ist nichts von dem, was Montaigne vergegenwärtigt, ohne sich offenbar der geringfügigsten systematischen Bemühung zu unterziehen, so beschaffen, daß es sich nicht in die vom medizinischen Raster vorgesehenen Felder einfügt – und zwar einfügt, ohne eines davon auszulassen. Wie steht es etwa mit jedem der

1 III, xiii; T.R. 1066; F.W. VI, 203. MONTAIGNE greift hier, worauf VILLEY aufmerksam macht, eine bereits von PLATON im *Timaios* (89*b*) getroffene Feststellung auf: »[. . .] denn mit großen Gefahren nicht verbundene Krankheiten darf man nicht durch Arzneimittel aufregen. Hat doch der ganze Verlauf der Krankheiten mit der Natur der lebenden Geschöpfe in gewisser Weise Ähnlichkeit, denn auch die Zusammensetzung dieser bedingt eine bestimmte Lebensdauer, so der ganzen Gattung wie jedes einzelnen, indem jedem von Natur, abgesehen von äußeren, unvermeidlichen Unfällen, ein gewisses Lebensziel zugeteilt ist« (Übers.: Fr. SCHLEIERMACHER).

2 *Ibid.*

»sechs nicht-natürlichen Dinge«? Gehen wir hier in eben der Reihenfolge vor, wie Ambroise Paré sie angeführt hat.

Die Luft. Montaigne hat sich unfehlbar überzeugen lassen, daß die »Nachtluft« mit dem Anbruch der Nacht selbst am gefährlichsten ist (T.R. 1062; F.W. VI, 195). »Ich fürchte mich vor dumpfiger *Luft*, und Rauch kann ich auf den Tod nicht leiden. [. . .] Ich schöpfe frei und leicht Atem [. . .]. Sommerhitze fällt mir beschwerlicher als Winterfrost« (T.R. 1084; F.W. VI, 234-235).

Essen und Trinken. Montaigne spricht davon in mehrfacher Wiederholung, im Sinne seines »hüpfenden, springenden Ganges[1]«: »Gesund oder krank habe ich immer gern die Gelüste befolgt, wovon ich mich gedrungen fühlte« (T.R. 1064; F.W. VI, 198). Hier aber handelt es sich noch lediglich um die Gesamtheit der Leidenschaften (oder körperlichen Gelüste), wo die Gaumenfreuden und die sexuellen Begierden[2] nebeneinander aufgezählt werden können. Die typischere Frage von Essen und Trinken beginnt, von Abschweifungen unterbrochen, mit der Erklärung: »(*b*) Bei Tische pflege ich unter den Speisen nicht zu wählen« (T.R. 1078; F.W. VI, 223). Und Montaigne fährt fort: »(*b*) Das lange Bei-Tisch-Sitzen wird mir (*c*) langweilig und (*b*) nachteilig« (T.R. 1080; F.W. VI, 227) . . . Wo der Ausfall eines Zahnes Anlaß zu einer längeren Ausführung über den Tod wird, der sich unmerklich in uns einsenkt, vergißt Montaigne doch nicht seinen Hauptzweck: »(*b*) Ich habe kein außerordentliches Gelüsten, weder nach Salat noch nach Früchten, Melonen ausgenommen« (T.R. 1082; F.W. VI, 230) . . . Die Frage

1 III, ix; T.R. 973; F.W. VI, 35.

2 Die Sexualität kann, im Sinne des ärztlichen Systems, in die Kategorie der »Gelüste« oder, trivialer, der *excreta* oder sogar in die der »Leidenschaften der Seele« eingereiht werden. Ich werde darauf zurückkommen, wenn ich den Essay III, v (»Über Verse des Vergil«) untersuche, der insgesamt dem Gedenken an die Liebe gewidmet ist. In »Von der Erfahrung« spricht MONTAIGNE von seinem Sexualleben im Zusammenhang mit einer Argumentation, die sich zu erweisen bemüht, daß, was Gegenstand eines Begehrens ist, sei es nun Befriedigung in der Liebe oder Nahrungsmittel, dem Körper nicht schaden kann. Man wird bemerken, daß die indiskretesten Geständnisse lateinischen Zitaten anvertraut sind, die in einen langen Satz eingestreut werden (T.R. 1064; F.W. VI, 200). Wie wir sehen werden, ist dasselbe der Fall im Essay III, v.

des Fastens, der Nahrungsmenge und des Rhythmus der Mahlzeiten nimmt die folgenden Abschnitte in Anspruch: »(*b*) Von Jugend an habe ich mir zuweilen eine Mahlzeit versagt; [. . .] Ich meine auch, es sei gesünder, weniger und lustiger auf einmal und um so öfter zu essen« (T.R. 1082-1083; F.W. VI, 231-232).

Was das *Trinken* angeht, das methodischerweise mit der Frage des *Essens* gekoppelt sein sollte, so wird die Darstellung durch den Einschub eines kurzen Abschnitts zur *Kleidung* unterbrochen (deren Erörterung traditionellerweise ebenfalls Bestandteil der ärztlichen Hygiene ist, im Sinne der *admovenda* oder der *applicata*): »(*b*) Meine Beine und Hüften kleide ich im Winter nicht wärmer als im Sommer. Ein einfacher seidener Strumpf deckt alles« (T.R. 1083; F.W. VI, 232). Einen Augenblick lang kommt Montaigne auf Erwägungen über den Zeitpunkt der Mahlzeiten gegen Ende des Tages zurück und wendet sich dann den Getränken zu: »(*b*) Ich empfinde selten Durst, ich mag gesund oder krank sein« (T.R. 1084; F.W. VI, 233) . . . Auch in diesem Kapitel stimmt Montaigne das Lob der Gewohnheit an: »(*b*) Die beste Art zu leben ist diejenige, welche am meisten Sitte ist. Mich deucht, man müsse dabei alles vermeiden, was sich als sonderbar auszeichnet und könnte es an einem Deutschen ebensowenig leiden, daß er Wasser zu seinem Wein gösse, als an einem Franzosen, der ihn unvermischt tränke. Für solche Dinge ist die allgemein eingeführte Gewohnheit Gesetz« (T.R. 1084; F.W. VI, 234).

Zum Aspekt des *Schlafens* und *Wachens*, später dann zu *Arbeit, Bewegung* und *Ruhe* hat Montaigne vieles zu sagen: nicht unwichtig ist, daß die erste Art von Handeln, die er erwähnt, das »Sprechen« ist: »Ich habe wahrgenommen, daß mich bei Wunden und Krankheiten das Sprechen erhitzt und mir schädlicher ist als alle übrigen Verstöße. Das Sprechen wird mir schwer und ermüdet mich; [. . .] Ton und Bewegung der Stimme haben einen gewissen Ausdruck und Bedeutung reinen Sinnes. Diese muß ich also aufbieten, wenn sie mich vertreten sollen. Es gibt eine Stimme zum Unterrichten, eine Stimme zum Schmeicheln oder Schelten. Ich will, daß meine Stimme nicht bloß zu einem andern gelange, sondern vielleicht, daß sie ihn treffe und durchdringe« (T.R. 1065-1066; F.W. VI, 201-202). Beträchtlich weiter unten im Text wird das Thema der *Bewegung* umfassend wiederaufgenommen, und zwar beginnend mit der Erwähnung der Erfahrung von Schlaf und Wachen:

»(*b*) Nichts in der Welt sollte man der Jugend so sehr empfehlen, als *Tätigkeit* und *Wachsamkeit*. Unser Leben ist eigentlich nichts als Bewegung. Ich verändere ungern meine Lage und komme überall zu spät. Beim *Aufstehen*, beim *Zu-Bette-gehen* und zur Eßstunde. Bei mir wird es um sieben Uhr erst Morgen [. . .][1].«

Weil die Frage vom Schlaf und Wachen traditionellerweise mit der der Bewegung verknüpft wird, nimmt es nicht wunder, daß Montaigne, nachdem er seinen »Hang zur Faulheit[2]« eingestanden hat, ins andere Extrem verfällt: seine Fähigkeit, sich »anhaltenden Leibesbewegungen« hinzugeben, wenn es sein muß, und dabei die acht oder neun gewöhnlich dem Schlaf gewidmeten Stunden zu opfern. Er läßt es sich angelegen sein, uns daran zu erinnern, daß er seinen militärischen Frondienst tapfer abgeleistet hat:

»(*b*) Ich entziehe mich mit Nutzen diesem Hange zur Faulheit und befinde mich dadurch sichtbarlich besser. Ein wenig fühle ich den Stoß der Veränderung; innerhalb dreier Tage aber ist alles in Ordnung, und wenn es sein muß, so kenne ich niemand, der sich mit weniger Schlaf behelfen könnte, der anhaltende Leibesbewegung so leicht aushielte oder dem Leibesarbeiten minder schwer fielen. Mein Körper erträgt starke Bewegungen, nur keine gewalttätigen oder plötzlichen. Seit kurzem fange ich an, heftige Leibesbewegungen zu vermeiden, besonders solche, die mich in Schweiß setzen: meine Glieder ermüden früher als sie sich erhitzen. Ich kann den ganzen ausgeschlagenen Tag stehen und ermüde nicht vom Spazierengehen. [. . .] Auch habe ich gern liegend oder sitzend dergestalt ausruhen mögen, daß ich die Beine ebenso hoch oder höher halte als das Gesäß[3].«

Noch ist nicht alles über die Bewegung gesagt. Einige Seiten später fügt Montaigne, nachdem er Essen, Trinken, die Luft und eine leichte Ermüdbarkeit der Augen abgehandelt hat,

1 III, xiii; T.R. 1074; F.W. VI, 217.
2 III, xiii; T.R. 1075; F.W. VI, 218.
3 III, xiii; T.R. 1075; F.W. VI, 218.

einige ergänzende Auskünfte hinzu: »Mein Gang ist rasch und fest« (T.R. 1085; F.W. VI, 234). Es handelt sich hier aber bereits um das speziellere Problem der Beziehungen zwischen Seele und Körper: »[. . .] und ich weiß nicht, was mir von beiden am schwersten auf einem Punkt zu erhalten gewesen ist, meinen Körper oder meinen Geist« (T.R. 1085; F.W. VI, 235-236). Montaigne gesteht die Schwierigkeiten ein, die er hat, aufmerksam und ruhig zu bleiben (»Mir wollte es niemals gelingen, meine Gliedmaßen so fest zu halten, daß nicht ein Teil derselben außer der Ordnung gewesen wäre«). Ebenso führt bald danach das Geständnis in bezug auf die heißhungrige Art zu essen, wenn es auch erneut in die Rubrik von Essen und Trinken fällt, die Frage der Konkurrenz zwischen *Essen* und *Sprechen* ein (T.R. 1085-1086; F.W. VI, 236). Eine erneute Rivalität von körperlichen und spirituellen Aktivitäten: »Unter unsern Vergnügungen herrscht Neid und Eifersucht« (T.R. 1086; F.W. VI, 237). Obwohl Montaigne noch immer »nicht-natürliche Dinge« behandelt, bereitet er doch bereits das Thema der willig hingenommenen wechselseitigen Abhängigkeit von Seele und Körper vor, das die Schlußseiten des Essays für sich beanspruchen wird. Die Verschiebungen sind so zahlreich, daß sie einen Aufbau unkenntlich machen, der in seinen großen Umrissen doch so deutlich ausgeführt ist. So läßt sich das, was Montaigne von der Ausdrucksfähigkeit seiner Physiognomie sagt, durchaus noch auf den Bereich der Bewegung (der allgemeinen Regung) beziehen: »(*b*) Meine Gesichtsfarbe und meine Augen verraten mich auf der Stelle« (T.R. 1076; F.W. VI, 221). Es handelt sich im vorliegenden Fall um ärztliche Symptomatologie, während die Frage der moralischen Symptomatologie, der Beziehung zwischen Charakter und physiognomischen Indizien, bereits auf den Schlußseiten des Essays »Von der Physiognomie« (III, xii) angemessen behandelt worden war; das Antlitz wird jetzt als Spiegel der Gesundheit und der Krankheit angesehen: »(*b*) Alle meine Veränderungen fangen dabei an und zeigen sich stärker als sie in der Tat sind. Ich errege oft das Mitleid meiner Freunde, ehe ich noch davon die Ursache empfinde.« Wäre es also an dem, daß man auf seinem Antlitz wie in einem aufgeschlagenen Buch seinen

Gesundheitszustand ablesen kann? Keineswegs. Als Montaignes Gesichtsfarbe sich trübte, sind die Ärzte dabei verdutzt geblieben, und weil sie keine organische oder in den »Säften« wurzelnde Ursache ausmachen konnten, haben sie mit dem sechsten der »nicht-natürlichen Dinge« Vorlieb genommen, den »Leidenschaften der Seele«, ohne deshalb klarer zu sehen:

»(*b*) Mein Spiegel schreckt mich nicht. Denn selbst in meiner Jugend ist mirs mehr als einmal begegnet, daß meine Gesichtsfarbe und mein Gang böse Vorboten schienen, ohne daß darauf etwas Erhebliches gefolgt wäre, so daß die Ärzte, wenn sie in meinem Innern keine Ursache fanden, welche dieser äußern Veränderung entsprach, solches meinem Gemüt und einer geheimen Leidenschaft zuschrieben, welche mich innerlich nagen müßten. Sie irrten sich. Wenn der Körper sich ebensogut aufführte als meine Seele, so würden wir ein wenig gemächlicher miteinander fortwandeln[1].«

Das gilt ebenso für Indizien, die sich auf den körperlichen Zustand beziehen, wie für im Essay über die »Physiognomie« diskutierte seelisch-psychische Indizien und, allgemeiner noch, für jede vermeintliche Kausalität: ». . . diese oder jene Form oder Schnitt des Gesichts und gewisse Züge desselben, aus welchen man auf gewisse Gemütseigenschaften und auf künftige Zufälle schließt, (sind) Sachen, welche nicht so geradezu und eigentlich in das Kapitel von Schönheit und Häßlichkeit gehören. Ebensowenig als jeder gute Geruch und Heiterkeit der Luft Gesundheit verspricht; noch jeder Nebel oder Gestank, zur Zeit der Pest, die Ansteckung. Diejenigen, welche die Damen beschuldigen, daß sie ihrer Schönheit durch ihre Sitten widersprechen, treffen es nicht immer genau. Denn in einem Gesicht, welches nicht eben das regelmäßigste ist, können sich noch Anzeichen von Redlichkeit und Vertrauen befinden; wie ich zuweilen im Gegenteile zwischen zwei schönen Augen etwas gelesen habe, das mit einer boshaften und gefährlichen Natur bedrohte. [. . .] Die Miene ist nicht immer die beste Bürgschaft. Gleichwohl kommt sie immer mit in Betracht[2].«

Vor den Leidenschaften der Seele erwähnte die Liste, die

1 III, xiii; T.R. 1077; F.W. VI, 221.
2 II, xii; T.R. 1036; F.W. VI, 149.

wir bei Paré gelesen haben, jedoch die *Exkretion* und die *Verhaltung*. Montaigne hält sich in dieser Hinsicht gewissenhaft an den Fragebogen. Es gibt keinen Grund, diese Rubrik unausgefüllt zu lassen: »(*b*) Könige und Philosophen müssen zu Stuhle gehen und die Damen gleichfalls. [. . .] Deswegen will ich auch dieser Verrichtung hier erwähnen« (T.R. 1063; F.W. VI, 196) . . . Und auch hier noch muß sich eine bestimmte Regelung durchsetzen: diese Verrichtung muß auf »gewisse bestimmte nächtliche Stunden« beschränkt bleiben; man muß sich durch »Gewohnheit dazu zwingen und dazu binden[1]« (T.R. 1063; F.W. VI, 196). Indiskretion? Schamlosigkeit? Freilich. Wie aber, wenn man den Ärzten denn schon Punkt für Punkt begegnen will, ein Kapitel weglassen, dem sie selbst derart große Bedeutung beimessen?

Was seine Blasensteine angeht, die ebenfalls in den Bereich der Ausscheidungen fallen, so widmet ihnen Montaigne eine ausführliche Darstellung. Von allen seinen »körperlichen Verfassungen« ist das die einzige, die der Krankheit einen Ansatzpunkt bietet. Überall anderswo führt der Brauch zu einem heilsamen Gleichgewicht. Hier dagegen greift die innere Bedrohung ein. Genau an diesem Punkt aber hält Montaigne einmal mehr darauf, wie er das bereits in Essay II, xxxvii getan hatte, seine Gegnerschaft hinsichtlich der Verfahren und Verhaltensweisen der Ärzte deutlich zu machen. Die beste Parteinahme, die er sich zu eigen machen kann, ist die für die Resignation, wie er erklärt: »Es ist ungerecht sich zu beklagen, daß einem etwas überkommen sei, was jedem überkommen kann. [. . .] Zipperlein, Steinschmerzen, Magenschwäche sind die Begleiter von langen Jahren; wie Hitze, Regen und Winde die Begleiter langer Reisen sind. [. . .] Man muß ertragen lernen, was man nicht vermeiden kann« (T.R. 1067-1068; F.W. VI, 204-205). Nachdem dieses Prinzip einmal aufgestellt ist, was bedarf es noch der Rückversicherung bei den Ärzten, vor allem dann, wenn ihre Intervention sich darauf beschränkt, beängstigende Warnungen zu formulieren?

1 Ich werde darauf zurückkommen; die Eintragungs- und Aufzeichnungsaktivität, die das Buch der *Essais* aufbaut, fällt gelegentlich in den Bereich der exkrementalen Metaphorik. Das ist eine rhetorische Quelle, die sich aus der *humilitas* ergibt.

»(*b*) Ich frage die Ärzte nicht gern um Rat, wenn mir etwas zustößt; denn diese Leute tun groß, wenn sie einen in die Klemme bekommen. Sie schlagen einem die Ohren voll mit ihren Vorherverkündigungen, und einmal, da sie mich überraschten, als mich die Krankheit schon abgemattet hatte, haben sie mich schändlich mit ihren Lehrsätzen und Doktormienen mißhandelt und bald mit großen Schmerzen, bald mit nahem Tode bedroht. Das schlug mich nicht nieder und brachte mich nicht aus meiner Fassung, aber es ärgerte und verdroß mich doch. Wenn es auch meinen Verstand nicht veränderte und verwirrte, so griff es solchen wenigstens doch an. Und das ist immer Mühe und Kampf[1].«

»Mühe und Kampf«: eben das sind die Leidenschaften der Seele. Das sechste der »nicht-natürlichen Dinge« sieht sich folglich eng mit der Krankheit aufgrund von Ausscheidungsbeschwerden verschwägert. Daran ist nichts Überraschendes: gemäß der allgemein vertretenen ärztlichen Lehre können die Leidenschaften der Seele bald die Krankheit provozieren, bald umgekehrt von der Krankheit erregt werden. Für Montaigne heißt aussprechen, wie er dem Blasengries die Stirn bietet, zwei Fliegen mit einer Klappe schlagen: er legt weiterhin von seinen Ausscheidungen Rechenschaft ab und enthüllt uns gleichzeitig seine Leidenschaften angesichts der »Steinkrankheit«, bei der er deutlich spürt, daß der Tod ihm auflauert.

Wie man sieht, erfordert die Bedeutung des Themas eine ganz besondere Veranschaulichung. Wie wird Montaigne ihr gerecht werden? In erster Linie weist er diesem Komplex eine zentrale Stellung zu, genau im Mittelteil des Essays, der seinem körperlichen »Normalzustand« vorbehalten ist. Überdies dramatisiert er die Frage, indem er ihr gleichzeitig eine ausführliche Darstellung angedeihen läßt, die in keinem Verhältnis zu den andern behandelten Themen steht. So verfällt er, unmittelbar nachdem er die »Doktormienen« der Ärzte und ihre schonungslosen Wahrsprüche vergegenwärtigt hat, in eine lange Prosopopöe, um einen Diskurs zu Gehör zu bringen, der auf das genaue Gegenteil der Männer der ärztlichen Kunst abzielt. Das Verfahren besteht darin, die Reden zu *zitieren* (wohlgemerkt: sich zu stellen, als zitierte

1 III, xiii; T.R. 1068; F.W. VI, 206.

man), die sein *Geist* gewöhnlich an seine *Einbildungskraft* richtet, um ihr zu Hilfe zu kommen und sie zu bestärken:

»(*b*) Ich selbst aber behandle *meine Einbildungskraft* so sanft und milde als ich kann und erließe ihr gern, wenn ichs vermöchte, allen Kummer und Widerspruch. Man muß ihr zu Hilfe kommen, sie streicheln und täuschen, soviel man kann. *Mein Geist* ist dazu gemacht. Es fehlt ihr niemals an Schein und Vorwand. Wenn er so gut überzeugte als er predigt, so würde er mir sehr glücklich zu Hilfe kommen.

Ist davon ein Beispiel gefällig? Er sagt, es ist zu meinem Besten, daß ich den Griesstein habe. Gebäude von meinem Alter, sagt er, leiden natürlicherweise hin und wieder von Dachtraufen. [. . .] Ich müsse mich damit trösten, daß es mir nicht allein so ginge[1].«

Die Veranschaulichung nimmt hier die Form eines Diskurses im Diskurs ein. Früher, in eben dem Augenblick, da er seine »Bräuche« zu beschreiben begann, berief sich Montaigne auf den Leser: »Wer davon kosten möchte, dem habe ich vorgekostet, als sein Mundschenk . . .« Jetzt wird der Leser erneut, noch direkter einbezogen: »Ist davon ein Beispiel gefällig?« Inmitten der vielen vom »Gedächtnis« gelieferten Eindrücke erteilt Montaigne einem neuen Redner das Wort, der an seiner Stelle die Szene betritt und vom Leser doppelte Aufmerksamkeit fordert. In dieser Apostrophe des Geistes an die Einbildungskraft wird uns in allegorischer Form von einer inneren Auseinandersetzung berichtet: sie spielt sich zwischen zweien der Vermögen ab, die, gemäß der traditionellen Lehre, den *sensus internus* bilden. (Insgesamt sind es drei: Verstand oder Geist, Einbildungskraft oder Phantasie, Gedächtnis; das dritte Vermögen, eben das Gedächtnis, ist nicht unbeschäftigt, weil Montaigne ja seit Beginn der Beschreibung seiner körperlichen Erfahrung die Trommel seiner Erinnerungen gerührt hat, um deren sämtliche einschlägige Details aufzuspüren.)

Zwei Instanzen des Ichs haben sich abgespalten. Ein *er*, der Geist, predigt und versucht ein *du* zu überzeugen, die Einbildungskraft, das heißt das Sein, das sich betören, sich von Unruhe und Leid gefangennehmen zu lassen Gefahr

1 *Ibid.* Das Zitat der Argumente, die MONTAIGNE an sich selbst richtet, nimmt in der Ausgabe von VILLEY die Seiten 1090 bis 1095 ein (T.R. 1068-1073; F.W. VI, 206-215).

läuft. In der Hierarchie der Funktionen des *sensus internus* nimmt der Geist den obersten Rang ein. Montaigne fordert uns somit auf, einem Diskurs Aufmerksamkeit zu schenken, der von der höchsten inneren Instanz ausgeht:

»(*b*) Die Furcht vor diesem Übel, sagt *er* [mein Geist], schreckte *dich* vormals, da *du* es noch nicht kanntest. Das Geschrei und die Verzweiflung derer, die es durch ihre Ungeduld vergrößern, flößte dir Abscheu dagegen ein. Es ist eine Krankheit, welche *dich* an den Gliedmaßen bestraft, mit welchen du am meisten gesündigt hast. *Du* bist ein gewissenhafter Mensch:

Quae venit indigne poena, dolenda venit

Betrachte diese Züchtigung. Sie ist sehr sanft, in Vergleichung mit andern, und zeugt von väterlicher Liebe. Bedenke nur, wie spät sie über dich verhängt ward. Sie beschwerte und befiel dich nicht eher als zu einer Zeit deines Lebens, welche auf alle Fälle ohnehin verloren und verödet wäre, da sie den Vergnügungen und Ausschweifungen deiner Tugend gleichsam als durch ein Bündnis Platz und Raum ließ. Die Furcht und das Mitleiden, welches dieses Übel der Welt einflößt, muß dich stolz machen. Denn läßt diese Krankheit gleich deinen Verstand frei und erwähnst du ihrer auch nicht, so erkennen deine Freunde dennoch eine Spur derselben in deiner Leibesbeschaffenheit. Es ist angenehm, wenn man von sich sagen hört: Welche Stärke der Seele! Welche Geduld! Man sieht dir den Schweiß von der Stirne träufeln, den die Qual dir auspreßt, sieht dich erbleichen, glühen, zittern, Blut speien, von Krämpfen und seltsamen Verzuckungen zusammengezogen, zuweilen dicke Tränen aus den Augen fallen; schleimigen, schwarzen, abscheulichen Urin lassen oder solchen durch einen großen, scharfeckigen Stein aufgehalten, welcher dir den Blasenhals zerschneidet und zerreißt, und dennoch deine Gesellschaft mit gewöhnlicher Heiterkeit unterhalten, zuweilen mit deinen Leuten scherzen oder Teil an einem anhaltenden Gespräche nehmen; hinter Worten deinen Schmerz verbergen und deine Leiden herabsetzen[1].«

Gleichwohl schöpft diese Apostrophe, in der alle Hilfsmittel der Rhetorik entfaltet werden (Frage, Befehl, Sentenzen, Dialogformen, Hypotyposen usw.), nicht alle die Argumente aus, die vom Geist gegen die Einbildungskraft mobilisiert werden. Vieles bleibt noch zu sagen. Aber Montaigne wechselt das Register. Auf die Apostrophe folgen Äußerungen in

1 III, xiii; T.R. 1069; F.W. VI, 207-209. Das lateinische Zitat stammt von OVID (*Heroides,* V, viii): »Und verdiente Strafe ist um so viel schmerzlicher.«

der ersten Person, bei denen es den Anschein hat, daß wiederum Montaigne das Wort ergreift, so wie er es zuvor getan hatte: »Ich bin dem Schicksal verbunden, daß es mich so oft mit einerlei Art Waffen anfällt. Es macht mich durch die Gewohnheit damit bekannt, härtet mich dagegen ab, und lehrt mich damit umgehen . . . (T.R. 1071; F.W. VI, 210-211). Man möchte meinen, daß sich Montaigne uns erneut direkt zuwendet, so wie er das ja überall in den *Essais* tut. Drei Seiten weiter aber erfahren wir, daß es sich hier noch immer um ein Selbstzitat handelte, das heißt um eine Folge von Diskursen im Diskurs:

»(*b*) Durch solche starke und schwache *Schlüsse* suche ich, wie Cicero das Übel seines Alters, *meine Einbildung* einzuschläfern, ihr etwas vorzutändeln und Öl und Wein in ihre Wunden zu gießen. Sollten sie morgen schlimmer werden, *so wollen wir morgen auf andere Linderungsmittel denken*[1].«

Die beispielhafte Argumentation zur Frage des Blasengrieses, die dem Leser im Hauptabschnitt der Körper-Bestandsaufnahme geboten wurde, ist bis in diese Art Schlußfolgerung verlängert worden. In der Zwischenzeit hat uns Montaigne in einem Einschub wissen lassen, daß er ein Tagebuch seiner Krankheit schreibt, daß er sich ein »Gedächtnis von Papier[2]« macht und, wenn er diese »kleinen Blätter« durchsucht, darin immer etwas findet, »das mich durch meine vergangenen Erfahrungen mit einer günstigen Vorbedeutung tröstet[3]«. Die Argumentation ändert sich ihrem Wesen nach: moralistisch, wie sie war, als der Geist die Einbildungskraft ausschalt, zögert sie jetzt nicht, in die Sprache der Medizin zu schlüpfen, um eine ermutigende Hypothese über den Ausgang des Leidens zu stützen. Die von Montaigne erarbeiteten Schlußfolgerungen ähneln erstaunlicherweise denen der Ärzte, aber nur, um ihnen zu widersprechen: die wahrscheinlichen Tröstungen, in denen er sich ergeht, wiegen durchaus die Drohungen auf, die sie ihm vorhielten:

1 III, xiii; T.R. 1073; F.W. VI, 215.
2 III, xiii; T.R. 1071; F.W. VI, 211.
3 *Ibid.* Dieses »Gedächtnis von Papier« ist auf nahezu allen Seiten des *Journal de voyage* präsent. MONTAIGNE verzeichnet da alles, was er trinkt, was er an Urin ausscheidet, was ihm an Blasengries abgeht usw.

»(*b*) Das Alter schwächt die Hitze meines Magens. Da seine Verdauung deshalb weniger vollkommen ist, so sendet er diesen unverdauten Stoff nach meinen Nieren. Warum sollte nicht nach einer gewissen verflossenen Zeit sich auch die Hitze meiner Nieren dergestalt vermindern, daß sie nicht mehr die zähen Feuchtigkeiten versteinern könnten und die Natur anfängt, einen andern Weg der Ausleerung zu nehmen? Die Jahre haben sichtbarlich einige böse rheumatische Feuchtigkeiten in mir ausgetrocknet; warum sollte es nicht diesen Auswürfen ebenso ergehen, aus welchen der Gries entsteht[1]?«

Warum aber müssen physiologische Hypothesen über die günstige Entwicklung der Krankheit aufgestellt werden? Warum nicht auch die Erleichterung ins Auge fassen, die man bei ihrem Nachlassen erlebt, wenn die Krise einmal vorüber ist?

»(*b*) Aber ist wohl etwas in der Welt so erquickend, als die schnelle Veränderung, wenn sie nach den heftigsten Schmerzen, durch die Ausleerung des Steins, wie durch einen Blitzstrahl, das schöne Licht der Gesundheit frei und hell wieder entzündet, wie es mir bei meinen überraschenden und äußerst heftigen Koliken widerfährt? Findet sich wohl etwas in diesen überstandenen Leiden, welches dem Vergnügen einer augenblicklichen Besserung das Gleichgewicht halten könnte? Wie viel scheint mir nach ausgestandener Krankheit die Gesundheit schöner, da beide sich so nahe wohnen, daß ich eine in Gegenwart der andern und in ihrem höchsten Staat, worin sie sich gern versetzen als wollten sie sich Knippchen schlagen, wahrnehmen kann! Gerade wie die Stoiker sagten, die Laster wären nützlicherweise eingeführt, um die Tugend in Wert und solcher den Rücken zu halten, können wir mit größerem Recht und minder gewagter Vermutung sagen, die Natur habe die Schmerzen dem Menschen verliehen zur Ehre und zum Dienste der Wollust und Weichlichkeit. Als Socrates, nachdem man ihm seine Fesseln abgenommen hatte, das Angenehme des Kitzels fühlte, welchen ihr Gewicht seinen Beinen verursachte, ward er fröhlich über die Betrachtung, wie nahe Schmerzen und Vergnügen beieinander liegen, wie sie durch genaue Bande notwendig zusammenhängen, so daß sie sich wechselsweise einander folgen und erzeugen [. . .][2].«

Während uns in der Prosopopöe des Geistes der Anfall der

1 III, xiii; T.R. 1071; F.W. VI, 211-212.
2 III, xiii; T.R. 1071-1072; F.W. VI, 212-213.

Steinbildung in seiner heftigsten Phase vor Augen geführt wurde, stützt sich die neue Argumentation auf die ihr folgende Windstille. Das Erlebnis der Erleichterung, wie es uns die Lektüre vermittelt hat, entspricht zweifellos einer authentischen körperlichen Erfahrung, und seine Transposition in die Metaphorik des »schönen Lichtes« der Gesundheit ist zugleich Sprachfigur und Umschrift einer tief erlebten Synästhesie. Gleichwohl hält Montaigne darauf, seine Äußerung durch die Autorität der Stoiker und die von Sokrates zu verstärken. (Sogar dann also, wenn er auf jede ihm fernstehende Wissenschaft zu pfeifen erklärt, kann er doch nicht auf so wertvolle Zeugen verzichten, um zu bekräftigen, was er selbst empfunden hat: die große Nähe von »Schmerzen und Vergnügen«. Letztlich muß er doch mit dem Widerstand oder der Böswilligkeit des Lesers angesichts der individuellen Erfahrung dieses einen und einzigen Michel de Montaigne rechnen: »Diejenigen, welche sie [die menschliche Unwissenheit] aus einem so unbedeutenden Beispiele als das meinige, oder das ihrige, nicht an sich kommen lassen wollen, mögen solche am Socrates, dem Meister aller Meister, erkennen[1].«)

Mit diesen Erwägungen aber ist die Argumentation noch immer nicht an ihrem Ziel angekommen. Sie hat noch sehr viele andere Hilfsmittel: »Ich schließe daraus, daß mein häufiges und heftiges Erbrechen mich reinigt; [. . .] Noch ein besonderes Gute hat meine Krankheit. Nämlich, sie treibt beinahe ihr Spiel für sich und läßt mich das meinige spielen [. . .]. Ich bemerke noch diese besondere Bequemlichkeit dabei, daß es eine Krankheit ist, bei welcher es nicht viel zu erraten gibt. Wir werden mit der Mühe verschont, in welche uns die andern durch die Ungewißheit ihrer Ursachen, ihrer Beschaffenheit und ihres Fortganges vesetzen, welches eine sehr peinliche Mühe ist. Wir bedürfen keiner Konsultation und Interpretation gelehrter Doktoren. Die Sinne zeigen uns, daß sie ist und wo sie ist[2].« Der Blasengries kann mithin im Präsens erlebt werden, im Gefühl, ohne rückblickende Spekulation ebenso wie ohne Divination des Künftigen.

1 III, xiii; T.R. 1053; F.W. VI, 179.
2 III, xiii; T.R. 1072-1073; F.W. VI, 213-215.

Wenn das Privileg des Blasengrieses also darin beruht, in Abwesenheit jeder »ängstlichen Warnung« leben zu können, so trägt Montaignes Argumentation Sorge, den Beweis dafür zu erbringen, indem sie alle zeitlichen Positionen mit Beschlag belegt. Sie greift in die Vergangenheit aus, erinnert sich früherer Anfälle, auf die wiederum Phasen wiedererlangter Gesundheit folgten. Im langen Selbstzitat mag der erste Abschnitt (die Prosopopöe des Geistes) ruhig auf das Präsens des Indikativs zurückgreifen, die *Darstellung* des Diskurses legt ihm einen Aspekt von Vergangenheit, von Wiedererinnerung bei. Die zweite Bewegung, mit der Montaigne erneut auf das *Ich* zurückkommt und sich in seinem eigenen Namen zum Ausdruck bringt, spricht sich deutlicher im Präsens aus (wenn auch in einem Präsens, für das ein »Gedächtnis von Papier« erforderlich ist). Schließlich gibt uns Montaigne zu verstehen, daß seine Argumentation noch nicht abgeschlossen ist. Er wendet sich an sich selbst und wenn es sein muß, an die Zukunft, mit anderen Ermunterungen gleichen Stils: »Sollten sie [meine Beschwerden] morgen schlimmer werden, so wollen wir morgen auf andere Linderungsmittel denken.« Nun erlaubt es die Niederschrift der *Essais* in sukzessiven Schüben Montaigne aber – in einer der seltenen Passagen, wo er selbst auf einen Einschub aufmerksam macht –, sein Versprechen nach Art eines Postskriptums oder einer Verlautbarung zu bekräftigen:

»(*c*) Amen. Seitdem ich dieses geschrieben, treibt neuerdings die kleinste Bewegung reines Blut aus meiner Blase. Aber was mehr? Ich bewege mich deswegen nicht weniger wie vorher, reite hinter meinen Jagdhunden mit jugendlicher Hitze und Unbedachtsamkeit, und finde, daß mich ein so wichtiger Zufall gar glimpflich behandelt und mir nichts weiter kostet, als einen tauben Schmerz und eine kleine Hitze in jenen Teilen. Es ist gewiß ein großer Stein, der mir die Fasern der Nieren niederdrückt und zerschneidet, wobei ich denn mein Leben nach und nach wegharne, und das nicht ohne eine gewisse angenehme Empfindung, denn es ist doch von jetzt an ein überflüssiger, beschwerlicher *Auswurf*[1].«

Die Krankheit hat sich wieder bemerkbar gemacht. Und wenn es nun der Tod wäre, der sich in diesem erneuten

1 III, xiii; T.R. 1073-1074; F.W. VI, 215-216.

Rückfall ankündigt? In dieser Hinsicht wäre er nicht derart furchtbar, wäre er nicht zu teuer ...

Unterwegs, im Laufe der gesamten *Tröstung*, die Montaigne sich selbst zuspricht und deren Schauspiel er uns darbietet, ist die Rubrik des Harn-Exkrements (und anderer Ausscheidungen, die dessen Folge sind: das Erbrechen) gebührend gewürdigt worden: und die Leidenschaften der Seele sind in der Form unter Beweis gestellt worden, wie sich der Geist sie unter seine Herrschaft zu zwingen bemüht hat. Denn in eben diesem Bereich der körperlichen Funktionen muß sich der brüderliche Beistand des Geistes manifestieren. Wie wir gesehen haben, verausgabt sich das Denken ohne zählbaren Erfolg und bedient sich aller erdenklichen Mittel, von der büßerischen Deutung der Krankheit (sie ist eine »Züchtigung«, aber »ganz süß um den Preis anderer«) bis hin zu den beruhigenden Vorstellungen über ihre Entwicklung – durch die Wirkung des Alters und einer allgemeinen fortschreitenden *Erkaltung*; die Wärme der Nieren, die die »Feuchtigkeiten versteinern«, kann sich mindern; das Lebensfeuer nimmt ab, die Heilung kann das fortschreitende Alter begleiten. Und wie groß zu bestimmten Zeiten auch die Heftigkeit des Schmerzes gewesen sein mag, diese Ausscheidung, von der nur ein »tauber Schmerz« bleibt, ist etwas, mit dem sich, nicht ohne »Süße«, das Leben selbst entfernt; wiederholen wir die Lektüre jenes erstaunlichen Satzes: »Es ist gewiß ein großer Stein, der mir die Fasern der Nieren niederdrückt und zerschneidet, wobei ich denn mein Leben nach und nach wegharne, nicht ohne eine gewisse *angenehme Empfindung*, denn es ist doch von jetzt an ein *überflüssiger, beschwerlicher Auswurf*[1].« Wie sollte man diesen Satz nicht mit manchen anderen der *Essais* in Zusammenhang bringen, in denen, wenn auch auf metaphorische Weise, der Text der *Essais* selbst als Exkrement bezeichnet wird: »Dies sind hier [...] Exkremente eines alternden Geistes, zuweilen hartleibig, zuweilen dünnleibig; immer unverdaut[2].« Gegen Ende von

1 III, xiii; T.R. 1074; F.W. VI, 216.
2 III, v; T.R. 923; F.W. V, 284. Dieser Zusammenhang wird von Terence CAVE vorgeschlagen (*The Cornucopian Text,* Oxford 1979, S. 293-294).

Essay III, v, »Über Verse des Vergil«, spricht Montaigne mit abschätziger Herablassung von den Seiten, die er soeben geschrieben hat: von diesem »merkwürdigen Kommentar«, der ihm »wie ein *Wortfluß* entströmte, ein Fluß, der zuweilen gewaltsam und schädlich wird«. Die körperbezogene Metapher stellt das Verrinnen des Lebens und den Ausfluß des Textes auf die gleiche Ebene: es ist der Körper des Individuums selbst, der zerfließt und verstreut wird, wenn er sich von den Substanzen trennt, die er »verdaut« und »ausgesogen« hat. (Es sei daran erinnert, daß der Verdauungsvergleich, wenn auch im Rahmen der Absorption, im Bilde der Pädagogik wiederkehrt, die sich durch die Hemmung und Assimilation fremder Einflüsse Wirkung verschafft, und ebenso in der häufigen Beschwörung des Denkens als *Wiederkäuen . . .*)

Was die »angenehme Empfindung« betrifft, die Montaigne verspürt – in eben dem Augenblick, da er »sein Leben nach und nach wegharnt« –, so erinnert sie uns an die Hartnäckigkeit, mit der er im Bericht von seinem Sturz vom Pferde von der »Süße« spricht, die das Unbehagen begleitet, mit dem er sich einem Zustand entgegentreiben läßt, der bei genauerem Hinsehen dem Tode ähnelt. Er erkennt darin jene »wohlige Süße wieder, die einer empfindet, der sich in den Schlaf gleiten läßt[1]«. Wenn Montaigne von der unmerklichen »Belebung« spricht, die ihn mit dem Tode vertraut gemacht hat, so läßt er nicht außer acht, daß auch der Atem im Sinne der Medizin ein »Ausscheidungs«-Element enthält: »Es war mir, als schwebte mein Leben nur noch am Rande meiner Lippen; ich schloß die Augen, um wie mir schien, es vollends *verscheuchen* zu helfen[2] . . .« Der letzte Seufzer, so hat es den Anschein, ist zugleich Ausscheidung und Erlösung. Und Montaigne läßt sich die Süße dieser Erfahrung nicht entgehen: »Derweil war mein Befinden in Wahrheit *sehr sanft* und friedlich. [. . .] Als man mich zu Bett gebracht hatte, empfand ich

1 II, vi; T.R. 353-354; L. 360. Zu diesem Eindruck der »Süße« siehe die Bemerkungen von Michael BARAZ, »L'intégrité de l'homme selon Montaigne«, in *O un Amy. Essay on Montaigne in honor of Donald M. Frame*, hrsgg. von R. C. LA CHARITÉ, Lexington, Kentucky, 1977, S. 20-21.

2 II, vi; T.R. 354; L. 359.

ein *unsägliches Wohlgefühl* an dieser Ruhe; [. . .] Ich ließ mich *so sachte* hingleiten und in *so sanfter* und wohliger Weise, daß ich mich kaum eines andern Vorgangs besinne, der weniger beschwerlich wäre, als dieser es war[1].«

Vom äußersten *Schmerz* zur äußersten *Süße*: im Abstand einer Paronomasie[2] schwingt die Stimmgabel der Erfahrung des Leidens und der Krankheit. Und die Krankheit selbst hat Montaigne in ihrem Gegensatz (der zugleich ihre Verbindung ist) zur Gesundheit und Wollust erfahren. Die Erfahrung des Körpers, die uns spüren läßt, »wie nahe Schmerzen und Vergnügen beieinander liegen«, stimmt uns darauf ein, die Vorstellung einer anderen, ebenso engen Verbindung hinzunehmen: die von Seele und Körper. So sieht man die akzeptierten Antithesen, die *verschwisterten* Entitäten und die Bekräftigung ihrer unerläßlichen Ko-Existenz oder ihrer zwangsläufigen Einheit aufeinander folgen. Die Schlußseiten von »Über die Erfahrung« beharren in unvergeßlichen Formulierungen auf den »wechselseitigen Diensten« von Seele und Körper und der Notwendigkeit ihrer gleichzeitigen »Pflege«.

Wenn der Essay aber mit seinem *Thema* (oder seiner Aussage) auf die Vereinigung der Gegensätze hinausläuft, so bleibt festzuhalten, daß er uns in seinen formalen Aspekten (und spezieller noch in seinem Aussagemodus) ein schlagendes Beispiel eines überwundenen Gegensatzes bietet. Es manifestiert sich eine Homologie zwischen gedanklichem Inhalt in seinen Hauptaspekten und von Montaigne erfundener Ausdrucksweise. Er läßt die Erfahrung eines ganzen Lebens in das gedämpfte lyrische Lob des wechselseitigen Beistandes einmünden, zu dem sich Seele und Körper bereitfinden müssen; und er formuliert es in einem Diskurs, in dem die auf den Körper bezogene Spontaneität sich zwangsläufig (und sei es *widerstrebend*) mit den vom gelehrten Verstand inszenierten Kunstfertigkeiten verbündet.

1 II, vi; T.R. 357; L. 363.

2 Siehe die Untersuchung von François RIGOLOT, »Le Langage des *Essais*, référentiel ou mimologique?«, in *Cahiers de l'Association internationale des études françaises*, Nr. 33, Mai 1981, S. 19-34.

Für den Leser des Essays »Von der Erfahrung« scheint zunächst nichts einschneidender zu sein als die Unterscheidung zwischen den diskursiven Systemen, wie sie vom Verstand in den Wissenschaften und Künsten (Gesetzgebung, Theologie, Philosophie, Medizin, bei denen nichts dem »Konflikt der Interpretationen« entkommt) erarbeitet werden, und der Wahrheit, die sich in uns und vor allem in unserem Körper zu erkennen gibt, durch das Gefühl, durch die direkte Erfahrung, in allem, was sie einmalig, verschieden und eben dadurch mehr für die Verallgemeinerung geeignet macht. Wirklich ernstgenommen, müßte diese theoretische Unterscheidung Folgen auf der Ebene der Aussage nach sich ziehen: sie müßte den Essayisten darauf verpflichten, die Sprache der Wissenschaften und Künste zu verwerfen, in eben dem Augenblick, wo er es unternimmt, im Gegensatz zu ihnen seine eigene Erfahrung mitzuteilen, um sich selbst im Sinne der Fügung in die Natur auszusprechen, zu der er sich stolz bekennt. Ebenso aber, wie Brauch und Herkommen sich in die Natur »einmischen«, bis sie eine zweite Natur hervorbringen, ebenso, wie nach der Hilfe des Geistes gerufen wird, um den leidenden Körper zu trösten, ist Montaigne nicht in der Lage, trotz des *ordo neglectus*, dem er sich überläßt, seine »Lebensart« anders darzustellen als anhand der Kategorien, wie sie von der ärztlichen Kunst fixiert worden sind. Sogar der Begriff der »Lebensart« ist aus dem ärztlichen Denken hervorgegangen: es handelt sich um den Bereich, der seit der griechischen Medizin durch die Begriffe der Diätetik und der Hygiene definiert und im Sinne der galenischen Tradition in die sechs Rubriken der »nicht-natürlichen Dinge« aufgeteilt wird. Die ärztliche Klassifikation der *Fähigkeiten* der Seele (einerseits innere Sinne, das heißt Verstand, Einbildungskraft und Erinnerungsvermögen; andererseits äußere Sinne), das humorale Konzept der *Leibesbeschaffenheit* und die verschiedenen von der Medizin erkannten physiologischen Funktionen bilden den Leitfaden oder den zwangsläufigen Durchgangsort eines Diskurses, der sich antimedizinisch verstanden sehen möchte und bestrebt ist, den natürlichen Körper in seiner nicht reduzierbaren Einmaligkeit auszusprechen.

Aus dem Zwang heraus, dabei den Umweg über die codifizierte Sprache einer Kunst (der Medizin) nehmen zu müssen, um zu sagen, was er direkt unter Beweis zu stellen gewünscht hätte, schmückt Montaigne seine Äußerungen aus, verwischt er seine Spuren: er kommentiert, schweift ab, ermahnt, fällt aus dem Besonderen ins Allgemeine, führt Beispiele an, prägt Sentenzen: man kann ihm nicht den Vorwurf machen, daß er seinen holprigen und »extravaganten« Tonfall aufgegeben habe, auch wenn er gleichzeitig den Fragebogen der Medizin ausfüllt. Er hat die Sprache der Medizin nicht verworfen; er hat mit ihrer Einheit und systematischen Kohärenz gebrochen, um ihre *disjecta membra* zu einem zusammenhanglosen »Mosaik« zu zerstreuen, in dem alle Sprachen vertreten sind. Es handelt sich hier um eine Kunst, die darin besteht, die Kunst zu verneinen. Mehr noch, die bemerkenswerteste seiner Abweichungen – die lange Apostrophe seines »Geistes« an seine »Einbildungskraft« – rückt Montaigne der ärztlichen Sprache nur durch ein Höhergebot an Kunst fern: dieser Feind der Beredsamkeit schreibt da ein großes Stück beredter Rhetorik. Ist etwa kein Anlaß zur Verwunderung, wenn Montaigne, um den Körper in dem auszusprechen, was ihn am nachhaltigsten verunstaltet, sich stellt, als überließe er das Wort einem unabhängigen Sprecher, einer dritten Person? Und wird in dieser beredten Apostrophe an sich selbst die Beredsamkeit nicht den Hauptbereich der klassischen Dramaturgie vergegenwärtigen: »Die *Furcht* und das *Mitleiden*, welches dieses Übel der Welt einflößt, muß dich stolz machen[1] . . .« *Phobos kai eleinos!* Die Künstlichkeit tritt um so deutlicher hervor. Wir sind im Theater. Man bringt uns die bewundernden Ausrufe der Zuschauer zu Gehör: »Welche Stärke der Seele! Welche Geduld[2]!« So wird uns der Körper noch in seinen größten Qualen von außen gezeigt, so, wie er von *allen* gesehen wird, Darsteller der »Handlung für eine einzelne Person[3]«: »Man *sieht* dir den Schweiß von der Stirn träufeln, den die Qual dir

1 III, xiii; T.R. 1069; F.W. VI, 208.
2 *Ibid.*
3 III, ix; T.R. 957; F.W. VI, 5.

auspreßt, sieht dich erbleichen, glühen, zittern[1] . . .« Auf dem Höhepunkt des Leidens zählt Montaigne, so als sei jede direkt vom Körper herstammende Sprache unmöglich, die *Zeichen* von *außen* und aus dem Abstand des dargestellten Gedenkens auf, die *Zeichen*, die die Angehörigen und Freunde wahrnehmen, wie sie beim Zeremoniell für den versammelt sind, den man für einen Sterbenden hält, der in diesem Falle aber auf bewundernswerte Weise sein »Teil an einem anhaltenden Gespräche[2]« nimmt. Alles wird dramatisiert und mündet in eine dialektische Bewegung: der »Geist«, der Montaignes »Einbildungskraft« beschwor, vergegenwärtigt die Szene am Sterbebett, wo er, damit die Existenz bis zum letzten Augenblick Zwiegespräch bleibt, die »Gesellschaft« unterhält, mit seinen »Leuten« scherzt . . . Hier sind wir auf dem Höhepunkt der Kunst. Die erlebte Erfahrung wird in dem, was sie an buchstäblich Ergreifendem hat, als pathetische Szene mitgeteilt – als Gelingen der *ars moriendi* im Sinne der wahren Philosophie –, eingebettet in einen tröstenden Diskurs, der seinerseits wiederum in die Darstellung des *Brauchs* und der »Weisen«, denen Montaigne sein körperliches Leben unterworfen hat, eingebettet ist – in die Darstellung, die er dem Leser-Gast vorbehält.

Wäre es letztlich also an dem, daß der Körper sich nur indirekt aussprechen läßt, durch den Blick des allegorisierten »Geistes«, der seinerseits die Martyriumsszene in der Form vergegenwärtigt, wie sie andere Zuschauer beobachten. Zumindest sei anerkannt, daß der Aufruf zur Wahrheit des Innern den Eingriff des Blicks von außen unvermeidlich macht. Die Erfahrung des Körpers erfordert, um sich aussprechen zu können, die »enge Verbindung« zur Sprache der Kunst, selbst wenn es sich darum handelt, der Natur ihre Waffen zurückzuerstatten. Selbst da, wo das Individuum im tiefsten Grunde seines Fleisches leidet, gibt es sagbaren Sinn nur unter dem Aspekt der Begegnung mit dem anderen: schwitzen, erbleichen, erröten, zittern sind – für uns andere,

1 III, xiii; T.R. 1069; F.W. VI, 208.

2 *Ibid.* Die Prosopopöe des »Geistes« muß in Zusammenhang mit der Prosopopöe der Natur in Essay I, xx gebracht werden (»Philosophieren heißt sterben lernen«, T.R. 91-94; L. 121-125).

für uns Leser – *Ereignisse*, die wir miterleben, indem wir uns mit dem von seinem Stein gepeinigten Menschen identifizieren und *gleichzeitig* mit den Zuschauern, die sein Text nachträglich in seinem Umkreis auftreten läßt und die ihn leiden *sehen*. Eben deshalb, weil er sich uns von außen dargeboten hat, haben wir das Gefühl, an dem beteiligt zu sein, was er innerlich erlebt.

So steht es um den leidenden Körper. Der liebende Körper wird sich seinerseits, trotz des entschiedenen Willens zur Verabschiedung aller Kunstfertigkeit und Verstellung, nur durch die Vermittlung einer höchsten Kunstfertigkeit und Verstellung aussprechen lassen: der Poesie. Eben das werden wir auf den folgenden Seiten hervorzuheben haben.

V
Die Liebe aussprechen

Das fünfte Kapitel von Buch III (»Über Verse des Vergil«) gibt Montaigne Gelegenheit, auf die umfassendste Weise sein Denken hinsichtlich der »Beziehung zum andern« zu entwickeln, weil die Liebe, die das Zentralthema dieses Essays ist, ja die »Beziehung zum andern« *par excellence* bildet, und sei es neben und »tief unter[1]« der Freundschaft. Folglich verlohnt es der Mühe auszumachen, wie Montaigne seine Argumentation im Laufe dieses Essays entwickelt.

1. Verbotene Bücher, erwünschte Bücher

Es ist die Beziehung zu sich selbst, die den Ausgangspunkt bildet. Die Bewegung wird durch eine Reihe von Umkehrungen markiert: was das Alter im Übermaß bereithält (Fülle, Gemessenheit, Schwerfälligkeit, Enthaltsamkeit, Trockenheit, Kälte usw.), ruft nach seinem Gegenteil. Der leidende Körper drängt seine lästige Gegenwart in den Vordergrund, der im Namen der »Mäßigung« und der Selbstbemeisterung entgegengearbeitet werden muß:

»(*b*) Er läßt mich keine Stunde, nicht schlafend und nicht wachend, im Lehrgang über den Tod, die Geduld und die Kasteiung aussetzen. Ich wehre mich gegen die Enthaltsamkeit, wie ehedem gegen die Wollust. Sie zieht mir die Zügel zu straff und *bis zur Fühllosigkeit*. Ich aber will Herr meiner selbst sein, in jedem Sinne. Die Weisheit hat ihre Auswüchse und bedarf der Mäßigung nicht weniger als die Torheit[2].«

Wie ersichtlich, ist das Motiv ein doppeltes: einerseits das ärztliche (und moralische) Prinzip, das verlangt, daß man Gegensätzliches durch das Gegenteil behandelt: Kälte durch

1 I, xxviii; T.R. 184; L. 224.

2 III, v; T.R. 818; L. 671. Wo kein besonderer Hinweis gegeben wird, beziehen sich die Fußnoten dieses Kapitels auf immer denselben Essay. Ich beschränke mich darauf, die Seite anzugeben.

Wärme, Schwerblütigkeit durch Leichtigkeit, ja sogar die »Weisheit« durch die »Torheit« – um ein ausgewogenes »Temperament« zu erzielen; und andererseits die Sorge darum, nicht einem unserer »Teile« zu verfallen, der im Übermaß herrscht, in diesem Falle dem Körper. Der freie Besitz seiner selbst schließt also sogar die »Weisheit« aus, wenn sie paradoxerweise übermäßig wird. Daher die Erlaubnis, »sich mit Vorbedacht ein wenig auf Abwege geraten zu lassen[1]«, die Montaigne sich erteilt. Es handelt sich nur um »spielerische und jugendliche Gedanken[2]«, um »Erinnerung der entflohenen Jugendjahre[3]«. Hier, angesichts des »gewitterschweren und verhängten Himmels[4]«, den Montaigne über sich sieht, den drohenden Tod vor Augen, besteht die Zerstreuung in einem Akt des Gedenkens: »Solange noch meine Augen diese schöne entschwundene Zeit erkennen können, blicke ich wieder und wieder dahin zurück. Wenn sie aus meinem Blut und meinen Adern flieht, so will ich doch wenigstens ihr Bild nicht aus meiner Erinnerung austilgen[5]«. Ein ergänzendes Beispiel für die zu Beginn des vorhergehenden Kapitels (III, iv) empfohlene Zerstreuung, ist dieser Rückgriff auf die Vergangenheit eine »List«, ein »im Traum« ergriffenes Heilmittel: ein »schwacher Zweikampf der Kunst gegen die Natur[6]«. In der gesamten Strebung dieser Seite kommt der Rückhalt von drinnen: es sind Gedanken, Bilder, Erinnerungen, die sich Montaigne zu Hilfe ruft. Einzig ein Zusatz von 1595 zitiert die Autorität Platos, um eine andere Methode zu rechtfertigen, bei der die Aufmerksamkeit auf das Schauspiel »draußen« gerichtet wird: »Plato will, daß die Greise den Übungen, Tänzen und Spielen der Jugend beiwohnen, um sich in andern der Geschmeidigkeit und Schönheit des Leibes zu erfreuen, die in ihnen nicht mehr ist[7] . . .« Hier aber handelt es sich um ein im Zuge der Lektüre gesammeltes Beispiel und nicht um ein Heilmittel, das Montaigne ins Auge faßt.

1 *Ibid.*
2 *Ibid.*
3 *Ibid.*
4 *Ibid.*
5 T.R. 819; L. 672.
6 *Ibid.*
7 *Ibid.*

Wie verführerisch aber auch die imaginäre Kompensation sein mag, in der sich das Bewußtsein, wenn es die Bilder der Vergangenheit wiederaufleben läßt, »von seiner eigenen Substanz nährt« (wie sich Rousseau später resignierend ausdrücken wird), so maskiert es doch nie die Absenz realer Wonnen. Nichts geht über die wirkliche Lust. Die Launen der »Phantasie« sind nur ein Lückenbüßer. »Ich ergreife noch die geringste Gelegenheit zur Freude, die ich antreffen kann, mit beiden Fäusten[1] . . . Meine Philosophie geht auf das Tun, auf das natürliche und gegenwärtige Wirken: wenig auf Denken und Grübeln. Fände ich doch Vergnügen daran, mit Nüßchen und Kreiseln zu spielen[2]!« Im gegenwärtigen Augenblick möchte Montaigne das Gegenmittel für die »gewichtigen Gegenstände« finden, deren »Gewicht drückend« ist[3]: der Schwerfälligkeit, die ihn niederbeugt, möchte er die Spiele der Leichtigkeit entgegensetzen können, die Spiele, die mit leichten Dingen gespielt werden. Die Idee der Präsenz selbst aber, die des Spiels und der Wunsch nach Heiterkeit wecken in Montaigne die Hoffnung auf eine Begegnung, die Sehnsucht nach der »Beziehung zum andern«:

»(*b*) Ich würde von einem Ende der Welt zum andern laufen, um ein gutes Jahr froher und heiterer Ruhe zu finden, der ich kein anderes Ziel habe, als zu leben und mich des Lebens zu freuen. Der trübseligen und dumpfen Ruhe bietet sich mir genug; doch sie schläfert mich ein und betäubt mich: ich finde kein Vergnügen an ihr. Wenn sich jemand, wenn sich eine gute Gesellschaft auf dem Lande, in der Stadt, in Frankreich oder anderswo ansässig oder auf Reisen befindet, denen meine Gemütsart zusagt, deren Gemütsart mir zusagt, so brauchen sie mir nur durch die Finger zu pfeifen, und ich eile, ihnen Proben von mir in Fleisch und Blut vorzuführen[4].«

Es ist also der Umgang mit Freundschaft und Konversation (von dem bereits kurz zuvor die Rede gewesen ist, im Essay III, iii, »Von dreierlei Umgang«), den sich Montaigne zuerst zu Hilfe ruft. Und sei es ein Verlangen, das bloßer Traum zu bleiben bestimmt ist – man sieht nur zu deutlich, aus welchen

1 *Ibid.*
2 *Ibid.*
3 T.R. 818; L. 670.
4 T.R. 821; L. 674-675.

Gründen das Bild einer *Person* oder einer *Gesellschaft*, deren Präsenz mehr Wirksamkeit innewohnte als allem, was die einsame Imagination bieten kann, die Hoffnung auf Heiterkeit weckt, die für einen alternden und kranken Mann so notwendig ist. Was steht für ihn tatsächlich von einem vertraulichen Zwiegespräch mit sich selbst zu erwarten? Sehr wenig, wenn man einem Satz wie diesem Glauben schenken will, in dem die Selbststimulierung wirkungslos bleibt: »Auch wenn ich mich kitzle, kann ich diesem kläglichen Körper kaum mehr ein armes Lachen entlocken[1].« In der engen »Versippung«, die den Geist an den Körper schmiedet, ist es unmöglich, daß der Geist sich »dem Alter zu entwinden« vermöchte[2], wenn die Gesundheit des Körpers verfällt. Das schöne Bild der »auf einem abgestorbenen Baum[3]« grünenden und blühenden Mistel bringt eine nicht zu verwirklichende Sehnsucht zum Ausdruck. Der Geist hat sich »so innig mit dem Körper verbrüdert, daß er mich alle Augenblicke im Stich läßt, um ihm in seiner Notdurft zu folgen. Umsonst nehme ich ihn schmeichelnd beiseite und rede ihm gut zu[4].« Der Geist ist kein unabhängiger Gesprächspartner. Also ist für den, der sich von der morosen Schwerfälligkeit des Alters und der Krankheit befreien möchte, der Beistand des anderen unerläßlich: »Ich lobe mir eine *frohe und gesellige* Weisheit[5]«: die Heiterkeit geht Hand in Hand mit der Geselligkeit, sie erfordert die »Kommunikation«.

Weil er keiner »Person« oder keiner »guten Gesellschaft«, die er erst ausfindig machen müßte, Proben »aus Fleisch und Blut« liefern kann, nimmt Montaigne mit dem Umgang vorlieb, den er mittels des Buches, das er schreibt, mit seinen Zeitgenossen pflegt. Sobald aber diese Beziehung beschworen wird, beschreibt er sie in den Begriffen eines Gegensatzes: seine Einstellung, die darin besteht, »alles auszusprechen

1 T.R. 819; L. 672.
2 T.R. 821; L. 675.
3 *Ibid.*
4 *Ibid.*
5 T.R. 822; L. 676. Es sei daran erinnert, daß die letzten Worte der *Essais* erneut auf eine »frohe und gesellige« Weisheit anspielen, die ausdrücklich in die Anrufung Apollos eingebettet wird.

[zu] wage(n), was ich zu tun wage[1]«, ist die Ausnahme. Die anderen, in den »Gesetzen des Wohlverhaltens« befangen, gelangen nicht zur selben ruhigen und vollständigen Ausgewogenheit von *aussprechen* und *tun*. In einer Epoche der Unaufrichtigkeit ist Montaigne der einzige, der sich mit totaler Offenheit bekennt. »Wollte Gott, daß diese Unmäßigkeit meines Freimuts unseren Zeitgenossen wenigstens Lust zur Freiheit erweckte, über diese feigen und heuchlerischen Tugenden hinweg, die Ausgeburten unserer Unvollkommenheiten sind . . . Die Übel der Seele werden unsichtbarer, je stärker sie werden; der Kränkste fühlt sie am wenigsten. Darum eben muß man sie oft mit unbarmherziger Hand bei Lichte auskramen, sie aufdecken und aus dem Versteck unserer Brust herausreißen[2].« Das ist eine der so zahlreichen Erklärungen, mit denen Montaigne bestrebt ist zu zeigen, in welchem Punkte er sich von seinen Zeitgenossen unterscheidet *(sie, man, die anderen)*, die alle entgegengesetzte Wege einschlagen. Montaigne aber bestimmt und verdeutlicht sogar in seiner Regung polemischer Mißbilligung sein schriftstellerisches Vorhaben, seinen Willen, sich als der bekannt zu machen, der er ist (im Gegensatz zu »jenen, die sich selbst verkennen« und »sich an falschem Beifall weiden[3]«). Wir haben ihn sich mehrfach darin gefallen sehen, sich zu distanzieren, sich abseits zu halten, aber nur, um einen Blick auf sich zu lenken, der ihn in seinem wahren Sein treffen soll, das er aufs genaueste *darzustellen* Sorge trägt. »Man muß seine Unart sehen und durchschauen, um sie weitersagen zu können. [. . .] *Somnium narrare vigilantis est*[4].« Hier aber wird die Bezugnahme auf besondere Weise präzisiert: er wendet sich

1 T.R. 822; L. 677.

2 T.R. 822-823; L. 677-678.

3 T.R. 824; L. 679.

4 T.R. 822-823; L. 677. Daraus ergibt sich eine besondere Definition des Unbewußten *avant la lettre*. Dieses Unbewußte wird nicht definiert als Selbstverkennung, das die Beziehung zum anderen letztlich verfälschte. Es ist die argwöhnische Verschlossenheit vor dem anderen, die umgekehrt die Unkenntnis des eigenen Selbst produziert. »Seine Unart sehen und durchschauen« stößt also auf kein inneres psychologisches Hindernis, trotz der Schwierigkeit, die es manchmal gibt, die »inneren Falten« unseres Geistes zu beobachten. Das Unbewußte resultiert aus einem Kommunikationsversäumnis: »Jene, die sie [ihre Unart] andern verhehlen, die verhehlen sie gewöhnlich auch sich selber« (T.R. 823; L. 677).

an die Damen und hofft (aufgrund des Themas, das er behandeln wird), an einem geheimeren Ort gelesen zu werden als im »Empfangszimmer«:

»(*b*) Es verdrießt mich, daß meine *Essais* den Damen nur als gemeines Ausstattungsstück dienen, und als Ausstattungsstück für das Empfangszimmer. Dieses Kapitel wird mir in die Privatgemächer Eintritt verschaffen. Ich habe gern ein wenig vertrauteren Umgang mit ihnen. Der öffentliche ist reizlos und saftlos[1].«

Nachdem Montaigne seinen Blick auf die eigene Jugend gerichtet hat, kann er sich nicht mit dem bloßen Akt des Gedenkens zufriedengeben; er imaginiert eine »Gesellschaft«, die ihm zusagt und der er mit fliegenden Fahnen entgegeneilen würde, wenn er eingeladen wäre. Sein einziges wirkliches Hilfsmittel sind gleichwohl die Essays, die er schreibt; dank des Buches wird er seine Leserin in die Vertraulichkeit der Privatgemächer ziehen. Das Lektüreangebot ist eine symbolische Verführung: es ist der Umgang, der dem Liebesumgang am nächsten kommt. Indem er sein Thema verkündet – das »Werk der Zeugung[2]« – und sich seinem Werk konsubstantiell erklärt, überschreitet er eine verborgene Schwelle; und er berührt einen Körper, wenn es nur irgend möglich ist, daß der Band in ein Zimmer eindringt, in dem die Leserin allein zu sein pflegt, ganz in ihre Geheimnisse eingesponnen. Eine solche Intimität wird nichts Unstatthaftes haben, weil sie ja mit der *radikalsten* Trennung zusammenfällt: den Vorbereitungen auf den Tod. Vielleicht hat Montaigne die Gegensätze nie in engeren Zusammenhang gebracht als da, wo er diese Zeilen schreibt, in der unmittelbaren Folge derer, die wir gerade zitiert haben:

»(*b*) Beim Abschied wird unsere Liebe zu den Dingen, von denen wir scheiden, wärmer als gewöhnlich. Ich sage den Spielen der Welt mein endgültiges Lebewohl; dies ist unsere letzte Umarmung. Aber kommen wir zu meinem Thema[3].«

Es ist Thanatos, der die Möglichkeit freisetzt, Eros sprechen zu lassen. Das Buch bietet sich in diesem Kapitel als der

1 T.R. 825; L. 679.
2 *Ibid.*
3 *Ibid.*

gemeinschaftliche Botschafter von Liebe und Tod dar. Das Lebewohl zum Leben ermächtigt dazu, nichts von dem zu verschweigen, was – bereits im Imperfekt – die Wärme des Lebens ausmachte. Was sich in diesem Kapitel *erhitzen* wird, ist ein letztes Feuer, und die wärmespendenden Bilder werden sich in nahezu jeden Abschnitt einschleichen, um die Kälte zu bannen, die sich ihrerseits in jedem Augenblick ankündigt. Die erinnerten (oder noch vage erhofften) Umarmungen sind »unsere letzten«. Keinerlei Anzüglichkeit also in dem, was sich kühn bis an den Rand des Todes vorwagt. Man kann von den intimsten fleischlichen Verbindungen sprechen, wenn alle Verbindungen nahe daran sind, sich aufzulösen. Die »Dialektik« Montaignes kommt hier in voller Deutlichkeit zum Ausdruck: der drohende Untergang legt dem, was sich noch sagen und besitzen läßt, einen unendlichen Wert bei; umgekehrt beruft sich die freieste Rede auf den Tod, um nichts von den geheimsten Gedanken zu verhehlen.

Zunächst geht es um die Sprache. Und noch einmal stellt sich eine Diskordanz zwischen *aussprechen* und *tun* her. Das erste, wovon Montaigne im Zusammenhang mit der Sexualität spricht, ist das Verbot, das davon zu sprechen hindert. Es gibt also von vornherein eine sehr enge Verbindung zwischen Liebe und Sprache; eine enge, aber paradoxe Verbindung, weil man, je weniger man über sexuelle Dinge spricht, um so häufiger daran denkt: »Will das heißen, daß es uns, je weniger wir uns darüber in Worten auslassen, desto mehr erlaubt sei, es uns in Gedanken auszumalen[1]?« Und er fügt diesem Gedankengang hinzu: »Denn es ist spaßig, daß die Worte, die am wenigsten gebräuchlich sind, am wenigsten geschrieben und am peinlichsten verschwiegen werden, auch die sind, die am besten verstanden werden und am allgemeinsten bekannt sind. Jedem Alter, jeder Lebensart sind sie geläufig, so gut wie das tägliche Brot. Sie prägen sich jedem ein, ohne daß er sie ausdrückt, ohne Klang und Gestalt. Es ist auch spaßig, daß es eine Handlung ist, die wir unter den Schutz des Schweigens gestellt haben, dem sie zu entreißen ein Verbrechen ist, selbst wenn es nicht geschähe, um sie zu tadeln und abzuurteilen. Noch auch wagen wir es,

1 *Ibid.*

sie zu geißeln, es sei denn in Umschreibungen und Gleichnissen. [. . .] Geht es damit nicht wie den Büchern, die nur um so mehr feilgeboten und verbreitet werden, wenn sie verboten sind[1]?« Die Sexualität ist zugleich allgegenwärtig und von Schicklichkeitszwängen geschützt, die verlangen, daß man darüber schweigt. Und doch ist sie, wenn man unserem Text Glauben schenken will, selbst mit den *Worten* verbunden, die man verschweigt, sie gleicht einer inwendigen, *eingeprägten*, aber nicht *ausgedrückten* Schrift, die sich nur in »Stimme« und »Gestalt« entfaltet. Dieses »Verbrecherische«, das man nur in »Umschreibung und bildlicher Darstellung« zu geißeln wagt – Montaigne beeilt sich, es mit einem verbotenen *Buch* zu vergleichen (was alsbald die Gegenkraft ins Spiel bringt: den Wunsch, den verbotenen Text zu erwerben und zu lesen).

Die Maske besteht in diesem Falle darin, Schweigen über die Sexualität zu breiten, sie nicht beim Namen zu nennen. Was aber ist ihrem Wesen nach diese verborgene Realität, die gleichwohl für niemanden ein Geheimnis ist? Der Leser wird nicht zögern zu bemerken, daß Montaigne ihm eine zumindest doppeldeutige Antwort gibt: sie ist verdrängte Sprache und dennoch nur flüchtiges Brennen. Schenken wir zunächst dem ersten dieser beiden Aspekte Aufmerksamkeit: die Liebe, das ist die heimliche Sprache, das sind die einem »jeden« eingeprägten Worte; den Musen, der höchsten Poesie kommt es zu, ihre ganze Kraft zum Ausdruck zu bringen. Einzig das sprachliche Kunstwerk kann dem Imaginären zur Erscheinung verhelfen und den Anteil von Fiktion darstellen, die der Liebe ihren ganzen Wert verleihen. Daher der Rückgriff auf Vergil, der sich im Titel des Essays ankündigt, einem anspielungsreichen, aber mit einem zentralen Anliegen verknüpften Titel:

1 T.R. 825; L. 679-680. Cf. II, xii; T.R. 568, Anm. 2 und Text S. 1577: »Und diese Ehrsamkeit und Achtbarkeit, die wir berufen, jede unserer natürlichen und legitimen Handlungen zu verhüllen und zu verdecken, die Dinge nicht beim Namen zu nennen zu wagen, zu sagen zu fürchten, was uns zu tun erlaubt ist, hätten sie [die Alten] nicht einfach zu Recht sagen brauchen, daß das eher eine Ziererei und Wollust ist, wie sie in den Venuslauben erfunden wurde, um das Begehren auf die Spitze zu treiben? Ist das nicht eine Lockung, ein Köder und ein Kitzel für die Wollust? Denn der Brauch läßt uns augenscheinlich spüren, daß die Förmlichkeit, die Scham und die Bedenklichkeit nur Feuer und Streichhölzer für diese Fieber sind.« Zu diesem Thema kann man auch den ganzen Essay II, xv erneut lesen (»Wie die Schwierigkeit unsere Begierde steigert«).

»(*b*) Wer den Musen die verliebten Einbildungen nähme, der würde ihnen ihre schönsten Spiele und den edelsten Stoff ihrer Werke entwenden; und wer die Liebe des Umgangs und Dienstes der Poesie beraubte, entrisse ihr ihre besten Waffen: [. . .] Verwelkt und gebeugt, wie ich bin, fühle ich noch einige laue Reste des einstigen Feuers. [. . .] Doch soviel ich davon verstehe, erscheinen die Kräfte und die Macht dieser Gottheit in den Schilderungen der Dichtkunst lebhafter und beseelter als in ihrem eigenen Wesen,

Et versus digitos habet.

Ihre Bilder haben, ich weiß nicht wie, ein verliebteres Ansehen als die Liebe selbst. Venus in ihrer ganzen Nacktheit, lebendig und atemlos, ist nicht so schön, wie sie hier bei Vergil ist:

Dixerat, et niveis hinc atque hinc diva lacertis
Cunctantem amplexu molli fovet [. . .][1].

Die im Text von Vergil dargestellte bewunderungswürdige erotische Szene ist nicht nur ein sprachliches Kunstwerk, sondern überdies vom Diskurs der Gatten *(dixerat . . . ea verba loquutus)* durchsetzt. Das Brennen des Körpers, das der Umarmung folgende Sehnen sind in eine *Konversation* verflochten. Es entfalten sich alle Bilder der Glut, von der poetischen Darstellung der Wechselrede bis hin zur Beschwörung des Blitzes, der beim Herniederfahren vom Himmel die Wolken erhellt und zerreißt. Die Liebesflamme, die einen göttlichen Körper durchzittert, wird als Ereignis dargestellt, das aus einem Akt von Sprache resultiert und zugleich einem Naturphänomen ähnelt. Wenn, wie das der weiter oben von Montaigne zitierte Juvenal sagt, der Vers Finger haben kann, so deshalb, weil die Rede sich Gestalt geben und den Körper durchdringen und diese »Malerei« der Liebe die »Liebe selbst« übertreffen kann. Soeben noch schien Montaigne die Verbote zu mißbilligen, die darauf hinwirken, daß wir diese »Handlung« nicht zu geißeln wagen, es sei denn in »Umschreibungen und Gleichnissen«. Hier aber gibt er dem den Vorzug, was uns von der Liebe »die

1 T.R. 826; L. 680-681. Hier sei die vollständige Übersetzung der Verse nach BODE angefügt: »So sprach die Göttin, und schloß mit alabasternen Banden / Den Zaudernden ein in weiche Umarmung. Er fühlte / Schnell den gewohnten Brand, und in das innerste Mark drang / Ihm die bekannte Wärm' und floß durch die schwellenden Adern. / So reißt ein Blitzstrahl durch Wolken sich fort! . . . So sprach sie, und in der Umarmung, nach der er lange sich sehnte, / Fesselt ihn süßer Schlaf auf der Geliebten Schoß (*Aeneis,* VIII, 387-392 und 404-406).

Schilderungen der Dichtkunst« bieten. Mehr noch, nachdem er dem Text von Vergil (der ja das Liebesspiel von Venus und Vulkan darstellt) eine schöne Passage von Lukrez über das Verhältnis von Venus und Mars hinzugefügt hat, lobt er die beiden Autoren dafür, daß sie vom eigentlichen Liebesakt nicht alles gesagt haben. Diese »Schilderungen«, die er höher stellt als die Realität der Liebe selbst, verdanken ihre Überlegenheit dem, was verhüllt bleibt, dem, was an ihnen die Imagination ins Spiel bringt und den Anteil der Illusion respektiert, ohne den die Liebe nicht auskommen kann: die Ellipse *zeigt* besser, was sie verschweigt:

»(*b*) Mir scheint, daß die Verse dieser beiden Dichter, indem sie die Wollust so verblümt und zurückhaltend schildern, sie deutlicher enthüllen und beleuchten. Die Frauen bedecken ihren Busen mit einem Schleier, und ebenso die Priester verschiedene geweihte Gegenstände; die Maler bringen Schatten in ihr Gemälde, um die Lichter hervorzuheben; und man sagt, daß die gebrochenen Sonnenstrahlen und Windstöße mehr Gewalt haben als die unmittelbaren. [. . .] Aber es gibt einige andere Dinge, die man verbirgt, um sie zu zeigen. Hört etwa diesen, der offener herausredet,

Et nudam pressi corpus adusque meum,

es ist mir, als verschnitte er mich. Mag Martial die Venus nach seinem Mutwillen aufschürzen, es gelingt ihm doch nicht, sie so völlig erscheinen zu lassen. Wer alles sagt, übersättigt uns und widert uns an; wer sich vor den Worten scheut, bringt uns dahin, uns mehr dabei zu denken, als dahinter ist. Es steckt ein Fallstrick in dieser Art von Zurückhaltung, und besonders wenn sie, wie es diese tun, unserer Einbildungskraft eine Türspalte zu so verlockenden Gemächern öffnen. Das Tun sowohl als die Schilderung muß verstohlen bleiben[1].«

Die Macht, die die Liebe in der Poesie der Liebe übertrifft und in den Texten von Vergil und Lukrez »ich weiß nicht wie, ein verliebteres Ansehen als die Liebe selbst« mit sich bringt, verbündet sich mit der *Zurückhaltung*, die, um uns die ganze Venus bieten zu können, darauf besteht, sie zu verhüllen, nicht alles davon auszusprechen. Die Sprache der Liebe, die Montaignes Zeitgenossen, wie er ihnen zum Vorwurf macht, durch heuchlerische Prüderie entstellt haben, ist ihm

1 T.R. 858; L. 704-705.

in ihrer Stärke hier selbst zu einer *verstellenden* Sprache geworden, die ein Clairobscur benutzt, um die Einbildungskraft zu fesseln. Die Fülle unseres Gefühls bedarf eines Gegenstandes, dessen letztes Geheimnis sich zu entziehen scheint. Dieser Sprache aber, die die Liebe durch die List ihres Verschweigens schürt, schreibt Montaigne das Verdienst der Präsenz zu; er entdeckt darin nicht nur das präsente Denken, sondern den Körper selbst: das Wort ist da nicht mehr nur »dürftiges Fündlein« und »sprachliche Anspielung«. Bei Vergil und Lukrez erlebt er, wenn er ihre Vokabeln »auf der Zunge zergehen läßt«, daß »ihre Sprache *üppig durchaus* (ist) *und voll einer natürlichen und stetigen Kraft*; sie sind Epigramm vom Scheitel bis zur Sohle, nicht nur das Schwänzchen, sondern Kopf und Fuß und Eingeweide. [. . .] Nicht so sehr eine geschickte Hand als eine *lebhafte Vorstellung des Gegenstandes, von der die Seele erfüllt war*, hat dieses Gemälde vollbracht[1].« Das ist auch der Fall bei Horaz, der »heller und tiefer auf den *Grund*[2]« blickt. In den Liebesszenen von Vergil und Lukrez, auch wenn es sich da um fabulierte Fiktionen handelt, »erklärt und erzeugt der Sinn die Worte; nicht mehr aus Wind, sondern aus Fleisch und Bein. Sie bedeuten mehr, als sie sagen[3].« Die Macht der *fleischlichen Verkörperung* und der Sexualisierung der Sprache birgt, wenn wir Montaigne glauben wollen, keinen Unterschied zum *Übermaß* an Bedeutung, das sich, wie eine Aura, jedem Wort hinzufügt und so den Abstand überbrückt, den Montaigne sich nahezu immer zwischen dem Wort (als einfachem »Wind«) und der Sache auftun sieht. (»Es gibt den Namen und es gibt die Sache . . .« So beginnt der Essay II, xvi.)

1 T.R. 850-851; L. 697-698. Man wird bemerken, daß MONTAIGNE zur Charakterisierung dieser zugleich wirkmächtigen und zurückhaltenden Sprache und zur Feier ihres vollen referentiellen Erfolges seinerseits auf eine Sprache zurückgreift, in der die sexuellen Metaphern im Überfluß vorhanden sind. Siehe zu diesem Aspekt D. G. COLEMAN, »Montaigne's ›Sur des vers de Virgile‹: taboo subject, taboo author«, in *Classical Influences*, hrsgg. von R. R. BOLGAR, Cambridge 1976, S. 135-140; B. C. BOWEN, »Montaigne's anti-*Phaedrus*: ›Sur des vers de Virgile‹ (*Essais*, III, v)«, in *Journal of Medieval and Renaissance Studies*, V (1975), S. 107-121; und vor allem das Montaigne gewidmete Kapitel in dem wichtigen Werk von T. CAVE, *The Cornucopian Text. Problems of Writing in the French Renaissance*, Oxford: Clarendon Press, 1979, S. 271-321.

2 T.R. 851; L. 698.

3 *Ibid.*

Montaigne, den so viele Züge in die Nähe der manieristischen Kunst rücken, macht einer Poesie den Prozeß, die die *Manier* kultiviert, die Manier im Sinne der »geschickten Hand«, von der nichts bleibt als »Wind«. Gegen die Dichter, die das »Wortfündlein« oder den epigrammatischen »Schwanz« pflegen, wendet er ein: »Wäre ich vom Handwerk, ich würde die Kunst so naturalisieren, wie sie die Natur verkünsteln.« Wieviel Kunst aber ist nicht nötig, um der Sprache der Liebe Leben einzuhauchen! Die Poesie, die die Liebe am besten ausspricht, ist zugleich die, deren Worte vom »Sinn« bewohnt sind (»der Sinn erklärt und erzeugt die Worte«), die durch eben jene Bewegung zu »Fleisch und Bein« wird, in der das *Bedeuten* das *Aussprechen* übertrifft, und die der körperlichen Liebe die Komponente des Imaginären hinzufügt, die es durch Verhüllung umgestaltet. Ein und derselbe Mehrwert bewirkt, daß die Bedeutung in den Worten im Verhältnis zu ihrem ersten Sinn überschießt und die von den Musen gehegte Liebe die Oberhand über das eigentliche »Wesen« der Liebe behält. Wie wir jedoch gesehen haben, ist dieser Zuwachs das paradoxe Ergebnis einer Zurückhaltung, einer Hemmung (Hülle oder Maske oder Umschweif), die die *Kultur* zwischen unser Begehren und die *natürliche* Befriedigung treten läßt, die sein Ziel ist. Daher rührt jenes – bei einem Feind des Mummenschanzes unerwartete – Preislied auf die Täuschung, die Illusion, die Manöver der Scham oder der Koketterie, die die Hoffnung auf Erfüllung in Atem halten: »Laßt uns die Frauen lehren, sich herauszuputzen, sich aufzuspielen, uns hinzuhalten und uns zu betrügen[1].« Die Dauer des Begehrens (und des damit verbundenen Genusses) macht sich alles zunutze, was die Eroberung hinauszögert und als allegorischer Weg auftritt: »Wer nur im Genuß selbst Genuß findet, wer nur alles oder nichts gewinnen kann, wer an der Jagd nichts als den Fang liebt, der hat in unserer Schule nichts zu suchen. Je mehr Sprossen und Stufen zu erklimmen sind, desto höher und ruhmvoller ist die letzte. Wir sollten Gefallen daran finden, uns wie in den prächtigen Palästen durch Torbögen und Vorhallen, lange und lustige Säulengänge und auf allerlei

1 T.R. 859; L. 706.

Umwegen dahin führen zu lassen. Diese Anordnung käme unserer Annehmlichkeit zustatten; wir würden darin verweilen, und unsere Liebe hielte länger vor: ohne Hoffnung und ohne Verlangen legen wir uns nicht mehr recht ins Zeug[1].« In der Liebe muß man sich vorantasten wie in einem Labyrinth. Die Liebe muß über die trügerische Augenblicksbezogenheit der körperlichen Lust hinausgehoben werden: daher der Durchgang durch den poetischen *Diskurs*, der *Marsch* durch die Galerien des metaphorischen Palastes.

Montaigne gibt einer mit Fiktion durchmischten Liebe den Vorzug, weil er dieses »Tun«, wenn es sich auf seine bloße körperliche Realität reduziert, nur allzu genau einzuschätzen weiß. Es bleibt dann nämlich nur der Aspekt vorübergehender und sich ständig wieder neu entfachender Glut. In einem Abschnitt der *Apologie de Raimond Sebond* (II, xii) scheint Montaigne die von Freud in *Jenseits des Lustprinzips* entwickelte Theorie vorwegzunehmen: die Begierde zielt darauf ab, einen »Schmerz« zu lindern und wieder zur »Trägheit« und »Ruhe« zurückzukehren:

». . . (*a*) Denn eben dieser Reiz, dieser Kitzel, der sich bei gewissen Vergnügungen befindet, und der uns über den bloßen Gesundheitszustand und über die Gleichgültigkeit emporzuheben scheint; diese tätige, geschäftige und der Himmel weiß wie sehr brennende, prickelnde Wollust, selbst diese arbeitet bloß hin auf diese sorgenlose Gleichgültigkeit als auf ihr Ziel. Das entzückende Gefühl, das uns bei der innigen Umarmung eines Weibleins überströmt, will weiter nichts, als das Unruhige der Empfindung vertreiben, welches uns der heftige, ungestüme Naturtrieb verursacht; sein Zweck ist, diesen Trieb zu befriedigen, wieder zur Ruhe und zum Unbewußtsein dieses Fiebers zurückzukehren« (T.R. 473; F.W. III, 288).

Das Streben nach Ruhe aber kennt selbst keinerlei Ruhe. »Keine Leidenschaft ist drängender als diese[2].« Aufgrund einer Verkettung, die Montaignes Satz mimisch darzustellen sich bemüht, kann die Liebe nicht bei einem permanenten Objekt innehalten: »Aber dabei ist auch wahr, daß es gegen die Natur der Liebe ist, nicht heftig, und gegen die Natur der

1 T.R. 859; L. 706.
2 T.R. 833; L. 686.

Heftigkeit, beständig zu sein[1].« Selbst in ihrem körperlichen Aspekt ist sie »ein ungestümes Verlangen nach dem, was uns flieht« (I, xxviii; T.R. 184; L. 223). Ganz im Gegensatz zu den Tieren aber hält der Mensch sich nicht an die bloße körperliche Befriedigung; er durchmischt sie ständig mit dem Imaginären: »Es ist keine bloß körperliche Leidenschaft. [. . .] Diese [die Wollust] besteht noch nach der Sättigung und kann man ihr keine beständige Zufriedenheit noch Ende vorschreiben. Sie sieht immer über ihren Besitz hinaus[2].« Und sicherlich bedarf es durchaus nicht des Umgangs mit Büchern und Dichtern, um die Maßlosigkeit der Liebe kennenzulernen. Wenn Montaigne den Frauen in diesem Bereich ein unersättliches Verlangen zuschreibt, so weniger aus Misogynie, als um auf den Kontrast zwischen der den Frauen auferlegten Keuschheit und der Realität der Begierde hinzuweisen, die sie genauso quält wie die Männer: »Da ist kein Wort, kein Beispiel, kein Verfahren, was die Weiblein nicht *besser* inne hätten *als unsere Bücher*. Es ist eine Wissenschaft, die sie in Saft und Blut verwandelt haben. [. . .] Alle Regung und Bewegung der Welt zielt und strebt nach der Begattung. Es ist eine allenthalben ausgegossene Materie; es ist ein Mittelpunkt, in welchen sich alle Strahlen hinziehen[3].« Allgegenwärtig, unwiderstehlich, reduziert sich die Sexualität, wenn man ihr den Anteil an »Phantasie« und kultureller Aufwertung entzieht, auf eine natürliche Funktion, auf eine »elende Ware[4]«. Der schwärmerischen Übersteigerung der Liebe durch das neuplatonische Denken (das Montaigne aus der Lektüre von Ficino, Bembo, Leo Hebraeus und Equicola kennt) muß entgegengehalten werden, was das Wissen der Medizin darüber aussagt, die seit der Antike, seit Hippokrates oder Galenus darin nur eine Entleerung unter anderen sah: »Doch *Bücher beiseite gesetzt*, laß uns ohne Weitläufigkeit von wesentlicheren Dingen einfältiglich sprechen! Ich finde, beim Lichte besehen, daß Amor nichts anderes ist als der Durst nach dem Genusse eines begehrten Gegenstandes,

1 T.R. 864; F.W. V, 179.
2 *Ibid.*; F.W. V, 180.
3 T.R. 835; F.W. V, 125-126.
4 T.R. 849; F.W. V, 152.

noch Venus etwas anderes als das Vergnügen, seine Urne auszugießen (so wie das Vergnügen, welches die Natur uns gibt, uns von beschwerlichen Säften zu erleichtern), welches durch Unmäßigkeit oder Unvorsichtigkeit großes Unheil nach sich ziehen kann[1].« Welcher Abstand zwischen der auf ihren materiellen Ausdruck reduzierten Liebe und der hohen Rolle, die ihr die Bücher zuschreiben! Und was soll man von diesem Abstand denken? Zunächst (und mit Plato), daß die körperliche Wollust eine demütigende Unterwerfung ist, die uns auf die Ebene der Tiere herabwürdigt:

»(*b*) So glaube ich, (*c*) daß es wahr ist, was Plato sagt: (*b*) Die Götter haben den Menschen zu ihrem Spielzeug gemacht. [. . .] Und es ist Hohnleckerei, daß die Natur uns über unsere gemeinsten Handlungen in Dunkelheit gelassen hat, um uns dadurch alle, Narren und Weise, den Tieren gleich zu machen. [. . .] Es ist wirklich ein Zeichen, nicht nur unseres ursprünglichen Verderbens, sondern auch unserer Nichtigkeit und unserer schlechten Beschaffenheit[2].«

Aber dieser Verweis auf Plato und das christliche Dogma des Sündenfalles taucht nur flüchtig auf, eingeführt und ausgelöst durch eine reduktionistische Entwertungstendenz. Was man auf die Natur zurückführt, findet ohne langes Zögern in eben dieser Natur eine vollständige Rechtfertigung. Der Leser der *Apologie de Raimond Sebond* weiß sehr wohl, daß sich im Verhalten der Tiere eine tiefere Weisheit äußern kann als die des Menschen: was uns mit den Tieren verbrüdert, entwertet uns also nicht. Der Text fährt, namentlich in den späteren Zusätzen, wie ein Plädoyer zugunsten der körperlichen Verrichtungen der Liebe fort:

»(*b*) Einerseits treibt uns die Natur dazu, indem sie mit diesem Verlangen die edelste, nützlichste und behäglichste aller ihrer Verrichtungen verknüpft hat, und andererseits läßt sie uns solche wieder als unverschämt und unehrbar verachten und fliehen, läßt uns darüber erröten und empfiehlt uns die Enthaltsamkeit.

(*c*) Sind wir nicht sehr tierisch, daß wir eine Handlung als tierisch verschreien, der wir unser Dasein verdanken? [. . .] (*c*) Wir schämen uns unserer selbst[3].«

1 T.R. 855; F.W. V, 163-164.
2 T.R. 855-856; F.W. V, 164-165.
3 T.R. 856-857; F.W. V, 165-166 und 167.

Nachdem er das Beste der Liebe ins poetische Wort verlegt hat – in *Verse* von Vergil und Lukrez –, könnte dieses Einverständnis mit der Materialität des Sexuallebens uns glauben machen, daß Montaigne sich mit der Koexistenz der Gegensätze bescheidet, mit ihrer fortdauernden Antinomie. Im Laufe unserer Lektüre werden wir jedoch gewahr, daß gerade die Billigung der körperlichen Lust in ihrer Materialität und Allgemeinheit Montaigne zu den »Versen dieser beiden Dichter[1]« zurückfinden und ihn das Lob der Einbildungskraft, der Zurückhaltung, des galanten Zeremoniells anstimmen läßt, dessen höchste Bedeutsamkeit wir seinerzeit ermessen haben. Denn die physische Lust, auf das reduziert, was der Körper dabei erlebt, ist jäh und flüchtig. Montaigne gibt uns das zu verstehen, als ihm im Vorbeigehen ein persönliches Geständnis unterläuft:

»(*b*) Ich weiß nicht, wer unter den Alten sich einen verlängerten Schlund wie den eines Kranichs wünschte, um länger zu schmecken, was er verschlingt. Ein solcher Wunsch wäre noch besser bei dieser flüchtigen und überstürzten Lust am Platze, besonders für Naturen meines Schlages, deren Unart die Hastigkeit ist. Um ihre *Flucht* aufzuhalten und sie in Vorspielen auszudehnen, gilt ihnen [den Spaniern und Italienern] alles als Gunst und Belohnung: ein Blick, ein Nicken, ein Wort, ein Zeichen. [. . .] Es ist eine Leidenschaft, die *sehr wenig echte Wesentlichkeit* mit sehr viel Nichtigkeit und Fieberwahn vermengt: genau so muß man sie auch entgelten und ihr dienen[2].«

Das ist der Weg, der zur Rehabilitierung der äußeren Erscheinung führt. Man erinnert sich: der Essay hatte, wie so viele andere Kapitel, mit einer Kritik der Verstellung begonnen: man breitet Schweigen über die Liebesangelegenheiten, man wagt nicht, sie beim Namen zu nennen. Dennoch bleibt bei denen, die sie zu ihrer höchsten Ausdrucksfähigkeit entwickeln, ein Schatten auf der Sprache der Liebe zurück, senkt sich noch ein leichter Schleier darauf herab. Lüften wir diesen Schleier, billigen wir die Liebe in ihrer natürlichen Realität? Sicherlich. Die Wollust aber ist, da sie »sehr wenig echte Wesentlichkeit« hat, flüchtig und unfaßbar; und wenn

1 T.R. 858; L. 704.
2 *Ibid.*; L. 705-706.

die Wesentlichkeit sich verflüchtigt, so braucht man diesmal nicht unseren mangelnden Zugriff zu beklagen; dieser Mangel an Substanz bildet die eigentliche Realität der körperlichen Lust. Wer deren Flucht »aufhalten« will, muß Eitelkeit dareinmischen, »Betrug«, »stufenweise Bezeigung« und jenes »Schmachtenlassen nach Austeilung«, wie es die Damen mit ihrer »Gunst« betreiben. Folglich zögert Montaigne nicht, obwohl ein erklärter Feind des Scheins, ihnen Doppelzüngigkeit anzuraten: sollen sie ihre Geliebten empfangen und dabei gleichzeitig die Komödie der Keuschheit spielen: »Ich rate ihnen also, und auch uns Männern, zur Enthaltsamkeit. Sollte diese aber mit unserm Zeitalter ganz unverträglich sein, wenigstens zur Vorsicht und Bescheidenheit. [. . .] Welche ihr Gewissen nicht rein halten will, die halte wenigstens ihren Namen rein. Taugt sie selber nicht, *so taugen doch die Außenseiten*[1].« Zwar ist die derart empfohlene Außenseite eine reflektierte Außenseite, ohne Naivität, keineswegs Opfer ihres Spiels: dennoch verdient es wenigstens der Name, diese so eitle Sache, geschützt zu werden.

In der Abschweifung über die Kunst des Schreibens, die dem Lukrez-Zitat folgt, spricht Montaigne von der Flucht des Denkens in nahezu denselben Ausdrücken, mit denen er die Flucht der Wollust bezeichnet. Wie kommt er darauf? Stufenweise. Zunächst beteuert er sein Unabhängigkeitsbedürfnis hinsichtlich der Bücher und jeder früheren Autorität: ein Bedürfnis, das sich mit der relativen Unzulänglichkeit der französischen Sprache im Vergleich zu den alten Sprachen abfinden muß:

»(*b*) Wenn ich schreibe, enthalte ich mich der Gesellschaft der *Bücher* und ihrer Erinnerung, damit sie mir meine eigenen Formen nicht umgestalten, denn ich gestehe es, die guten Schriftsteller setzen mich zu sehr in Schatten und benehmen mir den Mut[2].«

Wie wir wissen, besteht Montaignes Ehrgeiz darin, die vollkommene wechselseitige Besitzergreifung seiner selbst und *seines Buches* sicherzustellen:

1 T.R. 862; F.W. V, 177-178.
2 T.R. 852; F.W. V, 159.

»(*b*) Wenn ich es an einem anderen Ort [als bei mir »zu Hause«] besser gemacht hätte, so wäre mein Werk auch weniger mein eigenes gewesen, und sein Hauptzweck und seine Hauptvollkommenheit besteht darin, daß es ganz *genau nur mein Werk ist*[1].«

Dieses Vorhaben aber wird von der Bewunderung beeinträchtigt, die Montaigne manchen Autoren entgegenbringt, deren Denken das seine in Bann schlägt: ihr entfremdender Einfluß ist allzu mächtig:

»(*b*) Aber ich kann mich nicht so leicht von Plutarch losmachen. Er ist bei aller Gelegenheit so gemeinnützig und reichhaltig, daß er einem immer, was für einen sonderbaren Gegenstand man auch vorhabe, bei der Arbeit zustatten kommt und eine freigebige, unerschöpfliche Hand an Reichtümern und Verschönerungen darreicht[2].«

In einem noch allgemeineren Sinne gesteht Montaigne, daß er »etwas von der Art eines Affen im Nachahmen« an sich hat[3], die ihn genau wie die Autoren sprechen läßt, die er soeben gelesen hat . . . Also steht er der alleinigen Gleichheit mit sich selbst, die er sich ersehnt, so fern wie möglich. Wie läßt sich eine solche immerwährende Enteignung mit dem Wunsch versöhnen, ein Buch zu schreiben, das »genau nur [s]ein Werk« ist? Sicherlich durch das Geständnis der unvermeidlichen Abhängigkeit, der Verpflichtung gegenüber den Worten der anderen. Und überdies durch die Sorge, »gemein bekannte Sachen« zu vermeiden, »damit mir nichts entfahre, was andere beleidigen möchte[4]«. Besser ist es da schon, irgend etwas Beliebiges von sich zu geben, etwas, das niemand anderen als Quelle zugrundelegt:

»(*b*) Jeder Stoff ist für mich gleich fruchtbar; ich nehme ihn her *von einer Fliege* und wolle nur Gott, daß derjenige, den ich hier eben unter den Händen habe, nicht auf Befehl eines ebenso *flüchtigen* Willens zur Hand genommen sei. Ich fange immer bei derjenigen an, die mir zuerst einfällt; denn die Materien sind immer eine an die andere gekettet[5].«

1 T.R. 853; F.W. V, 160.
2 T.R. 852; F.W. V, 159.
3 T.R. 853; F.W. V, 161.
4 T.R. 854; F.W. V, 162.
5 *Ibid.*

Das Heilmittel für die Enteignung besteht also in einer äußersten Disponibilität, für die der zufällige Vorfall (eine »Fliege«, der »flüchtige« Wille der Lust) auf dem Wege der Verknüpfung als Ausgangspunkt für die Universalität der Fragen dienen kann, die der Geist sich stellt.

Ist das die volle und endgültige Revanche der Sich-selbst-Gleichheit? Nein. Denn es bleibt im sich selbst wiedergegebenen Bewußtsein noch immer die ewige Gefahr des Abbruchs, die unaufhörliche Flucht wirksam. Und letztlich erlebt das Bewußtsein im eigenen Innern, in seinem tiefsten Grunde zugleich Helligkeit und Dunkelheit, Besitz und Enteignung, Zugriff und Verlust:

»(*b*) Meine Seele aber mißfällt mir darin, daß sie gewöhnlich ihre tiefsten und abenteuerlichsten, mir gefälligsten Grillen unvorbereiteterweise hervorbringt, und gerade dann, wenn ich sie am wenigsten suche, die denn auch ebenso schnell wieder verschwinden, weil ich auf der Stelle nichts habe, wobei ich sie festhalten könnte; zu Pferde, am Tische, im Bette; zu Pferde am meisten, wo ich mich am liebsten mit meinen Gedanken unterhalte. [. . .] Es geht mir dabei wie mit meinen Träumen, daß, wenn ich träume, ich solche meinem Gedächtnis empfehle (denn ich träume gern, daß ich träume); aber des andern Tages erinnere ich mich wohl im ganzen, was es für ein Traum war, ob lustig, ob traurig, ob sonderbar; was er aber im übrigen enthalten, das, je mehr ich mich anstrenge wieder darauf zu kommen, je mehr träume ich es hinüber in die Vergessenheit.

So auch bleibt mir von solchen Gedanken, die mir von ungefähr durch den Kopf laufen, nichts weiter im Gedächtnis als ein flüchtiges Schattenbild und gerade so viel als nötig ist, um mich mit der vergeblichen Mühe zu quälen, sie wieder hervorzurufen[1].«

Der Traum hat sich dargeboten, aber er ist fließend, unfaßlich geblieben. Das Gedächtnis hat nichts davon zurückbehalten. Die (von Vergil besungene) Liebe, die lateinische Sprache, die Visionen des Traumes sind die vielgestaltigen Repräsentanten einer bereits dahingeschwundenen Präsenz, die man vergeblich zurückzugewinnen oder zu bannen ver-

1 T.R. 854-855; F.W. V, 162-163. Anderswo präzisiert MONTAIGNE: »Ich pflege nicht oft zu träumen, und wenn ich träume, so sind es Phantasien und Wolkenbilder, die aus erfreulichen, mehr lächerlichen als traurigen Gedanken entstehen. Auch halte ichs mit der Meinung, daß Träume die wahren Ausleger unserer Neigung sind; nur gehört Kunst dazu, sie auszulegen und zu verstehen« (T.R. 1077; F.W. VI, 222).

suchen wird. Sie ist in einer verlorenen Vergangenheit daheim. Was bleibt, ist, dieses Scheitern auszusprechen, damit das *Vergessen* des vergänglichen Traumes oder Denkens seinerseits zu jener »Fliege« wird, zu jenem Flüchtigen und Gestaltlosen, mit dem der Essayist, ohne irgend jemanden nachzuahmen, seinen Gedankengang verknüpfen kann, um sich selbst zu erkennen zu geben und sein Buch zu gestalten.

2. *Die gegenseitigen Pflichten*

In Übereinstimmung mit seiner Epoche unterscheidet Montaigne zwischen Ehe und Liebeshandel. »Man verehelicht sich nicht für sich, was man auch sagen mag; man verehelicht sich ebensosehr oder mehr für seine Nachkommenschaft und seine Familie[1].« Auf zugleich genaue und unbestimmte Weise vertraut er uns also an, welche Art von Verhalten er in diesen beiden Fällen gewählt hat. Im einen wie im andern aber ist es leicht, ein dreigliedriges Schema auszumachen, in dem nacheinander der jähe Autonomiewille, dann die verlorene Autonomie und die unwillentliche Verstrickung, schließlich die Beziehung zum anderen zur Geltung kommen, in der das Individuum sich wiederfindet, wenn es in die Bindungen einwilligt, die es zu einer äußeren Verpflichtung *nötigen*, und folglich darauf verzichtet, die kostbare Substanz des Ichs zu hüten, die es anfangs gegen jede Entfremdung in Schutz nehmen wollte.

Die Definition, die Montaigne für eine »gute Ehe« findet, mündet geradeswegs in den Schluß:

»(*b*) Sie ist eine sanfte Gemeinschaft des Lebens voller Beständigkeit, Zutrauen und einer unendlichen Zahl nützlicher und wesentlicher *gegenseitiger* Dienste und *Pflichten*[2].«

Wenn er sich jedoch zu seinem eigenen Leben äußert, weist Montaigne zunächst hartnäckig auf seine Unfähigkeit hin, sich in den Stand der Ehe zu schicken:

1 T.R. 827; L. 682.
2 T.R. 829; L. 683.

»(*b*) Flatterhafte Naturen, wie die meine, *die jede Art von Bindung und Pflicht haßt*, taugen dazu nicht so recht[1].«

Er hat sich also dazu verleiten lassen müssen, und zwar auf ganz passive Weise (wie das die grammatischen Formen anzeigen, zu denen er greift):

»(*b*) Wäre es nach meinem Sinne gegangen, so hätte ich es ausgeschlagen, die Weisheit selbst zu ehelichen, wenn sie mich begehrt hätte. Aber wir mögen lange widerreden, der Brauch und das Herkommen des gemeinen Lebens sind *stärker als wir*. Die meisten meiner Handlungen folgen dem Beispiel, nicht dem freien Willen. Jedenfalls entschloß ich mich nicht eigentlich dazu, *ich wurde hineingeführt* und durch äußeren Anstoß dazu *gebracht*. [. . .] Und ich wurde *dazu gebracht*, da ich gewiß schlechter darauf gerüstet und widerwilliger war, als ich es heute bin, nachdem ich sie erfahren habe[2].«

Es ist ihm gar nicht in den Sinn gekommen, wie manchen, die er mißbilligt, den »Gesetzen der Ehe« zu mißtrauen und seine Freiheit wiederanzustreben:

»(*b*) Und für so zügellos man mich auch hält, habe ich in Wahrheit die Gesetze des Ehestandes strenger gehalten, als ich versprochen oder gehofft hatte. Es ist nicht mehr Zeit, gegen den Stachel zu löcken, wenn man sich einmal ins Joch spannen ließ. Man muß klüglich seine Freiheit bewahren; aber ist man einmal die Verbindlichkeit eingegangen, so muß man sich unter das Gesetz der gemeinen Pflicht beugen und zum mindesten sich bemühen, es zu tun. Jene, die diesen Handel eingehen, um dann ihren Widerwillen und ihre Mißachtung daran auszulassen, handeln ebenso unrecht wie unverständig. [. . .] (*c*) Es ist Verräterei, sich zu verheiraten, ohne sich zu verbinden[3].«

Die abschließende Situation markiert eine doppelte Grenzüberschreitung: im Gegensatz zu seiner Natur hat Montaigne in »Bindung und Pflicht« eingewilligt; diese Bindung aber überschreitet, wenn sie in der reflektierten und wechselseitigen Beziehung der *Verehelichung* zum Ausdruck kommt, auch die Passivität, wie sie das *Hineingeführt*werden, das *Dazugebracht*werden voraussetzt, in dem sich die Unfähigkeit einge-

1 T.R. 829; L. 684.
2 T.R. 830; L. 684.
3 T.R. 830; L. 684-685.

stand, dem »äußeren Anstoß« zu widerstehen. Wenn man weiß, was Montaigne über die Freundschaft denkt (von der er, im Zusammenhang mit La Boétie, sagt, sie könne die Wonnen der Liebe übertreffen), wird man ihm nicht mehr vorwerfen, herablassend von der Ehe zu sprechen, die er von der Liebe unterscheidet und der Freundschaft annähert:

»(*b*) Eine gute Ehe, wenn es das gibt, versagt sich der Dazwischenkunft und den Bedingungen der Liebe. Sie strebt dem Vorbild der Freundschaft nach[1].«

In dem Augenblick, wo er von Liebe spricht, unterscheidet Montaigne zwischen den verschiedenen Phasen des dreigliedrigen Schemas, die wir gerade freigelegt haben, nur noch ganz obenhin: der Text wird überströmender, nuancierter, kühner. Erneut begegnen wir dem Bedürfnis nach Autonomie: »Bei alledem vergaß ich mich bei diesem Handel nicht ganz und gar selbst, sondern fand dabei mein Vergnügen. Ich behielt nämlich das bißchen Sinn und Verstand gesund, was mir die Natur verliehen hat, sowohl zum Dienst der Weiber als zu meinem eigenen[2].« Der Leser hat nun aber in Essay III, iii (»Von dreierlei Umgang«) gerade erfahren, daß Montaigne in seiner Jugend das Opfer leidenschaftlicher Liebesaufwallungen gewesen ist. Die Passivität, das »Sichgehenlassen« sind schon *vorausgegangen*. Erst aus dieser harten Lehre, die er im Gedächtnis behalten hat, sind ihm seine Zurückhaltung und sein Unabhängigkeitsstreben erwachsen:

»(*b*) Aber es ist ein Umgang, bei dem man ein wenig auf seiner Hut sein muß, und namentlich jene, über die der Körper viel vermag, wie bei mir. Ich habe mir in meiner Jugend daran die Zunge

1 T.R. 829; L. 683. Der Unterschied zwischen Liebe und Ehe prägt sich in einer Metapher der »Wärme« aus. Im Kapitel »Über die Freundschaft« liest man: »In der Freundschaft ist es eine allgemeine und alles erfüllende Wärme, milde überdies und gleichmäßig; eine beständige und ruhige, ganz Innigkeit und Zartheit, die nichts Brennendes oder Durchbohrendes hat.« Im übrigen fügt MONTAIGNE, der zu diesem Zeitpunkt der Freundschaft unter Männern den Vorzug gibt, hinzu, daß dieser der Liebe überlegene Affekt in den »Ehen« ebensowenig anzutreffen ist wie in den Liebesbeziehungen: »Unter dieser vollkommenen Freundschaft haben auch jene flatterhaften Neigungen ehedem bei mir Platz gefunden. [. . .] So sind diese beiden Leidenschaften jede in Kenntnis der andern bei mir eingetreten, aber nie auf gleichem Fuße: die erste blieb immer in ihrem hohen und stolzen Fluge und sah mit Geringschätzung die andere auch in ihren höchsten Schwüngen tief unter ihr flattern« (I, xxvii; T.R. 184; L. 223-224).

2 T.R. 869; F.W. V, 189-190.

verbrannt und *machte* all die Rasereien *durch*, die nach dem Zeugnis der Dichter jene befallen, die sich ihm ohne Maß und Besonnenheit *hingeben*. Es ist wahr, daß ich mir diese Peitschenhiebe seitdem zur Warnung dienen ließ[1].«

In den Leerraum zwischen dem *Sich-Hingeben* der Jugend und der gewitzigten Einstellung, bei der Montaigne sich nicht mehr »alles erlaubt«, greift ein Bedürfnis nach Wiederbemächtigung ein, dessen Montaigne in einem anderen Essay ausführlich Erwähnung tut:

»(*b*) Wie ich in meiner Jugend mich dem Fortgange der Liebe *widersetzte*, die mir übermächtig zu werden schien, und durch *Überlegung* herausbrachte, es würde mir nicht angenehm sein, wenn sie mich am Ende zwänge und ganz unter ihre Gewalt brächte[2]. . .«

Die eingeübte und kalkulierte Beherrschung aber, die den Leitbildern der philosophischen Autarkie angemessener ist, bleibt nicht der letzte Schluß der Liebeserfahrung. Dieser letzte Schluß wird im Essay III, v als eines der schönsten Beispiele der gemeisterten Beziehung geboten.

Zwischen der passiven Überwältigung aber, die uns einer fremdartigen »Raserei« ausliefert, und der reflektierten Selbstbeherrschung, in der sich das Individuum hinter dem unverletzlichen Gemäuer seiner Identität verschanzt, gibt es ein Mittelglied, ein heikles Gleichgewicht, an dem Montaigne festgehalten hat und von dem er sagt, er habe dafür in seiner eigenen Epoche wenig Beispiele gefunden. In einer ersten Bedeutung handelt es sich dabei um einen inneren Ausgleich zwischen Übermaß der Spannung und Übermaß des Verzichts:

»(*b*) Ich hasse fast mit gleichem Hasse eine stinkend faule Untätigkeit als eine mühselige abäschernde Geschäftigkeit. Eine kneipt mich, die andere schläfert mich ein. Wunden oder Beulen, Hiebe oder Schläge gelten mir gleich. Ich habe in diesem Handel [der Liebe], als ich noch dazu tüchtig war, *eine richtige Mittelstraße unter beiden Extremen* beobachtet. Die Liebe erweckt eine heftige, lebhafte und lustige Regung; ich ward dadurch nicht beunruhigt, noch betrübt, wohl aber ein wenig warm und durstig. Dabei muß man es bewenden lassen. Nur Narren wird sie gefährlich[3].«

1 III, iii; T.R. 802-803; L. 652.
2 III, x; T.R. 991; F.W. VI, 68.
3 III, v; T.R. 869; F.W. V, 190.

Hiebe oder Schläge: Montaigne empfiehlt im selben Essay den Gebrauch der »Kunst- und Weidsprache der Jagd und des Krieges[1]«, um der französischen Sprache mehr »Biegsamkeit« zu vermitteln; dann wieder beruft er sich auf die Sprache der Handelsbeziehungen (zu einer Zeit, da das Wort Handel [*commerce*] einen sehr viel weiteren Bedeutungsbereich hat als heute), um die »Billigkeit« der Liebe zu metaphorisieren: Markt, Bezahlung, Ware, Geld usw. Diese Metaphorik dient ihm dazu, die Gegenseitigkeit der erotischen Transaktion darzustellen, nicht aber ihre Verdinglichung, ihre Transformation in einen »Marktwert«. Sie ist für Montaigne eine »freie Übereinkunft«, bei der der Liebende keinerlei Recht auf »allgemein angemaßte, durchgängig gültige Meinung[2]« hat. Die Liebe in ihrer körperlichen Materialität ist für ihn nicht als einseitiger Besitz vorstellbar; einen Körper ohne einwilligende Zustimmung zu besitzen scheint ihm ohne großen Unterschied zu Fetischismus und Nekrophilie zu sein:

»(*b*) Es ist der Wille, auf den man zu wirken suchen muß. Ich habe einen Abscheu dagegen, einen Körper als mein zu denken, der es nicht aus Neigung ist; und kommt diese gewalttätige Wut nach meiner Meinung derjenigen sehr nahe, in welcher ein Knabe das schöne Bild der Venus von Praxiteles im verliebten Ungestüm besudelte; oder jenes rasenden Ägypters, der an dem Leichname einer Verstorbenen, die er einbalsamierte und zur Mumie umwickelte, seine Flamme löschte; [. . .] Ebenso sage ich, daß man einen Körper ohne Seele liebt, wenn man solchen, ohne seine Einwilligung und ohne sein Verlangen liebt[3].«

Allerdings entdeckt man wenigstens einmal bei Montaigne eine Einstellung zur Liebe, in der die Frau lediglich als Vorwand für ein ganz persönliches Ziel dient, das sie gar nicht betrifft. Nach dem Tode La Boéties hat er im »Liebeshandel« eine »starke Zerstreuung« gesucht, die ihm unentbehrlich war; zu diesem Zweck hat er sich »durch Kunst und Fleiß verliebt[4]« gemacht. Dieses zugleich diskrete und ge-

1 T.R. 851; F.W. V, 157.
2 T.R. 867; F.W. V, 186.
3 T.R. 860; F.W. V, 173-174.
4 III, iv; T.R. 813; F.W. V, 86.

naue Geständnis läßt ein Abenteuer erahnen, bei dem der bewußte Wille vorherrschte, eine schmerzliche Erinnerung durch ein gegenwärtiges Objekt, einen spirituellen (homosexuellen) Umgang durch eine fleischliche (heterosexuelle) Verbindung zu ersetzen. Das Bestreben, eine Frau zu erobern, war Teil der »Trauerarbeit« in bezug auf den dahingegangenen Freund. Allerdings nicht ohne daß diese willentliche Zerstreuung manchen geheimen Vorwurf nach sich gezogen hätte. Denn Kunst und Fleiß sollten sich in der Folge in einem sehr viel befriedigenderen Kompromiß auf das Buch beziehen, das Buch als Bild des Ichs für einen inneren Blick, in dem der verlorene Freund überlebte. In einem Liebesabenteuer, in dem er ein unmögliches Vergessen suchte, spielte er Komödie, um sich von einem anderen Schmerz zu heilen. Und er sagt uns nicht (wie er das bei anderen Gelegenheiten tut), daß die vorgetäuschten Gefühle allmählich zu wahren geworden sind . . .

Aber er liebt die Betrügerei nicht und macht das ohne Umschweife deutlich. Wenn er schon die exzessive Verstrickung und die Knechtschaft in der Liebe fürchtet, so zeigt sich Montaigne noch ungnädiger denen gegenüber, die sich damit zufriedengeben, die Leidenschaft nur vorzutäuschen:

»(*b*) Es ist Torheit, all seine Gedanken darauf zu heften und sich mit wilder und ungezügelter Leidenschaft darein zu verstricken.

Doch anderseits sich ohne Liebe und ohne ernstlichen Willen darauf einzulassen, wie ein Schauspieler, um seine dem Alter und dem gemeinen Brauch gemäße Rolle zu spielen, und dabei von sich aus nichts als Worte herzugeben, das heißt wohl auf seine Sicherheit bedacht sein, aber auf sehr elende Weise, wie einer, der seine Ehre, seinen Gewinn oder sein Vergnügen aus Furcht vor der Gefahr dahingäbe: denn es ist gewiß, daß jene, die einen solchen Weg einschlagen, darauf nichts zu erlangen hoffen können, was eine schöne Seele reizen oder befriedigen könnte[1].«

Schließlich schadet die Betrügerei dem Betrüger selber. Wenn die Männer nicht treu sind, müssen sie des Verrats und der Koketterie der Frauen gewärtig sein. Bevor noch der Mythos von Don Juan Gestalt angenommen hat, weiß Mon-

1 III, iii; T.R. 803; L. 653.

taigne bereits, daß der *burlador* gegen Ende seines Spiels nicht weniger geprellt sein wird als seine Opfer:

»(*b*) Aus dieser allgemeinen und gewöhnlichen Unredlichkeit der heutigen Männer aber kann sich nichts anderes ergeben, als was uns jetzt schon die Erfahrung zeigt, daß sie sich auf sich selber zurückziehen und unter sich zusammentun, um uns zu meiden; oder daß sie ihrerseits diesem Beispiel folgen, das wir ihnen geben, daß sie ihre Rolle in der Posse spielen und sich ohne Leidenschaft, ohne Teilnahme und ohne Liebe diesem Umgang hingeben. [. . .] So fällt dieser Verrat auf den zurück, der ihn begeht. Es kostet ihn wenig, aber es trägt ihm auch nichts ein, was Wert besäße[1].«

Der Verlust der Beziehung läßt sich, in ökonomischen Begriffen, als ein +/− Null-Geschäft definieren.

Nun besteht der Liebes-»Markt« aber im freien Austausch der Begierde. Das schließt die offene Anerkennung des weiblichen Begehrens (dessen Existenz eine heuchlerische Fiktion ja leugnet) und die Ablehnung alles dessen ein, was der Wechselseitigkeit des Austausches hinderlich ist: dadurch daß allein die Männer sich das Recht vorbehalten haben, die Regeln dieses Spieles zu bestimmen, haben sie die Frauen zu List und Mißtrauen verführt. Die Distanz zwischen *uns* und *ihnen* scheint mithin in Auseinandersetzungen verstrickte Gegner zu trennen. Montaigne seinerseits lehnt es ab, sein Gewissen »bis zur Undankbarkeit, Verräterei, Tücke oder Grausamkeit[2]« zu belasten. Er hat sich folgende Glaubwürdigkeitsregel zurechtgelegt:

»(*b*) Zu unseren Zeiten gehört mehr Dreistigkeit dazu, welche unsere jungen Leute mit der vorgegebenen Gewalt der Liebe entschuldigen wollen. Wenn aber die Weiblein die Sache ein wenig mehr in der Nähe beleuchten wollten, so würden sie finden, daß solche vielmehr aus Geringachtung entsteht. Bis zum Abergläubischen fürchtete ich, Unwillen zu erregen, und noch mag ich das gern respektieren, was ich liebe. Überdem ist es eine Ware, der man allen ihren Glanz nimmt, wenn man sie nicht mit sehr spitzen Fingern angreift [. . .][3].«

»(*b*) Indessen ist es wahr, daß ich zu meiner Zeit diesen Handel so

1 III, iii; T.R. 803-804; L. 653-654.
2 III, v; T.R. 869; F.W. V, 190.
3 T.R. 843-844; F.W. V, 142.

beobachtet habe wie seine Natur es erfordert; gewissenhaft, wie jeden anderen Handel und mit einem Scheine von Billigkeit, und [. . .] daß ich ihnen nie mehr Liebe weisgemacht habe als ich wirklich empfand. Dergestalt habe ich ihnen wirklich ebenso treuherzig ihre Abnahme gestanden als ihr Wachstum und ihr Entstehen; ihre Anfälle so gut als ihre Erholungszeiten. Man fährt dabei nicht immer mit aufgespannten Segeln. Ich bin dabei mit meinen Versprechungen so sparsam gewesen, daß ich glaube, *immer mehr gehalten zu haben, als ich versprochen hatte oder schuldig war*. [. . .] Gab ich ihnen Anlaß, sich über mich zu beklagen, so geschah das vielmehr, weil ich bei ihnen eine Liebe bezeigte, die gegen allen heurigen Gebrauch einfältigerweise gewissenhaft war. Ich habe in Dingen, worin man mir leicht nachgesehen hätte, *mein Wort gehalten* [. . .][1].«

Wenn es bei Montaigne eine Gemeinsamkeit zwischen Ehe und Liebe gibt, so die, daß er in beiden Beziehungskategorien Wort gehalten hat. Erinnern wir uns dessen, was er bereits aus Anlaß der Ehe gesagt hat: »Ich habe in Wahrheit die Gesetze des Ehestandes strenger gehalten, als ich *versprochen* oder gehofft hatte.« Montaigne rechnet es sich zur Ehre an, in seiner Beziehung zu Frauen niemals das Wort über das Verhalten oder das Gefühl hinausschießen lassen zu haben. Er hat in diesem Handel also keinerlei Betrug begangen: in jedem Augenblick hat er sich als der mitgeteilt, der er war, ohne Falsch und ohne verbalen Überschuß. Das Tun (oder, wie Montaigne das zu nennen pflegt, die Wirklichkeit [*effet*]) hat sogar die Oberhand über das Versprechen behalten: eine Großzügigkeit, die einer Art Überbezahlung gleichkommt. Eben das liebt er an den Dichtern, wenn deren Worte »mehr bedeuten, als sie sagen«. Es wäre zuviel, da Zärtlichkeit zu sehen, wo Montaigne nur von Geneigtheit spricht, oder ihn darauf bedacht zu glauben, kein Leid zuzufügen, während sein Widerstand gegen den Bruch der Beziehung doch in einer Erwägung besteht, die ihn ganz allein betrifft:

»(*b*) Ich habe niemals mit ihnen gebrochen, so lange ich nur durch den dünnsten Faden an ihnen hing; und was für Anlaß sie mir auch gaben, brach ich niemals mit ihnen bis zur Verachtung oder bis zum Haß. Denn dergleichen Vertraulichkeiten, wären sie auch durch

1 T.R. 867-868; F.W. V, 187-188.

einen noch so schimpflichen Vertrag erworben, verbinden mich immer noch zu einigem Wohlwollen[1].«

Überdies läßt Montaigne den Liebeshandel mit größter Offenheit gerade im Austausch von Lust bestehen. Seine ganze Argumentation ist darauf gerichtet, dessen Eingeständnis zu erweisen und, im Gegenzug, alle jene zu entwaffnen, die daran Anstoß nehmen: »Jeder Teil meines Körpers ist so gut mein Eigentum wie alle anderen, und keiner macht mich im eigentlichen Verstande zum Manne als dieser[2].« Es handelt sich um das Geschlecht. Und gerade im körperlichen Austausch, in der Wechselseitigkeit der Lust, wird die Liebesbeziehung, wenn sie Erfüllung findet, zur gemeisterten Beziehung – zur Gabe, die nicht entfremdet, zur Präsenz bei sich, die zur gleichen Zeit Präsenz beim anderen ist:

»(*b*) Nun ist es aber ein Handel, der ohne wechselseitiges Vertrauen nicht geführt werden kann. Andere Vergnügungen, womit man uns bewirtet, können durch Vergeltungen verschiedener Art ausgeglichen werden: diese aber läßt keine Bezahlung als in gleichartiger Wechselmünze zu. (*c*) Die Wahrheit zu sagen, macht mir in diesem Verkehr das Vergnügen, welches ich verursache, in meiner Einbildung eine sanftere Freude als dasjenige, welches man mir gewährt. (*b*) Aber derjenige ist nicht im geringsten großmütig, der Freuden nehmen kann, wo er keine gibt [. . .].[3]«

Zweifellos hat Montaigne nirgendwo deutlicher als in diesem Essay so weitläufig das Lob der »gegenseitigen Pflichten« entwickelt. Er macht es nicht nur in je verschiedenen Graden zur wichtigsten Äußerung der »guten Ehe« und zu der des Liebeshandels. Die Liebe setzt ihrerseits bei dem, der sich ihr hingibt, eine Wechselseitigkeit der Dienste zwischen Körper und Seele voraus:

»(*b*) Können wir nicht sagen, daß wir während dieser irdischen Gefangenschaft nichts weder rein Körperliches noch rein Geistiges an uns haben, und daß wir einen Menschen gegen alles Recht und Billigkeit bei lebendigem Leibe aller seiner Glieder berauben, da es

1 T.R. 868; F.W. V, 187.
2 T.R. 866; F.W. V, 184.
3 T.R. 872-873; F.W. V, 196.

doch vernünftig scheinen müßte, daß wir uns gegen den Gebrauch des Vergnügens wenigstens ebenso nachgiebig bezeigten als gegen die Schmerzen[1]?«

Im Text von 1588 hatte Montaigne seltsamerweise das Beispiel der Heiligen und die Art und Weise zitiert, wie sie den Körper auf die Einübung der Bußfertigkeit hin abrichten:

»(*b*) Der Schmerz war (zum Beispiele) in der Seele der Heiligen durch die Buße bis zur Vollkommenheit heftig. Der Körper hatte daran natürlicherweise Anteil wegen seiner Verbindung mit der Seele und konnte doch an der Ursache des Schmerzes nur wenig Anteil haben. Dennoch begnügten sie sich nicht damit, daß er ohne weiteres der betrübten Seele folgte und Teil an ihrer Buße nähme. Sie haben ihn selbst mit entsetzlicher körperlicher Pein belegt, damit beide zugleich, Seele und Körper, den Menschen in Betrübnis versetzten, die um so viel heilbringender ward, je heftiger sie war[2].«

Ein bedeutsamer Zusatz von 1595 kehrt diese masochistische Beziehung um. Während bei den Heiligen das Leiden des Körpers der büßenden Seele beistand, muß die Erfahrung der Lust der Seele Gelegenheit geben, ihrerseits dem Körper zu Hilfe zu kommen. Und schließlich wird man sehen, daß sich die Wechselbeziehung auch in der Substanz des Textes selbst zum Ausdruck bringt, und zwar durch einen bis zur Vollkommenheit ausbalancierten Chiasmus:

»(*c*) Ist es nicht ebenso bei körperlichen Vergnügen ungerecht, die Seele dagegen kalt zu machen und zu sagen, sie solle sich dazu schleppen lassen, wie zu einer erzwungenen und knechtischen Pflicht? Vielmehr ist es die Seele, welche solche Dinge ausbrüten und Flüge machen, dazu auffordern und einladen sollte, da ihr die Pflicht der Herrschaft obliegt. So meine ich auch bei solchen Vergnügen, welche ursprünglich sie betreffen, müßte sie dem Körper so viel davon einflößen und mitteilen, als seine Beschaffenheit ertragen kann, und darauf sehen, ihm solche angenehm und heilsam zu machen. Denn es ist sehr billig, wie man sagt, *daß der Körper nicht auf Schaden und Unkosten des Geistes seinen Gelüsten nachrenne. Warum*

1 T.R. 871; F.W. V, 193. Zu diesem Aspekt muß man die Schlußseiten des Essays »Von der Erfahrung« (III, xiii) und die Weisung, »unsere beiden wesentlichen Bestandteile enger zu vereinigen und zueinander zu gesellen«, hinzunehmen (»Über den Dünkel«, II, xvii; T.R. 622; L. 512).

2 *Ibid.*

sollte es aber nicht billig sein, daß der Geist nicht den seinigen nachjage, auf Schaden und Unkosten des Körpers[1]?«

In den »gegenseitigen Pflichten« des Liebeshandels oder dessen, was die »Versippung« von Körper und Seele kennzeichnet, läßt uns Montaigne eine analoge Verbindung zu der wahrnehmen, die in der erhabensten Poesie das Wort und die Sache, den Sinn und die Sprache, das »Denken« und das »Aussprechen« eint. Wie wir gesehen haben, sind die Beispiele, die er bei Vergil und Lukrez wählt, nicht nur (auf der Ebene des »Referenten«) Embleme der ehelichen Verbindung (Venus und Vulkan bei Vergil) oder der ehebrecherischen Wonnen (Venus und Mars bei Lukrez), sondern bieten ihm auch (auf der Ebene der Schrift und des Schreibens) das ganz profane Leitbild einer glücklichen gegenseitigen Durchdringung von Fleisch und Wort. Die Poesie metaphorisiert ihrem Wesen gemäß die Liebe und die substantielle Einheit von Seele und Körper.

So ist das Gegenseitigkeitsmodell beschaffen, das Montaigne im erotischen und linguistischen Bereich vorherrschen sehen möchte und von dem er zu glauben geneigt ist, daß die Natur selbst es vorschreibt. Gleichwohl kann er nicht umhin, schon zu Beginn des Essays festzustellen, daß es das Alter ihm fortan versagt, sich Hoffnungen auf eine leichte Befriedigung seiner amourösen Träume zu machen: sie müssen Luftgebilde und Phantasien bleiben. Ganz im Gegensatz zu La Boétie ist er nie Dichter gewesen; er hat es versucht und sich dabei »wie ein Kind angestellt«. Er hat in dieser Hinsicht nur *Leser*-Erfahrung. Gegen Ende des Essays wird er sich genauer ausdrücken: die wirkliche Liebe (im Zeichen der Venus) kann nur ein Wesen zum Gegenstand haben, das mit aller Anmut der Jugend ausgestattet ist: was aber bleibt da einem Greis zu hoffen (Montaigne ist dreiundfünfzig Jahre alt!); ist ihm die so hoch gelobte Gegenseitigkeit angemessen?

»(*b*) Ich verlange viel, wenn ich auch dagegen nur wenig leisten kann. Ich will jetzt noch küren und wählen, da ich doch am wenigsten verdiene, angenommen zu werden. Ich habe mich kennen

1 *Ibid.*

gelernt, bin mißtrauisch auf mich selbst und nicht mehr dreist. Nichts kann mir die Überzeugung geben, geliebt zu sein, wenn ich die Weiber ansehe und mich dagegen. Ich schäme mich, unter der grünenden, blühenden Jugend zu stehen.

Cuius in indomito constantior inguine nervus,
Quam nova collibus arbor inhaeret[1].«

(Man wird es bemerkt haben: bei mehr als einer Gelegenheit läßt Montaigne zur genauen Bezeichnung der geschlechtlichen Vorgänge – hier der Erektion – sie sogar im Mittelteil seines Satzes von den lateinischen Dichtern aussprechen.) Für einen »Greis« kann in der erotischen Beziehung keinerlei Gegenseitigkeit fortbestehen, um so weniger, als Montaigne die einzige Möglichkeit verwirft, die Gleichheit herzustellen vermöchte: denen, die ihm anempfehlen, sich an Frauen seines Alters zu halten, antwortet er voller Enttäuschung:

»(*c*) Ich finde mehr Wollust daran, den gerechten und angenehmen Umgang unter zwei jungen Schönheiten bloß mit anzusehen, oder ihn auch nur bei mir in der Einbildung zu denken, *als selbst die Hälfte einer so traurigen, unholden Verbindung abzugeben*[2].«

Auf einem Markt, wo der Austausch sich von Körper zu Körper vollzieht, gefährdet jene Minderung der körperlichen Unversehrtheit das erwartete Glück:

»(*b*) Aber ist es nicht auch die größte Unverschämtheit, uns mit unserer Schwachheit und Unvollkommenheit da einzustellen, wo wir zu gefallen wünschen und einen guten Eindruck von unserem Wohlverhalten machen wollen? Für mein jetzigerzeit sehr winziges Bedürfnis

Ad unum
Mollis opus

möchte ich doch keine Person behelligen, die ich ehren und lieben sollte[3].«

In dieser Hinsicht – und bis zu den Mißerfolgen seines späten Liebeslebens – ist Montaigne (der dennoch nicht zögert zu

1 T.R. 872; F.W. V, 195. Die lateinischen Verse stammen von HORAZ: »Die, wie ein junger Baum, die Sprossen mutig treibt« (*Epoden*, XII, xix), übers. von BODE.
2 T.R. 873; F.W. V, 197.
3 T.R. 865; F.W. V, 181-182. Der lateinische Text stammt von HORAZ: »Einmal ist fast zuviel!« (*Epoden*, XII, xv), übers. von BODE.

sagen: »Ich habe keine andere Leidenschaft, die mich in Atem hält[1]«) bereit, die Schuld daran seiner körperlichen Gestalt zu geben, das heißt den zu kleinen Dimensionen seiner *mentula*, wie die von ihm zitierten lateinischen Verse in voller Deutlichkeit sagen, inmitten eines persönlichen Geständnisses, für das er sie sich eigens aneignet – eine antike und poetische Prothese für ein Defizit des Französischen und seine Verbotsschranken:

»(*b*) Wenn ich gemerkt habe, daß es eine mit mir müde geworden, so habe ich solche nicht gleich der Leichtsinnigkeit beschuldigt. Ich habe in Zweifel gezogen, ob ich nicht vielmehr Ursache hätte, die Schuld auf die Natur zu werfen, denn freilich hat diese mich ein wenig ungnädig und stiefmütterlich behandelt,

Si non longa satis, si non bene mentula crassa:
Nimirum sapiunt, videntque parvam
Matronae quoque mentulam illibenter,

(*c*) und mein Erbteil unendlich [*enormissime*] geschmälert[2].«

Enorm, enormissime ist die Beschädigung, die Montaigne erlitten hat, während die Damen (noch vor jeder direkten Erfahrung) von den Graffiti in die Irre geführt werden, die sie das genaue Gegenteil erwarten heißen: enorme Organe:

»(*b*) Welches Unheil stiften nicht die ungeheuren Abbildungen, welche die Straßenjungen an den Pforten und Treppen der öffentlichen Gebäude mit Kreide oder Kohle zu kritzeln pflegen. Daher entsteht ein entsetzlicher Irrtum über die wahren Verhältnisse der Natur[3].«

Montaigne beklagt sich darüber, von der Natur stiefmütterlich behandelt worden zu sein. So wird hier einmal die Natur auf einen Fehler festgelegt und mit einem demütigenden phallischen Mangel in Zusammenhang gebracht, eben jene Natur, von der Montaigne so häufig erklärt hat, gerade sie müsse man als Führer und Maßstab nehmen. Es war die *Kunst*, es waren die Institutionen, es waren Brauch und Herkommen, denen Montaigne mit größter Bereitwilligkeit

1 T.R. 871; F.W. V, 194.

2 T.R. 865-866; F.W. V, 183-184. Der lateinische Text ist eine Verschmelzung zweier *Priapea*: »Wen die Natur versäumt, wie darf er hoffen und harren? / Nicht die bejahrte Frau findet Vergnügen an ihm« (LXXX, i, und VIII, iv, übers. von BODE).

3 T.R. 837; F.W. V, 131.

die Unregelmäßigkeit, den Mangel an Wechselseitigkeit in den »gegenseitigen Pflichten« aufbürdete . . . Hier wird man gewahr, daß die in allen ihren Wirkungsweisen so *gerechte*, in allen ihren Gaben so großzügige und mütterliche Natur auch in der Lage ist, das Gleichgewicht und die schöne Symmetrie, die sie bei jeder Gelegenheit zu suchen bestrebt scheint, zu entziehen, zu kastrieren, »unrechtmäßig« zu behandeln. Hier liegt ein Geheimnis an Ungerechtigkeit . . .

An seinem Körper beeinträchtigt, durch das Alter gebeugt, glaubt sich Montaigne überdies durch die »gemeine« Sprache benachteiligt, in der er schreibt. Den Geständnissen, die wir bereits zitiert haben, läßt sich jenes hinzugesellen, das das Sprachorgan betrifft, über das ein französischer Schriftsteller verfügt; im Eingeständnis der Schwäche fällt der Parallelismus auf:

»(*b*) In unserer Sprache finde ich Stoff genug, aber an Biegsamkeit und Wendungen fehlt es noch ein wenig. [. . .] Wie gesagt, ich finde unsere Sprache reich genug, nur nicht leicht und kräftig genug in der Behandlung. Sie erliegt gewöhnlich unter wichtigen und mächtigen Gedanken. Will man sich gern in einer gewissen Höhe des Stils halten, so findet man oft, daß die Sprache schwach wird und unter uns erliegt, und daß man ihr mit dem Latein zu Hlfe kommen muß, so wie andern Sprachen mit dem Griechischen[1].«

Auf allen Ebenen, wo wir das Erfordernis der harmonischen Beziehung und der »gegenseitigen Pflichten« ausfindig gemacht haben, drängt sich die Feststellung einer Lücke, einer Beschränkung, eines materiellen oder energetischen Mangels auf. Die Unterlegenheit wird hier in derselben mit sexuellen Metaphern angereicherten Sprache zum Ausdruck gebracht, die auch die Verdienste der antiken Dichter pries; der Gegensatz ist der von Impotenz und Potenz:

»(*b*) Dies ist keine weichliche und nur dem Ohr wohlklingende Beredsamkeit: sie ist nervig und gediegen, nicht sowohl gefällig als hinreißend und ergreifend [. . .]. Es ist die Fülle der Vorstellung, was die Worte erhebt und schwellt[2].«

Leider ist diese erotisierte Sprache außer Geltung. Es ist uns

1 T.R. 851-852; F.W. V, 157-158.
2 T.R. 850; L. 697-698.

nicht mehr gegeben, in der Sprache der Liebe zu reden noch in der Sprache der Beredsamkeit zu lieben.

Montaigne gibt sich nicht damit zufrieden, das zur Kenntnis zu nehmen. Er empfindet das Bedürfnis nach Abhilfe und Wiederherstellung. Was die Sprache betrifft, so sind die Antworten mehrfacher Art: die lateinischen Zitate können für denjenigen, der im Französischen »schwach« wird und »erliegt«, eine nützliche Stellvertretung übernehmen (und wir haben soeben gesehen, daß Montaigne auf das Lateinische zurückgreift, um in seinem eigenen Falle die sexuelle Frische oder Flaute besser zum Ausdruck zu bringen). Dieser Rückgriff auf das Zitat aber ist ein mehrdeutiger Akt: zwar ist er *Ostentation* des Wissens; gleichwohl aber auch eines *erborgten* Wissens und dadurch Eingeständnis von Unzulänglichkeit . . . Ein anderes Hilfsmittel besteht darin, auf figurenverzierte Weise die »Sätze« zu gebrauchen, die »auf den französischen Gassen zu hören[1]« sind:

»(*b*) Was könnte man nicht noch alles aus der Kunst- und Weidsprache der Jagd und des Krieges machen, welches ein weitläufiges Feld zur Ernte wäre? Die Sprachformen verbessern sich wie Kräuter und Gräser durchs Verpflanzen[2].«

Das Bild der Verpflanzung ist selber eine Metapher, um die metaphorische *Übertragung* aussprechen zu können. Die Kunst erlaubt sich hier eine vegetabilische und agrarische Analogie, das heißt eine Quasi-Natur.

Die Verpflanzung aber, die Montaigne gelingen wird, ist die, die zwischen seinem *Buch* und ihm selbst das Feld der gegenseitigen Dienste auftut. Wie weit er auch von der »nervigen und ergreifenden« Vollkommenheit der Alten entfernt sein mag, wie »nachgiebig« die Sprache – das Werkzeug – auch sein mag, über die er verfügt, es genügt, daß Montaigne sagen kann, daß sein Buch auf jeden Fall *seines* ist. Auf der Ebene der *Darstellung* und sogar bei der Hinnahme

1 T.R. 853; F.W. V, 160.

2 T.R. 851; F.W. V, 157-158. Muß noch daran erinnert werden, daß eine lange antike und mittelalterliche Tradition die amouröse »Eroberung« und »Beute« im Vokabular der Jagd und des Krieges umschreibt?

der Unregelmäßigkeit und des *Mangels* stellt das Prinzip der ausdrücklichen Wechselseitigkeit sich wieder her: der Chiasmus verbindet das Buch und das Ich:

»(*b*) Schreibe ich etwa anders wie ich überhaupt gewöhnlich spreche? Stelle ich mich nicht nach dem Leben dar? Wohlan dann! Ich habe getan, was ich gewollt habe. Alle Welt erkennt mich in meinem Buche und mein Buch in mir[1].«

Vor aller Augen wird die Sprache der Liebe im Gegenzug in die Subjektivität verpflanzt. Die spiegelbildliche Beziehung der Darstellung des Ichs im Buch und des Buches im Ich bietet sich als narzißtischer Ersatz für alle unerfüllten und fortan nicht zu verwirklichenden Wechselbeziehungen. Sie erlaubt es, auf die Seite der Unzulänglichkeiten der Sprache zu treten, sobald diese Unzulänglichkeiten das identische Gegenstück zu den persönlichen Unzulänglichkeiten des Schriftstellers sind und sich so wieder die Adaequation von *res* und *verba* herstellt, die zu gewährleisten die Funktion der Gerichtsbarkeit der Schrift ist.

Muß man also so weit gehen zu vermuten, daß die Niederschrift des Essays »Über Verse des Vergil« für Montaigne an die Stelle des Liebesaktes tritt, und zwar zu dem Zeitpunkt, da die für das Liebesspiel so notwendige körperliche *Wärme* sich verflüchtigt? Und daß er sich auf diese Weise darein fügt, die fleischliche Lust durch die Lust des Schreibens – und genauer noch: des *Sich-Schreibens* – zu ersetzen, in einem Sinne, in dem die narzißtische Tendenz überwiegt? In der Tat, wenn er dieses Kapitel schreibt, wenn er dank seiner ins Privatgemach der Damen eindringen will, so deshalb, um zu sagen, wie schwer ihm dieser Verzicht fällt und wie legitim es ihm erscheint, wenn die Natur ohnmächtig ist, auf die Anti-

1 T.R. 853; F.W. V, 160-161. Die Unvollkommenheit des Buches der *Essais* wird so zugunsten der referentiellen Treue entschuldigt. Auf der vorhergehenden Seite lobte MONTAIGNE bei HORAZ eine künstlerische Vollkommenheit, die sich durch die Sorge legitimierte, die auszudrückende *Sache* besser »darzustellen«: »Horaz begnügt sich nicht mit einem oberflächlichen Ausdruck; der ließe ihn im Stich. Er blickt heller und tiefer auf den Grund; sein Geist durchforscht und durchstöbert den ganzen Schatz der Worte und Bilder, um sich darzustellen; er muß sie jenseits des Gewöhnlichen finden, wie seine Vorstellungen jenseits des Gewöhnlichen liegen.« Cf. F. RIGOLOT, »Le Langage des *Essais*, référentiel ou mimologique?«, *Cahiers de l'Association internationale des études françaises*, Mai 1981, Nr. 33, S. 19-34.

Natur zurückzugreifen, das heißt auf die *Kunst* – die er bei so vielen Gelegenheiten gegeißelt hatte, wenn er ihr eine triumphierende Natur entgegenhalten konnte.

Wie erinnerlich, schien er sich zu Beginn des Essays keines Sieges der *Kunst* zu versehen, wenn man von der Kunst mehr als eine geträumte Befriedigung erhofft:

»(*b*) Ich erlustige mich nur in Traum und Einbildung, um mit List die Grämlichkeit des Alters zu verscheuchen. Aber wahrlich, es bedürfte anderer Arznei als der Träume: schwacher Zweikampf der Kunst gegen die Natur[1].«

Die chimärische Hypothese einer Therapie (einer Kunst) aber, einer Therapie durch und für die Liebe, taucht gegen Ende des Essays erneut auf; die galenische Medizin (einmal ist keinmal) erhält Montaignes Billigung in einer ihrer grundlegenden Behauptungen: die kalten Dyskrasien müssen durch die Wärme bekämpft werden; das wirkliche Heilmittel müßte von einem jungen Körper ausgeteilt werden:

»(*b*) Es ist wahrhaftig eine eitle Beschäftigung, dabei unanständig, schimpflich und unerlaubt. Wenn sie aber auf meine Weise behandelt wird, so halte ich sie für gesund und tauglich, einen dicken Verstand abzuhobeln und einen schwerfälligen Körper gewandter zu machen. Und wäre ich ein Arzt, so schriebe ich sie einem Menschen von meiner Bildung und Beschaffenheit ebenso gerne vor als ein jedes anderes Heilmittel, um ihn bis in seine späten Jahre hinein bei Munterkeit und Kräften zu erhalten und vor den Anfällen des Alters zu verwahren. Solange wir nur noch bis an die Vorstädte gerückt sind und der Puls noch schlägt, [. . .] tut es uns wohl, durch etwas Stachliges, wie hier, gebürstet, gekratzt und gereizt zu werden. Man sehe nur nach, welche Jugend, welche Kraft und Fröhlichkeit die Liebe dem weisen Anacreon erteilte. Und Socrates, da er bereits älter war als ich bin, sagte, da er von einem geliebten Gegenstande sprach: Als ich meine Schulter an die ihrige gelehnt hatte und mich mit meinem Kopfe dem ihrigen näherte, indem wir beide in ein Buch sahen, so empfand ich, ohne Lügen zu sagen, plötzlich einen Stich in der Schulter als von dem Stiche eines Tieres und brannte mich solcher wohl noch fünf Tage nachher, und senkte in mein Herz ein unaufhörliches Jucken. Ein leichtes Berühren von ungefähr und durch die Schultern kann eine halb abgestorbene und

1 T.R. 819; L. 672-673.

vom Alter geschwächte Seele erwärmen und aus ihrer Fassung bringen, und noch dazu eine der ersten Seelen aller Sterblichen, eine der allerweitesten [sic][1]?«

Eine *Lese*-Erinnerung – ein von Xenophon zitiertes Wort des Sokrates (der in einer *Lektüre* zu zweit begriffen war) – liefert das Beispiel des *lebendigen* Heilverfahrens. Und das Beispiel ist das eines flüchtigen Hautkontaktes, einer oberflächlichen Zufallsbegegnung: daraus ergibt sich, durch das lebhafte Echo, das ins Zentrum des Individuums (das »Herz) weiterwirkt, eine *Erwärmung*, die Körper und Seele zugleich neubelebt (»eine halb abgestorbene Seele«). Was vermag nicht die leichteste Berührung! Als er von der Heiterkeit des Lebewohls des Sterbenden an das Leben spricht, fürchtet Montaigne, daß ihn »das Berühren einer bekannten Hand[2]« verstören werde! Anderswo wünscht er dem Sterbenden dagegen eine »sanfte *Hand*, die sich nach seinen Gefühlen bequemt, um ihn gerade da zu krauen, wo es ihn juckt[3]«.

Im vorliegenden Falle rechtfertigt die Autorität des Sokrates, was so viele andere im Namen der Philosophie selbst verurteilt hätten: »Ei nun, warum nicht? Socrates war ein Mensch und wollte nichts anders sein noch scheinen[4].« Und Montaigne, der sich doch so häufig damit abgegeben hat, die Unternehmungen der Medizin in Mißkredit zu bringen, verstärkt durch einen erneut bei der Heilkunst entlehnten Vergleich seine Sehnsucht nach wiedererlangter Wärme:

»(*b*) . . . und daß wir mit einem invaliden Körper, wie mit einem erkälteten Magen, zu entschuldigen sind, wenn wir diese durch Hilfe der *Einbildung* wieder ein wenig *erwärmen* und uns etwas Stärke und Appetit verschaffen, die wir ohnedem verloren haben[5]?«

Hier taucht also die Einbildungskraft auf (die »Phantasie«),

1 T.R. 870; F.W. V, 191-192.

2 III, iv; T.R. 815; F.W. V, 89.

3 III, ix; T.R. 956; F.W. VI, 4. Das ist, woran er in der *Apologie de Raimond Sebond* erinnert, die Lehre der Cyrenaiker, nämlich »das nur fiele unter seine [des Menschen] Wahrnehmung, was unsern innern Sinn *berühre* als Lust und Unlust« (II, xii; T.R. 571; F.W. IV, 55).

4 T.R. 870; F.W. V, 192.

5 T.R. 871; F.W. V, 193. Dieselbe Behauptung findet sich in »Von der Eitelkeit«: »Laß uns, so wie nach und nach die natürlichen Bequemlichkeiten abgehn, uns an die künstlichen halten« (III, ix; T.R. 955; F.W. VI, 2).

die erneut mit der Hoffnung auf Palingenesie betraut wird. Warum sich nicht wenigstens für einen Augenblick dem Traum der Wiederverjüngung, des Neubeginns überlassen?

»(*b*) [Die Liebe] würde mich wachsam machen und nüchtern, und freundlich und sorgfältig für meine Person. Sie würde mein äußerliches Ansehen ein bißchen steifen und stärken, damit die Fratzen des Alters, diese häßlichen, erbärmlichen Fratzen, nicht darin ihr unholdes Wesen anrichten. (*c*) Sie würde mich zu den heilsamen, weisen Studien zurückbringen, wodurch ich mir mehr Hochachtung und Liebe erwerben könnte; sie würde meinem Gemüte die Furcht vor sich selbst, vor seiner Einsamkeit benehmen und mit sich selbst zufriedener machen; (*b*) sie würde mich vor hundert langweiligen Gedanken zerstreuen, (*c*) von hundert Ärger und Verdruß, (*b*) womit einen der Müßiggang in einem solchen Alter plagt, wenn eine hinfällige Gesundheit noch hinzukommt; (*b*) sie würde zum wenigsten im Traume das Blut ein wenig erwärmen, welches die Natur schon aufgibt; sie würde mir das Kinn ein wenig aufrecht halten; sie würde mir armen Menschen, der im raschen Lauf die Grube hinabstürzt, (*c*) die Spannadern verlängern und die Freuden des Lebens[1].«

Das Phantasma des wiedererlangten Feuers, weit davon entfernt, die Gestalt einer Unbekannten anzunehmen (von der es nicht den Anschein hat, daß Mlle de Gournay diese Rolle übernehmen könnte), entfaltet sich in der Aufzählung der persönlichen Wonnen, die Montaigne aus irgendeiner letzten Liebe zu ziehen vermöchte. Aber er ist kein Gimpel. Gegen Ende des Essays ermißt er die ganze Distanz, die ihn unwiderruflich von der Liebe trennt:

»(*b*) Darf ich es sagen, ohne zu fürchten, daß man mich bei den Ohren packen wird? Die Liebe scheint mir eigentlich nur ihre schickliche und *wahre* Zeit zu halten in den Jahren, welche der Kindheit am nächsten sind. [. . .] (*c*) Ebendas gilt von der Schönheit[2].«

Zugleich müssen alle Hoffnungen, die sich auf die *Kunst*

1 T.R. 872; F.W. V, 194. Bekanntlich reagiert CHATEAUBRIAND auf diese Zeilen in der Episode mit der Occitanierin: »Mein armer Michel, du sagst reizende Sachen, aber, siehst du, in unserem Alter gibt uns die Liebe nicht mehr, was du hier denkst. Wir haben nur noch eines zu tun: uns freimütig nebeneinanderzulegen« (*Mémoires d'Outre-Tombe,* 3. Teil, 2. Brief, Buch X, i).

2 T.R. 874; F.W. V, 198.

richten, verabschiedet und die Spielarten der Liebe, in deren Gefolge mitzuwandeln einem versagt ist, aus der Ferne betrachtet werden:

»(*b*) Man sehe nur, wie sie taumelt, stolpert und tändelt. Man legt sie in Ketten, wenn sie durch *Kunst* und Weisheit leitet. Man tut ihrer göttlichen Freiheit Zwang an, wenn man sie rauhen und schwieligen Händen unterwirft[1].«

Ein letzter Traum bleibt bestehen, der der platonischen Utopie entlehnt oder besser aus ihr abgeleitet ist. Der Traum, daß die erotischen Privilegien, die Plato den tapferen Kriegern zubilligt, auch denen vergönnt sein mögen, die sich andere Verdienste erworben haben; die Chimäre einer fleischlichen Belohnung, wie sie den Beredten vorbehalten bleibt, denen, die, wie Vergil, Dichter sind oder, wo nicht, die erlesene Wärme der großen Liebesdichtung auszukosten verstehen:

»(*c*) Was er zugunsten der Tapferkeit hier so gerecht findet, sollte das nicht auch einem jedweden anderen Vorzuge oder Werte zugunsten geschehen? Und warum kommt keinem Weibe die Lust an, (*b*) ihren Gespielen die Ehre abzugewinnen, die erste in einem so keuschen Liebeshandel zu sein? Keuschen, sage ich, mit Fleiß:

nam si quando ad praelia ventum est,
Ut quondam in stipulis magnus sine viribus ignis
Incassum furit.

Die Laster, welche man in Gedanken erstickt, sind nicht die ärgsten[2].«

Vom ganzen Imaginären der wiedererlangten Wärme bleibt nur das, was Montaigne hier mittels anderer bewunderungswürdiger Verse Vergils zum Ausdruck bringt, bringen läßt: »Denn kommts einmal zur Schlacht, / So wird das Stoppelfeuer bald sich legen[3].«

Abschließend bekräftigt Montaigne die Gleichheit der Geschlechter. Er tut das jedoch am Ende eines Satzes, in dem er in abwertenden Ausdrücken über den soeben geschriebenen Text spricht und im Vorübergehen sechs Verse Catulls einschiebt:

1 T.R. 874; F.W. V, 199.
2 T.R. 875; F.W. V, 199.
3 VERGIL, *Georgica*, III, 98-100.

»(*b*) Um diesen merkwürdigen Kommentar zu schließen, der mir wie ein Wortfluß entströmte, ein Fluß, der zuweilen gewaltsam und schädlich wird,

Ut missum sponsi furtivo munere malum
Procurrit casto virginis e gremio,
Quod miserae oblitae molli sub veste locatum,
Dum adventu matris prosilit, excutitur,
Atque illud prono praeceps agitur decursu;
Huic manat tristi conscius ore rubor;

so sage ich, daß das männliche und weibliche Geschlecht in einer Form gegossen sind, und daß, Erziehung und Gewohnheit beiseite gesetzt, der Unterschied zwischen beiden nicht groß ist[1].«

»Wortfluß«: nachdem er über die ganze vorhergehende Seite hin auf seinem Greisenzustand beharrt hatte, schreibt Montaigne den langen Essay, den man gerade gelesen hat, erneut einem Mangel des Alters zu (in dem »Erkältungen« und »Flüsse« vorherrschen). Und die abschließende Bemerkung zur Bekräftigung der Gleichheit der Geschlechter hält alle erforderliche Distanz ein: die beiden Geschlechter, »in einer [und derselben] Form gegossen«, werden, vom Standpunkt des Gießers oder des Demiurgen aus, als *Gegenstände* betrachtet. Die Kälte des Alters wird durch die objektive Kälte zum Ausdruck gebracht, die Mühe hat, viel Aufhebens von einem kleinen Unterschied zu machen.

Aber das poetische lateinische Zitat bewirkt eine besondere Verschiebung, deren Effekt demjenigen analog ist, den Montaigne im Laufe des Essays den Versen von Vergil und Lukrez zuschreibt: das zitierte Gedicht macht verbal den in der Existenz erlittenen Mangel wett. Das hier eingefügte Zitat ist beim ersten Hinsehen lediglich ein ingeniöser Vergleich, der mit dem Bild dessen spielt, *was entströmt*. Der »Wortfluß«, der Montaigne entströmt ist, ähnelte mithin dem Apfel, der dem leichten Gewand des jungen Mädchens entrollt. Die Analogie betrifft das sichtbar gemachte Verborgene. Dieser Übergang zur lateinischen Dichtung aber läßt

1 T.R. 875; F.W. V, 200-201. Der Text von CATULL wird von BODE folgendermaßen frei übersetzt: »Heimlich sandt' ihr Junge einen Apfel, / Heimlich barg das Mädchen ihn im Busen, / Und die strenge Mutter kommt, entgegen / Eilt das Mädchen ihr, da rollt der Apfel / Schlecht verborgen schnell hinweg: das Mädchen / Schlägt die Augen nieder und errötet« (LXV, xix).

nicht nur die Bilder der frühesten Jugend wiederaufleben[1], sondern verpflanzt Montaigne in die Rolle eines jungen Mädchens, dessen Liebe durch ein Unterpfand angedeutet wird, das sie nicht zu verbergen verstand. Ist das, auf eine ganz bestimmte Weise, nicht die Bestätigung dessen, was Montaigne zu sagen beabsichtigt: die Geringfügigkeit des Unterschiedes zwischen den Geschlechtern? Dem Effekt der Bestätigung aber gesellt sich der Effekt der Umkehrung hinzu. Die Macht der Poesie manifestiert sich ein letztes Mal: sie wirkt verjüngend, verweiblichend, sie vergegenwärtigt die Berührung einer Frucht und eines jungen Busens, sie erstattet das Leben zurück, das warme Erröten: sie ist erneute Einkehr beim Leben, wenn Montaigne sich auch in seinem eigenen Text davon verabschiedet zu haben behauptet. In diesem Sinne übt das lateinische Zitat, indem es den Satz erweitert, den wohltätigen Effekt der Kunst aus; es ist »mehr Liebe als die Liebe selbst«. Zugleich bietet es einen Ersatz für den »Wortfluß« des prosaischen Essays, indem es ihm analogisch (und widersprüchlich) die Bedeutung des Liebesunterpfandes verleiht.

Und der Schlußsatz, eilig und spöttisch hingesprochen, mündet in ein Sprichwort, das sich auf die vertrauten Techniken des Herdfeuers bezieht:

»(*b*) Es ist bei weitem leichter, das eine Geschlecht zu bezichtigen, als das andere freizusprechen. Es ist so, wie man zu sagen pflegt: Der Feuerhaken schilt den Ofentopf[2].«

1 MONTAIGNE hat die körperliche Liebe sehr früh kennengelernt: »Bei alledem ist es, wie ich gestehe, ein Unglaube und ein Wunder, daß ich bei so gar frühen Jahren schon der ersten Neigung dieser Art den Zügel schießen ließ. Der Zufall tat alles dabei. Denn es geschah lange vor der Zeit der Erkenntnis und der Wahl. Ich kann mich selbst nicht einmal so weit zurückerinnern, und man mag mein Geschick sehr wohl mit dem der Quartilla vergleichen, die sich ihrer Jungfräulichkeit nicht mehr erinnern konnte« (III, xiii; T.R. 1064-1065; F.W. VI, 200). Erneut vergleicht sich MONTAIGNE hier mit einer weiblichen Gestalt (im vorliegenden Falle mit einer Figur aus dem *Satyricon* des PETRONIUS).

2 T.R. 875-876; L. 714. In der neunten der *Neuf matinées* von Nicolas de CHOLIÈRES (1585), hrsgg. von D. JOUAUST, 1879, S. 297, liest man: »Daß nicht der Feuerhaken den Ofentopf schilt.« Die Wendung wird, gemäß dem *Dictionnaire comique* (1735) von LE ROUX, »auf zwei gleichermaßen lächerliche Personen angewendet, die sich übereinander lustig machen«. *Fourgonner* [im Feuer herumstochern] ist zu Montaignes Zeiten eine der Metaphern für den Geschlechtsakt, deren sich die Autoren der Fazetien, der possenreißerischen Erzählungen, bedienen.

Der Schürhaken und der Topf stehen im Dienste ein und desselben Feuers. Sie sind aber beide gleichermaßen schwarz und auch beide, außerhalb des Feuers, aus dem gleichen *kalten* Metall gefertigt. Der männliche Feuerhaken [*le fourgon*] ist ganz dumm, wenn er sich über den weiblichen Topf [*la poêle*] lustig macht. Die Vorstellung der notwendigen Gegenseitigkeit hat sich bei Montaigne nicht verflüchtigt: im Gegenteil, der triviale und volkstümliche Ausdruck dient ihm dazu, alle die lächerlich zu machen, die ihn nicht akzeptieren. Der ironische Rückgriff auf das Sprichwort zielt darauf ab, einer Welt Schande zu bereiten, in der der Mann nicht bereit ist, in der Frau seinem gleichwertigen Ebenbild zu begegnen.

VI

»Jeder findet ein wenig sich selbst in seinem Werke«

1. Die Natur und das Werk

»*Wir haben gar keine Bekanntschaft mit dem Sein*[1]«, schreibt Montaigne. Aber an anderer Stelle sagt er: »Der Mensch kann nichts anderes sein als was er ist[2].« Wie weit er auch von der essentiellen Wahrheit entfernt sein mag, so behauptet er doch seinen Rang unter dem, was ist; und wie »unzulänglich« er seinem Wesen nach auch sein mag, so repräsentiert dieses Wesen doch recht und schlecht einen Seinsmodus, der bewirkt, daß der Mensch *ist*, was er ist. Während sich Montaigne im Verlauf seiner gesamten skeptischen Argumentation gehäuft alle die Hindernisse zu beschreiben bemüht, die sich zwischen unser Bewußtsein und das wahre Sein stellen (das als das definiert wird, was in Ewigkeit eins und mit sich selbst identisch bleibt), schlägt er andernorts eine gänzlich verschiedene Definition vor: »Sein ist Bewegung und Handeln[3].« Auf die Idee eines unveränderlichen Seins, das uns transzendiert, folgt also das Bild eines dynamischen Seins, das nicht nur Quelle von Veränderung und Schöpfer lebendiger Formen ist, sondern selbst durch seine bewegliche Macht bewegt wird.

Wenn wir einer Autorität bedürfen, müssen wir uns dann nicht der Natur als Zuflucht zuwenden? Ist nicht gerade sie »Bewegung und Handeln«? Ihre Herrschaft ist universal; warum sollte sie nicht gleichermaßen im unruhigen und träumerischen Verlauf unserer kurzen Augenblicke präsent sein? In dem, was wir »sind« und was im Hinblick auf die chimärische Idee eines unverrückbaren Seins so schwach erscheint, müssen wir den Willen dieser bewunderungswürdigen Mutter erkennen, die sowohl die unversiegliche Viel-

1 II, xii; T.R. 586; F.W. IV, 82. Cf. oben, Kap. II, S. 109 ff.
2 II, xii; T.R. 501; F.W. III, 339.
3 II, viii; T.R. 366; L. 371.

falt der Welt als auch ihren unerschöpflichen Widerschein in uns selbst hervorbringt. Um in Übereinstimmung mit der Natur zu leben (in dem Sinne, wie uns die Stoiker und so viele andere dazu auffordern), muß man sich, diesmal ohne ontologische Illusion, ganz gefügig der inneren Spontaneität überlassen, der wir nur allzu oft entgegenarbeiten. Darin also liegt, trotz der Verfinsterung des Absoluten, ein wiedergefundener Maßstab, der uns von aller Sorge um die Ferne befreien kann. Wenn die Natur im Spiel der Ursachen auch nicht erkannt werden kann, so kann sie doch im System ihrer Wirkungen *akzeptiert* werden. Es handelt sich nicht mehr darum, das Geheimnis der Natur zu ergründen, sondern sich von ihr tragen zu lassen.

Wir hätten glauben können, daß unsere unüberbrückbare Trennung von der transzendenten Wahrheit uns der Willkür und der Blindheit zur Beute überließ; hier aber macht sich ein Gesetz nicht jenseits unserer Existenz geltend, sondern innerhalb ihrer. Die Natur schließt uns in sich ein. Sie ist in uns wirksam. Hören wir auf sie, lassen wir sie machen. »[. . .] daß wir nicht fehlen können, wenn wir der Natur folgen[1]. [. . .] Ich lasse mich gehen, wie ich gekommen bin[2].« Wie wechselhaft auch der Drang der Natur sein mag – ihr gehorchen bedeutet eine verläßliche Weisheit und eine Weisheit überdies, deren Grundlage universal ist und die Menschen zu einen vermag. In »jeden nicht entarteten Menschen« ist ein Korn »aus der Saat der allumfassenden Vernunft[3]« gelegt. Ohne zur philosophischen Spekulation überzugehen, ohne zu verlangen, daß diese Vernunft sich bis zur begrifflichen Klarheit erhebt, besitzt der Mensch (und auch der erstbeste Bauerntölpel) in sich selbst das unfehlbare Gesetz, das ihm erlaubt, ein anständiges Leben zu führen, mit Heiterkeit zu sterben und in vollem Sinne das zu sein, was die Natur will. Denn unsere Pflicht fällt mit dem Diktat der Naturnotwendigkeit zusammen . . . Bloßer Gehorsam und ruhige Passivität reichen hin, und es sieht so aus, als erstattete uns dieser »naturalistische« Quietismus (in veränderter Form) eine »Be-

1 III, xii; T.R. 1036-1037; L. 838.
2 *Ibid.*
3 *Ibid.*

kanntschaft mit dem Sein« zurück, die zu besitzen die philosophische Neugier, nachdem sie gerade das erhofft hatte, für immer verzichtet hat.

Nur wird diese Zugehörigkeit zur Natur, sobald sie einmal erkannt ist, augenblicklich wieder in Frage gestellt. Ist der Mensch nicht von allen Tieren das einzige, in dessen Macht es steht, sich der Natur zu verweigern und ihr entgegenzuarbeiten? Es bleibt bei uns »keine sichtbare Spur der Natur übrig [. . .]. Die Menschen haben es damit gemacht wie die Verfertiger wohlriechender Öle; sie haben solche mit so vielen fremden Dingen versetzt und mit so vielen von außen entlehnten Gedanken, daß sie dadurch für einen jeden verändert und zu etwas ganz *Eigenem* geworden ist und ihre ursprüngliche, beständige und allgemeine Gestalt verloren hat[1]. [. . .] Es ist glaublich, daß es Naturgesetze gebe, wie man ihrer bei andern Geschöpfen wahrnimmt: bei uns aber sind sie verloren gegangen. Diese liebe menschliche Vernunft nimmt sich allenthalben heraus, zu herrschen und zu befehlen, wirft nach ihrer Eitelkeit und Unbeständigkeit die *Gestalten der Dinge durcheinander* und verwirrt sie[2].« Erneut bemerkt man hier, daß die »Natur des Menschen« paradoxerweise in der rationalen Fähigkeit liegt, die natürliche *Gegebenheit* zu widerlegen und zu entstellen, das Allgemeine zu partikularisieren. Wenn wir die Natur geschehen lassen, sind wir vielleicht nicht glücklicher, als wenn wir wünschen, ihr wahres Antlitz zu erkennen. Eine Ethik im Sinne der Natur ist nicht weniger schwierig als eine Wissenschaft der Natur. Die Macht der Natur ist nicht grenzenlos: es gibt eine »Wider-Natur«, und der Mensch hat die Fähigkeit, sich darauf zu berufen – zu seinem Unglück.

Muß man sich also erneut gegen die menschliche Vernunft ereifern? Muß man sie immer noch der »Natur-Beleidigung« für schuldig halten, selbst wenn wir auf alle Überspanntheiten des »Glaubens« verzichtet haben? Eben das verficht Montaigne bei mehreren Gelegenheiten. Unter anderen Umständen aber verteidigt er auch die entgegengesetzte Vorstellung und verlegt sich darauf, die Macht in uns (Freiheit,

1 III, xii; T.R. 1026-1027; F.W. VI, 132.
2 II, xii; T.R. 564-565; F.W. IV, 43.

Urteil, Vernunft, Gewohnheit) gutzuheißen, die der Natur entgegensteht und ihr Widerstand leistet; die »Wider-Natur« wird dann, wie bei vielen Humanisten, zum Ausdruck der *dignitas hominis*:

»(*a*) Da es Gott gefallen hat, uns mit einiger Denkfähigkeit zu begaben, damit wir nicht, wie die Tiere, knechtisch den gemeinen Gesetzen unterworfen seien, sondern uns aus Vernunft und freiem Willen an sie halten sollten, so haben wir uns wohl ein wenig dem einfachen Gebot der Natur zu beugen, doch nicht uns herrisch von ihr treiben zu lassen, und die Vernunft allein muß unsern Neigungen die Zügel führen. Ich meinesteils habe sonderbar wenig Geschmack an diesen Hinreißungen, die ohne Vorschrift und Zutun unserer Überlegung in uns aufkommen[1].«

Was also sollen wir wählen (wenn wir denn die Wahl haben)? Uns dem »einfachen Gebot der Natur« anzuvertrauen oder zu entziehen? Von diesen beiden Möglichkeiten macht sich Montaigne abwechselnd die eine und die andere zu eigen, wobei jede, wiederum abwechselnd, zur einzig ratsamen und praktikablen erklärt wird. Bald sagt Montaigne, daß der Mensch wohl oder übel den Forderungen der Natur zu gehorchen hat (und es ist die Natur selbst, die das in der abschließenden Prosopopöe von Essay I, xx verkündet); bald sieht er in ihm das einzige Geschöpf, das von Geburt an Gebrauch von seiner Freiheit macht, um dem gemeinsamen Gesetz zu entrinnen:

»(*b*) Die Jungen der Bären und der Hunde zeigen ihre natürlichen Anlagen; aber die Menschen, die ganz unzeitig in Angewohnheiten, in Ansichten und Regeln verfallen, ändern sich oder verstellen sich leicht[2].«

Daher rührt die Mehrdeutigkeit der Erziehung im Sinne von Montaigne: handelt es sich darum, den Aufschwung der natürlichen angeborenen Fähigkeiten zu fördern? Oder geht es im Gegenteil darum, daß das Kind, mittels gefälliger Übungen und unmerklich erworbener Gewohnheiten, eine *zweite Natur* erwirbt, eine durch unaufhörliche Anstrengung und Gewohnheit hervorgebrachte »Form« sich zu eigen

1 II, vii; T.R. 366; L. 371.
2 I, xxvi; T.R. 148; L. 184.

macht? In diesem Falle würde sich die Tugend der Seele durch die Autorität des Beispiels, durch die Wirkung der Praxis einprägen, sie durchtränken und sie mit ihrer Tönung färben. Wird man nicht bekanntlich wegen ständigem »Sich krank stellen« (so der Titel von Essay II, xxv) wirklich krank? Die Maske wird zum wahren Antlitz. »Laß mich scheinen, bis ich werde«, singt Mignon bei Goethe. »Der Schein ist ein Weg zum Sein« (Alain). Einzig eine menschliche Handlung kann der natürlichen Substanz eine Form verleihen, die, sich selbst überlassen, unbestimmt bleibt. Ist das gut? Ist das böse? Es ist ein Tatbestand, der sich nicht rückgängig machen läßt. Wie wir gesehen haben, ist das Leben des Körpers ein Gewebe von Gewohnheiten, die zu durchkreuzen gefährlich ist. Der Natur so nahe wie möglich bleiben heißt sehr häufig ins *Gestaltlose* einwilligen. Sich der Gewohnheit unterwerfen heißt Gefahr laufen, in *Formlosigkeit*, in Deformation abzugleiten, indem man eine Form *empfängt*[1]. Wie lassen sich Natur und Form versöhnen? Wie läßt sich die rationale Bestimmung des Menschen erfüllen, ohne die Natur zu verraten?

Die Versöhnung ist gleichwohl nicht unmöglich. Sie greift hier noch auf den semantischen Gegensatz von Innerem und Äußerem zurück, von »Meinem« und »Fremdem«, der als Kriterium und Regel dient, um den Prozeß der Aneignung zu fördern, denn der positive Wert gehört in den Bereich des »Meinen«, des »Inneren«, des »Eigenen«. Von der Außenwelt geprägt, ist die Gewohnheit negativ besetzt: sie ist, wie jeder fremde Zwang, verhängnisvoll, und Montaigne fordert uns auf, zu dieser Natur zurückzufinden, die, im Inneren, nichts weiter verlangt, als uns nach ihrem Gesetz zu lenken. Sobald die Gewohnheit, die formende Kraft jedoch als die Attribute oder die Effekte des Subjekts selbst angesehen, sobald sie als *meine* ausgesagt werden können, sind sie gerechtfertigt und damit legitim geworden. Die Entfremdung hält an dem Punkt inne, wo der äußere Zwang und das äußere Leitbild frei assimiliert und gebührend angeeignet werden. Die Form wird dann von drinnen auferlegt, sie ist das Resultat innerer

1 Cf. den Satz, den wir bereits in Kapitel IV zitiert haben: »Es ist die Gewohnheit, welche unserer Lebensart eine Form gibt . . .« (III, xiii; T.R. 1058; F.W. VI, 187).

Anstrengung und Arbeit. Das Individuum, wie fügsam es sich auch der gesellschaftlichen Gewohnheit unterordnet, wird, was es als Individuum konstituiert, nur sich selbst zu verdanken haben. Ebenso vollzieht es die Verinnerlichung dessen, was ihm zunächst fremd oder feindlich war. So ergeht es beispielsweise mit der Übung, die uns daran gewöhnt, die Krankheit zu ertragen oder den Tod zu antizipieren: eine Gewöhnung, die den Lauf der von der Natur oder vom Schicksal gegen uns gerichteten feindlichen Kräfte umkehrt. »Durch langen Gebrauch ist mir meine Form wesentlich, mein Schicksal zur Natur geworden[1].« In diesem Augenblick ist die Gewohnheit vollständig *unsere* geworden; sie gehört uns, sie ist *Menschenwerk*. Und weit davon entfernt, unsere Wahrheit zu entstellen, macht sie uns zu dem, was wir sind.

»Sein ist Bewegung und Handeln«: wir hatten dieser Erklärung die Möglichkeit angemerkt, dem Sein in der Bewegung der Naturkräfte zu begegnen. Tatsächlich bezieht sich dieser Satz auf das menschliche Handeln und die menschliche Bewegung. Die Behauptung, die ihm folgt, läßt daran nicht den geringsten Zweifel: »*Weshalb jeder ein wenig sich selbst in seinem Werke findet*[2].«

Die Idee eines Werkes, die hier ihre endgültige Bekräftigung findet, verweist auf eine Aktivität, die sich von der natürlichen Spontaneität nicht nur unterscheidet, sondern sich überdies auf sie bezieht, um sie zu erfassen und zu modifizieren. »Ich habe alle meine Kräfte daran gesetzt, mein Leben zu *gestalten*. Das ist mein Beruf und mein Werk[3]« – die einzig gültige Handlung in den Augen Montaignes, der, wie wir bereits gesehen haben, nur Verachtung (vielleicht aus einem Adeligen-Vorurteil) für die transitiven Handlungen hat, deren Zweck in irgendeinem finanziell ausmünzbaren Gegenstand oder Resultat liegt. Das *Tun* [*faire*] hat für ihn nur dann Bedeutung, wenn es sich um ein *Sich-Ausbilden* [*se faire*] handelt: er hält sich für wenig befähigt in bezug auf

1 III, x; T.R. 988; F.W. VI, 62.
2 II, viii; T.R. 366; L. 371.
3 II, xxxvii; T.R. 764; L. 597.

Aktivitäten, deren einziges Ziel die Hervorbringung oder Modifikation von Objekten im Hinblick auf Profit oder schlichte Nützlichkeit ist. Montaigne kommt es nicht darauf an, gelobt zu werden, weil er ein guter Magistratsherr gewesen ist, noch gar für sein Schreibenkönnen[1]: er möchte auf keinem Gebiet Spezialist sein, nicht einmal auf dem der schönen Sprache. Ein Ehrenmann hat keinen Beruf, wird man im 17. Jahrhundert behaupten. Ist es nicht an dem, daß »jede obrigkeitliche Bedienung, wie jede Kunst, ihren Zweck außer sich (hat)[2]«? Der öffentliche Nutzen erfordert es, und Montaigne kann das Prinzip nur billigen. Was ihn betrifft, so hat er seinen Hauptzweck in sich selbst.

Seinen Zweck in sich selbst haben. Erneut bedeutet das das *Ich* zum Raum machen. Es bedeutet das Ich selbst zu dem Feld machen, auf dem sich sein Handeln entfaltet. Das will sagen, daß es zuerst ein Subjekt gibt, das zu handeln unternimmt und, indem es sich als bevorzugtes Objekt seines Tuns konstituiert, sich zum *Ding* macht (»Ich«), um sich als *Zweck* zu erfassen. Ich erfinde so ein halb-passives Ich, das das Thema (oder der Mythos) ist, das sich meiner Arbeit darbietet. Eine Pseudo-Äußerlichkeit schiebt sich zwischen das Ich und sich selbst, und zwar aufgrund der Metapher der Arbeit. Die Distanz, die ich mir ausmale, stellt meine Existenz meinem Blick vor Augen: das ist (ich bin) das zu vollendende Werk, das Medium, auf das ich meine Anstrengung richte. Zwar bin ich dieser Distanz Herr, aber ich habe sie nur aufrichten können, indem ich eine Schwäche ausbeutete, eine Verdoppelungsmöglichkeit, die meinem Leben von Anfang an innegewohnt hat. »Wir sind, ich weiß nicht wie, doppelsinnig[3].« Wir haften nicht vollständig an uns selbst. Unsere natürliche Spontaneität, die in ihrem ersten Wurf so unverstellt war, ist immer mit einer Wandelbarkeit behaftet, die es uns freistellt, uns loszumachen und uns zu mißbilligen. »[. . . welches macht,] daß wir nicht glauben, was wir glauben und daß wir uns von dem, was wir an uns selbst verdam-

1 Es sei an die unumstößliche Äußerung erinnert: »Ich bin weniger ein Büchermacher als der Mann jedes anderen Geschäfts« (*ibid.*).

2 III, vi; T.R. 881; F.W. V, 210.

3 II, xvi; T.R. 603; F.W. IV, 113.

men, nicht losmachen können[1].« Bevor wir noch Abstand genommen haben, ist der Abstand insgeheim schon in uns eingesenkt, die Doppelrolle untergräbt uns, unsere Identität ist brüchig. Man kann sich das nur zunutze machen.

Da eine solche Spaltung ausbeutungsfähig ist, kann das Ich zu seinem eigenen *Werk* werden. Es kann sein Leben gestalten, wie ein Bildhauer eine Statue meißelt, wenn er versucht, ein im Stein schlafendes Bild zu erwecken. Der reflexive Akt, mittels dessen Montaigne sich anschaut und akzeptiert, besitzt, wie wir gesehen haben, eine plasmaartige Tugend: bei ihm ist das Selbstbewußtsein ein Inswerksetzen. Hat er sich nicht entschlossen, »sich zu betrachten« und »*sorgsam* zu suchen«? Die Anstrengung *(cura)* der perzeptiven Erfassung enthält schon an sich eine »innere Gewogenheit« und zugleich den Wunsch, »eine Gestalt festzuhalten«, wie flüchtig sie auch sei. Das optische Vergnügen verbündet sich mit der Lust des Modellierens.

Bei Montaigne erhebt der Formwille keinen anderen Anspruch, als das treibende und variable Element der spontanen Existenz so unauffällig wie möglich zu verändern. Die »versuchte« Form zielt darauf ab, sich in nächster Nähe des Unförmigen anzusiedeln; sie versagt es sich, der fließenden und unbestimmten Natur Gewalt anzutun, die sie überwinden will und die sie dennoch mimisch nachzuahmen bestrebt ist. Montaigne vermag das reflektierte Handeln nur bis zu dem Punkt zu lieben, wo es sich am meisten der willentlichen Wahrnehmung nähert: die Ökonomie des schöpferischen Aktes will, daß er mit der einfachen *Entdeckung* der am wenigsten zurechtgestutzten Erfahrung zusammenfällt. So wird die Einwirkung des Selbst auf sich selbst weniger eine neuerungsbestrebte Transformation als eine Vision und malerische Darstellung dessen sein, was, in uns und gegen unseren Willen, bereits der Transformation anheimgegeben, mit dem »öffentlichen Schwung« der Welt und dem universalen Strom verbündet ist. Den Übergang darstellen – das heißt ihn akzeptieren und ihn zugleich in ein Werk überführen, das heißt ihn unausweichlich modifizieren, indem man ihn darstellt.

1 *Ibid.*

Der formgebende Akt ist von der Zustimmung zu sich selbst beinahe nicht zu unterscheiden. Es bedarf nämlich eines Minimums an Objektivierung, um der Zustimmung einen Grund zu geben. *Consentir* heißt, gerade im Sinne der Struktur dieses Ausdrucks (*cumsentire*), sich von dem losmachen, was man fühlt, um es zu billigen, um sich damit zu vereinen. Es ist notwendig, und sei es nur für eine Sekunde, das verworrene Haften an uns selbst aufzuheben, das unsere Gewohnheit ist; wir sind der Metapher für diese Trennung bereits begegnet. »Ich liebe mich nicht so törichterweise und bin nicht so von mir selbst eingenommen, daß ich mich nicht abgesondert und einzeln denken könnte, wie einen Nachbar, wie einen Baum[1].« Der Nachbar, der Baum sind zwar andere, aber es sind auch Nahestehende, in einem Grade, der der Nähe am nächsten kommt. So sagt sich das Urteil von den Impulsen des »gewöhnlichen« Lebens los: aber es entfernt sich von ihnen nur, um sie besser wahrzunehmen und ihnen mehr Freiheit zu lassen. Es setzt ihnen lediglich eine aufnahmebereite Aufmerksamkeit entgegen. Wenn das Sein doppelsinnig ist, wenn es in uns einen beiderseits voneinander geschiedenen Zuschauer und ein Schauspiel gibt. Montaigne erlebt in dieser Spaltung keinerlei inneren Kampf und versucht folglich auch nicht mehr, eine vollkommene Einheit wiederherzustellen. Wenn es denn einen Abstand gibt, so soll es der geringstmögliche sein – genau der, dessen es bedarf, um einem zusammengestückelten Werk Konsistenz zu verleihen. Montaigne nimmt das Schauspiel in der Form hin, wie es sich ihm darbietet, und läßt die Urteilskraft »ihr eigenes Spiel[2]« spielen. Die innere Distanzierung und Verdopplung fördern die Tatbestandsaufnahme, nicht den Konflikt. »Die Urteilskraft hat bei mir ihren obrigkeitlichen Stuhl, wenigstens strebt sie sorgfältig danach. Sie läßt meine Begierden ihren Gang gehen, meinen Haß und meine Freundschaft, sogar diejenigen, welche ich gegen mich selbst hege, ohne sich deswegen zu verändern und zu verschlimmern[3].«

1 III, viii; T.R. 921; F.W. V, 81.
2 III, xiii; T.R. 1052; F.W. VI, 177.
3 *Ibid.*

Die Urteilskraft, die ihre Autonomie errungen hat, möchte alles erkennen, ohne sich zum Eingriff veranlaßt zu fühlen. Sie strebt danach, Distanz und Nähe zu versöhnen, ohne am Schauspiel selbst irgend etwas zu verändern. Ihre Präsenz führt wohl oder übel jedoch eine radikale Veränderung ein. Weil sie aus so großer Nähe wirkt, kann sie nicht umhin, das, was sie beobachtet, zu beeinflussen. Dieser Blick, der die Gefühle objektiviert, modifiziert sie gerade durch seine Aufmerksamkeit – ein Resultat, zu dem man sich beglückwünschen muß, wenn seine Wirkung darauf hinausläuft, die unwillentlichen Regungen des affektiven Lebens zu *mäßigen*: »Wenn jedermann auf die Wirkungen und Verhältnisse der Leidenschaften, welche ihn beherrschen, so genau achtgäbe, wie ich auf diejenigen, in welche ich verfiel, so würde er sie *von ferne kommen sehen* und ihren Anlauf ein wenig *mäßigen*[1].« Genau das aber macht andererseits jede Aufrichtigkeit zweideutig. Wer sich guten Glaubens zum Ausdruck bringen und sich den Augen der Welt nackt darbieten will – wie vermöchte der der *Mäßigung* zu entgehen, der Verformung (jener Formgebung dessen, was naturgemäß formlos ist), wie sie zwangsläufig die Bewußtwerdung und der Gebrauch der Sprache auferlegen: sich erfassen und sich mitteilen heißt sich selbst hervorbringen, es heißt zugleich aber auch sich modifizieren, indem man sich beschreibt. In dem Augenblick, da wir uns definieren, werden wir zu unserem Werk, und jedes Werk ist Kunst und Kunstgriff: ». . . Ich schildere vornehmlich mein Denken, einen *ungestalteten Gegenstand*, der nicht in *Werktätigkeit* umgesetzt werden kann. Mit bestem Bemühen kann ich es nur eben in diese luftige Gestalt des Wortes bringen[2].« Ein »Bemühen« ist erforderlich, damit das »Denken« einen Körper findet, wenn es sich dabei auch um einen beinahe immateriellen Körper handelt: einen vokalen Körper, wie zart er auch sein mag. So aber manifestiert sich notwendigerweise unser Sein, wenn man einmal einräumt, daß »jeder ein wenig sich selbst in seinem Werke findet[3]«. Dieses Sein vollendet sich erst in dem Augenblick, wo es

1 *Ibid.*; T.R. 1051-1052; F.W. VI, 176.
2 II, vi; T.R. 359; L. 367.
3 II, viii; T.R. 366; L. 371.

doppelsinnig wird, das heißt wo es, mitteilbar gemacht, nachdem es in einer Sprache *Gestalt* angenommen hat, sich zu verraten verdächtig wird: es stellt sich bloß und verwandelt sich in eben der Bewegung, mit der es sich seinen Zeugen in aller Treue preisgibt. Das Werk müßte verschwinden, um allen Raum der Realität des Subjekts zu überlassen. Das Subjekt aber ist werktätig und kann sich nur durch das und im Werk zur Erscheinung bringen: einem Werk, das sich seines künstlichen Anteils immer schämen wird und mit der geschmeidigen natürlichen Spontaneität rivalisieren, ihren Rhythmus übernehmen und wie sie »faseln und fabulieren[1]« möchte. Das Werk scheint sich dann wieder nostalgisch zur Unbeständigkeit, zur Unzulänglichkeit und zur früheren Schwäche zurückzusehnen, die es zu überwinden berufen war. Das gelingt ihm nicht – auf eben die Art und Weise, wie Orpheus und Narziß dazu verurteilt sind, das Bild nicht erfassen zu können, von dem sie getrennt sind –, und aus dieser Unmöglichkeit resultiert das Merkmal der Unbeendbarkeit des Buches. Die *Essais* »repräsentieren« die natürliche Unbeständigkeit, indem sie ihr ständig ein Übermaß an Beständigkeit verleihen; sie sind deren »Prüfung« [*contrerolle*], das heißt das vollkommen getreue und doch radikal veränderte Bild, das die Urteilskraft beglaubigt.

Eben das ist die Paradoxie. Die anfängliche Unbefriedigtheit angesichts der Masken, der bloßen Meinung und der inneren Unstetigkeit hatte in der Einheit des Buches (des »Registers«) eine Zuflucht gefunden; in ihm hatte sich, in Ermangelung eines Besseren, das Verlangen nach dem Sein, die ontologische Hoffnung gesammelt, nachdem sie einmal von dem unausweichlichen Mißerfolg beim metaphysischen Streben nach dem Wesen überzeugt worden waren: das Buch ist das einzige Mittel der Überwindung der trügerischen Erscheinungen. Aber wenn der Geist sich auf die Welt der Phänomene und auf sich selbst als »Stück« dieser Welt zurückverwiesen sieht; wenn er – nachdem jede Metaphysik, jede Ontologie verworfen sind – entdeckt, daß die Weisheit darin besteht, sich von der universalen Bewegung tragen zu

1 II, iii; T.R. 330; L. 337.

lassen, wird er gewahr, daß das Buch, das Werk an übertriebener Einheit kranken: dieses bißchen Sein und Beständigkeit, das in ihnen heimisch ist, ist noch immer zuviel im Hinblick auf den Übergang, den es lediglich darzustellen gilt, und den Fluß, dem sich zu überlassen statthaft ist. Das Sein hat sich nicht wiedergewinnen lassen. Lassen sich wenigstens die Erscheinungen wieder ereilen? Jedesmal stellt sich eine feindliche Macht in den Weg. Auf die Dauer aber muß man sich mit dieser feindlichen Macht versöhnen, ohne sie zu bekämpfen aufzuhören – und sie sich zum Partner machen, dank dem wir unsere Kraft erkennen, indem wir unsere Grenze erkennen. Daher rühren die sukzessiven Einschübe der *Essais*; die Anstrengung kann immer nur im einheitsstiftenden *Medium* der Sprache auftreten, aber so, daß sie die Vielgestaltigkeit und den Wandel (denen gegenüber Montaigne vollkommene Treue beweist, wenn er ein wahrheitsgemäßes Bild von sich geben will) anklagt, aufdeckt und preisgibt. Er macht sich vom Wandel nur los, um zu entdecken, daß es seine Aufgabe ist, ihn neuzuschaffen und sich wieder darein zu vertiefen, und zwar jedesmal mit einem schärferen Bewußtsein der Vergeblichkeit des Wandels und der konträren Vergeblichkeit, ihm entrinnen zu wollen. Montaigne verwirft ein Werk, das eine definitiv verfestigte Form annimmt: »Wir geben unseren Narrheiten eine Würde, wenn wir sie in Formen gießen[1].« Das Werk darf nur der kurze Stillstand sein, der Augenblick, in dem sich die *Erfassung* des Beweglichen vollzieht, an dem aber die Bewegung abprallt. Das Verströmen des natürlichen Flusses duldet keine Unterbrechung: gleichwohl läßt die doppelte Aufmerksamkeit, die ihm die Urteilskraft schenkt, den Rhythmus ihres Überganges langsamer erscheinen und verleiht jedem Augenblick einen reicheren Wert. Der Übergang, der von Vergehen zu Vergehen reicht, und die verworrene Träumerei werden zur Fülle, wenn sie einmal vom ihnen auflauernden Bewußtsein erfaßt werden:

»(*b*) Andere Menschen fühlen die Süßigkeit eines Vergnügens und des Wohlergehens. Ich fühle solche so gut wie sie. Aber nicht bloß

1 III, xiii; T.R. 1059; F.W. VI, 189.

im Vorbeitreiben und Vorübergleiten. Man muß diese Süßigkeit sich recht bekannt machen, *schmecken und nachschmecken*, um dafür dem würdig zu danken, der uns solche beschert. Sie genießen der andern Vergnügungen wie des Schlafes, ohne solche zu kennen. Damit selbst der Schlaf nicht bei mir ungefühlt herbergen möchte, habe ich es ehedem gern gesehen, daß man mich im Schlafe störte, um ihm etwas *Kunde abzugewinnen*[1].«

Die Urteilskraft, die die Lethargie des Individuums wahrnimmt und ihr gebietet, ist keine reine und abstrakte intellektuelle Fähigkeit. Es erwacht kaum aus dem Schlaf, um sie auch schon zu »schmecken« und zu »spüren«. Das ist kein fühlloser Blick, kein klarer und gleichgültiger intellektueller Spiegel ohne Nachsicht mit dem, was er widerspiegelt. Im Gegenteil, alle sensitiven Fähigkeiten arbeiten mit ihr zusammen: die Urteilskraft im Sinne von Montaigne ist eine sinnliche Wachsamkeit: ihre Wirkungsweise ist ein taktiles Erfassen, ein Abwägen, ein Schmecken. Sie möchte den Genuß durch die Erkenntnis verdoppeln. Im Akt des Urteils nimmt das Zuschauer-Subjekt mit ganzem Leibe an jenem lebhaften Schauspiel teil, das es für es selbst ist. Ein Körper also, der ganz und gar darauf bedacht ist, sich leben zu spüren, von sich selbst unterschieden, aber auf sich selbst hin angespannt. Es genügt, dem Stil Montaignes Aufmerksamkeit zu schenken, um festzustellen, daß, wenn das *Werk* darauf abzielt, Form und Gestalt anzunehmen, es vor allem das Werk eines lebendigen Wesens ist, das den »vollen und vollständigen« Besitz seines körperlichen Bewußtseins auszubauen sucht. Der Stil Montaignes zeigt uns, daß die Operation der Urteilskraft sozusagen immer durch die Unruhe infiziert ist, die die natürliche Erfahrung des Körpers befällt. Die Urteilskraft sieht häufiger *flüchtig*, als daß sie klar sieht. Ihre Sicht ist umnebelt, ihr Zugriff zögernd. Sie muß sich fortgesetzt wieder sammeln, muß unaufhörlich den Versuch der Erfassung erneuern. Denn der Akt, der auf die Inbesitznahme abzielt, ist ebenso kurzlebig, ebenso von Vergehen bedroht wie das bewegliche Objekt, dessen er sich zu bemächtigen sucht. Es ist nunmehr geboten, das näher zu betrachten.

1 III, xiii; T.R. 1092; F.W. VI, 247-248.

2. *Aspekte der Bewegung*

»Jede Bewegung enthüllt uns[1].« Wer Montaigne enthüllen will, muß seinem Rat Gehör schenken und seine Bewegung ins Auge fassen. Eine Seite der *Essais* lesen heißt, im Kontakt mit einer wunderbar aktiven Sprache, eine ganze Reihe von mentalen Handlungen vollziehen, die unserem Körper einen Eindruck von Geschmeidigkeit und Energie vermitteln. In dieser auf so mächtige Weise kommunikativen körperlichen Vitalität äußert sich Montaignes innerster Kern.

Eine angemessene Beschreibung der Bewegung Montaignes kann nur unter dem Aspekt der Textanalyse unternommen werden. Die Schamlosigkeit der Geste ruft nach einer schamlosen, ihrem Gegenstand so nahe wie möglich zu Leibe rückenden Kritik. Lesen wir also:

»(*a*) Nun aber finde ich meine Ansichten unendlich draufgängerisch und beharrlich in der Verurteilung meiner Unzulänglichkeit. Das ist freilich auch ein Gegenstand, an dem ich meine Urteilskraft wie an keinem andern übe. Die Leute sehen immer auf das Gegenüber; ich wende meinen Blick nach innen, und da halte ich ihn fest und lasse ihn verweilen. Jedermann schaut vor sich weg, ich schaue in mich hinein; ich habe es nur mit mir selber zu tun; ich beobachte mich unablässig; ich prüfe mich, ich koste mich. Die andern gehen immer anderswohin, wenn sie es recht überlegen; sie gehen immer vor sich her,

nemo in sese tentat descendere,

ich aber kreise in mir selbst[2].«

Der erste Satz hat einen bemerkenswerten Aspekt: man entnimmt ihm die stufenartig absteigende Präsenz des Ichs auf allen syntaktischen Ebenen. Sie setzt mit einer Hervorhebung ein: *meine Ansichten* [*mes opinions*], die die Folge der Aussage pronominal (*sie* [*les*]) in den Rang der direkten Ergänzung des Hauptverbs aufsteigen läßt, die rundheraus als urteilende Aktivität in der ersten Person formuliert wird: *finde ich* [*je . . . trouve*]. So sehen sich *meine Ansichten* (in denen sich Denk-

1 I, 1; T.R. 290; L. 290.

2 II, xvii; T.R. 641; L. 537. Das lateinische Zitat stammt von PERSIUS: »Keiner versucht, in sich selbst hinabzusteigen« (*Satirae*, IV, 23). Im hier folgenden Kommentar habe ich einige Erwägungen wiederaufgenommen, die in Kapitel I im Zusammenhang mit Essay I, viii und der räumlichen Darstellung des Ich ausgeführt wurden.

akte konzentrieren) in der Position des Objekts des Verbums »finden«, das seinerseits ein neuer Denkakt ist. Das *Ich* als Träger des Fundes ist überdies auch, durch die Signatur des Possessivums (*meine* [*mes*]), das gefundene Objekt. In ihrer entwickelten Benennung bestimmen sich die *Ansichten* nun aber als persönliche Aktivität (*draufgängerisch . . . in der Verurteilung* [*hardies à condamner*]), die ihrerseits auf einen Aspekt des Ichs (*meine Unzulänglichkeit* [*mon insuffisance*]) gerichtet ist. Der zweite Satz bietet uns nämlich dieselbe »Struktur des Inhalts«: denn das Ich ist hier zunächst im Subjekt des Verbums des Relativsatzes (an dem *ich übe* [*auquel j'exerce*]), dann in der Bestimmung des Verbums (*meine Urteilskraft* [*mon jugement*]) und schließlich in dem Paradigma repräsentiert, das *meine Unzulänglichkeit* [*mon insuffisance*]) ablöst (das ist *ein Gegenstand*, an dem [*un sujet auquel*]), den die Präsentationsform (*das ist . . . ein Gegenstand* [*c'est . . . un sujet*]) in eine vorgeschobene Stellung gerückt hat. Die »Meinungen«, die »Urteilskraft« sind, wie man sieht, Hypostasen des *Ich*, des ersten *Ich*: sie machen das Instrument und die Operation anschaulich, die zwischen einem Agenten (dem, der sagt: *ich finde*, *ich übe*) und einem Ansatzpunkt (genannt: *meine Unzulänglichkeit*, *ein Gegenstand*) vermitteln. Das Ich verteilt sich auf alle syntaktischen Ebenen: es kommt als Agent, als Werkzeug und als Ansatzpunkt ins Spiel.

Montaigne verurteilt seine Unzulänglichkeit. Um sie jedoch zu beurteilen und zu verurteilen, sind seine Meinungen »draufgängerisch und beharrlich«. Wir haben es hier mit einer besonderen Beharrlichkeit zu tun: sie ist auf eine Unbeständigkeit gerichtet, auf einen Mangel, der der privilegierte Gegenstand ihrer Aufmerksamkeit ist. Was ist sie also in Wirklichkeit, diese Unzulänglichkeit, von der Montaigne spricht? Man muß, um sie besser zu verstehen, auf das lateinische Verbum *sufficere* zurückgehen und auf dessen ganz konkrete Bedeutung: Halt geben, eine Stütze bieten. Montaigne beklagt, wenn er sie Unzulänglichkeit nennt, die Abwesenheit eines inneren Halts. Gleichwohl wird der Mangel an Halt, die Haltlosigkeit, zum Thema und zum Anlaß einer lustbesetzten Aktivität: aus der Konstatierung einer Schwäche erwächst eine Stärke. Die tiefe Unsicherheit, der Mangel an Zulänglichkeit lassen eine kompensatorische Kraft, eine verdoppelte Wachsamkeit aufbrechen. Als unbeschadeter Blick, der nicht von der inneren Hinfälligkeit in Mitleidenschaft gezogen wird, der er sich gegenüber sieht, vollzieht die Urteilskraft rastlos ihre Tätigkeit des Erkundens und Fragens. Montaigne wird uns anhand sukzessiver Metaphern die Gebärden einer tätigen Seele zeigen, die nicht aufhört, sich selbst auf die Probe zu stellen. Bei ihr gibt es weder Stütze noch Halt: es gibt lediglich einen Schwung, der sich immerwährend erneuert.

»*Die Leute sehen immer auf das Gegenüber*« [*Le monde regarde tousjours vis à vis*]: nicht nur aus Opposition gegen die innere Leere, sondern auch aus Opposition gegen die Welt setzt sich Montaignes Rede in Bewegung. Er lehnt die Richtung ab, die die anderen eingeschlagen haben. Die Welt (hier eine Synthese aus dem *vulgus* der lateinischen Moralisten und dem *mundus* der Theologie des Sündenfalles) hat das äußere Gegenüber gewählt, die Flucht ... In dreifacher Wiederholung konstruiert Montaigne einen antithetischen Satz, der zu Beginn das bezeichnet, was *die Leute*, *jedermann*, *die anderen* – negative Beispiele – tun, dessen zweites Glied aber das Pronomen *ich* [*moy*] herausstellt und in eine Reihe von Tätigkeitsverben einmündet, die im umgekehrten Sinne ausgerichtet sind, und zwar vermöge einer kräftigen adverbialen Antithese *(gegenüber/innen; vor sich weg/in mich hinein)*. Das Ich definiert und bekräftigt sich durch die Energie seiner Negation. In seinem tiefsten Inneren hat es die Unzulänglichkeit entdeckt; in der Außenwelt konstatiert es das eitelste Getriebe. Ein Kreis trügerischer Figuren umgibt es von allen Seiten. Aber dennoch läßt es sich nicht vom Schwindel überwältigen: mit einer souveränen Entscheidung verkündet es seine Differenz und entdeckt in diesem Akt einen Überfluß an freier Kraft. Weil sie weder in der Innerlichkeit noch in der Außenwelt einen Halt findet, ist die Urteilskraft darauf beschränkt, an ihrer eigenen Befehlsgewalt eine Stütze zu finden und sich zur Quelle ihres eigenen Schwunges zu machen.

»*Ich wende meinen Blick nach innen*« [*Moy, je replie ma veue au dedans*]. Auf das Innere gerichtet, kann sich die Energie nicht verflüchtigen: das Subjekt, sogar noch den Vorposten der

Aussage vorangestellt, läßt sich die Herrschaft zu keinem Zeitpunkt nehmen. Auf das Gegenüber sehen, wie das die Leute tun, hätte bedeutet, sich dem auszuliefern, was anders ist, sich einer fremden Knechtschaft zu unterwerfen, das Kostbarste von sich selbst zu verschleudern. Seine Aufmerksamkeit auf den inneren Raum reflektierend, wählt Montaigne den Bereich, den die anderen verlassen. Selbst wenn es im Zentrum dieses Raumes *nichts* zu erfassen gibt, selbst wenn die eigene Innerlichkeit ein unbestimmter Ort bleibt, wird er doch keinen Substanzverlust erlitten haben, wird er niemandem unterworfen sein.

Die Wiedereinkehr bei sich selbst, die Reflexion des Aktes über den Agierenden werden auf die denkbar deutlichste Weise zum Ausdruck gebracht. Hingewiesen sei auf die umfassende Serie von Verben, die aufeinander folgen: *da halte ich ihn* [den Blick] *fest und lasse ihn verweilen, ich schaue in mich hinein, ich habe es nur mit mir selber zu tun, ich beobachte mich unablässig, ich prüfe mich, ich koste mich, ich kreise in mir selbst*. Der spielerische Schwung ist erwacht. Es handelt sich nicht um eine schlichte synonymische Aufzählung. Wir sind nicht Zeugen einer einheitlichen, aber verschiedenartig bezeichneten Aktion; und es geht auch nicht um eine kontinuierliche und fortschreitende Handlung: mit jedem Verbum führt Montaigne, eine neue Selbsterprobung beginnend, eine neue Erfahrung ein. Jeder Blick, jede Wendung in Richtung des Inneren hat eine kurze Erleichterung, ein Aufatmen im Gefolge. Dieses Wiedereinsetzen ermöglicht einen Neubeginn, nach der erneuten Bekräftigung des Urteilsspruches, den Montaigne über das gewöhnliche Verhalten der »Welt« und der »Leute« verhängt. Der Einschnitt des Kommas genügt, dieses Aufatmen darzustellen, und erlaubt den Schwung einer frischen Initiative. Zwar mögen die Verben sich häufen, aber jedes erhält doch die Bedeutung einer ersten Aktion, bald auf ernsthafte *(ich prüfe mich)*, bald auf spielerische Weise (*ich lasse ihn da verweilen* [*je l'amuse là*]; und es werden verschiedene Bereiche der Sensibilität durchlaufen: nach dem Blick der Geschmackssinn *(ich koste mich)*, später dann die motorische Körperempfindung *(ich kreise in mir selbst)*. Die Zusätze, die Montaigne bei anderen Gelegenheiten in einem

Maße einschiebt, daß er den Buchumfang vervielfacht, tauchen häufig im Mittelteil seiner Sätze auf, die sich geschmeidig ausdehnen: das macht die Bedeutung des Ruhepunktes kenntlich, die der kurze Einschnitt des Kommas hat; ein unerwarteter Gedanke, eine ergänzende Variation können aufblitzen und sich verzweigen, sogar noch lange nach der ersten Niederschrift. Hier ist der Vers von Persius *(nemo in sese tentat descendere)*, negative Begleiterscheinung des *die anderen gehen immer anderswohin*, sogar in den Hauptsatz selbst eingeschoben und gibt damit ein gutes Beispiel für die Konstruktion mittels sukzessiver Wucherungen, die die eigentliche Manier Montaignes ist. Mit dem lateinischen Zitat, einem Fremdkörper, der zum Material der »Mosaikarbeit« geworden ist, beabsichtigt Montaigne eine reichere und gehaltvollere Substanz als die seinige beizusteuern: die lateinische Sentenz bildet den Schlußstein und weist der Bewegung der Suche einen vorübergehenden Haltepunkt zu. Weit davon entfernt, entbehrliches Ornament zu sein, ermöglicht das lateinische Zitat eine Energieersparnis: es ist das Agens eines Verdichtungsstrebens, eine Naht, ein Heilmittel für die Unzulänglichkeit, deren Montaigne das Französisch anklagt, in dem er schreibt.

Die Verben, mittels deren Montaigne seine Tätigkeit vergegenwärtigt, sind nahezu alle Reflexiva. Dennoch werden sie mit der letzten Wendung noch einmal überboten: »*Ich aber kreise in mir selbst*« [*Je me roulle en moy mesme*]. Gleichsam von der ganzen ihr vorausgehenden Bewegung mitgerissen, beschwört dieser Satz eine doppelt reflexive Aktion: *kreisen* [*se rouler*] und überdies *in sich selbst kreisen* [*se rouler en soi-même*]. »Unsere Seele kann sich auf sich selbst zurückwenden[1]«, sagt Montaigne anderswo. Die visuellen Metaphern (*ich schaue* usw.) weichen hier einer rein dynamischen Mobilisierung. »Ich« – das war anfangs ein offener Horizont für einen Blick, der sich seine Distanz wahrte; jetzt ist es ein Raum, der der Aktion eines Körpers offensteht. Nun ist »ich« jedoch selbst dieser Körper, der Träger der Bewegung, nach der dieser Raum ruft. Es ist also gleichzeitig und unauflöslich das in Bewegung begriffene Sein und die freie Weite, deren die

1 I, xxxix; T.R. 235; L. 260.

Bewegung bedarf, um sich entfalten zu können. Die Bewegung ist überdies keine partielle Geste, sondern ein globaler Schwung, dem der Körper als Ganzes sich überläßt. »In sich selbst kreisen« hat eine positive Wertigkeit: es ist eine zentrierte Bewegung; wenn Montaigne an anderen Stellen von Wirbeln oder Kreisen [*tournoiement*] spricht, so handelt es sich stets um ein leeres, jeden Zieles bares Kreiseln im äußeren Raum. Für den, der in sich selbst kreist, umfaßt die Bewegungsinitiative zugleich den vorwärtstreibenden Schwung und die umfassendste Selbstreflexion: die Resultante ist eine gesteigerte Innerlichkeit. Einerseits vervielfacht die selbstreflexive Figuration die Dimensionen des Seins und legt ihm von sich selbst ein verräumlichtes Bild vor, das auf märchenhafte Weise ins Weite transformiert ist, auf die Gefahr hin, dessen Grenzen einzubüßen; andererseits aber hat der vertrauensvolle Kontakt zur erforschten Innenwelt die Tendenz, jede Distanz zu leugnen und in einer Kohäsion, in der sich der Körper, der Raum und die Bewegung wechselseitig eng durchdringen, alles zu vereinen, was die reflexive Verdopplung getrennt zu haben schien. Das Insichkreisen der so beschriebenen Bewegung schafft die Möglichkeit einer späteren »Auskreisung« und Entrollung, in der breits dargestellten Gestalt des »Registers« [*rolle*].

In sich selbst kreisen ist für Montaigne die intensivste und vollständigste Form von Handeln: sie ist nicht nur auf das Innere gerichtet, sondern der Körper insgesamt ist dabei gleichzeitig Agens, Instrument, Ort und Endzweck. Eine Durchmusterung der verschiedenen Handlungstypen und vor allem der Wertigkeiten, die Montaigne ihnen zuschreibt, würde zeigen, daß er nur ganz wenig Aufhebens von einem Tun macht, das durch Vermittlung eines Werkzeuges auf die äußere Materie einwirkt. Wir haben das bereits anläßlich der Idee des Werkes gesehen: die technische Aktivität, das Machen, das eines speziellen Instruments bedarf, um sein Ziel zu erreichen, sind »mechanisches« Werk und als solches wenig schätzenswert. (Montaigne hat in dieser Beziehung durchaus Junker-Vorurteile. Nicht nur die freien Künste sind in seinen Augen den mechanischen überlegen, auch die freie Konversation und die uneigennützige Kommunikation übertreffen jedes auf Gewinn gerichtete Metier, und sei es das der schönen Wissenschaften und Künste. Deshalb entschuldigt er sich auch, daß er zur Feder greift. Er macht aus dem Schreiben keine Berufstätigkeit. Es ist ein Notbehelf, um sich aus der Entfernung mitzuteilen und auch nach seinem Tode Gehör zu finden.) Ein gewichtigeres Werk kann aus der Arbeit mit bloßen Händen herrühren, die sich unmittelbar auf ihren Gegenstand bezieht. Nehmen, betasten, erfassen, bearbeiten, handhaben: das sind zugleich elementarere und edlere Tätigkeiten, deren Ergebnis keine für nichtig gehaltene materielle Transformation, sondern eine Bereicherung der persönlichen Erfahrung ist. Die *Manier* interessiert Montaigne nicht aus Gründen der Veränderung der Dinge, sondern weil die *Hand* [*main*] sich durch ihre *Handhabung* [*maniement*] schult, weil sie auf ihre eigene Manier [*manière*] achtet und sich dadurch selbst besser kennenlernt. Was beim *Machen* [*faire*] zählt, ist das Bewußtsein, das der Körper von der *Machart* [*façon*] entwickelt, die er seiner Bewegung mitteilt, ist der von innen her empfundene Stil, so als ob die Energie im Tun nur verausgabt würde, um ihrer selbst gewahr zu werden, um sich selbst zu praktizieren, indem sie sich in eben dem Maße wiederauflädt, wie sie sich verströmt. Hier belebt sich das Ich vollständig neu, in einem intransitiven Tun, bei dem es sich selbst nicht verläßt. Nachdem die Initiative vom Blick auf den gesamten Körper übergegangen ist, steigert sie ihn, erleuchtet sie ihn und löst sich, ohne ihn preiszugeben, in Bewußtsein und Lust auf.

Was ergibt sich daraus? Heben wir einen bezeichnenden Gesichtspunkt hervor: was sich da vor unseren Augen definiert und Gestalt annimmt, ist nicht die Geographie des erforschten Raumes, sondern die Energie des erforschenden Ichs. Montaigne sagt nicht, was er in der inneren Dimension entdeckt, der er seine Aufmerksamkeit zugewendet hat. Von Anfang an war dieser Raum mit einem negativen Ausdruck belegt: Unzulänglichkeit; er hat sich als Leere und Mangel ausgewiesen. Mehr werden wir über den inneren Raum nicht in Erfahrung bringen. Er ist nur um die Bewegung bereichert worden, die ihn durchdrungen hat. Denn das, was Montaigne in sukzessiven Wiederholungen so breit und ausführlich beschreibt, ist die Weise, wie das reflektierte und auf das eigene Innere gerichtete Tun ein Bewußtsein von seiner eigenen Spannung und vom Rhythmus seines Dranges bekommt. Wenn der erforschte Raum auch ein grenzenloses Nichts bleibt, so erlebt der erforschende Körper sich im Akt der Untersuchung doch selbst und nimmt Gestalt an, indem er sich für sein Tun sensibilisiert. Die Gewißheit, die sich hier bietet, ist also nicht die Landschaft oder der Umriß eines genauer enträtselten »Tiefen«-Ichs, sondern die des unwissenden und unermüdlichen Subjekts, das niemals aufhört, Nachforschungen über sich selbst anzustellen. Die Durchmusterung des Ichs, wie weit sie auch im eigenen Innern fortschreiten mag, erwirbt sich niemals etwas anderes als das Bewußtsein der Bewegung der Durchmusterung selbst. Was Montaigne uns vermittelt, ist kein besser erkanntes Detail einer verworrenen Realität, auf die sein Zugriff sich zu beziehen sucht, sondern die immer ergiebigeren Aspekte eines Bewußtseins und eines Körpers, die sich zum Akt der Erfassung anschicken. Hier darf zweifellos an den Begriff des Muskelsinnes oder der propriozeptiven Sensibilität (Sherrington) erinnert werden, deren sich die Physiologen zur Bezeichnung der Information bedienen, die, anhand des Spannungszustandes der Muskelpartien, uns über die Lage und Haltung unseres Körpers ins Bild setzt. Wieder einmal sind wir »in Verlegenheit«. Die Selbsterkenntnis ist für Montaigne die »kostbare« propriozeptive Empfindung der Bewegung, mit der er der Erkenntnis seiner selbst entgegenstrebt. Das ist die innere Lust des Unterfangens.

Vielleicht aber haben wir ja gar nichts Bedeutsames mehr zu entdecken: unser wahres Ich ist nicht die dunkle und unbeständige Realität, der die unbeendbare Mühe der Erkenntnis entgegenstrebt, es ist diese Strebung und diese Unbeendbarkeit selbst. Es gibt also nicht irgend etwas, das uns verborgen bleibt und sich nur nach langen tastenden Versuchen enthüllen ließe. Es ist da, (nahezu) ganz vollständig, (beinahe) hier, (fast) jetzt, es liegt nicht vor der tastenden Hand, sondern im Tasten und zugleich in der Leere, die in uns entsteht, einer Leere, ohne die es kein Tasten gäbe, sondern wer weiß welche opake und massige Stabilität. »Ich gehe in meinen Verhandlungen auf nichts weiter aus, als zu verhandeln[1].«

»*Das Leben ist eine stoffliche und körperliche Bewegung*[2].« Eine fleischliche Bewegung, die unaufhörlich die Präsenz des Körpers ins Spiel bringt und manifestiert. Anderswo aber beschreibt Montaigne eine andere Bewegung, eine Bewegung als Zerstörerin jeder Beständigkeit und Kohärenz, eine äußerste »Wackelsinnigkeit«, die sich in einer Folge von diskontinuierlichen Augenblicken äußert, deren Summe es niemals gelingt, ein »zusammenhängendes Ganzes[3]« zu bilden. Der Körper behauptet sich nicht darin, er zieht seine Energien darin nicht zusammen: wir lassen uns von einer »Träumerei ohne Körper« forttreiben. Der Mensch verliert den Boden unter den Füßen in jenem mobilen und grenzenlosen Raum, zu dem er sich selbst wird.

Diese doppelte, von der sinnlichen Erfahrung genährte Anschauung der Bewegung gibt Anlaß zu einem Überfluß an dynamischen Bildern, die die einander entgegengesetzten Figuren der Passivität und der aktiven Anspannung entwickeln – in einem von der Sprache auf großartige Weise gestifteten und bevölkerten Raum. Dergestalt sieht man eine Bewegung als Verfließen, in dem sich jede Form sanft auflöst, und eine Bewegung als Tun alternieren, bei dem das Sein die willentliche Form seines Aktes annimmt, sich darin zusammenfaßt und ohne Schwierigkeit mit seiner treibenden Erfahrung zusammenfällt. Bald nämlich schreiben die Bilder der Bewegung dem Körper die Macht zu, seine Initiativen frei hervorzubringen und zu beherrschen, bald machen sie ihn wehrlos und liefern ihn aufgelöst, leicht und beschädigt dem universalen Fluß aus, in dem er sich resigniert verliert. Denn so groß sind abwechselnd die Macht und die Ohn-

1 III, i; T.R. 769; L. 608. Dieser Satz betrifft in seinem Kontext nicht das reflektierte Handeln; man kann ihn jedoch in einem weiteren Sinne auffassen.

2 III, ix; T.R. 967; L. 773.

3 I, xxxviii; T.R. 231; L. 255. Siehe oben, im Kapitel II, den Abschnitt mit dem Titel »Das Glück des Fühlens, zwischen Schlaf und Wachen«. In seinem Buch *Montaigne* (Paris 1960), das, obwohl es kein abgeschlossenes Werk ist, doch ein sehr schönes Lektüre-Journal bildet, legt Albert THIBAUDET ein beeindruckendes Inventar der Bilder der Bewegung bei MONTAIGNE an, S. 505 ff.

macht unserer »körperlichen Verfassung«, daß das Denken Montaignes sich in diesem Zusammenhang zu widersprechen scheint. Einerseits erkennt er seinen Körper als einen Herd von Energien, die er eifersüchtig zu hüten und nicht draußen zu vergeuden bestrebt ist; das handelnde Wesen wird sich seiner Mühe nur erfreuen, wenn es die Widerstände der Welt zu besiegen sucht: wenn es keinen »Gegenstand« findet, an dem es »sich stößt[1]«, bleibt es vergeblich, wenn es seine Aufmerksamkeit anspannt, um seiner selbst besser gewahr zu werden und sich »in sich selbst zu versammeln«. So findet der aktive Körper durch seinen ständigen Neuansatz bei sich selbst und an dem Rückhalt, den ihm der Widerstand der Dinge bietet, seinen Lohn in der beinahe erotischen Wahrnehmung einer zusammengefaßten, straffen, scharf »gespannten« Energie. Andererseits beschreibt Montaigne diesen selben Körper als ein dem Fluß überantwortetes Treibgut, als hinfälliges Aggregat, das sich nicht nur vom geringsten von außen kommenden Schnickschnack »auflösen« läßt, sondern sogar durch die Wirkung seiner eigenen Nichtigkeit, seiner »Blödigkeit«, seiner »Unzulänglichkeit«, seiner Unfähigkeit, dem inneren Schub zu widerstehen, »wie Sachen, welche schwimmen, jetzt schnell, jetzt langsam, nachdem das Wasser heftig fließet oder ruhig« (II, i; T.R. 316; F.W. III, 4). Niemals gelingt es uns, die bunt zusammengesetzten Tendenzen, die sich in uns befehden, in einer Art Kohärenz aufrechtzuerhalten. Das Gemenge löst sich unaufhörlich wieder auf: »Wir sind alle aus lauter Flicken und Fetzen und so kunterbunt unförmlich zusammengestückt, daß jeder Lappen jeden Augenblick sein eigenes Spiel treibt[2] [. . .] Und wir und unser Urteil und alle sterblichen Dinge fließen und wogen unaufhörlich dahin. So läßt sich nichts Gewisses vom einen zum andern ermitteln, und der Urteilende und das Beurteilte sind in fortwährender Wandlung und Schwankung begriffen[3].« Diesmal ist es das

1 I, iv; T.R. 25; L. 72: ». . . ebenso scheint es, daß eine in Schwingung und Erschütterung gesetzte Seele sich in sich selber verliert, wenn man ihr keinen Halt gibt; man muß ihr immer einen Gegenstand darbieten, an dem sie sich stößt und entlädt.«

2 II, i; T.R. 321; L. 325.

3 II, xii; T.R. 586; L. 482. Diesen Zeilen, die zum Schlußabschnitt der *Apologie* gehören, geht der Satz voraus: »Am Ende gibt es überhaupt kein beständiges Sein, weder in unserem Wesen noch im Wesen der Dinge.«

mit dem Fließen im Bunde stehende Wogen, das uns vollkommen enteignet.

Das Fließen und das willentliche Tun sind immerwährend inchoative Bewegungen, die ihrem Ziel gegenüber auf Distanz bleiben und keinen Abschluß finden. In der passiven Entspannung hört man nicht auf, sich zu zerstreuen und aufzulösen: in der aktiven Anspannung strebt man der Beständigkeit, der Stabilität, der massiven und sicheren Stetigkeit entgegen, ohne sie jedoch endgültig zu erreichen. Halten wir überdies fest, daß jede der beiden Bewegungen nach ihrem Gegenteil ruft und es provoziert. Das ist, wie wir gesehen haben, was sich im Augenblick des Rückzuges ereignet: ist Montaigne bestrebt, »innezuhalten und sich in sich selbst zu sammeln«? Er wird im Gegenteil gewahr, daß sein Geist sich wie ein »entlaufener Hengst« aufführt, indem er »Fabelwesen und phantastische Ungeheuer ausheckt, eins übers andere, ohne alle Ordnung und Zusammenhang[1]«. Umgekehrt erlaubt die Kenntnis der inneren »*Wackelsinnigkeit*« Montaigne, in sich selbst »eine Art von *Stetigkeit* der Meinung« (II, xii; T.R. 553; F.W. IV, 22) zu erzeugen; wie sehr er auch die passive Bewegung und ihren schwindelerregenden Sog spüren mag, er erlebt alsbald die Notwendigkeit eines aktiven Widerstandes, der gegen das, was ihn zu überschwemmen droht, alle seine verfügbaren Energien mobilisiert: »Seht in euch selbst, erkennet euch selbst, haltet euch an euch selbst; wendet euren Verstand und euren Willen, die sich anderwärts verzehren, auf euch selbst; ihr verschwendet euch, ihr zerstreut euch; sammelt euch, nehmt euch zusammen; man betrügt euch, man zersplittert euch, man entreißt euch euch selber[2].«

Die Richtung bestimmen – mitgerissen werden; zusammenfassen – sich zersplittern; sich sammeln – sich verschwenden. Montaigne »versucht« nicht nur abwechselnd beide Arten von Bewegung, sondern fällt ein variables Urteil über sie, indem er bald der einen, bald der anderen den Vorzug gibt. Hier ist es der Aufruf zur Tat und zur Spannung; da ist es das Lob der willigen Passivität, die ja derart

1 I, viii; T.R. 34; L. 78.
2 III, ix; T.R. 979; L. 784.

weniger eitel und weniger dumm ist. Man muß zu *erfassen* versuchen – aber das heißt »Wasser festhalten« wollen! Man muß sich leiten lassen – aber welche Schwäche, das Spielzeug des ersten daherkommenden Anpralls zu sein!

Diese Oppositionen, diese Umwertungen der Werte kehren auch auf der Ebene der materiellen Eigenschaften des *Vollen* und des *Leeren*, des *Schweren* und des *Leichten* wieder, die untrennbar mit den Bildern der Bewegung verknüpft sind. In den Metaphern Montaignes modifiziert sich die Dichte der Körper nach Maßgabe ihrer Bewegungen. Je nachdem, ob der Körper die Bewegung erleidet oder hervorbringt, wird er leicht oder schwer, verflüchtigt er sich wie Rauch oder verdichtet er sich. Kein Verfließen ohne Leichterwerden; das Wasser wird in dem Maße leichter, wie es verströmt und ausfließt, und Montaigne geht gern vom Bild des Wassers zu dem des Windes über, seiner reinen »Leere«, ohne Masse, ohne beständige Richtung oder Strömung. Im Grenzfall seines Leichterwerdens wird das Bild des Verfließens zu kaum mehr spürbarem Geriesel: die Bewegung, die das Sein auflöst, löst sich selbst in der stillstehenden Unruhe der äußersten Leichtigkeit auf. Hatte der Fluß ursprünglich eine Richtung, einen bestimmten Lauf? Doch nur, um in diese richtungslose Leichtigkeit einzumünden. Ein wenig mehr, und die vollkommene Leere ist erreicht. Umgekehrt will die willentliche Initiative Gestalt annehmen, ihre Geste verfestigen, in sich selbst eine Beständigkeit spüren, die kein äußeres Objekt zum Weichen bringen wird. Die sich zusammenballende Energie wird zu Masse, Schwere, Fülle. Aber es gibt eine gute und eine schlechte Schwere, so wie es eine gute und eine schlechte Leichtigkeit gibt.

Die gute Fülle, die gute Schwere bringen immer einen Kontakt, einen vorhandenen Besitz ins Spiel: die Hand, die sich eines festen Gegenstandes bemächtigt, der sich zum Anfassen eignet. Die gute Fülle ist eine Eigenschaft, die dem besessenen Gegenstand und dem ihn erforschenden Körper gemeinsam ist. Wenn Montaigne von »fester und voller« Erfassung und Lust spricht, so sind Festigkeit und Fülle gemischte Wertigkeiten, die gemeinschaftliche Aspekte des

Ergreifens und des äußeren Dinges sind, auf das der Zugriff sich bezieht. Die Hand und der Körper stehen mit ihrem Druck in so engem Kontakt mit dem äußeren Gegenstand, daß sie sich dadurch ihrer eigenen Form deutlicher bewußt werden; aus diesem Grunde wird das Objekt verinnerlicht und zum Helfershelfer der Aktion, die sich an ihm abarbeitet und es sich sozusagen einverleibt und innerviert. Die Fülle ist kein Attribut der Aktion noch der Welt, sondern enthüllt und ergibt sich in dem Maße, wie Aktion und Welt aufeinandertreffen.

Die Suche nach der Fülle ist in den meisten Fällen der Akt des Ichs, das sich auf sich selbst als einen privilegierten Gegenstand bezieht, der aus nächster Nähe erfaßt werden muß. Das anfangs fremde und beobachtende Bewußtsein betrachtet sein eigenes Leben als Stück der objektiven Welt, ruht jedoch nicht eher, als bis es die gefährdete Einheit wiederhergestellt hat. Über die Suche nach einem besitzaneignenden Zugriff hinaus prüft es seine eigene Besitzaneignung, um die Verdopplung von Ich-Subjekt und Ich-Objekt aufzuheben, um der reflexiven Teilung ein Ende zu machen: »Die Selbstbetrachtung ist ein großes und *volles* Studium[1].« Eine Fülle, die sich alsbald in Begriffen von Handlung und Arbeitsanstrengung zum Ausdruck bringt: ». . . ein großes und volles Studium für den, der sich ohne Schwäche zu *prüfen und zu nutzen* weiß; ich will lieber meine Seele *schmieden*, als sie vollstopfen.«

Es gibt jedoch auch eine schlechte Schwere, eine schlechte Fülle, die Trägheit, Paralyse, Überfüllung ist. »Ich finde mich fast immer an meinem Platz, wie es mit schweren und plumpen Körpern der Fall zu sein pflegt[2].« Und man weiß, daß ein »vollgestopfter« Kopf niemals einen »aufgeweckten[3]« aufwiegen wird. Hier ist die Fülle kein vorhandener Besitz, sie ist passiver Ballast, bei dem das Sein sich mit fremder Substanz, mit pedantischem Gepäck beschwert. Gegen diese Schwere gibt sich Montaigne als leer, leicht, vergeßlich aus,

1 III, iii; T.R. 797; L. 644.

2 III, ii; T.R. 789; L. 632. MONTAIGNE spricht an einer Stelle der *Apologie* von seinem »so ziemlich weichen und schwerfälligen« Temperament (II, xii; T.R. 552; F.W. IV, 20).

3 I, xxvi; T.R. 149; L. 186.

immer bereit, alles einzubüßen und alles fahrenzulassen. Es ist allein Gottes Privileg, die »ganze Fülle« zu sein: wir unsererseits müssen uns mit unserem »unvollkommenen Wesen« abfinden und anerkennen, daß »wir alle *leer* und hohl« sind. Und im Zusammenhang mit den Versuchungen des Ruhms fügt Montaigne hinzu: »Und also sollten wir uns nicht mit Wind und Schall anfüllen, wir bedürfen reeller Substanzen, um unsere Kräfte zu erneuern[1].« Denn er kennt die Erfahrung des *artikulierten Schalles* der Sprache, der aus der Leere resultiert: der »Wind« und der »Schall« bieten sich als erste Genugtuungen an – aber als wie eitle und nichtige Genugtuungen: Montaigne sagt es im Essay »Über Lob, Preis und Ruhm«, wo er den substanzlosen Überschwang anklagt, mit dem wir unseren *Namen* aufzubauschen versuchen. Steht es uns dennoch frei, auf etwas »Festes« und »Beständiges« zu hoffen? Werden uns jene »reelleren Substanzen« vergönnt sein? Bestünde die Weisheit nicht vielmehr darin, sich in die Leere zu fügen? Eben das denkt Montaigne, wenn er bekräftigt, daß eine »unangefüllte, gelehrige Seele, die sich nicht zu viel dünkt«, die »vornehmsten Stücke des Umgangs in der bürgerlichen und menschlichen Welt[2]« besitzt.

Allerdings ist die Leere ein gefährlicher Zustand. Wir sind völlig in das Belieben der anderen gestellt, wenn man uns irgendeine Meinung weismachen will: »Erst recht, wenn die Seele leer und ohne Gegengewicht ist, senkt sie sich desto leichter unter der Last der ersten Einflüsterung[3].« Das Unwissen kann uns somit der Leichtgläubigkeit in die Arme treiben. Was tun? Das Klaffen der Leere aushalten, sich nicht mit dem ersten Vorwand zufriedengeben, der sich zu ihrer Füllung bietet. Und vor allem, wenn denn schon der »Wind« und der »Schall« eingeräumt werden muß, darüber wachen, daß diese Stimme wenigstens unsere eigene ist; daß das Bild, das sich da einschreibt, irgendwie aus unserem eigenen Inneren aufsteigt. Obwohl wir bereits darauf hingewiesen haben, sei an eine der Erklärungen (oder Entschuldigungen) erin-

1 II, xvi; T.R. 601-602; F.W. IV, 110.
2 II, xii; T.R. 477; F.W. III, 297.
3 I, xxvii; T.R. 177; L. 214.

nert, die Montaigne für die Entstehung des Buches der *Essais* anführt. Bei der erneuten Lektüre dieses so wichtigen Satzes werden wir jetzt mit größerer Deutlichkeit den Anteil der Leere verstehen können: »Und da es mir nun gänzlich an jedem andern Stoff und Inhalt *gebrach*, habe ich mir mich selber zum Gegenstand und Vorwurf *gegeben*[1].« Eine merkwürdige Antithese: die Konstatierung der Leere geht dem Akt der Präsenz bei sich selbst voraus und beschwört sie herauf – der Präsenz eines Modells, das von Kopf bis Fuß zu malen ist, und nicht einer einfachen Evidenz des *ich denke, also bin ich*, auf die sich, wenn die Leere einmal wirksam geworden ist, Descartes methodisch beschränken wird.

Von sich selbst sprechen wird eine Leere füllen bedeuten. Zu Beginn des Kapitels »Von der Freundschaft« (I, xxviii) wird an einer berühmten Stelle der Vergleich mit der Arbeit des Malers eingeführt, der den leeren und freien Raum, der eine Freskomalerei an der Wand eines Raumes umgibt, mit dekorativen Rankenmotiven ausfüllt. Dieser Ausschmükkung von *Rändern* stellt Montaigne gleich, was er schreibt: er habe, wie bekannt, La Boétie die Ehre erweisen wollen, bei ihm den Mittelteil des Bildes zu entlehnen: da er jedoch den *Contr'un* nicht veröffentlichen konnte und ihn durch die neunundzwanzig Sonette ersetzte, die er später wieder tilgen wird, gibt sich Montaigne damit zufrieden, jenen Mittelteil der Wand freizulassen – jenes genaue Maß von *Unzulänglichkeit*, das er sich selbst zuschreibt:

»(*a*) Indes ich einen Maler, den ich bei mir habe, bei der Verrichtung seines Werkes beobachtete, kam mich die Lust an, ihm darin zu folgen. Er wählte die beste Stelle in der Mitte jeder Wand, um darauf mit seinem ganzen Können ausgearbeitete Gemälde zu setzen; und die *leeren Stellen rundum füllte* er mit Grotesken, das sind phantastische Malereien, deren Anmut nur in ihrer Abwechslung und Wunderlichkeit liegt. Was ist dies hier in Wahrheit auch anderes als Grotesken und Zerrgebilde, aus verschiedenen Gliedern zusammengestückt, ohne bestimmte Gestalt, ohne andere als zufällige Ordnung, Folge und Verhältnis? [. . .] Ich halte wohl in diesem zweiten Teil mit meinem Maler Schritt, aber im andern und bessern Teil bleibe ich stecken; denn mein Können geht so weit nicht, daß

1 II, viii; T.R. 364; L. 369.

ich es wagen würde, ein reiches, ausgefeiltes und nach den Regeln der Kunst gebildetes Gemälde zu beginnen[1].«

An der Peripherie ruft der leere Raum einen wuchernden Überfluß von freien Formen hervor, der Mangel läßt eine verrückte »Wunderlichkeit« entstehen. Man kann in der Tat von einer paradoxen Fruchtbarkeit der Leere sprechen, weil die Vegetation der »grotesken« Figuren ja eigens zu ihrer Ausfüllung und Belebung hervorbricht. Gleichwohl befriedigen sie noch lange nicht das Bedürfnis nach substantiellem Reichtum: der erste »Teil« – der des »ausgefeilten und nach den Regeln der Kunst gebildeten« Gemäldes – wird unvollendet bleiben. Aus dieser fehlenden Vollendung aber resultiert die glückliche Ausbreitung des Randschmucks, jene so eigentümliche Form, die darin besteht, sich die Absenz der Form zunutze zu machen.

So repräsentieren Schwere und Leichtigkeit, Fülle und Leere abwechselnd erwünschte Zustände oder Verunstaltungen des Seins. Ja, es gibt eine Euphorie der Fülle, es gibt eine beruhigende Festigkeit, aber die Masse eines allzu dichten Körpers verhindert jeden Schwung und kerkert uns in einen unsichtbaren Panzer ein. So bleibt in den Maschen seiner eigenen Schwere gefangen, wer die erwünschte Beute mit vollen Händen zu greifen glaubte: die willentliche Tat kann uns, gleichsam durch ihre innere Spannung erschwert, über ihr Ziel hinausschießen lassen und sich in ihrem eigenen Überschwang verfangen, in der passiven Stabilität. Umgekehrt ist die Leichtigkeit ein wunderbares Privileg: das unbeschwerte Bewußtsein ist nie gefesselt und kann sich mühelos von einer Empfindung in die nächste versetzen; bald aber verliert es sich in seiner Ubiquität, es behält keinerlei Macht, es sieht seine Identität und seine Grenzen sich verwischen, es zerfließt in der Bedeutungslosigkeit, es ist nichts weiter als ein unsteter und trügerischer Hauch. In der Vorstellung Montaignes sind die schlechte Schwere und die schlechte Leichtigkeit die beiden Varianten eines *adynamischen* Unglücks: die eine repräsentiert die vollständige

1 I, xxviii; T.R. 181-182; L. 219-220.

Stillstellung des Körpers, das endgültige Verharren in der trägen Schwere; die andere seine totale Zerstreuung. Es sind die beiden letzten Stadien, in die die passive Bewegung und die willentliche Tat einmünden können. Sie bezeichnen die Grenzen, an denen die Bewegung versiegt oder plötzlich umschlägt. Glücklicherweise aber wird, je mehr man sich einem Extrem nähert, der Umschlag, der uns dem entgegengesetzten Extrem entgegentreibt, um so gebieterischer.

Diese Opposition tritt bei Montaigne häufig als der Gegensatz von (zu flüchtig-flüssiger) Seele und (zu schwerem) Körper in Erscheinung. Der Körper ist eine der Trägheit unterworfene Masse; die Seele ist immerwährende Unruhe. Aber die Seele und der Körper können sich wechselseitig Beistand leisten. Montaigne glaubt an die Möglichkeit einer Verbindung des Schweren und des Leichten, an die Möglichkeit einer Versöhnung, bei der das eine das andere temperiert und mäßigt. Die Einheit von Körper und Seele bringt sich bei ihm im Sinne einer dynamischen Einbildungskraft zum Ausdruck: ihr Unterschied ist nicht metaphysisch, er ist physisch. Es gibt hier keinerlei Problem, wie das später bei Descartes der Fall sein wird, sie wechselseitig aufeinander einwirken zu lassen. Die Bewegung des einen verträgt sich und gleicht sich mühelos mit der Bewegung der anderen aus; das am wenigsten und das am meisten Dichte können unter bestimmten Bedingungen mischbar werden. Der glückliche Mensch kennt diese intime Entsprechung des Gewichtigen und des Leichten. Sie trennen heißt »einen ganz lebendigen Menschen[1]« zerreißen: in der Rhetorik der Rechtfertigungen der körperlichen Existenz gibt sich Montaigne nicht mit dem traditionellen Motiv der Ehelichkeit (oder der Brüderlichkeit) und der gegenseitigen Dienste zufrieden. Er empfindet die Notwendigkeit, den wechselseitigen Dienst, der die denkbar engste Verbindung charakterisiert und der unterschiedslos die Zuneigung zwischen Freunden oder Ehegatten als Leitbild wählt, in dynamischen Begriffen zu spezifizieren. Gerade im Bereich der kinästhetischen Sensibilität sucht Montaigne die Bilder, die den handgreiflichen Beweis der

1 III, v; T.R. 871; F.W. V, 193.

Versöhnung der Gegensätze und der gemeisterten Beziehung beibringen sollen:

»(*b*) Wozu zerreißen und entzweien wir ein Ganzes, das in so inniger und brüderlicher Eintracht verwoben ist? Laßt es uns im Gegenteil durch gegenseitige Dienstleistungen fester fügen. Der Geist erwecke und belebe die *Schwerfälligkeit* des Körpes, der Körper halte die *Schwerelosigkeit* des Geistes auf und befestige sie[1].«

Es liegt Montaigne grundlegend daran, die Gegensätze zu einem Ausgleich zu bringen: es kommt ihm kaum darauf an, eine beständige Verbindung zwischen Geist und Schwerelosigkeit, Körper und Schwerfälligkeit herzustellen, wenn die Umkehrung der Attribute sich nur symmetrisch vollzieht und dabei auf die Opposition und zugleich auf die Möglichkeit der Versöhnung der Gegensätze Rücksicht nimmt. Hier ein Abschnitt, in dem der Geist, im Gegensatz zum vorhergehenden Zitat, durch seine *Schwerfälligkeit* und das Vermögen der »Anspannung« charakterisiert wird: im vorliegenden Falle handelt es sich um unsere Einbildungskraft und unseren Willen, die die von außen auferlegten »Lasten« in übertriebener Weise deuten:

»(*b*) Denn der Körper nimmt die *Lasten*, die man ihm auflegt, nicht schwerer, als sie sind; *der Geist vergrößert und erschwert sie sich* oft zu seinem Schaden und gibt ihnen das Gewicht, das ihn gutdünkt. Man verrichtet gleiche Dinge mit ungleicher Anstrengung und verschiedener Anspannung des Willens[2].«

Der Wille ist ein Vermögen des Geistes, und wenn Montaigne ihm eine durch die Bilder der Spannung (Intention, »Anspannung«) metaphorisierte Energie zuschreibt, erkennt er dem Geist diesmal die gefährliche Macht der Trägheit, der Schwere zu. Der Geist tritt also als der für eine *Überlastung* Verantwortliche in Erscheinung – was ihm eine pejorative Bewertung einträgt. Bei Montaigne ist die *Spannung* ein mehrdeutiger Zustand: wenn sie sich bis zum Übermaß steigert, wenn sie auf sein Handeln übergreift, wird sie zur verhängnisvollen Kraft, die dem vitalen Interesse des Menschen entgegensteht. Montaigne läßt eine Spannung nur dann als

1 III, xiii; T.R. 1094-1095; L. 881-882.
2 III, x; T.R. 984; L. 790.

beglückend gelten, wenn sie die Bewegungsfähigkeit nicht hemmt.

Die dynamische Einbildungskraft Montaignes kennt nicht nur die Bewegung als Verfließen und die Bewegung als Tat: sie macht auch ihre Resultante ausfindig, ein gemischtes Kompositum, in dem die beiden Erlebnisdimensionen sich finden und verschmelzen. Wenn Montaigne erklärt, daß der pyrrhonische Weise »zu reisen und sich vom Anschein regieren zu lassen gehalten ist[1]«, bringt er ein aktives Tun *(reisen)* und eine willfährige Passivität *(sich regieren lassen)* in enge Beziehung zueinander. Die beiden Bewegungen sind hier verbunden, in ein und dieselbe Richtung geleitet, beinahe ineinander verwoben. Die aktive Bewegung bietet der passiven keinen Widerstand, und die Passivität legt dem Handeln keine Hindernisse in den Weg. Die damit hergestellte Harmonie wird als Biegsamkeit, als Gleiten definiert, bei dem die Initiative des Körpers, der sich der Strömung anpaßt, die ihm vorgeschrieben ist, mit dem Fluß zusammenfällt, der ihn hinwegträgt. In der Biegsamkeit bleibt die entschlossene Freiheit der Tat mit der hingenommenen Neigung vereinbar, kann sich aber auch ohne exzessive Spannung davon lösen: »Die beste meiner körperlichen Anlagen ist die *Biegsamkeit* und Anpassungsfähigkeit: unter meinen Neigungen sind mir einige eigentümlicher, gewohnter und angenehmer als andere; aber mit sehr geringer Mühe *entsage* ich ihnen und *finde* mich *leicht* in die entgegengesetzte Weise[2].« Das flexible Gleiten ist die vollkommene und glückhafte Form dieses Typus von »kombinierter Bewegung«. Es gefällt Montaigne, diese Euphorie durch den transitiven Gebrauch eines gewöhnlich intransitiven Verbums zum Ausdruck zu bringen: *couler la vie, glisser la vie* – über das Leben hingleiten, ins Leben einsinken. Zwar gibt es dabei Hingabe, die den erlittenen Anstoß aber doch alsbald in Handeln umsetzt; die Passivität rafft sich wieder zu Aktivität auf, in der der einfache »Hingang« des Lebens zum Gegenstand eines Willens wird, der sich darauf richtet. Der willentliche Elan trifft wieder auf die Entspan-

1 II, xii; T.R. 486; F.W. III, 311.
2 III, xiii; T.R. 1061; L. 859.

nung und die vertrauensvolle Hingabe, um sich damit zu mischen. Um von einer »Neigung« zur anderen überzugehen, bedarf es eines Entschlusses: er läßt sich »mit sehr geringer Mühe« verwirklichen. Es ist beinahe nicht einmal mehr ein Akt: es ist ein gelenktes Gleiten: *je me coule aisément* – ich finde mich leicht [in die entgegengesetzte Weise] . . .

Manchmal tritt bei Montaigne eine weniger gleichförmige Varietät in Erscheinung: eine Bewegung, bei der die willentliche Anspannung dem passiven Mitgerissenwerden Widerstand entgegensetzt (das damit unregelmäßig, ruckartig wird) und die Strömung dennoch heftig genug ist, um die gewünschte Handlung daran zu hindern, das Ziel zu erreichen, das sie sich gesteckt hatte. In einem langen Wechselspiel von Abschwüngen und Neuansätzen hört der Körper nicht auf, sich wieder im Zustand der Passivität zu verfangen: er will sich ihm nicht rückhaltlos überlassen, kann ihm aber auch nicht mit Erfolg Widerstand leisten. Die Bewegung bleibt schwankend, taumelnd, stolpernd, kreisend, hinkend, lendenlahm (die näheren Bestimmungen fließen Montaigne nur allzuleicht aus der Feder). Es ist die Gangart der Trunkenheit, bei der der Körper seine Initiativen nicht mehr vollständig unter Kontrolle hat, die Herrschaft über die einzuschlagende Richtung einbüßt und sein Zugriff ihm seinen Gegenstand nicht mehr »sichern« kann. Im Gegensatz zur biegsamen Bewegung, in der sich eine ungezwungene Kontinuität entfaltet, bewegt sich das taumelnde Wesen nur »ruckartig«, diskontinuierlich: von Augenblick zu Augenblick erschöpft sich seine Energie und ersteht wieder neu. Daß diese Ungleichmäßigkeit der Gangart, dieses Sich-Zusammenraffen am Rande des Unterganges auch eine erotische Bedeutung haben können, bezeugt Montaigne mit dem, was er von der Liebe der »Hinkenden« sagt (III, xi) . . .

Im System der metaphorischen Bewegungen bedeutet taumeln nicht immer auch *fallen.* »Taumeln« hält die Mitte zwischen dem geraden Weg und dem Absturz. Geradeswegs zur Wahrheit der Dinge vorzustoßen, ist der Traum der philosophischen Erkenntnis: immer aber gibt es eine näherliegende Wahrheit, die die Philosophie außer acht läßt, und Montaigne freut sich »über die milesische Dirne, welche, als sie den Thales sich unaufhörlich mit der Betrachtung des Himmels abgeben sah und wie er beständig die Augen gegen das Firmament gerichtet hatte, ihm etwas in den Weg warf, worüber er *stolpern* mußte . . .« (II, xii; T.R. 519; F.W. III, 372-373). Der Fall ist die Bestrafung des Eigendünkels, der vergißt, »auf sich selbst zu achten«. Es bedarf vieler Kraft, um weiterhin »seinen Weg fortzusetzen«, denn das Alter selbst ist bereits ein »Unfall« (I, xxxix; T.R. 237; F.W. II, 122).

Bleibt das Umherschweifen: »Ohne Zwang und tiefes Überlegen gehe ich der Veränderung nach. Ebenso schweifen auch meine Schreibart und mein Witz umher« (III, ix; T.R. 973; F.W. VI, 36). »Habe ich etwas Sehenswürdiges vorbeigelassen, so gehe ich zurück, mich bringt nichts aus dem Wege. Ich schreibe mir nie eine gewisse, weder gerade noch krumme Linie vor« (III, ix; T.R. 963; F.W. VI, 17-18).

Die Biegsamkeit ist die vollkommenste Erfahrung der Bewegung. Aber nicht jede beliebige Biegsamkeit. Montaigne möchte nichts einbüßen: er legt Wert darauf, die Geste des *Gehens* und zugleich die Trunkenheit des *Mitgerissenwerdens* zu erleben. Die geglückte Synthese läßt die Differenz der sich in ihr harmonisierenden Gegensätze unversehrt. Die allzu enge Fusion der Extreme überantwortete uns der einfachen Mäßigung, einer mittelmäßigen, flauen und vorsichtigen Weisheit, die, trotz einer solide beglaubigten Legende, Montaignes Sache durchaus nicht ist. Er bedarf einer kontrastreichen Biegsamkeit, bei der die Schwere und die Leichtigkeit distinkte Eigenschaften bleiben, indem sie ein Paar bilden, in dem sich die »wechselseitigen Dienste« aufeinander berufen und erfüllen. Der Körper und die Seele, die durch eine »innige und brüderliche Eintracht[1]« verwoben sind, finden in der bewahrten Dualität die grundlegende Bedingung eines Reichtums, der sich in Dialog und harmonisierter Spannung entfaltet. Diese »Eintracht« ist kostbar, weil sie gegen die konstante Drohung von Scheidung und Trennung errungen werden muß. »Jene, die unsere wesentlichen Bestandteile trennen und voneinander absondern wollen, haben unrecht.

1 III, xiii; T.R. 1094; L. 881-882.

Im Gegenteil, man sollte sie enger vereinigen und zueinander gesellen[1].« Unser Doppelwesen schürt die Gefahr eines Konfliktes; wir können ihr nur durch unsere Fähigkeit begegnen, einander entgegengesetzte dynamische Qualitäten auf komplementäre und gleichzeitige Weise zu leben: die Aktivität vor dem Hintergrund der Passivität leben, die Passivität als das leben, was sich im innersten Kern der Aktion verbirgt. Der glückliche Mensch, das harmonische Sein nehmen keine Zwischenstellung zwischen den Extremen ein, halb aktiv und halb passiv: glücklich ist nicht die Persönlichkeit, die sich der Erfahrung des Widerspruchs verweigert oder weder voll noch leer, weder leicht noch schwer sein will. Es ist im Gegenteil derjenige, der allen Extremen zugleich angehört, ohne Zerbrechen, ohne Zerstückelung; es ist derjenige, bei dem sich, durch das Wirken einer spontanen Gnade, die paradoxe Hochzeit von passiver Hingabe und aktiver Bemächtigung vollzieht, von Willfährigkeit und bewußter Anstrengung. Er läßt es geschehen, daß sich die verschiedenen Register der Bewegung entfalten.

Daß sich, vor dem Hintergrund einer völlig passiven Bewegung, eine Handlung, eine dichte Aktivität von vollkommener, willentlicher Kontur vollziehen. Daß sie sich, weit davon entfernt, einander außer acht zu lassen, sich lediglich ohne wechselseitige Beziehung zu überlagern, unabdingbar durchdringen und bestimmen. Daß die aktive Intention die volle Zustimmung zum passiven Mitgerissenwerden einschließt und der passive Fluß sich umgekehrt durch die Aktion leiten läßt. Die Anspannung des Handelns und die Entspannung des Verströmens akzentuieren sich wechselseitig, und das Sein findet die Inspiration seiner Lebensfülle im Gefühl der unfaßbaren Zerstreuung.

Dieselbe harmonisierte Doppelbindung bestimmt bei Montaigne auch die Beziehung zwischen der Urteilskraft und dem natürlichen Sein, ihrer Distanz und ihrer wechselseitigen Beihilfe. Zur Urteilskraft gehört die Anspannung; zum natürlichen Sein die Flüchtigkeit. So können die Selbster-

1 II, xvii; T.R. 622; L. 512. Oder auch: »Denn wir sind aus zwei Hauptteilen zusammengesetzt, deren Trennung der Tod und die Zerstörung unseres Daseins ist« (II, xii; T.R. 500; F.W. III, 338).

kenntnis und die Hingabe an die natürliche Bewegung miteinander vereinbar werden. Eine wachsame Aufmerksamkeit richtet sich auf das weiche und evasive Verströmen, um es in eine bewußte Empfindung zu übersetzen: »*Man muß die Seele nicht wenig anstrengen, um es ihr begreiflich zu machen, wie sie sich selbst verspillt* [frz. *s'escoule*][1].« Die Seele ist flüssige Substanz und gespannte Schwungkraft in eins; der Akt des *Fühlens* stellt sich im Kontakt dieser beiden Kräfte ein, die durch Bilder konträren Zuschnitts repräsentiert werden; er ergibt sich an dem Punkt, wo *sich anspannen* und *mitgerissen werden* in einer flüchtigen Fülle koexistieren; das heißt in einer Fülle, die die Leichtigkeit des Verströmens »erweckt und belebt«. Diese Empfindung aber, die eine vorübergehend belebte Schwere ist, ist ebenso auch eine vorübergehend beschwerte Leichtigkeit. Die sinnliche Fülle tritt ein, wenn das Handeln eine unendlich leichte Substanz – das Leben – »aufhält und festmacht«, indem es ihr Gewicht verleiht, indem es sie für den kurzen Augenblick einer »Ergreifung« schwer werden läßt. Die Anspannung der Urteilskraft, ihre aktive Aufmerksamkeit haben dann die Wirkung, das, was doch unaufhörlich entflieht, *aufzuhalten*:

»(*b*) Vornehmlich aber jetzt, da ich gewahr werde, daß meine Lebenszeit immer abnimmt, will ich solche an *Gewicht* ausdehnen. Ich will die Schnelligkeit ihrer *Flucht* durch die Schnelligkeit meiner Ergreifung *aufhalten* und die Eile ihres *Vorüberganges* durch den Nachdruck ihres *Gebrauchs* ersetzen. Wie die Besitzzeit des Lebens kürzer wird, muß ich solche einträglicher und *ergiebiger* machen[2].«

Wenn die unmittelbare Erfahrung die der Flucht, des Verströmens ist, so ist das reflektierte Bewußtsein, das sich ihr gegenüber sieht, kein entfernter Spiegel, in dem sich die Bilder der *Flucht* und des Verströmens abzeichnen. Es ist eine Bemächtigungsaktivität; es legt dem, was ohne Schwere ist, ein imaginäres Gewicht bei. Daher rührt eine intensive und ruhige Lust, in der das Sein zugleich die Leere und die Fülle, die Schwäche und die Stärke, die Armut des Besitzlosen und den Reichtum dessen auskostet, dem alles zu Gebote steht.

1 III, xiii; T.R. 1085; F.W. VI, 235.
2 III, xiii; T.R. 1092; F.W. VI, 247.

In mehrfacher Wiederholung und in Ausdrücken wie *sich gehen lassen*, *mit sich geschehen lassen* oder *sich mitreißen lassen* unterscheiden wir diese doppelte Bewegung: vorherrschend ist die Passivität, aber nicht ohne daß eine aktive Zustimmung zur Passivität ins Spiel käme, eine willentliche Entspannung und Lockerung der Seele, die sich dem Treibenlassen hätte verweigern, der Bewegung, die sie ergreift, hätte Trotz bieten können. Denn sich mitreißen lassen ist nicht mitgerissen werden: es heißt sich aus freien Stücken dem Strom überlassen, dem zu widerstehen nicht unmöglich gewesen wäre; es heißt wissen, daß man in sich die Kraft hätte, zu kämpfen, und auf diesen Kampf verzichten. Der Verzicht ist also keine Feigheit: er dient dem »Lustprinzip«, er zieht aus dem erlebten Augenblick den größtmöglichen Nutzen. Wie wir gesehen haben, wurde Montaigne nach seinem Sturz vom Pferde keine gänzlich passive Beute des Schwindels: er überließ sich ihm willentlich, er *ließ* sich hineingleiten, und nicht ohne »Süße«. Mit dem ganzen schwachen Bewußtsein, das ihm noch verbleibt, willigt er darein, daß das Leben verströmt und entflieht. Und selbst dann, wenn Montaigne das Verlöschen des Bewußtseins und die Aufhebung des Gefühls akzeptiert, spricht er die Tilgung in einem Satz aus, der von einem reflexiven Verbum beherrscht wird, in dem sich die reflektierte willentliche Aktion niederschlägt:

»(*b*) *Ich stürze* über Hals und Kopf und ohne allen Bedacht dem Tod in den Rachen, ohne ihn anzusehen und zu betrachten, als wie in eine dumpfe, düstere Tiefe, die mich durch einen Sprung verschlingt und mich in dem Augenblick eines starren, empfindungslosen Totenschlafes erstickt[1].«

Noch im tiefsten Dämmerzustand des Bewußtseins muß Montaigne seinen Elan durch den Entschluß steigern, zu »stürzen« [frz. *se plonger*]. Auch hier wieder handelt es sich um eine Vorstellung, die von einer »gewissen Lust« begleitet ist. Und einige Seiten weiter lesen wir die Gründe, die Montaigne für seine Vorliebe für einen Tod fern den Seinen, mitten auf der Reise anführt: er wird sich so dem Sterben mit größerer Aufmerksamkeit widmen können – denn der ideale

1 III, ix; T.R. 949; F.W. V, 331.

Tod ist ein ins Werk gesetzter Tod, ein »gelenkter« Tod, bei dem das Bewußtsein das Ereignis abpaßt, das, in der Tiefe des Körpers, der Präsenz dieses Körpers ein Ende setzt: »*Es ist nur ein Augenblick, aber von solchem Gewicht, daß ich gern eine Anzahl meiner Lebenstage dafür hingeben möchte, um solchen auf meine Weise durchzugehen*[1].« Der Tod ist die absolute Flucht, dennoch aber bietet er sich für eine vollkommene Erfassung an. Er »entbindet« uns, und bis zum letzten Augenblick können wir an ihm »bauen« und ihn wahrnehmen, so als sei er unser eigenes Werk. Zwar ist er ein Schlaf, aber niemals hat Montaigne Schlaf und Handeln oder Fühlen vollständig trennen wollen. »Tätigkeit an sich selbst kostet dem Geiste so wenig, daß er sogar im Schlafe tätig ist[2].« Montaigne läßt sich wecken, um dem Schlaf »auf die Schliche« zu kommen; auf dieselbe Weise möchte er dem Tod auf die Schliche kommen und sein Gewicht ermessen.

3. Das Leben als »Meisterstück«

Aber diese Versöhnung von *Zugriff* und *Hingabe*, von aktiver Erfassung und Passivität, diese reflektierte Einwilligung in das, was man unausweichlich zu erleiden hat, finden den Ansatzpunkt ihrer Manifestation zunächst im Leben – im Leben, in dem jeder einzelne Augenblick von dieser antithetischen Dualität erhellt werden kann.

Nichts ist leichter, nichts aber auch schwieriger als leben. Alles ist gegeben, und es gibt nichts zu suchen; aber alles ist zu tun. Es handelt sich nur darum, einzuwilligen, zu empfangen, sich gehenzulassen; aber man muß es unternehmen, »dieses Leben gut und natürlich zu leben«, »jederzeit zu leben«, und da ist keine andere »so schwierige Wissenschaft«: das Leben bildet »das herrlichste Meisterstück des Menschen[3]«. Leben ist also das, was uns vergönnt ist, was allen unseren Beweggründen zum Handeln vorausgeht; aber es ist auch der Akt und das Werk *par excellence*, der Endzweck, der

1 III, ix; T.R. 962; F.W. VI, 15.
2 III, ix; T.R. 984; F.W. VI, 55.
3 III, xiii; T.R. 1088.

seinen Schatten über alle unsere anderen Akte und alle unsere anderen Werke wirft. Es ist ein Tatbestand, und es ist eine Aufgabe. Unsere Existenz ist uns zugewiesen, und sie bleibt ein unbeendbares Werk. Deshalb muß das Bewußtsein, das sich dem Leben zuwendet, sich als unmittelbare Gegebenheit hinnehmen, wenn es sich auch gleichzeitig von sich löst, um sich selbst als sein *Meisterstück* zu konstruieren. Sogar die Idee des Lebens selbst setzt die apriorische Zustimmung zu sich selbst und das immerwährende Trachten nach »leben« als einem fernen Ziel voraus. Fern, aber nicht außerhalb, weil es sich ja darum handelt, sich eine Nähe zu erschließen, eine sinnliche Fülle.

In jedem Augenblick bietet sich das Leben als etwas dar, was *bereits da* ist, im plötzlichen Auftauchen des Bewußtseins und der es umgebenden Welt. Es bleibt nur, es zu »erfüllen« [frz. *parfaire*]. In dem Maße aber, wie die Lebenserfahrung Montaignes fortschreitet, wächst dem Augenblick, in dem das Leben sich manifestiert, die Qualität eines *letzten* Augenblickes zu: Augenblick der Gnade, des unerwarteten Aufschubs, der eine gänzlich verausgabte Existenz krönt. Das Leben ist *bereits da*, weil es bereits stattgefunden hat. Alle Karten sind ausgespielt. Die Sorge um die Zukunft treibt ihn nicht mehr um. In diesem heiklen letzten Augenblick koexistieren Fülle und Leere. Alles reduziert sich auf das ganz schwache Bewußtsein des *Noch*-Lebens, während rückwärts bereits alles »voll« ist, alles Gestalt angenommen hat: der Körper, der so viele Wonnen erlebt hat und bald nichts mehr wahrnehmen wird, die fortan stillstehende Reihe von abgetanen Worten und Handlungen, die unumkehrbare und hinfällige Spur einer Existenz.

»*Aber ja doch, es ist vorbei . . . Mein guter alter Mann, es ist vorbei*[1].« Abschluß; Vollkommenheit in der Unvollkommenheit. Montaigne ist da, mit seinen Krankheiten, seinen Gewohnheiten, seinen Verschrobenheiten. Das Leben akzeptieren heißt für ihn akzeptieren, gelebt zu haben und sich in der Gestalt wahrzunehmen, wie sie die Jahre ihm aufgeprägt haben. Es ist vorbei. Es ist zu spät. Man fordere ihn doch nur ja nicht auf, sich zu bessern. Montaigne weiß sich nur so

1 III, xiii; T.R. 1067; F.W. VI, 205.

darzustellen, wie er ist, das heißt als der, den sein Leben aus ihm gemacht hat, als der, den die Krankheit zerstört. Daraus aber folgt, daß Sich-Darstellen zu einer unendlichen Aufgabe wird, die der scheinbaren Immobilisierung des *Es ist vorbei* widerspricht. Nichts ist endgültig verfestigt. Denn sich darstellen heißt das Leben und die Bewegung, die man für bereits zum Stillstand gekommen hielt, in der eigenen Dauer der Sprache fortsetzen. So berichtigt sich Montaigne und verwandelt sich durch unablässige Zusätze, auch wenn er sich zur Reue unfähig erklärt. Im Kapitel XIII des dritten Buches und nach allem, was im *Es ist vorbei* zur Reglosigkeit erstarrt schien, taucht die Aufforderung auf, das Leben als *Meisterstück* zu erbauen, und darauf folgt die Feststellung: »Auf diese Weise schwinde und schmelze ich nach und nach zusammen[1]«, das heißt, es treffen der Aufruf zum schöpferischen Akt und die Fügung in das immerwährende Verfließen zusammen: alles bleibt noch zu tun, auch wenn alles sich auflöst. »Das Leben ist eine schwankende, unregelmäßige und vielgestaltige Bewegung[2].« Was also wäre verwunderlicher als die Erfahrung dieser gleichzeitigen Zustimmung und Flucht, dieser Unmöglichkeit, jemand anderer zu sein als man selbst, und dieser unermüdlichen *Distanzierung*: jeder dieser Zustände – Zustimmung oder Distanz – tritt abwechselnd als Verunstaltung oder als erwünschtes Ziel in Erscheinung, als der Beweis einer Macht oder Ohnmacht des lebendigen Bewußtseins.

»*Was ich tue, das pflege ich ganz zu tun und gehe mit Leib und Seele drauf los; ich habe kaum Regungen, die sich meiner Vernunft verhehlen und entziehen*[3].« Montaigne verkündet seine Einheit, seine innere Ungeteiltheit; aber diese Einheit legt sich, einmal behauptet, in eine *Regung* und in eine *Vernunft* auseinander. Eine *Regung*, die sich in aller Deutlichkeit zeigt. Eine *Vernunft*, die in die vor ihr aufgetauchte *Regung* einwilligt ... Die Verdopplung und die Einheit: man muß ihre Vertiefung jetzt in einer neuen Dimension sehen. Bei Annäherung des Todes geben Regung und Vernunft ihre letzte Bedeutung zu

1 III, xiii; T.R. 1081; F.W. VI, 229.
2 III, iii; T.R. 796; L. 643.
3 III, ii; T.R. 790; L. 634.

erkennen. Die Regung ist Bewegung auf den Tod zu, und die Vernunft hat erkannt, daß das Leben »seines Wesens verlustig« gehen kann. Die Einwilligung in den Tod ist nur das zwangsläufige Gegenstück einer totalen Hinwendung zum Leben. Wenn die vom Bewußtsein auferlegte Distanz der absolute Bruch ist, das heißt der Tod, so ist die Intimität, die es durch Umkehrung wiederfindet, die eindringliche Evidenz des Lebens. Zweifellos sind im vorliegenden Falle Distanz und Intimität nur Gedanken, sind sie nur Strebungen des Bewußtseins: der Hingang in den Tod ist nicht vollzogen, und der Besitz des Lebens bleibt Stückwerk. Wenigstens richtet sich der Blick auf Grenzen, die er nicht zu überwinden weiß. Das Bewußtsein denkt dann die Distanz als absolute und die Intimität als absolute, und es denkt sie als unzertrennlich: daß es diese beiden Gedanken in sich selbst *vereinigen* kann, und zwar so, daß die Distanz zur Heraufkunft der Präsenz beiträgt – das ist wahrscheinlich der wahre Triumph des Bewußtseins über den Tod, aber ein stets unvollständiger Triumph, so wie die Eroberung seiner selbst unvollendbar ist.

Auf die Anfälle der Krankheit, auf die Drohung des bevorstehenden Todes reagiert Montaigne mit dem Lob unseres *körperlichen Wesens*. Fortan hat er eine genauere Vorstellung von dem Glück, einen Körper zu haben, und vom Wert der Gesundheit, jenes »Feuers der munteren Jugend[1]«. Eine scheinbar banale Wahrheit, ein unerschöpflicher Gemeinplatz: die Leiden erneuern den würzigen Duft vergangenen Glücks. Die lateinischen Dichter haben es auf hunderterlei Weise gesagt, und Montaigne hat ihre Sentenzen zitiert. Aber was die Krankheit und der bevorstehende Tod Montaigne jetzt zu erkennen geben, ist kein vergangenes Glück: es ist ein gegenwärtiges, eine jetzige Seligkeit.

»*Wenn ich tanze, so tanze ich, und wenn ich schlafe, so schlafe ich*[2].« Vollkommene Zustimmung zu sich selbst: die *Geste* des Tanzes und die *Entspannung* des Schlafes sind Augenblicke völliger Koinzidenz. Die Verdopplung des Verbums ist hier das Ergebnis einer reflexiven Verdopplung; was jedoch vom

1 III, v; T.R. 821; F.W. V, 100.
2 III, xiii; T.R. 1087; F.W. VI, 240.

reflektierenden Bewußtsein festgestellt wird, ist die vollkommene Wiederholung, die reine und einfache Wiederbekräftigung des Handelns, auf das sich Montaigne eingelassen hat. Die spiegelbildliche Identität der wiederholten Verben manifestiert die Übereinstimmung mit sich selbst, ohne Hintergedanken noch Vorbehalt. Der Schriftsteller kostet so seine eigene Fülle aus: er zeigt sich als der, der er ist, er ist vorübergehend mit sich einverstanden, und er teilt das seinem Leser mit. Eine so beglückende Zustimmung zum erlebten Augenblick aber ist nur möglich, weil das Bewußtsein sich endgültig damit vertraut gemacht hat, daß »der Tod sich unvermerkt und überall in unser Leben einmischt[1]«. Um im flüchtigen Augenblick die absolute Fülle zu finden, muß man zunächst in Gedanken mit dem Leben gebrochen haben. Um den Reichtum zu finden, muß man zunächst in den Verlust allen Besitzes eingewilligt haben. In eben dem Augenblick, da alle Bindungen aufgelöst sind, stellen sich der ergiebigste Zugriff und der süßeste Genuß ein.

»(*c*) Ich denke in Zukunft auf nichts weiter, als Schicht zu machen [frz. *qu'à finir*]. Ich entschlage mich aller neuen Hoffnungen und Unternehmungen; nehme meinen letzten Abschied von allen Orten, die ich verlasse, und trenne mich täglich von allem, was ich habe[2]. [. . .] (*c*) Ich löse mich von allem, mein Abschied von jedermann ist schon halb genommen, außer von mir selbst. Nie hat ein Mensch sich reiner und völliger darauf bereitet, die Welt zu verlassen, und hat ihr vollkommener entsagt, als ich es zu tun hoffe[3]. [. . .] (*b*) Und um alles von meinen schwachen Gesinnungen zu bezeugen, was ich weiß, so gestehe ich, daß ich auf meinen Reisen selten in einer Herberge anlange, wo es mir nicht in den Kopf kommt, ob ich darin nicht mit Bequemlichkeit krank sein oder sterben könnte[4].«

Der Gedanke an den Tod bewirkt eine völlige Weltabkehr, verdoppelt zugleich jedoch die Aufmerksamkeit, die jeder Minute und jedem Gegenstand entgegengebracht wird, die das Leben noch bietet. Montaigne läßt sogar noch die Lehre der Stoiker hinter sich, die ja jeden Augenblick so zu erleben rieten, als ob es der letzte sei. Für das losgelöste Bewußtsein

1 III, xiii; T.R. 1082; F.W. VI, 230.
2 II, xxviii; T.R. 681-682; F.W. IV, 255.
3 I, xx; T.R. 87; L. 132.
4 III, ix; T.R. 961; F.W. VI, 14.

hat das Leben bereits sein Ende gefunden, und die Welt hat sich für immer entfernt: gleichwohl verlegt ein Aufschub aus reiner Gnade den Tod auf einen späteren Zeitpunkt, und fortan können alle erlebten Augenblicke ausgekostet werden, als seien sie nach der Todesstunde *zurückerstattet*. Sie sind als Dreingabe geschenkt, durch das Wirken einer unschätzbaren Gunst, die die des einfachen Lebens ist, wenn es sich denn einmal jeder Klage um die Vergangenheit und jeder Sorge um die Zukunft entäußert hat. Da der Bruch bereits vollzogen ist, erscheint jeder Augenblick als unmittelbares und unentgeltliches Geschenk, der Genuß wird nicht mehr durch die Sorge um den Tod getrübt, Zugriff und Erfassung des Wirklichen werden lebhafter: ein köstlicher, aus der Entäußerung und Enteignung geborener Überfluß; eine Präsenz, die nicht so substantiell und so voll gewesen wäre, wenn sie nicht einem Bewußtsein zuteil geworden wäre, das bereits seinen letzten Abschied genommen hat. Die Mystiker, die diese Art von Weltabkehr praktizieren, wenden sich ihr nicht mehr zu und pflegen allein mit Gott Umgang. Montaigne aber findet, nachdem er mit dem Leben abgeschlossen hat, das *menschliche* Leben und die *irdische* Welt in einem neuen Licht wieder: er kostet als Lebender einen postumen Genuß aus.

Wieviele Widersprüche erhellen sich demnach, bei denen jedes der einander entgegengesetzten Glieder seine Notwendigkeit und seine komplementäre Funktion enthüllt! Montaigne hatte gesagt, daß er sein Buch anfangs in einer »melancholischen Stimmung« zu schreiben unternommen habe und daß es nichts gäbe, »womit [er sich] von jeher mehr beschäftigt hätte, als mit der Vorstellung des Todes, selbst in der ausgelassensten Zeit [s]eines Lebens[1]«, aber wir werden Zeugen eines nicht weniger aufrichtigen Geständnisses, wenn er seine Seele beschreibt, die »damals nicht nur frei von Unruhe, sondern obendrein froh und fröhlich war, wie sie gewöhnlich ist, teils nach ihrer innern Beschaffenheit, teils aus Vorsatz und Absicht[2]«. Zunächst muß die Seele sich also ihren Tod als eine Art von Gewitter vorgestellt haben:

1 I, xx; T.R. 85; L. 130.
2 III, xiii; T.R. 1077; F.W. VI, 221.

»(*b*) Ich stutze nicht sowohl vor dem Gestorbensein, als ich vertraute Bekanntschaft mache mit dem Sterben. Ich hülle und wickle mich in dieses *Gewitter*, welches mich mit einem schnellen und unversehenen Schlage *blenden* und hinreißen soll[1].«

Diese Blendung aber ermöglicht einen neuen Blick, und die Antizipation des Gewitters wird zum *ruhigen Himmel*, der die Vernunft entschädigt:

»(*b*) Wohin sie auch *blickt*, erblickt sie *den Himmel allenthalben ruhig*, keine Begierden, keine Furcht oder Zweifel, welche ihr die Luft verfinstern, (*c*) wo sie keine vergangene, gegenwärtige oder zukünftige Schwierigkeit gewahr wird, (*b*) über welche ihre Einbildungskraft nicht ungekränkt hinwegsieht[2].«

Somit werden, jenseits der Idee des Seins, das uns fehlt, und des Scheins, der uns täuscht, jenseits der Idee der Nichtigkeit des Menschen und der Hinfälligkeit des Lebens, die einfache Existenz, die uns gegeben ist, und der vergängliche Körper, der unser ist, zu dem Ort, an dem sich eine Wahrheit enthüllt; meine Wahrheit, dürftig, aber absolut; einzigartig, aber von der allgemeinen Natur getragen; nicht mitteilbar, aber Teilhaber aller Bewußtseinsformen der Menschen. Wir haben das *essentielle* Sein eingebüßt, aber das relative und *phänomenale* Sein ist uns zurückgegeben. Wir sind nur arm geworden, um uns zu bereichern. Das Sein ist zugleich das, was es an noch Verborgenem gibt, und das, was unmittelbar sinnlich wahrnehmbar ist. Unsere Sinne belügen uns, wenn sie uns vom Sein sprechen, und doch ist es das Sein, das in unserem Leben und in unseren Sinnen heimisch wird. Es enthüllt sich unaufhörlich, aber jede Erscheinung manifestiert und verflüchtigt es alsbald. Es ist, es erscheint und verbirgt sich nahezu gleichzeitig. Wir müssen in dieses Volle und Leere einwilligen (das wir in uns tragen, das wir außerhalb von uns entdecken), müssen uns der Bewegung anpassen, die uns auflöst, darin versinken und in der Geste dieses Einsinkens eine sinnliche Fülle, einen festen und glücklichen Körper wiederfinden, der zum Glück der Empfindung seines Tuns erweckt ist. Dann setzen wir, angespannt und ungezwungen

1 III, ix; T.R. 949; F.W. V, 331.
2 III, xiii; T.R. 1093; F.W. VI, 248-249.

zugleich, aktiv und passiv, unzerstörbar und der Dauer unterworfen, leidenschaftlich und gleichgültig, Vertrauen in das, was uns gegeben ist, und nehmen mit dem Wenigen vorlieb, was wir davon erfassen können. Es ist eine dürftige Beute in Hinsicht auf das, was die Philosophie zu besitzen und zu erkennen beanspruchte. Aber es ist derart viel mehr; denn was wir fortan innehaben, ist das Instrument, mit dem alle Dinge dargestellt oder geleugnet, behauptet oder verweigert, angenähert oder ferngerückt werden können: unser Bewußtsein, das nichts besitzt, aber seine Armut erkennt und sich so selbst überschreitet. »Mein Thema beschäftigt sich mit sich selbst[1].« Das Bewußtsein ist, weil es sich zeigt. Es kann sich aber nicht zeigen, ohne eine Welt ins Leben zu rufen, an der es unauflöslich beteiligt ist. Es bedarf eines Raumes, und im Notfall schafft es sich ihn, indem es sich so vergewissert, daß es eine freie Macht der Entfernung und der Annäherung hat. Es sucht und flieht sich unter den Dingen; es ist da, um einen Bruch festzustellen und Bande zu knüpfen, um zu erleiden und zu wollen, um seine eigene *Leichtigkeit* anzuklagen und zur *Fülle* von Erfahrung zu werden. Es richtet sich in der Entfernung von Gott (in den es Vertrauen setzt) und in der Präsenz der Welt ein; im Horizont des Todes und in der Intimität des Lebens. Es trotzt seinem Ende und entdeckt in sich selbst die Macht eines unermüdlichen Neubeginns.

1 III, xiii; T.R. 1046; F.W. VI, 167.

VII

Was die »Öffentlichen Angelegenheiten« betrifft

1. Von der Sympathie zur Kritik

Der Magistratsherr, der die Knechtschaft des Parlamentsrates floh und die Muße »im Schoße der gelehrten Musen« suchte, hat statt dessen die endlose Bewegung gefunden. Wie wir jetzt wissen, ist diese Bewegung, ohne sich einer Ordnung zu verpflichten, ohne sich einer rhetorischen »Disposition« zu beugen, doch einer Richtung unterworfen. In einer ganzen Reihe von Bereichen haben wir einen Feind des (für bloße Maskerade gehaltenen) äußeren Scheins zur Welt der Erscheinungen zurückfinden, zur Fiktion und zur Repräsentation Zuflucht nehmen sehen. Das mit der Verabschiedung des Scheins begonnene Abenteuer endet mit der Wiederkehr des Scheins und seiner unendlichen Verschiedenartigkeit, wie sie von einer Reflexion rehabilitiert werden, die fortan weiß, woran sie sich zu halten hat. Der von niemandem abhängig sein wollte, um seiner selbst in seiner Wahrheit habhaft zu werden, entdeckt die Notwendigkeit, in »Verbindung« zu treten und, um sich darzustellen, in die »Beziehung zum anderen« einzuwilligen. Die Worte und die Sprache mögen ruhig eine »so gewöhnliche und wohlfeile Ware« sein: es bedarf ihrer Vermittlung, um das Buch zu erarbeiten: eine besondere Vitalität belebt dieses für so schwach und so wenig vertrauenswürdig gehaltene Material. Wenn die Worte, die nur Schall und Rauch sind, nicht an das Wesen der Dinge, an das unveränderliche Sein heranreichen, so kann dagegen ein einzelnes Individuum, ein Mensch in seinem unbeständigen Leben sich in den Worten, aus denen er sein Buch erbaut, doch sehr nachdrücklich manifestieren. Der expressive Erfolg wiegt den »referentiellen« Mißerfolg auf: die Unmöglichkeit, die Wahrheit der Welt auszusprechen, wird zum Mittel, sich selbst in seiner persönlichen Wahrheit auszusprechen. Die Sprache, ihrerseits im Netzwerk der Erscheinungen gefangen, kann in ihrer Unbeständigkeit und Moirierung durchaus angemessen den variablen Akt des Empfindens aussprechen, die Geste, die sich in »Griff und Zugriff« erfüllen möchte. Je mehr Montaigne zu Metaphern, zu »Verpflanzungen« der Bedeutung der Worte greift, um so eher wird er in der Lage sein, die Wandelbarkeit darzustellen, die er in seinem Körper und in seinem Geist erlebt. Unsere Sprache ist in ihren Möglichkeiten beschränkt, wie es auch unsere Sinne sind: sie können nicht sagen, welches das Gesetz der Welt ist, aber sie sind selbst von dieser Welt; sie können der Natur ihre Huldigung darbringen und ihr, weil sie sie nicht zu erkennen vermögen, sogar aus der Tiefe ihres Blendwerkes ihre Treue erklären. Unsere Sprache ist ohne Macht, wenn wir von ihr die Enthüllung einer wahreren Welt erwarten: aber sie bietet uns Fülle, wenn wir in ihr zu leben einwilligen, in dieser ersten Welt, in der wir dem Leiden, der Wollust und der Wirrnis begegnen. Wenn sich das Sein auch entzieht, wenn auch der Zweifel das letzte Wort hat, so stehen wir doch nicht mit leeren Händen da: wir sind nicht ins Exil verbannt. Wir sind bei uns in dieser Welt der unbeständigen Erscheinungen, denen wir anfangs die Legitimität bestritten hatten, als deren legitime Teilhaber wir uns jetzt doch entdecken, zusammen mit allem, was ist. Die Erscheinung täuscht uns: aber sie ist keine falsche Münze, weil es ja keine andere Währung mit höherem Geldwert gibt.

»Reiner Phänomenismus[1]«, vollkommener »Mobilismus«, sagt Thibaudet zur Charakterisierung der Philosophie Montaignes – eine Definition, die, durch zahlreiche Zitate gestützt, darauf abzielt, Montaignes Denken zu einem Bergsonismus *avant la lettre* zu machen. Das heißt Montaigne noch immer die Kohärenz des *Systems* zuschreiben, gegen das er sich verwahrt. Weitaus vorsichtiger ist Merleau-Ponty, der von Montaigne als Phänomenologen spricht, ohne ihn zum Husserlianer zu machen. Er kann jedoch nicht umhin, gerade das zu sehen, was in dieser Philosophie des Bewußtseins eine Phänomenologie ermöglicht: »Der Skeptizismus ist Bewegung in Richtung der Wahrheit[2].« Merleau-Ponty, so sehr

1 Albert THIBAUDET, *Montaigne*, Paris 1963, S. 368.
2 Maurice MERLEAU-PONTY, *Signes*, Paris 1960, S. 262.

darauf bedacht, zu dem grundlegenden »Chiasmus« *zurückzufinden*, der den Menschen mit der Welt verbindet, erkennt ohne Mühe die Bewegung des *Zurück*, für die Montaigne so ungezählte Beispiele bietet: »Das Natürliche, die Naivität, das Nichtwissen *wiederfinden* heißt also die Gnade der *ersten Gewißheiten* wiederfinden, im Zweifel, der sie einkreist und sichtbar macht[1].« Die »Oberflächenerscheinungen« sind durchaus kein Notbehelf: wenn wir uns auch zunächst davon abzuwenden trachteten, so sind es doch immer noch sie, denen wir am Ziel wiederbegegnen.

Die auf diese Weise wiederentdeckte Erscheinung nimmt eine neue Qualität an: zwar liefert sie uns keinerlei allgemeines Gesetz, aber sie macht uns, bei Abwesenheit jedes erfaßbaren Gesetzes, begreiflich, daß allein sie sich offenbart, und rechtfertigt den Akt des Fühlens in seinen natürlichen Grenzen und Unvollkommenheiten. Zugleich sehen sich alle unsere anderen natürlichen Fähigkeiten (Einbildungskraft, Gedächtnis, Vernunft, Urteilskraft), den Sinnen dienstbar und unvollkommen wie sie, auf ihre wirkliche »Reichweite« zurückverwiesen, andere legitime Ziele zugeschrieben: sich nicht in den Besitz des Seins setzen, sondern sich leben zu spüren bestrebt sein und diese Erfahrung den Worten anvertrauen, im Bemühen, eine Weisheit zu definieren, die der gemeinschaftlichen Existenz angemessen ist (die ebenso auch die *eigene* Existenz ist). Fühlen, die Sprache zum Handwerkszeug machen: das geistige Projekt entwickelt sich zwischen der *aisthesis* des unmittelbaren Lebens und der *Ästhetik* der Komposition des Buches der *Essais*. Anstelle einer ontolo-

1 Maurice MERLEAU-PONTY, *op. cit.*, S. 261. Über den Chiasmus schreibt MERLEAU-PONTY in *Le Visible et l'invisible* (Paris 1964; dt. München 1986): »Die Idee des *Chiasmus*, das heißt: jede Beziehung zum Sein ist *gleichzeitig* Ergreifen und Ergriffenwerden, der Zugriff ist ergriffen, er ist *eingeschrieben*, und eingeschrieben in dasselbe Sein, das er aufgreift« (S. 319 [dt. S. 333-334]). Und weiter, mit Bezug auf die Sprache: »Wenn man sagt, das Denken, das Herr seiner selbst ist, verweise immer auf ein Denken, das mit Sprache vermischt ist, so behauptet man nicht, es sei verfremdet und dadurch von Wahrheit und Gewißheit abgeschnitten. Wir müssen begreifen, daß die Sprache für das Bewußtsein kein Hindernis ist und daß es für dieses keinen Unterschied gibt zwischen dem Akt des Zu-sich-Kommens und dem Akt des Ausdrucks; die werdende und lebendige Sprache verkörpert eine wiederaufnehmende und einholende Gebärde, die mich mit mir selbst und mit Anderen vereint. Wir müssen das Bewußtsein *in* den Zufällen der Sprache denken und als unmöglich ohne seinen Gegenpart« (*La Prose du monde*, Paris 1969, S. 26 [dt. *Die Prosa der Welt*, München 1984, S. 40]).

gischen Legitimation begnügt sich Montaigne also mit einer ästhetischen – im Sinne der beiden Bedeutungen, die dieser Ausdruck im philosophischen Vokabular der Moderne angenommen hat; es handelt sich um das Fühlen und um das Werk: um das ins Werk gesetzte Fühlen. In das unendlich variable Universum der Erscheinungen eingelassen, ist das Bewußtsein Herr nur in dem begrenzten Bereich, wo es, im Augenblick, der verstreicht, seine Urteilskraft und seine sensorischen Fähigkeiten ausübt. Das Unendliche und das Endliche miteinander vereinend, läßt es so seinen Reichtum mit seiner extremen Entäußerung zusammenfallen. Es hört nicht auf, die Annehmlichkeiten des Lebens wahrzunehmen, selbst wenn es davon nichts festhalten darf, es sei denn die Fähigkeit, sie zu feiern und »dafür dem würdig zu danken, der uns solche beschert[1]«. Für das Selbstbewußtsein ist der Besitz nie vollständiger, als wenn es sich preisgibt, als wenn es sich als sich Preisgebendes *wahrnimmt*, um die »Form« dieses Besitzes und dieser Preisgabe zugunsten des Lesers auf den Seiten des »Registers« zu verzeichnen, das es kontinuierlich führt und bei dem sich sogar die Ränder mit einer stets neuen Schrift füllen.

Damit die Sympathie des Lesers im Bereich des sinnlich Wahrnehmbaren erwacht, mußte Montaigne selbst den ganzen Weg zurückgelegt haben, der das Fühlen mit dem sprachlichen Werk verknüpft. Denn das sinnliche Leben, von dem Montaigne spricht, liegt, durch die Wirkung des Textes selbst, in der Dunkelheit der Existenz begraben, die der Ausarbeitung des Textes zeitlich vorausging. Das sensorische Erwachen beginnt für den Leser erst beim Kontakt mit der formulierten Botschaft. Es ist der ästhetische Effekt der geschriebenen Seite – mit ihrem sanften Dahingleiten oder ihren Hammerschlägen, ihren Alliterationen, ihren Paronomasien, ihrem Rhythmus, ihren Antithesen und Wortpaaren, ihrem Figurenspiel, ihrer Lebendigkeit und ihren Überraschungen –, der für uns die erste sinnliche Erfahrung repräsentiert und wiederbelebt. Zwar handelt es sich um einen neuen Bereich des sinnlich Wahrnehmbaren, der mit den Worten, mit ihrer phonischen Textur ebenso sehr wie

1 III, xiii; T.R. 1092; F.W. VI, 248.

ihrer intelligiblen Bedeutung verknüpft ist. Aber dieser neue Bereich des sinnlich Wahrnehmbaren, von der Kunst hervorgebracht (und zwar von dieser höheren Kunst, die darin besteht, sich der Kunst zu enthalten), bietet uns nicht nur seine eigenen Werte, seine Worte, die man Lust hat »auf der Zunge zergehen zu lassen«, wie es Montaigne bei den Versen von Vergil und Lukrez ergeht; er verweist uns auf das präverbale Erlebnis des Fühlens, er belebt dessen fundamentale Würze neu. So entwickelt sich eine Komplizenschaft, bei der die mit den Materialien des Essays, mit der sprachlichen Geste geknüpften Bande der Sympathie unsere Zustimmung zur begrifflichen Aussage verstärken.

Es ist ungewöhnlich, daß Montaigne, seiner ersten Eingebung folgend, sich dahingehend definiert hat, er habe »etwas von der Art eines Affen im Nachahmen« an sich. Die Macht der Sympathie drängte sich ihm nach einer Lektüre auf so gebieterische Weise auf, daß er sich vom Stil des Autors gleichsam durchdrungen fühlte; die Identifikation verwandelte ihn:

»(*b*) Als ich mich noch damit abgab, Verse zu machen (und ich habe nie andere als lateinische gemacht), so sah man solchen ganz deutlich den Dichter an, den ich zuletzt gelesen hatte, und unter meinen ersten Versuchen rochen einige ein wenig stark nach fremdem Boden. (*c*) Wenn ich zu Paris bin, so spreche ich eine ganz andere Sprache als zu Montaigne. (*b*) Ein jeder, den ich mit Aufmerksamkeit betrachte, drückt mir gar leicht etwas von dem Seinigen ein. Was mir nur einigermaßen auffällt, das mache ich mir zu eigen. Eine dumme Angewohnheit, eine mißfällige Grimasse, eine lächerliche Art sich auszudrücken. Fehler am ersten. Weil sie mich beleidigen, hängen sie sich an mich wie Kletten und ich muß mich rütteln und schütteln, um ihrer los zu werden. Man hat mich öfter fluchen und schwören gehört, weil andere fluchten und schworen, als aus eigener ursprünglicher Gewohnheit[1].«

Aber der Wunsch, »gar nichts vorzuzeigen, als was [s]ein eigen ist[2]«, und die Anstrengung, sich dem Einfluß der bewunderten großen Autoren zu entreißen, haben es Mon-

1 III, v; T.R. 853; F.W. V, 161.
2 III, xii; T.R. 1033; F.W. VI, 143.

taigne ermöglicht, die Abhängigkeit zu überwinden, die ihn zum bloßen Echo der anderen machte. Festgestellt werden muß, daß er, selbst zum Autor geworden, seinerseits einen bestimmenden Einfluß auf die Sprache der ihm Nahestehenden ausübt; jetzt ist er es, den man nachahmt:

»(*a*) Ich fordere, daß ein Hörer oder Leser von den Sachen überwältigt und seine Imagination davon solchermaßen angefüllt werde, daß er sich der Worte darüber gar nicht bewußt sei. Die Sprache, die ich vorzüglich lieb habe, ist eine Sprache ohne künstliche Ziererei, aber von natürlichem Ausdruck, gleichviel ob geschrieben oder gesprochen, eine kräftige, nachdrückliche Sprache, kurz und gedrungen, (*c*) nicht sowohl zart, geschmückt und gekrümmt, als andringlich und hastig. [. . .]

Mark und Sehnen borgt man nicht, wie man wohl Mantel und Kleid borgt.

Die meisten Personen, mit denen ich umgehe, sprechen wie mein Buch. Ob sie aber ebenso denken wie ich, das weiß ich nicht[1].«

Jeder Leser Montaignes hat die Erfahrung dieser Verführung gemacht. Daher der Ausspruch von Ranke: »Wieviele bemerkt man, die von seiner Manier ergriffen sind, wenn sie nur von ihm reden!« Hugo Friedrich, der Ranke zitiert, läßt das bereitwillig auch für sich selbst gelten: »Ich halte es nicht für einen Vorwurf[2].« Wenn man mit Montaigne nicht auf Kriegsfuß steht (und in dieser Hinsicht stimmte Valéry[3] einmal mit Pascal überein), ist es für den Interpreten nicht leicht, nicht einfach im Kielwasser seiner Sprache mitzuschwimmen, wenn auch in wechselnder Entfernung, indem man sie auf immer allzu vereinfachende und allzu systematische Weise in die Terminologie einer anderen Epoche umformuliert. Montaigne benutzt, wenn er vom Wesen des Menschen spricht, ein *uns*, in das der Leser sich einbezogen findet: der Interpret wird sich vertrauensvoll in diesem selben *uns* einrichten. Montaigne provoziert die Zustimmung, die Bil-

1 I, xxvi; T.R. 171-172; F.W. I, 269-272.

2 Hugo FRIEDRICH, *Montaigne*, Bern [2]1967, S. 7.

3 ». . . Ich habe einen Band *Montaigne* geöffnet. Nach wenigen Minuten habe ich ihn zurückgestellt. Er hat mich zu Tode gelangweilt. Solche Sachen kann jeder schreiben« (*Cahiers*, Bd. I, Paris: Gallimard, Bibl. de la Pléiade, 1973, S. 206). Cf. Jean HYTIER, »Lecteur de Montaigne?«, in »Réminiscences et rencontres valéryennes«, *French Studies*, XXXIV, 1980, S. 179-180.

ligung und die gestische Ansteckung zum großen Teil durch die Art und Weise, wie er beim Leser die Kräfte des Gefühls mobilisiert – eine mimetische Mobilisierung, die nicht durch eine »sentimentale« affektive Rhetorik *à la* Rousseau, sondern durch die energetischen Kräfte einer Sprache ausgelöst wird, die zugleich einen Überfluß an materiellen Metaphern bietet, reich an phonischen Wirkungen ist und in ihrer Disposition vollkommen beweglich und frei verfährt.

Nun bringt diese Verknüpfung von gleichgearteten Gefühlen aber das Zeugnis für eine Macht der Generalisierung und Verallgemeinerung bei, die sich aus der Besonderheit der sinnlichen Erfahrung entwickelt. Bevor die Lehrsätze einer Moral formuliert werden, stellt Montaigne, wie wir gesehen haben, ganz spontan die Ängste und Qualen der Tiere und Menschen, die er leiden sieht, ins Zentrum seines Erlebens:

»(*c*) Der Anblick fremder Angst beängstigt mich körperlich, und mein Gefühl bemächtigt sich oft der Gefühle eines Dritten.«

»(*a*) Ich für mein Teil habe nicht ohne Unmut mitansehen können, wie man ein unschuldiges Tier, das wehrlos ist und das uns nichts zuleide getan hat, verfolgt und tötet[1].«

Das spontane »Mitgefühl« spricht, sobald es Zugang zum Bewußtsein findet, sein Gesetz als das der »wechselseitigen Verpflichtung« aus: das ist die erste ethische Konsequenz, die sich aus der gütlichen Wiederaufnahme der Erscheinungen und der wiederhergestellten Legitimität der sinnlich wahrnehmbaren Welt ergibt. Wie man feststellt, beschränkt sich der Spieleinsatz nicht auf die Wirkungskräfte eines Stils und seine kommunikativen Effekte. Das Mitleid ist einer der Züge, der die ganze geistig-moralische Einstellung Montaignes zu den Ereignissen seiner Epoche – zu Kriegen, Strafen, Verfolgungen von Häretikern, Hexen, Juden usw. – definiert, und diesseits jeder politischen Theorie eines der durchgängigen Elemente, die das Fundament bilden, aus dem sich später in verstreuter Anordnung seine Ideen über die Beziehung zwischen Staat (in diesem Falle: dem Fürsten) und Individuum ergeben.

Das Mitgefühl läßt die Überzeugung von einer Ähnlich-

1 I, xxi; T.R. 95; L. 143; und II, xi; T.R. 409; L. 419.

keit entstehen: es tilgt die Unterschiede, es vergleicht unser schmerzliches »Mißbehagen« mit jedem anderen Leiden. Aber diese ganz spontane Identifikation, in der Montaigne lediglich die Wirkungen einer »einfältigen Unschuld[1]« sieht, begründet alsbald auch die Möglichkeit einer Verweigerung, eines *Abscheus*. Das Mitleid ist nicht nur mit dem Opfer geteiltes Leid; es erklärt den Akt des Verfolgers für unannehmbar, es lehnt die Grausamkeit strikt ab[2]. Daraus wird sich dann der Hauptanklagepunkt gegen die fanatischen Rädelsführer, die die religiösen Auseinandersetzungen in blutige Gemetzel verwandelt haben, und gegen die Konquistadoren der Neuen Welt entwickeln.

Dieser Feind der Grausamkeit scheint sich gleichwohl in der Vergegenwärtigung des Bösen zu gefallen. Montaigne beschreibt, auch wenn er seinen Abscheu zu erkennen gibt, nichtsdestoweniger zahlreiche Schreckensszenen: »Ich hätte es kaum geglaubt, ehe ich es gesehen hatte, daß es so scheusälige Seelen geben könne, die um reiner Mordlust willen Mord begehen: andere Menschen zerhacken und ihnen die Glieder abhauen; ihren Geist anspannen, um unbekannte Foltern und neue Todesarten zu erfinden, ohne Feindschaft, ohne Vorteil, ohne anderes Ziel, als sich am ergötzlichen Schauspiel der erbärmlichen Gebärden und Zuckungen, des kläglichen Ächzens und Wimmerns eines qualvoll mit dem Tode ringenden Menschen zu weiden[3].« Wenn man im Gesamtverlauf der *Essais* derart viele blutrünstige Szenen liest, so mag einem vielleicht der Verdacht irgendeines sadistischen Gefallens daran kommen[4]. Wie sehr ihn auch die Grausamkeit empören mochte, so wußte Montaigne doch

1 II, xi; T.R. 408; L. 414. Cf. dazu in Kapitel III die »Anmerkung zur Dreiergruppierung« (S. 200-211) des vorliegenden Bandes).

2 MONTAIGNE hat in seiner Ablehnung keinen Wandel durchgemacht: »Unmenschlichkeit«, »Grausamkeit« und »Treulosigkeit« bleiben für ihn »die schändlichste Art von Lastern« (III, ix; T.R. 934; F. W.V, 304). »Der Abscheu an der Grausamkeit macht mich weit milder als mich irgendein Lobredner der Sanftmut machen könnte« (III, viii; T.R. 900; F.W. V, 243).

3 II, xi; T.R. 411-412; L. 418.

4 Jean PAULHAN erschließt diese Neigung aus der Betrachtung eines Porträts von MONTAIGNE, stellt aber seinerseits sofort die Glaubwürdigkeit in Frage, die man der Lektüre eines Bildes zubilligen kann (»Portrait de Montaigne«, in *Œuvres complètes*, Paris 1969, Bd. IV, S. 309-311).

aus Erfahrung, daß das Mitleid kein reines und unzweideutiges Gefühl ist: »Denn inmitten all unseres Mitleidens fühlen wir in uns ich weiß nicht welch *bittersüßen Anreiz böser Wollust*, andere leiden zu sehen; auch die Kinder fühlen ihn[1].« Auf diese Weise erkennt er, daß die Identifikation mit den Opfern durchaus von einer dunklen Komplizenschaft mit den Henkern begleitet sein kann: es gibt auch perverse Mitgefühle ... Zwar widersprechen ihre »Bösartigkeit«, ihre »Bitterkeit« der sanften und leisen Charakterdisposition, die Montaigne vorwiegend erlebt: aber sie entsprechen durchaus auch einer der drei Phasen der »Beziehung zum anderen«, die uns herauszuarbeiten gelungen ist: nämlich der zweiten, die wir als Willen zur Un-Abhängigkeit definiert haben. Das Autarkiestreben ist nicht mitfühlend; sein Hauptabwehrmechanismus ist das gegen sich selbst gerichtete Schwert. (Eine der richtigsten Einsichten Freuds ist die Verknüpfung der sado-masochistischen Trieborganisation mit den Selbstbeherrschungsübungen.)

Die Sympathie als expansive Form des Fühlens macht die moralische Universalitätsforderung auf ganz elementarer Ebene fest, da, wo sogar die Wirkungen der Kunst oder der Vernunft noch inexistent sind. Wie wir soeben in Erinnerung gerufen haben, erstreckt sich das sensible Einfühlungsvermögen Montaignes auf die Tiere (auf den Hirsch auf der Pirsch, auf den seinen Herrn freudig begrüßenden Hund, auf die mit ihm »spielende« Katze), auf die Menschenfresser Amerikas, auf die Bauern und »armen Leute«, auf das Kind, das den Schulmeister plagt, kurz, auf alle, die im Namen eines überlegenen Wissens verachtet oder unterdrückt werden.

Montaigne läßt es beim Mitgefühl für diese »minderen« Wesen nicht bewenden; er ist sogar bereit, jenseits der humanistischen Spiele der *Paradoxie*, ihre intellektuelle und moralische Überlegenheit anzuerkennen: auf vielen Gebieten übertreffen uns die Tiere; sogar in ihren Kriegen sind die Kannibalen menschlicher als wir, und sie sind scharfblickend

1 III, i; T.R. 768; L. 606. MONTAIGNE hat die Grausamkeit soeben als eines der »schändlichsten Laster« hingestellt. Aber kurz darauf wird er die berühmten Verse von LUKREZ zitieren: »*Suave, mari magno* ...« (Wenn hoch die brausenden Winde des Meeres Wogen erheben,/Sieht der am Strande mit Lust dem Kampf der Schiffenden zu«; II, 1, übers. von J. J. BODE).

genug, um die Mißstände unserer politischen Ordnung wahrzunehmen. Die soziale Distanz zwischen den Bauern und dem Gutsherrn ist ungeheuer (»Man sehe nur den Unterschied zwischen der Lebensart meiner Hausbedienten und der meinigen. Die Scythen und Indianer sind nicht weiter von meiner Kraft und Form entfernt[1]«), aber angesichts von Krankheit und Tod sind die Bauern und der »arme Bettelbube vor [s]einer Tür« abgeklärter als die Philosophen. Bei einer Pestepidemie hat Montaigne ihr Verhalten bewundert: »Eine ganze Nation ward innerhalb kurzer Zeit durch Gewohnheit zu einem Benehmen gebracht, welches an Festigkeit keiner kühnen Entschlossenheit etwas nachgibt, die mit aller möglichen Überlegung gefaßt werden könnte[2].«

Die gefühlsmäßige Anteilnahme mit ihrem Vermögen der Identifikation mit dem anderen stiftet so zwischen allen Lebewesen eine Verbindung, in der die bewußte Solidarität sehr bald die unreflektierte Gemeinschaft verstärkt. Hier, im »niedrigen Leben«, ist dann realisiert, was die Anstrengung der Tugend in ihrem Streben nach oben zu verwirklichen trachtete. Das Gut, das Montaigne und La Boétie zu zweit gesucht hatten, im Meisterwerk einer Freundschaft außerhalb des Gewöhnlichen, ist es nicht, wenn auch dunkler, namenloser, in der allgemeinen Gesellschaft der gemeinschaftlichen Kreatur präsent, mit der uns eine gewisse »gegenseitige Verpflichtung« eint[3]? Ein lexikalisches Beispiel wirft auf diesen Aspekt ein besonderes Licht. Wie erinnerlich, schreibt Montaigne, als er von seiner Freundschaft zu La Boétie spricht: »Wir *teilten* alles miteinander[4].« Aber von seiner Unterhaltung mit drei amerikanischen Wilden, die in Rouen stattfand, hält Montaigne fest: »Sie haben in ihrer Sprache eine Ausdrucksweise, derart, daß sie die Menschen als *Hälften* voneinander bezeichnen[5].« Nun leiten diese universalistische Teilhabe und Freundschaft, die Montaigne aufzugreifen bemüht ist, auch die Kritik an den »Ungleichheiten«, die die »Menschenfresser« in Frankreich auf den ersten

1 III, xiii; T.R. 1060; F.W. VI, 192.
2 III, xii; T.R. 1026; F.W. VI, 131.
3 II, xi; T.R. 414; L. 420.
4 I, xxviii; T.R. 192; L. 229.
5 I, xxxi; T.R. 212-213; L. 242.

Blick erkennen: »[. . .] hätten sie bemerkt, daß es unter uns üppige, mit allen Annehmlichkeiten gesättigte Menschen gebe und daß ihre andern Hälften, von Armut und Hunger ausgemergelt, bettelnd vor ihren Türen stünden; und fänden es wunderlich, wie diese derart bedürftigen Hälften eine solche Ungerechtigkeit ertragen könnten und daß sie nicht die andern an der Gurgel packten oder Feuer an ihre Häuser legten[1].« In Montaignes Reflexion stiftet das allgemeine Band, das die allereinfachste Seele gefühlsmäßig herstellt, ein Moralkriterium und legitimiert damit die Negation, den empörten Abscheu, die sich allem entgegenstellen, was, im Bereich des Faktischen, der »natürlich« erlebten Solidarität widerspricht. Dem Gefühlsleben eng verhaftet sein, diese enge Bindung dann aus Sympathie über die Grenzen des persönlichen Lebens ausweiten – das heißt in der Gewaltlosigkeit oder wenigstens im *geringsten* Grad von Gewalt leben: Montaigne ist überzeugt, daß an der grausamen Verfolgung der »Glaube« mehr Anteil hat als das »Fühlen«, selbst wenn er, im Gegensatz zu Rousseau, nicht zu glauben bereit ist, daß die Güte unserer »Mutter Natur« in der »natürlichen Güte« des Menschen zum Ausdruck kommt. Daher rührt die folgende Paradoxie: die anstößige Ungleichheit, die die nach Frankreich verbrachten Indianer mit gutem Recht kritisieren, ist Bestandteil der alten Institutionen, die Montaigne nicht gutheißt, die er jedoch, aus Angst vor Schlimmerem, lieber nicht gewaltsam umgestürzt sieht. Das Eigentümliche der Gewalt liegt darin, daß sie keine Grenzen kennt und die Konsequenzen eines ersten Zerstörungsaktes nicht vorhersieht, der dann unabsehbar andere nach sich zieht . . . Montaigne wird schließlich dahin kommen, Kritik und »Konservativismus« nebeneinander bestehen zu lassen.

2. Der mißbrauchte Gehorsam

Wenn wir dazu unsere hilfreiche Hand leihen, kann die menschliche Gesellschaft ihre Bande wieder enger knüpfen, indem sie der elementaren Sensibilität Gehör schenkt: eine

1 I, xxxi; T.R. 212-213; L. 242-243.

Solidarität tritt daraus zutage, beharrlich und bescheiden, diesseits aller Strukturen, die, auf je verschiedene Weise, Religionen, »Staatsgewalten« und Bräuche hinzufügen. Das natürliche Mitgefühl kann sich so zu einer Ethik ausweiten, in der sich die Tugenden und sogar das Glück selbst auf der Ebene der geteilten Existenz als lebendige Beziehungen und Früchte von Beziehungen zwischen aufeinander bezogenen Geschöpfen definieren. Kurz, die spontane Sympathie (als untergeordnete Beziehung) muß die *Form* des Rechts und des moralischen Gesetzes (als beherrschter Beziehung) annehmen. (Rousseau, der expliziert und weiterentwickelt, was Montaigne auf so manchen Seiten der *Essais* zu bedenken gegeben hat, macht das Mitleid zum »ersten Mitgefühl, das nach der Ordnung der Natur das Herz bewegt[1]«, und sagt anderswo, »daß aus dieser Eigenschaft allein sich alle gesellschaftlichen Tugenden ergeben[2]«.)

Die Natur ist die souveräne Instanz; und wenn ihr Geheiß nur in dem unmittelbaren Bewußtsein annehmbar ist, das ein Mensch von sich gewinnen kann – und zunächst in dem beinahe animalischen Gefühl, das er von seinem eigenen Leben hat –, so ist es unsere Pflicht, unter keinem erdenklichen Vorwand das Gewissen eines anderen zu verletzen. Ebenso aber ist es unsere Pflicht, ihn durch Überredung dazu aufzufordern, sich von der öffentlichen Meinung freizumachen, die ihn entstellt und daran hindert, sich seiner unbeständigen Spontaneität anheimzugeben, aufgrund deren, »unstet und abweichend« wie wir, sich der andere von uns unterscheidet und uns, durch eben diese Kraft der Unähnlichkeit, auch wiederum ähnelt. Überdies können wir nicht umhin anzuerkennen, selbst wenn wir davon frei sein möchten, daß das »Vorurteil« und die Meinung sich unfreiwillig in alle unsere Gedanken einmischen. So daß sich unser sensibles Mitgefühl mit denen, die wir für uns ähnlich halten, nur anhand unaufhörlich erneuerter Hindernisse und Mißver-

1 J.-J. ROUSSEAU, *Émile*, Buch IV. *Œuvres complètes*, Paris: Gallimard, Bibl. de la Pléiade, Bd. IV, 1969, S. 105 [dt. *Emil oder Über die Erziehung*, Paderborn 51981, S. 224].

2 J.-J. ROUSSEAU, *Discours sur l'origine de l'inégalité parmi les hommes*, *Œuvres complètes*, *l. c.*, Bd. III, 1964, S. 155 [dt. *Diskurs über die Ungleichheit*, Paderborn 1984, S. 146-147].

ständnisse einstellen kann. Die volle Sympathie verwirklicht sich nicht immer in einer bestehenden Gemeinschaft; die bleibt häufig nur eine Forderung oder eine Idee, in deren Namen wir unser Urteil über die Unvollkommenheit der positiven Ordnung fällen, in der wir leben.

Wie bekannt, hat das bei Montaigne Konsequenzen im politischen Bereich. Für den, der sich entschlossen hat, alle Illusionen und Maskenspiele zu verwerfen, widersteht keine Institution dem anklägerischen Zweifel: keine gesellschaftliche Regel kann beweisen, daß sie auf einer absoluten Gerechtigkeitsnorm basiert. Die Anwendung dessen, was Sextus Empiricus den »zehnten Tropus der ἐποχή[1]« genannt hat, macht den universalen Widerspruch zwischen Institutionen, Gesetzen, Bräuchen, Überzeugungen deutlich . . . Nachdem der anklägerische Zweifel aber einmal reinen Tisch gemacht hat, entdeckt der Geist in der Folge nichts, was eine überlegene Autorität durchsetzen könnte. Die Normen, in deren Namen man eine »Reform« in welchem Bereich auch immer vorschlüge, bleiben mit der dogmatischen und grammatischen Überheblichkeit verknüpft: keine politische Theorie hat das Recht, die Oberhand zu behalten, die sich auf eine vernünftigere Kohärenz beruft. Angesichts der Amtsmißbräuche, der Grausamkeit und der Tortur ist es zwar geboten, dem Einspruch unserer natürlichen Sensibilität Gehör zu schenken. Aber niemand ist im Besitz des Geheimnisses, das eine kranke Epoche zu heilen vermöchte, wenn das Schicksal die Welt ihrem Untergang entgegentreibt. Das geringste Übel besteht mithin darin, vom gegenwärtigen Mißbrauch auf den alten Brauch, auf das Herkommen, auf die Konventionen zurückzugreifen, die zu ihren Gunsten eine hinreichende Altehrwürdigkeit anführen und sich auf eine beständige Anhängerschaft im Volke berufen können. Vielleicht ist schon keine Zeit mehr: die Korruption ist so allgemein geworden, daß sie es nicht mehr erlaubt, wie von der Krankheit zur Gesundheit zu der Ordnung zurückzufin-

1 SEXTUS EMPIRICUS, *Hypotyposeis*, I, xiv: »Der zehnte Tropus, der sich vor allem auf das Ethische erstreckt, argumentiert aus den Lebensformen, den Sitten, den Gesetzen, dem mythischen Glauben und den dogmatischen Annahmen« (übers. von M. HOSSENFELDER, Frankfurt a. M. 1968, S. 126-127).

den, die ehedem respektiert wurde. Wenn es noch statthaft ist, sich auf Brauch und Konvention zurückzuziehen, so in der Form, daß man sich keinerlei Illusionen über deren Willkürlichkeit und Hinfälligkeit macht. Indem er denen, die ihnen auch weiterhin ihr »Vertrauen« schenken, eine wohlwollende Ironie vorbehält, beruft sich Montaigne seinerseits auf das Herkommen, das er als solches anerkennt: es genügt ihm, dessen bloßen Schein zu praktizieren, der in seinen Augen weder mehr noch weniger Wert hat. Im politischen Bereich entspricht die Anerkennung der in Kraft gebliebenen gesetzlichen Konvention dem Phänomenismus im kognitiven Bereich. Man muß den Gesetzen gehorchen, »nicht weil sie gerecht sind, sondern weil sie Gesetze sind[1]«: man hat in diesem Zusammenhang häufig daran erinnert, daß Pascal ähnlich denken und Descartes in seiner »vorläufigen Moral« für denselben formalen Gehorsam optieren wird, wenn er eine auf Gewißheit gegründete Moral und Politik erwartet (wie lange?). Bei allen dreien rechtfertigt sich der formale Respekt vor dem Gesetz mit einem unmittelbar wohltätigen Ergebnis, nämlich dem *öffentlichen Frieden*. Man wird bemerken, daß dieser Begriff, wenn er auch ganz allgemein ein Motiv der Anerkennung des *status quo* ist, im Sinne von Montaigne nur in Situationen relativer Stabilität zur Geltung kommen darf. Wenn der Aufruhr gewaltsamer Kämpfe jede Legalität auf den Kopf gestellt hat, räumt der Konservativismus als Symptom-Heilmittel dem Gefühl der Heillosigkeit das Feld. Montaigne weiß aus der Lektüre der Historiker sehr wohl, daß manche Situationen für einen Ehrenmann »kein [noch so] verzweifeltes Mittel[2]« bieten. Aber trotz des drohenden Chaos und bei gleichzeitiger Vorbereitung auf das Schlimmste gibt er die Hoffnung nicht auf, daß die dem Leben günstigen Argumente die Oberhand gewinnen und die Gegner angesichts der Gefahr völliger Zerstörung einen Bereich von Einverständnis entdecken, um zumindest ihr eigenes Überleben sicherzustellen. Es ist geboten, alles zu tun, alles zu sagen (wenn man sich im Tumult Gehör verschaffen kann), damit die Menschen begreifen, daß die Ein-

1 III, xiii; T.R. 1049; F.W. V, 172. Cf. II, xii; T.R. 562-563; F.W. IV, 37-39.
2 III, i; T.R. 777; F.W. V, 20.

tracht das kostbarste aller Güter ist und die alten Gesetze oder ganz einfach die Achtung des Gesetzes, die die Ruhe sichergestellt hatten, ihre Wirksamkeit vielleicht noch nicht gänzlich eingebüßt haben. Die skeptische Kritik führt, wenn sie die Bande des Glaubens auflöst, also nicht zur Indifferenz. Wie wir soeben gesehen haben, hat Montaigne eine allgemeine »Pflicht der Menschlichkeit«, eine »gegenseitige Verpflichtung« ins Licht gerückt, die aus dem gemeinschaftlichen Charakter der sinnlichen Erfahrung herrühren, auch wenn die Aussage der positiven Gesetze Stoff zu unendlichen Auseinandersetzungen geben kann: die derart erlebte *Ähnlichkeit* schürt den *Abscheu* vor der Gewalt. Die scheinbare Paradoxie liegt darin, daß die *Bejahung* der überkommenen Ordnung sich für das aufgeklärte Bewußtsein auf die unendliche *Differenz* der Bräuche und Gewohnheiten stützt, zwischen denen kein Überlegenheitskriterium zu entscheiden erlaubt: kein Kriterium, es sei denn eben das des öffentlichen Friedens und des Überlebens der Gemeinschaft. Gleichwohl ähnelt die Konvention, der sich das skeptische Bewußtsein um des lieben Friedens willen anschließt, nicht der Konvention, die es angeprangert hatte: es ist scheinbar dieselbe, aber fortan der Grundlage beraubt, auf die sie sich berief und die ihr die Garantie einer unvordenklich alten, wo nicht sogar transzendenten Autorität verlieh. Was angeprangert und kritisiert, was unaufhörlich weiter in Zweifel gezogen wird, ist die »mystische« Autorität, die sich die weltliche und die religiöse Ordnung zuschreiben; was schließlich anerkannt wird, ist der *Brauch* (die lebendige Moral), der dem öffentlichen Leben am besten zu dienen *scheint*. So wird Loyalität möglich. Wenn es kein geheimnisvolles, verfinstertes Wesen mehr gibt, besteht auch kein Anlaß mehr, eine verfinsternde Macht anzuklagen. Es gibt keine verborgene Norm, und sogar die, die man in den altehrwürdigen Rechtfertigungen, die sie sich gab, für trügerisch halten konnte, wird durch die Wirkungen, die sie hervorbringt, nützlich und wohltätig. In der politischen und geistig-moralischen Welt ist die Richtschnur keine andere als der vor aller Augen erzielte Erfolg der *Beziehungen*, die die Individuen unterhalten, der beglückende Austausch ihrer »gegenseitigen Dienste«. Was fortan empfohlen wird, ist der Akt des Gehorsams als solcher, der sich jedoch bewußt ist, einer Richtschnur ohne andere Legitimität als formale zu folgen. Nun ist die Form aber aus sich selbst heraus wertvoll, und zwar in dem Maße, wie sie der Auflösung der sozialen Bindungen entgegenarbeitet. Die von einem Land zum anderen wechselnden Gesetze und die »spezielle und Nationalgerechtigkeit, welche unter dem Zwange der Staatseinrichtungen steht«, haben freilich nichts mit der »natürlichen und allgemeinen Gerechtigkeit[1]« gemein. Dennoch haben wir nichts Besseres zu tun, als uns ihnen zu beugen: Montaigne hat sich entschlossen, seine Pflicht zu erfüllen und dem König zu dienen, dabei aber die Augen offenzuhalten:

»(*a*) Denn, was unsere Vernunft uns dabei als das wahrscheinlichste anrät, ist, daß jedermann den Gesetzen seines Landes zu gehorchen habe, (*b*) wie es die Meinung des Sokrates mit sich bringt, die ihm, wie er sagte, von seinem Dämon eingegeben worden. (*a*) Und was will er damit wohl anders sagen, als daß Pflichten nur zufällige Vorschriften haben? Die Wahrheit muß immer und allenthalben einerlei unveränderliche Gestalt haben[2].«

»(*b*) Was ich selbst an den Königen verehre, ist der große Haufe ihrer Verehrer. Alle untertänige Unterwerfung gebührt ihnen, ausgenommen die Unterwerfung des Verstandes. Meine Vernunft ist nicht dazu geschaffen, sich vor ihnen zu beugen, das sind nur meine Knie[3].«

Die Person des Königs hat für Montaigne nichts Heiliges: es genügt ihm, daß andere sie dafür halten. Die Altehrwürdigkeit des Gesetzes verdient in Erwägung gezogen zu werden, wenn die Menschen daran gewöhnt sind und daran hängen. Aber über das *Prinzip* der Legalität hinaus darf sie keinerlei besondere Ehrerbietung für sich verlangen. Was die Majestät der Gesetze aufscheinen läßt, ist einmal mehr die verführerische Kraft, die das Verborgene ausübt. Man könnte zunächst in die Irre gehen, wenn man die folgenden Zeilen liest, in denen Montaigne den ältesten Gesetzen einen göttlichen Ursprung zuzuschreiben scheint: wenn Gott sie auch nicht

1 III, i; T. R. 773; F. W. V, 13.

2 II, xii; T.R. 562; F.W. IV, 39.

3 III, viii; T.R. 913; F.W. V, 268. Oder auch: »Die Seele eines Kaisers und die Seele eines Schuhflickers sind über einen Leisten gemacht« (II, xii; T.R. 454; F.W. III, 255).

selbst erlassen hat, so hat sein Wille ihnen doch wenigstens Dauer verliehen:

»(*c*) In allen Dingen, keine andre als schädliche ausgenommen, ist die *Veränderung zu fürchten*. Die Veränderung der Jahreszeiten, der Winde, der Lebensmittel, der Gemütsarten. Und keine Gesetze stehen in ihrem wahren Ansehen, als *diejenigen, denen Gott schon eine lange Dauer von alters her gegeben hat*: so, daß *niemand ihren Ursprung weiß*, noch ausfindig machen kann, ob sie jemals anders gewesen sind[1].«

Aber Montaignes Denken gibt sich dann in größerer Deutlichkeit zu erkennen, wenn er schreibt:

»(*a*) Die Gesetze erhalten ihren Nachdruck durch die Verjährung und beständige Übung [frz. *de l'usage*]. Es ist gefährlich, solche bis auf ihren *ersten Ursprung* zurückzuführen. Sie wachsen an Stärke und Ansehen und durch ihren weitern Lauf wie unsere Flüsse. Verfolgt man sie gegen den Strom bis hin zu ihrer Quelle, so ist es ein kleiner, fast unmerklicher Wasserstrahl, welcher so stolz anschwillt und sich verstärkt, wie er älter wird[2].«

Kaum anders als im Falle der großen Beispielgestalten ist die *Vergangenheit* hier ein Weihemotiv nur für das, was bereits aus ihr erwachsen ist. Montaigne kann nicht gelten lassen, daß die Gesetze von früher aus sich selbst heraus eine unerschütterliche Respektabilität besitzen. Er fürchtet (und das ist ein Unterschied) die verhängnisvollen Auswirkungen der »Veränderung«, und aus eben diesem Grunde hält er es nicht für dringlich, das »gemeine Volk« in Aufregung zu versetzen, das nicht die Fähigkeit hat, »die Dinge nach ihrer Beschaffenheit zu beurteilen«, und »sich von Schein und Zufall fortreißen läßt« (II, xii; T. R. 416; L. 422). Auf dem Felde der Religion läßt Montaigne bereitwillig gelten, daß das Volk Glaubensartikeln und abergläubischen Vorstellungen verhaftet bleibt, die er seinerseits nur mit dem Gefühl zur Kenntnis nimmt und billigt, darauf in Ermangelung eines Besseren angewiesen zu sein. »Unsereiner, der seinem Verstand verbietet, Urteile zu fällen, sieht sich die widerstreitenden Meinungen wohlwollend an, und wenn er ihnen nicht

1 I, xliii; T.R. 261; F.W. II, 205.
2 II, xii; T.R. 567; F.W. IV, 47-48.

seine Zustimmung schenkt, so schenkt er ihnen doch gerne sein Ohr. Wo die eine Schale der Waage leer ist, da lasse ich die andere unter Altweibermärchen schaukeln« (III, viii; T. R. 901; L. 725). Wenn der beste Gebrauch, den wir von unserer Vernunft machen können, auf die Konstatierung der Leere der Waagschale und der Nichtigkeit hinausläuft, halten wir keinerlei Wahrheit mehr in Händen, die wir den Behauptungen der Dogmatiker und Abergläubischen entgegensetzen können. Unser Nicht-Wissen ermächtigt uns nicht dazu, wie die Paduaner und ihre Schüler eine Strategie der »doppelten Wahrheit« zu praktizieren: dazu hätte es des Besitzes einer wirklichen, mit rein menschlichen Mitteln erbauten Wissenschaft bedurft. Die Nichtigkeit, in die sich das skeptische Denken auflöst, überläßt den Vorteil – aber einen ruinösen und trügerischen Vorteil – allen positiven Meinungen. Diese positiven Meinungen haben auch alle den gleichen Wert, weil sie in ihrer widersprüchlichen Verschiedenartigkeit sämtlich die Ebene des *Nichts* hinter sich lassen, auf die sich das strenge Denken beschränkt hat. Mit dieser Erklärung der Nicht-Konkurrenz hinsichtlich der etablierten Glaubensrichtungen läßt Montaigne ihnen freien Spielraum, reduziert ihre Autorität jedoch auf ihre bloße soziale Nützlichkeit, auf die durchschlagende Wirkung, die sie auf die Einbildungskraft der Individuen ausüben. Montaigne ist überdies von vollkommener Aufrichtigkeit; er täuscht weder Glauben noch Bewunderung der Könige vor: er erklärt, daß er ihnen gehorcht, weil sie nun einmal *da* sind. Er macht also keinerlei Geheimnis aus seinem »Formalismus[1]« (den man auch als einen biegsamen »Konventionalismus« auffassen kann, der sehr weit von der systematischen Form entfernt ist, die ihm Hobbes geben wird). Weshalb er auch den Autoritäten Genugtuung widerfahren lassen kann, die sich in Zeiten von Kämpfen und Unruhen, in Ermangelung einer entschiedeneren Zustimmung, mit der einfachen *Geste* der Unterwerfung zufriedengeben. Für die Anhänger eines lebendigen Glaubens aber (wie die Jansenisten, Pascal, Malebranche

1 Der Ausdruck wird von Hugo FRIEDRICH benutzt, der eine eindringliche Formulierung von VALÉRY in Erinnerung ruft: »Der Zweifel führt zur Form« (*op. cit.*, S. 183).

usw.) wird er zum »gefährlichen« Autor, der sich, unter dem Deckmantel eines Glaubens ohne rationale Grundlage (der später den Namen Fideismus bekommt), einer Unterminierungsarbeit hingibt. Uns zeitlich näher, wird sich das politische Denken Montaignes für die Anhänger eines reformatorischen oder transformatorischen, systemüberwindenden Handelns dem umgekehrten Vorwurf aussetzen (der aber im Grunde nicht weniger durch einen Glaubensakt motiviert ist), es an Kühnheit fehlen zu lassen, einen Konservativismus anzupreisen, der für das Glück des Volkes weniger profitabel ist als für die »individualistischen« Mußestunden eines Edelmannes, der sein Schäfchen im Trockenen hat und nur darum besorgt ist, das Unheil der Zeiten schadlos zu überstehen[1].

Diese zweiseitige Kritik, die seit langem gegen Montaigne gerichtet wird, zeigt deutlich, daß sein »Konservativismus« seinerseits zweischneidig ist. Denn wenn er auch die etablierte Ordnung akzeptiert (insofern im allgemeinen Verfall überhaupt eine Ordnung und eine wohltätige Macht überdauern), so doch nur, indem er ihr jede übermenschliche Autorität, jede geheiligte Grundlage bestreitet, und überdies unter der ausdrücklichen Bedingung, daß die etablierte Ordnung einem geringeren Grad von Gewaltsamkeit entspricht:

»(*b*) Scheuen wir uns nicht zu behaupten, [. . .] daß einem rechtschaffenen Mann (*c*) weder im Dienste seines Königs noch (*b*) des allgemeinen Besten und der Gesetze alle Dinge gestattet sind[2].«

In dem Abscheu verankert, den die einfühlsame Sympathie der Gewalt entgegensetzt, von der Unmöglichkeit überzeugt, ein politisches System zu begründen, das dem von ihm geprüften überlegen wäre, bleibt die »konservative« Bejahung Montaignes eine bedingte Form: die negative Wachsamkeit ist ungeschmälert wirksam; die Unterwerfung unter die Gesetze, unter die katholische Partei, unter den Monarchen als Garanten des allgemeinen inneren Zusammenhalts verweist nicht nur ständig auf ihr rein formales Wesen; sie

1 Siehe vor allem den Essay über »Montaigne und die Funktion der Skepsis« von Max HORKHEIMER, in *Zeitschrift für Sozialwissenschaft*, VII, 1938, S. 1-54.
2 III, i; T.R. 780; L. 621.

setzt sich überdies Grenzen, die nur vom Dekret des individuellen moralischen Gewissens abhängen. Hier macht sich Montaigne zudem die Einstellungen *gleichzeitig* zu eigen, die er zuvor noch als konträre Parteinahmen beschrieben hatte: er möchte sich nicht von der Natur lösen, die die Regungen des universalen Mitgefühls eingibt, und er stellt andererseits auch nicht die Kunst, die Bräuche, die »spezielle und Nationalgerechtigkeit« in Frage, die er gleichwohl so häufig kritisiert hat. Er beschreibt sich selbst als ein gemischtes Wesen, als ein Kompositum aus Natur und Gewohnheit. Auf das politische Geschehen lassen sich eben die Kompromisse anwenden, die er in Hinsicht auf das Körpergeschehen hinnimmt: »(*b*) Wenn das, was die Natur ursprünglich und im genauesten Sinne zur Erhaltung unseres Daseins von uns fordert, so gar wenig ist [. . .], so laß uns die Sorgen für ein Mehreres fahren lassen, laß uns auch das noch Natur nennen, was den Stand und die Lage eines jeden von uns betrifft; laß uns nach diesem Maße uns selbst schätzen und behandeln. Bis dahin laß uns unsere Rechnungen und Lagerbücher erstrecken, denn mich deucht, daß wir bis dahin wohl zu entschuldigen stehen. Die Gewohnheit ist eine zweite Natur und nicht minder mächtig. (*c*) Was mir an dem mangelt, woran ich gewohnt bin, das deucht mich, mangele mir wirklich[1].« Die Wahrheit des Menschen ist nicht das, was bleibt, wenn man davon die Kunst, die Konvention, die Gewohnheit *abgezogen* hat; sie wohnt der ihm eigenen Macht inne, seiner »Natur« alles hinzuzufügen, was sie mehrt, ihr widerspricht, sie widerruflich und variabel macht.

3. Das ruhige Handeln

Vom Standpunkt des Glaubens ist es vollkommen gerechtfertigt, Montaigne für einen Autor zu halten, der, nachdem er sich der menschlichen Vernunft gebeugt hat, »als Heide

1 III, x; T.R. 987; F.W. VI, 60. Bekanntlich radikalisiert PASCAL diese Vorstellung: »Die Gewohnheit ist eine zweite Natur, die die erste aufhebt. Was aber ist Natur? Weshalb soll die Gewohnheit nicht natürlich sein? Ich fürchte, diese Natur selbst ist nur eine erste Gewohnheit, wie die Gewohnheit eine zweite Natur ist« (*Pensées*, hrsgg. von E. WASMUTH, II, 93).

handelt« (Pascal), anstatt sich den Argumenten der Religion zu ergeben. Der Glaube erkennt die Autorität in einem früher geoffenbarten Wort: die Welt und das menschliche Leben sind für ihn nur *secundum scripturas* lesbar. Umgekehrt unterscheidet Montaigne in der Vergangenheit eine Vielzahl von unterschiedlichen, philosophischen oder religiösen Diskursen: darüber gerät er in Erstaunen, er bewundert auch manche, läßt sich aber mehr noch von ihren Widersprüchen gefangennehmen: die Frage der Autorität bleibt unentscheidbar. Angesichts der Pluralität der Religionen und Gewohnheiten bezeigt er keine intellektuelle Vorliebe. Wenn er eine Wahl trifft, und zwar zugunsten des Katholizismus, so aus Gründen der *gegenwärtigen* Nützlichkeit und Angemessenheit, ohne sich der Privilegien der beobachtenden Intelligenz zu begeben. Diese Intelligenz ist in keiner der Welten heimisch, die die Menschen des Glaubens erbaut haben: sie begreift sie und vergleicht sie, um sich davon zu distanzieren. Wenn es denn eine Autorität gibt, so wohnt sie der *gegenwärtigen* Ausübung der Urteilskraft inne, die sich ihrer Grenzen und ihrer Unzulänglichkeit bewußt ist, sich aber auch bewußt ist, ihre Grundlage in sich selbst zu finden. Diese Grundlage koinzidiert, wenn sie auch nicht solider ist als die, die sich die verschiedenen Glaubensrichtungen zuschreiben, doch mit dem moralischen Primat des *Meinen*, des *Eigenen*; sie koinzidiert mit dem Ursprung der Sprache, mit der Montaigne sich jetzigentags zum *Autor* seines Buches macht, und übernimmt auf diese Weise die *Autorität* der Selbstdarstellung.

»(*a*) Diese Fähigkeit, das Wahre herauszuholen, wie groß oder klein sie auch bei mir sei, und diese freie Sinnesart, meinen Glauben nicht leicht unters Joch zu beugen, verdanke ich in erster Linie mir selbst[1].«

Welche Widersetzlichkeit in bezug auf den Glauben! Welcher Unabhängigkeitsstolz bei diesem Verächter der menschlichen Vernunft, der bei der aus grauer Vorzeit überlieferten Offenbarung stumm, der blind bleibt angesichts des Lichtes, das er im Buch der Bücher erkennen oder von Gnaden Gottes empfangen müßte!

1 II, xvii; T.R. 641; L. 537.

Diese Einstellung ist so offenkundig, daß die Kommentatoren darin einen der Hauptaspekte des Einflusses der *Essais* hinsichtlich der Religion gesehen haben. Für Cassirer spiegelt jede Religion bei Montaigne, »in ihrer empirischen Erscheinung, nur die herrschende Richtung *unseres Willens* wider: die Menschennatur in ihrer anthropologischen und ethnographischen Mannigfaltigkeit ist der ›Naturgrund‹, auf den sie zurückgeht. Und wenn in der Ethik, aller Relativität der äußeren Satzung zum Trotz, ein allgemeiner innerlich gültiger Maßstab zurückgewonnen wurde, so ist uns hier dieser Ausweg verschlossen: denn welches Mittel des Selbstbewußtseins vermöchte ein seinem Begriffe nach *transcendentes* Sein zu sichern und zu verbürgen? So werden bei Montaigne die positiven Dogmen selbst zwar nirgends in den Kreis der Untersuchung hineingezogen; aber eben in dieser Absonderung liegt ihre schärfste, ironische Kritik: denn jetzt gehören sie dem festen konventionellen Bestand der ›Gebräuche‹ an, dem der Einzelne sich zu unterwerfen hat[1].« Man kann also nicht behaupten, daß die Zurückhaltung Montaignes nicht wirksam ist: die Kritik ist eine Art Handeln. Sie bringt jedoch keine Welten hervor; sie erweckt Individuen. In den Augen Cassirers gehört dieses Handeln nicht demselben Bereich an wie das, dem das Gebäude der Religion zu verdanken ist: dieses Bauwerk war das Werk eines menschlichen *Willens*, und Montaigne beruft sich nicht auf den Willen. Erneut zeigt sich uns hier, Cassirer zufolge, »die innerliche Grenze der Skepsis. Die neuen Wertbegriffe, die sie erarbeitet, bleiben auf das denkende Selbstbewußtsein beschränkt: sie bestimmen und leiten das *Urteil* des Individuums, ohne seinen Willen zu ergreifen. Jeder Versuch, die Schöpfung des Innern auf die äußere Welt zu übertragen, die äußeren Verhältnisse nach dem neuen Maßstab umzugestalten, wird abgewiesen. Die Bedeutung, die dem Zweifel als *Prinzip* zukommt, erweist sich hier von negativer Seite: denn gerade dort, wo die Skepsis sich bescheidet, um sich den

1 Ernst CASSIRER, *Das Erkenntnisproblem* (1922), 4 Bde.; Neudruck der Wissenschaftlichen Buchgesellschaft, Darmstadt 1971, Bd. I, S. 190. Cf. auch das Kapitel, das Eric WEIL der Kategorie und der Einstellung der Intelligenz gewidmet hat (in *Logique de la Philosophie*, Paris 1950, Kap. XI, S. 263-281).

gegebenen politischen und sozialen Mächten unterzuordnen, vermag auch der Begriff des sittlichen *Selbstbewußtseins* nicht zur Reife und Vollendung zu gelangen[1].« Mit anderen Worten: selbst wenn das Denken nicht jeder wirkenden Kraft bar ist, so ist Montaigne doch nicht in der Lage, persönlich zum Handeln überzugehen. Hier muß jedoch eine entscheidende Beobachtung geltend gemacht werden: damit ein Denken in der Lage ist, den Willen mitzureißen und den Versuch einer Umgestaltung der Welt zu unternehmen, wie es bereits die Subjektivität umgestaltet hat, ist nicht nur die Beherztheit eines Überganges zum Handeln erforderlich; hinzukommen muß, daß das Bewußtsein, das der äußeren Realität das Zeichen seines »neuen Kriteriums« aufzuprägen bestrebt ist, die Möglichkeit einer *Zukunft* sich vor ihm auftun sieht, die seinem Werk entgegensieht. Bei Montaigne aber bestimmt nicht der Mangel an Initiative den Mangel an Zukunft: es ist umgekehrt der Mangel an Zukunft, der die Initiative und die Aktion mutlos macht. Wenn es sich da lediglich um eine persönliche psychologische Disposition handelte, um eine mit dem »Alter« oder der »Wackelsinnigkeit« des Geistes selbst in Zusammenhang stehende Stimmung, so könnte man sich damit zufriedengeben, eine gelegentliche Interdependenz zwischen dem inneren Erlebnis der Zeit und der des Handelns einzuräumen: wer nicht über künftige Zeit verfügen zu können glaubt, ist geneigt, seinen »Willen zu beschränken«; und, *vice versa*, wenn er seinen Willen beschränkt, wird er in seinen Plänen und Vorhaben auch nicht den engen Umkreis einer kurzbemessenen Zukunft überschreiten, die von einer eifersüchtig auf ihr Übergewicht bedachten Gegenwart beherrscht wird. Zu dieser individuellen subjektiven Disposition (die die entwertende Koketterie Montaignes gern *nonchalance* nennt, Sorglosigkeit) gesellt sich der Umstand, daß zu Zeiten Montaignes das kollektive Bewußtsein, eingeschlossen das der Intellektuellen, weder die historische Zukunft noch das auf die Zukunft gerichtete

1 Ernst CASSIRER, *op. cit.*, S. 189. Diese Erwägungen bilden in einem gewissen Maße die Quelle der sehr viel ungerechtfertigteren Kritik, die, wie wir sehen werden, von Max HORKHEIMER an Montaigne geübt wird.

Handeln im Blick hat, wie das in Europa seit dem Ende des 18. Jahrhunderts geläufig werden wird.

Widmen wir uns bei dieser Gelegenheit einer erneuten Lektüre von Essay III, x (»Von der Schonung des Willens«). Sicherlich findet man hier ein Plädoyer für das eigene Leben, für die Zurückhaltung, für die Nähe zu sich selbst, aber in unmittelbarer Verbindung mit einer zurechtrückenden Nuance:

»(*b*) Im Vergleich zu den meisten Menschen werde ich von wenigen Dingen berührt, oder besser gesagt, gepackt: denn es ist richtig, daß sie uns berühren, vorausgesetzt, daß sie nicht von uns Besitz ergreifen[1].«

Von Anfang an läßt Montaigne eine *mittlere* Einstellung erahnen. Er willigt ein, von den Dingen berührt zu werden, er möchte nicht davon abgeschnitten sein: umgekehrt will er ihnen nicht verfallen. Und er fährt fort:

»(*b*) Ich trage große Sorge, dieses Vorrecht des Gleichmuts, das schon von Natur bei mir recht weit geht, mit Bedacht und Erwägung weiter zu fördern. Ich nehme wenige Dinge zu Herzen, und darum erregen mich wenige. [. . .] So sehr ich kann, befasse ich mich ganz mit mir. [. . .] Jenen Neigungen aber, die mich von mir ablenken und an Fremdes binden, denen wahrlich widersetze ich mich mit aller Kraft. Meine Meinung ist, daß man andern sich leihen und nur sich selber sich hingeben soll. [. . .] Wer da weiß, wie viel er sich schuldet und wie viele Pflichten er gegen sich selbst zu erfüllen hat, der findet, daß die Natur ihm damit ein Amt gegeben hat, das ihn hinlänglich ausfüllt, und nicht eine müßige Pfründe. Du hast mir dir selber genug zu tun, schweife nicht ins Weite[2]!«

Hier stehen wir – wie man meinen möchte – vor einer derart entschiedenen Vorliebe für das Privatleben, vor einer solchen Priorität der *Eigen*existenz des Individuums, daß jedes nach außen gerichtete Handeln, jede »Verstrickung« in die öffentlichen Geschäfte sich davon entmutigt sehen müßten. Allerdings stellt Montaigne die vorrangige Sorge um seine persönliche Freiheit unter Beweis: aber nicht, um sie ungebraucht zu erhalten oder sie nur in der inneren Beziehung zu sich

1 III, x; T.R. 980; L. 784.
2 III, x; T.R. 980-981; L. 784-786.

selbst zu gebrauchen. Es heißt für ihn nämlich, »sie nur bei gerechten Anlässen aufs Spiel zu setzen[1]«. Im politisch-religiösen Bereich begegnen wir also derselben Versöhnung mit dem *Draußen*, dem *Fremden* wieder, die uns bereits in den verschiedensten Aspekten der »Beziehung zum anderen« deutlich geworden war.

Montaigne fürchtet eine im Handeln liegende tödliche Gefahr, die eine übermäßige Selbstvergessenheit provoziert. Zwar fehlt es dieser Gefahr in seinen Augen nicht an Adel: sein Vater hatte sich bei der Ausübung des Bürgermeisteramtes von Bordeaux seiner Aufgabe mit einer wunderbaren Selbstverleugnung gewidmet, »sein Leben für nichts achtend«. Montaigne entgegnet gleichwohl: »Diese Handlungsweise, ich lobe sie an andern; doch ich folge ihr nicht gerne nach, und ich bin deswegen nicht unentschuldbar. Er hatte sich sagen lassen, daß man dem Nächsten zuliebe seiner selbst vergessen müsse, und daß dem eigenen Wohl gegenüber dem allgemeinen keinerlei Gewicht zukomme[2].« Er selbst ahnt voraus, daß er mit der allzu eifrigen Verstrickung in die Sorge um das Gemeinwohl zu seiner Selbstzerstörung beitragen würde: »Wenn ich immer gleich anbisse, wie es andere tun, so hätte meine Seele nie die Kraft, die Ängste und Aufregungen zu ertragen, von denen jene gehetzt sind, die sich auf so vielerlei einlassen: sie ginge bei dieser inneren Unrast *in Stücke*. [. . .] Wenn mein Wille sich so leicht mit Beschlag belegen und einspannen ließe, so wäre es aus mit mir: ich habe eine zu zarte Haut, von Natur und aus Gewöhnung[3].« Der Leidenschaft im Handeln, die bei seinem Vater »aus einer großen natürlichen Güte entsprang«, aus einer »liebreichen und leutseligen« Seele, mißtraut Montaigne seinerseits als einer Verführung, bei der er nur allzu bald die Herrschaft über die Bewegung verlieren könnte, in die er sich stürzte. Das Paradoxon, auf das er hinweist, liegt darin, daß der Mann der Tat gewöhnlich zu einem Mann der Leidenschaft wird; er gehört sich nicht mehr selbst: er wird zugleich von den

1 III, x; T. R. 981; L. 786.
2 III, x; T. R. 938; L. 789.
3 III, x; T.R. 980-981; L. 785.

anderen und seinem eigenen inneren Aufruhr beherrscht – einer doppelten Quelle von Passivität:

»(*b*) Die Menschen geben sich in Miete. Ihre Fähigkeiten gehören nicht mehr ihnen, sondern denen, an die sie sich verdingen; ihre Mietsherren sind bei ihnen zu Hause, nicht sie. [. . .] Seht nur die Leute, die darauf eingedrillt sind, sich ergreifen und hinreißen zu lassen; sie tun es überall, in kleinen Dingen wie in großen, in dem, was sie nichts angeht, wie in dem, was sie angeht; sie spannen sich ohne Unterschied überall ein, wo sie eine Plackerei (*c*) und Pflicht finden können, (*b*) und sie sind ohne Leben, wenn sie ohne diese aufgeregte Betriebsamkeit sind. [. . .] Sie suchen die Geschäfte nur um der Geschäftigkeit willen. Es ist nicht, daß sie gehen wollen, sondern mehr noch, daß sie nicht ruhig sitzen können. Nicht mehr und nicht weniger als ein ins Fallen geratener Stein, der nicht innehält, bis er sich hinlegt. Die Geschäftigkeit ist für eine gewisse Art Leute das Merkmal der Tüchtigkeit und der Würde. (*b*) Ihr Geist sucht seine Ruhe im Hin und Her, wie das Kind in der Wiege[1].«

Auf diese Weise handeln heißt sich unvorsichtig verschwenden: die aktive Wendung nach draußen wird als Selbstverlust und Knechtschaft interpretiert. Man glaubt zu *tun*, während man sich in Wirklichkeit der inneren Zerstückelung *ausliefert*. Montaigne faßt das Ergebnis der Handlung aus Leidenschaft nur unter zwei Aspekten ins Auge. Für die meisten derer, die sich auf diese Weise mitreißen lassen, gilt auf kurze oder längere Sicht das Geschick des rollenden Steins oder, noch trügerischer, der Schlaf des Kindes, das sich dem »Schwung« der Wiege überläßt. Paradoxerweise triumphiert nach einer kurzen Unruhe die Trägheit. Den wenigen Individuen, die es verdienen, ist als Belohnung der Ruhm und die Ehre beschieden, der dauerhafte Nachhall eines Namens. Aber das ist ein außergewöhnliches Resultat. Gewöhnlich ist das Handeln um so unwirksamer, je mehr es sich aus leidenschaftlicher Glut speist. Das Bewußtsein der inneren Gefährdung bezeichnet hier die *erste* Phase von Montaignes Begegnung mit dem Imperativ der Aktion.

Die Vorstellung, daß man »sich nur sich selber hingeben soll«, ist eine *zweite* Regung, die dem Bedürfnis nach Sicher-

1 III, x; T. R. 981; L. 786-787.

heit und Schutz vor dem bedrohlichen *Auseinanderfall* entspricht. Wenn man die dieser zweiten Regung korrespondierenden Erklärungen isoliert, läßt sich das Bild eines Mannes zusammensetzen, der allein um seine Bequemlichkeit bemüht ist, und Montaigne der Vorwurf einer privilegierten Sonderstellung machen, deren einzige Sorge darin besteht, sich in die Lauheit des Privatlebens und des kultivierten Zeitvertreibs zu flüchten. Das tut unter anderen Max Horkheimer, einer der Hauptvertreter der Frankfurter Schule, und zwar in einer merkwürdig hämischen Studie: schenkt man ihm Glauben, so hätte Montaigne den Forderungen eines »aktiven Humanismus« nicht Folge zu leisten verstanden: »So mild er gegen Mensch und Tier gestimmt sein mag, logisch bleibt sein Denken bloß um innere Ruhe und Sicherheit seines empirischen Ichs zentriert[1].«

1 Max HORKHEIMER, *op. cit.*, S. 23. Anhand von MONTAIGNE hadert HORKHEIMER, ohne einen davon namentlich zu nennen, mit den »Skeptikern« seiner Epoche (1938), die sich der entschlossenen Bekämpfung der diktatorischen Bewegungen der Rechten verweigerten. Wie mir scheint, behauptet er sehr zu Unrecht, daß die relative Neutralität Montaignes in den Hugenotten- und Guisarden-Kriegen »der Rückzug in die Bibliothek und ins feindliche Ausland« war. Aber er macht sich die Mühe der Unterscheidung: »Der Gehorsam, den Montaigne als guter Skeptiker gepredigt hat, galt einem Königtum, das mit reaktionären Gewalten im Streite lag. Der Gehorsam gegen die modernen Diktaturen, denen heute der Skeptiker sich anbequemt, ist die Gefolgschaft in die Barbarei« (S. 31). Bleibt nur zu sagen, daß Montaigne, wenn er auch seine Loyalität, seine Treue zum legitimen Monarchen bekundete, sich doch über den Stand der Dinge, der den Bürgerkriegen vorausging, keinerlei Illusionen machte: »Die Gesundheit, von der wir ausgingen, war von der Beschaffenheit, daß sie selbst das Bedauern mildert, welches wir über sie empfinden sollten. Es war Gesundheit, aber nur in Vergleichung mit der Krankheit, welche darauf erfolgte. Wir sind aus keiner großen Höhe herabgestürzt. Das Verderben und die Räuberei, welche in Amt und Würden stehen, scheinen mir das Unerträglichste zu sein. Man bestiehlt uns weniger kränkend in einem Walde als an einem sicheren Orte. Es war eine allgemeine Zusammensetzung von Gliedern, wovon eines noch krebsartiger war als das andere, und so verdorben, anbrüchig und voller alten Geschwüre, daß sie keine Genesung mehr hoffen konnten noch wünschten« (III, xii; T.R. 1023-1024; F.W. VI, 126). Die Lieblingsmetaphern Montaignes sind die der Gesundheit und der Krankheit und an zweiter Stelle die der Stabilität und des Sturzes bzw. des Abfalls; die von Horkheimer benutzten Metaphern sind vom Bild der Vorwärtsbewegung (der Fortschritt) und dem umgekehrten der Reaktion bestimmt. Einzig die moralischen Bewertungen (»Barbarei« usw.) sind Montaigne und seinem modernen Kritiker gemeinsam – was nicht außer acht zu lassen ist. Die Beweiskette, die Horkheimer benutzt, um den Individualismus Montaignes mit der Ökonomie des Marktes in Zusammenhang zu bringen, führte, wenn wir sie auf Horkheimer selbst anwendeten, zu einer Verknüpfung seines (marxistischen) »aktiven Humanismus« mit dem Stalinismus und dem Gulag-System. Bekanntlich hat Horkheimer in seinen letzten Lebensjahren diesen Typus von Diktatur mißbilligt.

Wenn die innere Ruhe auch tatsächlich ein Aspekt seiner Ethik ist, so verkennt Montaigne doch nicht, daß dieses Ideal von den politischen Bedingungen des Augenblicks ebenso sehr abhängig ist wie von einer bestimmten persönlichen Geistesverfassung. Keinerlei innere Ruhe ohne öffentlichen Frieden, selbst wenn der Weise oder der mutige Kriegsmann hypothetischerweise in den heftigsten Gewittern heiter zu sein fähig sind. Die intellektuelle Enthaltsamkeit Montaignes (die skeptische ἐποχή) zieht bei ihm weder die politische Enthaltsamkeit noch die Suche nach einer um einen beliebigen Preis erkauften Sicherheit noch die Ablehnung des Handelns nach sich, selbst wenn das Handeln seines Erachtens immer die denkbar geringste Anzahl von Elementen der Leidenschaft enthalten sollte. Ist der Zeitpunkt einmal vorbei, da er vor der inneren Zerstückelung Schutz suchte, die sich aus einem allzu lebhaften Engagement zu ergeben drohte, tritt Montaigne mit aller Deutlichkeit in eine *dritte* Phase ein, die der reflektierten Aktion. Eine Behauptung wie die folgende steht in Montaignes Buch durchaus nicht vereinzelt da:

»(*b*) Bei öffentlichen Unruhen und in den Streitigkeiten der Parteien seines Landes hin- und herschwankend zu bleiben, sich zu keiner zu halten und sich durch nichts aus seinem Gleichgewicht bringen zu lassen, das finde ich weder schön noch bieder. [. . .] (*c*) Das mag in Ansehung der Streitigkeiten unter Nachbarn erlaubt sein. [. . .] In eignen einheimischen Unruhen, (*b*) *an welchen man notwendigerweise teilnehmen muß*, wäre dies eine Art von Verräterei. [. . .] Gleichwohl können diejenigen, welche sich gänzlich darauf einlassen, es mit solcher Ordnung und mit solcher Mäßigung tun, daß das Gewitter über ihren Kopf wegziehen kann ohne sie zu beschädigen[1].«

1 III, i; T.R. 770; F.W. V, 6-7. Die Geschichte von Spurina, der sein schönes Gesicht verstümmelt, um nicht mehr die Leidenschaften und die »Fehler anderer Leute« zu wecken, veranlaßt MONTAIGNE zu der Bemerkung: »Diejenigen, welche sich den gemeinen Pflichten entziehen und der zahllosen Menge von heikeln Regeln unter so mancher Gestalt, welche einen vollkommenen rechtschaffenen Mann im bürgerlichen Leben binden, machen sich nach meiner Meinung die Sache sehr leicht, was für besondere Lasten sie sich auch übrigens selbst auflegen mögen. Es heißt gewissermaßen sterben, um die Last, recht und wohl zu leben, von sich abzuwerfen. Sie mögen einen andern Lohn haben; den Lohn der Schwierigkeit aber hatten sie nie, wie mich deucht. Dabei will ich nicht sagen, daß es bei allem Streben und Ringen auf etwas weiteres ankomme, als sich in dem wogenden Gedränge der Welt gerade und steif zu halten, und alle Punkte seiner Pflicht gegen jedermann aufs gewissenhafteste zu erfüllen« (II, xxxiii; T.R. 712;

Man muß also »notwendigerweise teilnehmen«, man muß Partei ergreifen und folglich auch handeln. Montaigne schlägt zu diesem Zweck jedoch eine Hygiene des Handelns vor; sie pocht auf den Schutz der inneren »Ruhe« und Heiterkeit, und zwar nicht nur im Interesse des Individuums, sondern zur besseren Gewährleistung der Gerechtigkeit und Wirksamkeit der unternommenen Aktion. Die dritte Einstellung, die Montaigne sich hier zu eigen macht, versöhnt die Forderungen des aktiven und des Privatlebens, aber nicht, indem sie sie miteinander verquickt (schlechterdings eine Unmöglichkeit), sondern indem sie sie derart trennt, daß das Individuum es weder an seiner sozialen Verpflichtung noch an der »Freundschaft« fehlen läßt, »die man sich selber schuldet[1]«. Die Priorität, die er unleugbar den Werten der Innerlichkeit einräumt, stellt keinerlei Ausschluß des politischen Bereiches dar: es handelt sich darum, das geistig-sittliche und das politische Leben in ihren jeweiligen Beziehungen an den richtigen Platz zu stellen. Der Mensch findet Erfüllung im geistig-sittlichen Leben, aber das gelingt ihm nur, wenn die politischen Institutionen ihm auch deren Möglichkeit garantieren. Es ist also geboten, sparsam mit seinem Willen umzugehen, ihn zu »beschränken«, zu »schonen« (im Sinne der »ökonomischen« Geltung, die Montaignes Epoche dem Ausdruck verleiht), und zwar im Verhältnis zum Möglichen und Wünschbaren im Bereich des Gemeinschaftslebens. Das führt unausweichlich zur Anerkennung des politischen Kampfes oder besser der Verhandlung, wenn man die für das geistig-sittliche Leben erforderlichen Bedingungen sichern will. Die Ablenkungen, die »Fluchtbewegungen« Montaignes (wie die Reise nach Italien und Deutschland) sind nur vorübergehend: die Ausreden, die er dafür gibt, beweisen von vornherein, daß er das Bedürfnis verspürt, sich zu entschuldigen. Die »politische« Pflicht und die Ämter des öffentlichen Lebens zu übernehmen, ist eine vorrangige Verbindlichkeit. Und das öffentliche Handeln wird um so glück-

F.W. IV, 309). Zum Gleichgewicht zwischen privatem und öffentlichem Leben siehe die ausgezeichnete Analyse von Essay III, x in Hugo FRIEDRICHS *Montaigne*, Bern [2]1967, S. 234 ff.

1 III, x; T. R. 984; L. 789.

hafter ausfallen, je mehr man sich in sich selbst ein Ruhezentrum zu bewahren verstanden hat, das die unvorhersehbaren Zufälle und Schläge des Handelns nicht in Frage stellen: der nahezu persönliche Ton, den Montaigne hier anschlägt, bezeugt die Stärke seiner Überzeugung:

»(*b*) Wer ihre Pflichten kennt [*i. e.* der Freundschaft, die man sich selber schuldet] und tut, der sitzt wahrhaft im Rate der Musen; *er hat den Gipfel der menschlichen Weisheit und unseres Glückes erreicht.* Weil er genau weiß, was er sich selber schuldig ist, findet er in seiner Rolle auch vorgeschrieben, daß er der Dienste anderer Menschen und der Welt bedürfe und zu diesem Ende der *öffentlichen Gesellschaft die Dienste und Handreichungen beisteuern muß, die ihn betreffen. (c) Wer überhaupt nicht für andere lebt, der lebt auch kaum für sich.* [. . .] (*b*) Die oberste Aufgabe, zu der wir berufen sind, ist für jeden die Führung des eigenen Lebens; (*c*) und dies ist es, wofür wir hier sind. (*b*) Wie der ein Tor wäre, der vergäße, selbst recht und heilig zu leben, und sich mit seiner Pflicht im reinen glaubte, indem er andere dazu anwiese und hinleitete; ganz ebenso schlägt der meines Bedünkens einen falschen und verderblichen Weg ein, der die Gesundheit und Heiterkeit seines eigenen Lebens dahingibt, um damit andern zu dienen[1].«

Man muß sich klarmachen, daß »recht und heilig leben« die Erfüllung einer gesellschaftlichen »Pflicht« einschließt, deren man sich nicht einfach entledigen kann, indem man sie anderen zuweist, damit sie an unserer Stelle handeln; diese Pflicht zu vergessen ist eine Torheit; aber das Vergessen der »Gesundheit und Heiterkeit des eigenen Lebens« – das heißt der Bewahrung der *inneren* Gesundheit und Freude – liefe auf den symmetrischen und umgekehrten Fehler hinaus. Montaigne konstruiert seinen Satz so, daß er, in vollkommenem Gleichgewicht, eine doppelte Lehre formuliert. (Es liegt viel daran, an diese Einstellung, die die Ganzheit des Menschen respektiert, in einer Epoche zu erinnern, in der die totalitäre Ideologie im Namen des Kollektivinteresses die Privatexistenz schuldig spricht und zu eliminieren sucht.)

Es ist also wünschenswert, sich im Handeln zu engagieren und zugleich in sich selbst eine Ruhe zu bewahren, die weder von den äußeren Belastungen noch von den inneren Emotionen gefährdet wird:

1 III, x; T. R. 984; L. 789.

»(*b*) Ich will nicht, daß man den Ämtern, die man übernimmt, seine Aufmerksamkeit, seine Mühe, seine Fürsprache und, wenn es not tut, auch Schweiß und Blut versage:

non ipse pro charis amicis
Aut patria timidus perire.

Doch soll es leihweise und beiläufig geschehen, indes der Geist in Ruhe und Gleichgewicht verharrt, nicht untätig, doch ohne Plackerei, ohne Leidenschaft. Nur einfach tätig zu sein, beschwert ihn so wenig, daß er selbst im Schlafe tätig bleibt[1].«

Unter dieser Bedingung wird eben der, der empfahl, »andern sich zu leihen und nur sich selber sich hinzugeben[2]«, seine Formulierung in einem Zusatz von 1595 modifizieren, in dem er sich den andern gegenüber deutlich großzügiger zeigt: »Ich habe mich mit öffentlichen Ämtern befassen können, ohne mir auch nur um Fingerbreite abtrünnig zu werden, (*c*) *und mich andern hingeben können, ohne mich selbst preiszugeben*[3].«

Im vorliegenden Fall handelt es sich keineswegs um eine Einstellung, die Montaigne, darauf bedacht, für und in sich den Anteil der Sonderexistenz zu bewahren, zum bloßen persönlichen Gebrauch ausarbeitet. Es lassen sich dafür andere Beispiele anführen. Diese Mischung von innerer Ruhe und Sicherheit im Handeln hat er bei Männern angetroffen und bewundert, die Interessen vertreten haben, die weit über das des Bürgermeisteramtes einer großen Stadt hinausgehen – bei Männern, die (im Sinne der heutigen Formel) »Geschichte machen«. Hier etwa die Selbstdarstellung des Königs von Navarra gegenüber Montaigne:

»(*b*) ›Ich sehe die Wichtigkeit der Ereignisse so gut wie ein anderer; bei solchen aber, denen nicht mehr zu helfen ist, entschließe ich mich auf der Stelle, sie geduldig zu leiden. Gegen andre treffe ich die nötigen Vorkehrungen, welches ich vermöge der Lebhaftigkeit meines Geistes auf der Stelle tun kann, und erwarte sodann *in Ruhe*, was daraus werden mag.‹ In der Tat habe ich ihn auch so befunden, daß er bei wichtigen und sehr verwickelten Dingen eine große Sorglosigkeit und Freiheit im Handeln und in Gebärden behauptet[4].«

1 III, x; T.R. 984; L. 790. Das lateinische Zitat stammt von HORAZ: »Ich selbst fürchte nicht, für teure Freunde oder für mein Land zu sterben« (*Oden*, IV, ix, 51).
2 III, x; T.R. 980; L. 785.
3 III, x; T.R. 985; L. 791.
4 III, x; T.R. 986; F.W. VI, 57-58.

Wer sähe nicht, daß die (beim Bürgermeister von Bordeaux wie beim künftigen Heinrich IV. anzutreffende) Koexistenz von innerer Ruhe und äußerer Aktivität wieder eine *Duplizität* einführt, die jetzt zu legitimieren möglich wird, und zwar zugleich durch die Verpflichtung der Sorge um die öffentlichen Aufgaben und durch die Notwendigkeit, im Interesse des Handelns selbst einen vollkommenen Gleichmut zu bewahren? »Maske und Schein« machen, wenn sie nicht für Verrat und Eigeninteresse aufgeboten werden, lediglich von einem unpersönlichen Code Gebrauch, der die »Dienste« des gesellschaftlichen Lebens regelt. Mit dem, was sie an Oberflächlichem hat, gewährleistet die Maske in diesem ihrem minimalen und hinreichenden Ausmaß die Teilnahme an den von der Institution oder vom sozialen »Diskurs« vorgesehenen Funktionen; gerade deshalb aber, weil sie oberflächlich bleibt, garantiert sie die beständige Integrität des inneren Ichs, beugt sie der trügerischen Identifikation des Individuums mit der temporären gesellschaftlichen Rolle vor, die es zu übernehmen eingewilligt hat. Sie vereitelt das Ungestüm und den Mißerfolg des Handelns. Die Stellen, wo Montaigne die Komödie der Welt anprangert (und denen wir einige der Einleitungszitate des vorliegenden Buches entnommen haben), nehmen ebenso auch auf eine relative und bedingte Billigung der Regel des kollektiven Spiels Bezug:

»(*b*) Die meisten unserer Beschäftigungen sind Mummenschanz. [. . .] *Man muß seine Rolle getreulich spielen, doch als eine angenommene Schauspielrolle.* Aus Maske und Faltenwurf darf man nicht ein wirkliches Wesen machen, noch aus dem Fremden sein Eigenes. Wir wissen nicht Haut und Hemd auseinander zu halten. (*c*) Es ist genug, sich das Gesicht zu pudern, ohne auch noch das Herz zu pudern. (*b*) Ich kenne Leute, die ebenso oft ihre Gestalten und ihr Wesen verwandeln, als sie ein neues Amt übernehmen, die sich bis in die Nieren und Eingeweide mit ihrer Hochwürden durchdringen und ihr Amt noch auf den Nachtstuhl mitnehmen. Ich kann ihnen nicht beibringen, die Bücklinge, die ihnen gelten, von denen zu unterscheiden, die ihrem Amte oder ihrem Gefolge oder ihrem Maulesel dargebracht werden[1].«

Zu dem Zeitpunkt, da Montaigne sie verdammte, war die

1 III, x; T. R. 989; L. 794-795.

Maske (die *persona*) das, was das Individuum *enteignete.* In dem Augenblick, wo die Maske wiederkehrt und diesmal in Gnaden aufgenommen wird, ist sie das genaue Gegenteil: sie zieht die Grenze zwischen öffentlicher Rolle und privater Existenz. Diese Aspekte (*Verdammung* im Namen der Wahrheit; *Rehabilitierung* im Namen der Notwendigkeit eines von kollektiven Zeichen geregelten sozialen Stils) folgen einander, wie wir soeben gesehen haben, im Laufe einer sehr raschen Denkbewegung. Wir haben sie gewissermaßen in der Zeitlupe analysiert, denn es war wichtig zu zeigen, wie Schein und Gewohnheit, nachdem sie das repräsentiert hatten, was das Individuum in der Hoffnung, *es selbst* zu sein, verwerfen mußte, jetzt die Demarkationslinie bilden, dank derer das Individuum die Möglichkeit findet, sich zu erfassen und zu *bestimmen*, nämlich zugleich als einzelnes Subjekt und als in der Welt handelndes Individuum, je nach dem von der Realität auferlegten Zwängen. Die akzeptierte Maske ist die als solche anerkannte Außenwelt, die Trennungslinie, die die Unterscheidung zwischen »sich anderen leihen« und »sich sich selbst hingeben« erlaubt und es auf diese Weise ermöglicht, daß dieses antithetische Paar nicht zum Widerspruch wird. Sie umgrenzt und beschützt den Raum, in dem eine Innerlichkeit im Idealfall völlig von sich selbst Besitz ergreifen kann, ohne den anderen und dem Aufruhr der Leidenschaften eine Handhabe zu bieten: dieser Raum ist der des Bewußtseins – worunter nicht nur das Selbstbewußtsein zu verstehen ist, der Verkehr mit sich selbst, sondern auch das moralische Bewußtsein und die Urteilskraft, auf ihre Unabhängigkeit bedacht und fähig, in allen Fällen einzugreifen.

4. »Bewahren und erhalten«

»Ich hatte nur zu *bewahren* und zu *erhalten*, und das ist ein stilles und unscheinbares Werk. Die *Neuerung* ist ein ruhmvolles Tun; doch sie ist uns in einer Zeit untersagt, in der wir von *Neuerungen* zu Boden gedrückt sind und kaum wissen, wie wir uns ihrer erwehren sollen[1].« Auf diese Weise macht

1 III, x; T. R. 1001; L. 805.

Montaigne die Prinzipien deutlich, die er in seinem Bürgermeisteramt befolgt hat. Eine Erklärung, die, gerade in diesem Wortlaut, alles wünschenswerte Licht auf das Wesen dessen wirft, was man den »Konservativismus« Montaignes genannt hat. In der politischen Sprache Montaignes definiert sich *bewahren* durch seinen Gegensatz zu *erneuern*; die *Bewahrung* [frz. *conservation*] erhält ihren lexikalischen »Stellenwert« durch ihre Kontrastbeziehung zur *Neuerung* [frz. *innovation*] und den »Neuerungen« [frz. *nouvelletez*]. Dieses semantische Paar, das im 16. Jahrhundert im Französischen und in der Mehrzahl der europäischen Sprachen gebräuchlich war, unterscheidet sich grundlegend vom gegenwärtigen Begriffssystem; in der Sprache von heute definiert sich der Begriff des *Konservativismus* (der seinerseits jüngeren Ursprungs ist) hauptsächlich in Hinsicht auf den des *Fortschritts* oder (um der Symmetrie der Suffixe willen) des *Progressismus* in dem Sinne, wie er seit dem 18. Jahrhundert in Geltung gekommen ist – ohne daß jedoch das Antonym *Innovation* aufgehört hätte, zum »Stellenwert« von *Konservation* beizutragen. Das heutige semantische System kann nicht umhin, dem »Konservativismus« eine im wesentlichen antithetische Funktion im Verhältnis zum historischen »Fortschritt« oder zu den Fortschrittstheorien zuzuschreiben, für die die Innovation im allgemeinen das Objekt eines positiven Vorurteils abgibt.

Eine *moderne* Interpretation Montaignes und seiner Epoche hat sicherlich das volle Recht, auf eigene Gefahr den Versuch einer Einkreisung dessen zu unternehmen, was gegen Ende des 16. Jahrhunderts als »Weg des Fortschritts«, als »Faktoren« des Fortschritts zu gelten hatte. Es steht ihr jedoch nicht zu, die Menschen dieser Epoche so zu beurteilen, als hätten sie sich bewußt im Verhältnis zu einer Idee bestimmt, die noch kein Bestandteil ihres intellektuellen Repertoires war. Im vorliegenden Fall wäre das nicht nur ein Anachronismus, ein Verstoß gegen die elementaren Regeln der historischen Methode, sondern vor allem auch eine wirkungslose Deutung, die dem, was sie zu erklären behauptet, durchaus nicht beikommt. Zu bedauern, daß Montaigne kein Hehl aus seinem Festhalten an einem Begriff gemacht hat, der dem des Fortschritts konträr ist (und sei es, daß man ihn, wie Horkheimer, als »aktiven Humanismus« bezeichnet), ist ein Paralogismus oder ein frommer Wunsch, der aus der zeitlichen Distanz von vier Jahrhunderten und aus der Höhe des guten Gewissens, das einem modernen Intellektuellen die Überzeugung der Kenntnis der »Dialektik der Geschichte« verleiht, nur allzu leicht zu formulieren ist. Merkwürdigerweise sind die Adepten der Geschichte häufig die ersten, die außer acht lassen, daß der moderne Begriff von Geschichte als dem *kollektiven* Werden der Völker oder der Menschheit sich im 18. Jahrhundert gebildet hat, zur selben Zeit wie die moderne Fortschrittsidee und sozusagen komplementär dazu. Montaigne hat weder von der Geschichte noch vom Fortschritt Wind bekommen: sie waren damals noch nicht *erfunden*. Wenn er *Geschichte* [frz. *histoire*] im Singular benutzt, so um entweder das Studium der Vergangenheit (die »Wissenschaft von der Geschichte«) zu bezeichnen oder um sich auf *eine* Geschichte zu beziehen, die mit einem besonderen Individuum in Zusammenhang steht (ein Beispiel dafür bietet der Titel von Essay II, xxxiii, »Die Geschichte von Spurina«). Wo das nicht der Fall ist, spricht er von *Geschichten*, in einem Plural, der definitionsgemäß die Vorstellung einer einzigen und schicksalhaften Richtung ausschließt, in der sich der Gesamtkomplex der vergangenen Ereignisse ordnen ließe und deren spätere Entwicklung der gegenwärtigen Generation anvertraut wäre. Die Vergangenheit bietet Montaigne das Schauspiel der Verschiedenartigkeit, der Differenz; im Vergleich dazu fühlen wir uns anders, einer gefährlichen Neuheit ausgesetzt, aber keineswegs überlegen, keineswegs besser oder weiser. Überdies ist unsere Kenntnis der Vergangenheit unvollständig und lückenhaft: die Bücher und Dokumente haben lediglich Brocken des Geschehenen aufbewahrt:

»(*b*) In diesen Eitelkeiten [*i. e.* den Zirkusspielen] selbst entdecken wir, wie sehr jene Zeiten fruchtbar an ganz *anderen* Köpfen waren, als wir jetzt in den unsrigen aufzuweisen haben. Mit dieser Art von Fruchtbarkeit geht es wie mit allen anderen Erzeugnissen der Natur. Man kann zwar nicht sagen, daß sie damals ihre letzten Kräfte erschöpft habe. *Dennoch gehen wir nicht vorwärts, wir drehen uns vielmehr um und wenden uns hierhin und dorthin*, und machen den nämlichen Weg noch einmal. Ich besorge, unsere Kenntnis sei in allem Betracht nur schwach. Wir sehen nicht weit vor uns, nicht weit hinter uns. Sie faßt wenig und lebt wenig; ist kurz sowohl in Betracht ihrer Zeit, als in Betracht ihres Stoffes. [. . .]

(*b*) Wenn alles das, was über die Vorzeit zu uns gelangt ist, auch wahr wäre und einer alles wüßte, so wäre es doch in Vergleich dessen, was verborgen bleibt, weniger als nichts; und von diesem Bilde der Welt, das vor unsern Augen vorübergeht, während wir darin leben, wie unbedeutend, wie zusammengezogen ist davon die Kenntnis der aufmerksamsten Forscher? Nicht bloß von den einzelnen besondern Begebenheiten, welche das Glück oft exemplarisch und merkwürdig macht, sondern von dem Zustande großer Reiche und Völker entwischt uns hundertmal mehr als davon zu unserer Kenntnis gelangt[1].«

Was wir menschliche Geschichte nennen, ist für Montaigne ein Komplex von »einzelnen besonderen Begebenheiten« oder Wechselfällen, die diese kollektiven Körper mit Namen »Reiche und Völker« in einem großen »Wirbel« mit sich reißen. Ihre Existenz, ihre Wandlungen haben ihren Platz inmitten der Welt und sind den Ratschlüssen der Natur und des Schicksals unterworfen. Die Weltreiche und Königtümer, deren Geschichten wir schreiben, sind ein Teil dieser größeren Welt, deren Ursachen die Gelehrten vergebens erforschen und deren »Veränderungen« und »Umschwünge« die menschlichen Geschicke im Gefolge haben. Unsere Unkenntnis der Gesamtheit der historischen Ereignisse ist von derselben Art wie unsere Unkenntnis der Totalität der physikalischen Realität. Derselbe Schleier von Unkenntnis verhüllt uns die mutigen Helden, die vor Agamemnon lebten, und die unbekannten Länder, in denen sich im gegenwärtigen Augenblick Zivilisationen, Religionen – glanzvoll oder bedürfnislos – entfalten, von denen wir keine Idee haben, wie wir uns auch nicht einmal vorstellen können, welche Geschöpfe die Natur unter anderen Himmeln hat hervorbringen können. Die unendliche Verschiedenartigkeit der menschlichen Ereignisse ist nur ein Aspekt der unendlichen Verschiedenheit der natürlichen Produkte, deren Reichtum sich uns entzieht. Die Natur in ihrer fruchtbaren Allgegen-

1 III, vi; T. R. 885-886; F. W. V, 218-220.

wärtigkeit aber bleibt in allen ihren Metamorphosen dieselbe. Montaigne spricht häufig vom *gewöhnlichen Fortschritt* der Natur: damit bezeichnet er einerseits die Wachstumskraft, die die Wesen, Generation nach Generation, von der Geburt zur Reife, dann zur Gebrechlichkeit und schließlich zum Verfall treibt, und andererseits den variablen Einfluß, wie er von den »Orten« und den »Jahrhunderten« auf die Individuen ausgeübt wird. Die Unterordnung der Ereignisse unter die natürlichen Ursachen, die im Laufe der Zeitalter variieren, unterstellt den Historiker und den Philosophen dem Banne einer identischen Abhängigkeit. Versuchen wir eine erneute Lektüre jener Seite der *Apologie*, wo Montaigne implizit eine ganze Theorie des physikalischen (astronomischen, klimatischen) Determinismus der Geschichte entwickelt und alsbald daraus die Folgerung zieht: was wir sagen, was wir glauben, hat nicht mehr Gültigkeit als das, was die Menschen anderer Orte und Zeiten sagten und glaubten; die »Verrechnung« ist heute nicht geringer als ehedem:

»(*a*) Wenn die Natur den Glauben, die Urteile und die Meinungen der Menschen ebensogut als alle übrigen Dinge in die Grenzen ihres gewöhnlichen Fortschritts einschränkt; wenn der Glaube ebensogut seine Revolution, seine Zeitveränderung, seine Geburt und seinen Tod hat, wie die Kohlköpfe; wenn ihn der Himmel ebenso bewegt und an sein Ziel rollt, was für ein obrigkeitliches immerwährendes Ansehen wollen wir ihm denn also zuschreiben? (*b*) Wenn wir durch die Erfahrung mit Händen greifen, daß die Form unseres Wesens von der Luft, vom Klima und von der Art des Bodens abhängt, wo wir geboren werden; nicht nur die Gesichtsfarbe, Körperwuchs, Temperament und Gestalt, sondern auch noch die Kräfte der Seele. [. . .] Auf eben die Art und wie die Früchte verschieden wachsen und die Tiere, so werden auch die Menschen geboren, mehr oder weniger kriegerisch, gerecht, gemäßigt und gelehrig; hier dem Wein ergeben, anderwärts dem Diebstahle und der Unkeuschheit; (*c*) hier der Freiheit, dort der Knechtschaft; (*b*) fähig einer Wissenschaft oder einer Kunst; stumpf oder scharfsinnig; gehorsam oder rebellisch; gutmütig oder boshaft, je nach dem Einflusse der Gegend, wo sie leben und weben, und nehmen neue Gewohnheit und Beschaffenheit an, wenn man sie von einem Ort an einen andern versetzt wie die Bäume; [. . .] Wenn wir bald eine

Kunst, eine Glaubensmeinung in Blüte stehen sehen, bald wenn durch himmlischen Einfluß eine andere; ein Jahrhundert dieser Art Naturen erzeugt, und dem Menschengeschlechte Neigung zu dieser oder jener Falte eindrückt; wenn der menschliche Geist zu einer Zeit rüstig und kräftig, zur andern mager ist wie ein unbebautes Feld: wie steht es denn wohl mit all den herrlichen Vorzügen, mit welchen wir uns so gerne schmeicheln? Da ein weiser Mann, da hundert Menschen, da ganze Nationen sich verrechnen können; ja da die menschliche Natur nach meiner Meinung seit vielen Jahrhunderten sich in diesem oder jenem Punkte verrechnet hat: was für Bürgschaft haben wir denn, daß sie zuweilen aufhöre zu irren (*c*) und daß sie sich in diesem Jahrhundert nicht geirrt habe[1]?«

Die vegetabilischen und animalischen Vergleiche, die diesen Abschnitt strukturieren (»wie die Kohlköpfe«, »wie die Früchte und die Tiere«, »wie die Bäume«, »wie ein unbebautes Feld«), zeigen, in welchem Maße der »Fortschritt der Natur«, wie ihn Montaigne sich vorstellt, sich vom »historischen Fortschritt« unterscheidet, wie ihn das moderne Denken auffaßt. Daraus folgt, daß, wenn man die augenscheinliche produktive Macht der Natur ausnimmt, keine »Meinung« eine »obrigkeitliche« *Autorität* für sich fordern kann (und in dem Abschnitt, den wir soeben zitiert haben, ist das Christentum von der natürlichen Kausalität nicht ausdrücklich ausgenommen); es folgt daraus auch, daß für Montaigne wie für viele andere Renaissance-Autoren der Lauf der Geschichte in die Bewegung des Kosmos eingebettet und von der Bahn der Gestirne abhängig bleibt – ohne daß es deshalb auch möglich wäre, ihn der Berechnung oder der Voraussicht zu unterwerfen, wie es sich die »Mathematiker« und die Astrologen schmeicheln. Wir können das Wachstum und den Niedergang der Reiche und der »Meinungen« lediglich zur Kenntnis nehmen, so wie wir Bäume und Früchte, je nach Jahreszeit und »Klima«, aufblühen oder absterben sehen. Die

1 II, xii; T.R. 559; F.W. IV, 32-34. Diese »Klimatheorie«, die auf HIPPOKRATES (Περὶ ἀέρων, ὑδάτων, τόπων) zurückgeht, fügt hier noch die Idee des Einflusses der Planeten und Himmelskörper auf die Veränderung der Meinungen (wohlgemerkt: Religionen) hinzu. Zur Vorstellung einer astralen Determination der religiösen Welten cf. F. BOLL, C. BEZOLD, W. GUNDEL, *Sternglaube und Sterndeutung* (1931), ern. Darmstadt 1961, S. 200-205. Diese Vorstellung konnte natürlich nicht umhin, den Verdacht der Kirche zu wecken. Jean BODIN und später auch MONTAIGNE schenken der Beziehung zwischen Klima und Institutionen große Aufmerksamkeit.

Frage der Geschichte mündet bei Montaigne in die Feststellung der abhängigen und begrenzten Existenz der Individuen oder der *geschichtlichen* Kollektive ein – eine Feststellung, deren Folgeerscheinungen einerseits die Bruchstückhaftigkeit, die Kurzsichtigkeit der *historischen*, unwiderruflich lückenhaften Erkenntnis, andererseits die geringe Wirkkraft des menschlichen Willens ist, der den Lauf der Dinge zu beeinflussen behauptet. Wissen wir von vornherein, welche Ereignisse für uns von Vorteil sein werden?

»(*a*) Unter anderen Zeugnissen von der Blödigkeit unseres Verstandes, deucht mich auch dieses nicht vergessen zu dürfen: daß der Mensch, selbst wegen seines heißen Verlangens, das nicht zu finden vermag, was ihm nötig ist: daß wir nicht des Genusses, sondern unserer Einbildung und Wünsche wegen nicht über die Dinge einig werden können, deren wir zu unserer Befriedigung bedürfen. Wir mögen unsere Gedanken nach Herzenslust zuschneiden und zusammenreihen: so vermögen wir dennoch nicht einmal das zu wünschen, was uns nötig ist, und uns darüber ein Genüge zu tun. [. . .] (*c*) Und das öffentliche und das häusliche Gebet der Lazedämonier ging ganz einfältiglich dahin, daß ihnen das Gute und Edle gewährt werden möge, wobei sie die Auswahl der Weisheit des höchsten Wesens anheimstellten. [. . .] (*a*) Und der Christ betet zu Gott, dein Wille geschehe, um nicht in das Unglück zu verfallen, welches die Poeten über den König Midas gedichtet haben[1].«

Wie man sieht, bezieht sich der Fideismus Montaignes nicht nur auf den Gegenstand des Glaubens, sondern auch auf das Objekt der Begierde und des Willens, das heißt auf die Ziele, die sich das menschliche Handeln setzt. Der Mensch hat keinen Einfluß auf sein Geschick, und wenn er bekommt, was er sich ersehnt hat, so erlebt er sich wie Midas, »der unter dem Genusse seiner Begierden erlag und unter der unerträglichen Last seines Reichtums ersank[2]«. Die Neuerung entspricht, wenn sie das einführt, was die Menschen für ihre Bedürfnisse am zuträglichsten halten, dem Gebet des Midas. Die Initiative muß Gott überlassen bleiben.

Man begreift also, daß Montaigne zur Entwicklung der Argumente seines Konservativismus nahezu dieselben tradi-

1 II, xii; T.R. 560; F.W. IV, 34-35.
2 *Ibid.*

tionellen organischen Metaphern benutzt, die die Staaten mit großen lebenden Körpern, die unruhigen Zeiten mit Krankheiten und die Reformen oder politischen Entscheidungen mit Therapieversuchen vergleichen. Dieses metaphorische System ermöglicht es ihm, den Stand der Dinge, der vor den Religionskriegen herrschte, ohne jede Illusion zu charakterisieren. Das Ungemach zeichnete sich bereits damals ab:

»(*a*) Die Krankheiten und die Beschaffenheiten unseres Körpers zeigen sich auch in den Staaten und ihren Verfassungen. Die Königreiche, die Freistaaten werden geboren, wachsen, blühen und welken vor Alter, wie wir. Wir sind der Anhäufung von unnützen und schädlichen Säften unterworfen [. . .][1].

(*c*) Die Gesundheit, von der wir ausgingen, war von der Beschaffenheit, daß sie selbst das Bedauern mildert, welches wir über sie empfinden sollten. Es war Gesundheit, aber nur in Vergleichung mit der Krankheit, welche darauf erfolgte. Wir sind aus keiner großen Höhe herabgestürzt. Das Verderben und die Räuberei, welche in Amt und Würden stehen, scheinen mir das Unerträglichste zu sein. Man bestiehlt uns weniger kränkend in einem Walde als an einem sicheren Orte. Es war eine allgemeine Zusammensetzung von Gliedern, wovon eins noch krebsartiger war als das andere, und so verdorben, anbrüchig und voller alten Geschwüre, daß sie keine Genesung mehr hoffen konnten noch wünschten[2].«

Zusammenbruch und Zerstörung herrschten unausweichlich überall, wenn die ihrerseits als natürliche Wesen vorgestellten Krankheiten nicht in ihrer Dauer beschränkt und als todbringend ausgewiesen wären:

»(*b*) Jedes Ungemach hat sein Leben und seine Grenzen, (*c*) seine Krankheit und seine Gesundheit.

Die Beschaffenheit der Krankheiten richtet sich nach der Beschaffenheit des tierischen Körpers. Ihre Dauer und Tagezeit ist ihnen von ihrem Ursprunge an vorgeschrieben. Wer es darauf anlegt, sie gewaltsamer, herrschsüchtigerweise abzukürzen und ihren Lauf zu hemmen, der verlängert, vervielfältigt und verbittert sie, anstatt sie zu beschwichtigen[3].«

1 II, xxiii; T.R. 662-663; F.W. IV, 221.
2 III, xii; T.R. 1023-1024; F.W. VI, 126. Cf. S. 397, Anm. 1.
3 III, Xiii; T. R. 1066; F. W. VI, 203.

Es ist also besser, die Krankheit sich ihrem natürlichen Ende entgegen entwickeln zu lassen, das der Erlösung und Genesung des leidenden Individuums entspricht. Die Medizin tut unrecht daran, diese Erfahrungstatsache außer acht zu lassen, wenn sie sich darauf versteift, zeitlich unangebrachte Heilmittel zu verordnen. Bei den Leiden des Körpers ist nämlich ein Großteil der Arzneien schädlicher als die Krankheit selbst. Und mit den Übeln, von denen die Gesellschaften befallen werden, steht es ebenso, vor allem dann, wenn das Heilmittel die Anwendung von Gewalt oder die Aufopferung elementarer Regeln der Moral einschließt:

»(*b*) Aber gibt es irgendein Übel in einer Staatseinrichtung, welches mit einer so tödlichen Arznei bekämpft zu werden verdient? Nein, antwortete Favonius, nicht einmal die gewalträuberische Besitznehmung der Obermacht in einem Freistaat. (*c*) Plato gleichfalls will nicht zugeben, daß man der Ruhe seines Landes Gewalt antue, um es zu *heilen*, und verwirft jede Verbesserung, die alles verwirrt und aufs Spiel setzt und das Blut und den Untergang der Bürger kostet, indem er die Pflicht eines redlichen Mannes in diesem Falle darin sieht, alles seinen Weg gehen zu lassen und bloß Gott zu bitten, daß er auf eine außerordentliche Weise zu Hilfe kommen möge. [. . .] So denke ich doch [. . .], wie gottlos es sei, von Gott gar keine eigene Hilfe zu erwarten, ohne daß wir unsere Hände dabei mit im Spiele hätten. Ich vermute oft, daß unter so vielen Leuten, die sich in ein solches Geschäft mischen, sich mancher von so blödem Verstande befinden mag, den man in allem Ernste überredete, er arbeite an der Wiederherstellung durch die allerscheußlichste Entstellung; er bewirke seine Seligkeit durch die ausgemachtesten Schritte zu sicherer Verdammnis[1].«

Bekanntlich hat sich Montaigne mehrfach zum Anhänger des *status quo* erklärt, weil das schlechte Bestehende in seiner relativen Stabilität noch immer das geringste Übel bleibe, jedenfalls in Hinsicht auf jede neuerungsbestrebte Initiative, die nur die allgemeine Verfallsbewegung beschleunige: das Werden ist in seinen Augen lediglich Träger von Verheerung:

»(*a*) Unsere Sitten sind außerordentlich verderbt und zeigen entschiedenen *Hang noch immer verderbter zu werden*; unter unseren Gesetzen gibt es verschiedene, welche barbarisch und ungeheuer sind.

1 III, xii; T. R. 1019-1020; F. W. VI, 119-120.

Dennoch wenn ich, wegen der Schwierigkeit, uns in eine bessere Verfassung zu setzen und wegen der Gefahr des Einsturzes des ganzen Gebäudes, wenn ich *einen Wirtel in unser Rad schlagen könnte, um es in diesem Punkte aufzuhalten*, ich würde es gerne tun. [. . .] Das Schlimmste, was ich in unserm Staate antreffe, ist das Wandelbare, und daß unsere Gesetze, so wenig wie unsere Kleider, eine bleibende Form annehmen können. Es ist sehr leicht, eine Staatsverfassung Unvollkommenheiten zu zeihen, denn alle sterblichen Dinge sind damit ausgefüllt. Es ist sehr leicht, einem Volke Verachtung für alle Gewohnheiten einzuflößen; das ist noch immer einem jeglichen geglückt, der es hat unternehmen wollen: aber eine bessere Verfassung an die Stelle derjenigen zu setzen, welche man umgeworfen hat, das haben viele von denen vergebens erwartet, die es unternommen haben.

(*c*) Ich setze eben keinen Wert auf meine Klugheit, und füge mich sehr gern den öffentlichen Verordnungen. Glücklich ist das Volk, welches tut, was man ihm befiehlt; besser als diejenigen, die ihm befehlen, ohne sich über die Ursachen den Kopf zu zerbrechen, das sich ebenso willig fortwälzen läßt als die Sterne am Himmel fortwälzen. Der Gehorsam ist niemals bei demjenigen rein und ruhig, welcher über Befehle grübelt und rechtet[1].«

Zwei räumliche Bilder (die wahrscheinlich nur ein einziges bilden) definieren hier den Lauf der menschlichen Dinge: die *Neigung* [frz. *inclination*], der »Hang« (»noch immer verderbter zu werden«), und die Kreisbewegung des *Rades*, das »Fortwälzen« [frz. *roullement*]. Montaigne möchte nun einerseits die katastrophenartige Entwicklung der Verderbnis aufhalten, die Zeit aufheben, der Neigung entgegenarbeiten und das Rad aus Furcht vor dem bevorstehenden Unheil »aufhalten«; und andererseits preist er, weil dieser Wunsch ja augenscheinlich unerfüllbar ist, einen Gehorsam (ein »Sichfügen«), der, auf dem Wege über die Unterwerfung unter »diejenigen, welche befehlen«, sich den großen Kreisbahnen der Himmelskörper, den großen kosmischen Zyklen anschließt. Möge die Zeit doch stillstehen! Oder wenn man »sich ebenso willig fortwälzen ließe als die Sterne am Himmel«, in einer Art von menschlichem Zyklus, der in unserem Maßstab den Zyklus der Gestirne wiederholte! Hier handelt es sich um

1 II, xvii; T.R. 639-640; F.W. IV, 179-180. Zur Geschichte der Vorstellung des Niedergangs findet sich die beste Darstellung in der von Reinhart KOSELLECK und Paul WIDMER herausgegebenen Aufsatzsammlung *Niedergang. Studien zu einem geschichtlichen Thema*, Stuttgart 1980.

zwei Weisen, für die reine *Gegenwart* zu optieren – die eine in der paradoxen Stillstellung der Kreisbewegung, die die Gesamtheit der Welten in ihren Bann zieht; die andere in der repetitiven Mobilität der Reihe von Augenblicken. Dauern heißt die Gegenwart verewigen.

Man hat in diesem Zusammenhang leichtes Spiel mit dem Vorwurf gegen Montaigne, er greife zu »ideologischen« Rechtfertigungen: wer ein persönliches Interesse daran hat, keinerlei Veränderungen eintreten zu sehen – sagt die argwöhnische Kritik –, wird sich den Kopf darüber zerbrechen, immer mehr Gründe zu finden, die vom Handeln abraten. Erkennen wir wenigstens, daß Montaigne in der Ordnung des Kosmos kein Leitbild sucht, das die bestehende politische Ordnung legitimierte. Dieser Gemeinplatz der konservativen Argumentation ist ihm fremd: wie sollte er sich auf die Ordnung der Welt berufen, wo sie ihm doch völlig undurchschaubar ist? Er empfiehlt in aller Offenheit die Unterwerfung unter »diejenigen, welche befehlen«, aber nicht, weil die »öffentliche Ordnung der Welt« harmonisch ist, sondern weil die Angelegenheiten zwischen Erde und Mond und das irdische Leben einen unabdingbaren Anteil von Unordnung enthalten. Es ist uns nicht gegeben, da auf Geheiß einer einsamen Rebellion oder eines kollektiven Aufruhrs Abhilfe zu schaffen. Der Skeptizismus Montaignes, der den Zweifel auch auf das hierarchische Modell des geozentrischen Kosmos, der kreisförmigen und geschlossenen Welt ausdehnt, versagt es ihm, in den Proportionen des Großen Ganzen nach einer Rechtfertigung für die gesellschaftliche Hierarchie und die notwendigen Anhängerschaftsbeziehungen zu suchen, wie es Odysseus in einer berühmten Tirade im ersten Akt (Vers 75-137) von Shakespeares *Troilus und Cressida* tut. Die ergebene Unterwerfung kann bei Montaigne ebenso auch als Konsequenz und Widerspiel der unbarmherzigen Analyse der Mechanismen der Tyrannei aufgefaßt werden, die La Boétie in *Contr' Un* gegeben hat. Eine unvollkommene Monarchie mit etwas gestörtem Räderwerk ist besser als eine vollkommene Tyrannei. Zweifellos macht sich Montaigne in dieser Hinsicht keinerlei Illusionen. Die Unterwerfung ist nur deshalb vorzuziehen, weil sie eine *gegenwärtige* Autorität anerkennt und weil keine andere Autoritätsquelle in der Vergangenheit oder Zukunft sich seinem Denken mit mehr Nachdruck aufdrängt. Diejenigen, die den Staat im Namen der *Reformation* der Religion und der Sittlichkeit untergraben, berufen sich lauthals auf die Heilige Schrift – das heißt auf eine Offenbarung, wie sie den Menschen vor fünfzehn Jahrhunderten zuteil geworden und seither durch eine Reihe von Mißbräuchen und Machtanmaßungen verdunkelt worden ist, die, wie die geistliche Obergewalt des Papstes, ihrer Meinung nach als »Neuerungen« abgelehnt werden müssen: das Heil, das sie vorschlagen, besteht darin, eine *frühere* Autorität in ihrer ganzen Reinheit wiedereinzusetzen, deren Gültigkeit für sie fraglos bleibt und von der man im Laufe der Jahrhunderte nicht hätte ablassen dürfen. Wenn Montaigne sich auch bereit erklärt, sich der Offenbarung zu beugen, so enthält er sich doch nicht der Beobachtung, daß diese Offenbarung zum Gebot und zur Lebensregel nur durch eine *Interpretation* wird, die sie aktualisiert[1], und die ganze Willkür, die ganze Schwäche des menschlichen Geistes sich daran auslassen kann. Deshalb kann der christliche Glaube bestenfalls als das Brauchtum respektiert werden, zu dem er geworden ist – mangels größerer Gewißheit. Denn es ist unmöglich, ihm in seinem ursprünglichen Wortlaut wiederzubegegnen und noch weniger in den persönlichen »Phantasien« derer, die die uranfängliche Botschaft des Evangeliums besser verstanden zu haben glauben, als die Tradition der Kirche das vermag.

Was die irdische Zukunft betrifft, so brachte zu Montaignes Zeiten niemand andere Handlungsmotive ins Spiel als diejenigen, die der Essay »Von der Schonung des Willens« (II, x) ablehnt: der Geiz [frz. *avarice*], das heißt das Bestreben, sich zu bereichern, zu erwerben, seine Güter und sein Territorium zu vermehren; und der *Ehrgeiz* [frz. *ambition*][2], das heißt der

1 Siehe vor allem seine Kritik der Deutung zu Beginn von Essay III, xiii (»Von der Erfahrung«).

2 Die enge Verbindung von *avarice* und *ambition* ist bei MONTAIGNE allein schon auf sprachlicher Ebene äußerst häufig. Unter den Leidenschaften sind sie es, deren Bösartigkeit, mehr als die aller anderen Laster, darin besteht, uns von uns selbst zu entfernen, uns in Gedanken »anderswo« sein zu lassen, uns durch die Hoffnung auf

Wunsch, seinen Namen – seine Rasse, sein Ansehen – den kommenden Generationen einzuprägen. Wie wir gesehen haben, tritt in keinem Falle die dauerhafte Verbesserung des Loses der Menschen als zukunftsorientierter, von der Hoffnung genährter Appell in Erscheinung, der das gegenwärtige Handeln leitete und rechtfertigte. Zweifellos stand in den Religionskriegen ein politischer Einsatz auf dem Spiel: es ging um die Aufteilung der Macht und um den Anteil daran, den der Papst, der König, die Mönchsorden, die Fürsten, die Adeligen und manche einzelne für sich forderten: die Veränderung in den menschlichen Institutionen aber wurde lediglich durch die Notwendigkeit motiviert, das Erdenreich auf eine Weise zu ordnen, die es den Menschen erlaubte, besser für ihr *Seelenheil* zu sorgen. Die Utopien selbst wurden zu jener Zeit nicht im Futur ausgesprochen. Sie beschrieben schwärmerisch die Sitten und Gebräuche einer von der unseren geschiedenen, weit entrückten und in zeitlicher Hinsicht sogar hinter der hiesigen zurückbleibenden Welt. Der Gemeinplatz der höfischen Poesie besteht darin, für eine Hochzeit, für eine Geburt die Wiederkehr des Goldenen Zeitalters anzukündigen. Montaigne ist diesem Traum kaum gewogen: natürlich spricht er von den amerikanischen Gesellschaften im Sinne der Beschreibungen, die er gelesen hat, indem er ihnen die Farben der Idylle und des Goldenen Zeitalters (in »Von den Menschenfressern«) oder die der wunderbaren Prachtentfaltung (in »Über Kutschen«) leiht. Aber es handelt sich um »Kinderwelten«, deren Reiz kein anderer als der der Nostalgie sein kann: sie treten für uns hinter unserer Gegenwart und gleichsam seitab in den Blick. Überdies sind es Welten, die die Barbarei der europäischen Konquistadoren bereits zum Verschwinden verurteilt hat.

Da die Menschen keinerlei Macht über die Zukunft haben

künftige Güter zu ködern. Der erwartete Gewinn wird uns niemals für den Verlust der Präsenz bei uns selbst entschädigen können. Selbst auf materiellem Gebiet gehört MONTAIGNE noch einer Zeit an, wo die landwirtschaftlichen Einkünfte jährlich berechnet und die Handelsbeziehungen nur kurzfristig geknüpft wurden. Wenn er seine Ländereien auch umsichtig arrondiert hat, so hört man ihn doch kaum jemals längerfristige Investitionen erwähnen oder gar gutheißen, Arbeit, die auf lange Sicht Früchte trägt. Es ist eben nicht einzig und allein die Altersweisheit, die »in den Tag hineinlebt«.

(über die die Himmelskörper in ihrem »Getriebe« entscheiden), läßt sich auch keine Autorität auf das Bild einer besseren »Staatseinrichtung«, einer politisch-sozialen Ordnung gründen, die *sein wird*, und verlangen, daß unsere Taten sich ihr unterordnen. Die ausdrücklichen Vorbehalte Montaignes gegenüber den »bösen Mitteln, die zu guten Zwecken angewendet werden« (so der Titel von Essay II, xxiii), oder gegenüber den im Namen der Staatsräson begangenen Ungerechtigkeiten (III, i) zeigen deutlich, wie wenig er geneigt ist, mit der unmittelbaren ethischen Forderung ein gutes Geschäft im Namen eines künftigen kollektiven Wohlergehens zu machen. Die Zukunft liegt weder für unser Wissen noch für unseren Willen in Reichweite. Gott oder das Schicksal verfügen darüber. Mit Ausnahme des Jüngsten Gerichts, bei dem die Taten und Gefühle jedes unserer Lebenstage gewogen werden (und man muß einräumen, daß Montaigne kaum daran denkt), und des Ansehens, das das Andenken einiger weniger außergewöhnlicher Menschen bewahren wird (zu denen Montaigne sich nicht zählt), wirkt es durchaus lächerlich, wenn wir unsere Blicke einer fernen Zukunft zuwenden. Unsere »Alltagshandlungen« verdienen nichts als Vergessen:

»(*b*) Der Ehrgeiz ist nicht das Laster kleiner Wichte, noch solchen Taten angemessen, als die unsrigen sind. [. . .] Ruhig und friedlich hätte ihm [*i. e.* Alexander] die Regierung der ganzen Welt nicht genügt. [. . .] Diese Krankheit ist vielleicht bei einer so starken, erhabenen Seele zu verzeihen. Wenn aber kleine Zwergseelen ihnen nachäffen wollen und denken ihren Namen weit umher zu verherrlichen, weil sie irgendeinen Prozeß richtig geschlichtet, die Wache in den Toren einer Stadt in Ordnung gehalten haben, so zeigen sie um desto mehr ihr nacktes Hinterteil, je mehr sie hoffen, den Kopf in die Höhe zu recken. Ihr bißchen Rechttun hat weder Leib noch Leben, es stirbt schon wieder im ersten Munde und gelangt nicht von einer Ecke der Gasse zur andern. [. . .] Der Nachruhm prostituiert sich nicht für einen erbärmlichen Preis. Die seltnen exemplarischen Handlungen, welchen er rechtmäßigerweise gebührt, würden die Gesellschaft dieser unzählbaren Menge von *Alltagshandlungen* nicht neben sich dulden. Laßt noch so viele Marmortafeln, ein *renovatum est*, euren Vor- und Zunamen und Titel aufhängen, wenn ihr etwa eine alte Mauer ausbessern oder einen verschlammten Bach habt reinigen lassen; die Inschrift wird von euch sprechen, aber kein Mensch von irgend schlichtem Verstande[1].«

Taten von geringem Gewicht, von denen man lediglich das allerkürzeste Echo erwarten darf. Wenn Montaigne das Treiben der Menschen durchmustert, beginnt er mit der Feststellung der Nichtigkeit der *Ursachen*, die dem Handeln als Vorwand dienen. Ein Abschnitt desselben Essays III, x («Von der Schonung des Willens«) zählt Beispiele lächerlicher Motive auf, die große Ereignisse bestimmen und nach sich ziehen. Karl der Kühne trägt zu seinem Unheil »durch den Streit über einen Karren mit Schafshäuten[2]« bei. Der Stich eines Petschafts, das Sulla in Rom anfertigen ließ, war »die erste und vornehmste Ursache der entsetzlichsten Verheerung, welche dieser Erdball jemals erlitten hat[3]«:

»(*b*) Ich habe zu meiner Zeit gesehen, daß die weisesten Köpfe dieses Königreichs sich mit großer Feierlichkeit und auf öffentliche Kosten versammelt haben, um über eine Vereinigung zu ratschlagen, deren wahre Entscheidung gleichwohl hauptsächlich von der Willkür eines Damenkabinetts und von dem Eigensinn dieses oder jenes Weibleins abhing. (*c*) Die Poeten, welche Griechenland und Asien wegen eines Apfels in Feuer und Flamme geraten ließen, sahen diese Wahrheit trefflich ein. (*b*) Man betrachte doch, warum jener seine Ehre und sein Leben auf die Spitze des Schwertes und des Dolchs setzt. Man frage ihn, woher seine Wut entsteht. Er kann nicht, ohne zu erröten, darauf antworten; so eitel und geringfügig ist die Veranlassung[4].«

An bemerkenswerten Ereignissen hat es im Laufe der Zeiten nicht gefehlt: Reiche sind zusammengebrochen, ganze Völker sind vernichtet worden. Aber sind diese Ereignisse so gewollt gewesen, wie sie sich ergeben haben? Verwirklichen sie einen genauen Plan, der außergewöhnlichen Persönlichkeiten zuzuschreiben ist? Zwar hat es Alexander und Cäsar gegeben . . . Aber die jüngste Erfahrung lehrt Montaigne,

1 III, x; T. R. 1000-1001; F. W. VI, 83-85.
2 III, x; T.R. 995; F.W. VI, 75.
3 *Ibid.*
4 *Ibid.* Die Nichtigkeit der Ursachen, die wir kennen, bringt als Folgeerscheinung die ähnliche Nichtigkeit der Suche nach unbekannten Ursachen mit sich. Nichts leichter, als »für alle Arten von Träumereien Gründe aufzusuchen« (III, xi; T.R. 1012; F.W. VI, 105).

daß die bemerkenswerten »Wirkungen« durch leichtfertige Launen, durch »lächerliche Gründe« zustande kamen. Anscheinend hat niemand eintreffen sehen, was er ausdrücklich gewünscht und vorausbedacht hatte. Denn die Tat, die wir unternehmen, droht uns im Zuge ihrer Ausführung zu entgleiten. Eben das versucht der weitere Verlauf des eben zitierten Abschnitts zu stützen – indem er Enthaltung empfiehlt, mangels außergewöhnlicher Hilfsmittel:

»(*b*) Beim Einschiffen kam es nur auf eine kleine Grille an; nach der Abfahrt aber faßt jedes Segel Wind. Nunmehr kommt es auf große Zurüstungen und Reisebedürfnisse an, und alles wird schwerer und wichtiger. (*c*) Es ist viel leichter, nicht einzusteigen als wieder herauszusteigen[1]!«

Erneut greift Montaigne dann zu einem vegetabilischen Vergleich; er dient ihm dazu, den Rhythmus des Handelns darzustellen: dieses Handeln, so frisch, so aufbrausend begonnen, stockt und wird unverzüglich langsamer:

»(*b*) Man muß grade das Widerspiel vom Schilfrohr halten, welches anfangs einen langen geraden Halm erzeugt, hernach aber, gleichsam als ob es sich durch schnelles Wachstum erschöpft hätte, setzt es Schüsse und dicke Knoten als Ruhepunkt, welche beweisen, daß es nicht mehr die vorige Kraft und Beständigkeit hat. Man muß vielmehr leise und kalt beginnen und seinen Atem und seine Kraftschwinge bis zum wichtigsten Punkte und bis zur Vollendung des Geschäfts aufsparen. Wir leiten die Geschäfte bei ihrem Anfange und haben sie in unserer Gewalt. Nachher aber, wenn sie erst in Schwung gesetzt sind, leiten sie uns und reißen uns hin, dann müssen wir ihnen folgen. [. . .] Ich finde verschiedene Menschen, welche sich ohne alle Bedächtigkeit wütend in die Schranken stürzen und im Laufe immer matter werden. [. . .] So auch diejenigen, welche leicht in Zorn und Zank geraten, hören ebenso leicht wieder auf und werden gut. Eben die Schwierigkeit, welche mich abhält, etwas zu beginnen, würde mich auch treiben, dabei fest zu beharren, wenn ich einmal im Gange und warm geworden wäre. Es ist eine üble Art. Ist man aber einmal auf dem Wege, so muß man fortgehen oder platzen. (*c*) Beginne mit Kälte, sagte Bias; aber verfolge mit Hitze[2]!«

1 III, x; T.R. 996; F.W. VI, 76.
2 III, x; T.R. 996-997; F.W. VI, 76-77.

Die klarsichtige Hartnäckigkeit ist selten. Im Banne einer grundlegenden Antithese, sieht Montaigne das Handeln (»wir leiten die Geschäfte«) sich in Passivität verkehren (»sie leiten uns und reißen uns hin«). Dennoch faßt er eine vorteilhafte, von einer anderen Antithese bestimmte Ausnahme ins Auge: sich *kalt* an die Geschäfte machen, so daß man genügend Energie übrigbehält, das heißt *Wärme*, um sie zu Ende zu führen. Man darf die kostbare vitale Substanz nicht vergeuden. Eine Disziplin des Handelns ist also durchaus nicht undenkbar, und es wäre falsch zu glauben, daß der skeptische Mangel an Wissensdurst und Neugier auch die Tatenlosigkeit als zwangsläufige Begleiterscheinung zur Folge hätte. Sogar in seiner Sorglosigkeit ist Montaigne viel zu aufgeschlossen für das Gefühl der Verantwortlichkeit, als daß er sich darein fände, untätig zu bleiben; in seinen Funktionen als Bürgermeister glaubt er auf großtuerische Handlungen verzichtet zu haben, aber nicht auf solche, die ihm notwendig erschienen:

»(*b*) Ich war darauf vorbereitet, mich ein wenig härter anzugreifen, wenn es sehr nötig gewesen wäre. Denn es steht in meinem Vermögen, ein wenig mehr als gewöhnlich und als ich gerne tun möchte, zu tun. Soviel ich weiß, versäumte ich kein Geschäft, das meine wohlverstandene Pflicht von mir forderte[1].«

Nur zu Unternehmungen, die einen langen Atem erfordern, erklärt Montaigne sich unfähig. Wenn er sich in Bewegung setzt, so immer im Hinblick auf kurzfristige und naheliegende Aktionen:

»(*b*) Bei Dingen, die ich mit Entschlossenheit angreife, habe ich ein Ansehen von Mut und Hitze, diese Hitze aber ist eine Feindin der Beharrlichkeit. Wer sich meiner bedienen will, wo ich ihm nützen kann, der gebe mir Geschäfte, wozu Kraft gehört und Freiheit, welche *geradeswegs und in Kürze* ausgeführt werden können. Erfordert die Ausführung lange Zeit, Spitzfindigkeit, viel Mühe und Kunst und krumme Wege, so tut man besser, man wendet sich an einen andern[2].«

Er ist also keineswegs ungeeignet zum Handeln, trotz seiner »gewöhnlichen Fadheit«, vorausgesetzt, es bringt keine Be-

1 III, x; T.R. 999; F.W. VI, 82.
2 *Ibid.*

rechnungen und Manöver von langer Dauer ins Spiel. Er tut sich anfangs »schwer«, aber er engagiert sich doch unter bestimmten Bedingungen. Überall gefällt sich Montaigne darin, lediglich eine *kurzbemessene Zukunft*[1] in Betracht zu ziehen. Und wenn er so häufig sein Alter, seine Krankheit, seinen Tod beschwört, der nicht lange auf sich warten lassen wird, so wahrscheinlich deshalb, weil er darin eine willkommene Rechtfertigung seiner Vorliebe für die zeitliche Kategorie des Präsens und für die Aktivitäten findet, die ihn nicht nötigen, sich davon loszusagen. Denn hier steht es uns frei, die beiden folgenden, einander entgegengesetzten Propositionen gleichzeitig anzunehmen: Montaigne beschwört seinen nahen Tod, weil er für das Jetzt optiert hat; und Montaigne optiert für die jetzigen Besitztümer, weil das Wenige an Zeit, was ihm noch zum Leben bleibt, ihn nötigt, mit dem Erlebnis des Augenblicks vorliebzunehmen:

»(*b*) Ich bin nicht mehr in den Jahren, wo ich einen großen Glückswechsel ertragen, noch mich an eine neue und ungewohnte Lebensart gewöhnen könnte; nicht einmal an eine reichere. [. . .] (*c*) Ich, der ich auf meiner Abreise begriffen bin, könnte es gar leicht einem Ankömmling überlassen, was ich durch den Umgang mit der Welt an Klugheit lerne. Das ist Senf, der nach vollendeter Mahlzeit aufgesetzt wird. Was soll ich mit dem Gut, mit welchem ich nichts anfangen kann? [. . .] (*c*) Das Ende ergibt sich bei jeder Beschäftigung von selbst. Meine Welt sinkt unter mir weg, meine Form ist verdunstet. Ich gehöre ganz der Vergangenheit und bin verbunden, daran zu haften und meinen Abgang ihr gemäß einzurichten. [. . .] Die Zeit verläßt mich und ohne sie besitzt man nichts. [. . .] (*b*) Kurz, ich bin jetzt hier, diesen Menschen zu vollenden, nicht aber einen neuen daraus zu machen[2].«

Wer nur noch eine kurze Spanne Zukunft vor sich hat, findet sich um so leichter damit ab, als er sich im gleichen Rhythmus wegsinken fühlt wie das Geschick seines Landes; auch das Leben der Gemeinschaft hat nur noch eine kurzbemessene Zukunft vor sich:

1 Bekanntlich verhält sich dieser Aspekt bei ROUSSEAU ganz anders, für den die Zukunft als Zeit einer künftigen *Rehabilitation* wichtig ist. Die lange Zeitdauer ist für ihn unerläßlich, damit die Verleumdung wirkungslos werden kann, die zu widerlegen er sich unter den gegenwärtigen Umständen nicht in der Lage fühlt. Die Idee der Wiedergutmachung erfordert eine Zukunft, ruft gebieterisch nach ihr.

2 III, x; T.R. 987-988; F.W. VI, 60-62.

»(*b*) Wer seinem Vaterlande das Beste wünscht, wie ich, ohne deswegen sich abzuhärmen oder einen Leib voller Schwären zu haben, dem wird es höchst unangenehm sein, ohne dabei aus der Haut zu fahren, wenn er dasselbe mit dem Untergange bedräut oder dessen längere Dauer verderblich findet. Unglückliches Schiff, das die Winde, die Wellen und der Steuermann selbst so jämmerlich von der sichern Fahrt hin- und herwerfen[1]!«

Und wenn dem öffentlichen Handeln eine eingeschränkte Wirksamkeit beschieden ist, wie steht es dann mit dem Werk, dem Buch, dem Montaigne seine Form, seine »Phantasien«, seine Wandlungen anvertraut? Behält er ihm ein besseres Schicksal vor? Wäre dieses Buch also Träger einer anderen Zukunft, einer sichereren Zukunft als der der Institutionen? Zwar wird es seinen Autor überleben. Aber wie lange? Auch hier rechnet Montaigne noch (und zweifellos mit einem Hauch von Koketterie – bei aller Demut) mit einer nur kurzbemessenen Zukunft. Überdies weiß er, daß die französische Sprache in vollem Wandel begriffen ist: »Ich schreibe mein Buch für wenige Menschen und für wenige Jahre. Wäre es zur Dauer bestimmt, so hätte ich es einer dauerhafteren Sprache anvertrauen müssen. Wer kann, nach der unaufhörlichen Veränderung zu schließen, der die unsere bis auf diesen Tag unterliegt, wohl hoffen, daß ihre gegenwärtige Form in fünfzig Jahren noch gebräuchlich sein wird? Sie gleitet uns täglich aus den Händen und hat sich im Laufe meines Lebens um die Hälfte gewandelt[2].«

Im Bereich des politischen Handelns fällt die knappe Zeitspanne, über die wir verfügen, schließlich mit dem festumrissenen Raum zusammen, den die moralische Einsicht uns nicht zu überschreiten auferlegt. Wie wir gesehen haben, ist die vollständige Untätigkeit sogar mit dem Projekt, »nur für sich zu leben[3]«, unvereinbar; was aber das »sich über verschiedene Gegenstände lebhaft zanken und streiten[4]« betrifft,

1 III, x; T.R. 994; F.W. VI, 72.

2 III, ix; T.R. 960-961; L. 771. Dieselbe Behauptung findet sich in der Briefsendung an Mme de Duras: »Die gleichen Wesenszüge und Fähigkeiten« will MONTAIGNE »(doch unverfälscht und unverändert) in eine haltbare Gestalt bringen, die mich um *ein paar Jahre oder ein paar Tage überdauern* mag [. . .]« (II, xxxvii; T. R. 763; L. 596-597).

3 III, x; T.R. 984; F.W. VI, 54.

4 III, x; T.R. 993; F.W. VI, 70.

wie es die Helden der Antike tun, die »fest und ohne sich zu beunruhigen darauf bestehen, den Untergang ihres Landes anzusehen, welches ihren ganzen Willen besaß und beherrschte« – das ist in der zeitgenössischen Welt nicht mehr möglich: »Für unsere gewöhnlichen Seelen wird dazu zuviel Kraft und Anstrengung erforderlich sein[1].« Bleibt also – wie wir mehrfach gesehen haben – das Handeln, das sich auf das Subjekt des Handelns zurückbezieht, das Handeln, in dem das Subjekt sich verliert, um sich wiederzufinden. Und Montaigne benutzt, um das einfühlbar zu machen, das Bild der Reflexion, der Rückbeziehung, die er sich einwärts krümmen läßt, damit sie sich mit dem Bild der Kreisförmigkeit verbindet:

»(*b*) Der Spielraum unserer Wünsche muß auf ein *enges Feld* der allernächsten und erreichbarsten Annehmlichkeiten begrenzt und beschränkt sein; und fürderhin muß ihr Lauf gezügelt werden, damit sie nicht *geradewegs* querfeldein fremden Zielen zueilen, sondern *in einem Kreise*, der nach einem *kurzen Bogen* zu uns zurückkehrt und sich schließt. Alles Tun, das ohne diese *Rückbeziehung* stattfindet, wohlgemerkt eine unmittelbare und wesentliche Bezogenheit auf uns selbst, wie das des Geizigen, des Ehrsüchtigen und so vieler anderer, die *geradewegs* voranlaufen und deren Tun sie immer *vor sich* hinreißt, ist irrendes und krankhaftes Tun[2].«

Neben der halb-passiven Kreisbewegung, die darin besteht, *sich fortwälzen zu lassen* gemäß dem »Sichfortwälzen der Himmelskörper«, existiert also eine willentliche Kreisbewegung die ihren Radius einschränkt, die sich mit einem »kurzen Bogen« zufriedengibt und auf gar keinen Fall darauf abzielt, »die Welt zu verändern«. In diesem Zirkel des reflektierten Handelns wäre man versucht, im Sinne der Renaissance die Nachahmung der die »himmlischen Dinge« antreibenden Bewegung in menschlichem Maßstab zu sehen, einen kleinen, in sich geschlossenen Umlauf, der hienieden dem entspräche, der die Sphären des Makrokosmos kreisen läßt . . . Man muß sich gleichwohl hüten, diese Entsprechung allzu weit zu treiben, selbst wenn es bei Montaigne vorkommen kann, daß er die Harmonie der Welt und diejenige, die über

1 *Ibid.*
2 III, x; T.R. 988-989; L. 794.

unsere Lebensläufe herrschen soll, gelegentlich in Parallele setzt: wenn es denn Ähnlichkeit zwischen der Welt und dem Menschen gibt, so in der gemeinsamen Vielfältigkeit, in der *concordia discors*, und nicht in der Regelmäßigkeit der Bewegungen. Montaigne macht der Wissenschaft den Vorwurf, ganz identische Fiktionen geprägt zu haben, um die Welt zu beschreiben und den menschlichen Körper zu erklären. Die objektive Entsprechung reduziert sich auf eine Ähnlichkeit der überall unzuverlässigen Interpretationsschemata: der »kurze Bogen« der Rückbeziehung hat keinerlei Gemeinsamkeit mit den Kreisen, die unser überhebliches Wissen in die Himmelswelten oder in unseren Körper einzeichnet:

»(*a*) [Die Wissenschaft] gibt uns Hypothesen für bare Münze in Sachen, wo sie nicht einmal leugnet, daß es Erfindungen sind. Denn die Epizykeln, die exzentrischen und konzentrischen, deren sich die Sternkunde bedient, um die Bahnen der Himmelskörper zu bezeichnen, gibt sie uns für das Beste, was sie in dieser Sache habe erfinden können. [. . .] Nicht nur zum Himmel hinauf allein sendet die Philosophie ihre Seile, Haspel und Winden. Laß uns nur ein wenig bei dem weilen, was sie von uns und unserem Körperbau sagt. Bei den Sternen und himmlischen Körpern gibt es keine größeren Abweichungen, Annäherungen, Entfernungen, Sprünge und Verfinsterungen, als sie dem armen menschlichen Körper angedichtet hat. Wahrhaftig! nach dieser Weise hatte sie recht, ihn eine kleine Welt zu nennen! So manche Teile und Stücke und Gestalten hat sie angewendet, ihn zu mauern und zu zimmern[1].«

Wir wissen nichts von der Welt, ausgenommen daß die Natur und das Schicksal dauerhaft darüber herrschen, indem sie das Unendliche des Möglichen geschehen lassen, das nicht in unserer Macht steht. Die Kreisförmigkeit der menschlichen Reflexion wird nicht von der Rotation der Planetenbahnen *garantiert*. Sie ergibt sich ganz im Gegenteil aus diesem Mangel an Garantie. Der Mensch mit seinen Empfindungen, seinen Bedürfnissen und seinem Bewußtsein weiß lediglich, daß er Bestandteil der Natur ist, daß er aber jeden Augenblick Gefahr läuft, vor allem wenn er »geradewegs«, »vor

1 II, xii; T.R. 518-519; F.W. III, 371. Zum Bilde des Kreises und der Kreisbewegung in der Renaissance cf. Georges POULET, *Les Métamorphoses du cercle*, Paris 1979, S. 25-69; Alexandre KOYRÉ, *From the closed World to the infinite Universe*, Baltimore 1957.

sich hin«, »querfeldein« rennt, der Natur untreu zu werden und diese Untreue mit seinem Unglück zu entgelten – und es ist gut, daß die Historiker dessen Andenken bewahren.

5. Der verweigerte Kredit: die knappe Zeit und das »große Bild«

»Bewahren und erhalten[1].« Das ist die einzige Art und Weise, der zerstörerischen Macht Trotz zu bieten, die die Zeit über die menschlichen Institutionen ausübt. Die einzige Antwort auf die Krankheit, wenn es denn überhaupt in unserer Macht steht, darauf zu antworten.

Aber ist das möglich, wenn das allgemeine Gesetz das des »Schwankens« und der Veränderlichkeit ist? Wie stellt man es an, damit das Morgen nicht umstürzt, was sich heute noch aufrecht hält? Und warum willigt Montaigne, wenn es um den politischen Bereich geht, nicht in den Wandel ein, den er im eigenen Innern so bereitwillig hinnimmt? Wie sollen die »Staatsgewalten« dauern, wenn die Generationen dahingehen und die »Beständigkeit selbst nichts anderes ist als ein zauderndes Schwanken« (III, ii; T.R. 782; L. 623)? Ist der Widerspruch in diesem Aspekt nicht sonderbar?

Dauern, bewahren heißt so handeln, daß die Zeit in ihrem Verstreichen verschont, was uns heute kostbar ist. Dauern bedeutet für Montaigne weniger das Bestreben, eine chimärische Bewegungslosigkeit geltend zu machen als der Präsenz treu zu bleiben, indem man sich weigert, eine Herrschaft zu antizipieren und ebenso auch zu verwerfen, die sich im Namen der Vergangenheit aufzudrängen versucht. Im Bereich des Wissens formuliert Montaigne, auf der Überlegenheit einer gegenwärtigen Wissenschaft beharrend, eine Vorliebe, die für ihn auch auf allen anderen Gebieten gilt:

»(*c*) Wir sind, so glaube ich, gelehrt nur durch unser gegenwärtiges, nicht durch unser ehemaliges oder zukünftiges Wissen[2].«

1 III, x; T.R. 1001; L. 805.
2 I, xxv; T. R. 135; L. 176.

Gerade im Namen des Gegenwärtigen hatte Montaigne von Anfang an seine Kritik des Scheins, der bloßen Meinung, des »Glaubens« entwickelt. Das Präsens ist die einzige zeitliche Kategorie, die weder verborgen ist noch selbst verbirgt. Die Natur oder Gott sind zwar, wenn Montaigne sie anruft, die Herren einer unbekannten Zukunft; aber in der Ewigkeit, die ihnen gemeinsam ist, ist es ihr Los, sich durch die Macht ihrer gegenwärtigen Intervention zu manifestieren. Der Mensch muß sich diesem ihrem Eingriff darbieten, indem er sich des Wunsches nach zeitlicher Sezession entschlägt. Denn wenn es ein »universales Gesetz« gibt, so wird es im Präsens erlassen, und das Individuum bestätigt es, indem es ihm in seiner Jetztzeit widerfährt. Wenn Montaigne von *gegenwärtigem Vergnügen* spricht, so sieht er darin den Knoten geknüpft, der Seele und Körper, sinnliche Existenz und vernünftiges Denken vereint:

»(*c*) Ich kann mich nicht so ungeteilt an diesen einzigen einfachen Gegenstand halten, daß ich mich nicht von den allgemeinen Gesetzen der Menschheit und des *gegenwärtigen Vergnügens* sollte *hinreißen lassen*, welche geistig körperlich und körperlich geistig sind[1].«

»Sich hinreißen lassen«: die willig hingenommene Passivität, die Regung, die sich in die Hingabe fügt, geben dem *gegenwärtigen* Anreiz nach, ohne anderes Ziel, als unter aufmerksamer Kontrolle des Bewußtseins den höchsten Wert von Fülle zu erreichen, bis hin zur »Schwere«. Und wenn es sich um »Nutzen« handelt, so versichert Montaigne, daß er ihn »für sein *gegenwärtiges* und *wesentliches* Wohlbefinden zu lernen gesucht (habe), nicht um davon einen Speicher und Vorrat für [s]eine Erben anzulegen[2]«. Man kennt Montaignes Vorliebe für die Bedeutungsverstärkung, die aus der paarweisen Gruppierung von Adjektiven herrührt: hier verleiht »wesentlich« [frz. *essentiel*] seinem Parallelglied »gegenwärtig« [frz. *présent*] den höchsten ontologischen Rang. Ebenso bezeichnend aber ist der Zusatz im Exemplar von Bordeaux, der diesmal *présent* und *naturel* verkoppelt:

»(*b*) Meine Philosophie geht auf das Tun, auf das *natürliche* und (*c*) *gegenwärtige* Wirken [. . .][3].«

1 III, xiii; T.R. 1087; F.W. VI, 239.
2 II, xxxvii; T.R. 764; L. 598.
3 III, v; T.R. 820; L. 673.

Was natürlich ist, kann nur gegenwärtig sein; umgekehrt trägt, was gegenwärtig ist, das augenfällige Zeichen der Natur. Wie wir gesehen haben, erfüllt das, was *in uns* gegenwärtig ist, überdies die Forderung der Präsenz auf unvergleichlich viel umfassendere Weise als das, was sich uns *von außen* aufzudrängen sucht, und sei es in Konkurrenz damit und zum gleichen Zeitpunkt. Daher der Abscheu vor jeder von außen auferlegten Autorität. Das Draußen ist immer mit einer Vergangenheit belastet, einer Zukunft zugesprochen. Ein Abscheu, der sich ganz besonders deutlich ausprägt, wenn Montaigne seine Erziehungsprinzipien formuliert:

»(*b*) Unsere Seele geht nur am Gängelband, gebunden und den Regungen fremden Willens unterworfen, *hörig* und geknebelt unter der Fuchtel ihrer Unterweisung[1].«

Die gesunde Pädagogik fördert die Fähigkeit, deren Tätigkeitsbereich im gegenwärtigen Augenblick liegt: diese Fähigkeit ist die Urteilskraft, die einen Unterscheidungsakt vollzieht, *hic et nunc*, in aller Freiheit: Montaigne mahnt den Lehrer:

»(*a*) Er lasse ihn alles durch das Sieb schlagen und setze ihm nichts durch einfaches *Machtwort* und kraft seines *Ansehens* in den Kopf[2].«

Das *Ansehen*, der »Kredit«, wird in den beiden vorstehend zitierten Abschnitten mit dem *Machtwort*, der »Autorität«, gekoppelt: der Begriff des Kredits schließt in der Tat die gläubige Unterwerfung unter die autoritäre Abrichtung ein, das Vertrauen, das einer bürgschaftslosen Vorschrift entgegengebracht wird, und in seinem ökonomischen Aspekt verweist das Wort *Kredit* auf die Zustimmung zu einem Zahlungsaufschub, auf die Inzahlungnahme eines Wechsels auf die Zukunft. Die äußere Autorität stützt sich auf frühere Garantien und die Verheißung eines künftigen Vorteils: sie gibt sich nicht allein mit dem Augenblick zufrieden. Um den Kredit zu dis-kreditieren, mit dem das Individuum (mit einem bei Montaigne sehr häufigen Ausdruck) seine Freiheit belastet [frz. *hypothéquer*], bestehen die *Essais* unausgesetzt auf

1 I, xxvi; T.R. 150; L. 187.
2 *Ibid.*

dem Vorrang der Jetztzeit, wie sie sich im Akt des Bewußtseins, im feinen Stich oder im engmaschigen Netz des Urteils vergegenwärtigt. Das Bild des »Seihtuches« als eines Instruments der Aussonderung und Trennung ist eine vervollkommnete Variante jenes anderen des Siebes [frz. *crible*], dessen Präsenz sich sogar noch in der Etymologie der Wortfamilie *critique* nachweisen läßt (*critique* verweist auf *crisis* und das Verbum κρίνω: durchsieben, diskriminieren, unterscheiden).

Auf welche Gegenstände aber soll sich die kritische Kompetenz beziehen? Zweifellos bietet sich gerade das innere Geschehen – Leidenschaft, Gefühl, Empfindung – ohne Schwierigkeit der von der Urteilskraft beanspruchten Bewertung und Registrierung dar. Andererseits kann diese Urteilskraft in dem moralischen Verdikt, das sie über seine eigenen Aktionen und die der anderen verhängt, auf seine Unterscheidung des »Ehrbaren« und des »Unehrbaren« vertrauen, wenn sie auch gleichzeitig anerkennt, daß Brauch und Herkommen ihr den Zugang zu einer »wesentlichen« Gerechtigkeit versagen. So bleibt das Individuum im Gefühlsleben, in der ethischen Unterscheidung Herr seiner Gegenwart; es hat selbst eine völlig legitime Autorität inne, gegen jeden Übergriff einer autoritären Verfügung, die man ihm von außen aufzuerlegen beansprucht. Dieser doppelte Bereich ist auf unveräußerliche Weise der seine. Es handelt sich hier um das Urteil, wie es sich im privaten Bereich üben läßt; aber nichts steht der Ausdehnung seiner Prüfung auf die öffentliche Ordnung im Wege. Darf es sich jedoch für ermächtigt halten, eine Politik in Aussicht zu nehmen, in der die Werte der Gegenwart und des Urteils das Ansehen und die Autorität verdrängen, vor denen die Mehrzahl der Menschen sich beugt?

Denn die »gegenwärtige Wissenschaft« ist in diesem besonderen Bereich Wissenschaft des Nicht-Wissens. Nachdem die Urteilskraft den ganzen reflexiven Zirkel durchlaufen hat, kann sie in dem Augenblick von sich selbst Besitz ergreifen, wo sie sich als hinfällig und beschränkt, als wenig geeignet erfährt, aus sich selbst heraus die kirchlichen und theologischen Fragen zu schlichten, an denen die Ordnung der

Gesellschaft zum großen Teil hängt. Nun muß man aber »mit den Lebenden leben« (III, viii; T.R. 907; L. 733) und für das Überleben der Gemeinschaft Sorge tragen. Im vorliegenden Falle sind die Regung von einfühlsamer Sympathie und die Bande spontanen Mitleids notwendig, aber nicht ausreichend. Man muß in den politisch-religiösen Auseinandersetzungen Partei ergreifen, bei denen so viele umstrittene Gegenstände mit Symbolen in Zusammenhang stehen, die sich unserer Urteilskompetenz entziehen – und praktisch jedem Zugriff menschlicher Vernunftschlüsse. Wie kann man sich, nachdem man unsere Unzulänglichkeit und Unwissenheit erwiesen, nachdem man sich geweigert hat, Glauben zu schenken, wieder einer Sache, einer Partei anschließen, die eine kredit-würdige Gewißheit voraussetzen? Der Pflicht einer Wahl kann man nicht entkommen, selbst wenn man zu Ehren des Geistes deutlich macht, daß man den Bereich dessen, wo die kritische individuelle Unterscheidung zu Recht am Werke ist, überschreitet. Der letzte Akt der Kritik besteht in dem Hinweis, daß die politisch-religiöse Wahl nicht in ihr Gebiet fällt, daß sie aber dennoch stattfinden muß. Einer subversiven Strategie der »doppelten Wahrheit« setzt Montaigne einmal mehr den – kritischen – Vorzug einer deutlichen Trennung zwischen privaten Überzeugungen und öffentlichem Glaubensbekenntnis entgegen. Soll das heißen, daß wir uns erneut »in Verlegenheit« sehen und daß Montaigne, nachdem er sich mit dem äußeren Schein und der »Gewohnheit« versöhnt hat, sich in einem bestimmten Maße dazu bereit findet, den Kredit zu geben, den er zuvor verweigerte? Wie wir gesehen haben, nimmt er es hin, wenn eine der beiden Waagschalen »ganz leer« ist, die andere »unter Altweibermärchen schaukeln zu lassen«. In einem der Augenblicke, wo er seinen religiösen Konservativismus mit aller Deutlichkeit ausspricht, scheint gerade er es zu sein, der auch die Autorität der »gelehrten Männer« (man hat hier den Namen des Jesuiten Maldonat ins Spiel gebracht) akzeptiert und sich im gleichen Zuge seines Rechts auf Kritik begibt:

»(*a*) Entweder muß man sich der Entscheidungsgewalt unserer Kirche voll und ganz unterwerfen oder sich ganz von ihr lossagen. Es ist nicht an uns, das Maß von Gehorsam zu bestimmen, das wir ihr schulden. Und mehr noch, ich kann es sagen, weil ich es erfahren habe, da ich mir einst diese Freiheit der eigenen Wahl und Auslese nahm und gewisse Punkte unserer Kirchenbräuche vernachlässigte, die mir besonders bedeutungslos oder wunderlich vorkamen, und es mir dann widerfuhr, mit gelehrten Männern darüber zu sprechen, so fand ich, daß diese Dinge auf einem überaus festen und sicheren *Grunde*[1] ruhen und daß nur die Torheit und Unwissenheit sie uns mit geringerer Ehrfurcht als die andern hinnehmen läßt. Was erinnern wir uns nicht, wie viele Widersprüche wir in unsern eigenen Urteilen antreffen? wie viele Dinge wir gestern als Glaubensartikel betrachteten und heute als Märchen ansehen[2]?«

Die Verknüpfung der Ideen in diesem Abschnitt ist äußerst aufschlußreich. Montaigne hat begonnen, seine Urteilskraft zu üben, so wie er es auf den Seiten empfahl, wo er die »durch einfaches Machtwort und Ansehen« übernommenen Meinungen ablehnte. Den Durchgang durchs »Sieb« hat er praktiziert, als er sich »einst diese Freiheit der eigenen Wahl und Auslese« nahm. Die Unterwerfung hat ihm anfangs Probleme bereitet. Sie ging nicht von allein vonstatten. Erst aufgrund einer späteren Entscheidung und nachdem er sich mit »Experten« auseinandergesetzt hat, wünscht Montaigne eine Stärkung der Autorität, die er zuvor selbst bestritten hatte; und zwar in eben dem Augenblick, da die Katholiken, den Angriffen der gegnerischen Partei ausgesetzt, ihrerseits geneigt sind, »von ihrem Glauben stückweis abzugehen« und »den einen oder andern der umstrittenen Glaubenssätze den Gegnern einzuräumen[3]«. Man muß wieder sicheren Grund finden und der allgemeinen Verwirrung steuern, die sich aus der unkontrollierten Ausübung unseres Urteilsvermögens ergäbe. Einen

1 Dasselbe Bild der sicheren Grundlage findet sich in einer berühmten Aussage zum politischen Konservativismus: »(*b*) Nichts drückt einen Staat härter als Neuerung. Veränderungen sind nur vorteilhaft für Ungerechtigkeit und Tyrannei. Wenn sich irgendein Stück aus der Fuge wirft, kann man es wiederherstellen und befestigen. Man kann dahin sehen, daß die natürliche Veränderung und Verderbnis, der alle Dinge unterworfen sind, uns nicht von unserem Ursprung und unsern Grundsätzen zu weit entferne. Allein eine so große Masse umgießen und *die Grundfeste eines so großen Gebäudes* verändern zu wollen, das ist nur ein Werk solcher Menschen, (*c*) welche ein Gemälde waschen wollen und es auslöschen; (*b*) welche, um einen kleinen Fehler zu verbessern, das unterste zu oberst kehren und eine Krankheit heilen durch den Tod« (III, ix; T.R. 935; F.W. V, 306-307).

2 I, xxvii; T.R. 181; L. 219.

3 I, xxvii; T.R. 180-181; 218-219.

Grund: bedeutet das nicht gleichzeitig auch das, was von der Vergangenheit übriggeblieben ist und einem schwankenden Bauwerk eine »gegenwärtige« Stütze verleihen kann? Gäbe es da nicht so etwas wie eine Synthese zwischen der gegenwärtigen Forderung nach politischer Sicherheit und der Autorität der Vergangenheit, die schließlich anerkannt würde, und zwar aufgrund des Schutzes, den sie vor dem drohenden Chaos böte? Fänden wir darin nicht, wie in der Gestalt des Vaters und der La Boéties, wie in jeder »Beziehung zum anderen«, die »dritte Bedingung«, die wiederherstellt, was der Tod entrissen hat, die dem seine Rechte zurückerstattet, was von der anklägerischen Demaskierung geleugnet wurde?

Die Argumentation Montaignes aber beschränkt sich nicht darauf, wieder zu einem »überaus festen und sicheren Grunde« zurückzufinden, und zwar da, wo er anfangs keinen sah. Sie trägt ihn über ihr Ziel hinaus. Um »unsere Urteile« zu diskreditieren und damit auch die »eigene Wahl und Auslese«, die er zu treffen beansprucht, verweist Montaigne auf die Hinfälligkeit und die Kurzlebigkeit unserer Glaubensgewißheiten: ». . . wie viele Dinge wir gestern als Glaubensartikel betrachteten und heute als Märchen ansehen?« Diese Betrachtung über die Wandelbarkeit unserer Glaubensinhalte wendet sich alsbald gegen die zweite Autorität und gegen die erneute Kreditgutschrift für die Satzungen »unserer Kirche«. Der Übergang vom »Gestern« zum »Heute«, die Metamorphose der »Glaubensartikel« in »Märchen« sind keineswegs so geartet, daß sie die Grundlagen sichern, die Montaigne aufs Wort anerkannt haben will. Wie in der *Apologie de Raimond Sebond* wird die gegen die Argumente der Feinde des Glaubens gerichtete Attacke alsbald auch für den Glauben selbst verhängnisvoll. Diese Argumentation endet schließlich bei der *Verschärfung* der Einwände und der *Wiederbelebung* der Ungewißheit. Hier wird die ganze Relativität und Fragwürdigkeit des Fideismus deutlich, in den Montaigne sich flüchtet. Gerade in und aus der Unsicherheit[1] greift Montaigne wieder zu den Dogmen und Praktiken, von denen er sich freigemacht hatte.

1 Cf. Marcel RAYMOND, »L'attitude religieuse de Montaigne«, in *Génies de France*, Neuchâtel 1942, S. 50-67.

Unser Heute ist flüchtig; es nennt sich unverzüglich wieder Gestern. Es trägt in sich, dunkel, verborgen, andere Leben – und unseren Tod. Sicherlich möchte sich Montaigne von Tag zu Tag die »Bilder des Lebens« bewahren, die ihm verrinnen. Sicherlich bestehen die Gesten und Vorlieben von gestern in ihm in Brauch und Herkommen weiter, die sich sein Körper von Tag zu Tag immer tiefer einverleibt. Aber genügt das wirklich, damit die Gegenwart ein hinreichend sicheres Fundament in der Vergangenheit findet? Zahllose Äußerungen in den *Essais* sprechen lediglich von der allernächsten Gegenwart, die von der bloßen augenblicklichen Handgreiflichkeit gestützt wird und keinerlei Rückhalt an der Vergangenheit hat. Und wenn Montaigne entdeckt, daß die Gegenwart – die persönliche und die kollektive – in den Strudel der Absturzbewegung gerissen wird, findet er seine einzige Zuflucht vor der Zerrüttung paradoxerweise darin, seinen Blick auf alles zu richten, was in dieser selben Gegenwart mit ihm koexistiert. Seine Zuflucht besteht darin, die vom Gipfel des Augenblicks aus wahrgenommene Landschaft zu erweitern. Die Stärkung bei der Erweiterung des Blickfeldes rührt von der Feststellung her, daß wir nicht die einzigen sind, die fallen, daß der Fall die allgemeine Bewegung der Welt ist:

»(*b*) [. . .] weil natürlicherweise da nichts fällt, wo alles fällt[1].«

Gleichwohl liegt auch in der gegenteiligen Feststellung etwas Tröstliches. Greift man etwas weiter aus, so wird man gewahr, daß unser Verfall nur einen kurzen Augenblick der universalen Zeit ausmacht, einen winzigen Bruchteil der Welt: es hat schon Schlimmeres gegeben, und andere Regionen sind, zu eben diesem Zeitpunkt, sogar glücklich:

»(*a*) Wer schreit nicht angesichts unserer Bürgerkriege, daß dieses Weltgefüge in Trümmer gehe und daß der jüngste Tag uns schon beim Kragen packt: ohne zu bedenken, daß man schon weit schlimmere Dinge gesehen hat und daß die zehntausend Weltgegenden es sich indessen weidlich wohl sein lassen[2].«

1 III, ix; T.R. 938; F.W. V, 313.
2 I, xxvi; T.R. 156-157; L. 195-196.

Die Enge der Gegenwart, die Weitläufigkeit des Schauspiels: das ist die Schlichtung, die sich im Bewußtsein Montaignes vollzieht. Die Gegenwart ist unser einziger Aufenthaltsort und der Aussichtspunkt, von dem aus sich die Unermeßlichkeit des Raumes, die Verschiedenartigkeit der Zeiten und Geschicke ermessen läßt. Das Anderswo, die Vergangenheit können vor unseren Augen als zeitgenössisches Schauspiel wiederauftauchen, sobald wir darin weder einem Ort des Glücks noch der Autorität von Beispielen nachjagen: das Anderswo und die Vergangenheit sind lediglich der mit Zeichen besetzte Horizont, dank deren wir unseren Standort bestimmen können, um den Wert der Gegenwart zu ermessen, die zugleich so ausschlaggebend für unser persönliches Leben und so trügerisch im Rahmen der bekannten Welt ist, die in der Unermeßlichkeit der unbekannten Welten versinkt. Und hier dann die auf ihren Höhepunkt getriebene Erweiterung des Blickfeldes: in seinen pädagogischen Vorschlägen verweist Montaigne auf die Notwendigkeit, das Bild der Welt vor den Augen des Schülers als eine Art *synoptische Darstellung* zu entfalten, in der alle Ereignisse der Geschichte, stillgestellt, gleichsam zu zeitgenössischen werden und sich im Verhältnis zu den Diensten deuten lassen, die sie uns *gegenwärtig* leisten können; der erste Dienst aber, den sie uns leisten, ist der, daß sie uns die Relativität unserer Situation nahebringen:

»(*a*) Doch wer sich *wie in einem Gemälde* dies *große Bild* unserer Mutter Natur in ihrer ganzen Majestät vor Augen hält, wer in ihrem Antlitz einen so allgemeinen und stetigen Wandel liest, wer darin sich, und nicht nur sich, sondern ein ganzes Königreich wie ein von der Spitze des feinsten Pinsels hingetupftes Pünktchen erblickt: der allein schätzt die Dinge nach ihrer wahren Größe ein.

Diese große Welt, die etliche noch wie die Arten unter einer Gattung vervielfachen, ist der Spiegel, in den wir schauen müssen, um uns im richtigen Winkel zu sehen. Kurz, ich will, daß dies das Buch meines Schülers sei. So vielerlei Sinnesarten, Sekten, Urteile, Meinungen, Gesetze und Bräuche lehren uns, vernünftig von unseren eigenen zu urteilen, und belehren unsere Vernunft ihrer Unvollkommenheit und ihrer natürlichen Schwäche, was keine leichte Lektion ist. So manche Staatsumwälzungen und Wechselfälle der öffentlichen Wohlfahrt ermahnen uns, von unsern eigenen kein so großes Aufheben zu machen. So viele große Namen, so viele Siege und Eroberungen, die in Vergessenheit begraben liegen, machen die Hoffnung lächerlich, durch die Gefangennahme von zehn Landmilizen und die Eroberung eines Krähwinkels, von dem man durch seine Einnahme zum erstenmal hört, unsern Namen zu verewigen. Der Stolz und das Gepränge so vieler fremder Prunkfeste, die aufgeblasene Majestät so vieler Höfe und Größen festigt und stärkt unser Auge, daß es den Glanz der unsern erträgt, ohne sich blenden zu lassen. So viele Millionen Menschen, die vor uns begraben wurden, geben uns das Herz, uns nicht davor zu fürchten, eine so gute Gesellschaft in der andern Welt aufzusuchen. Und so im übrigen[1].«

In seiner Unermeßlichkeit macht das große »Bild« unsere Gegenwart nur noch trügerischer: aber durch eben diesen unseren gegenwärtigen Blick entfaltet und entwickelt sich das Bild, hinter uns, rings um uns, mit seinen Flächen und undeutlichen Massen. Man muß die Augen auf dieses »große Gemälde« richten, um zu spüren, daß man auf den gewundenen Höhenkamm des Augenblicks versetzt ist. Das demütigt jede Überheblichkeit, im Sinne einer *theoria*, die nicht mehr darauf bedacht ist, das Wesen der Dinge zu erfassen, sondern die gelehrte Unwissenheit des Betrachters zu trösten.

An dem »großen Gemälde« ist nichts vollendet. Die Alten waren uns an Technik voraus; aber darf man der Meinung sein, daß die Natur »damals ihre letzten Kräfte erschöpft habe[2]«? Die Modernen haben eine Neue Welt entdeckt, aber »wer steht uns dafür, ob es die letzte ihrer Schwestern sei[3]«? Dennoch ist diese Unfertigkeit nicht mit der Wiederholung oder gar mit dem Rückschritt unvereinbar. Für die Zivilisationen gilt das gleiche wie für die Erkenntnisse: Montaignes Universum wird von verworrenen Wechselfällen gelenkt. Der Anstrengung, die die Natur an einem Orte auf sich zu nehmen vermag, tritt der Niedergang entgegen, der sich an einem anderen vollzieht: an einer der seltenen Stellen, wo er sich über die Zukunft äußert, sieht Montaigne (und zwar immer noch im Zusammenhang mit Amerika) das Auftauchen des Lebens und die Bewegung auf den Tod zu sich so

1 I, xxvi; T.R. 157; L. 196-197.
2 III, vi; T.R. 885; F.W. V, 218.
3 III, vi; T.R. 886; F.W. V, 221.

genau und gleichmäßig aufheben, daß daraus völliger Stillstand erwächst:

»(*b*) So wird diese neue Welt ihren Tag haben, wenn wir schon unsere Nacht erreichen. Die Welt wird die Gicht bekommen; ein Glied wird erlahmen und das andere bei Kräften bleiben. Sehr fürchte ich, daß wir jener Abnehmen und Untergang merklich durch unsere Ansteckung beschleunigt haben werden, und daß wir ihr unsere Meinungen und unsere Künste sehr teuer verkauft haben[1].«

Erneut obsiegt das Bild des Kreisens, das den großen Sternenzyklus antreibt, über das des geraden Weges und des gleichmäßigen Fortschritts. Das Schicksal Roms ist ein großes, von der Natur dargebotenes Beispiel für all das, was im Leben einer politischen Gemeinschaft eintreten kann:

»(*b*) Die Gestirne beschlossen in ihrem unwiderruflichen Rate, Rom zum Beispiel ihrer Allmacht aufzustellen. Denn es enthielt in sich alle Formen und Zufälle, die ein Staat nur haben kann; alles, was Ordnung und Verwirrung, Glück oder Unglück wirken können. Wer sollte wohl an seinem Zustande verzweifeln, wenn er die Stöße ansieht und die heftigen Bewegungen, die der römische Staat erduldete und aushielt[2]?«

Die unendliche Wandelbarkeit ist auch unendlicher Neubeginn: nichts ähnelt einer Kreisbewegung mehr als eine andere Kreisbewegung; nichts ähnelt dem Wachstum und dem Verfall eines Lebewesens mehr als das Wachstum und der Verfall eines neuen Lebewesens. Unaufhörlich strömt Neues herbei, das aber zugleich auch die Wiederkehr des Alten ist. Wenn der Kreislauf der Gestirne die irdischen Umlaufbahnen beherrscht, was läßt sich dann umgekehrt vom Zyklus der menschlichen Auffassungen sagen, die sich auf das Gesetz der Himmelsbahnen, die Rotation oder die Unbeweglichkeit der Sonne beziehen? Montaigne läßt nicht außer acht, daß der allgemein anerkannte Geozentrismus soeben von der heliozentrischen Theorie des Kopernikus den Fehdehandschuh hingeworfen bekommen hat; aber das ist in seinen Augen nichts anderes als die Auferstehung der von Aristoteles und Ptolemäus »verworfenen« Theorie des Kleanthes;

1 III, vi; T.R. 887; F.W. V, 221.
2 III, ix; T.R. 937; F.W. V, 310-311.

alles drängt zu der Annahme, daß eine neue, nicht weniger fragwürdige Lehre eines Tages die beiden einander bekämpfenden Theorien ersetzen wird:

»(*a*) Der Himmel und die Gestirne bewegen sich seit 3000 Jahren in ihren Kreisen, so hatte es jedermann geglaubt, bis (*c*) Kleanthes der Samier (oder nach dem Theophrast Nicetas der Syrakuser) (*a*) den Einfall hatte zu behaupten, es sei die Erde, welche sich bewege, (*c*) sich um ihre eigene Achse drehe, und den Tierkreis durchlaufe. (*a*) Und zu unserer Zeit hat Kopernikus dieses System so fest gegründet, daß er daraus alle astronomischen Folgerungen sehr ordentlich herleitet. Was sollen wir daraus anders nehmen, als, daß es uns nicht viel verschlägt, was von beiden das wahre sei? Und wer weiß, ob nicht in den nächsten tausend Jahren eine *dritte Meinung* die beiden vorigen über den Haufen wirft[1].«

Diese Annahme, mit der sich Montaigne erneut so weit vorwagt, die Zukunft vorauszuberechnen, schließt in keiner Hinsicht die Idee eines wissenschaftlichen Fortschritts ein. Sie ist lediglich ein weiteres Argument, das uns widerraten soll, uns irgendeiner »Meinung« anzuschließen, und zwar gleich welcher. Der Text fährt, nach einem Lukrez-Zitat über die Wechselfälle von Ehre und Verachtung, folgendermaßen fort:

»(*a*) Deswegen haben wir, wenn sich eine neue Lehre aufwirft, große Ursache, dagegen mißtrauisch zu sein, und zu erwägen, daß, bevor solche erzeugt wurde, das Gegenteil davon im Schwange war, und so wie das vorige durch sie umgeworfen wurde, in der Zukunft auch eine *dritte Erfindung* entstehen könne, die der zweiten den Stoß versetzt[2].«

Die Erfindungen, die Meinungen folgen einander im Sinne einer Regel der Kreisförmigkeit, die von der passiven Rotation unseres Geistes aufgrund des Anstoßes durch äußere »Winde« herrührt:

»(*a*) Denn daraus würde entstehen, daß der gemeine Mann, (*c*) und zum gemeinen Mann gehören wir alle, (*a*) einen Glauben hätte, der sich nach jedem Wind drehte, wie eine *Wetterfahne*: denn, da seine Seele weich, und ohne Federkraft ist, so wäre sie gezwungen, ohne

1 II, xii; T.R. 553; F.W. IV, 23.
2 II, xii; T.R. 553-554; F.W. IV, 23-24.

Unterlaß einen andern und abermals Eindruck anzunehmen; indem der letzte beständig die Spur des vorhergehenden auslöschte[1].«

Die »dritte Erfindung« ist hier nicht, wie bei den anderen dreigliedrigen Strukturen, die wir zuvor beobachtet haben, die Synthese, die einen Gegensatz hinter sich läßt. Sie ist eine ergänzende Variation in einer Reihe von indifferenten Variationen. Sie wird, auf dem Wege der Antizipation, dem synoptischen Schauspiel einer menschlichen Welt hinzugefügt, die durch Anmaßung und (die Menschen gewalttätig machendes) Siechtum gekennzeichnet ist. Diese Extrapolation verweist nicht auf einen Weg, dem man folgen sollte: sie sieht, als gleichsam wahrscheinliches Vorkommnis, eine neue *Meinung* voraus, die dem Realen nicht mehr beikommen wird als unsere Vorgänger. Keinerlei Programm des Handelns kann daraus erwachsen, sei es zur Vermehrung des Wissens oder zur Beherrschung der Naturkräfte. Und die Weisheit besteht für Montaigne im vertrauensvollen Gehorsam, der, wenn er auch den Blick ins Weite richtet, doch darauf verzichtet, die Gegenwart hinter sich zu lassen, um die Natur mit den Mitteln einer wirksamen Kunst zu bezwingen. Es ist uns aufgegeben, dem »allgemeinen Gesetz der Welt« zu folgen, uns »unwissend und unwiderstrebend[2]« von ihr handhaben zu lassen, nicht aber sie in Gebrauch zu nehmen und sie aktiv umzumodeln: »Mein Wissen kann seinen Weg nicht verändern. Es wird sich aus Liebe zu mir nicht vervielfachen[3].« Keine Voraussage kann sich auf das stützen, was wir über die Kausalverkettung zu wissen glauben: »Und eitel ist das Unternehmen desjenigen, der sich einbildet, er könne Ursachen und Folgen zugleich umfassen und sein Beginnen an der Hand zum Ziele leiten[4].« Es gibt also keine Wissenschaft, die uns durch eine Technik des Handelns Zugriff auf das Kommende böte: die einzig mögliche Wissenschaft besteht darin, sich mit sich selbst ins Einvernehmen zu setzen, sich selbst zu erkennen, in einer Gegenwart, in der die Lehre der Bücher von früher zwar überleben kann, aber nur in dem

1 II, xii; T.R. 554; F.W. IV, 24.
2 III, xiii; T.R. 1050; F.W. VI, 174.
3 *Ibid.*
4 III, viii; T.R. 912; F.W. V, 266.

Maße, wie sie, nachdem sie assimiliert, einverleibt und aktualisiert wurde, mit dem Rhythmus unseres Atems, mit der Spur unserer Schrift synchron geworden ist. Der Nutzen der Wissenschaft bemißt sich nach der Qualität dieses Aktes von Präsenz: das »Wissen« muß den »unvollkommenen Zustand[1]« der Seele bessern: »Alle andere Wissenschaft ist demjenigen nachteilig, der nicht die Kenntnis der Güte hat[2].« Ihr Ziel besteht darin, »die Gangart der Seele zu regeln«: was gefordert wird, ist eine Kunst der Bewegung, ein Stil des *Gehens* [frz. *aller – allure*], der von der Sorge um den Weg befreit ist. Die Autorität der Gegenwart stützt sich also auf die Unmöglichkeit, an der Vergangenheit Rückhalt zu finden und ein ehrgeiziges praktisches Projekt an der Zukunft auszurichten. Das gegenwärtige Leben des Ichs sieht sich als die am wenigsten eitle aller Eitelkeiten bestimmt, wenn einmal alle anderen Dimensionen der Zeit ihrer Autorität entkleidet sind. Es ist eine widerrufliche Gegenwart, deren Fülle aus dem Besetzungsentzug an der Zukunft und aus der Reduktion der Vergangenheit auf ein »großes Gemälde« ohne zwingendes exemplarisches Gewicht erwächst, aus der keine Stimme (ausgenommen die des Sokrates, wenn er seine Unwissenheit eingesteht) in absolut souveränem Tonfall herübertönt.

Indem er Autor wird, indem er die *Essais* schreibt, setzt Montaigne zwar eine neue Autorität ein, die der Sprache, in der das Individuum sich selbst »verzeichnet«. Diese Sprache aber bestimmt sich negativ, sie fordert keinerlei Kredit, sie drängt nichts auf: »Ich habe nicht das Ansehen, Glauben zu fordern, und verlang' es auch nicht. Denn ich fühle, daß ich zu wenig weiß, um andere zu unterrichten[3].« Das literarische Werk ist die Autorität, die spricht, wenn alle anderen Autoritäten aufgehoben sind, ausgenommen die, die der Macht innewohnt, zu jeder Zeit seine eigene »Unzulänglichkeit« anzuprangern. Die Gegenwart, der Ansatzpunkt, an dem sich die Kraft der Natur ungezügelt ausläßt, ist zugleich der Punkt, in dem das Bewußtsein sowohl die Welt als auch sich

1 I, xxv; T.R. 139; F.W. I, 211.
2 I, xxv; T.R. 140; F.W. I, 212.
3 I, xxvi; T.R. 147; F.W. I, 224-225.

selbst als Durchgangsorte erlebt, als bald verschwindende, bald wiederauftauchende Schatten. Die Gegenwart ist labil, aber sie ist es, die enthält, was »im Sein« ist, in einer alsbald verschleierten Evidenz. Sie ist unser *habitaculum*, unsere Wohnstatt, so wie die Ewigkeit die Wohnstatt Gottes ist. An uns ist es, dafür zu sorgen, daß diese hinfällige Bleibe so viel Reichtum wie möglich birgt.

6. Nach Montaigne

Bald aber dämmert im europäischen Bewußtsein die Idee einer Zukunft herauf, die von einem erweiterten Wissen und dem immer bemerkenswerteren Gesamtkomplex der Operationen geprägt ist, die im Sinne der Berechnungen und Voraussagen der Wissenschaft realisiert werden können. Montaigne beschied sich damit, »sich unaufhörlich zu drehen«. Das neue Projekt wird von der nächsten Generation an buchstäblich darin bestehen, aus diesem Kreis herauszutreten und voranzuschreiten. Hier sei Bacon zitiert: »*Sed instauratio facienda est ab imis fundamentis, nisi libeat perpetuo circumvolvi in orbem, cum exili et quasi contemnendo progressu*[1].« Montaigne nahm es hin, sich dem »allgemeinen Gesetz« der Natur zu unterwerfen, ohne ihr irgend etwas sonst abzuverlangen. Bacon möchte, daß der Gehorsam der Natur gegenüber ein Mittel ist, sie zu beherrschen und das Weltreich des Menschen zu begründen: »*Hominis autem imperium in res, in solis artibus et scientiis ponitur. Naturae enim non imperatur, nisi parendo*[2].« Und wenn Bacon das, was er von der Welt weiß, in eine Synopse einbringt, so in der Weise, daß er im voraus den Bereich der künftigen Erkenntnisse ausspart und freiläßt, die unsere Kräfte vermehren und bereichern werden. Das allgemeine Bild ist nicht mehr die verworrene Szene der zahllosen

1 Francis BACON, *Novum Organum*, in *Works*, 7 Bde., London 1857-1859, I, S. 162. Übers.: »Es muß jedoch eine Neubegründung von den tiefsten Grundlagen aus bewirkt werden, wenn man sich nicht in der Welt in einen immerwährenden Kreis verstricken will, mit einem winzigen und beinahe verachtungswürdigen Fortschritt.«

2 Id., *op. cit.*, I, S. 222. Übers.: »Die Herrschaft des Menschen über die Dinge aber läßt sich nur durch die Künste und Wissenschaften errichten. Man beherrscht die Natur in der Tat nur, wenn man ihr gehorcht.«

Lebenden und Toten, die im Laufe der Zeitalter aufeinander folgen, sondern die geordnete Summe der Wissenschaften und Künste, die jeder unserer Fähigkeiten entsprechen: eine vorläufige Summe, in der die von unserer Unwissenheit bezeichneten Lücken dazu ausersehen sind, gefüllt zu werden, und in die die noch nicht inventarisierten und benannten Gegenstände eintreten. Man wird nicht mehr das Bedürfnis mißbilligen, das sich auf eine Zukunft hin orientiert, in der es von dem Besitz ergreift, was ihm fehlt *(desiderata)*. Die Erforschung der Welt durch den Geist *(inquisitio)* wird hinfort nicht mehr als *eitle Neugier* abgelehnt – ein Verdammungsmotiv, das bei Montaigne zugleich die skeptische Kritik an dem, was die Ruhe der Seele beeinträchtigte, und die religiöse Kritik an der weltlichen Versuchung verlängerte, die die Seele von ihrer übernatürlichen Bestimmung ablenkte.

Und wenn bei Descartes Montaignes Augenblick des »ich fühle« zu dem Augenblick wird, da sich die intellektuelle Gewißheit des »ich denke« durchsetzt, wird die subjektive Evidenz zum Ausgangspunkt einer Methode, die auf Berechnungen, auf die Geometrie vertraut, um alle Manifestationen der ausgedehnten Substanz mechanisch zu erklären: eine Zukunft, die sich auf das voraussagbare Handeln hin öffnet. Man weiß, zu welchen Veränderungen Descartes ein Wissen gebrauchen möchte, dessen Vollendung er nahe glaubt: die menschliche Arbeit erleichtern, die Krankheit besiegen, das Leben verlängern. Die Dimension der Zukunft ruft die Gelehrten ans Werk, mit dem Versprechen einer materiellen Existenz, die dem Glück gewogener ist.

Fortan nimmt, was für Montaigne nur eine weitere Variation in der variablen Aufeinanderfolge der Meinungen war (der Heliozentrismus des Kopernikus) oder was in seinen Augen nur als eine Stichprobe der unerschöpflichen Fruchtbarkeit der Natur galt (die Entdeckung der Länder der Neuen Welt, Fragmente einer Unendlichkeit, an deren Grenze wir niemals stoßen werden), die Gestalt endgültiger Fortschritte an, die den Modernen eine unwiderrufliche Überlegenheit über die Alten sichern und es erlauben, über weitere Errungenschaften Mutmaßungen anzustellen. Was

Montaigne für unmöglich hielt – aus dem »Kreisen« der Meinungen auszubrechen, unbeirrt nach vorn zu stürmen –, ist zum Möglichen *par excellence* geworden, das vom Wissen unaufhörlich weiter ausgedehnt worden ist.

Montaigne hatte sich mit der Welt der Erscheinungen versöhnt. Er hatte sie anfangs für trügerisch und unbeständig erklärt; aber da das wahre und beständige *Sein* hinter den äußeren Erscheinungen unzugänglich blieb, willigte er schließlich ein, sich bei vollem Bewußtsein dem Fluß dessen hinzugeben, was sich unserem sinnlichen, zugleich unvollkommenen und vollen Zugriff darbietet und entzieht. Die Nachfolger Montaignes werden sich gleichwohl mit dieser phänomenistischen Lösung nicht mehr zufriedengeben, die den Geist an seinen Ausgangspunkt zurückverweist, gedemütigt in seiner ursprünglichen Hoffnung, aber auch belohnt durch die glückhaftere Aufmerksamkeit, die er fortan seiner Eigenschaft als Naturwesen schenkt. Auf der Grundlage derselben Kritik der Erscheinungen, vom gleichen anfänglichen Zweifel ausgehend, werden sie die »Idole« hinwegfegen, werden sie *tabula rasa* machen und in der Sprache der Mathematik (und unter der Kontrolle einer ihrem Gegenstand immer adäquateren Erfahrung) die Gesetze konstruieren, die uns der Welt zu allen nützlichen Zwecken beizukommen erlauben werden. Der Zweifel wird fortan nurmehr eine präliminarische kritische Vorsichtsmaßnahme sein, die – immer wachsam – der Konstruktion von Gleichungen und gesicherten Beobachtungen vorausgeht. Der Diskurs der modernen Wissenschaft entwickelt sich künftig in einer unaufhörlichen Polemik gegen die Trugbilder der sinnlichen Wahrnehmung und der undisziplinierten Einbildungskraft, und diese Kritik wird auch bei Montaignes Schlußfolgerungen nicht innehalten, der den Geist darauf einschränkte, letztlich nur sich selber in seiner Blöße und augenblicksverhafteten Variabilität erfassen zu können: der Fortschritt des Wissens läßt ein immer sichereres Vertrauen in die Kräfte des Bewußtseins entstehen, ein Vertrauen, das mit dem Werkzeug der Mathematik und der experimentellen Methode ausgerüstet ist. Man kann zum Futurum des Indikativs greifen, um auszusprechen, daß die Wissenschaft nicht aufhören wird, sich zu entwickeln, und die Menschen auf sie zählen können werden, um die feindlichen Kräfte der Natur zu beherrschen.

Für die »moderne« Wissenschaft ist die Welt der Phänomene nicht in der Form annehmbar, wie sie sich darbietet: sie ist der Gerichtsbarkeit einer Kausalinterpretation unterworfen, die auf allgemeine Gesetze zurückgreift; diese Gesetze sind *denkbar* im quantitativen Bereich, und zwar im Sinne von Konstanten, die die Vielgestaltigkeit der Phänomene auf die Einförmigkeit der vorhersagbaren Prozesse reduzieren. Im experimentellen Verfahren bietet die phänomenale Welt, die zugleich von unserer natürlichen Wahrnehmung und vom gegenwärtigen Zustand der Gesamtheit der kulturellen Praktiken konstituiert wird, der wissenschaftlichen Reflexion ihren Ausgangspunkt: die kritische Beobachtung durchleuchtet in je nach dem Interesse des »Forschers« variablen Bereichen Probleme, von denen ein angemesseneres Erklärungsmodell Rechenschaft ablegen muß. Am anderen Extrem, das heißt am Zielpunkt der experimentellen, von der rationalen Disziplin gelenkten Arbeit, bekommt das sinnlich Wahrnehmbare wieder eine bescheidene Funktion: es ist der Indikator, der, auf der Skala der Meßeinheit, unserem Blick die Reaktion des im Experiment beobachteten Gegenstandes vermittelt: jede Erfahrung organisiert sich, während sie sich gleichzeitig den begrifflichen Modellen beugt, in der Weise, daß sie uns eine *sinnlich faßbare Veränderung* an irgendeinem Aufzeichnungsinstrument ablesen läßt. Aber das ist nicht mehr das sinnlich Wahrnehmbare der »naiven« Existenz: es ist das sinnliche Überbleibsel, das vom wissenschaftlichen Denken autorisiert und kontrolliert wird, das seinerseits darauf brennt, hinter den Erscheinungen den Grund der Erscheinungen zu erfassen.

Das sinnlich Wahrnehmbare kann gleichwohl nicht getilgt werden: es ist die erste Erfahrung. Wenn im 18. Jahrhundert auch die »logische Wahrheit« triumphierte, so mußte die philosophische Sprache doch eine neue Kategorie – die der »ästhetischen Wahrheit« – ausbilden, um alledem eine (zwar mindere) Legitimität zuzuschreiben, was die Natur oder die Kunst der direkten Wahrnehmung unserer Sinne boten. Die höhere Autorität hinsichtlich des Wesens der Dinge blieb dem objektivierenden Wissen und der berechnenden Schlußfolgerung vorbehalten, die sich die Zukunft eröffneten. Dennoch war es geboten, der sinnlichen Erkenntnis, die diese triumphierende Sprache[1] ablehnte, einen Platz einzuräumen – seitlich, daneben, darunter. In eben dem Augenblick, da sich die »kopernikanische« Wende unangefochten in der physikalischen Realität durchsetzte, hat die *Literatur* den Status erhalten, der sie bis zur Moderne charakterisiert: sie ist der Zeuge einer »inneren Erfahrung«, einer Macht der Einbildungskraft und des Gefühls, der das objektive Wissen nicht beikommt; sie ist der reservierte Bereich, in dem die Evidenz des Gefühls und der Wahrnehmung das Recht hat, als »persönliche« Wahrheit zu obsiegen. Auf diese Weise hat sich die zeitgenössische Zivilisation an die Koexistenz zweier Sprachen gewöhnt, die sich ergänzen, indem sie einander ausschließen: die der Wissenschaft, die berechnet und anhand der unermüdlichen rationalen Anfechtung alles dessen fortschreitet, was zur »Erscheinung« erstarrt; und der der Kunst, die es sich zur Hauptaufgabe macht, die aus der unbefangenen Ausübung unserer Sensibilität hervorgegangenen »originärsten« Materialien zu sammeln und zu sichten[2]. Wenn der Zweifel Montaignes einerseits die cartesianische *tabula rasa* beeinflussen und den Initialakt der wissenschaftlichen Methode auslösen konnte, so machen ihn andererseits seine skeptische Rückwendung auf die sinnliche Erfahrung der Gegenwart, seine ästhetische Bekehrung und sein ständig gesteigertes Interesse an der Selbstdarstellung zum *Schriftsteller* (und wahrscheinlich zu einem der ersten) im Sinne der Definitionen der Moderne. (Beschränken wir uns darauf, an das zu erinnern, was Rousseau ihm verdankt, der seinen Einfluß weitervermittelt: die Anprangerung des Scheins und der Unterwerfung unter die bloße Meinung, die gegen die

1 Ich erinnere hier nur an das Auftauchen des Begriffs der Ästhetik, wie er von BAUMGARTENS *Aesthetica* (1750) inauguriert wird. Siehe in diesem Zusammenhang Ernst CASSIRER, *Die Philosophie der Aufklärung*, Tübingen 1932, Kap. VII; Joachim RITTER, »Landschaft«, in *Subjektivität*, Frankfurt/M. 1974, S. 141-163.

2 Cf. die sehr vereinfachte Darstellung des Problems, wie ich sie in »Langage poétique et langage scientifique«, in *Diogène*, 100, Paris 1977, S. 139-157, formuliert habe.

Hinfälligkeit des Wissens gerichtete Kritik, das pädagogische Projekt und das Unternehmen der Selbstbeschreibung.)

Nun hielt sich das wissenschaftliche Ideal und mit ihm der Begriff der Zukunft, der das eigentliche Feld ihrer Anwendungsmöglichkeiten bildet, nicht an die bloße technische Beherrschbarkeit der materiellen Welt. Folglich trat ein neuer Ehrgeiz zutage, der das Vorgehen, das ihm die Gesetze der »physikalischen Welt« aufzustellen erlaubt hatte, auch auf die »moralische Welt« ausdehnte: eine objektive Psychologie und Moral entwickeln, die Interessen, die Strebungen und Energien, die die Menschen zum Handeln treiben und die die Moral unter dem Namen von Lastern und Tugenden fürchtet oder lobt, deutlich machen; sie nach derselben Methode und mit derselben Strenge prüfen und analysieren, die die numerischen Beziehungen zu formulieren erlauben, wie sie die Materie jenseits der den Sinnen dargebotenen Erscheinungen beherrschen. Dazu mußte auf die »denkende Substanz« ein experimenteller Ansatz analog zu dem angewendet werden, der sich hinsichtlich der »ausgedehnten Substanz« als so fruchtbar erwiesen hatte; man konnte davon träumen, im Verhalten der Individuen oder der Gesellschaften Konstanten und Gesetze ausfindig zu machen und zu *enthüllen*, die denen gleichkamen, die die Mechanik auf ihrem eigenen Gebiet aufstellte: das ins Auge gefaßte Ideal bestand darin, im »moralischen« Bereich ein ebenso allgemeines, ebenso neutrales, ebenso quantifizierbares und meßbares Prinzip wie das der Kraft oder der Beschleunigung herauszuarbeiten. Folglich handelte es sich nicht mehr darum, des »Lasters« unter der Maske der Tugend habhaft zu werden; man mußte überdies in Betracht ziehen, daß alles, was die moralische Demaskierung ans Tageslicht zu heben glaubte, noch immer nur Illusion war: »Laster«, »Verderbnis« usw. waren lediglich aus der Sprache der Theologie abgeleitete verbale Entitäten – eine Art zweiter Maske, für die diesmal nicht die Bösartigkeit der Menschen, sondern die unvollkommene Erkenntnis der Moralisten verantwortlich war. Und hinter dieser Maske mußte eine erste Substanz oder Kraft bloßgelegt werden: Eigenliebe, Selbsterhaltungstrieb, Begierde, Interesse, Bedürfnis. Die Namen haben gewechselt (und der Liste werden im 19. Jahrhundert noch »psychische Energie«, »Libido« usw. hinzugefügt werden), aber was konstant geblieben ist, ist der Ehrgeiz, eine Mechanik (oder eine Psychologie) der als Dinge behandelten Gefühle oder Leidenschaften zu konstruieren, und zwar nach dem annähernden Leitbild der Mechanik der festen und flüssigen Körper (eingeschlossen die Elektrizität). Das 19. Jahrhundert wird Zeuge des Versuches werden, diese Tendenz von der individuellen Psychologie auf die Geschichte und die Erkenntnis der Gesellschaften auszudehnen, die aus dem Spiel der »realen Kräfte« erklärbar werden, die ihren Trägern unbewußt geblieben und (wie man glaubte) von den Historikern bis dahin verkannt worden waren. Eine »Physiologie« der Gesellschaften bemühte sich auf diese Weise, wenn schon nicht mit den exakten, so doch mit den Wissenschaften von der Natur zu rivalisieren und sogar, in den auf die Theorien der Evolution der belebten Welt aufgepfropften Theorien des sozialen Fortschritts, eine Vereinigung damit zu vollziehen. So streben in der Zukunft, die die Forschung zu beschleunigen träumt, die ontologische und die ethisch-politische Demaskierung danach, sich in der Einheit eines kausalen *Wissens* zusammenzufinden, der Grundlage eines bewußten Handelns, mit dem die Menschheit ihr Geschick in eigene Verantwortung übernimmt.

Montaigne söhnte sich, in Ermangelung von etwas Besserem, mit Brauch und Herkommen aus, nachdem er sie angeklagt hatte: da allein die Gegenwart bewohnbar war, durften die Grundlagen nicht ins Wanken gebracht werden. Auf diese Weise vollzog sich bei ihm im ethisch-politischen Bereich die gleiche Rückwärtsbewegung wie im ontologischen. Tatsächlich hatte Montaigne die Anklage gegen unseren Anspruch, in die Geheimnisse der natürlichen Welt einzudringen, häufig mit dem Vorwurf gegen unsere Willfährigkeit angesichts des falschen Scheins der moralischen Welt zusammenfallen lassen. Die eitle Zurschaustellung und die Weigerung, sich vor dem Mysterium der Natur zu beugen, sind der Doppelaspekt ein und desselben »Glaubens«, ein und derselben Begrenztheit. Die Einsicht Montaignes bläst den Zapfenstreich: diese Begrenztheit und dieser »Glaube« haben keine weitere Schuld auf sich geladen, als sich selbst nicht zu durchschauen. Der Mensch muß sich als begrenzt erkennen, als dazu bestimmt, lediglich Meinungen und Phantasien zu haben, und er muß, wenn er die Wandlungen sich vollziehen läßt, die die Natur in ihm und um ihn herum bewirkt, darauf verzichten festzuhalten, was verrinnt, also darauf verzichten, in die Ordnung der Dinge und Institutionen eine Veränderung einzuführen, die er für notwendig hält, von der er jedoch nicht wissen kann, ob sie der Träger von Besserung oder Verfall ist. Diese Resignation (die, wie wir gesehen haben, die moralische Festigkeit gegenüber der Ungerechtigkeit durchaus nicht ausschließt) ist das genaue Gegenteil der modernen Einstellung, wie sie bis zur Mitte unseres Jahrhunderts formuliert worden ist: diese moderne Einstellung, die von der Vorhersehbarkeit der Resultate der auf die Wissenschaft gegründeten technischen Arbeit aus extrapolierte, gefiel sich in der Vorstellung einer von der menschlichen Aktivität gewollten und *produzierten* kollektiven Zukunft. Und sicherlich kann das politisch-ökonomische Handeln in zahlreichen Bereichen seine Ziele um so besser durchsetzen, wenn es zu deren Verwirklichung auf die Hilfsmittel der wissenschaftlichen Technik zurückgreift. Der so instrumentierte menschliche Entwurf bleibt kein bloßer Wunsch, der auf die Launen der *fortuna* angewiesen ist; er verfügt über Mittel der kollektiven Mobilisierung und des industriellen Einsatzes, die in vielen Bereichen eine vom planerischen Denken beherrschte Welt zu konstruieren erlauben. Was sich damit verändert hat, ist nicht nur die Zahl und das Wesen der Ziele, die der Mensch sich zu Recht setzen darf, sondern vor allem die Bedeutung, die diese Ziele, und seien es zeitlich weitausgreifende, innerhalb unserer gegenwärtigen Verhaltensweisen und Gedanken selbst für sich fordern. Ob es sich nun um den Zuwachs an materiellen Gütern oder um die Befreiung der Individuen handelt, die Menschen der Neuzeit haben ihre Arbeit oder ihr Handeln am immer gebieterischeren Bild einer Zukunft ausgerichtet, in der die Unzulänglichkeiten des gegenwärtigen Augenblicks aufgehoben sein werden: und sie wissen (oder glauben zu wissen), daß sie, trotz der schlecht vorhersehbaren Hindernisse und Widerstände (was auf den Versuch hinausläuft, diese Hindernisse und Widerstände in dem Maße, wie sie sich zeigen, in die alles lösende Gleichung zu integrieren), alles besitzen können, was sie sich zu erlangen vorgenommen haben: es handelt sich, wie man sagt, nur darum, den Preis dafür festzusetzen. So wird die erhoffte Horizonterweiterung von einer Zukunft, der die im Sinne der wissenschaftlichen Berechnungen machbaren Dinge einbeschrieben sind, zu einer mythologisierten Zukunft, in der sich mit Hilfe der Wissenschaft das Glück der Menschen realisieren läßt, beträchtlich. Und es ist immer häufiger vorgekommen, daß man vergißt, daß es Menschen der Gegenwart waren, die dieses Bild einer Zukunft formten, die Genugtuung für die Leiden und Ungerechtigkeiten der hiesigen Welt bietet. Mit einer geradezu weiheartigen Bedeutung besetzt, ist die Zukunft zur überlegenen Autorität geworden, – zum Kriterium, zur Quelle von Legitimität, zur mobilisierenden Weisung und Verheißung: und das für das Wohl aller zu leistende Werk, die Investition, hat den Rang einer ausschlaggebenden begrifflichen Kategorie eingenommen, vermöge deren das Denken seinen Diskurs organisiert, an der die Existenz ihre Einstellung ausrichtet[1]. In Hinsicht auf diese Überzeugung und den leidenschaftlichen Elan, zu dem sie ermächtigt, ist Montaignes Weisheit, die so ganz in ihre Gegenwart gebannt ist, darauf bedacht, die Wege der Zukunft zu verkürzen, in den Verdacht einer archaischen, veralteten, jeder Großzügigkeit baren Vorsicht geraten. Hinsichtlich alles dessen, was, im Sinne des modernen Geistes, umgestaltet werden kann und muß, tritt der Konservativismus *à la* Montaigne nicht mehr als die Wahl des kleineren Übels für alle, sondern als die für den Schutz des besonderen Komforts eines Edelmannes förderlichste Option in Erscheinung. Und man schickt sich an, den »guten Glauben« Montaignes zu beargwöhnen, selbst wenn er laut seine Sorge verkündet, die Sache des Allgemeinwohls und seine persönliche Ruhe nach Maßgabe des Mög-

1 Zur Funktion der Zukunft im politischen Denken der Moderne und zu der Krise, die dieser Begriff durchmacht, cf. Krzysztof POMIAN, »La crise de l'avenir«, in *Le Débat*, 7, Paris, Dezember 1980, S. 5-17.

lichen zu versöhnen. Man geht sogar so weit zu vergessen, daß Montaigne, darauf bedacht, niemals die Selbstachtung zu verlieren, noch in seinem Konservativismus eine Moral der *Verweigerung* zu praktizieren verstanden hat. (Das ist eine der wichtigen Lehren, die der Essay III, i bietet, »Vom Nützlichen und vom Rechten«.) Man glaubt Gründe für eine Hoffnung gefunden zu haben, die Montaigne in seinem Zeitalter der Pestepidemien, der Scheiterhaufen, der Kriege und der großen Ängste weder in sich noch in seinem Umkreis zu finden vermochte.

Nun feiert allerdings gerade hier die Illusion eine triumphale Wiederkehr. Während die Gesetze der mathematischen Physik der Prüfung durch die Erfahrung und die technische Anwendung unterworfen sind, gilt dasselbe nicht auch für die moralische oder historische »Realität«, die der Feind der Masken hinter und unter den Erscheinungen oder in ihrer bis dahin unbemerkten Verkettung wahrzunehmen behauptet.

Das Zeitalter der Wissenschaften vom Menschen hat den Traum eines entmystifizierenden Wissens entstehen sehen. Aber neue Masken, neue Mythen haben den Angriff im Herzen dieses Wissens selbst wiederholt – manchmal sofort als Mythen erkannt, aber häufig als Glaubensartikel hingenommen. Im Bereich der moralischen und historischen Realität kann sich die »wissenschaftliche« Interpretation der Phänomene kaum mehr Beweiskraft zuschreiben als ihre eigene Macht der Überredung und Mobilisierung – ihre Fähigkeit, die Gesellschaften oder Personen durch den *Kredit*, den man ihr einräumt, oder die Zustimmung, die sie findet, in Bann zu schlagen. Bei dieser Beweissuche anhand des Wirksamkeitskriteriums sieht man erneut das Begriffspaar *Maske–Glaube* die Szene betreten. Was geleugnet oder verdrängt worden war, kehrt damit wieder, und zwar nicht mehr in einem Parallelbereich (der Ästhetik), sondern innerhalb des Diskurses selber, der die realen Kräfte zu beschreiben und folglich einen neuen psychischen Bereich oder ein neues Antlitz der Gesellschaft zu umreißen behauptet.

Ein Beispiel von vielen: die Mehrdeutigkeit des Wortes »Ideologie« in dem Bereich zwischen marxistischer Bedeutung, die es zum Stigma des falschen Bewußtseins erhebt, und leninistischer Verwendung, in der es, von jeder pejorativen Wertigkeit gereinigt, die Vorstellung der Welt bezeichnet, die den Massen einzuschärfen geboten ist, damit sie aktiver an ihrer »Befreiung« arbeiten[1]. Die neue Lehre willigt ein, sich als neue Ideologie zu präsentieren, die aber diesmal, in Übereinstimmung mit den Gesetzen der Geschichte, »vor aller Augen« ausgearbeitet worden ist und auch nicht mehr den Anteil von Verdunkelung und Schwindel enthält, den der frühere »ideologische Diskurs« ohne sein Wissen vermittelte. Aber gerade in der vorausgesetzten Klarheit des auf seinem Höhepunkt stehenden Wissens kommt erneut die Gefahr zum Vorschein: eine Welt der Täuschung präsentiert ihren neuen Zierat. Dabei handelt es sich aber nicht, wie das bei Montaigne der Fall war, um eine offene Versöhnung von Erscheinung und Gewohnheit in ihrer erkannten Relativität, sondern um eine unvermutete Wiederkehr der Anmaßung und des »Glaubens«. Es ist der Superlativ der Illusion zu glauben, der Illusion entronnen zu sein, am Ufer des Seins Fuß gefaßt oder das Mittel gefunden zu haben, alle trügerischen Einflüsterungen zu verwerfen: genauer noch, die Illusion besteht darin zu glauben, daß man den unsicheren Bereich der ethischen Entscheidung verlassen hat, um in den der untrüglichen Anwendung eines Wissens einzutreten.

Das soll nicht bedeuten, daß diese Art von Illusion – diese Maske, die auftaucht, wenn alle Masken abgerissen sind – unwirksam ist: aber ihr Erfolg in der Geschichte ist kein Beweis für die Überlegenheit eines Wissens. Der Beweis, wie ihn ein solcher Erfolg beibringt, ist der der mobilisierenden Macht, die eine solche Überzeugung bei den Menschen haben kann, die Überzeugung nämlich, die Illusion hinter sich gelassen zu haben. Montaigne wußte das bereits: »Jede Mei-

1 Siehe zu diesem Aspekt die Darstellung von Leonard SHAPIRO, in *Ideology and Politics*, hrsgg. von M. CRANSTON und P. MAIR, Stuttgart/Brüssel/Florenz 1980, S. 75-92. Siehe auch die Aufsatzsammlung mit dem Titel *Démythisation et idéologie*, hrsgg. von E. CASTELLI, Paris 1973, sowie die Zeitschrift *Daedalus*, Cambridge, Mass., Sommer 1979, die dem Komplex »Hypocrisy, Illusion and Evasion« gewidmet ist. Eine treffende Klarstellung findet sich auch in dem Artikel »Ideologie« (von R. ROMBERG und U. DIERSE) in Bd. 4 des *Historischen Wörterbuches der Philosophie*, hrsgg. von J. RITTER und K. GRÜNDER, Basel 1976.

nung ist stark genug, um unter Einsatz des Lebens verfochten zu werden.« Wir haben diesen Satz zitiert, als wir den Akt der Anklage beschrieben, und eben dieser Akt der Anklage wird erneut und doppelt legitim, wenn die widerruflichen Gewißheiten dessen, was sich als »Wissenschaft« ausgibt, schließlich bei der Verdrängung der widerruflichen Gewißheiten enden, die auf die Autorität der Vergangenheit und der Tradition gegründet sind. Dem Heroismus der neuen Gläubigen wird der Leser Montaignes entgegenhalten, daß das Opfer die Intensität des Glaubens und nicht die Wahrheit der verteidigten Meinung beweist: »Wie viele hat man solcher Leute gesehen, die sich geduldig haben braten und brennen lassen, solcher Meinungen wegen, die sie von anderen entlehnten und gar nicht einsahen! [. . .] Einem jedweden deucht, die Meisterform der Natur befinde sich in ihm, und nach dieser Form müßten sich alle übrigen richten. Die Striche und Linien, die sich nicht auf die seinigen passen, meint er, sind falsch und verzogen. O der gefährlichen, unerträglichen Dummheit[1]!« Mit solchen Überzeugungen wird Montaigne zwar nicht zum Märtyrer wie die Kirchenväter. Er hat aber auch niemandem das Martyrium auferlegt. Die Unmenschlichkeit, die Grausamkeit stießen ihn ab; an die Sünde jedoch glaubte er wenig und kümmerte sich folglich auch wenig darum, die Regeln des irdischen oder geistlichen Heiles zu definieren oder den anderen aufzudrängen.

Auf dem Wege einer ungewöhnlichen Wiederkehr gewinnt diese Absenz von historischer Hoffnung, die bei Montaigne lange anachronistisch angemutet hat, heute eine auffallende Aktualität zurück, und zwar im Banne der Krise, die den Geist der Moderne in Mitleidenschaft zieht. Diese Krise läßt sich als Vertrauenskrise hinsichtlich der Zukunft definieren – eine enttäuschte und dumpfe Ahnung, die die »perversen Effekte« von Wandlungen fürchtet, die ursprünglich in bester Absicht unternommen und mit den wirksamsten Mitteln

1 II, xxxii; T.R. 702-703; F.W. IV, 292-293. »Es ist ein Unglück, daß es dahin gediehen ist, daß wir die Menge der Gläubigen und den großen Haufen, worunter die Narren den Weisen in so großer Zahl überlegen sind, für den besten Prüfstein der Wahrheit halten« (III, xi; T.R. 1005; F.W. VI, 93).

unterstützt wurden. Das Unbehagen unseres Jahrhunderts verdankt sich zu einem großen Teil dem übermäßigen Druck von Zukunftsimperativen, der diktatorischen Macht einer Zukunft, deren Triumph darin besteht vergessen zu machen, daß sie von jetzt an von Menschen ausgeübt wird, die darauf gedrillt sind, andere Menschen als Objekte zu behandeln, die sie aber gleichzeitig durch die Verheißung von Profiten oder Glück entschädigen, die nur in die Tat umgesetzt zu werden braucht. Zahlreich sind heute diejenigen, die sich nicht damit abfinden können, in einer Gegenwart zu leben, die durch Opfer, durch Energieinvestitionen ausgeblutet ist, wie sie im Namen der Hoffnung verlangt werden. Dieses »Engagement«, diese hypothekarische »Belastung« sind so beträchtlich geworden, daß daraus eine Eskamotage der Gegenwart, eine Hochstapelei erwächst, bei der das lebendige Jetzt gegen einen »Blankoscheck auf die Zukunft« (R. Koselleck[1]) eingetauscht wird. Unsere Epoche ist für diesen Mangel an Garantie mehr und mehr sensibel geworden. Die theologische Tugend der Hoffnung auf die Erde zurückgeholt zu haben, bildet keine Zufriedenheitsgarantie, zumal diese Säkularisierung häufig darauf hinausläuft, eine andere theologische Tugend vergessen zu machen, die ihrerseits ihren Wirkungskreis hier auf Erden und inmitten der gegenwärtigen Nöte hatte: die Barmherzigkeit. Das Phänomen ist besonders offenkundig in den Industriegesellschaften, deren Organisation totalitäre Gestalt angenommen hat: die Anstrengung, die in Hinsicht auf die künftige »Entfremdungsaufhebung« erforderlich ist, bringt sich in der Gegenwart durch eine evidente und fraglose Überentfremdung zum Ausdruck. Das ist in einem geringeren Maße auch überall da der Fall, wo der Imperativ des »Wachstums« das heutige Leben den Berechnungen künftiger Resultate unterordnet. Wenn das Versprechen künftiger Gerechtigkeit zur Entschuldigung für die gegenwärtige Ungerechtigkeit geworden ist oder die Heraufkunft der verheißenen Zeiten nicht das angekündigte Glück mit sich gebracht und die Verlängerung eines neuen Versprechens keinen »Kredit« mehr gefunden hat – dann hat

1 Reinhart KOSELLECK, *Kritik und Krise*, Frankfurt/M. 1973, S. 157.

die Autorität der Zukunft zu verblassen begonnen. Die Enttäuschung und die Revolte haben sich leidenschaftlich geäußert, bis sie daran verzweifelten, das gestörte Gleichgewicht wiederherstellen und wieder einen gerechten Ausgleich zwischen Gegenwartsbezogenheit (der Koinzidenz mit sich selbst im gegenwärtigen Wollen) und dem Streben nach fernen Zielen aufbauen zu können. Die Abkapselung in der Gegenwart – im bloßen Körpergeschehen, im Rausch oder in der Ekstase – geht sogar über das hinaus, was wir bei Montaigne festgestellt haben. Wie groß bei ihm nämlich auch die skeptische Versuchung und folglich die Bedeutung gewesen sein mag, die er dem im Augenblick lokalisierten Glück zuschreibt, der Anteil, den er der Urteilskraft vorbehält, schließt ein Aufsichtsrecht über alle Zeithorizonte ein, und sogar über diejenigen, die das Handeln gar nicht erreichen kann. Während bei Montaigne das Gegenwartsbewußtsein im unausgesetzten Dialog mit den Bildern der Vergangenheit steht, lehnen manche heutige Adepten der existentiellen Unmittelbarkeit das kulturelle Erbe ebenso ab wie die gläubige Unterwerfung unter den Sirenengesang künftiger Gemeinschaften: die Gegenwart wird ihnen folglich so eng, daß sie sich wieder mit der der Tiernatur berührt, deren paradoxes Lob Montaigne anstimmt, wenn er Pyrrhos Äußerungen berichtet, der den menschlichen Vorgriff auf die Zukunft verurteilte: »Als der Philosoph Pyrrho in einem Seesturme in großer Gefahr schwebte, verwies er diejenigen, die um ihn waren, zur Nachahmung auf die Fassung eines Schweines, das sich auf dem Schiffe befand und das Ungewitter ohne Furcht aushielt[1].«

Die Regung der Abkapselung in der Gegenwart, die bei Montaigne als Ausdruck einer prä-modernen Geistesverfassung aufgefaßt werden kann, taucht in akzentuierter Form in einer »post-modernen« Situation erneut auf. Dieser Rückgriff auf sinnliche Gewißheiten kann freilich – wenn auch in einer Sprache, deren Bedeutungen durch die modernen Ideen des Evolutionismus und des Fortschritts geprägt sind – einen

1 II, xii; T.R. 470; F.W. III, 283. Die Anekdote wird ebenfalls in Essay I, xiv (T.R. 54; L. 96) erzählt.

regressiven Aspekt annehmen: er bringt nicht nur einen Aufstand in bezug auf die Tyrannei der Zukunft, sondern auch einen Angstzustand angesichts jeder zielgerichteten Aktivität zum Ausdruck. Die fleischliche oder geistige Koinzidenz mit sich selbst wird zum unmittelbaren Ziel, das seine Verwirklichung um jeden Preis fordert, und sei es um den des Verzichts auf jedes Projekt, das einem strukturierten Morgen Gestalt verleiht. »Bewahren und erhalten« hört sogar auf, überhaupt in Betracht gezogen zu werden. In unserer Epoche wird die Beschränkung des Individuums auf seinen gegenwärtigen Zustand häufig durch einen Kult zum Ausdruck gebracht, der beinahe ausschließlich dem eigenen Körper gilt: zwischen Angst und der Suche nach Genuß, zwischen Hypochondrie und Hedonismus hat das Lauschen auf den Körper beinahe schon die alte religiöse Sorge um das Seelenheil verdrängt: es hat deren Ernsthaftigkeit, deren imperativen und von rituellen Geboten geprägten Charakter. Und für denjenigen, der in der Vergangenheit nach »Vorläufern« Ausschau hält, ist es wiederum Montaigne, der das beeindruckendste Beispiel bietet. Welcher Autor hat uns schon ausführlicher mit seiner »körperlichen Verfassung« unterhalten? Ist der Körper nicht der Hauptgegenstand der *Erfahrung*, über die der abschließende Essay (III, xiii) berichtet? Aber welcher Unterschied zum zeitgenössischen Narzißmus! Für Montaigne ist das Leben des Körpers nur eines der »Hauptstücke«, aus denen er sich zusammensetzt. Es wird nicht zum Gegenstand irgendeiner Idolatrie. Wenn der Körper und der Imperativ der Gesundheit der Richtpunkt einer ununterbrochenen Aufmerksamkeit sind, so von seiten einer *Urteilskraft*, die »ihr eigenes Spiel spielt[1]« und aus der Ferne beobachtet, mit zärtlicher Ironie. Das Interesse Montaignes läßt sich vom Körpergeschehen nicht in dem Maße absorbieren, daß es die »Beziehung zum anderen« vergäße. Freilich, eine seiner letzten Empfehlungen besteht zwar darin, auf glückliche Weise mit sich selbst übereinzustimmen: »Es ist eine höchste und gleichsam göttliche Vollendung, seines eigenen Wesens redlich froh werden zu können[2].« Dennoch ist dieses

1 III, xiii; T.R. 1052; F.W. VI, 177.
2 III, xiii; T.R. 1096; L. 883.

In-sich-selbst-Aufgehen (deren fernes Leitbild der Gott des Aristoteles ist) alsbald auch wieder eine Weise der Begegnung mit den anderen. Einige Zeilen weiter liest man:

»(*b*) Das Leben ist nach meinem Empfinden das schönste, das sich an das *allgemeine* (*c*) und menschliche *Urbild* hält, geordnet, doch (*b*) ohne Wunder und Überschwang[1].«

Das versöhnende Mittelglied zwischen der *persönlichen* Sorge um die Gesundheit und der Notwendigkeit der Kommunikation wird ins Zeichen des Gottes der Musen gestellt, wie ihn Horaz besang:

»(*b*) Das hohe Alter freilich hat es ein wenig nötig, zarter angefaßt zu werden. Laßt es uns diesem Gotte, dem Schützer der *Gesundheit* und *Weisheit*, empfehlen, daß er es *froh und gesellig* erhalte:

Frui paratis et valido mihi,
Latoe, dones, et, precor, integra
Cum mente, nec turpem senectam
Degere, nec cythara carentem[2].«

Die gleichzeitige Forderung der Beziehung zu sich (im inneren, der *Weisheit* entgegenstrebenden Werden) und der Beziehung zum anderen (in der geselligen Fröhlichkeit, die untrennbar mit der »Kunst des Gesprächs« zusammenhängt) liefert Montaigne der narzißtischen Versuchung aus, in deren Falle er zu stürzen drohte (und die bei so vielen unserer Zeitgenossen die Oberhand behält, wenn sie die Energien, die sie nicht mehr den künftigen Welten widmen, auf sich selbst richten). Um auszusprechen, daß die Frucht einer Erfahrung sowohl aus dem subjektiven wie aus dem objektiven Bereich stammen muß, greift Montaigne gern zum Bild des »Konzerts« von Instrumenten: eben das hatte er in einem späten Zusatz zur »Kunst des Gesprächs« (III, viii) getan:

»(*b*) Ich möchte gerne zu ihnen sagen, daß die Frucht der Erfahrung eines Wundarztes nicht die Geschichte seiner Kranken ist, und daß

1 III, xiii; T.R. 1096; L. 884.

2 *Ibidem*; L. 884. Die Verse von HORAZ stammen aus den *Oden*, I, xxxi, 17: »Was ich erworben, laß mich, Latonens Sohn,/ Gesund genießen, reinen Geistes,/ Gib mir ein fleckenloses Alter,/ Von süßem Lautenton erheitert.«

die Erinnerung, daß er vier Pestkranke und drei Podagristen geheilt hat, wenn er daraus nicht den Nutzen schöpfte, sein Urteil zu bilden, noch keinen Beweis gibt, daß er dadurch weiser in der Führung seiner Kunst geworden sei. (*c*) Wie man in einem Instrumentalkonzert nicht eine Laute, ein Spinett oder eine Flöte allein hört, sondern eine ganze zusammengesetzte Harmonie und einen schönen Zusammenklang aller Instrumente[1].«

Wenn es bei Montaigne ein »Ansehen der [. . .] Erfahrung[2]« gibt, so betrifft es zugleich unseren aktiven Zugriff auf die Realitäten der Außenwelt und die innere Reflexion dieser Aktivität, die in uns zu Weisheit und Bewußtsein wird. Und wenn die Gegenwart bei Montaigne eine vorherrschende Rolle spielt, so handelt es sich um eine polyphone Gegenwart, die wie die Musik vom Zeittakt getragen wird und in ihr stets überwundenes Verschwinden einwilligt. Weite, Vielgestaltigkeit der Gegenwart: das ist die Entschädigung für die kurzbemessene Zukunft, in die sich Montaigne fügt. Vorläufer der sich in unserer Zeit allgemein verbreitenden Sorge, auf dem Höhenkamm des Augenblicks die kostbare Würze der körperlichen Existenz auszukosten, hält er sich doch nicht für deren Gefangenen: die Gegenwart umfaßt bei Montaigne ebenso auch die Aufgaben des »bürgerlichen Lebens«, die politischen Pflichten; und wie wir gesehen haben, hat die Frage des Anteils, der der Privatexistenz vorbehalten bleiben soll, für Montaigne nur deshalb so großes Gewicht, weil die persönliche Existenz mit einem öffentlichen Leben koexistieren muß, dem sie in gar keinem Falle aus dem Wege gehen kann. Es handelt sich darum, die Anteile festzulegen. Die polyphone Forderung Montaignes gemahnt uns an Künste der Vergangenheit wie die Motette oder das Madrigal; in vieler Hinsicht aber muß man bekräftigen, daß sie, im Hinblick auf die enge Gegenwart des körperlichen Genusses ebenso wie auf die trügerische Zukunft der technologischen und/oder dogmatischen Spekulation, ein Stück unserer besten Zukunftshoffnung darstellt, unsere noch zu erfüllende Aufgabe.

1 III, viii; T.R. 909; F.W. V, 260.
2 *Ibid.*

Wie wir gesehen haben, schließt die Bejahung des Körpers in erster Linie die Bejahung der Botschaft der Sinne ein. Sie vermittelt uns keinen Zugang zu den idealen Wesenheiten: keinerlei sicheres Wissen läßt sich darauf gründen. Aber wir müssen unter den Menschen leben und die menschliche Gemeinschaft mitgestalten, indem wir uns des sinnlich wahrnehmbaren Universums bewußt bleiben, das der Ort unserer Begegnung ist. So wie man in diesem allgemeinen Repertoire der »possenhaften Verrichtungen« seine Rolle »getreulich spielen« muß, so wie man, nachdem man den »allgemeinen Sprachgebrauch« kritisiert hat, ihm zu folgen lernen muß[1], so müssen wir auch die Gültigkeit der »Zeremonien und des oberflächlichen Anscheines« anerkennen, selbst wenn es gerade das ist, was uns die tieferen Wahrheiten zu erfassen hindert. Der Feind der Masken sieht sich also schließlich veranlaßt, das Loblied der Erscheinung und der Oberfläche der Dinge anzustimmen, und zwar zumindest aufgrund ihrer politischen Wirksamkeit:

»(*b*) Die Sinne sind unsere eigentlichsten und ersten Richter, welche die Dinge nicht anders als den äußern Umständen nach wahrnehmen, und es ist kein Wunder, wenn bei allen Vorfällen in der bürgerlichen Gesellschaft ein solches unaufhörliches und durchgehendes Gemisch von Zeremonien und oberflächlichem Anscheine eingeführt ist, daß darin der beste und wesentlichste Teil der Polizei besteht. Es ist immer der Mensch, mit dem wir es zu tun haben, dessen Beschaffenheit gar sonderbaren Bezug auf den Körper hat[2].«

Daher der Vorwurf, den Montaigne an dieser selben Stelle gegen die Protestanten richtet, die von allem Sinnlichen absehen und »eine Religionsübung einrichten wollen, die so kontemplativisch und unkörperlich ist«, daß sie sich nicht wundern müssen, »wenn sie auf Leute stoßen, welche der Meinung sind, diese neuen Religionsübungen würden ihnen unter den Fingern geschmolzen und verdunstet sein[3]«. Freilich bleibt Montaigne gleichzeitig auf der Hut vor allen

1 III, i; T.R. 774; L. 615. »Ich folge dem *gemeinen Sprachgebrauch*, der zwischen dem, was recht, und dem, was nützlich ist, unterscheidet.«
2 III, viii; T.R. 908-909; F.W. V, 259.
3 *Ibid.*

Autoritätsmißbräuchen, die auf bloßer Äußerlichkeit beruhen:

»(*b*) Ich hasse alle Arten von Tyrannei, die wörtliche sowohl als die wirkliche. Ich steife mich gern gegen leere Nebenumstände, welche *durch die Sinne* unser Urteil täuschen [. . .][1].«

Er läßt sich also nicht von der »würdevollen Feierlichkeit, der Robe und dem Vermögen« derer blenden, die sich an ihn wenden. Aber wenn ihre »Worte« und ihre »Mienen« sein Vertrauen auch nicht finden, so macht er sich doch darauf gefaßt, die Eigenschaften eines Individuums nach irgendeinem äußeren Merkmal zu beurteilen. Der *Schein* bekommt also eine entscheidende Funktion zurückerstattet:

»(*b*) Wenn die Reisen und Ämter jener Männer ihnen großen Nutzen gebracht haben, so müssen sie solches durch die Erzeugnisse ihres Verstandes *zutage legen*[2].«

Der Metaphernreichtum des Stils von Montaigne ist die eigentliche Manifestation dieses Imperativs des »Zutagelegens«.

Der Schein läßt sich vom Sein nicht trennen. Hegel wird das in der Sprache seiner Logik wiederholen: »Das Wesen muß *erscheinen*. Sein Schein in ihm selbst ist das Aufheben seiner zur Unmittelbarkeit der Existenz [. . .]. Das Wesen ist daher nicht *hinter* oder *jenseits* der Erscheinung, sondern dadurch, daß das *Wesen* es ist, welches existiert, ist die Existenz Erscheinung[3].«

Hegels Mahnung und die Erfahrung Montaignes haben es nicht verhindern können, daß sich, uns zeitlich näher und in mehrfacher Wiederholung, die Anprangerung der »Masken«, die Suche nach einem Wesen *hinter* oder *jenseits* und die spätere Wiederaussöhnung mit der gerechtfertigten Erscheinung erneut vollzogen haben. Der »Argwohn« richtet sich

1 III, viii; T.R. 910; F.W. V, 261.

2 III, viii; T.R. 909; F.W. V, 260.

3 F. G. W. HEGEL, *Enzyklopädie*, A; § 81; in *Sämtliche Werke*, hrsgg. von H. GLOCKNER, Bd. VI, Stuttgart 1927, S. 79. Cf. die Schlußseiten des Vorwortes seiner *Grundlinien der Philosophie des Rechts*.

zunächst auf das, was *versteckt*, was *verdeckt*, im ontologischen (Phänomen) oder im ethisch-politischen Bereich (Sprache, Konventionen, »Ideologien«, Mythen): schließlich wird man dann gewahr, daß das, was verdeckt und verhüllt, auch das ist, was zum *Ausdruck* bringt und verlangt, nicht mehr unterdrückt oder hintertrieben, sondern respektiert und gedeutet zu werden. Ein und dieselbe Wegstrecke läßt sich in verschiedenen Epochen bei ungezählten Schriftstellern namhaft machen. Es handelt sich jedoch nicht um reine und einfache Wiederholung. Diese Wegstrecke *erscheint* als dieselbe nur um den Preis einer gewissen Schematisierung, einer abstrakten Reduktion, die es verabsäumt, die vielfachen Einsätze und Neuansätze in Rechnung zu stellen, die sich zur Kritik des Scheins verbünden. Vielleicht ist es mir gerade aufgrund der beharrlichen und variierten Wiederholung eben dieser Wegstrecke in der neueren Literatur (oder in der, die, wenn auch nahe, doch bereits »klassisch« geworden ist) gelungen, ihre Spur bei Montaigne zurückzuverfolgen. Und sofort treten auch die Unterschiede vor Augen. Montaigne verzichtet nie darauf, wie sehr er sich auch in die Relativität der Existenz fügen mag, die Forderung nach Wahrhaftigkeit aufrechtzuerhalten: er ist darauf bedacht, das volle Maß an Wahrheit zu bewahren, das der *condition humaine*, dem Wesen des Menschen, vergönnt ist: Wenn wir auf die Hoffart des Wissens verzichten, so bleibt uns dennoch die Gewißheit, daß eine freundliche Natur über unser Wohl wacht und es verdient, daß man ihr fügsam Gefolgschaft leistet. Dieses ontologische oder metaphysische Überbleibsel ist nicht nach dem Geschmack der Modernen. Wenn sie mit den Masken oder den Entfremdungserscheinungen hadern, so kommt es nicht selten vor, daß sie sich einer ebenso konventionellen Verkleidung oder Rhetorik bedienen wie die, die sie zuvor angegriffen hatten: der letztlich gebilligte Code unterscheidet sich vom anfänglich angeprangerten Code nur deshalb, weil er sich ganz offen als das Ergebnis einer Wahl und einer willentlichen Konstruktion zu erkennen gibt. Der neue Code wird für befreiend gehalten, weil er nicht durch Schule und Universität, Tradition oder denkfaulen Konsensus auferlegt, »reproduziert« worden ist – aber er verzichtet ebenso auch darauf, sich als die Sprache der Wahrheit einzusetzen. Er erklärt sich für künstlich. Der »Wert« schreibt sich als Grundlage lediglich das Dekret eines eigenmächtigen Willens zu. Der Ästhetizismus kann dann auch mit einer manchmal offen eingestandenen nihilistischen Neigung Hand in Hand gehen. Der Feind der ins Alltagsleben eingedrungenen banalen Heuchelei macht sich zum Apologeten einer gebildeten Heuchelei, die ihr Spiel einsam spielt, aber auf einer höheren Bewußtseinsebene: er bewundert die Taktik des Ehrgeizes (Stendhal), er macht sich zum Verteidiger der Schminke (Baudelaire), des durchgearbeiteten Stils (Flaubert), der vorgeschriebenen Konvention (Valéry), der zweckfreien Handlung (Gide). Was das Individuum betrifft, das gegen die verführerische Schönheit einer Welt als Kupplerin des Todes aufbegehrt, was kann es, auf dem Grunde seiner Verweigerung, Besseres finden, als diese sterbliche Welt und ihre Wonnen der Oberfläche leidenschaftlich zu bejahen; man kann ihnen nichts entgegenhalten, sie durch nichts ersetzen, was sie übertrifft, denn es gibt nichts Tieferes als die Oberfläche der Welt (Camus). Die Menschen leben in der Nicht-Authentizität und Hinterlist, aber weil man keine konkrete Authentizität einsetzen kann, muß man auf eine voluntaristische Moral zurückgreifen, die der Geschichte jenseits des Widerstandes der Fakten einen befreienden Sinn auferlegt: Auferlegung, Überbelegung oder unerwarteter und ohne Wissen des »authentischen« Schriftstellers eintretender Triumph, die List der Maske (Sartre). Der »allgemeine Sprachgebrauch« ist ein Gewebe von Mythologien, ein verfälschter Code, den sich die Macht zunutze macht; aber nach Schluß der Rechnungslegung gibt es nur noch Codes, und keiner von ihnen ist von der Wahrheit verbürgt: diese Desillusionierung stellt es uns anheim, dem Genuß einer Rhetorik des Signifikanten zu frönen, die darauf bedacht ist, sich von ihren Regeln ebensosehr zu befreien, wie sie aufzustellen (Barthes). Dieses Plädoyer zugunsten der Erscheinungen vermochte sich in diskreter Form, in einer Art tröstlichem Pragmatismus zum Ausdruck zu bringen: »Wenn das Leben seinem Ende entgegengeht und die Welt sich in Rauch aufgelöst hat, welches sind dann die Realitäten, auf die der Geist in uns sich noch illusionslos berufen kann, wenn nicht die Form der Illusionen selbst, mit denen wir uns abgegeben haben?« (Santayana[1])

Nietzsche, der die »Redlichkeit« und »Heiterkeit« Montaignes bewunderte und glaubte, er habe »etwas von Montaignes Mutwillen im Geiste, wer weiß?, vielleicht auch im Leibe[2]«, hatte als erster und mit Ungestüm diese Rückwärtsbewegung in Richtung der Erscheinungen vollzogen, deren Echo in unserem Jahrhundert so vielfach nachhallt:

»Die ›scheinbare‹ Welt ist die einzige: die ›wahre Welt‹ ist nur *hinzugelogen* . . .[3]«

»Es ist nicht mehr als ein moralisches Vorurteil, daß Wahrheit mehr wert ist als Schein; es ist sogar die schlechtest bewiesene Annahme, die es in der Welt gibt. Man gestehe sich doch so viel ein: es bestünde gar kein Leben, wenn nicht auf dem Grunde perspektivischer Schätzungen und Scheinbarkeiten; und wollte man, mit der tugendhaften Begeisterung und Tölpelei mancher Philosophen, die ›scheinbare Welt‹ ganz abschaffen, nun, gesetzt *ihr* könntet das – so bliebe mindestens dabei auch von eurer ›Wahrheit‹ nichts mehr übrig! Ja, was zwingt uns überhaupt zur Annahme, daß es einen wesenhaften Gegensatz von ›wahr‹ und ›falsch‹ gibt? Genügt es nicht, Stufen der Scheinbarkeit anzunehmen und gleichsam hellere und dunklere Schatten und Gesamttöne des Scheins – verschiedene *valeurs*, um die Sprache der Maler zu reden? Warum dürfte die Welt, *die uns etwas angeht* – nicht eine Fiktion sein[4]?«

1 Ohne weitere Angaben zitiert bei Henry MATHEWS, in *Bulletin Poésie*, *Arc*, Paris, III, Nr. 40, S. 159. »Sich entschlossen an die Haut der Dinge heften«, schreibt Michel LEIRIS, um zu charakterisieren, was das Wertvollste der Moderne ausmacht. Und er fügt die folgenden Zeilen hinzu, in denen sich eines der großartigsten Preislieder auf das Gegenwärtige und die Erscheinung findet: »Einen Himmel in Bodennähe finden, einem in voller Klarheit erlebten Augenblick den Wert von Ewigkeit beilegen, das sind die manchmal vom modernen Dämon der Negation vergönnten Freuden für den, der sich weigert, sich ein X für ein U vormachen zu lassen und nurmehr auf die Gegenwart zählt – das Direkte, das Unmittelbare, das Erinnerungs- und Erwartungslose – und der Erfüllung nur noch in dem finden kann, was ihm, jenseits aller Vernünftelei wie jedes Projektes, von vornherein die blitzartige Empfindung seiner Präsenz aufdrängt – keine Präsenz von etwas Beliebigem, sonst nicht Wahrnehmbarem, das sich plötzlich durch die Erscheinung manifestierte, sondern Präsenz dieser Erscheinung selbst, die, um zu blenden, nur ihres eigenen Strahlens bedarf« (*Le ruban au cou d'Olympia*, Paris 1981, S. 244).

2 Friedrich NIETZSCHE, *Ecce Homo*, »Warum ich so klug bin«, 3; in *Werke*, hrsgg. von K. SCHLECHTA, München 1954; Bd. II, S. 1088.

3 Ders., *Götzen-Dämmerung*, »Die ›Vernunft‹ in der Philosophie«, § 2; *ibid:* II, 958.

4 Ders., *Jenseits von Gut und Böse*, § 34; *ibid.:* II, 599-600.

»Was ist mir jetzt ›Schein‹! Wahrlich nicht der Gegensatz irgendeines Wesens – was weiß ich von irgendwelchem Wesen auszusagen, als eben nur die Prädikate seines Scheins! Wahrlich nicht eine tote Maske, die man einem unbekannten X aufsetzen und wohl auch abnehmen könnte! Schein ist für mich das Wirkende und Lebende selber, das so weit in seiner Selbstverspottung geht, mich fühlen zu lassen, daß hier Schein und Irrlicht und Geistertanz und nichts mehr ist – daß unter allen diesen Träumenden auch ich, der ›Erkennende‹, meinen Tanz tanze, daß der Erkennende ein Mittel ist, den irdischen Tanz in die Länge zu ziehn und insofern zu den Festordnern des Daseins gehört [. . .][1].«

Zweifellos wird man sich nicht wundern, daß Nietzsche, wenn er dem Schein, der Erscheinung die Priorität zurückerstattet, die ihm bereits Montaigne zugebilligt hatte, mit seiner »ewigen Wiederkehr« zugleich auch wieder auf die »Räder« stößt, in derem Banne Montaigne den Lauf der Geschichte sich drehen sah[2] . . . Aber das Spiel der Erscheinung ist für Nietzsche nicht allein der Vorwand für einen »Tanz«; oder, besser gesagt, der Tanz ist hier nur die Metapher für die Schwungkraft des Willens[3]. Einem der eben zitierten Texte (*Jenseits von Gut und Böse*, § 34) folgt nämlich nahezu unmittelbar (§ 36) ein »panvoluntaristisches« Fragment, das die Schopenhauersche Metaphysik vertieft, wenn sie sie gleichzeitig auch in Frage stellt: was uns als real »gegeben« ist, das ist lediglich »unsre Welt der Begierden und Leidenschaften«; warum also ist es uns versagt zu fragen, »ob dies ›Gegeben‹ nicht *ausreicht*, um aus seinesgleichen auch die sogenannte mechanistische (oder ›materielle‹) Welt zu verstehn?« Könnte der Schein nicht den Rang einer ersten Realität einnehmen?

1 Ders., *Die fröhliche Wissenschaft*, § 54; *ibid.*: II, 73.

2 Mit dem (von MONTAIGNE selbst für chimärisch gehaltenen) Bestreben, das Rad stillstehen zu sehen; es sei an den metaphorischen Wunsch erinnert: ». . . wenn ich einen Wirtel in unser Rad schlagen könnte, um es in diesem Punkte aufzuhalten, ich würde es gerne tun« (II, xvii; T.R. 639; F.W. IV, 179).

3 MONTAIGNE begeistert sich nicht für den Tanz, sondern für das freie Ausschreiten: »Im Tanzen, im Ballspielen, im Ringen habe ich es nie weiter als zu einem geringen Grade bringen können. [. . .] Ich habe eine freie, ungebundene Seele, gewöhnt, sich nach ihrem eigenen Gutdünken zu benehmen. Da ich bis auf diese Stunde weder einen Befehlshaber noch unbedingten Herrn gehabt habe, so bin ich immer so weit gegangen und in solchem *Schritt, wie ich selbst gewollt habe*« (II, xvii; T.R. 625-626; F.W. IV, 153-155).

Die *Welt* auf allen Ebenen wäre dann lediglich die Diversifikation einer Leidenschaft oder eines Willens, die von ihrem primitivsten Zustand an präsent waren: »– Gesetzt endlich, daß es gelänge, unser gesamtes Triebleben als die Ausgestaltung und Verzweigung *einer* Grundform des Willens zu erklären – nämlich des Willens zur Macht, wie es *mein* Satz ist –; gesetzt, daß man alle organischen Funktionen auf diesen Willen zur Macht zurückführen könnte und in ihm auch die Lösung des Problems der Zeugung und Ernährung – es ist *ein* Problem – fände, so hätte man damit sich das Recht verschafft, *alle* wirkende Kraft eindeutig zu bestimmen als: *Wille zur Macht*. Die Welt von innen gesehen, die Welt auf ihren ›intelligiblen Charakter‹ hin bestimmt und bezeichnet – sie wäre eben ›Wille zur Macht‹ und nichts außerdem.« Dieser Entwurf einer totalisierenden Anthropokosmologie gemahnt von ferne an bestimmte Renaissance-Philosophien. Von ferne, weil keine dieser Philosophien, vielleicht mit Ausnahme derer von Paracelsus, von der inneren Erfahrung und der subjektiven Leidenschaft ausging, um ein hypothetisches Modell der Totalität des Realen aufzustellen. In den Augen Montaignes wäre diese Totalitätsberauschtheit das schlagendste Beispiel für die überhebliche Anmaßung gewesen; sie hätte als zusätzliches Element in der unendlichen Liste der *Meinungen* figuriert, die in der abwägenden Balance des »Was weiß ich?« zum Stillstand kommen. Darauf bedacht, »seinen Willen zu *schonen*«, stellt Montaigne die Prinzipien einer Ökonomie des Willens dar (Ökonomie wird, wie wir uns erinnern, im Französisch des 16. Jahrhunderts mit *mesnagerie* wiedergegeben [der Originaltitel von Essay III, x lautet: *De mesnager sa volonté*; d. Übers.]): weit davon entfernt, sich in Harmonie mit einem *Willen zur Macht* zu befinden, der sich auf allen Ebenen der Natur und ihrer Entwicklung manifestiert, erlebt er, daß sein Wille, wenn er Verlangen wird und sich »mit Lebhaftigkeit und Heftigkeit« in die Außenwelt verstrickt, »die Ausführung dessen, was wir übernehmen, mehr hindert, als es solche befördert[1]«. Der Wille zur Macht in der Form, wie ihn Montaigne sich im Geiz

1 III, x; T.R. 985; F.W. VI, 56.

und im Ehrgeiz entfalten sieht, bleibt fruchtlos. Um rascher am Ziel anzugelangen, darf der Wille nicht einem anderen Vermögen den Platz räumen: der Urteilskraft.

»(*b*) Wir führen niemals eine Sache wohl, welche uns ängstlich im Kopfe liegt und treibt:

(*c*) *Male cuncta ministrat*

Impetus.

(*b*) Wer dabei nichts anwendet als kalten Verstand und Geschicklichkeit, kommt weit leichter zurecht. [. . .] Der hingegen, welchen die Heftigkeit und Gewalt seiner Absicht berauscht, begeht notwendigerweise viel Unbesonnenheit und Ungerechtigkeit. Die Gewalt seines Verlangens reißt ihn fort. Es sind gewagte Bewegungen, die, wenn das Glück nicht viel dabei tut, nichts fruchten. [. . .] So ergeht es auch der Übereilung. *Festinatio tarda est.* Die Eile schlägt sich selbst ein Bein unter, verwickelt sich und hält sich auf[1].«

Der Wille findet seine Grenze an dem, was ihn der Begierde und der Leidenschaft annähert. Der *Urteilskraft* fällt Montaigne zufolge der angemessene Umgang mit den Erscheinungen zu: sie ist es, die uns lehrt, daß wir im öffentlichen Leben unsere »Rolle getreulich spielen müssen, doch als eine angenommene Schauspielrolle[2]«. Und sie ist es folglich auch, die der Intervention der Begierde (des einzelnen oder kollektiven »Willens«) im Bereich der politischen Angelegenheiten zuvorkommt. Seien wir uns darüber einig, daß das Denken Nietzsches Interpretationen entgegenkam, die den Wirkungskreis des »Willens zur Macht« ins Gemeinschaftsleben ausdehnten: sie haben das Individuum zum Träger einer unpersönlichen, aber einzigartigen und universalen Energie gemacht, die es überstieg und es verherrlichte. Die Kraft, die Macht setzen sich also, vor dem Hintergrund des Nichts, als in triumphierende Realität verwandelter Schein durch. Die ästhetische Option (die Montaignes Ideal des *Porträts* das des »Tanzes« vorzieht) kann sich so in Richtung des Handelns verschieben und zu Aktivismus werden. Das Handeln um des Handelns willen (um der Schönheit der Haltung und des

1 II, x; T.R. 985; F.W. VI, 56-57. Das erste Zitat stammt von STATIUS: »Ein übler Ratsmann ist die Heftigkeit« (*Thebais*, X, 704); das zweite von QUINTUS CURTIUS: »Eilen fördert nicht« (IX, ix, 12).

2 III, x; T.R. 989; L. 794.

Schrittes willen) setzt sich an die Stelle der »gewitzten« Vorsicht und des vernünftigen Konventionalismus Montaignes.

Montaigne aber bleibt, wie wir gesehen haben, von all dem unberührt, was bei Nietzsche Anlaß und Vorwand zur totalitären Versuchung geben wird. Welche einheitsstiftende Funktion der Begriff der Natur bei Montaigne auch haben mag: nichts erlaubt es, die Pluralität der Fähigkeiten und Vermögen, der »Launen und Verfassungen«, der physischen Träger zu reduzieren. Im Grenzfall besteht eine Verdopplung fort, eine Dualität verfestigt sich, nicht nur als tatsächliche Gegebenheit, sondern auch als Imperativ zum Schutz des Individuums und der Freiheit. *Wille* und *Urteilskraft* sind in Essay III, x nicht nur distinkte Vermögen; die Definition ihres jeweiligen Wirkungskreises erlaubt es überdies, den Bereich des Privatlebens (der subjektiven Begierde und Reflexion, der »Freundschaft, die man sich selber schuldet[1]«) und den der Verpflichtungen der »öffentlichen Gesellschaft[2]« deutlich voneinander abzugrenzen: »Der Bürgermeister und Montaigne waren immer zwei, klar und säuberlich voneinander geschieden[3].« Eine Trennung, die, auf dem Wege der Ausschließung, dennoch eine Beziehung wechselseitiger Abhängigkeit zwischen den Gliedern herstellt, die da voneinander abgegrenzt werden. Desgleichen sind das »Nützliche« und das »Rechte« in Essay III, i Kriterien, die zur Unterscheidung dessen dienen, was einerseits vom Fürsten oder vom Gesetz gefordert werden kann, andererseits aber in den Bereich des moralischen Gewissens fällt; dieses Begriffspaar setzt die Möglichkeit eines Widerspruchs voraus – also einer Opposition und einer Verweigerung: die Staatsraison (das »Nützliche«) kann uns unsere Dienste abfordern, aber nur, wenn dabei unser inneres Gefühl für das »Rechte« nicht verletzt wird: der Ungehorsam ist gerechtfertigt (bei Gefahr für unser Leben), weil das Nützliche nicht der einzige Wert ist und auch nicht der oberste. Wie wir das bereits mehrfach gesehen haben, sind die antagonistischen Glieder für Mon-

1 III, x; T.R. 983; L. 789.
2 III, x; T.R. 984; L. 789.
3 III, x; T.R. 989; L. 795.

taigne häufig der Ausgangspunkt einer versöhnenden Überwindung. Sie eignen sich jedoch nicht immer dazu. Sie bieten auch der Wahl einen Rückhalt, mittels deren sich die Freiheit, wenn nötig, durchsetzt, indem sie *negiert*, was sie bedroht, indem sie sich weigert, sich tyrannischem Zwang zu unterwerfen. Diese Macht der Negation durch das freie Denken (die ebenso auch eine Macht der Befreiung durch die Verweigerung ist) ist das, was Montaigne sich von seiner ersten Revolte gegen Mummenschanz und Erscheinungen bewahrt, sogar dann noch, als er sich mit Mummenschanz und Erscheinungen ausgesöhnt hat. Die Versöhnung *weiß*, daß sie auf eine Negation folgt. Eine der beharrlichsten Dispositionen im Denken von Montaigne ist diejenige, die, verallgemeinert, verinnerlicht, an dem Klagegrund festhält, der die ganze Bewegung in Gang gesetzt hat, wie sie in der Folge der *Essais* niedergelegt ist, wenn die von der Erfahrung belehrte Vernunft eines Tages auch eben das rehabilitiert, was sie zuvor als unwesentlich verworfen hatte. Anfangs hatte sich Montaigne aus der Komödie der Welt heraushalten wollen; dann war er nicht gewillt, sich von einem Dogmatismus der verborgenen Wesenheiten verführen zu lassen, und ebensowenig hat er schließlich auf den Schein zurückgreifen können, ohne gleichzeitig die gesamte Distanz im Gedächtnis zu behalten, die seine Bewegung inzwischen durchlaufen hat. Er hat nicht aufgehört, Widerstand zu leisten, aber um schließlich bei einer Bejahung anzulangen, die von der Erfahrung der Verweigerung nur um so wertvoller gemacht wird. Unterwegs hat er nicht gezögert, die Verweigerung bis in die Tiefe seines Selbst voranzutreiben: er schont sich nicht:

»(*b*) Laß uns immer den Spruch des Plato im Munde haben (*c*): Geschieht es nicht, weil ich selbst ungesund bin, daß ich etwas ungesund befinde? (*b*) Kann man nicht meinen Ausspruch gegen mich selbst kehren? Ein weiser, göttlicher Leibspruch, der den gemeinsten und gewöhnlichsten Irrtum der Menschen geißelt. (*c*) Nicht nur die Vorwürfe, die wir einer dem andern machen, sondern selbst unsere Vernunftgründe und unsere streitigen Gedanken und Schlüsse sind gewöhnlicherweise so beschaffen, daß sie einer dem andern zuschieben kann und wir uns mit unsern eigenen Waffen verwunden. [. . .] Ich sage nicht, daß keiner jemanden anklagen solle, der nicht selbst rein sei; denn da würde niemand klagen, der von eben der Gattung fleckenrein wäre. Sondern ich meine nur, daß unser Urteil, welches auf einen andern fällt, von dem eben die Rede ist, uns keiner innern und strengen Gerichtsbarkeit entziehen müsse[1].«

Montaigne räumt für sich selbst die stets mögliche *Reversion* des anklagenden Diskurses ein, und zwar in eben dem Augenblick, da er in einem anderen Zusatz zu Buch III schreibt, daß sein »Gewissen mit sich selbst zufrieden sei, nicht etwa wie das Gewissen eines Engels oder eines Pferdes, sondern wie das Gewissen eines Menschen[2]«. Diese Reversion, dieser Rückfall der Anklage kehrt in der entscheidenden Pflicht der Freundschaft wieder: »sich gegenseitig ermuntern« *(monere et moneri)*: sie tritt ebenfalls in der Verurteilung in Erscheinung, die Montaigne über den Mißbrauch von Anleihen und »Zitaten« verhängt: »In anderen meine Fehler zu züchtigen, scheint mir ebenso erlaubt zu sein als an mir selbst, wie ich oft tue, die Fehler anderer zu rügen. Man muß sie allenthalben vor Gericht ziehn und ihnen gar keine Freistatt zugestehn[3].« Montaigne hält sich, wenn er auch laut erklärt, daß er nur »selten« Reue empfindet, doch die Möglichkeit einer Richtungsänderung der anfangs gegen die Welt erhobenen Anklage vor, einer Richtungsänderung gegen sich selbst. Die Kritik ist in seinen Augen nur gerecht, wenn sie sich in doppelter Weise, nach draußen und nach drinnen orientiert. Die Heiterkeit des »Ich bereue selten« und die wachsame Forderung nach »innerer Gerichtsbarkeit« sind die beiden Komponenten von Montaignes Intimität. Und dieser *Intimität* erwächst ihrerseits ihr ganzer Wert aus der komplexen Beziehung, die sie zum äußeren Bereich des *öffentlichen* Lebens unterhält: sie ist davon geschieden, aber nicht ohne einzuräumen, daß es geboten ist, ihr ihr Recht widerfahren zu lassen, und vor allem nicht ohne anzuerkennen, daß ihr eigener Wert als Intimität nur Erfüllung in der Kommunikation und in der Entäußerung findet: »Weil die Hugenotten unsere heimliche Ohrenbeichte tadeln und verwerfen, so

1 III, viii; T.R. 907-908; F.W. V, 256-258.
2 III, ii; T.R. 784; F.W. V, 31.
3 I, xxvi; T.R. 146; F.W. I, 222-223.

beichte ich *öffentlich*, gewissenhaft und rein[1].« Deutlicher läßt sich die Verbindung zwischen Subjektivität und »äußerer« Welt nicht ausdrücken, deren Antagonismus und Anspruch auf Gehör ihm zu gleichen Teilen unerläßlich sind. Das freie Bewußtsein ist kein einsames Bewußtsein. Es tritt in Gegensatz zur Welt und ist in der Welt heimisch. Es tritt in Gegensatz zu sich selbst und »trägt seine Gedanken unaufhörlich mit sich herum[2]«. Montaigne ist im Abendland ohne jeden Zweifel eine der Persönlichkeiten, die dem Bild der individuellen Existenz Gestalt verliehen haben. Montaigne aber lädt uns auch zur Wachsamkeit ein: das Individuum ergreift von sich selber nur in der reflektierten Form seiner Beziehung zu den anderen, zu *allen* anderen Besitz: es muß Freund, muß Bürger (und um dem Beispiel des Vaters treu zu bleiben: Bürgermeister von Bordeaux) *gewesen* sein, um sich endlich selbst zu gehören, in seiner Bewegung und in seiner freien Rede, die auf der in Muße aufgeschlagenen Seite der »Rolle«, des »Verzeichnisses« beglaubigte Gestalt annimmt.

1 III, v; T.R. 824; F.W. V, 105.
2 I, xx; T.R. 86; F.W. I, 111.

Bibliographie

1. Benutzte Editionen

Les Essais de Michel de Montaigne, 5 Bde., hrsgg. von F. Strowski, M. Gebelin und P. Villey (Édition municipale), Bordeaux 1906-1933.

Les Essais de Michel de Montaigne, hrsgg. von Pierre Villey, 1922; neu hrsgg. von V.-L. Saulnier, Paris: P. U. F; Lausanne: Guilde du Livre, 1965.

Œuvres complètes, hrsgg. von A. Thibaudet und M. Rat, Paris: Gallimard, Bibl. de la Pléiade, 1962 [Abkürzungssigle: T.R., mit den Textschichten (*a*) der Ausgabe von 1580, (*b*) von 1588 und (*c*) handschriftlichen Zusätzen seit 1589].

[Die besondere Situation der Montaigne-Editionen in deutscher Übertragung zwang den Übersetzer zu einer Kompromißlösung; er hatte den Text zwei deutschen Ausgaben zu entnehmen:

Essais. Auswahl und Übersetzung von Herbert Lüthy. Zürich: Manesse, 1953 u. ö. (unvollständig; etwa ein Drittel des Originaltextes ist nicht kenntlich gemachten Kürzungen zum Opfer gefallen, darunter namentlich die späteren Zusätze der Ausgaben von 1588 und 1595);

Michel de Montaignes Gesammelte Schriften. Historisch-kritische (sic!) *Ausgabe mit Einleitungen und Anmerkungen unter Zugrundelegung der Übertragung von Johann Joachim Bode*, herausgegeben von Otto Flake und Wilhelm Weigand. München/Leipzig: Georg Müller, 8 Bde., 1908-1915 (zwar vollständig, soweit es der Editionsstand der Jahrhundertwende erlaubte, aber, weil auf das 18. Jahrhundert zurückgehend, erheblich archaisierend).

Als *Referenzausgabe* dient die Edition von Lüthy (Abkürzungssigle: L.) und, wo sie lückenhaft ist, die von Flake/Weigand (Abkürzungssigle: F.W.). Cf. S. 11, Anm. 1, des vorliegenden Bandes. Wo ein Zitat im Verlauf des Buches in doppeltem Wortlaut auftaucht, ist es das Ergebnis einer *Wahl* des Übersetzers, die verdeutlichenden Charakter haben soll.]

2. *Periodica und Sammelbände*

Bulletin de la Société des amis de Montaigne, 1912 ff. (4 Folgen).
»Montaigne«, Sonderheft der *Cahiers de l'Association internationale des études françaises*, Nr. 14, März 1962, S. 211-299.
O un Amy! Essays on Montaigne in honor of Donald M. Frame, hrsgg. von R. C. La Charité, Lexington, Ky., 1977.
L'Esprit créateur, XX, Nr. 1, Frühjahr 1980, University of Kansas Press, Sondernummer.
»Les *Essais* de Montaigne«, *Cahiers de l'Association internationale des études françaises*, Nr. 33, Mai 1981, S. 7-98.

3. *Einzeluntersuchungen und Aufsätze*

AUERBACH, Erich, *Mimesis*, Bern 1946, ²1959, ³1964.
AULOTTE, Robert, *Montaigne: l'Apologie de Raimond Sebond*, Paris 1979.

BACON, Francis, *Works*, 7 Bde., London 1857-1859.
BARAZ, Michael, *L'Être et la connaissance selon Montaigne*, Paris 1968.
– »Sur la structure d'un essai de Montaigne (III, iii: ›De l'expérience‹)«, *Bibliothèque d'Humanisme et Renaissance*, XXIII, Genf 1961, S. 265-281.
– »Le sentiment de l'unité cosmique chez Montaigne«, *Cahiers de l'Association internationale des études françaises*, Nr. 14, März 1962, S. 211-224.
– »L'integrité de l'homme selon Montaigne«, in *O un Amy!*, hrsgg. von R. C. La Charité, Lexington, Ky., 1977, S. 18-33.
BATISSE, François, *Montaigne et la médecine*, Paris 1962.
BEAUJOUR, Michel, *Miroirs d'encre*, Paris 1980.
BESPALOFF, Rachel, »L'instant et la liberté chez Montaigne«, *Deucalion*, III, Okt. 1950, Neuchâtel, S. 65-107.
BLUM, Claude, »La fonction du ›déjà dit‹ dans les *Essais*: emprunter, alléguer, citer«, *Cahiers de l'Association internationale des études françaises*, 33, Mai 1981, S. 35-51.
BLUMENBERG, Hans, »Der Sturz des Protophilosophen«, in *Das Komische*, hrsgg. von W. Preisendanz und R. Warning (*Poetik und Hermeneutik*, VII), München 1976, S. 11-64.
– *Schiffbruch mit Zuschauer*, Frankfurt/M. 1979.
BOASE, Alan M., *The Fortune of Montaigne. A History of the Essays in France, 1580-1669*, London 1935.
BONNEFON, Paul, *Montaigne et ses amis*, 2 Bde., Paris 1898.

BOWEN, Barbara C., *The Age of Bluff. Paradox and Ambiguity in Rabelais and Montaigne*, Urbana, Ill., 1972.
– »Montaigne's anti-*Phaedrus*: ›Sur des vers de Virgile‹ (*Essais*, III, v)«, *The Journal of Medieval and Renaissance Studies*, V, 1975, S. 107-121.

BRODY, Jules, »De mesnager sa volonté (III, x). Lecture philologique d'un essai«, in *O un Amy!* ..., Lexington, Ky., 1977, S. 34-71.
– »From Teeth to Text in ›De l'expérience‹. A Philological Reading«, *L'Esprit créateur*, Univ. of Kansas, XX, Nr. 1, Frühjahr 1980, S. 7-22.

BROWN, Frieda S., *Religious and Political Conservativism in the Essais of Montaigne*, Genf 1963.

BRUNSCHVICG, Léon, *Descartes et Pascal lecteurs de Montaigne*, Neuchâtel 1942.

BRUSH, Craig B., *Montaigne and Bayle. Variations on the Theme of Scepticism*, Den Haag 1966.

BUFFUM, Imbrie, *Studies in the Baroque from Montaigne to Rotrou*, New Haven 1957.

BUSSON, Henri, *Les Sources et le développement du rationalisme dans la litterature française de la Renaissance*, Paris ²1957.
– *Litterature et théologie*, Paris 1962.

BUTOR, Michel, *Essais sur les essais*, Paris 1968.

CAMERON, Keith C., »Montaigne and the mask«, *L'Esprit créateur*, Univ. of Kansas, VIII, 1968, S. 198-207.

CASSIRER, Ernst, *Das Erkenntnisproblem*, 4 Bde., ³1922; ern. Wissenschaftliche Buchgesellschaft, Darmstadt 1971, Bd. I, S. 172-200.

CAVE, Terence, *The Cornucopian Text. Problems of Writing in the French Renaissance*, Oxford 1979.

CLARK, Carol, *The Web of Metaphor. Studies in the Imagery of Montaigne*, Lexington, Ky., 1978.

COMPAGNON, Antoine, *La seconde main, ou le travail de la citation*, Paris 1979.
– *Nous, Michel de Montaigne*, Paris 1980.

CREMONA, Isida, »La pensée politique de Montaigne et les guerres civiles«, *Studi Francesi*, 69, 1979, S. 432-448.

CROLL, Morris W., *Style, Rhetoric, and Rhythm*, J. M. Patrick und R. O. Evans (Hrsg.), Princeton 1966.

CROQUETTE, Bernard, *Pascal et Montaigne*, Genf 1974.

ELLRODT, Robert, »Self-Consciousness in Montaigne and Shakespeare«, *Shakespeare Survey*, 28, Cambridge 1975, S. 37-50.

ÉTIEMBLE, »Sens et structure d'un essai de Montaigne (III, vi, ›Des Coches‹)«, in *C'est le bouquet!*, Paris 1967.

FRAME, Donald M., *Montaigne's Discovery of Man. The Humanization of a Humanist*, New York 1955.
– *Montaigne. A Biography*, New York 1965.
– *Montaigne's »Essais«. A Study*. Englewood Cliffs, N. Y., 1969.

FRIEDRICH, Hugo, *Montaigne*, Bern/München 1949, ²1967.

GARAVINI, Fausta, »Riflessioni metodologiche per un'edizione degli ›Essais‹ di Montaigne«, *Saggi e ricerche di letteratura francese*, X, Pisa, 1969, S. 11-30.
– »La ›formula‹ di Montaigne«, *Paragone*, 210, 1967, S. 14-15.
– »Montaigne. Le strutture de la prudenza distruttrice«, *Paragone*, 366, 1980, S. 3-14.

GIDE, André, *Essai sur Montaigne*, Paris 1929.

GLAUSER, Alfred, *Montaigne paradoxal*, Paris 1972.

GRAY, Floyd, *Le Style de Montaigne*, Paris 1958.

GROETHUYSEN, Bernard, *Anthropologie philosophique*, Paris 1952.

GUTWIRTH, Marcel, *Michel de Montaigne ou le pari d'exemplarité*, Montreal 1977.
– »›Des Coches‹, ou la structuration d'une absence«, *L'Esprit créateur*, Univ. of Kansas, XV, 1975, Nr. 1-2, S. 8-20.

HALLIE, Philip P., *The Scar of Montaigne. An Essay in Personal Philosophy*, Middletown 1966.

HORKHEIMER, Max, »Montaigne und die Funktion der Skepsis«, *Zeitschrift für Sozialphilosophie*, VII, 1938, S. 1-54; Neudr. München 1980.

HYTIER, Jean, »Lecteur de Montaigne«, in »Réminiscences et rencontres valéryennes«, *French Studies*, XXXIV, 1980, S. 179-181.

INSDORF, Cecile, *Montaigne and Feminism*, North Carolina Studies in the Romanic Languages and Literatures, 194, Chapel Hill 1977.

JEANNERET, Michel, »Rabelais et Montaigne: l'écriture comme parole«, *L'Esprit créateur*, Univ. of Kansas, XVI, 1976; Sonderheft: *The French Renaissance Mind*, S. 78-94.

JEANSON, Francis, *Montaigne par lui-même*, Paris 1951.

JOUKOVSKY, Françoise, *Montaigne et le problème du temps*, Paris 1972.

JUDRIN, Roger, *Montaigne*, Paris 1971.

KAHN, Victoria, »The Sense of Taste in Montaigne's *Essais*«, *Modern Languages Notes*, 95, 1980, S. 1269-1291.

KHAN, Masud M., »Montaigne, Rousseau and Freud«, in *The Pri-*

vacy of the Self, London 1974; dt. in *Selbsterfahrung in der Therapie*, München 1977.

KÖLSCH, Manfred, *Recht und Macht bei Montaigne*, Berlin/München 1974.

LA BOÉTIE, Étienne, *Œuvres complètes*, hrsgg. von P. Bonnefon, Bordeaux/Paris 1892.

– *Le Discours de la servitude volontaire*. Kritische Textausgabe von P. Leonard, gefolgt von: *La Boétie et la question du politique*, von Pierre Clastres und Claude Lefort, Paris 1976; dt. *Über die freiwillige Knechtschaft*, Frankfurt/M. 1968.

LA CHARITÉ, Raymond C., *The Concept of Judgement in Montaigne*, Den Haag 1968.

LANSON, Gustave, *Les Essais de Montaigne*, Paris o. J.

LAPP, John C., »Montaigne's ›negligence‹ and some Lines from Virgil«, *Romanic Review*, LXI, 1970, S. 167-181.

LORIAN, Alexandre, »Montaigne – de l'impératif (étude de style)«, *Zeitschrift für romanische Philologie*, LXXX, 1964, S. 54-97.

LYDGATE, Barry, »Mortgaging One's Work to the World: Publication and Structure of Montaigne's *Essais*«, *Publications of the Modern Language Association of America*, 96, Nr. 2, März 1981, S. 210-233.

MCGOWAN, Margaret, *Montaigne's Deceits. The Art of Persuasion in the »Essais«*, London 1974.

MARCU, Eva, *Répertoire des idées de Montaigne*, Genf 1965.

MARTIN, Daniel, *Montaigne et la fortune. Essai sur le hasard et le langage*, Paris 1977.

MASKELL, David, »Montaigne médiateur entre Navarre et Guise«, *Bibliothèque d'Humanisme et Renaissance*, XLI, 1979, S. 541-553.

MEHLMANN, Jeffrey, »La Boétie's Montaigne«, *Oxford Literary Review*, IV, i. 1979, S. 45-61.

MERLEAU-PONTY, Maurice, »Lecture de Montaigne«, in *Signes*, Paris 1960.

METSCHIES, Michael, *Zitat und Zitierkunst in Montaignes »Essais«*, Genf/Paris 1966.

MICHA, Alexandre, *Le Singulier Montaigne*, Paris 1964.

MOORE, W. G., »Montaigne's Notion of Experience«, in *The French Mind: Studies in honour of Gustave Rudler*, Oxford 1952, S. 34-52.

NAUDEAU, Olivier, *La Pensée de Montaigne et la composition des »Essais«*, Genf 1972.

– »L'expression des modes philosophiques chez Montaigne: le

mot *forme*«, *The Journal of Medieval and Renaissance Studies*, 6, 1976, S. 179-215.

Norton, Glyn P., *Montaigne and the introspective Mind*, Den Haag 1975.

Pizzorusso, Arnaldo, *Da Montaigne a Baudelaire. Prospettive e commenti*, Rom 1971.

Paulhan, Jean, »Portrait de Montaigne«, in *Œuvres complètes*, Paris 1969, Bd. IV, S. 309-311.

Popkin, Richard H., *The History of Scepticism from Erasmus to Descartes*, Assen 1960.

Pouilloux, Jean-Yves, *Lire les »Essais« de Montaigne*, Paris 1969.

Poulet, Georges, *Étude sur le temps humain*, Paris 1950.

– *Les Métamorphoses du cercle*, Paris ^{2}1979.

Raymond, Marcel, *Génies de France*, Neuchâtel 1942.

– *Baroque et Renaissance poétique*, Paris 1955.

– *Être et dire*, Neuchâtel 1970.

Regosin, Richard L., *The Matter of my Book: Montaigne's »Essais« as the Book of the Self*, Berkeley 1977.

Rider, Frederick, *The Dialectic of Selfhood in Montaigne*, Stanford 1973.

Rigolot, François, »Le Langage des ›Essais‹, référentiel ou mimologique?«, *Cahiers de l'Association internationale des études françaises*, 33, Mai 1981, S. 19-34.

Rousset, Jean, *La Littérature de l'âge baroque en France*, Paris 1953.

Sayce, R. A., *The Essays of Montaigne. A Critical Exploration*, London 1972.

– »Montaigne et la peinture du passage«, *Saggi e ricerche di letteratura francese*, IV, Turin 1963, S. 11-59.

Stierle, Karlheinz, »L'histoire comme exemple, l'exemple comme histoire«, *Poétique*, 10, 1972, S. 176-198.

Strowski, Fortunat, *Montaigne: sa vie publique et privée*, Paris 1938.

Taylor, James S., *Montaigne and Medicine*, 1929; ern. Fairfield, N. Y., 1978.

Telle, E. V., »A propos du mot ›essai‹ chez Montaigne«, *Bibliothèque d'Humanisme et Renaissance*, XXX, 1968, S. 225-247.

Tenenti, A., *Il senso della morte et l'amore della vita nel Rinascimento*, Turin 1957.

Tetel, Marcel, »Conscience chez Montaigne et Pascal«, *Saggi e ricerche di letteratura francese*, XIV, Rom, 1975, S. 11-35.

THIBAUDET, Albert, *Montaigne*, Paris 1963.
TRAEGER, Wolf Eberhard, *Aufbau und Gedankenführung in Montaignes Essays*, Heidelberg 1961.
TRINQUET, Roger, *La Jeunesse de Montaigne: ses origines familiales, son enfance et ses études*, Paris 1972.

VILLEY, Pierre, *Les sources et l'évolution des Essais de Montaigne*, 2 Bde., Paris ²1933.
– *L'Influence de Montaigne sur les idées pédagogiques de Locke et de Rousseau.*

WEBER, Henri, »Montaigne et l'idée de nature«, *Saggi e ricerche di letteratura francese*, V, Turin, 1954, S. 41-63.
WELLER, Barry, »The Rhetoric of Friendship in Montaigne's *Essais*«, *New Literary History*, 9, 1978, S. 503-523.
WILDEN, Anthony, »Par divers moyens on arrive à pareille fin: a Reading of Montaigne«, *Modern Language Notes*, 83, 1968, S. 577-597.
WOJCIECHOWSKA BIANCO, Barbara, *Nel crepuscolo della coscienza. Alterità e libertà in Montaigne*, Lecce 1979.

Der Beginn dieser Arbeit läßt sich in eine bereits ferne Periode zurückverfolgen. Auf freundschaftliche Anregung von Maurice Merleau-Ponty hatte ich 1954 in Baltimore einen »Montaigne«-Aufsatz geschrieben, der in den Band aufgenommen wurde, dessen Herausgeber er war: *Les Philosophes célèbres*, Paris: L. Mazenod, 1956, S. 188-193. Später erschienen: »Montaigne en mouvement« in *La Nouvelle Revue française*, Januar–Februar 1961, Nr. 85 und 86, S. 16-22 und 254-266; »Montaigne et la conversion à la vie«, in *Médecine de France*, Paris 1961, Nr. 119, S. 33-40; »Distance et plénitude« in *Mercure de France*, Nr. 1197, S. 400-409; »Montaigne: des morts exemplaires à la vie sans exemple« in *Critique*, November 1968, Nr. 258, S. 923-935; »Montaigne et la ›relation à autruy‹« in *Saggi e ricerche di letteratura francese*, IX, Pisa, 1968, S. 79-106; »Montaigne et la dénonciation du mensonge« in *Dialectica*, Lausanne, 1968, Nr. 2, S. 120-131; trotz des Rückgriffs auf denselben Titel wurde ein anderer Aspekt des Problems in »Montaigne et la dénonciation du mensonge« in *Identität. Poetik und Hermeneutik*, VIII, hrsgg. von O. Marquard und K. Stierle, München 1979, S. 462-480, in Angriff genommen; »Dire l'amour« ist in etwas bündigerer Form in der *Nouvelle Revue de psychanalyse*, XXIII, Paris, Frühjahr 1981, S. 299-323, erschienen. Diese verschiedenen Aufsätze sind Gegenstand einer völligen Neubearbeitung und Neuedition für die vorliegende Ausgabe gewesen, deren größter Teil unveröffentlicht ist. Ich erwähne die vorhergehenden Publikationen nur, um die Wegmarken einer stetig voranschreitenden Arbeit abzustecken.

Die Bibliographie verzeichnet lediglich eine Auswahl von Werken, die meisten jüngeren Datums, die eine Studie zu oder einen bestimmten Ansatz bei Montaigne bieten. Umgekehrt sind Bücher und Aufsätze allgemeineren Charakters, die ich in den Fußnoten zitiert habe, nicht in die Bibliographie aufgenommen worden.